I0358298

www.ingramcontent.com/pod-product-compliance
Lightning Source LLC
Chambersburg PA
CBHW081101070526
44583CB00019B/2514
* 9 7 8 1 7 7 8 9 9 0 4 6 5 *

شاهنامه

حکیم ابوالقاسم فردوسی

جلد دوم از دوره سه جلدی

Rumi's Path Institute

به نام خداوند جان و خرد
کزین برتر اندیشه برنگذرد

عنوان کتاب: شاهنامه جلد ۲ از ۳

اثر: حکیم ابوالقاسم فردوسی

ناشر: موسسه راه مولانا - ونکوور - کانادا

کد مدرک آموزشی: RPI-OT-۰۰۲

شابک:
جلد اول: ۹۷۸-۱-۷۷۸۹۹-۰۴۵-۸
جلد دوم: ۹۷۸-۱-۷۷۸۹۹-۰۴۶-۵
جلد سوم : ۹۷۸-۱-۷۷۸۹۹-۰۴۷-۲

محل چاپ: شبکه بین المللی در بیش از چهل هزار کتابفروشی در بیش از ۱۱۷ کشور جهان

ثبت: در کتابخانه مرکزی - آتاوا - کانادا

Educational Code: RPI-OT-001

Shahnameh

دوست دارد یار این آشفتگی   کوشش بیهوده به از خفتگی

پیشگفتار

پروردگار یکتا را بی‌پایان سپاس می‌گوییم که توفیق یافتیم موسسه راه مولانا را به همراه جمعی از عاشقان طریقت عشق الهی در شهر ونکوور، کانادا پایه‌گذاری کنیم.

در راستای جهش به سوی تحولی بنیادین و تغییر نگرش‌ها در عرصه آموزش و بازنگری برنامه‌های پرورشی، موفق شدیم با تکیه بر مبانی عرفان نظری (مولویه) و با توجه به چهارچوب برنامه درسی موسسه، فعالیت خود را آغاز کنیم. این برنامه‌ها، فارغ از هرگونه مسائل سیاسی، اجتماعی، ملی، منطقه‌ای و بین‌المللی، تنها بر محتوای کتاب‌ها و منابع موجود به زبان‌های مختلف متمرکز است و ترجمه آن‌ها به زبان فارسی و بازتولید محتوای دروس آموزشی موسسه را هدف قرار داده است. در این مسیر، تلاش کردیم تا سازماندهی و طرح درسی بسته آموزشی موسسه را به فرجام برسانیم.

سری کتاب‌های درسی موسسه راه مولانا از کلاس اول دبستان آغاز و تا دوازدهم ادامه می‌یابد و پس از آن با سایر انتشارات و کتاب‌های رده بالاتر تکمیل می‌شود.

این مجموعه کتاب‌ها مختص به زمان و مکان خاصی نیست و برای هر فردی که علاقه‌مند به یادگیری زبان فارسی و قرارگیری در مسیر طریقت عشق الهی می باشد، طراحی شده است. هدف ما این است که به همراه آموزش این زبان شیرین، مفاهیم عرفان نظری (مولویه) را نیز به فراگیران ارائه دهیم. از این طریق، آنان می‌توانند با مطالعه کتب مهمی همچون مثنوی معنوی (مولانا)، دیوان شمس و سایر کتب مرتبط به زبان فارسی، با طریقت عشق الهی آشنا شده و در این مسیر گام بردارند. لذا به جای درج تاریخ انتشار بر روی جلد کتاب، شماره نگارش و کد آموزشی مدرک مربوطه درج می‌شود.

این بدان معناست که محتوای این مجموعه کتاب‌ها با گذشت زمان تغییر نخواهد کرد و فردی که ده‌ها و یا صدها سال بعد در هر نقطه‌ای از جهان، وارد عرصه وجود شود، قادر خواهد بود از این سری آموزشی دوازده‌گانه و دوره‌های عالی پس از آن برای یادگیری زبان فارسی، آشنایی با مفاهیم عرفان نظری (مولویه)، مطالعه مثنوی معنوی و دیگر کتاب‌های منتشره موسسه راه مولانا بهره‌برداری نماید.

برای پویاتر کردن آموزش و عمق‌بخشی به آموخته‌ها، توصیه می‌شود از روش‌های فعال، مشارکتی و همیاری استفاده شود تا دانش‌آموزان، دانشجویان و پژوهشگران در فرآیند یاددهی-یادگیری نقش مؤثرتری ایفا کنند و استعدادهای خود را شکوفا سازند.

لازم به ذکر است که برای تهیه این سری آموزشی از منابع مختلف در ادوار مختلف تاریخ استفاده شده و محتوای آن‌ها مطابق با مسیر ذکر شده در بالا بازنگری و تنظیم گردیده است.

امیدواریم آموزش از طریق این برنامه‌ها، سبب شکوفایی فردیت و دستیابی به شادمانی جاودانه گردد.

موسسه راه مولانا
ونکوور - کانادا

www.rumispath.com

داستان بیژن با منیژه	۶۴۱
آغاز داستان	۶۴۲
دادخواهی ارمانیان از خسرو	۶۴۳
رفتن بیژن به جنگ گرازان	۶۴۶
بردن منیژه بیژن را بکاخ خود	۶۵۰
آگاه شدن افراسیاب از کار منیژه و بیژن	۶۵۱
بازگشتن گرگین به ایران و دروغ گفتن در کار بیژن	۶۵۸
آوردن گیو، گرگین را به نزد کیخسرو	۶۶۱
دیدن کیخسرو بیژن را در جام گیتی نما	۶۶۳
نامه نوشتن کیخسرو به رستم	۶۶۵
بخشیدن کیخسرو گناه گرگین را بخواهش رستم	۶۷۲
رفتن رستم زال به توران به آیین بازرگانان	۶۷۵
آمدن منیژه به نزد رستم	۶۷۷
آگاهی یافتن بیژن از آمدن رستم	۶۷۹
رهاندن رستم بیژن را از چاه	۶۸۲
شبیخون رستم در ایوان افراسیاب	۶۸۴
آمدن افراسیاب به جنگ رستم	۶۸۵
باز آمدن رستم به نزد کیخسرو	۶۸۸
داستان دوازده رخ	۶۹۱
آغاز داستان	۶۹۲
در خواندن افراسیاب سپاه را	۶۹۲
رسیدن گودرز کشواد با سپاه ایران به نزدیکی ریبد	۶۹۷
رفتن گیو بویسه کرد بنزدیک پیران	۶۹۹
لشکر آراستن گودرز و پیران	۷۰۳
رفتن هومان به جنگ ایرانیان	۷۰۸
رزم هومان با بیژن	۷۱۸
نامه فرستادن گودرز بنزدیک کیخسرو	۷۲۵

پاسخ نامه گودرز از پیش شاه کیخسرو	۷۲۷
نامه پیران ویسه به گودرز کشواد	۷۳۱
پاسخ نامه پیران ویسه از گودرز	۷۳۵
پاسخ افراسیاب به پیران ویسه	۷۴۲
رسیدن گودرز و پیران بیکدیگر	۷۵۵
رزم گرازه با سیامک	۷۵۸
رزم گیو با گروی زره	۷۵۸
رزم فروهل با زنگنه	۷۵۹
رزم بیژن با رویین پیران	۷۶۰
رزم رهام گودرز با بارمان ویسه	۷۶۰
رزم هجیر با سپهرم	۷۶۱
رزم زنگنه شاروان با اخواست	۷۶۲
رزم برته با کهرم	۷۶۳
رزم گرگین میلاد با اندریمان	۷۶۳
رزم گودرز کشواد با پیران ویسه و کشته شدن پیران	۷۶۴
اندر رسیدن بیژن و گستهم بنزدیک کیخسرو	۷۸۱
جنگ بزرگ کیخسرو با افراسیاب	۷۸۵
گفتار اندر ستایش سلطان محمود	۷۸۶
لشکر آراستن کیخسرو بجنگ افراسیاب	۷۸۹
آگاهی یافتن افراسیاب از کشته شدن پیران و لشکر آراستن کیخسرو	۷۹۳
آگاهی یافتن کیخسرو از آمدو افراسیاب و لشکر	۷۹۷
سخن گفتن پشنگ با افراسیاب	۷۹۹
پیام افراسیاب بنزد کیخسرو	۸۰۱
پاسخ فرستادن کیخسرو افراسیاب را	۸۰۶
رزم کیخسرو با شیده پسر افراسیاب	۸۰۷
هزیمت شدن افراسیاب	۸۱۶
فتح نامه نوشتن کیخسرو بکاووس	۸۱۷
رسیدن افراسیاب به گنگ دژ	۸۱۸

رفتن کیخسرو از پس افراسیاب و گذشتن بجیحون	819
رزم کردن کیخسرو بار دیگر با افراسیاب	821
پناه گرفتن افراسیاب در گنگ بهشت	823
نامه افراسیاب بنزدیک فغفور چین	825
آمدن کیخسرو بپیش گنگ دژ	826
آمدن جهن با نامه افراسیاب نزد کیخسرو	828
پاسخ دادن کیخسرو جهن را	830
رزم کیخسرو با افراسیاب و گرفته شدن گنگ دژ	833
گریختن افراسیاب از گنگ	836
زینهار دادن خسرو خویشان افراسیاب را	837
نامه کیخسرو بکاووس به نوید پیروزی	840
شبیخون افراسیاب به سپاه ایران	845
گذشتن افراسیاب از آب زره	848
نامه شاه به کاووس	851
رزم کیخسر. با شاه مکران و گذشتن بر آب زره	856
بازگشتن کیخسرو از توران به ایران	865
سپری شدن روزگار کاووس	874
ناامید شدن کیخسرو از پادشاهی	875
پند دادن زال سام کیخسرو را	884
پند دادن کیخسرو ایرانیان را	887
وصیت کردن کیخسرو گودرز را	888
دادن کیخسرو پادشاهی بلهراسپ	892
پادشاهی لهراسپ	**901**
پادشاهی لهراسپ	902
داستان کتایون با گشتاسپ	909
پادشاهی گشتاسپ	**935**
بخواب دیدن فردوسی دقیقی را	936
گفتار دقیقی	936

پیدا شدن زردشت و پذیرفتن گشتاسپ دین او	۹۳۷
نپذیرفتن گشتاسپ باژ ایران ارجاسب را	۹۳۹
لشکر کشیدن ارجاسب بجنگ گشتاسپ	۹۴۶
رزم ارجاسب با گشتاسپ	۹۵۱
کشته شدن اردشیر و شیرو و شیدسپ و گرامی و نیوزار سرداران ایران	۹۵۳
آگاهی یافتن اسفندیار از کشته شدن زریر	۹۵۸
اندر بازگشت گشتاسپ به ایران‌زمین	۹۶۴
بند کردن گشتاسپ اسفندیار را	۹۷۰
اندر تاخت آوردن ارجاسپ به ایران‌زمین	۹۷۲
انجام شدن گفتار دقیقی	۹۷۳
آمدن لشکر ارجاسپ ببلخ و کشته شدن لهراسپ	۹۷۴
هزیمت شدن گشتاسپ از ارجاسپ	۹۷۸
رزم اسفندیار با ارجاسپ و گریختن ارجاسپ	۹۸۷
هفتخوان اسفندیار	۹۹۳
ستایش سلطان محمود	۹۹۴
آغاز داستان	۹۹۵
خوان نخست کشتن اسفندیار دو گرگ را	۹۹۷
خوان دویم کشتن اسفندیار شیران را	۹۹۸
خوان سیوم کشتن اسفندیار اژدها را	۹۹۹
خوان چهارم کشتن اسفندیار زن جادو را	۱۰۰۱
خوان پنجم کشتن اسفندیار سیمرغ را	۱۰۰۴
خوان ششم گذشتن اسفندیار از برف	۱۰۰۷
خوان هفتم گذشتن اسفندیار از رود و کشتن گرگسار را	۱۰۰۹
رفتن اسفندیار به رویین دژ	۱۰۱۱
آمدن خواهران نزد اسفندیار	۱۰۱۴
کشتن اسفندیار ارجاسپ را	۱۰۱۸
نامه نوشتن اسفندیار بگشتاسپ و پاسخ او	۱۰۲۲
بازگشتن اسفندیار نزد گشتاسپ	۱۰۲۴

داستان رستم و اسفندیار	۱۰۲۷
آغاز داستان	۱۰۲۸
داستان رستم و اسفندیار	۱۰۲۸
رفتن اسفندیار به سیستان	۱۰۳۵
رفتن بهمن به نزد رستم	۱۰۳۸
پاسخ پیام اسفندیار از سوی رستم	۱۰۴۲
رسیدن رستم و اسفندیار بیکدیگر	۱۰۴۵
نخواندن اسفندیار رستم را به مهمانی	۱۰۴۸
نکوهش کردن اسفندیار رستم را	۱۰۵۰
پاسخ اسفندیار رستم را	۱۰۵۳
ستایش کردن رستم پهلوانی خود را	۱۰۵۵
پند دادن زال مر رستم را	۱۰۶۲
رزم رستم با اسفندیار	۱۰۶۴
کشته شدن پسران اسفندیار بر دست زواره و فرامرز	۱۰۶۷
گریختن رستم ببالای کوه	۱۰۶۹
زاری اسفندیار بر پسران و فرستادن تابوتشان نزد گرشاسپ	۱۰۷۱
رای زدن رستم با خویشان	۱۰۷۲
چاره ساختن سیمرغ رستم را	۱۰۷۳
بازگشتن رستم به جنگ اسفندیار	۱۰۷۶
کشته شدن اسفندیار به دست رستم	۱۰۷۸
اندرز کردن اسفندیار رستم را	۱۰۸۱
بردن پشوتن تابوت اسفندیار نزد گشتاسپ	۱۰۸۴
باز فرستادن رستم بهمن را به ایران	۱۰۸۷
داستان رستم و شغاد	۱۰۹۱
آغاز داستان	۱۰۹۲
رفتن رستم بکابل از بهر برادرش شغاد	۱۰۹۳
کشته شدن رستم در چاه نخچیرگاه	۱۰۹۷
آگاهی یافتن زال از کشته شدن رستم و آوردن فرامرز تابوت ایشان را	۱۱۰۰

لشکر کشیدن فرامرز بکین رستم و کشتن او شاه کابل را	1102
پادشاهی بهمن اسفندیار	1107
کین خواهی بهمن از بهر خون اسفندیار	1108
در بند انداختن بهمن زال را	1109
رزم فرامرز با بهمن و کشته شدن فرامرز	1111
رها کردن بهمن زال را و بازگشتن بایران	1112
پادشاهی همای چهر آزاد	1117
گذاشتن همای پسر خود داراب را در صندوقی بدریای فرات	1118
یافتن گازر صندوق و پروردنش داراب را	1119
پرسیدن داراب نژاد خود از گازر و جنگ آوردن بارومیان	1122
داستان رشنواد و داراب و تاق شکسته	1124
رزم داراب با لشکر روم و گریز رومیان	1125
شناختن همای پسر را	1127
پادشاهی داراب	1131
پادشاهی داراب	1132
ساختن داراب شهر داراب کرد را	1132
رزم داراب با شعیب تازی	1133
رزم داراب با فیلقوس و بزنی گرفتن دخترش	1134
باز فرستادن داراب دختر فیلقوس را و زادن اسکندر از او	1136
پادشاهی دارای داراب	1139
پادشاهی دارا پسر داراب	1140
یورش اسکندر به ایران	1141
رزم نخست اسکندر با دارا	1145
رزم دویم اسکندر با دارا	1146
رزم سیوم اسکندر با دارا	1148
نامه دارا باسکندر به آشتی	1149
کشته شدن دارا و اندرز کردن او اسکندر را	1152
نامه نوشتن اسکندر نزد بزرگان ایران	1155

پادشاهی اسکندر...۱۱۵۷

پادشاهی اسکندر...۱۱۵۸

نامه نبشتن اسکندر بزن و دختر دارا...۱۱۵۸

پاسخ نامه اسکندر از مادر روشنک..۱۱۶۰

لشکر کشیدن اسکندر سوی کید و نامه نوشتن بدو..۱۱۶۶

کشته شدن فور بدست اسکندر و نشانیدن اسکندر سورگ را بتخت او...............۱۱۷۸

لشکر کشیدن اسکندر از جده بسوی مصر..۱۱۸۱

پند دادن قیدافه اسکندر را..۱۱۸۷

رسیدن اسکندر بدریای خاور...۱۱۹۸

رسیدن اسکندر به کوهی و آگاهی یافتن از مرگ خود..۱۲۱۰

سپری شدن روزگار سکندر و بردن تابوتش باسکندریه...۱۲۲۱

داستان بیژن با منیژه

آغاز داستان

شبی چون شبه روی شسته بقیر	نه بهرام پیدا نه کیوان نه تیر
دگرگونه آرایشی کرد ماه	بسیج گذر کرد بر پیشگاه
شده تیره اندر سرای درنگ	میان کرده باریک و دل کرده تنگ
ز تاجش سه بهره شده لاژورد	سپرده هوا را بزنگار و گرد
سپاه شب تیره بر دشت و راغ	یکی فرش گسترده از پرزاغ
نموده ز هر سو بچشم اهرمن	چو مار سیه باز کرده دهن
چو پولاد زنگار خورده سپهر	تو گفتی بقیر اندر اندود چهر
هرآنگه که برزد یکی باد سرد	چو زنگی برانگیخت ز انگشت گرد
چنان گشت باغ و لب جویبار	کجا موج خیزد ز دریای قار
فرو ماند گردون گردان بجای	شده سست خورشید را دست و پای
سپهر اند آن چادر قیرگون	تو گفتی شدستی بخواب اندرون
جهان از دل خویشتن پر هراس	جرس برکشیده نگهبان پاس
نه آوای مرغ و نه هرای دد	زمانه زبان بسته از نیک و بد
نبد هیچ پیدا نشیب از فراز	دلم تنگ شد زان شب دیریاز
بدان تنگی اندر بجستم ز جای	یکی مهربان بودم اندر سرای
خروشیدم و خواستم زو چراغ	برفت آن بت مهربانم ز باغ
مرا گفت شمعت چباید همی	شب تیره خوبت بباید همی
بدو گفتم ای بت نیم مرد خواب	یکی شمع پیش آر چون آفتاب
بنه پیشم و بزم را ساز کن	بچنگ ار چنگ و می آغاز کن
بیاورد شمع و بیامد بباغ	برافروخت رخشنده شمع و چراغ
می آورد و نار و ترنج و بهی	زدوده یکی جام شاهنشهی
مرا گفت برخیز و دل شاددار	روان را ز درد و غم آزاد دار
نگر تا که دل را نداری تباه	ز اندیشه و داد فریاد خواه
جهان چون گذاری همی بگذرد	خردمند مردم چرا غم خورد

گهی می‌گسارید و گه چنگ ساخت	تو گفتی که هاروت نیرنگ ساخت
دلم بر همه کام پیروز کرد	که بر من شب تیره نوروز کرد
بدان سرو بن گفتم ای ماهروی	یکی داستان امشبم بازگونی
که دل گیرد از مهر او فر و مهر	بدو اندرون خیره ماند سپهر
مرا مهربان یار بشنو چگفت	ازان پس که با کام گشتیم جفت
بپیمای می تا یکی داستان	بگویمت از گفته‌ی باستان
پر از چاره و مهر و نیرنگ و جنگ	همان از در مرد فرهنگ و سنگ
بگفتم بیار ای بت خوب چهر	بخوان داستان و بیفزای مهر
ز نیک و بد چرخ ناسازگار	که آرد بمردم ز هرگونه کار
نگر تا نداری دل خویش تنگ	بتابی ازو چند جویی درنگ
نداند کسی راه و سامان اوی	نه پیدا بود درد و درمان اوی
پس آنگه بگفت ار ز من بشنوی	بشعر آری از دفتر پهلوی
همت گویم و هم پذیرم سپاس	کنون بشنو ای جفت نیکی‌شناس

داد خواهی ارمانیان از خسرو

چو کیخسرو آمد بکین خواستن	جهان ساز نو خواست آراستن
ز توران زمین گم شد آن تخت و گاه	برآمد بخورشید بر تاج شاه
بپیوست با شاه ایران سپهر	بر آزادگان بر بگسترد مهر
زمانه چنان شد که بود از نخست	بب وفا روی خسرو بشست
بجویی که یک روز بگذشت آب	نسازد خردمند ازو جای خواب
چو بهری ز گیتی برو گشت راست	که کین سیاوش همی باز خواست
بپگماز بنشست یک روز شاد	ز گردان لشکر همی کرد یاد
بدیبا بیاراسته گاه شاه	نهاده بسر بر کیانی کلاه
نشسته بگاه اندرون می بچنگ	دل و گوش داده بوای چنگ
برامش نشسته بزرگان بهم	فریبرز کاوس با گستهم
چو گودرز کشواد و فرهاد و گیو	چو گرگین میلاد و شاپور نیو

شه نوذر آن طوس لشکرشکن	چو رهام و چون بیژن رزمزن
همه باده‌ی خسروانی بدست	همه پهلوانان خسروپرست
می اندر قدح چون عقیق یمن	بپیش اندرون لاله و نسترن
پریچهرگان پیش خسرو بپای	سر زلفشان بر سمن مشک‌سای
همه بزمگه بوی و رنگ بهار	کمر بسته بر پیش سالاربار
ز پرده درآمد یکی پرده دار	بنزدیک سالار شد هوشیار
که بر در بپایند ارمانیان	سر مرز توران و ایرانیان
همی راه جویند نزدیک شاه	ز راه دراز آمده دادخواه
چو سالار هشیار بشنید رفت	بنزدیک خسرو خرامید تفت
بگفت آنچ بشنید و فرمان گزید	بپیش اندر آوردشان چون سزید
بکش کرده دست و زمین را بروی	ستردند زاری‌کنان پیش اوی
که ای شاه پیروز جاوید زی	که خود جاودان زندگی را سزی
ز شهری بداد آمدستیم دور	که ایران ازین سوی زان سوی تور
کجا خان ارمانش خوانند نام	وز ارمانیان نزد خسرو پیام
که نوشه زی ای شاه تا جاودان	بهر کشوری دسترس بر بدان
بهر هفت کشور توی شهریار	ز هر بد تو باشی بهر شهر، یار
سر مرز توران در شهر ماست	ازیشان بما بر چه مایه بلاست
سوی شهر ایران یکی بیشه بود	که ما را بدان بیشه اندیشه بود
چه مایه بدو اندرون کشتزار	درخت برآور هم میوه‌دار
چراگاه ما بود و فریاد ما	ایا شاه ایران بده داد ما
گراز آمد اکنون فزون از شمار	گرفت آن همه بیشه و مرغزار
به دندان چو پیلان بتن همچو کوه	وزیشان شده شهر ارمان ستوه
هم از چارپایان و هم کشتمند	ازیشان بما بر چه مایه گزند
درختان کشته ندرایم یاد	بدندان به دو نیم کردند شاد
نیاید بدندانشان سنگ سخت	مگرمان بیکباره برگشت بخت
چو بشنید گفتار فریادخواه	بدرد دل اندر بپیچید شاه
بریشان ببخشود خسرو بدرد	بگردان گردنکش آواز کرد
که ای نامداران و گردان من	که جوید همی نام ازین انجمن
شود سوی این بیشه‌ی خوک خورد	بنام بزرگ و بننگ و نبرد

ببرد سران گرازان بتیغ — ندارم ازو گنج گوهر دریغ
یکی خوان زرین بفرمود شاه — ک بنهاد گنجور در پیشگاه
ز هر گونه گوهر برو ریختند — همه یک بدیگر برآمیختند
ده اسب گرانمایه زرین لگام — نهاده برو داغ کاوس نام
بدیبای رومی بیاراستند — بسی ز انجمن نامور خواستند
چنین گفت پس شهریار زمین — که ای نامداران با آفرین
که جوید بزرم من رنج خویش — ازان پس کند گنج من گنج خویش
کس از انجمن هیچ پاسخ نداد — مگر بیژن گیو فرخ‌نژاد
نهاد از میان گوان پیش پای — ابر شاه کرد آفرین خدای
که جاوید بادی و پیروز و شاد — سرت سبز باد و دلت پر ز داد
گرفته بدست اندرون جام می — شب و روز بر یاد کاوس کی
که خرم بمینو بود جان تو — بگیتی پراگنده فرمان تو
من آیم بفرمان این کار پیش — ز بهر تو دارم تن و جان خویش
چو بیژن چنین گفت گیو از کران — نگه کرد و آن کارش آمد گران
نخست آفرین کرد مر شاه را — ببیژن نمود آنگهی راه را
بفرزند گفت این جوانی چراست — بنیروی خویش این گمانی چراست
جوان گرچه دانا بود با گهر — ابی آزمایش نگیرد هنر
بد و نیک هر گونه باید کشید — ز هر تلخ و شوری بباید چشید
براهی که هرگز نرفتی مپوی — بر شاه خیره مبر آبروی
ز گفت پدر پس برآشفت سخت — جوان بود و هشیار و پیروز بخت
چنین گفت کای شاه پیروزگر — تو بر من به سستی گمانی مبر
تو این گفته‌ها از من اندر پذیر — جوانم ولیکن باندیشه پیر
منم بیژن گیو لشکرشکن — سر خوک را بگسلانم ز تن
چو بیژن چنین گفت شد شاه شاد — برو آفرین کرد و فرمانش داد
بدو گفت خسرو که ای پر هنر — همیشه بپیش بدیها سپر
کسی را کجا چون تو کهتر بود — ز دشمن بترسید سبکسر بود
بگرگین میلاد گفت آنگهی — که بیژن بتوران نداند رهی
تو با او برو تا سر آب بند — همیش راهبر باش و هم یار مند

رفتن بیژن به جنگ گرازان

از آنجا بسیچید بیژن براه	کمر بست و بنهاد بر سر کلاه
بیاورد گرگین میلاد را	همواز ره را و فریاد را
برفت از در شاه با یوز و باز	بنخچیر کردن براه دراز
همی رفت چون پیل کفک افگنان	سر گور و آهو ز تن برکنان
ز چنگال یوزان همه دشت غرم	دریده بر و دل پر از داغ و گرم
همه گردن گور زخم کمند	چه بیژن چه تهمورس دیوبند
تذروان بچنگال باز اندرون	چکان از هوا بر سمن برگ خون
بدین سان همی راه بگذاشتند	همه دشت را باغ پنداشتند
چو بیژن به بیشه برافگند چشم	بجوشید خونش بتن بر ز خشم
گرازان گرازان نه آگاه ازین	که بیژن نهادست بر بور زین
بگرگین میلاد گفت اندرآی	وگرنه ز یکسو بپرداز جای
برو تا بنزدیک آن آبگیر	چو من با گراز اندر آیم بتیر
بدانگه که از بیشه خیزد خروش	تو بردار گرز و بجای آر هوش
ببیژن چنین گفت گرگین گو	که پیمان نه این بود با شاه نو
تو برداشتی گوهر و سیم و زر	تو بستی مرین رزمگه را کمر
چو بیژن شنید این سخن خیره شد	همه چشمش از روی او تیره شد
ببیشه درآمد بکردار شیر	کمان را بزه کرد مرد دلیر
چو ابر بهاران بغرید سخت	فرو ریخت پیکان چو برگ درخت
برفت از پس خوک چون پیل مست	یکی خنجر آب داده بدست
همه جنگ را پیش او تاختند	زمین را بدندان برانداختند
ز دندان همی آتش افروختند	تو گفتی که گیتی همی سوختند
گرازی بیامد چو آهرمنا	زره را بدرید بر بیژنا
چو سوهان پولاد بر سنگ سخت	همی سود دندان او بر درخت
برانگیختند آتش کارزار	برآمد یکی دود زان مرغزار

بزد خنجری بر میان بیژنش
بدو نیمه شد پیل پیکر تنش

چو روبه شدند آن ددان دلیر
تن از تیغ پر خون دل از جنگ سیر

سرانشان بخنجر ببرید پست
بفتراک شبرنگ سرکش ببست

که دندانها نزد شاه آورد
تن بی‌سرانشان براه آورد

بگردان ایران نماید هنر
ز پیلان جنگی جدا کرده سر

بگردون برافگند هر یک چو کوه
بشد گاومیش از کشیدن ستوه

بداندیش گرگین شوریده رفت
ز یک سوی بیشه درآمد چو تفت

همه بیشه آمد بچشمش کبود
برو آفرین کرد و شادی نمود

بدلش اندر آمد ازان کار درد
ز بدنامی خویش ترسید مرد

دلش را بپیچید آهرمنا
بد انداختن کرد با بیژنا

سگالش چنین بد نوشته جزین
نکرد ایچ یاد از جهان آفرین

کسی کو بره بر کند ژرف چاه
سزد گر نهد در بن چاه گاه

ز بهر فزونی وز بهر نام
براه جوان بر بگسترد دام

نگر تا چه بد ساخت آن بی‌وفا
مر او را چه پیش آورید از جفا

بدو آن زمان مهربانی نمود
بخوبی مر او را فراوان ستود

چو از جنگ و کشتن بپرداختند
نشستنگه رود و می ساختند

نبد بیژن آگه ز کردار اوی
همی راست پنداشت گفتار اوی

چو خوردن زان سرخ می اندکی
بگرگین نگه کرد بیژن یکی

بدو گفت چون دیدی این جنگ من
بدین گونه با خوک آهنگ من

چنین داد پاسخ که ای شیرخوی
بگیتی ندیدم چو تو جنگجوی

بایران و توران ترا یار نیست
چنین کار پیش تو دشوار نیست

دل بیژن از گفت او شاد شد
بسان یکی سرو آزاد شد

بیژن چنین گفت پس پهلوان
که ای نامور گرد روشن‌روان

برآمد ترا این چنین کار چند
بنیروی یزدان و بخت بلند

کنون گفتنیها بگویم ترا
که من چندگه بوده‌ام ایدرا

چه با رستم و گیو و با گژدهم
چه با طوس نوذر چه با گستهم

چه مایه هنرها برین پهن دشت
که کردیم و گردون بران بر گذشت

کجا نام ما زان برآمد بلند
بنزدیک خسرو شدیم ارجمند

یکی جشنگاهست ز ایدر نه دور
به دو روزه راه اندر آید بتور

یکی دشت بینی همه سبز و زرد	کزو شاد گردد دل رادمرد
همه بیشه و باغ و آب روان	یکی جایگه از در پهلوان
زمین پرنیان و هوا مشکبوی	گلابست گویی مگر آب جوی
ز عنبرش خاک و ز یاقوت سنگ	هوا مشکبوی و زمین رنگ رنگ
خم‌آورده از بار شاخ سمن	صنم گشته پالیز و گلبن شمن
خرامان بگرد گل اندر تذرو	خروشیدن بلبل از شاخ سرو
ازین پس کنون تا نه بس روزگار	شد چون بهشت آن در و مرغزار
پری چهره بینی همه دشت و کوه	ز هر سو نشسته بشادی گروه
منیژه کجا دخت افراسیاب	درفشان کند باغ چون آفتاب
همه دخت توران پوشیده‌روی	همه سرو بالا همه مشک موی
همه رخ پر از گل همه چشم خواب	همه لب پر از می ببوی گلاب
اگر ما بنزدیک آن جشنگاه	شویم و بتازیم یک روزه راه
بگیریم ازیشان پری چهره چند	بنزدیک خسرو شویم ارجمند
چو گرگین چنین گفت بیژن جوان	بجوشیدش آن گوهر پهلوان
گهی نام جست اندران گاه کام	جوان بد جوانوار برداشت گام
برفتند هر دو براه دراز	یکی از نوشته دگر کینه‌ساز
میان دو بیشه بیک روزه راه	فرود آمد آن گرد لشکر پناه
بدان مرغزاران ارمان دو روز	همی شاد بودند باباز و یوز
چو دانست گرگین که آمد عروس	همه دشت ازو شد چو چشم خروس
بیژن پس آن داستان برگشاد	وزان جشن و رامش بسی کرد یاد
بگرگین چنین گفت پس بیژنا	که من پیشتر سازم این رفتنا
شوم بزمگه را ببینم ز دور	که ترکان همی چون بسیچند سور
وز آن جایگه پس بتابم عنان	بگردن برآرم ز دوده سنان
زنیم آنگهی رای هشیارتر	شود دل ز دیدار بیدارتر
بگنجور گفت آن کلاه بزر	که در بزمگه بر نهادم بسر
که روشن شدی زو همه بزمگاه	بیاور که ما را کنونست گاه
همان طوق کیخسرو و گوشوار	همان یاره‌ی گیو گوهرنگار
بپوشید رخشنده رومی قبای	ز تاج اندر آویخت پر همای
نهادند بر پشت شبرنگ زین	کمر خواست با پهلوانی نگین

۶۴۸

Shahnameh

بیامد بنزدیک آن بیشه شد | دل کامجویش پر اندیشه شد
بزیر یکی سر وبن شد بلند | که تا ز آفتابش نباشد گزند
بنزدیک آن خیمه‌ی خوب چهر | بیامد بدلش اندر افروخت مهر
همه دشت ز آوای رود و سرود | روان را همی داد گفتی درود
منیژه چو از خیمه کردش نگاه | بدید آن سهی قد لشکر پناه
برخسارگان چون سهیل یمن | بنفشه گرفته دو برگ سمن
کلاه تهم پهلوان بر سرش | درفشان ز دیبای رومی برش
بپرده درون دخت پوشیده روی | بجوشید مهرش دگر شد به خوی
فرستاد مر دایه را چون نوند | که رو زیر آن شاخ سرو بلند
نگه کن که آن ماه دیدار کیست | سیاوش مگر زنده شد گر پریست
بپرسش که چون آمدی ایدرا | نیایی بدین بزمگاه اندرا
پریزاده‌ای گر سیاوشیا | که دلها بمهرت همی جوشیا
وگر خاست اندر جهان رستخیز | که بفروختی آتش مهر تیز
که من سالیان اندرین مرغزار | همی جشن سازم بهر نوبهار
بدین بزمگه بر ندیدیم کس | ترا دیدم ای سرو آزاده بس
چو دایه بر بیژن آمد فراز | برو آفرین کرد و بردش نماز
پیام منیژه به بیژن بگفت | همه روی بیژن چو گل بر شکفت
چنین پاسخ آورد بیژن بدوی | که من ای فرستاده‌ی خوب روی
سیاوش نیم نز پری زادگان | از ایرانم از تخم آزادگان
منم بیژن گیو ز ایران بجنگ | بزخم گراز آمدم بی‌درنگ
سرانشان بریدم فگندم براه | که دندانهاشان برم نزد شاه
چو زین جشنگاه آگهی یافتم | سوی گیو گودرز نشتافتم
بدین رزمگاه آمدستم فراز | بپیموده بسیار راه دراز
مگر چهره‌ی دخت افراسیاب | نماید مرا بخت فرخ بخواب
همی بینم این دشت آراسته | چو بتخانه‌ی چین پر از خواسته
اگر نیک رایی کنی تاج زر | ترا بخشم و گوشوار و کمر
مرا سوی آن خوب چهر آوری | دلش با دل من بمهر آوری
چو بیژن چنین گفت شد دایه باز | بگوش منیژه سرایید راز
که رویش چنینست بالا چنین | چنین آفریدش جهان آفرین

۶۴۹

چو بشنید از دایه او این سخن	بفرمود رفتن سوی سرو بن
فرستاد پاسخ هم اندر زمان	کت آمد بدست آنچ بردی گمان
گر آیی خرامان بنزدیک من	بیفروزی این جان تاریک من
نماند آنگهی جایگاه سخن	خرامید زان سایه‌ی سروبن
سوی خیمه‌ی دخت آزاده خوی	پیاده همی گام زد برزوی
بپرده درآمد چو سرو بلند	میانش بزرین کمر کرده بند
منیژه بیامد گرفتش ببر	گشاد از میانش کیانی کمر
بپرسیدش از راه و رنج دراز	که با تو که آمد بجنگ گراز
چرا این چنین روی و بالا و برز	برنجانی ای خوب چهره بگرز
بشستند پایش بمشک و گلاب	گرفتند زان پس بخوردن شتاب
نهادند خوان و خورش گونه گون	همی ساختند از گمانی فزون
نشستنگه رود و می ساختند	ز بیگانه خیمه بپرداختند
پرستندگان ایستاده بپای	ابا بربط و چنگ و رامش سرای
بدیبا زمین کرده طاوس رنگ	ز دینار و دیبا چو پشت پلنگ
چه از مشک و عنبر چه یاقوت و زر	سراپرده آراسته سربسر
می سالخورده بجام بلور	برآورده با بیژن گیو شور
سه روز و سه شب شاد بوده بهم	گرفته برو خواب مستی ستم

بردن منیژه بیژن را بکاخ خود

چو هنگام رفتن فراز آمدش	بدیدار بیژن نیاز آمدش
بفرمود تا داروی هوشبر	پرستنده آمیخت با نوشبر
بدادند مر بیژن گیو را	مر آن نیک دل نامور نیو را
منیژه چو بیژن دژم روی ماند	پرستندگان را بر خویش خواند
عماری بسیچید رفتن براه	مر آن خفته را اندر آن جایگاه
ز یک سو نشستنگه کام را	دگر ساخته جای آرام را
بگسترد کافور بر جای خواب	همی ریخت بر چوب صندل گلاب

چو آمد بنزدیک شهر اندرا بپوشید بر خفته بر چادرا
نهفته بکاخ اندر آمد بشب به بیگانگان هیچ نگشاد لب
چو بیدار شد بیژن و هوش یافت نگار سمن بر در آغوش یافت
بایوان افراسیاب اندرا ابا ماه رخ سر ببالین برا
بپیچید بر خویشتن بیژنا بیزدان بنالید ز آهرمنا
چنین گفت کای کردگار ار مرا رهایی نخواهد بدن ز ایدرا
ز گرگین تو خواهی مگر کین من برو بشنوی درد و نفرین من
که او بد مرا بر بدی رهنمون همی خواند بر من فراوان فسون
منیژه بدو گفت دل شاددار همه کار نابوده را باد دار
بمردان ز هر گونه کار آیدا گهی بزم و گه کارزار آیدا
ز هر خرگهی گل رخی خواستند بدیبای رومی بیاراستند
پری چهرگان رود برداشتند بشادی همه روز بگذاشتند
چو بگذشت یک چندگاه این چنین پس آگاهی آمد بدربان ازین
نهفته همه کارشان بازجست بژرفی نگه کرد کار از نخست
کسی کز گزافه سخن راندا درخت بلا را بجنباندا
نگه کرد کو کیست و شهرش کجاست بدین آمدن سوی توران چراست
بدانست و ترسان شد از جان خویش شتابید نزدیک درمان خویش
جز آگاه کردن ندید ایچ رای دوان از پس پرده برداشت پای

آگاه شدن افراسیاب از کار منیژه و بیژن

بیامد بر شاه توران بگفت که دختت ز ایران گزیدست جفت
جهانجوی کرد از جهاندار یاد تو گفتی که بیدست هنگام باد
بدست از مژه خون مژگان برفت برآشفت و این داستان باز گفت
کرا از پس پرده دختر بود اگر تاج دارد بداختر بود
کرا دختر آید بجای پسر به از گور داماد ناید بدر
ز کار منیژه دلش خیره ماند قراخان سالار را پیش خواند

بدو گفت ازین کار ناپاک زن	هشیوار با من یکی رای زن
قراخان چنین داد پاسخ بشاه	که در کار هشیارتر کن نگاه
اگر هست خود جای گفتار نیست	ولیکن شنیدن چو دیدار نیست
بگرسیوز آنگاه گفتش بدرد	پر از خون دل و دیده پر آب زرد
زمانه چرا بندد این بند من	غم شهر ایران و فرزند من
برو با سواران هشیار سر	نگه دار مر کاخ را بام و در
نگر تا که بینی بکاخ اندرا	ببند و کشانش بیار ایدرا
چو گرسیوز آمد بنزدیک در	از ایوان خروش آمد و نوش و خور
غریویدن چنگ و بانگ رباب	برآمد ز ایوان افراسیاب
سواران در و بام آن کاخ شاه	گرفتند و هر سو ببستند راه
چو گرسیوز آن کاخ در بسته دید	می و غلغل نوش پیوسته دید
سواران گرفتندگرد اندرش	چو سالار شد سوی بسته درش
بزد دست و برکند بندش ز جای	بجست از میان در اندر سرای
بیامد بنزدیک آن خانه زود	کجا پیشگه مرد بیگانه بود
ز در چون به بیژن برافگند چشم	بچوشید خونش برگ بر ز خشم
در آن خانه سیصد پرستنده بود	همه با رباب و نبید و سرود
بپیچید بر خویشتن بیژنا	که چون رزم سازم برهنه تنا
نه شبرنگ با من نه رهوار بور	همانا که برگشتم امروز هور
ز گیتی نبینم همی یار کس	بجز ایزدم نیست فریادرس
کجا گیو و گودرز کشوادگان	که سر داد باید همی رایگان
همیشه بیک ساق موزه درون	یکی خنجری داشتی آبگون
بزد دست و خنجر کشید از نیام	در خانه بگرفت و برگفت نام
که من بیژنم پور کشوادگان	سر پهلوانان و آزادگان
ندرد کسی پوست بر من مگر	همی سیری آید تنش را ز سر
وگر خیزد اندر جهان رستخیز	نبیند کسی پشتم اندر گریز
تو دانی نیاکان و شاه مرا	میان یلان پایگاه مرا
وگر جنگ سازند مر جنگ را	همیشه بشویم بخون چنگ را
ز تورانیان من بدین خنجرا	ببرم فراوان سران را سرا
گرم نزد سالار توران بری	بخوبی برو داستان آوری

تو خواهشگری کن مرا زو بخون	سزد گر بنیکی بوی رهنمون
نکرد ایچ گرسیوز آهنگ اوی	چو دید آن چنان تیزی چنگ اوی
بدانست کو راست گوید همی	بخون ریختن دست شوید همی
وفا کرد با او بسوگندها	بخوبی بدادش بسی پندها
بپیمان جدا کرد زو خنجرا	بخوبی کشیدش ببند اندرا
بیاورد بسته بکردار یوز	چه سود از هنرها چو برگشت روز
چنینست کردار این گوژپشت	چو نرمی بسودی بیابی درشت
چو آمد بنزدیک شاه اندرا	گو دست بسته برهنه سرا
برو آفرین کردکای شهریار	گر از من کنی راستی خواستار
بگویم ترا سربسر داستان	چو گردی بگفتار همداستان
نه من بزرو جستم این جشنگاه	نبود اندرین کار کس را گناه
از ایران بجنگ گراز آمدم	بدین جشن توران فراز آمدم
ز بهر یکی باز گم بوده را	برانداختم مهربان دوده را
بزیر یکی سرو رفتم بخواب	که تا سایه دارد مرا ز آفتاب
پری دربیامد بگسترد پر	مرا اندر آورد خفته ببر
از اسبم جدا کرد و شد تا براه	که آمد همی لشکر و دخت شاه
سوران پراگنده بر گرد دشت	چه مایه عماری بمن برگذشت
یکی چتر هندی برآمد ز دور	ز هر سو گرفته سواران تور
یکی کرده از عود مهدی میان	کشیده برو چادر پرنیان
بدو اندرون خفته بت پیکری	نهاده ببالین برش افسری
پری یک بیک ز اهرمن کرد یاد	میان سواران درآمد چو باد
مرا ناگهان در عماری نشاند	بران خوب چهره فسونی بخواند
که تا اندر ایوان نیامد ز خواب	نجنبید و من چشم کرده پر آب
گناهی مرا اندرین بوده نیست	منیژه بدین کار آلوده نیست
پری بی‌گمان بخت برگشته بود	که بر من همی جادوی آزمود
چنین بد که گفتم کم و بیش نه	مرا ایدر اکنون کس و خویش نه
چنین داد پاسخ پس افراسیاب	که بخت بدت کرد بر تو شتاب
تو آنی کز ایران بتیغ و کمند	همی رزم جستی به نام بلند
کنون چون زنان پیش من بسته دست	همی خواب گویی به کردار مست

بکار دروغ آزمودن همی
بخواهی سر از من ربودن همی

بدو گفت بیژن که ای شهریار
سخن بشنو از من یکی هوشیار

گرازان بدندان و شیران بچنگ
توانند کردن بهر جای جنگ

یلان هم بشمشیر و تیر و کمان
توانند کوشید با بدگمان

یکی دست بسته برهنه تنا
یکی را ز پولاد پیراهنا

چگونه درد شیر بی چنگ تیز
اگر چند باشد دلش پر ستیز

اگر شاه خواهد که بنید ز من
دلیری نمودن بدین انجمن

یکی اسب فرمای و گرزی گران
ز ترکان گزین کن هزار از سران

بوردگه بر یکی زین هزار
اگر زنده مانم بمردم مدار

ز بیژن چو این گفته بشنید چشم
بروبر فگند و برآورد خشم

بگرسیوز اندر یکی بنگرید
کز ایران چه دیدیم و خواهیم دید

نبینی که این بدکنش ریمنا
فزونی سگالد همی بر منا

بسنده نبودش همین بد که کرد
همی رزم جوید بننگ و نبرد

ببر همچنین بند بر دست و پای
هم اندر زمان زو بپرداز جای

بفرمای داری زدن پیش در
که باشد ز هر سو برو رهگذر

نگون بخت را زنده بر دار کن
وزو نیز با من مگردان سخن

بدان تا ز ایرانیان زین سپس
نیارد بتوران نگه کرد کس

کشیدندش از پیش افراسیاب
دل از درد خسته دو دیده پر آب

چو آمد بدر بیژن خسته دل
ز خون مژه پای مانده بگل

همی گفت اگر بر سرم کردگار
نوشتست مردن ببد روزگار

ز دار و ز کشتن نترسم همی
ز گردان ایران بترسم همی

که نامرد خواند مرا دشمنم
ز ناخسته بردار کرده تنم

بپیش نیاکان پهلو منش
پس از مرگ بر من بود سرزنش

روانم بماند هم ایدر بجای
ز شرم پدر چون شوم باز جای

دریغا که شادان شود دشمنم
چو بینند بر دار روشن تنم

دریغا ز شاه و ز مردان نیو
دریغا که دورم ز دیدار گیو

ایا باد بگذر بایران زمین
پیامی بر از من بشاه گزین

بگویش که بیژن بسختی درست
چو آهو که در چنگ شیر نرست

ببخشود یزدان جوانیش را
بهم برشکست آن گمانیش را

Shahnameh

کننده همی کند جای درخت	پدید آمد از دور پیران ز بخت
چو پیران ویسه بدانجا رسید	همه راه ترک کمربسته دید
یکی دار برپای کرده بلند	کمندی برو بسته چون پای بند
ز ترکان بپرسید کین دار چیست	در شاه را از در دار کیست
بدو گفت گرسیوز این بیژنست	از ایران کجا شاه را دشمنست
بزد اسب و آمد بر بیژنا	جگر خسته دیدش برهنه تنا
دو دست از پس پشت بسته چو سنگ	دهن خشک و رفته ز رخساره رنگ
بپرسید و گفتش که چون آمدی	از ایران همانا بخون آمدی
همه داستان بیژن او را بگفت	چنانچون رسیدش ز بدخواه جفت
ببخشود پیران ویسه بروی	ز مژگان سرشکش فرو شد بروی
بفرمود تا یک زمانش بدار	نکردند و گفتا هم ایدر بدار
بدان تا ببینم یکی روی شاه	نمایم بدو اختر نیک راه
بکاخ اندر آمد پرستارفش	بر شاه با دست کرده بکش
بیامد دمان تا بنزدیک تخت	بر افراسیاب آفرین کرد سخت
همی بود در پیش تختش بپای	چو دستور پاکیزه و رهنمای
سپهبد بدانست کز آرزوی	بپایست پیران آزاده خوی
بخندید و گفتش چه خواهی بگوی	ترا بیشتر نزد من آبروی
اگر زر خواهی و گر گوهرا	و گر پادشاهی هر کشورا
ندارم دریغ از تو من گنج خویش	چرا برگزینی همی رنج خویش
چو بشنید پیران خسرو پرست	زمین را ببوسید و بر پای جست
که جاوید بادا ترا بخت و جای	مبادا ز تخت تو پردخته جای
ز شاهان گیتی ستایش تراست	ز خورشید برتر نمایش تراست
مرا هرچ باید ببخت تو هست	ز مردان وز گنج و نیروی دست
مرا این نیاز از در خویش نیست	کس از کهتران تو درویش نیست
بداند شهنشاه برترمنش	ستوده بهر کار بی‌سرزنش
که من شاه را پیش ازین چند بار	همی دادمی پند بر چند کار
بفرمان من هیچ نامد فراز	ازو داشتم کارها دست باز
مکش گفتمت پور کاوس را	که دشمن کنی رستم و طوس را
کز ایران بپیلان بکوبندمان	ز هم بگسلانند پیوندمان

سیاوش که بود از نژاد کیان	ز بهر تو بسته کمر بر میان
بکشتی بخیره سیاوش را	بزهر اندر آمیختی نوش را
بدیدی بدیهای ایرانیان	که کردند با شهر تورانیان
ز ترکان دو بهره بپای ستور	سپردند و شد بخت را آب شور
هنوز آن سر تیغ دستان سام	همانا نیاسود اندر نیام
که رستم همی سرفشاند ازوی	بخورشید بر خون چکاند ازوی
برام بر کینه جویی همی	گل زهر خیره ببویی همی
اگر خون بیژن بریزی برین	ز توران برآید همان گرد کین
خردمند شاهی و ما کهترا	تو چشم خرد باز کن بنگرا
نگه کن ازان کین که گستردیا	ابا شاه ایران چه بر خوردیا
هم آنرا همی خواستار آوری	درخت بلا را ببار آوری
چو کینه دو گردد نداریم پای	ایا پهلوان جهان کدخدای
به از تو نداند کسی گیو را	نهنگ بلا رستم نیو را
چو گودرز کشواد پولادچنگ	که آید ز بهر نبیره بجنگ
چو برزد بران آتش تیز آب	چنین داد پاسخ پس افراسیاب
که بیژن نبینی که با من چه کرد	بایران و توران شدم روی زرد
نبینی کزین بدهنر دخترم	چه رسوایی آمد بپیران سرم
همان نام پوشیده رویان من	ز پرده بگسترد بر انجمن
کزین ننگ تا جاودان بر سرم	بخندد همی کشور و لشکرم
چنو یابد از من رهایی بجان	گشایند بر من ز هر سو زبان
برسوایی اندر بمانم بدرد	بپالایم از دیدگان آب زرد
دگر آفرین کرد پیران بدوی	که ای شاه نیک اختر راستگوی
چنینست کین شاه گوید همی	جز از نیک نامی نجوید همی
ولیکن بدین رای هشیار من	یکی بنگرد ژرف سالار من
ببندد مر او را ببند گران	کجا دار و کشتن گزیند بران
هر آنکو بزندان تو بسته ماند	ز دیوانها نام او کس نخواند
ازو پند گیرند ایرانیان	نبندند ازین پس بدی را میان
چنان کرد سالار کو رای دید	دلش با زبان شاه بر جای دید
ز دستور پاکیزه‌ی راهبر	درفشان شود شاه بر گاه بر

۶۵۶

بگرسیوز آنگه بفرمود شاه
که بند گران ساز و تاریک چاه

دو دستش بزنجیر و گردن بغل
یکی بند رومی بکردار مل

ببندش بمسمار آهنگران
ز سر تا بپایش ببند اندران

چو بستی نگون اندر افگن بچاه
چو بی‌بهره گردد ز خورشید و ماه

ببر پیل و آن سنگ اکوان دیو
که از ژرف دریای گیهان خدیو

فگندست در بیشه‌ی چین ستان
بیاور ز بیژن بدان کین ستان

بپیلان گردون کش آن سنگ را
که پوشد سر چاه ارژنگ را

بیاور سر چاه او را بپوش
بدان تا بزاری برآیدش هوش

وز آنجا بایوان آن بی‌هنر
منیژه کزو ننگ یابد گهر

برو با سواران و تاراج کن
نگون‌بخت را بی سر و تاج کن

بگو ای بنفرین شوریده بخت
که بر تو نزیبد همی تاج و تخت

بننگ از کیان پست کردی سرم
بخاک اندر انداختی افسرم

برهنه کشانش ببر تا بچاه
که در چاه بین آنک دیدی بگاه

بهارش توی غمگسارش توی
درین تنگ زندان زوارش توی

خرامید گرسیوز از پیش اوی
بکردند کام بداندیش اوی

کشان بیژن گیو از پیش دار
ببردند بسته بران چاهسار

ز سر تا بپایش بهن ببست
بر و بازوی و گردن و پای و دست

بپولاد خایسک آهنگران
فروبرد مسمارهای گران

نگونش بچاه اندر انداختند
سر چاه را بند بر ساختند

وز آنجا بایوان آن دخترش
بیاورد گرسیوز آن لشکرش

همه گنج و گوهر بتاراج داد
ازین بدره بستد بدان تاج داد

منیژه برهنه بیک چادرا
برهنه دو پای و گشاده سرا

کشیدش دوان تا بدان چاهسار
دو دیده پر از خون و رخ جویبار

بدو گفت اینک ترا خان و مان
زواری برین بسته تا جاودان

غریوان همی گشت بر گرد دشت
چو یک روز و یک شب برو بر گذشت

خروشان بیامد بنزدیک چاه
یکی دست را اندرو کرد راه

چو از کوه خورشید سر برزدی
منیژه ز هر در همی نان چدی

همی گرد کردی بروز دراز
بسوراخ چاه آوریدی فراز

ببیژن سپردی و بگریستی
بران شوربختی همی زیستی

بازگشتن گرگین به ایران و دروغ گفتن در کار بیژن

چو یک هفته گرگین بره‌بر بپای
همی بود و بیژن نیامد بجای

ز هر سوش پویان بجستن گرفت
رخان را بخوناب شستن گرفت

پشیمانی آمدش زان کار خویش
که چون بد سگالید بر یار خویش

بشد تازیان تا بدان جشنگاه
کجا بیژن گیو گم کرد راه

همه بیشه برگشت و کس را ندید
نه نیز اندرو بانگ مرغان شنید

همی گشت بر گرد آن مرغزار
همی یار کرد اندرو خواستار

یکایک ز دور اسب بیژن بدید
که آمد ازان مرغزاران پدید

گسسته لگام و نگون کرده زین
فرو مانده بر جای اندوهگین

بدانست کو را تباهست کار
بایران نیاید بدین روزگار

اگر دار دارد اگر چاه و بند
از افراسیاب آمدستش گزند

کمند اندرافگند و برگاشت روی
ز کرده پشیمان و دل جفت جوی

ازان مرغزار اسب بیژن براند
بخیمه در آورد و روزی بماند

پس آنگه سوی شهر ایران شتافت
شب و روز آرام و خوردن نیافت

چو آگاهی آمد ز گرگین بشاه
که بیژن نبودست با او براه

بگفت این سخن گیو را شهریار
بدان تا ز گرگین کند خواستار

پس آگاهی آمد همانگه بگیو
ز گم بودن رزمزن پور نیو

ز خانه بیامد دمان تا بکوی
دل از درد خسته پر از آب روی

همی گفت بیژن نیامد همی
بارمان ندانم چه ماند همی

بفرمود تا بور کشواد را
کجا داشتی روز فریاد را

بروبر نهادند زین خدنگ
گرفته بدل گیو کین پلنگ

همانگه بدو اندر آورد پای
بکردار باد اندر آمد ز جای

پذیره شدش تا کند خواستار
که بیژن کجا ماند و چون بود کار

همی گفت گرگین بدو ناگهان
همانا بدی ساخت اندر نهان

شوم گر ببینمش بی بیژنم
همانگه سرش را ز تن بر کنم

بیامد چو گرگین مر او را بدید	پیاده شد و پیش او در دوید
همی گشت غلتان بخاک اندرا	شخوده رخان و برهنه سرا
بپرسید و گفت ای گزین سپاه	سپهدار سالار و خورشید گاه
پذیره بدین راه چون آمدی	که با دیدگان پر ز خون آمدی
مرا جان شیرین نباید همی	کنون خوارتر گر برآید همی
چو چشمم بروی تو آید ز شرم	بپالایم از دیدگان آب گرم
کنون هیچ مندیش کو را بجان	نیامد گزند و بگویم نشان
چو اسب پسر دید گرگین بدست	پر از خاک و آسیمه برسان مست
چو گفتار گرگینش آمد بگوش	ز اسب اندر افتاد و زو رفت هوش
بخاک اندرون شد سرش ناپدید	همه جامه‌ی پهلوی بردرید
همی کند موی از سر و ریش پاک	خروشان بسر بر همی ریخت خاک
همی گفت کای کردگار سپهر	تو گستردی اندر دلم هوش و مهر
گر از من جدا ماند فرزند من	روا دارم ار بگلسد بند من
روانم بدان جای نیکان بری	ز درد دل من تو آگه‌تری
مرا خود ز گیتی هم او بود و بس	چه انده گسار و چه فریادرس
کنون بخت بد کردش از من جدا	بماندم چنین در جهان مبتلا
ز گرگین پس آنگه سخن بازجست	که چون بود خود روزگار از نخست
زمانه بجایش کسی برگزید	وگر خود ز چشم تو شد ناپدید
ز بدها چه آمد مر او را بگوی	چه افگند بند سپهرش بروی
چه دیو آمدش پیش در مرغزار	که او را تبه کرد و برگشت کار
تو این مرده‌ری اسب چون یافتی	ز بیژن کجا روی برتافتی
بدو گفت گرگین که بازآر هوش	سخن بشنو و پهن بگشای گوش
که این کار چون بود و کردار چون	بدان بیشه با خوک پیکار چون
بدان پهلوانا و آگاه باش	همیشه فروزنده‌ی گاه باش
برفتیم ز ایدر بجنگ گراز	رسیدیم نزدیک ارمان فراز
یکی بیشه دیدیم کرده چو دست	درختان بریده چراگاه پست
همه جای گشته کنام گراز	همه شهر ارمان از آن در کزاز
چو ما جنگ را نیزه برگاشتیم	ببیشه درون بانگ برداشتیم

گراز اندر آمد بکردار کوه	نه یک یک بهر جای گشته گروه
بکردیم جنگی بکردار شیر	بشد روز و نامد دل از جنگ سیر
چو پیلان بهم بر فگندیمشان	بمسمار دندان بکندیمشان
وزآنجا بایران نهادیم روی	همه راه شادان و نخچیر جوی
برآمد یکی گور زان مرغزار	کزان خوبتر کس نبیند نگار
بکردار گلگون گودرز موی	چو خنگ شباهنگ فرهاد روی
چو سیمش دو پا و چو پولاد سم	چو شبرنگ بیژن سر و گوش و دم
بگردن چو شیر و برفتن چو باد	تو گفتی که از رخش دارد نژاد
بر بیژن آمد چو پیلی نژند	برو اندر افگند بیژن کمند
فگندن همان بود و رفتن همان	دوان گور و بیژن پس اندر دمان
ز تازیدن گور و گرد سوار	برآمد یکی دود زان مرغزار
بکردار دریا زمین بردمید	کمندافگن و گور شد ناپدید
پی اندر گرفتم همه دشت و کوه	که از تاختن شد سمندم ستوه
ز بیژن ندیدم بجایی نشان	جزین اسب و زین از پس ایدر کشان
دلم شد پر آتش ز تیمار اوی	که چون بود با گور پیکار اوی
بماندم فراوان بر آن مرغزار	همی کردمش هر سوی خواستار
ازو باز گشتم چنین ناامید	که گور ژیان بود و دیو سپید
چو بشنید گیو این سخن هوشیار	بدانست کو را تباهست کار
ز گرگین سخن سربسر خیره دید	همی چشمش از روی او تیره دید
رخش زرد از بیم سالار شاه	سخن لرزلرزان و دل پر گناه
چو فرزند را گیو گم بوده دید	سخن را برآنگونه آلوده دید
ببرد اهرمن گیو را دل ز جای	همی خواست کو را درآرد ز پای
بخواهد ازو کین پور گزین	وگر چند نیک آید او را ازین
پس اندیشه کرد اندران بنگرید	نیامد همی روشنایی پدید
چه آید مرا گفت از کشتنا	مگر کام بدگوهر آهرمنا
به بیژن چه سود آید از جان اوی	دگرگونه سازیم درمان اوی
بباشیم تا زین سخن نزد شاه	شود آشکارا ز گرگین گناه
ازو کین کشیدن بسی کار نیست	سنان مرا پیش دیوار نیست
بگرگین یکی بانگ برزد بلند	که ای بدکنش ریمن پرگزند

Shahnameh

تو بردی ز من شید و ماه مرا	گزین سواران و شاه مرا
فگندی مرا در تک و پوی پوی	بگرد جهان اندرون چاره‌جوی
پس اکنون بدستان و بند و فریب	کجا یابی آرام و خواب و شکیب
نباشد ترا بیش ازین دستگاه	کجا من ببینم یکی روی شاه
پس آنگه بخواهم ز تو کین خویش	ز بهر گرامی جهانبین خویش

آوردن گیو، گرگین را به نزد کیخسرو

وز آنجا بیامد بنزدیک شاه	دو دیده پر از خون و دل کینه‌خواه
برو آفرین کرد کای شهریار	همیشه جهان را بشادی گذار
انوشه جهاندار نیک اخترا	نبینی که بر سر چه آمد مرا
ز گیتی یکی پور بودم جوان	شب و روز بودم بدوبر نوان
بجانش پر از بیم گریان بدم	ز درد جداییش بریان بدم
کنون آمد ای شاه گرگین ز راه	زبان پر ز یافه روان پر گناه
بدآگاهی آورد از پور من	ازان نامور پاک دستور من
یکی اسب دیدم نگونسار زین	ز بیژن نشانی ندارد جزین
اگر داد بیند بدین کار ما	یکی بنگرد ژرف سالار ما
ز گرگین دهد داد من شهریار	کزو گشتم اندر جهان خاکسار
غمی شد ز درد دل گیو شاه	برآشفت و بنهاد فرخ کلاه
رخ شاه بر گاه بی‌رنگ شد	ز تیمار بیژن دلش تنگ شد
بگیو آنگهی گفت گرگین چه گفت	چه گوید کجا ماند از نیک جفت
ز گفتار گرگین پس آنگاه گیو	سخن گفت با خسرو از پور نیو
چو از گیو بشنید خسرو سخن	بدو گفت مندیش و زاری مکن
که بیژن بجانست خرسند باش	بر امید گم بوده فرزند باش
که ایدون شنیدستم از موبدان	ز بیدار دل نامور بخردان
که من با سواران ایران بجنگ	سوی شهر توران شوم بی‌درنگ
بکین سیاوش کشم لشکرا	بپیلان سرآرم از آن کشورا

۶۶۱

بدان کینه اندر بود بیژنا   همی رزم جوید چو آهرمنا
تو دل را بدین کار غمگین مدار   من این را همانا بسم خواستار
بشد گیو یکدل پر اندوه و درد   دو دیده پر از آب و رخساره زرد
چو گرگین بدرگاه خسرو رسید   ز گردان در شاه پردخته دید
ز تیمار بیژن همه مهتران   ز درگاه با گیو رفته سران
همه پر ز درد و همه پر زرنج   همه همچو گم کرده صد گونه گنج
پراگنده رای و پراگنده دل   همه خاک ره ز اشک کرده چو گل
وزین روی گرگین شوریده رفت   بنزدیک ایوان درگاه تفت
چو در پیش کیخسرو آمد زمین   ببوسید و بر شاه کرد آفرین
چو الماس دندانهای گراز   بر تخت بنهاد و بردش نماز
که خسرو بهر کار پیروز باد   همه روزگارش چو نوروز باد
سر دشمنان تو بادا بگاز   بریده چنان کار سران گراز
بدندانها چون نگه کرد شاه   بپرسید و گفتش که چون بود راه
کجا ماند از تو جدا بیژنا   بروبر چه بد ساخت آهرمنا
چو خسرو چنین گفت گرگین بجای   فرو ماند خیره همیدون بپای
ندانست پاسخ چه گوید بدوی   فروماند بر جای بر زرد روی
زبان پر ز یافه روان پر گناه   رخان زرد و لرزان تن از بیم شاه
چو گفتارها یک بدیگر نماند   برآشفت وز پیش تختش براند
همش خیره سر دید هم بدگمان   بدشنام بگشاد خسرو زبان
بدو گفت نشنیدی آن داستان   که دستان زدست از گه باستان
که گر شیر با کین گودرزیان   بسیچد تنش را سر آید زمان
اگر نیستی از پی نام بد   وگر پیش یزدان سرانجام بد
بفرمودمی تا سرت را ز تن   بکنید بکردار مرغ اهرمن
بفرمود خسرو بپولادگر   که بندگران ساز و مسمارسر
هم اندر زمان پای کردش ببند   که از بند گیرد بداندیش پند
بگیو آنگهی گفت بازآر هوش   بجویش بهر جای و هر سو بکوش
من اکنون ز هر سو فراوان سپاه   فرستم بجویم بهر جا نگاه
ز بیژن مگر آگهی یابما   بدین کار هشیار بشتابما
وگر دیر یابیم زو آگهی   تو جای خرد را مگردان تهی

بمان تا بیاید مه فرودین	که بفروزد اندر جهان هور دین
بدانگه که بر گل نشاندت باد	چو بر سر همی گل فشاندت باد
زمین چادر سبز در پوشدا	هوا بر گلان زار بخروشدا
بهرسو شود پاک فرمان ما	پرستش که فرمود یزدان ما
بخواهم من آن جام گیتی نمای	شوم پیش یزدان بباشم بپای
کجا هفت کشور بدو اندرا	ببینم بر و بوم هر کشورا
کنم آفرین بر نیاکان خویش	گزیده جهاندار و پاکان خویش
بگویم ترا هر کجا بیژنست	بجام اندرون این مرا روشنست
چو بشنید گیو این سخن شاد شد	ز تیمار فرزند آزاد شد
بخندید و بر شاه کرد آفرین	که بی‌تو مبادا زمان و زمین
بکام تو بادا سپهر بلند	بجان تو هرگز مبادا گزند
ز نیکی دهش بر تو باد آفرین	که بر تو برازد کلاه و نگین
چو گیو از بر گاه خسرو برفت	ز هر سو سواران فرستاد تفت
بجستن گرفتند گرد جهان	که یابد مگر زو بجایی نشان
همه شهر ارمان و تورانیان	سپردند و نامد ز بیژن نشان

دیدن کیخسرو بیژن را در جام گیتی نما

چو نوروز فرخ فراز آمدش	بدان جام روشن نیاز آمدش
بیامد پر امید دل پهلوان	ز بهر پسر گوژ گشته نوان
چو خسرو رخ گیو پژمرده دید	دلش را بدرد اندر آزرده دید
بیامد بپوشید رومی قبای	بدان تا بود پیش یزدان بپای
خروشید پیش جهان آفرین	بخورشید بر چند برد آفرین
ز فریادرس زور و فریاد خواست	از آهرمن بدکنش داد خواست
خرامان ازان جا بیامد بگاه	بسر بر نهاد آن خجسته کلاه
یکی جام بر کف نهاده نبید	بدو اندرون هفت کشور پدید
زمان و نشان سپهر بلند	همه کرده پیدا چه و چون و چند

ز ماهی بجام اندون تا بره	نگاریده پیکر همه یکسره
چو کیوان و بهرام و ناهید و شیر	چو خورشید و تیر از بر و ماه زیر
همه بودنیها بدو اندرا	بدیدی جهاندارا فسونگرا
نگه کرد و پس جام بنهاد پیش	بدید اندرو بودنیها ز بیش
بهر هفت کشور همی بنگرید	ز بیژن بجایی نشانی ندید
سوی کشور گرگساران رسید	بفرمان یزدان مر او را بدید
بچاهی ببسته ببند گران	ز سختی همی مرگ جست اندران
یکی دختری از نژاد کیان	ز بهر زوارش ببسته میان
سوی گیو کرد آنگهی روی شاه	بخندید و رخشنده شد پیشگاه
که زندست بیژن دلت شاد دار	ز هر بد تن مهتر آزاد دار
نگر غم نداری بزندان و بند	ازان پس که بر جانش نامد گزند
که بیژن بتوران ببند اندرست	زوارش یکی نامور دخترست
ز بس رنج و سختی و تیمار اوی	پر از درد گشتم من از کار اوی
بدان سان گذارد همی روزگار	که هزمان بروبر بگرید زوار
ز پیوند و خویشان شده ناامید	گرازنده بر سان یک شاخ بید
دو چشمش پر از خون و دل پر ز درد	زبانش ز خویشان پر از یاد کرد
چو ابر بهاران ببارندگی	همی مرگ جوید بدان زندگی
بدین چاره اکنون که جنبد ز جای	که خیزد میان بسته این را بپای
که دارد بدین کار ما را وفا	که آرد ز سختی مر او را رها
نشاید جز از رستم تیز چنگ	که از ژرف دریا برآرد نهنگ
کمربند و برکش سوی نیمروز	شب از رفتن راه ماسا و روز
ببر نامهی من بر رستما	مزن داستان را برهبر دما
نویسندهی نامه را پیش خواند	وزین داستان چند با او براند

۶۶۴

نامه نوشتن کیخسرو به رستم

برستم یکی نامه فرمود شاه	نوشتن ز مهتر سوی نیکخواه
که ای پهلوان زاده‌ی پر هنر	ز گردان لشکر برآورده سر
دل شهریاران و پشت کیان	بفرمان هر کس کمر بر میان
توی از نیاکان مرا یادگار	همیشه کمربسته‌ی کارزار
ترا داد گردون بمردی پلنگ	بدریا ز بیمت خروشان نهنگ
جهان را ز دیوان مازندران	بشستی و کندی بدان را سران
چه مایه سر تاجداران ز گاه	ربودی و برکندی از پیشگاه
بسا دشمنان کز تو بیجان شدست	بسا بوم و بر کز تو ویران شدست
سر پهلوانی و لشکر پناه	بنزدیک شاهان ترا دستگاه
همه جادوان را ببستی بگرز	بیفروختی تاج شاهان ببرز
چه افراسیاب و چه شاهان چین	نوشته همه نام تو بر نگین
هران بند کز دست تو بسته شد	گشایندگان را جگر خسته شد
گشاینده‌ی بند بسته توی	کیان را سپهر خجسته توی
ترا ایزد این زور پیلان که داد	دل و هوش و فرهنگ فرخنژاد
بدان داد تا دست فریاد خواه	بگیری برآری ز تاریک چاه
کنون این یکی کار بایسته پیش	فراز آمد و اینت شایسته خویش
بتو دارد امید گودرز و گیو	که هستی بهر کشور امروز نیو
شناسی بنزدیک من جاهشان	زبان و دل و رای یکتاهشان
سزدگر تو اینرا نداری برنج	بخواه آنچ باید ز مردان و گنج
که هرگز بدین دودمان غم نبود	فروزنده‌تر زین چنانکم شنود
نبد گیو را خود جز این پور کس	چه فرزند بود و چه فریادرس
فراوان بنزد منش دستگاه	مرا و نیای مرا نیکخواه
بهر سو که جویمش یابم بجای	بهر نیک و بد پیش من بربپای
چو این نامه‌ی من بخوانی مپای	بزودی تو با گیو خیز اندرآی

بدان تا بدین کار با ما بهم	زنی رای فرخ بهر بیش و کم
ز مردان وز گنج وز خواسته	بیارم بپیش تو آراسته
بفرخ پی و بر شده نام تو	ز توران برآید همه کام تو
چنانچون بباید بسازی نوا	مگر بیژن از بند یابد رها
چو برنامه بنهاد خسرو نگین	بشد گیو و بر شاه کرد آفرین
سواران دوده همه برنشاند	بیزدان پناهید و لشکر براند
چو نخجیر از آنجا که برداشتی	دو روزه بیک روزه بگذاشتی
بیابان گرفت و ره هیرمند	همی رفت پویان بساند نوند
بکوه و بصحرا نهادند روی	همی شد خلیده دل و راهجوی
چو از دیده‌گه دیده‌بانش بدید	سوی زابلستان فغان برکشید
که آمد سواری سوی هیرمند	سواران بگرد اندرش نیز چند
درفشی درفشان پس پشت اوی	یکی زابلی تیغ در مشت اوی
غو دیده بشنید دستان سام	بفرمود بر چرمه کردن لگام
پراندیشه آمد پذیره براه	بدان تا نباشد یکی کینه خواه
ز ره گیو را دید پژمرده روی	همی آمد آسیمه و پوی پوی
بدل گفت کاری نو آمد بشاه	فرستاده گیوست کامد براه
چو نزدیک شد پهلوان سپاه	نیایش کنان برگرفتند راه
بپرسید دستان ز ایرانیان	ز شاه و ز پیکار تورانیان
درود بزرگان بدستان بداد	ز شاه و ز گردان فرخ نژاد
همه درد دل پیش دستان بخواند	غم پور گم بوده با او براند
همی گفت رویم نبینی برنگ	ز خون مژه پشت پایم بلنگ
ازان پس نشان تهمتن بخواست	بپرسید و گفتش که رستم کجاست
بدو گفت رستم بنخچیر گور	بیاید همانا که برگشت هور
شوم گفت تا من ببینمش روی	ز خسرو یکی نامه درام بدوی
بدو گفت دستان کز ایدر مرو	که زود آید از دشت نخچیرگو
تو تا رستم آید بخانه بپای	یک امروز با ما بشادی گرای
چو گیو اندر آمد بایوان ز راه	تهمتن بیامد ز نخچیرگاه
پذیره شدش گیو کامد فراز	پیاده شد از اسب و بردش نماز
پر از آرزو دل پر از رنگ روی	برخ برنهاد از دو دیده دو جوی

Shahnameh

چو رستم دل گیو را خسته دید	بب مژه روی او نشسته دید
بدو گفت باری تباهست کار	بایوان و بر شاه بد روزگار
ز اسب اندر آمد گرفتش ببرد	بپرسیدش از خسرو تاجور
ز گودرز وز طوس وز گستهم	ز گردان لشکر همه بیش و کم
ز شاپور و فرهاد وز بیژنا	ز رهام و گرگین وز هرتنا
چو آواز بیژن رسیدش بگوش	برآمد بناکام ازو یک خروش
برستم چنین گفت کای بفرین	گزین همه خسروان زمین
چنان شاد گشتم بدیدار تو	بدین پرسش خوب و گفتار تو
درستند ازین هرک بردی تو نام	ازیشان فراوان درود و پیام
نبینی که بر من بپیران سرم	چه آمد ز بخت بد اندر خورم
چه چشم بد آمد بگودرزیان	کزان سود ما را سر آمد زیان
ز گیتی مرا خود یکی پور بود	همم پور و هم پاک دستور بود
شد از چشم من در جهان ناپدید	بدین دودمان کس چنین غم ندید
چنینم که بینی بپشت ستور	شب و روز تازان بتاریک هور
ز بیژن شب و روز چون بیهشان	بجستم بهر سو ز هر کس نشان
کنون شاه با جام گیتی نمای	بپیش جهان آفرین شد بپای
چه مایه خروشید و کرد آفرین	بجشن کیان هرمز فرودین
پس آمد ز آتشکده تا بگاه	کمربست و بنهاد بر سر کلاه
همان جام رخشنده بنهاد پیش	بهر سو نگه کرد ز اندازه بیش
بتوران نشان داد زو شهریار	ببند گران و ببد روزگار
چو در جام کیخسرو ایدون نمود	سوی پهلوانم دوانید زود
کنون آمدم با دلی پر امید	دو رخساره زرد و دو دیده سپید
ترا دیدم اندر جهان چاره‌گر	تو بندی بفریاد هر کس کمر
همی گفت و مژگان پر از آب زرد	همی برکشید از جگر باد سرد
ازان پس که نامه برستم داد	همه کار گرگین بدو کرد یاد
ازو نامه بستد دو دیده پر آب	همه دل پر از کین افراسیاب
پس از بهر بیژن خروشید زار	فرو ریخت از دیده خون برکنار
بگیو آنگهی گفت مندیش ازین	که رستم نگرداند از رخش زین
مگر دست بیژن گرفته بدست	همه بند و زندان او کرده پست

بنیروی یزدان و فرمان شاه	ز توران بگردانم این تاج و گاه
وز آنجا بایوان رستم شدند	بره بر همی رای رفتن زدند
چو آن نامه‌ی شاه رستم بخواند	ز گفتار خسرو بخیره بماند
ز بس آفرید جهاندار شاه	بد آن نامه بر پهلوان سپاه
بگیو آنگهی گفت بشناختم	بفرمان او راه را ساختم
بدانستم این رنج و کردار تو	کشیدن بهر کار تیمار تو
چه مایه ترا نزد من دستگاه	بهر کینه‌گاه اندرون کینه خواه
چه کین سیاوش چه مازندران	کمر بسته بر پیش جنگاوران
برین آمدن رنج برداشتی	چنین راه دشوار بگذاشتی
بدیدار تو سخت شادان شدم	ولیکن ز بیژن غریوان شدم
نبایستمی کاین چنین سوگوار	ترا دیدمی خسته‌ی روزگار
من از بهر این نامه‌ی شاه را	بفرمان بسر بسپرم راه را
ز بهر ترا خود جگر خسته‌ام	بدین کار بیژن کمر بسته‌ام
بکوشم بدین کارگر جان من	ز تن بگسلد پاک یزدان من
من از بهر بیژن ندارم برنج	فدا کردن جان و مردان و گنج
بنیروی یزدان ببندم کمر	ببخت شهنشاه پیروزگر
بیارمش زان بند تاریک چاه	نشانمش با شاه در پیشگاه
سه روز اندرین خان من شاد باش	ز رنج و ز اندیشه آزاد باش
که این خانه زان خانه بخشیده نیست	مرا با تو گنج و تن و جان یکیست
چهارم سوی شهر ایران شویم	بنزدیک شاه دلیران شویم
چو رستم چنین گفت بر جست گیو	ببوسید دست و سر و پای نیو
برو آفرین کرد کای نامور	بمردی و نیروی و بخت و هنر
بماناد بر تو چنین جاودان	تن پیل و هوش و دل موبدان
ز هر نیکی بهره‌ور بادیا	چنین کز دلم زنگ بزدادیا
چو رستم دل گیو پدرام دید	ازان پس بنیکی سرانجام دید
بسالار خوان گفت پیش آر خوان	بزرگان و فرزانگان را بخوان
زواره فرامرز و دستان و گیو	نشستند بر خوان سالار نیو
بخوردند خوان و بپرداختند	نشستنگه رود و می ساختند
نوازنده‌ی رود با میگسار	بیامد بایوان گوهر نگار

همه دست لعل از می لعل فام	غریونده چنگ و خروشنده جام
بروز چهارم گرفتند ساز	چو آمدش هنگام رفتن فراز
بفرمود رستم که بندید بار	سوی شاه ایران بسیچید کار
سواران گردنکش از کشورش	همه راه را ساخته بر درش
بیامد برخش اندر آورد پای	کمر بست و پوشید رومی قبای
بزین اندر افگند گرز نیا	پر از جنگ سر دل پر از کیمیا
بگردون برافراخته گوش رخش	ز خورشید برتر سر تاج‌بخش
خود و گیو با زابلی صد سوار	ز لشکر گزید از در کارزار
که نابردنی بود برگاشتند	بزال و فرامرز بگذاشتند
سوی شهر ایران نهادند روی	همه راه پویان و دل کینه‌جوی
چو رستم بنزدیک ایران رسید	بنزدیک شهر دلیران رسید
یکی باد نوشین درود سپهر	برستم رسانید شادان بمهر
بر رستم آمد همانگاه گیو	کز ایدر نباید شدن پیش نیو
شوم گفت و آگه کنم شاه را	که پیمود رخش تهم راه را
چو رفت از بر رستم پهلوان	بیامد بدرگاه شاه جوان
چو نزدیک کیخسرو آمد فراز	ستودش فراوان و بردش نماز
پس از گیو گودرز پرسید شاه	که رستم کجا ماند چون بود راه
بدو گفت گیو ای شه نامدار	برآید ببخت تو هرگونه کار
نتابید رستم ز فرمان تو	دلش بسته دید بپیمان تو
چو آن نامه‌ی شاه دادم بدوی	بمالید بر نامه بر چشم و روی
عنان با عنان من اندر ببست	چنانچون بود گرد خسروپرست
برفتم من از پیش تا با تو شاه	بگویم که آمد تهمتن ز راه
بگیو آنگهی گفت رستم کجاست	که پشت بزرگی و تخم وفاست
گرامیش کردن سزاوار هست	که نیکی نمایست و خسروپرست
بفرمود خسرو بفرزانگان	بمهتر نژادان و مردانگان
پذیره شدن پیش او با سپاه	که آمد بفرمان خسرو براه
بگفتند گودرز کشواد را	شه نوذران طوس و فرهاد را
دو بهره ز گردان گردنکشان	چه از گرزداران مردمکشان
بر آیین کاوس برخاستند	پذیره شدن را بیاراستند

جهان شد ز گرد سواران بنفش	درخشان سنان و درفشان درفش
چو نزدیک رستم فراز آمدند	پیاده برسم نماز آمدند
ز اسب اندر آمد جهان پهلوان	کجا پهلوانان بپیشش نوان
بپرسید مر هریکی را ز شاه	ز گردنده خورشید و تابنده ماه
نشستند گردان و رستم بر اسب	بکردار رخشنده آذرگشسب
چو آمد بر شاه کهترنواز	نوان پیش او رفت و بردش نماز
ستایش کنان پیش خسرو دوید	که مهر و ستایش مر او را سزید
برآورد سر آفرین کرد و گفت	مبادت جز از بخت پیروز جفت
چو هرمزد بادت بدین پایگاه	چو بهمن نگهبان فرخ کلاه
همه ساله اردیبهشت هژیر	نگهبان تو با هش و رای پیر
چو شهریورت باد پیروزگر	بنام بزرگی و فر و هنر
سفندارمذ پاسبان تو باد	خرد جان روشن روان تو باد
چو خردادت از یاوران بر دهاد	ز مرداد باش از بر و بوم شاد
دی و اورمزدت خجسته بواد	در هر بدی بر تو بسته بواد
دیت آذر افروز و فرخنده روز	تو شادان و تاج تو گیتی فروز
چو این آفرین کرد رستم بپای	بپرسید و کردش بر خویش جای
بدو گفت خسرو درست آمدی	که از جان تو دور بادا بدی
توی پهلوان کیان جهان	نهان آشکارت آشکار نهان
گزین کیانی و پشت سپاه	نگهدار ایران و لشکر پناه
مرا شاد کردی بدیدار خویش	بدین پر هنر جان بیدار خویش
زواره فرامرز و دستان سام	درستند ازیشان چه داری پیام
فرو بود رستم ببوسید تخت	که ای نامور خسرو نیکبخت
ببخت تو هر سه درستند و شاد	انوشه کسی کش کند شاه یاد
بسالار نوبت بفرمود شاه	که گودرز و طوس و گوان را بخواه
در باغ بگشاد سالار بار	نشستنگهی بود بس شاهوار
بفرمود تا تاج زرین و تخت	نهادند زیر گلفشان درخت
همه دیبه‌ی خسروانی بباغ	بگسترد و شد گلستان چون چراغ
درختی زدند از بر گاه شاه	کجا سایه گسترد بر تاج و گاه
تنش سیم و شاخش ز یاقوت و زر	برو گونه‌گون خوشه‌های گهر

Shahnameh

عقیق و زمرد همه برگ و بار	فروهشته از تاج چون گوشوار
همه بار زرین ترنج و بهی	میان ترنج و بهی‌ها تهی
بدو اندرون مشک سوده بمی	همه پیکرش سفته برسان نی
کرا شاه بر گاه بنشاندی	برو باد ازو مشک بفشاندی
همه میگساران بپیش اندرا	همه بر سران افسر از گوهرا
ز دیبای زربفت چینی قبای	همه پیش گاه سپهبد بپای
همه طوق بربسته و گوشوار	بریشان همه جامه گوهرنگار
همه رخ چو دیبای رومی برنگ	فروزنده عود و خروشنده چنگ
همه دل پر از شادی و می بدست	رخان ارغوانی و نابوده مست
بفرمود تا رستم آمد بتخت	نشست از بر گاه زیر درخت
برستم چنین گفت پس شهریار	که ای نیک پیوند و به روزگار
ز هر بد توی پیش ایران سپر	همیشه چو سیمرغ گسترده پر
چه درگاه ایران چه پیش کیان	همه بر در رنج بندی میان
شناسی تو کردار گودرزیان	به آسانی و رنج و سود و زیان
میان بسته دارند پیشم بپای	همیشه بنیکی مرا رهنمای
بتنها تن گیو کز انجمن	ز هر بد سپر بود در پیش من
چنین غم بدین دوده نامد بنیز	غم و درد فرزند برتر ز چیز
بدین کار گر تو ببندی میان	پذیره نیایدت شیر ژیان
کنون چاره‌ی کار بیژن بجوی	که او را ز توران بد آمد بروی
ز گردان و اسبان و شمشیر و گنج	ببر هرچ باید مدار این برنج
چو رستم ز کیخسرو ایدون شنید	زمین را ببوسید و دم درکشید
برو آفرین کرد کای نیک نام	چو خورشید هر جای گسترده کام
ز تو دور بادا دو چشم نیاز	دل بدسگالت بگرم و گداز
توی بر جهان شاه و سالار و کی	کیان جهان مر ترا خاک پی
که چون تو ندیدست یک شاه گاه	نه تابنده خروشید و گردنده ماه
بدان را ز نیکان تو کردی جدا	تو داری بافسون و بند اژدها
بکندم دل دیو مازندران	بفر کیانی و گرز گران
مرامادر از بهر رنج تو زاد	تو باید که باشی برام و شاد
منم گوش داده بفرمان تو	نگردم بهرسان ز پیمان تو

دل و جان نهاده بسوی کلاه / بران ره روم کم بفرمود شاه
و نیز از پی گیو اگر بر سرم / هوا بارد آتش بدو ننگرم
رسیده بمژگانم اندر سنان / ز فرمان خسرو نتابم عنان
برآرم ببخت تو این کار کرد / سپهبد نخواهم نه مردان مرد
کلید چنین بند باشد فریب / نه هنگام گرزست و روز نهیب
چو رستم چنین گفت گودرز و گیو / فریبرز و فرهاد و شاپور نیو
بزرگان لشکر برو آفرین / همی خواندند از جهان آفرین
بمی دست بردند با شهریار / گشاده بشادی در نوبهار

بخشیدن کیخسرو گناه گرگین را بخواهش رستم

چو گرگین نشان تهمتن شنید / بدانست کمد غمش را کلید
فرستاد نزدیک رستم پیام / که ای تیغ بخت و وفا را نیام
درخت بزرگی و گنج وفا / در رادمردی و بند بلا
گرت رنج ناید ز گفتار من / سخن گسترانی ز کردار من
نگه کن بدین گنبد گوژپشت / که خیره چراغ دلم را بکشت
بتاریکی اندر مرا ره نمود / نوشته چنین بود بود آنچ بود
بر آتش نهم خویشتن پیش شاه / گر آمرزش آرد مرا زین گناه
مگر باز گردد ز بد نام من / بپیران سر این بد سرانجام من
مرا گر بخواهی ز شاه جوان / چو غرم ژیان با تو آیم دوان
شوم پیش بیژن بغلتم بخاک / مگر بازیابم من آن کیش پاک
چو پیغام گرگین برستم رسید / یکی باد سرد از جگر برکشید
بپیچید ازان درد و پیغام اوی / غم آمدش ازان بیهده کام اوی
فرستاده را گفت رو باز گرد / بگویش که ای خیره ناپاک مرد
تو نشنیدی آن داستان پلنگ / بدان ژرف دریا که زد با نهنگ
که گر بر خرد چیره گردد هوا / نیابد ز چنگ هوا کس رها
خردمند کرد هوا را بزیر / بود داستانش چو شیر دلیر

Shahnameh

نبایدش بردن بنخچیر روی	نه نیز از ددان رنجش آید بدوی
تو دستان نمودی چو روباه پیر	ندیدی همی دام نخچیرگیر
نشاید کزین بیهده کام تو	که من پیش خسرو برم نام تو
ولیکن چو اکنون ببیچارگی	فرو مانده گشتی بیکبارگی
ز خسرو بخواهم گناه ترا	بیفروزم این تیره ماه ترا
اگر بیژن از بند یابد رها	بفرمان دادار گیهان خدا
رهاگشتی از بند و رستی بجان	ز تو دور شد کینه‌ی بدگمان
وگر جز برین روی گردد سپهر	ز جان و تن خویش بردار مهر
نخستین من آیم بدین کینه‌خواه	بنیروی یزدان و فرمان شاه
وگر من نیایم چو گودرز و گیو	بخواهد ز تو کینه‌ی پور نیو
برآمد برین کار یک روز و شب	و زین گفته بر شاه نگشاد لب
دوم روز چون شاه بنمود تاج	نشست از بر سیمگون تخت عاج
بیامد تهمتن بگسترد بر	بخواهش بر شاه خورشید فر
ز گرگین سخن گفت با شهریار	ازان گم شده بخت و بد روزگار
بدو گفت شاه ای سپهدار من	همی بگسلی بند و زنهار من
که سوگند خوردم بتخت و کلاه	بدارای بهرام و خورشید و ماه
که گرگین نبیند ز من جز بلا	مگر بیژن از بند یابد رها
جزین آرزو هرچ باید بخواه	ز تخت و ز مهر و ز تیغ و کلاه
پس آنگه چنین گفت رستم بشاه	که ای پرهنر نامور پیشگاه
اگر بد سگالید پیچد همی	فدا کردن جان بسیچد همی
گر آمرزش شاه نایدش پیش	نبودیش نام و برآید ز کیش
هرآن کس که گردد ز راه خرد	سرانجام پیچد ز کردار خود
سزد گر کنی یاد کردار اوی	همیشه بهر کینه پیکار اوی
بپیش نیاکانت بسته کمر	بهر کینه گه با یکی کینه ور
اگر شاه بیند بمن بخشدش	مگر اختر نیک بدرخشدش
برستم ببخشید پیروز شاه	رهانیدش از بند و تاریک چاه
ز رستم بپرسید پس شهریار	که چون راند خواهی برین گونه کار
چه باید ز گنج و زلشکر بخواه	که باید که با تو بیاید براه
بترسم ز بد گوهر افراسیاب	که بر جان بیژن بگیرد شتاب

۶۷۳

یکی بادسارست دیو نژند   بسی خوانده افسون و نیرنگ و بند
بجنباندش اهرمن دل ز جای   بیندازد آن تیغ زن را زپای
چنین گفت رستم بشاه جهان   که این کار ببسیچم اندر نهان
کلید چنین بند باشد فریب   نباید برین کار کردن نهیب
نه هنگام گرزست و تیغ و سنان   بدین کار باید کشیدن عنان
فراوان گهر باید و زرو سیم   برفتن پر امید و بودن به بیم
بکردار بازارگانان شدن   شکیبا فراوان بتوران بدن
ز گستردنی هم ز پوشیدنی   بباید بهایی و بخشیدنی
چو بشنید خسرو ز رستم سخن   بفرمود تا گنجهای کهن
همه پاک بگشاد گنجور شاه   بدینار و گوهر بیاراست گاه
تهمتن بیامد همه بنگرید   هر آنچش ببایست زان برگزید
ازان صد شتر بار دینار کرد   صد اشتر ز گنج درم بار کرد
بفرمود رستم بسالار بار   که بگزین ز گردان لشکر هزار
ز مردان گردنکش و نامور   بباید تنی چند بسته کمر
چو گرگین و چون زنگه‌ی شاوران   دگر گستهم شیر جنگ آوران
چهارم گرازه که راند سپاه   فروهل نگهبان تخت و کلاه
چو فرهاد و رهام گرد دلیر   چو اشکش که صید آورد نره شیر
چنین هفت یل باید آراسته   نگهبان این لشکر و خواسته
همه تاج و زیور بینداختند   چنانچون ببایست برساختند
پس آگاهی آمد بگردنکشان   بدان گرزداران دشمن کشان
بپرسید زنگه که خسرو کجاست   چه آمد برویش که ما را بخواست
چو سالار نوبت بیامد بدر   بشبگیر بستند گردان کمر
همه نیزه داران جنگ آوران   همه مرزبانان ناماوران
همه نیزه و تیر بار هیون   همه جنگ را دست شسته بخون

رفتن رستم زال به توران به آیین بازرگانان

سپیده دمان گاه بانگ خروس	ببستند بر کوه‌ه‌ی پیل کوس
تهمتن بیامد چو سرو بلند	بچنگ اندرون گرز و بر زین کمند
سپاه از پس پشت و گردان ز پیش	نهاده بکف بر همه جان خویش
برفت از در شاه با لشکرش	بسی آفرین خواند برکشورش
چو نزدیکی مرز توران رسید	سران را ز لشکر همه برگزید
بلشکر چنین گفت پس پهلوان	که ایدر بباشید روشن روان
مجنبید از ایدر مگر جان من	ز تن بگسلد پاک یزدان من
بسیچیده باشید مر جنگ را	همه تیز کرده بخون چنگ را
سپه بر سر مرز ایران بماند	خود و سرکشان سوی توران براند
همه جامه برسان بازرگان	بپوشید و بگشاد بند از میان
گشادند گردان کمرهای سیم	بپوشیدشان جامه های گلیم
سوی شهر توران نهادند روی	یکی کاروانی پر از رنگ و بوی
گرانمایه هفت اسب با کاروان	یکی رخش و دیگر نشست گوان
صد اشتر همه بار او گوهرا	صد اشتر همه جامه‌ی لشکرا
ز بس‌های و هوی و درنگ درای	بکردار تهمورثی کرنای
همی شهر بر شهر هودج کشید	همی رفت تا شهر توران رسید
چو آمد بنزدیک شهر ختن	نظاره بیامد برش مرد و زن
همه پهلوانان توران بجای	شده پیش پیران ویسه بپای
چو پیران ویسه ز نخچیر گاه	بیامد تهمتن بدیدش براه
یکی جام زرین پر از گوهرا	بدیبا بپوشید رستم سرا
ده اسب گرانمایه با زیورش	بدیبا بیاراست اندر خورش
بفرمانبران داد و خود پیش رفت	بدرگاه پیران خرامید تفت
برو آفرین کرد کای نامور	بایران و توران ببخت و هنر
چنان کرد رویش جهاندار ساز	که پیران مر او را ندانست باز

بپرسید و گفت از کجایی بگوی   چه مردی و چون آمدی پوی پوی
بدو گفت رستم ترا کهترم   بشهر تو کرد ایزد آبشخورم
ببازارگانی ز ایران بتور   بپیمودم این راه دشوار و دور
فروشنده‌ام هم خریدار نیز   فروشم بخرم ز هر گونه چیز
بمهر تو دارم روان را نوید   چنین چیره شد بر دلم بر امید
اگر پهلوان گیردم زیر بر   خرم چارپای و فروشم گهر
هم از داد تو کس نیازاردم   هم از ابر مهرت گهر باردم
پس آن جام پر گوهر شاهوار   میان کیان کرد پیشش نثار
گرانمایه اسبان تازی‌نژاد   که بر مویشان گرد نفشاند باد
بسی آفرین کرد و آن خواسته   بدو داد و شد کار آراسته
چو پیران بدان گوهران بنگرید   کزان جام رخشنده آمد پدید
برو آفرین کرد وبنواختش   بران تخت پیروزه بنشاختش
که رو شاد و ایمن بشهر اندرا   کنون نزد خویشت بسازیم جا
کزین خواسته بر تو تیمار نیست   کسی را بدین با تو پیکار نیست
برو هرچ داری بهایی بیار   خریدار کن هر سوی خواستار
فرود آی در خان فرزند من   چنان باش با من که پیوند من
بدو گفت رستم که ای پهلوان   هم ایدر بباشیم با کاروان
که با ما ز هر گونه مردم بود   نباید که زان گوهری گم بود
بدو گفت رو برزو گیر جای   کنم رهنمایی بپیشت بپای
یکی خانه بگزید و بر ساخت کار   بکلبه درون رخت بنهاد و بار
خبر شد کز ایران یکی کاروان   بیامد بر نامور پهلوان
ز هر سو خریدار بنهاد گوش   چو آگاهی آمد ز گوهر فروش
خریدار دیبا و فرش و گهر   بدرگاه پیران نهادند سر
چو خورشید گیتی بیاراستی   بدان کلبه بازار برخاستی

آمدن منیژه به نزد رستم

منیژه خبر یافت از کاروان / یکایک بشهر اندر آمد دوان
برهنه نوان دخت افراسیاب / بر رستم آمد دو دیده پر آب
برو آفرین کرد و پرسید و گفت / همی بستین خون مژگان برفت
که برخوردی از جان وز گنج خویش / مبادت پشیمانی از رنج خویش
بکام تو بادا سپهر بلند / ز چشم بدانت مبادا گزند
هر امید دل را که بستی میان / ز رنجی که بردی مبادت زیان
همیشه خرد بادت آموزگار / خنک بوم ایران و خوش روزگار
چه آگاهی استت ز گردان شاه / ز گیو و ز گودرز و ایران سپاه
نیامد بایران ز بیژن خبر / نیایش نخواهد بدن چاره‌گر
که چون او جوانی ز گودرزیان / همی بگسلاند بسختی میان
بسودست پایش ز بند گران / دو دستش ز مسمار آهنگران
کشیده بزنجیر و بسته ببند / همه چاه پرخون آن مستمند
نیابم ز درویشی خویش خواب / ز نالیدن او دو چشمم پر آب
بترسید رستم ز گفتار اوی / یکی بانگ برزد براندش ز روی
بدو گفت کز پیش من دور شو / نه خسرو شناسم نه سالارنو
ندارم ز گودرز و گیو آگهی / که مغزم ز گفتار کردی تهی
برستم نگه کرد و بگریست زار / ز خواری ببارید خون بر کنار
بدو گفت کای مهتر پرخرد / ز تو سرد گفتن نه اندر خورد
سخن گر نگویی مرانم ز پیش / که من خود دلی دارم از درد ریش
چنین باشد آیین ایران مگر / که درویش را کس نگوید خبر
بدو گفت رستم که ای زن چبود / مگر اهرمن رستخیزت نمود
همی بر نوشتی تو بازار من / بدان روی بد با تو پیکار من
بدین تندی از من میازار بیش / که دل بسته بودم ببازار خویش
و دیگر بجایی که کیخسروست / بدان شهر من خود ندارم نشست

ندانم همی گیو و گودرز را
نه پیموده‌ام هرگز آن مرز را

بفرمود تا خوردنی هرچ بود
نهادند در پیش درویش زود

یکایک سخن کرد ازو خواستار
که با تو چرا شد دژم روزگار

چه پرسی ز گردان و شاه و سپاه
چه داری همی راه ایران نگاه

منیژه بدو گفت کز کار من
چه پرسی ز بدبخت و تیمار من

کزان چاه سر با دلی پر ز درد
دویدم بنزد تو ای رادمرد

زدی بانگ بر من چو جنگاوران
نترسیدی از داور داوران

منیژه منم دخت افراسیاب
برهنه ندیدی رخم آفتاب

کنون دیده پرخون و دل پر ز درد
ازین در بدان در دوان گردگرد

همی نان کشکین فرازآورم
چنین راند یزدان قضا بر سرم

ازین زارتر چون بود روزگار
سر آرد مگر بر من این کردگار

چو بیچاره بیژن بدان ژرف چاه
نبیند شب و روز خورشید و ماه

بغل و بمسمار و بند گران
همی مرگ خواهد ز یزدان بران

مرا درد بر درد بفزود زین
نم دیدگانم بپالود زین

کنون گرت باشد بایران گذر
ز گودرز کشواد یابی خبر

بدرگاه خسرو مگر گیو را
ببینی و گر رستم نیو را

بگویی که بیژن بسختی درست
اگر دیر گیری شود کار پست

گرش دید خواهی میاسای دیر
که بر سرش سنگست و آهن بزیر

بدو گفت رستم که ای خوب چهر
که مهرت مبراد از وی سپهر

چرا نزد باب تو خواهشگران
نینگیزی از هر سوی مهتران

مگر بر تو بخشایش آرد پدر
بجوشدش خون و بسوزد جگر

گر آزار بابت نبودی ز پیش
ترا دادمی چیز ز اندازه بیش

بخوالیگرش گفت کز هر خورش
که او را بباید بیاور برش

یکی مرغ بریان بفرمود گرم
نوشته بدو اندرون نان نرم

سبک دست رستم بسان پری
بدو درنهان کرد انگشتری

بدو داد و گفتش بدان چاه بر
که بیچارگان را توی راهبر

آگاهی یافتن بیژن از آمدن رستم

منیژه بیامد بدان چاه سر دوان و خورشها گرفته ببر
نوشته بدستار چیزی که برد چنان هم که بستد ببیژن سپرد
نگه کرد بیژن بخیره بماند ازان چاه خورشید رخ را بخواند
که ای مهربان از کجا یافتی خورشها کزین گونه بشتافتی
بسا رنج و سختی کت آمد بروی ز بهر منی در جهان پوی پوی
منیژه بدو گفت کز کاروان یکی مایه ور مرد بازارگان
از ایران بتوران ز بهر درم کشیده ز هر گونه بسیار غم
یکی مرد پاکیزه با هوش و فر ز هر گونه با او فراوان گهر
گشن دستگاهی نهاده فراخ یکی کلبه سازیده بر پیش کاخ
بمن داد زین گونه دستارخوان که بر من جهان آفرین را بخوان
بدان چاه نزدیک آن بسته بر دگر هرچ باید ببر سربسر
بگسترد بیژن پس آن نان پاک پراومید یزدان دل از بیم و باک
چو دست خورش برد زان داوری بدید آن نهان کرده انگشتری
نگینش نگه کرد و نامش بخواند ز شادی بخندید و خیره بماند
یکی مهر پیروزه رستم بروی نبشته بهن بکردار موی
چو بار درخت وفا را بدید بدانست کمد غمش را کلید
بخندید خندیدنی شاهوار چنان کمد آواز بر چاهسار
منیژه چو بشنید خندیدنش ازان چاه تاریک بسته تنش
زمانی فرو ماند زان کار سخت بگفت این چه خندست ای نیکبخت
شگفت آمدش داستانی بزد که دیوانه خندد ز کردار خود
چه گونه گشادی بخنده دو لب که شب روز بینی همی روز شب
چه رازست پیش آر و با من بگوی مگر بخت نیکت نمودست روی
بدو گفت بیژن کزین کارسخت بر اومید آنم که بگشاد بخت
چو با من بسوگند پیمان کنی همانا وفای مرا نشکنی

بگویم سراسر تورا داستان	چو باشی بسوگند همداستان
که گر لب بدوزی ز بهر گزند	زنان را زبان کم بماند ببند
منیژه خروشید و نالید زار	که بر من چه آمد بد روزگار
دریغ آن شده روزگاران من	دل خسته و چشم باران من
بدادم ببیژن تن و خان و مان	کنون گشت بر من چنین بدگمان
همان گنج دینار و تاج گهر	بتاراج دادم همه سربسر
پدر گشته بیزار و خویشان ز من	برهنه دوان بر سر انجمن
ز امید بیژن شدم ناامید	جهانم سیاه و دو دیده سپید
بپوشد همی راز بر من چنین	تو داناتری ای جهان آفرین
بدو گفت بیژن همه راستست	ز من کار تو جمله برکاستست
چنین گفتم اکنون نبایست گفت	ایا مهربان یار و هشیار جفت
سزد گر بهر کار پندم دهی	که مغزم برنج اندرون شد تهی
تو بشناس کاین مرد گوهر فروش	که خوالیگرش مر ترا داد توش
ز بهر من آمد بتوران فراز	وگرنه نبودش بگوهر نیاز
ببخشود بر من جهان آفرین	ببینم مگر پهن روی زمین
رهاند مرا زین غمان دراز	ترا زین تکاپوی و گرم و گداز
بنزدیک او شو بگویش نهان	که ای پهلوان کیان جهان
بدل مهربان و بتن چاره جوی	اگر تو خداوند رخشی بگوی
منیژه بیامد بکردار باد	ز بیژن برستم پیامش بداد
چو بشنید گفتار آن خوب روی	کزان راه دور آمده پوی پوی
بدانست رستم که بیژن سخن	گشادست بر لاله‌ی سروبن
ببخشود و گفتش که ای خوب چهر	که یزدان ترا زو مبراد مهر
بگویش که آری خداوند رخش	ترا داد یزدان فریاد بخش
ز زاول بایران ز ایران بتور	ز بهر تو پیمودم این راه دور
بگویش که ما را بسان پلنگ	بسود از پی تو کمرگاه و چنگ
چو با او بگویی سخن راز دار	شب تیره گوشت بواز دار
ز بیشه فرازآر هیزم بروز	شب آید یکی آتشی برفروز
منیژه ز گفتار او شاد شد	دلش ز اندهان یکسر آزاد شد
بیامد دوان تا بدان چاهسار	که بودش بچاه اندرون غمگسار

بگفتش که دادم سراسر پیام　　بدان مرد فرخ پی نیک نام
چنین داد پاسخ که آنم درست　　که بیژن بنام و نشانم بجست
تو با داغ دل چون پویی همی　　که رخرا بخوناب شویی همی
کنون چون درست آمد از تو نشان　　ببینی سر تیغ مردم کشان
زمین را بدرانم اکنون بچنگ　　بپروین براندازم آسوده سنگ
مرا گفت چون تیره گردد هوا　　شب از چنگ خورشید یابد رها
بکردار کوه آتشی برفروز　　که سنگ و سر چاه گردد چو روز
بدان تا ببینم سر چاه را　　بدان روشنی بسپرم راه را
بفرمود بیژن که آتش فروز　　که رستیم هر دو ز تاریک روز
سوی کردگار جهان کرد سر　　که ای پاک و بخشنده و دادگر
ز هر بد تو باشی مرا دستگیر　　تو زن بر دل و جان بدخواه تیر
بده داد من زآنک بیداد کرد　　تو دانی غمان من و داغ و درد
مگر بازیابم بر و بوم را　　نمانم بننگ اختر شوم را
تو ای دخت رنج آزموده ز من　　فدا کرده جان و دل و چیز و تن
بدین رنج کز من تو برداشتی　　زیان مرا سود پنداشتی
بدادی بمن گنج و تاج و گهر　　جهاندار خویشان و مام و پدر
اگر یابم از چنگ این اژدها　　بدین روزگار جوانی رها
بکردار نیکان یزدان پرست　　بپویم بپای و بیازم بدست
بسان پرستار پیش کیان　　بپاداش نیکیت بندم میان
منیژه بهیزم شتابید سخت　　چو مرغان برآمد بشاخ درخت
بخورشید بر چشم و هیزم ببر　　که تا کی برآرد شب از کوه سر
چو از چشم خورشید شد ناپدید　　شب تیره بر کوه دامن کشید
بدانگه که آرام گیرد جهان　　شود آشکارای گیتی نهان
که لشکر کشد تیره شب پیش روز　　بگردد سر هور گیتی فروز
منیژه سبک آتشی برفروخت　　که چشم شب قیرگون را بسوخت
بدلش اندرون بانگ رویینه خم　　که آید ز ره رخش پولاد سم

رهاندن رستم بیژن را از چاه

بدانگه که رستم ببربر زره / برافکند بند زره را گره

بشد پیش یزدان خورشید و ماه / بیامد بدو کرد پشت و پناه

همی گفت چشم بدان کور باد / بدین کار بیژن مرا زور باد

بگردان بفرمود تا همچنین / ببستند بر گردگه بند کین

بر اسبان نهادند زین خدنگ / همه جنگ را تیز کردند چنگ

تهمتن برخشنده بنهاد روی / همی رفت پیش اندرون راه جوی

چو آمد بر سنگ اکوان فراز / بدان چاه اندوه و گرم و گداز

چنین گفت با نامور هفت گرد / که روی زمین را بباید سترد

بباید شما را کنون ساختن / سر چاه از سنگ پرداختن

پیاده شدند آن سران سپاه / کزان سنگ پردخت مانند چاه

بسودند بسیار بر سنگ چنگ / شده مانده گردان و آسوده سنگ

چو از نامداران بپالود خوی / که سنگ از سر چاه ننهاد پی

ز رخش اندر آمد گو شیرنر / زره دامنش را بزد بر کمر

ز یزدان جان آفرین زور خواست / بزد دست و آن سنگ برداشت داست

بینداخت در بیشه‌ی شهر چین / بلرزید ازان سنگ روی زمین

ز بیژن بپرسید و نالید زار / که چون بود کارت ببد روزگار

همه نوش بودی ز گیتیت بهر / ز دستش چرا بستدی جام زهر

بدو گفت بیژن ز تاریک چاه / که چون بود بر پهلوان رنج راه

مرا چون خروش تو آمد بگوش / همه زهر گیتی مرا گشت نوش

بدین سان که بینی مرا خان و مان / ز آهن زمین و ز سنگ آسمان

بکنده دلم زین سرای سپنج / ز بس درد و سختی و اندوه و رنج

بدو گفت رستم که بر جان تو / ببخشود روشن جهانبان تو

کنون ای خردمند آزاده خوی / مرا هست با تو یکی آرزوی

بمن بخش گرگین میلاد را / ز دل دور کن کین و بیداد را

Shahnameh

بدو گفت بیژن که ای یار من ... ندانی که چون بود پیکار من
ندانی تو ای مهتر شیرمرد ... که گرگین میلاد با من چه کرد
گرافتد بروبر جهانبین من ... برو رستخیز آید از کین من
بدو گفت رستم که گر بدخوی ... بیاری و گفتار من نشنوی
بمانم ترا بسته در چاه پای ... برخش اندر آرم شوم باز جای
چو گفتار رستم رسیدش بگوش ... ازان تنگ زندان برآمد خروش
چنین داد پاسخ که بد بخت من ... ز گردان وز دوده و انجمن
ز گرگین بدان بد که بر من رسید ... چنین روز نیزم بباید کشید
کشیدیم و گشتیم خشنود ازوی ... ز کینه دل من بیاسود ازوی
فروهشت رستم بزندان کمند ... برآوردش از چاه با پای‌بند
برهنه تن و موی و ناخن دراز ... گدازیده از رنج و درد و نیاز
همه تن پر از خون و رخساره زرد ... ازان بند زنجیر زنگار خورد
خروشید رستم چو او را بدید ... همه تن در آهن شده ناپدید
بزد دست و بگسست زنجیر و بند ... رها کرد ازو حلقه‌ی پای بند
سوی خانه رفتند زان چاهسار ... بیک دست بیژن بدیگر زوار
تهمتن بفرمود شستن سرش ... یکی جامه پوشید نو بر برش
ازان پس چو گرگین بنزدیک اوی ... بیامد بمالید بر خاک روی
ز کردار بد پوزش آورد پیش ... بپیچید زان خام کردار خویش
دل بیژن از کینش آمد براه ... مکافات ناورد پیش گناه
شتر بار کردند و اسبان بزین ... بپوشید رستم سلیح گزین
نشستند بر باره ناموران ... کشیدند شمشیر و گرز گران
گسی کرد بار و برآراست کار ... چنانچون بود در خور کارزار
بشد با بنه اشکش تیزهوش ... که دارد سپه را بهرجای گوش
به بیژن بفرمود رستم که شو ... تو با اشکش و با منیژه برو
که ما امشب از کین افراسیاب ... نیابیم آرام و نه خورد و خواب
یکی کار سازم کنون بر درش ... که فردا بخندند برو کشورش
بدو گفت بیژن منم پیش‌رو ... که از من همی کینه سازند نو
برفتند با رستم آن هفت گرد ... بنه اشکش تیزهش را سپرد
عنانها فگندند بر پیش زین ... کشیدند یکسر همه تیغ کین

شبیخون رستم در ایوان افراسیاب

بشد تا بدرگاه افراسیاب	بهنگام سستی و آرام و خواب
برآمد ز ناگه ده و دار و گیر	درخشیدن تیغ و باران تیر
سران را بسی سر جدا شد ز تن	پر از خاک ریش و پر از خون دهن
ز دهلیز در رستم آواز داد	که خواب تو خوش باد و گردانت شاد
بخفتی تو بر گاه و بیژن بچاه	مگر باره دیدی ز آهن براه
منم رستم زابلی پور زال	نه هنگام خوابست و آرام و هال
شکستم در بند زندان تو	که سنگ گران بد نگهبان تو
رها شد سر و پای بیژن ز بند	بداماد بر کس نسازد گزند
ترا رزم و کین سیاوخش بس	بدین دشت گردیدن رخش بس
همیدون برآورد بیژن خروش	که ای ترک بدگوهر تیره هوش
براندیش زان تخت فرخنده‌جای	مرا بسته در پیش کرده بپای
همی رزم جستی بسان پلنگ	مرا دست بسته بکردار سنگ
کنونم گشاده بهامون ببین	که با من نجوید ژیان شیر کین
بزد دست بر جامه افراسیاب	که جنگ‌آوران را ببستست خواب
بفرمود زان پس که گیرند راه	بدان نامداران جوینده گاه
ز هر سو خروش تکاپوی خاست	ز خون ریختن بر درش جوی خاست
هرآنکس که آمد ز توران سپاه	زمانه تهی ماند زو جایگاه
گرفتند بر کینه جستن شتاب	ازان خانه بگریخت افراسیاب
بکاخ اندر آمد خداوند رخش	همه فرش و دیبای او کرد بخش
پریچهرگان سپهبدپرست	گرفته همه دست گردان بدست
گرانمایه اسبان و زین پلنگ	نشانده گهر در جناغ خدنگ
ازان پس ز ایوان ببستند بار	بتوران نکردند بس روزگار
ز بهر بنه تاخت اسبان بزور	بدان تا نخیزد ازان کار شور
چنان رنجه بد رستم از رنج راه	که بر سرش بر درد بود از کلاه

سواران ز بس رنج و اسبان ز تگ ‌‌‌‌‌— یکی را بتن بر نجنبید رگ
بلشکر فرستاد رستم پیام — که شمشیر کین بر کشید از نیام
که من بیگمانم کزین پس بکین — سیه گردد از سم اسبان زمین
گشن لشکری سازد افراسیاب — بنیزه بپوشد رخ آفتاب
برفتند یکسر سواران جنگ — همه رزم را تیز کردند چنگ
همه نیزه‌داران زدوده سنان — همه جنگ را گرد کرده عنان
منیژه نشسته بخیمه درون — پرستنده بر پیش او رهنمون
یکی داستان زد تهمتن بروی — که گر می بریزد نریزدش بوی
چنینست رسم سرای سپنج — گهی ناز و نوش و گهی درد و رنج
چو خورشید سر برزد از کوهسار — سواران توران ببستند بار

آمدن افراسیاب به جنگ رستم

بتوفید شهر و برآمد خروش — تو گفتی همی کر کند نعره گوش
بدرگاه افراسیاب آمدند — کمربستگان بر درش صف زدند
همه یکسره جنگ را ساخته — دل از بوم و آرام پرداخته
بزرگان توران گشاده کمر — به پیش سپهدار بر خاک سر
همه جنگ را پاک بسته میان — همه دل پر از کین ایرانیان
کز اندازه بگذشت ما را سخن — چه افگند باید بدین کار بن
کزین ننگ بر شاه و گردنکشان — بماند ز کردار بیژن نشان
بایران بمردان ندانندمان — زنان کمربسته خوانندمان
برآشفت پس شه بسان پلنگ — ازان پس بفرمودشان ساز جنگ
به پیران بفرمود تا بست کوس — که بر ما ز ایران همین بد فسوس
بزد نای رویین بدرگاه شاه — بجوشید در شهر توران سپاه
یلان صف کشیدند بر در سرای — خروش آمد از بوق و هندی درای
سپاهی ز توران بدان مرز راند — که روی زمین جز بدریا نماند
چو از دیدگه دیدبان بنگرید — زمین را چو دریای جوشان بدید

بر رستم آمد که ببسیچ کار
که گیتی سیه شد ز گرد سوار

بدو گفت ما زین نداریم باک
همی جنگ را برفشانیم خاک

بنه با منیژه گسی کرد و بار
بپوشید خود جامه‌ی کارزار

ببالا برآمد سپه را بدید
خروشی چو شیر ژیان برکشید

یکی داستان زد سوار دلیر
که روبه چه سنجد بچنگال شیر

بگردان جنگاور آواز کرد
که پیش آمد امروز ننگ و نبرد

کجا تیغ و ژوپین زهرآبدار
کجا نیزه و گرزه‌ی گاوسار

هنرها کنون کرد باید پدید
برین دشت‌بر کینه باید کشید

برآمد خروشیدن کرنای
تهمتن برخش اندر آورد پای

ازان کوه سر سوی هامون کشید
چو لشکر بتنگ اندر آمد پدید

کشیدند لشکر بران پهن جای
بهرسو ببستند ز آهن سرای

بیاراست رستم یکی رزمگاه
که از گرد اسبان هوا شد سیاه

ابر میمنه اشکش و گستهم
سواران بسیار با او بهم

چو رهام و چون زنگه بر میسره
بخون داده مر جنگ را یکسره

خود و بیژن گیو در قلبگاه
نگهدار گردان و پشت سپاه

پس پشت لشکر که بیستون
حصاری ز شمشیر پیش اندرون

چو افراسیاب آن سپه را بدید
که سالارشان رستم آمد پدید

غمی گشت و پوشید خفتان جنگ
سپه را بفرمود کردن درنگ

برابر ببین صفی برکشید
هوا نیلگون شد زمین ناپدید

چپ لشکرش را بپیران سپرد
سوی راستش را به هومان گرد

بگرسیوز و شیده قلب سپاه
سپرد و همی کرد هر سو نگاه

تهمتن همی گشت گرد سپاه
ز آهن بکردار کوهی سیاه

فغان کرد کای ترک شوریده بخت
که ننگی تو بر لشکر و تاج و تخت

ترا چون سواران دل جنگ نیست
ز گردان لشکر ترا ننگ نیست

که چندین بپیش من آیی بکین
بمردان و اسبان بپوشی زمین

چو در جنگ لشکر شود تیزچنگ
همی پشت بینم ترا سوی جنگ

ز دستان تو نشنیدی آن داستان
که دارد بیاد از گه باستان

که شیری نترسد ز یک دشت گور
ستاره نتابد چو تابنده هور

بدرد دل و گوش غرم سترگ
اگر بشنود نام چنگال گرگ

چو اندر هوا باز گسترد پر	بترسد ز چنگال او کبک نر
نه روبه شود ز آزمودن دلیر	نه گوران بسایند چنگال شیر
چو تو کس سبکسار خسرو مباد	چو باشد دهد پادشاهی بباد
بدین دشت و هامون تو از دست من	رهایی نیابی بجان و بتن
چو این گفته بشنید ترک دژم	بلرزید و برزد یکی تیز دم
برآشفت کای نامداران تور	که این دشت جنگست گر جای سور
بباید کشیدن درین رزم رنج	که بخشم شما رابسی تاج و گنج
چو گفتار سالارشان شد بگوش	زگردان لشکر برآمد خروش
چنان تیره‌گون شد ز گرد آفتاب	که گفتی همی غرقه ماند در آب
ببستند بر پیل رویینه خم	دمیدند شیپور با گاودم
ز جوشن یکی باره‌ی آهنین	کشیدند گردان بروی زمین
بجوشید دشت و بتوفید کوه	ز بانگ سواران هر دو گروه
درفشان بگرد اندرون تیغ تیز	تو گفتی برآمد همی رستخیز
همی گرز بارید همچون تگرگ	ابر جوشن و تیر و بر خود و ترگ
و زان رستمی اژدهافش درفش	شده روی خورشید تابان بنفش
بپوشید روی هوا گرد پیل	بخورشید گفتی براندود نیل
بهر سو که رستم برافگند رخش	سران را سر از تن همی کرد بخش
بچنگ اندرون گرزه‌ی گاوسار	بسان هیونی گسسته مهار
همی کشت و می‌بست در رزمگاه	چو بسیار کرد از بزرگان تباه
بقلب اندر آمد بکردار گرگ	پراگنده کرد آن سپاه بزرگ
برآمد چو باد آن سران را ز جای	همان بادپایان فرخ همای
چو گرگین و رهام و فرهاد گرد	چپ لشکر شاه توران ببرد
درآمد چو باد اشکش از دست راست	ز گرسیوز تیغزن کینه خواست
بقلب اندرون بیژن تیزچنگ	همی بزمگاه آمدش جای جنگ
سران سواران چو برگ درخت	فرو ریخت از بار و برگشت بخت
همه رزمگه سربسر جوی خون	درفش سپهدار توران نگون
سپهدار چون بخت برگشته دید	دلیران توران همه کشته دید
بیفگند شمشیر هندی ز دست	یکی اسب آسوده‌تر برنشست
خود و ویژگان سوی توران شتافت	کزایرانیان کام و کینه نیافت

۶۸۷

برفت از پس رستم گردگیر	ببارید بر لشکرش گرز و تیر
دو فرسنگ چون اژدهای دژم	همی مردم آهخت ازیشان بدم
سواران جنگی ز توران هزار	گرفتند زنده پس از کارزار
بلشکرگه آمد ازان رزمگاه	که بخشش کند خواسته بر سپاه
ببخشید و بنهاد بر پیل بار	بپیروزی آمد بر شهریار

باز آمدن رستم به نزد کیخسرو

چو آگاهی آمد بشاه دلیر	که از بیشه پیروز برگشت شیر
چو بیژن شد از بند و زندان رها	ز بند بداندیش نراژدها
سپاهی ز توران بهم برشکست	همه لشکر دشمنان کرد پست
بشادی به پیش جهان‌آفرین	بمالید روی و کله بر زمین
چو گودرز و گیو آگهی یافتند	سوی شاه پیروز بشتافتند
برآمد خروش و بیامد سپاه	تبیره‌زنان برگرفتند راه
دمنده دمان گاودم بر درش	برآمد خروشیدن از لشکرش
سیه کرده میدانش اسبان بسم	همه شهر آوای روئینه‌خم
بیک دست بربسته شیر و پلنگ	بزنجیر دیگر سواران جنگ
گرازان سواران دمان و دنان	بدندان زمین ژنده پیلان کنان
بپیش سپاه اندرون بوق و کوس	درفش از پس پشت گودرز و طوس
پذیره شدن پیش پهلو سپاه	بدین گونه فرمود بیدار شاه
برفتند لشکر گروها گروه	زمین شد ز گردان بکردار کوه
چو آمد پدیدار از انبوه نیو	پیاده شد از باره گودرز و گیو
ز اسب اندرآمد جهان پهلوان	بپرسیدش از رنجدیده گوان
برو آفرین کرد گودرز و گیو	که ای نامبردار و سالار نیو
دلیر از تو گردد بهر جای شیر	سپهر از تو هرگز مگرداد سیر
ترا جاودان باد یزدان پناه	بکام تو گرداد خورشید و ماه
همه بنده کردی تو این دوده را	زتو یافتم پور گم‌بوده را

۶۸۸

Shahnameh

ز درد و غمان رستگان تویم	بایران کمربستگان تویم
بر اسبان نشستند یکسر مهان	گرازان بنزدیک شاه جهان
چو نزدیک شهر جهاندار شاه	فرازآمد آن گرد لشکرپناه
پذیره شدش نامدار جهان	نگهدار ایران و شاه مهان
چو رستم بفر جهاندار شاه	نگه کرد کمد پذیره براه
پیاده شد و برد پیشش نماز	غمی گشته از رنج و راه دراز
جهاندار خسرو گرفتش ببر	که ای دست مردی و جان هنر
تهمتن سبک دست بیژن گرفت	چنانکش ز شاه و پدر بپذرفت
بیاورد و بسپرد و بر پای خاست	چنان پشت خمیده را کرد راست
ازان پس اسیران توران هزار	بیاورد بسته بر شهریار
برو آفرین کرد خسرو بمهر	که جاوید بادا بکامت سپهر
خنک زال کش بگذرد روزگار	بماند بگیتی ترا یادگار
خجسته بر و بوم زابل که شیر	همی پروراند گوان و دلیر
خنک شهر ایران و فرخ گوان	که دارند چون تو یکی پهلوان
وزین هر سه برتر سر و بخت من	که چون تو پرستد همی تخت من
به خورشید ماند همی کار تو	بگیتی پراگنده کردار تو
بگیو آنگهی گفت شاه جهان	که نیکست با کردگارت نهان
که بر دست رستم جهان‌آفرین	بتو داد پیروز پور گزین
گرفت آفرین گیو بر شهریار	که شادان بدی تا بود روزگار
سر رستمت جاودان سبز باد	دل زال فرخ بدو باد شاد
بفرمود خسرو که بنهید خوان	بزرگان برترمنش را بخوان
چو از خوان سالار برخاستند	نشستنگه می بیاراستند
فروزنده‌ی مجلس و میگسار	نوازنده‌ی چنگ با پیشکار
همه بر سران افسران گران	بزر اندرون پیکر از گوهران
همه رخ چو دیبای رومی برنگ	خروشان ز چنگ و پریزاده چنگ
طبقهای سیمین پر از مشک ناب	بپیش اندرون آبگیری گلاب
همی تافت ازفر شاهنشهی	چو ماه دو هفته ز سرو سهی
همه پهلوانان خسروپرست	برفتند زایوان سالار مست
بشبگیر چون رستم آمد بدر	گشاده‌دل و تنگ بسته کمر

۶۸۹

بدستوری بازگشتن بجای	همی زد هشیوار با شاه رای
یکی دست جامه بفرمود شاه	گهر بافته با قبا و کلاه
یکی جام پر گوهر شاهوار	صد اسب و صد اشتر بزین و ببار
دو پنجه پری‌روی بسته کمر	دو پنجه پرستار با طوق زر
همه پیش شاه جهان کدخدای	بیاورد و کردند یک سر بپای
همه رستم زابلی را سپرد	زمین را ببوسید و برخاست گرد
بسربر نهاد آن کلاه کیان	ببست آن کیانی کمر برمیان
ابر شاه کرد آفرین و برفت	ره سیستان را بسیچید تفت
بزرگان که بودند با او بهم	برزم و ببزم و بشادی و غم
براندازه‌شان یک بیک هدیه داد	از ایوان خسرو برفتند شاد
چو از کار کردن بپردخت شاه	برام بنشست بر پیشگاه
بفرمود تا بیژن آمدش پیش	سخن گفت زان رنج و تیمار خویش
ازان تنگ زندان و رنج زوار	فراوان سخن گفت با شهریار
وزان گردش روزگاران بد	همه داستان پیش خسرو بزد
بپیچید و بخشایش آورد سخت	ز درد و غم دخت گم بوده بخت
بفرمود صد جامه دیبای روم	همه پیکرش گوهر و زر و بوم
یکی تاج و ده بدره دینار نیز	پرستنده و فرش و هرگونه چیز
به بیژن بفرمود کاین خواسته	ببر سوی ترک روان‌کاسته
برنجش مفرسا و سردش مگوی	نگر تا چه آوردی او را بروی
تو با او جهان را بشادی گذار	نگه کن بدین گردش روزگار
یکی را برآرد بچرخ بلند	ز تیمار و دردش کند بی‌گزند
وزانجاش گردان برد سوی خاک	همه جای بیمست و تیمار و باک
هم آن را که پرورده باشد بناز	بیفگند خیره بچاه نیاز
یکی را ز چاه آورد سوی گاه	نهد بر سرش بر ز گوهر کلاه
جهان را ز کردار بد شرم نیست	کسی را برش آب و آزرم نیست
همیشه بهر نیک و بد دسترس	ولیکن نجوید خود آزرم کس
چنینست کار سرای سپنج	گهی ناز و نوش و گهی درد و رنج
ز بهر درم تا نباشی بدرد	بی‌آزار بهتر دل رادمرد
بدین کار بیژن سخن ساختم	بپیران و گودرز پرداختم

۶۹۰

داستان دورازده رخ

آغاز داستان

جهان چون بزاری برآید همی / بدو نیک روزی سرآید همی
چو بستی کمر بر در راه آز / شود کار گیتیت یکسر دراز
بیک روی جستن بلندی سزاست / اگر در میان دم اژدهاست
و دیگر که گیتی ندارد درنگ / سرای سپنجی چه پهن و چه تنگ
پرستنده آز و جویای کین / بگیتی ز کس نشنود آفرین
چو سرو سهی گوژ گردد بباغ / بدو بر شود تیره روشن چراغ
کند برگ پژمرده و بیخ سست / سرش سوی پستی گراید نخست
بروید ز خاک و شود باز خاک / همه جای ترسست و تیمار و باک
سر مایه‌ی مرد سنگ و خرد / ز گیتی بی‌آزاری اندر خورد
در دانش و آنگهی راستی / گرین دو نیابی روان کاستی
اگر خود بمانی بگیتی دراز / ز رنج تن آید برفتن نیاز
یکی ژرف دریاست بن ناپدید / در گنج رازش ندارد کلید
اگر چند یابی فزون بایدت / همان خورده یک روز بگزایدت
سه چیزت بباید کزان چاره نیست / وزو بر سرت نیز پیغاره نیست
خوری گر بپوشی و گر گستری / سزد گرد بدیگر سخن ننگری
چو زین سه گذشتی همه رنج و آز / چه در آز پیچی چه اندر نیاز
چو دانی که بر تو نماند جهان / چه پیچی تو زان جای نوشین روان
بخور آنچ داری و بیشی مجوی / که از آز کاهد همی آبروی

در خواندن افراسیاب سپاه را

دل شاه ترکان چنان کم شنود / همیشه برنج از پی آز بود
ازان پس که برگشت زان رزمگاه / که رستم برو کرد گیتی سیاه

بشد تازیان تا بخلخ رسید	بننگ از کیان شد سرش ناپدید
بکاخ اندر آمد پرآزار دل	ابا کاردانان هشیاردل
چو پیران و گرسیوز رهنمون	قراخان و چون شیده و گرسیون
برایشان همه داستان برگشاد	گذشته سخنها همه کرد یاد
که تا برنهادم بشاهی کلاه	مرا گشت خورشید و تابنده ماه
مرا بود بر مهتران دسترس	عنان مرا برنتابید کس
ز هنگام رزم منوچهر باز	نبد دست ایران بتوران دراز
شبیخون کند تا در خان من	از ایران بیازند بر جان من
دلاور شد آن مردم نادلیر	گوزن اندر آمد ببالین شیر
برین کینه گر کار سازیم زود	وگرنه برآرند زین مرز دود
سزد گر کنون گرد این کشورم	سراسر فرستادگان گسترم
ز ترکان وز چین هزاران هزار	کمربستگان از در کارزار
بیاریم بر گرد ایران سپاه	بسازیم هر سو یکی رزمگاه
همه موبدان رای هشیار خویش	نهادند با گفت سالار خویش
که ما را ز جیحون بباید گذشت	زدن کوس شاهی بران پهن دشت
بموی لشکر گهی ساختن	شب و روز نسودن از تاختن
که آن جای جنگست و خون ریختن	چه با گیو و با رستم آویختن
سرافراز گردان گیرنده شهر	همه تیغ کین آب داده به زهر
چو افراسیاب آن سخنها شنود	برافروخت از بخت و شادی نمود
ابر پهلوانان و بر موبدان	بکرد آفرینی برسم ردان
نویسنده‌ی نامه را پیش خواند	سخنهای بایسته چندی براند
فرستادگان خواست از انجمن	بنزدیک فغفور و شاه ختن
فرستاد نامه به هر کشوری	بهر نامداری و هر مهتری
سپه خواست کاندیشه‌ی جنگ داشت	ز بیژن بدان گونه دل تنگ داشت
دو هفته برآمد ز چین و ختن	ز هر کشوری شد سپاه انجمن
چو دریای جوشان زمین بردمید	چنان شد که کس روز روشن ندید
گله هرچ بودش ز اسبان یله	بشهر اندر آورد یکسر گله
همان گنجها کز گه تور باز	پدر بر پسر بر همی داشت راز
سر بدره‌ها را گشادن گرفت	شب و روز دینار دادن گرفت

۶۹۳

چو لشکر سراسر شد آراسته	بدان بی‌نیازی شد از خواسته
ز گردان گزین کرد پنجه هزار	همه رزم‌جویان سازنده کار
بشیده که بودش نبرده پسر	ز گردان جنگی برآورده سر
بدو گفت کین لشکر سرفراز	سپردم ترا راه خوارزم ساز
نگهبان آن مرز خوارزم باش	همیشه کمربسته‌ی رزم باش
دگر پنجه از نامداران چین	بفرمود تا کرد پیران گزین
بدو گفت تا شهر ایران برو	ممان رخت و مه تخت سالار نو
در آشتی هیچ گونه مجوی	سخن جز بجنگ و بکینه مگوی
کسی کو برد آب و آتش بهم	ابر هر دوان کرده باشد ستم
دو پر مایه بیدار و دو پهلوان	یکی پیر و باهوش و دیگر جوان
برفتند با پند افراسیاب	برام پیر و جوان بر شتاب
ابا ترگ زرین و کوپال و تیغ	خروشان بکردار غرنده میغ
پس آگاهی آمد به پیروز شاه	که آمد ز توران بایران سپاه
جفاپیشه بدگوهر افراسیاب	ز کینه نیاید شب و روز خواب
برآورد خواهد همی سر ز ننگ	ز هر سو فرستاد لشکر بجنگ
همی زهر ساید بنوک سنان	که تابد مگر سوی ایران عنان
سواران جنگی چو سیصد هزار	بجیحون همی کرد خواهد گذار
سپاهی که هنگام ننگ و نبرد	ز جیحون بگردون برآورد گرد
دلیران بدرگاه افراسیاب	ز بانگ تبیره نیابند خواب
ز آوای شیپور و زخم درای	تو گویی برآید همی دل ز جای
گر آید بایران بجنگ آن سپاه	هژبر دلاور نیاید براه
سر مرز توران به پیران سپرد	سپاهی فرستاد با او نه خرد
سوی مرز خوارزم پنجه هزار	کمربسته رفت از در کارزار
سپهدارشان شیده‌ی شیر دل	کز آتش ستاند بشمشیر دل
سپاهی بکردار پیلان مست	که با جنگ ایشان شود کوه پست
چو بشنید گفتار کاراگهان	پراندیشه بنشست شاه جهان
بکاراگهان گفت کای بخردان	من ایدون شنیدستم از موبدان
که چون ماه ترکان برآید بلند	ز خورشید ایرانش آید گزند
سیه مارکورا سر آید بکوب	ز سوراخ پیچان شود سوی چوب

چو خسرو به بیداد کارد درخت	بگردد برو پادشاهی و تخت
همه موبدان را بر خویش خواند	شنیده سخن پیش ایشان براند
نشستند با شاه ایران براز	بزرگان فرزانه و رزم ساز
چو دستان سام و چو گودرز و گیو	چو شیدوش و فرهاد و رهام نیو
چو طوس و چو رستم یل پهلوان	فریبرز و شاپور شیر دمان
دگر بیژن گیو با گستهم	چو گرگین چون زنگه و گژدهم
جزین نامداران لشکر همه	که بودند شاه جهان را رمه
ابا پهلوانان چنین گفت شاه	که ترکان همی رزم جویند و گاه
چو دشمن سپه کرد و شد تیز چنگ	بباید بسیچید ما را بجنگ
بفرمود تا بوق با گاودم	دمیدند و بستند رویینه خم
از ایوان به میدان خرامید شاه	بیاراستند از بر پیل گاه
بزد مهره در جام بر پشت پیل	زمین را تو گفتی براندود نیل
هوا نیلگون شد زمین رنگ رنگ	دلیران لشکر بسان پلنگ
بچنگ اندرون گرز و دل پر ز کین	ز گردان چو دریای جوشان زمین
خروشی برآمد ز درگاه شاه	که ای پهلوانان ایران سپاه
کسی کو بساید عنان و رکیب	نباید که یابد بخانه شکیب
بفرمود کز روم وز هندوان	سواران جنگی گزیده گوان
دلیران گردنکش از تازیان	بسیچیده‌ی جنگ شیر ژیان
کمربسته خواهند سیصد هزار	ز دشت سواران نیزه گزار
هر آنکو چهل روزه را نزد شاه	نیاید نبیند بسر بر کلاه
پراگنده بر گرد کشور سوار	فرستاده با نامه شهریار
دو هفته برآمد بفرمان شاه	بجنبید در پادشاهی سپاه
ز لشکر همه کشور آمد بجوش	زگیتی بر آمد سراسر خروش
بشبگیر گاه خروش خروس	ز هر سوی برخاست آوای کوس
بزرگان هر کشوری با سپاه	نهادند سر سوی درگاه شاه
در گنجهای کهن باز کرد	سپه را درم دادن آغاز کرد
همه لشکر از گنج و دینار شاه	بسر بر نهادند گوهر کلاه
به بر گستوان و بجوشن چو کوه	شدند انجمن لشکری همگروه
چو شد کار لشکر همه ساخته	وزیشان دل شاه پرداخته

نخستین ازان لشکر نامدار سواران شمشیر زن سی هزار
گزین کرد خسرو برستم سپرد بدو گفت کای نامبردار گرد
ره سیستان گیر و برکش بگاه بهندوستان اندر آور سپاه
ز غزنین برو تا براه برین چو گردد ترا تاج و تخت و نگین
چو آن پادشاهی شود یکسره ببشخور آید پلنگ و بره
فرامرز را ده کلاه و نگین کسی کو بخواهد ز لشکر گزین
بزن کوس رویین و شیپور و نای بکشمیر و کابل فزون زین مپای
که ما را سر از جنگ افراسیاب نیابد همی خورد و آرام و خواب
الانان و غزدژ بلهراسب داد بدو گفت کای گرد خسرو نژاد
برو با سپاهی بکردار کوه گزین کن ز گردان لشکر گروه
سواران شایسته‌ی کارزار ببر تا برآری ز دشمن دمار
باشکش بفرمود تا سی هزار دمنده هژبران نیزه گزار
برد سوی خوارزم کوس بزرگ سپاهی بکردار درنده گرگ
زند بر در شهر خوارزم گاه ابا شیده‌ی رزم زن کینه خواه
سپاه چهارم بگودرز داد چه مایه ورا پند و اندرز داد
که رو با بزرگان ایران بهم چو گرگین و چون زنگه و گستهم
زواره فریبرز و فرهاد و گیو گرازه سپهدار و رهام نیو
بفرمود بستن کمرشان بجنگ سوی رزم توران شدن بی درنگ
سپهدار گودرز کشوادگان همه پهلوانان و آزادگان
نشستند بر زین بفرمان شاه سپهدار گودرز پیش سپاه
بگودرز فرمود پس شهریار چو رفتی کمر بسته‌ی کارزار
نگر تا نیازی به بیداد دست نگردانی ایوان آباد پست
کسی کو بجنگت نبندد میان چنان ساز کش از تو ناید زیان
که نپسندد از ما بدی دادگر سپنجست گیتی و ما برگذر
چو لشکر سوی مرز توران بری من تیز دل را بتش سری
نگر تا نجوشی بکردار طوس نبندی بهر کار بر پیل کوس
جهاندیده‌ای سوی پیران فرست هشیوار وز یادگیران فرست
بپند فراوانش بگشای گوش برو چادر مهربانی بپوش
بهر کار با هر کسی دادکن ز یزدان نیکی دهش یاد کن

چنین گفت سالار لشکر بشاه / که فرمان تو برتر از شید و ماه
بدان سان شوم کم تو فرمان دهی / تو شاه جهانداری و من رهی
برآمد خروش از در پهلوان / ز بانگ تبیره زمین شد نوان
بلشکر گه آمد دمادم سپاه / جهان شد ز گرد سواران سیاه
به پیش سپاه اندرون پیل شست / جهان پست گشته ز پیلان مست
وزان ژنده پیلان جنگی چهار / بیاراسته از در شهریار
نهادند بر پشتشان تخت زر / نشستنگه شاه با زیب و فر
بگودرز فرمود تا بر نشست / بران تخت زر از بر پیل مست
برانگیخت پیلان و برخاست گرد / مر آن را بنیک اختری یاد کرد
که از جان پیران برآریم دود / بران سان که گرد پی پیل بود
بی آزار لشکر بفرمان شاه / همی رفت منزل بمنزل سپاه
چو گودرز نزدیک ریبد رسید / سران را ز لشکر همی برگزید

رسیدن گودرز کشواد با سپاه ایران به نزدیکی ریبد

هزاران دلیران خنجر گزار / ز گردان لشکر دلاور سوار
از ایرانیان نامور ده‌هزار / سخن گوی و اندر خور کارزار
سپهدار پس گیو را پیش خواند / همه گفته‌ی شاه با او براند
بدو گفت کای پور سالار سر / برافراخته سر ز بسیار سر
گزین کردم اندر خورت لشکری / که هستند سالار هر کشوری
بدان تا بنزدیک پیران شوی / بگویی و گفتار او بشنوی
بگویی به پیران که من با سپاه / بزیبد رسیدم بفرمان شاه
شناسی تو گفتار و کردار خویش / بی آزاری و رنج و تیمار خویش
همه شهر توران بدی را میان / ببستند با نامدار کیان
فریدون فرخ که با داغ و درد / ز گیتی بشد دیده پر آب زرد
پر از درد ایران پر از داغ شاه / که با سوک ایرج نتابید ماه
ز ترکان تو تنها ازان انجمن / شناسی بمهر و وفا خویشتن

دروغست بر تو همین نام مهر   نبینم بدلت اندر آرام مهر
همانست کن شاه آزرمجوی   مرا گفت با او همه نرم گوی
ازان کو بکارسیاوش رد   بیفگند یک روز بنیاد بد
بنزد منش دستگاهست نیز   ز خون پدر بیگناهست نیز
گناهی که تا این زمان کرده‌ای   ز شاهان گیتی که آزرده‌ای
همی شاه بگذارد از تو همه   بدی نیکی انگارد از تو همه
نباید که بر دست ما بر تباه   شوی بر گذشته فراوان گناه
دگر کز پی جنگ افراسیاب   زمانه همی بر تو گیرد شتاب
بزرگان ایران و فرزند من   بخوانند بر تو همه پند من
سخن هرچ دانی بدیشان بگوی   وزیشان همیدون سخن بازجوی
اگر راست باشد دلت با زبان   گذشتی ز تیمار و رستی بجان
بر و بوم و خویشانت آباد گشت   ز تیغ منت گردن آزاد گشت
ور از تو پدیدار آید گناه   نماند بتو مهر و تخت و کلاه
نجویم برین کینه آرام و خواب   من و گرز و میدان افراسیاب
کزو شاه ما را بکین خواستن   نباید بسی لشکر آراستن
مگر پند من سربسر بشنوی   بگفتار هشیار من بگروی
نخستین کسی کو پی افگند کین   بخون ریختن برنوشت آستین
بخون سیاوش یازید دست   جهانی به بیداد بر کرد پست
بسان سگانش ازان انجمن   ببندی فرستی بنزدیک من
بدان تا فرستم بنزدیک شاه   چه شان سر ستاند چه بخشد کلاه
تو نشنیدی آن داستان بزرگ   که شیر ژیان آورد پیش گرگ
که هر کو بخون کیان دست آخت   زمانه بجز خاک جایش نساخت
دگر هرچ از گنج نزدیک تست   همه دشمن جان تاریک تست
ز اسپان پرمایه و گوهران   ز دیبا و دینار وز افسران
ز ترگ و ز شمشیر و برگستوان   ز خفتان، وز خنجر هندوان
همه آلت لشکر و سیم و زر   فرستی بنزدیک ما سربسر
به بیداد کز مردمان بستدی   فراز آوریدی ز دست بدی
بدان باز خری مگر جان خویش   ازین درکنی زود درمان خویش
چه اندر خور شهریارست ازان   فرستم بنزدیک شاه جهان

ببخشیم دیگر همه بر سپاه	بجای مکافات کرده گناه
و دیگر که پور گزین ترا	نگهبان گاه و نگین ترا
برادرت هر دو سران سپاه	که همزمان برآرند گردن بماه
چو هر سه بدین نامدار انجمن	گروگان فرستی بنزدیک من
بدان تا شوم ایمن از کار تو	برآرد درخت وفا بار تو
تو نیز آنگهی برگزینی دو راه	یکی راهجویی بنزدیک شاه
ابا دودمان نزد خسرو شوی	بدان سایه‌ی مهر او بغنوی
کنم با تو پیمان که خسرو ترا	بخورشید تابان برآرد سرا
ز مهر دل او تو آگه تری	کزو هیچ ناید چز از بهتری
بشویی دل از مهر افراسیاب	نبینی شب تیره او را بخواب
گر از شاه ترکان بترسی ز بد	نخواهی که آیی بایران سزد
بپرداز توران و بنشین بچاج	ببر تخت ساج و بر افراز تاج
ورت سوی افراسیابست رای	برو سوی او جنگ ما را مپای
اگر تو بخواهی بسیچید جنگ	مرا زور شیرست و چنگ پلنگ
بترکان نمانم من از تخت بهر	کمان من ابرست و بارانش زهر
بسیچیده‌ی جنگ خیز اندرآی	گرت هست با شیر درنده پای
چو صف برکشید از دو رویه سپاه	گنهکار پیدا شد از بیگناه
گرین گفته‌های مرا نشنوی	بفرجام کارت پشیمان شوی
پشیمانی آنگه نداردت سود	که تیغ زمانه سرت را درود
بگفت این سخن پهلوان با پسر	که بر خوان بپیران همه دربدر

رفتن گیو بویسه کرد بنزدیک پیران

ز پیش پدر گیو شد تا ببلخ	گرفته بیاد آن سخنهای تلخ
فرود آمد و کس فرستاد زود	بران سان که گودرز فرموده بود
همان شب سپاه اندر آورد گرد	برفت از در بلخ تا ویسه گرد
که پیران بدان شهر بد با سپاه	که دیهیم ایران همی جست و گاه

فرستاده چون سوی پیران رسید　　سپدار ایران سپه را بدید
بگفتند کمد سوی بلخ گیو　　ابا ویژگان سپهدار نیو
چو بشنید پیران برافراخت کوس　　شد از سم اسبان زمین آبنوس
ده و دو هزارش ز لشکر سوار　　فراز آمد اندر خور کارزار
ازیشان دو بهره هم آنجا بماند　　برفت و جهاندیدگانرا بخواند
بیامد چو نزدیک جیحون رسید　　بگرد لب آب لشکر کشید
بجیحون پر از نیزه دیوار کرد　　چو با گیو گودرز دیدار کرد
دو هفته شد اندر سخنشان درنگ　　بدان تا نباشد به بیداد جنگ
ز هر گونه گفتند و پیران شنید　　گنهکاری آمد ز ترکان پدید
بزرگان ایران زمان یافتند　　بریشان بگفتار بشتافتند
برافگند پیران هم اندر شتاب　　نوندی بنزدیک افراسیاب
که گودرز کشوادگان با سپاه　　نهاد از بر تخت گردان کلاه
فرستاده آمد بنزدیک من　　گزین پور او مهتر انجمن
مار گوش و دل سوی فرمان تست　　بپیمان روانم گروگان تست
سخن چون بسالار ترکان رسید　　سپاهی ز جنگ آوران برگزید
فرستاد نزدیک پیران سوار　　ز گردان شمشیر زن سی هزار
بدو گفت بردار شمشیر کین　　وزیشان بپرداز روی زمین
نه گودرز باید که ماند نه گیو　　نه فرهاد و گرگین نه رهام نیو
که بر ما سپه آمد از چار سوی　　همی گاه توران کنند آرزوی
جفا پیشه گشتم ازین پس بجنگ　　نجویم بخون ریختن بر درنگ
برای هشیوار و مردان مرد　　برآرم ز کیخسرو این بار گرد
چو پیران بدید آن سپاه بزرگ　　بخون تشنه هر یک بکردار گرگ
بر آشفت ازان پس که نیرو گرفت　　هنرها بشست از دل آهو گرفت
جفا پیشه گشت آن دل نیکخوی　　پر اندیشه شد رزم کرد آرزوی
بگیو آنگهی گفت برخیز و رو　　سوی پهلوان سپه باز شو
بگویش که از من تو چیزی مجوی　　که فرزانگان آن نبینند روی
یکی آنکه از نامدارگوان　　گروگان همی خواهی این کی توان
و دیگر که گفتی سلیح و سپاه　　گرانمایه اسبان و تخت و کلاه
برادرکه روشن جهان منست　　گزیده پسر پهلوان منست

همی گویی از خویشتن دور کن / ز بخرد چنین خام باشد سخن
مرا مرگ بهتر ازان زندگی / که سالار باشم کنم بندگی
یکی داستان زد برین بر پلنگ / چو با شیر جنگ آورش خاست جنگ
بنام ار بریزی مرا گفت خون / به از زندگانی بننگ اندرون
و دیگر که پیغام شاه آمدست / بفرمان جنگم سپاه آمدست
چو پاسخ چنین یافت برگشت گیو / ابا لشکری نامبردار و نیو
سپهدار چون گیو برگشت از وی / خروشان سوی جنگ بنهاد روی
دمان از پس گیو پیران دلیر / سپه را همی راند برسان شیر
بیامد چو پیش کنابد رسید / بران دامن کوه لشکر کشید
چو گیو اندر آمد بپیش پدر / همی گفت پاسخ همه دربدر
بگودرز گفت اندرآور سپاه / بجایی که سازی همی رزمگاه
که او را همی آشتی رای نیست / بدلش اندرون داد را جای نیست
ز هر گونه با او سخن راندم / همه هرچ گفتی برو خواندم
چو آمد پدیدار ازیشان گناه / هیونی برافگند نزدیک شاه
که گودرز و گیو اندر آمد بجنگ / سپه باید ایدر مرا بی درنگ
سپاه آمد از نزدافراسیاب / چو ما بازگشتیم بگذاشت آب
کنون کینه را کوس بر پیل بست / همی جنگ ما را کند پیشدست
چنین گفت با گیو پس پهلوان / که پیران بسیری رسید از روان
همین داشتم چشم زان بد نهان / ولیکن بفرمان شاه جهان
بایست رفتن که چاره نبود / دلش را کنون شهریار آزمود
یکی داستان گفته بودم بشاه / چو فرمود لشکر کشیدن براه
که دل را ز مهر کسی برگسل / کجا نیستش با زبان راست دل
همه مهر پیران بترکان برست / بشوید همی شاه ازو پاک دست
چو پیران سپاه از کنابد براند / بروز اندرون روشنایی نماند
سواران جوشن وران صد هزار / ز ترکان کمربسته‌ی کارزار
برفتند بسته کمرها بجنگ / همه نیزه و تیغ هندی بچنگ
چو دانست گودرز کمد سپاه / بزد کوس و آمد ز زیبد براه
ز کوه اندر آمد بهامون گذشت / کشیدند لشکر بران پهن دشت
بکردار کوه از دو رویه سپاه / ز آهن بسر بر نهاده کلاه

برآمد خروشیدن کرنای	بجنبد همی کوه گفتی ز جای
ز زیبد همی تاکناند سپاه	در و دشت ازیشان کبود و سیاه
ز گرد سپه روز روشن نماند	ز نیزه هوا جز بجوشن نماند
وز آواز اسبان و گرد سپاه	بشد روشنایی ز خورشید و ماه
ستاره سنان بود و خروشید تیغ	از آهن زمین بود وز گرز میغ
بتوفید ز آواز گردان زمین	ز ترگ و سنان آسمان آهنین
چو گودرز توران سپه را بدید	که برسان دریا زمین بردمید
درفش از درفش و گروه از گروه	گسسته نشد شب برآمد ز کوه
چو شب تیره شد پیل پیش سپاه	فرازآوریدند و بستند راه
برافروختند آتش از هردو روی	از آواز گردان پرخاشجوی
جهان سربسر گفتی آهرمنست	بدامن بر از آستین دشمنست
ز بانگ تبیره بسنگ اندرون	بدرد دل اندر شب قیر گون
سپیده برآمد ز کوه سیاه	سپهدار ایران به پیش سپاه
بسوده اسب اندر آورد پای	یلان را بهر سو همی ساخت جای
سپه را سوی میمنه کوه بود	ز جنگ دلیران بی‌اندوه بود
سوی میسره رود آب روان	چنان در خور آمد چو تن را روان
پیاده که اندر خور کارزار	بفرمود تا پیش روی سوار
صفی بر کشیدند نیزه‌وران	ابا گرزداران و کنداوران
همیدون پیاده بسی نیزه‌دار	چه با ترکش و تیر و جوشن‌گذار
کمانها فگنده بباز و درون	همی از جگرشان بجوشید خون
پس پشت ایشان سواران جنگ	کز آتش بخنجر ببردند رنگ
پس پشت لشکر ز پیلان گروه	زمین از پی پیل گشته ستوه
درفش خجسته میان سپاه	ز گوهر درفشان بکردار ماه
ز پیلان زمین سربسر پیلگون	ز گرد سواران هوا نیلگون
درخشیدن تیغهای بنفش	ازان سایه‌ی کاویانی درفش
تو گفتی که اندرشب تیره‌چهر	ستاره همی برفشاند سپهر
بیاراست لشکر بسان بهشت	بباغ وفا سرو کینه بکشت

لشکر آراستن گودرز و پیران

فریبزر را داد پس میمنه	پس پشت لشکر حصار و بنه
گرازه سر تخمه‌ی گیوگان	زواره نگهدار تخت کیان
بیاری فریبرز برخاستند	بیک روی لشکر بیاراستند
برهام فرمود پس پهلوان	که ای تاج و تخت و خرد را روان
برو با سواران سوی میسره	نگه‌دار چنگال گرگ از بره
بیفروز لشکرگه از فر خویش	سپه را همی دار در بر خویش
بدان آبگون خنجر نیو سوز	چو شیر ژیان با یلان رزم توز
برفتند یارانش با او بهم	ز گردان لشکر یکی گستهم
دگر گژدهم رزم را ناگزیر	فروهل که بگذارد از سنگ تیر
بفرمود با گیو تا دو هزار	برفتند بر گستوانور سوار
سپرد آن زمان پشت لشکر بدوی	که بد جای گردان پرخاشجوی
برفتند با گیو جنگاوران	چو گرگین و چون زنگه‌ی شاوران
درفشی فرستاد و سیصد سوار	نگهبان لشکر سوی رودبار
همیدون فرستاد بر سوی کوه	درفشی و سیصد ز گردان گروه
یکی دیده‌بان بر سر کوهسار	نگهبان روز و ستاره شمار
شب و روز گردن برافراخته	ازان دیده‌گه دیده‌بان ساخته
بجستی همی تا ز توران سپاه	پی مور دیدی نهاده براه
ز دیده خروشیدن آراستی	بگفتی بگودرز و برخاستی
بدان سان بیاراست آن رزمگاه	که رزم آرزو کرد خورشید و ماه
چو سالار شایسته باشد بجنگ	نترسد سپاه از دلاور نهنگ
ازان پس بیامد بسالارگاه	که دارد سپه را ز دشمن نگاه
درفش دلفروز بر پای کرد	سپه را بقلب اندرون جای کرد
سران را همه خواند نزدیک خویش	پس پشت شیدوش و فرهاد پیش
بدست چپش رزم‌دیده هجیر	سوی راست کتماره‌ی شیرگیر

ببستند ز آهن بگردش سرای
پس پشت پیلان جنگی بپای
سپهدار گودرزشان در میان
درفش از برش سایه‌ی کاویان
همی بستد از ماه و خورشید نور
نگه کرد پیران بلشکر ز دور
بدان ساز و آن لشکر آراستن
دل از ننگ و تیمار پیراستن
در و دشت و کوه و بیابان سنان
عنان بافته سربسر با عنان
سپهدار پیران غمی گشت سخت
برآشفت با تیره خورشید بخت
ازان پس نگه کرد جای سپاه
نیامدش بر آرزو رزمگاه
نه آوردگه دید و نه جای صف
همی برزد از خشم کف را بکف
برین گونه کمد ببایست ساخت
چو سوی یلان چنگ بایست آخت
پس از نامداران افراسیاب
کسی کش سر از کینه گیرد شتاب
گزین کرد شمشیرزن سی‌هزار
که بودند شایسته‌ی کارزار
بهومان سپرد آن زمان قلبگاه
سپاهی هژبر اوژن و رزمخواه
بخواند اندریمان و او خواست را
نهاد چپ لشکر و راست را
چپ لشکرش را بدیشان سپرد
ابا سی‌هزار از دلیران گرد
چو لهاک جنگی و فرشیدورد
ابا سی‌هزار از دلیران مرد
گرفتند بر میمنه جایگاه
جهان سربسر گشت ز آهن سیاه
چو زنگوله‌ی گرد و کلباد را
سپهرم که بد روز فریاد را
برفتند با نیزه‌ور ده هزار
بپشت سواران خنجرگزار
برون رفت رویین رویینه‌تن
ابا ده هزار از یلان ختن
بدان تا دران بیشه اندر چو شیر
کمینگه کند با یلان دلیر
طلایه فرستاد بر سوی کوه
سپهدار ایران شود زو ستوه
گر از رزمگه پی نهد پیشتر
وگر جنبد از خویشتن بیشتر
سپهدار رویین بکردار شیر
پس پشت او اندر آید دلیر
همان دیده‌بان بر سر کوه کرد
که جنگ سواران بی‌اندوه کرد
ز ایرانیان گر سواری ز دور
عنان تافتی سوی پیکار تور
نگهبان دیده گرفتی خروش
همه رزمگاه آمدی زو بجوش
دو لشکر بروی اندر آورد روی
همه نامداران پرخاشجوی
چنین ایستاده سه روز و سه شب
یکی را بگفتن نجنبید لب
همی گفت گودرز گر پشت خویش
سپارم بدیشان نهم پای پیش

سپاه اندر آید پس پشت من   نماند جز از باد در مشت من
شب و روز بر پای پیش سپاه   همی جست نیک اختر هور و ماه
که روزی که آن روز نیک‌اخترست   کدامست و جنبش کرا بهترست
کجا بردمد باد روز نبرد   که چشم سواران بپوشد بگرد
بریشان بیابم مگر دستگاه   بکردار باد اندر آرم سپاه
نهاده سپهدار پیران دو چشم   که گودرز رادل بجوشد ز خشم
کند پشت بر دشت و راند سپاه   سپاه اندآرد بپشت سپاه
بروز چهارم ز پیش سپاه   بشد بیژن گیو تا قلبگاه
بپیش پدر شد همه جامه چاک   همی بسمان بر پراگند خاک
بدو گفت کای باب کارآزمای   چه داری چنین خیره ما را بپای
بپنجم فرازآمد این روزگار   شب و روز آسایش آموزگار
نه خورشید شمشیر گردان بدید   نه گردی بروی هوا بردمید
سواران بخفتان و خود اندرون   یکی رابرگ بر نجنبید خون
بایران پس از رستم نامدار   نبودی چو گودرز دیگر سوار
چینن تا بیامد ز جنگ پشن   ازان کشتن و رزمگاه گشن
بلاون که چندان پسر کشته دید   سر بخت ایرانیان گشته دید
جگر خسته گشستست و گم کرده‌راه   نخواهد که بیند همی رزمگاه
بپیرانش بر چشم باید فگند   نهادست سر سوی کوه بلند
سپهدار کو ناشمرده سپاه   ستاره شمارد همی گرد ماه
تو بشناس کاندر تنش نیست خون   شد ازجنگ جنگاوران او زبون
شگفت از جهاندیده گودرز نیست   که او را روان خود برین مرز نیست
شگفت از تو آید مرا ای پدر   که شیر ژیان از تو جوید هنر
دو لشکر همی بر تو دارند چشم   یکی تیز کن مغز و بفروز خشم
کنون چون جهان گرم و روشن هوا   بگیرد همی رزم لشکر نوا
چو این روزگار خوشی بگذرد   چو پولاد روی زمین بفسرد
چو بر نیزه‌ها گردد افسرده چنگ   پس پشت تیغ آید و پیش سنگ
که آید ز گردان بپیش سپاه   که آورد گیردبدین رزمگاه
ور ایدونک ترسد همی از کمین   ز جنگ سواران و مردان کین
بمن داد باید سواری هزار   گزین من اندرخور کارزار

برآریم گرد از کمینگاهشان	سرافشان کنیم از بر ماهشان
ز گفتار بیژن بخندید گیو	بسی آفرین کرد بر پور نیو
بدادار گفت از تو دارم سپاس	تو دادی مرا پور نیکی‌شناس
همش هوش دادی و هم زور کین	شناسای هر کار و جویای دین
بمن بازگشت این دلاور جوان	چنانچون بود بچه‌ی پهلوان
چنین گفت مر جفت را نره شیر	که فرزند ما گر نباشد دلیر
ببریم ازو مهر و پیوند پاک	پدرش آب دریا بود مام خاک
ولیکن تو ای پور چیره سخن	زبان بر نیا بر گشاده مکن
که او کاردیدست و داناترست	برین لشکر نامور مهترست
کسی کو بود سوده‌ی کارزار	نباید بهر کارش آموزگار
سواران ما گرد ببار اندرند	نه ترکان برنگ و نگار اندرند
همه شوربختند و برگشته سر	همه دیده پرخون و خسته جگر
همی خواهد این باب کارآزمای	که ترکان بجنگ اندر آرند پای
پس پشتشان دور ماند ز کوه	برد لشکر کینه‌ور همگروه
ببینی تو گوپال گودرز را	که چون برنوردد همی مرز را
و دیگر کجا ز اختر نیک و بد	همی گردش چرخ را بشمرد
چو پیش آید آن روزگار بهی	کند روی گیتی ز ترکان تهی
چنین گفت بیژن به پیش پدر	که ای پهلوان جهان سربسر
خجسته نیا را گر اینست رای	سزد گر نداریم رومی قبای
شوم جوشن و خود بیرون کنم	بمی روی پژمرده گلگلون کنم
چو آیم جهان پهلوان را بکار	بیایم کمربسته‌ی کارزار
وزان لشکر ترک هومان دلیر	بپیش برادر بیامد چو شیر
که ای پهلوان رد افراسیاب	گرفت اندرین دشت ما را شتاب
بهفتم فراز آمد این روزگار	میان بسته در جنگ چندین سوار
از آهن میان سوده و دل ز کین	نهاده دو دیده بایران زمین
چه داری بروی اندرآورده روی	چه اندیشه داری بدل در بگوی
گرت رای جنگست جنگ آزمای	ورت رای برگشتن ایدر مپای
که ننگست ازین بر تو ای پهلوان	بدین کار خندند پیر و جوان
همان لشکرست این که از ما بجنگ	برفتند و رفته ز روی آب و رنگ

Shahnameh

کزیشان همه رزمگه کشته بود	زمین سربسر رود خون گشته بود
نه زین نامداران سواری کمست	نه آن دوده را پهلوان رستمست
گرت آرزو نیست خون ریختن	نخواهی همی لشکر انگیختن
ز جنگ‌آوران لشکری برگزین	بمن ده تو بنگر کنون رزم و کین
چو بشنید پیران ز هومان سخن	بدو گفت مشتاب و تندی مکن
بدان ای برادر که این رزمخواه	که آمد چنین پیش ما با سپاه
گزین بزرگان کیخسروست	سر نامداران هر پهلوست
یکی آنک کیخسرو از شاه من	بدو سر فرازد بهر انجمن
و دیگر که از پهلوانان شاه	ندانم چو گودرز کس را بجاه
بگردن‌فرازی و مردانگی	برای هشیوار و فرزانگی
سدیگر که پرداغ دارد جگر	پر از خون دل از درد چندان پسر
که از تن سرانشان جداماندهایم	زمین را بخون گرد بنشانده‌ایم
کنون تا بتنش اندرون جان بود	برین کینه چون مار پیچان بود
چهارم که لشکر میان دو کوه	فرود آوریدست و کرده گروه
ز هر سو که پویی بدو راه نیست	براندیش کین رنج کوتاه نیست
بکوشید باید بدان تا مگر	ازان کوه‌پایه برآرند سر
مگر مانده گردند و سستی کنند	بجنگ اندرون پیشدستی کنند
چو از کوه بیرون کند لشکرش	یکی تیرباران کنم بر سرش
چو دیوار گرد اندر آریمشان	چو شیر ژیان در بر آریمشان
بریشان بگردد همه کام ما	برآید بخورشید بر نام ما
تو پشت سپاهی و سالار شاه	برآورده از چرخ گردان کلاه
کسی کو بنام بلندش نیاز	نباشد چه گردد همی گرد آز
و دیگر که از نامداران جنگ	نیاید کسی نزد ما بی‌درنگ
ز گردان کسی را که بی‌نام‌تر	ز جنگ سواران بی‌آرام‌تر
ز لشکر فرستد بپیشت بکین	اگر برنوردی برو بر زمین
ترا نام ازان برنیاید بلند	بایرانیان نیز ناید گزند
وگر بر تو بر دست یابد بخون	شوند این دلیران ترکان زبون
نگه کرد هومان بگفتار اوی	همی خیره دانست پیکار اوی
چنین داد پاسخ کز ایران سوار	نباشد که با من کند کارزار

ترا خود همین مهربانیست خوی — مرا کارزار آمدست آرزوی
وگر کت بکین جستن آهنگ نیست — بدلت اندرون آتش جنگ نیست
کنم آنچ باید بدین رزمگاه — نمایم هنرها بایران سپاه
شوم چرمه‌ی گامزن زین کنم — سپیده دمان جستن کین کنم

رفتن هومان به جنگ ایرانیان

نشست از بر زین سپیده‌دمان — چو شیر ژیان با یکی ترجمان
بیامد بنزدیک ایران سپاه — پر از جنگ دل سر پر از کین شاه
چو پیران بدانست کو شد بجنگ — بروبرجهان گشت ز اندوه تنگ
بجوشیدش از درد هومان جگر — یکی داستان یاد کرد از پدر
که دانا بهر کار سازد درنگ — سر اندر نیارد بپیکار و ننگ
سبکسار تندی نماید نخست — بفرجام کار انده آرد درست
زبانی که اندر سرش مغز نیست — اگر در بارد همان نغز نیست
چو هومان بدین رزم تندی نمود — ندانم چه آرد بفرجام سود
جهانداورش باد فریادرس — جز اویش نبینم همی یار کس
چو هومان ویسه بدان رزمگاه — که گودرز کشواد بد با سپاه
بیامد که جوید ز گردان نبرد — نگهبان لشکر بدو بازخورد
طلایه بیامد بر ترجمان — سواران ایران همه بدگمان
بپرسید کین مرد پرخاشجوی — بخیره بدشت اندر آورده روی
کجا رفت خواهد همی چون نوند — بچنگ اندرون گرز و بر زین کمند
بایرانیان گفت پس ترجمان — که آمد گه گرز و تیر و کمان
که این شیردل نامبردار مرد — همی با شما کرد خواهد نبرد
سر ویسگانست هومان بنام — که تیغش دل شیر دارد نیام
چو دیدند ایرانیان گرز اوی — کمر بستن خسروی برز اوی
همه دست نیزه گزاران ز کار — فروماند از فر آن نامدار
همه یکسره بازگشتند ازوی — سوی ترجمانش نهادند روی

که رو پیش هومان بترکی زبان	همه گفته‌ی ما بروبر بخوان
که ما را بجنگ تو آهنگ نیست	ز گودرز دستوری جنگ نیست
اگر جنگ جوید گشادست راه	سوی نامور پهلوان سپاه
ز سالار گردان و گردنکشان	بهومان بدادند یک یک نشان
که گردان کجایند و مهتر کجاست	که دارد چپ لشکر و دست راست
وزانپس هیونی تگاور دمان	طلایه برافگند زی پهلوان
که هومان ازان رزمگه چون پلنگ	سوی پهلوان آمد ایدر بجنگ
چو هومان ز نزد سواران برفت	بیامد بنزدیک رهام تفت
وزانجا خروشی برآورد سخت	که ای پور سالار بیدار بخت
چپ لشکر و چنگ شیران توی	نگهبان سالار ایران توی
بجنبان عنان اندرین رزمگاه	میان دو صف برکشیده سپاه
بورد با من ببایدت گشت	سوی رود خواهی وگر سوی دشت
وگر تو نیابی مگر گستهم	بیاید دمان با فروهل بهم
که جوید نبردم ز جنگاوران	بتیغ و سنان و بگرز گران
هرآنکس که پیش من آید بکین	زمانه برو بر نوردد زمین
وگر تیغ ما را ببیند بجنگ	بدرد دل شیر و چرم پلنگ
چنین داد رهام پاسخ بدوی	که ای نامور گرد پرخاشجوی
زترکان ترا بخرد انگاشتم	ازین سان که هستی نپنداشتم
که تنها بدین رزمگاه آمدی	دلاور بپیش سپاه آمدی
بر آنی که اندر جهان تیغدار	نبندد کمر چون تو دیگر سوار
یکی داستان از کیان یاد کن	زفام خرد گردن آزاد کن
که هر کو بجنگ اندر آید نخست	ره بازگشتن ببایدش جست
ازاینها که تو نام بردی بجنگ	همه جنگ را تیز دارند چنگ
ولیکن چو فرمان سالار شاه	نباشد نسازد کسی رزمگاه
اگر جنگ گردان بجویی همی	سوی پهلوان چون بپویی همی
ز گودرز دستوری جنگ خواه	پس از ما بجنگ اندر آهنگ خواه
بدو گفت هومان که خیره مگوی	بدین روی با من بهانه مجوی
تو این رزم را جای مردان گزین	نه مرد سوارانی و دشت کین
وزانجا بقلب سپه برگذشت	دمان تا بدان روی لشکرگذشت

بنزد فریبرز با ترجمان بیامد بکردار باد دمان
یکی برخروشید کای بدنشان فروبرده گردن ز گردنکشان
سواران و پیلان و زرینه کفش ترا بود با کاویانی درفش
بترکان سپردی بروز نبرد یلانت بایران نخوانند مرد
چو سالار باشی شوی زیردست کمر بندگی را ببایدت بست
سیاوش رد را برادر توی بگوهر ز سالار برتر توی
تو باشی سزاوار کین خواستن بکینه ترا باید آراستن
یکی با من اکنون بوردگاه ببایدت گشتن بپیش سپاه
بخورشید تابان برآیدت نام که پیش من اندر گذاری تو گام
وگر تو نیایی بحنگم رواست زواره گرازه نگر تاکجاست
کسی را ز گردان بپیش من آر که باشد ز ایرانیان نامدار
چنین داد پاسخ فریبرز باز که با شیر درنده کینه مساز
چنینست فرجام روز نبرد یکی شاد و پیروز و دیگر بدرد
بپیروزی اندر بترس از گزند که یکسان نگردد سپهر بلند
درفش ار ز من شاه بستد رواست بدان داد پیلان و لشکر که خواست
بکین سیاوش پس از کیقباد کسی کو کلاه مهی برنهاد
کمر بست تا گیتی آباد کرد سپهدار گودرز کشواد کرد
همیشه بپیش کیان کینه‌خواه پدر بر پدر نیو و سالار شاه
و دیگر که از گرز او بی‌گمان سرآید بسالارتان بر زمان
سپه را به ویست فرمان جنگ بدو بازگردد همه نام و ننگ
اگر با توم جنگ فرمان دهد دلم پر ز دردست درمان دهد
ببینی که من سر چگونه ز ننگ برآرم چو پای اندر آرم بجنگ
چنین پاسخش داد هومان که بس بگفتار بینم ترا دسترس
بدین تیغ کاندر میان بسته‌ای گیابر که از جنگ خود رسته‌ای
بدین گرز جویی همی کارزار که بر ترگ و جوشن نیاید بکار
وزآنجا بدان خیرگی بازگشت تو گفتی مگر شیر بدساز گشت
کمربسته‌ی کین آزادگان بنزدیک گودرز کشوادگان
بیامد یکی بانگ برزد بلند که ای برمنش مهتر دیوبند
شنیدم همه هرچ گفتی بشاه وزان پس کشیدی سپه را براه

چنین بود با شاه پیمان تو	بپیران سالار فرمان تو
فرستاده کامد بتوران سپاه	گزین پور تو گیو لشکرپناه
ازان پس که سوگند خوردی بماه	بخورشید و ماه و بتخت و کلاه
که گر چشم من درگه کارزار	بپیران برافتد برارم دمار
چو شیر ژیان لشکر آراستی	همی برزو جنگ ما خواستی
کنون از پس کوه چون مستمند	نشستی بکردار غرم نژند
بکردار نخچیر کز شرزه شیر	گریزان و شیر از پس اندر دلیر
گزیند ببیشه درون جای تنگ	نجوید ز تیمار جان نام و ننگ
یکی لشکرت را بهامون گذار	چه داری سپاه از پس کوهسار
چنین بود پیمانت با شهریار	که بر کینه گه کوه گیری حصار
بدو گفت گودرز کاندیشه کن	که باشد سزا با تو گفتن سخن
چو پاسخ بیابی کنون ز انجمن	به بیدانشی بر نهی این سخن
تو بشناس کز شاه فرمان من	همین بود سوگند و پیمان من
کنون آمدم با سپاهی گران	از ایران گزیده دلاور سران
شما هم بکردار روباه پیر	ببیشه در از بیم نخچیرگیر
همی چاره سازید و دستان و بند	گریزان ز گرز و سنان و کمند
دلیری مکن جنگ ما را مخواه	که روباه با شیر ناید براه
چو هومان ز گودرز پاسخ شنید	چو شیر اندران رزمگه بردمید
بگودرز گفت ار نیایی بجنگ	تو با من نه زانست کایدت ننگ
ازان پس که جنگ پشن دیده‌ای	سر از رزم ترکان بپیچیده‌ای
به لاون بجنگ آزمودی مرا	بوردگه بر ستودی مرا
ار ایدونک هست اینک گویی همی	وزین کینه کردار جویی همی
یکی برگزین از میان سپاه	که با من بگردد بوردگاه
که من از فریبرز و رهام جنگ	بجستم بسان دلاور پلنگ
بگشتم سراسر همه انجمن	نیاید ز گردان کسی پیش من
بگودرز بد بند پیکارشان	شنیدن نه ارزید گفتارشان
تو آنی که گویی بروز نبرد	بخنجر کنم لاله بر کوه زرد
یکی با من اکنون بدین رزمگاه	بگرد و بگرز گران کینه‌خواه
فراوان پسر داری ای نامور	همه بسته بر جنگ ما بر کمر

یکی را فرستی بر من بجنگ — اگر جنگ‌جویی چه جویی درنگ
پس اندیشه کرد اندران پهلوان — که پیشش که آید بجنگ از گوان
گر از نامداران هژبری دمان — فرستم بنزدیک این بدگمان
شود کشته هومان برین رزمگاه — ز ترکان نیاید کسی کینه‌خواه
دل پهلوانش بپیچد بدرد — ازان پس بتندی نجوید نبرد
سپاهش بکوه کنابد شود — بجنگ اندرون دست ما بد شود
ور از نامداران این انجمن — یکی کم شود گم شود نام من
شکسته شود دل گوان را بجنگ — نسازند زان پس به جایی درنگ
همان به که با او نسازیم کین — بروبر ببندیم راه کمین
مگر خیره گردند و جویند جنگ — سپاه اندر آرند زان جای تنگ
چنین داد پاسخ بهومان که رو — بگفتار تندی و در کار نو
چو در پیش من برگشادی زبان — بدانستم از آشکارت نهان
که کس را ز ترکان نباشد خرد — کز اندیشه‌ی خویش رامش برد
ندانی که شیر ژیان روز جنگ — نیالاید از بن برو باه چنگ
و دیگر دو لشکر چنین ساخته — همه بادپایان سر افراخته
بکینه دو تن پیش سازند جنگ — همه نامداران بخایند چنگ
سپه را همه پیش باید شدن — به انبوه زخمی بباید زدن
تو اکنون سوی لشکرت باز شو — برافراز گردن بسالار نو
کز ایرانیان چند جستم نبرد — نزد پیش من کس جز از باد سرد
بدان رزمگه بر شود نام تو — ز پیران برآید همه کام تو
بدو گفت هومان ببانگ بلند — که بی کردن کار گفتار چند
یکی داستان زد جهاندار شاه — بیاد آورم اندرین کینه‌گاه
که تخت کیان جست خواهی مجوی — چو جویی از آتش مبرتاب روی
ترا آرزو جنگ و پیکار نیست — وگر گل چنی راه بی‌خار نیست
نداری ز ایران یکی شیرمرد — که با من کند پیش لشکرنبرد
بچاره همی بازگردانیم — نگیرم فریبت اگر دانیم
همه نامدراان پرخاشجوی — بگودرز گفتند کاینست روی
که از ما یکی را بوردگاه — فرستی بنزدیک او کینه‌خواه
چنین داد پاسخ که امروز روی — ندارد شدن جنگ را پیش اوی

Shahnameh

چو هومان ز گودرز برگشت چیر
برآشفت برسان شیر دلیر
بخندید و روی از سپهبد بتافت
سوی روزبانان لشکر شتافت
کمان را بزه کرد و زیشان چهار
بیفگند ز اسب اندران مرغزار
چو آن روزبانان لشکر ز دور
بدیدند زخم سرافراز تور
رهش بازدادند و بگریختند
بورد با او نیاویختند
ببالا برآمد بکردار مست
خروشش همی کوه را کرد پست
همی نیزه برگاشت بر گرد سر
که هومان ویسه است پیروزگر
خروشیدن نای رویین ز دشت
برآمد چو نیزه ز بالا بگشت
ز شادی دلیران توران سپاه
همی ترگ سودند بر چرخ ماه
چو هومان بیامد بدان چیرگی
بپیچید گودرز زان خیرگی
سپهبد پر از شرم گشته دژم
گرفته برو خشم و تندی ستم
بننگ از دلیران بپالود خوی
سپهبد یکی اختر افگند پی
کزیشان بد این پیشدستی بخون
بدانند و هم بر بدی رهنمون
ازان پس بگردنکشان بنگرید
که تا جنگ او را که آید پدید
خبر شد به بیژن که هومان چو شیر
بپیش نیای تو آمد دلیر
چو بشنید بیژن برآشفت سخت
بخشم آمد آن شیر پنجه ز بخت
بفرمود تا برنهادند زین
بران پیل تن دیزه‌ی دوربین
بپوشید رومی زره جنگ را
یکی تنگ بر بست شبرنگ را
بپیش پدر شد پر از کیمیا
سخن گفت با او ز بهر نیا
چنین گفت مر گیو را کای پدر
بگفتم ترا من همه دربدر
که گودرز را هوش کمتر شدست
ببین نبینی که دیگر شدست
دلش پر نهیبست و پر خون جگر
ز تیمار وز درد چندان پسر
که از تن سرانشان جدا کرده دید
بدان رزمگه جمله افگنده دید
نشان آنک ترکی بیامد دلیر
میان دلیران بکردار شیر
بپیش نیا رفت نیزه بدست
همی بر خروشید برسان مست
چنان بد کزین لشکر رنامدار
سواری نبود از در کارزار
که او را بنیزه برافراختی
چو بر بابزن مرغ بر ساختی
تو ای مهربان باب بسیار هوش
دو کتفم بدرع سیاوش بپوش
نشاید جز از من که سازم نبرد
بدان تا برآرم ز مردیش گرد

بدو گفت گیو ای پسر هوش دار　　بگفتار من سربسر گوش دار
تا گفته بودم که تندی مکن　　ز گودرز بر بد مگردان سخن
که او کار دیده‌ست و داناترست　　بدین لشکر نامور مهترست
سواران جنگی بپیش اندرند　　که بر کینه گه پیل را بشکرند
نفرمود با او کسی را نبرد　　جوانی مگر مر ترا خیره کرد
که گردن بدین سان برافراختی　　بدین آرزو پیش من تاختی
نیم من بدین کار همداستان　　مزن نیز پیشم چنین داستان
بدو گفت بیژن که گر کام من　　نجویی نخواهی مگر نام من
شوم پیش سالار بسته کمر　　زنم دست بر جنگ هومان ببر
وزآنجا بزد اسب و برگاشت روی　　بنزدیک گودرز شد پوی پوی
ستایش کنان پیش او شد بدرد　　هم این داستان سربسر یاد کرد
که ای پهلوان جهاندار شاه　　شناسای هر کار و زیبای گاه
شگفتی همی بینم از تو یکی　　وگر چند هستم بهوش اندکی
کزین رزمگه بوستان ساختی　　دل از کین ترکان بپرداختی
شگفتی‌تر آنک از میان سپاه　　یکی ترک بدبخت گم کرده راه
بیامد که یزدان نیکی‌کنش　　همی بد سگالید با بد تنش
بیاوردش از پیش توران سپاه　　بدان تا بدست تو گردد تباه
بدام آمده گرگ برگاشتی　　ندانم کزین خود چه پنداشتی
تو دانی که گر خون او بی‌درنگ　　بریزند پیران نیاید بجنگ
مپدار کو کینه بیش آورد　　سپه را برین دشت پیش آورد
من اینک بخون چنگ را شسته‌ام　　همان جنگ او را کمر بسته‌ام
چو دستور باشد مرا پهلوان　　شوم پیش او چون هژبر دمان
بفرماید اکنون سپهبد به گیو　　مگر کان سلیح سیاوش نیو
دهد مر مرا خود و رومی زره　　ز بند زره برگشاید گره
چو بشنید گودرز گفتار اوی　　بدید آن دل و رای هشیار اوی
ز شادی برو آفرین کرد سخت　　که از تو مگرداد جاوید بخت
تو تا برنشستی بزین پلنگ　　نهنگ از دم آسود و شیران ز جنگ
بهر کارزار اندر آیی دلیر　　بهر جنگ پیروز باشی چو شیر
نگه کن که با او بوردگاه　　توانی شدن زان پس آورد خواه

Shahnameh

که هومان یکی بدکنش ریمنست	بورد جنگ او چو آهرمنست
جوانی و ناگشته بر سر سپهر	نداری همی بر تن خویش مهر
بمان تا یکی رزم دیده هژبر	فرستم بجنگش بکردار ابر
برو تیرباران کند چون تگرگ	بسر بر بدوزدش پولاد ترگ
بدو گفت بیژن که ای پهلوان	هنرمند باشد دلیر و جوان
مرا گر بدیدی برزم فرود	ز سر باز باید کنون آزمود
بجنگ پشن بر نوشتم زمین	نبیند کسی پشت من روز کین
مرا زندگانی نه اندر خورست	گر از دیگرانم هنر کمترست
وگر بازداری مرا زین سخن	بدان روی کهنگ هومان مکن
بنالم من از پهلوان پیش شاه	نخواهم کمر زان سپس نه کلاه
بخندید گودرز و زو شاد شد	بسان یکی سرو آزاد شد
بدو گفت نیک اختر و بخت گیو	که فرزند بیند همی چون تو نیو
تو تا چنگ را باز کردی بجنگ	فروماند از جنگ چنگ پلنگ
ترا دادم این رزم هومان کنون	مگر بخت نیکت بود رهنمون
گر این اهرمن را بدست تو هوش	براید بفرمان یزدان بکوش
بنام جهاندار یزدان ما	بپیروزی شاه و گردان ما
بگویم کنون گیو را کان زره	که بیژن همی خواهد او را بده
گر ایدنک پیروز باشی بروی	ترا بیشتر نزد من آبروی
ز فرهاد و گیوت برآرم بجاه	بگنج و سپاه و بتخت و کلاه
بگفت این سخن با نبیره نیا	نبیره پر از بند و پر کیمیا
پیاده شد از اسب و روی زمین	ببوسید و بر باب کرد آفرین
بخواند آن زمان گیو را پهلوان	سخن گفت با او ز بهر جوان
وزان خسروانی زره یاد کرد	کجا خواست بیژن ز بهر نبرد
چنین داد پاسخ پدر را پسر	که ای پهلوان جهان سربسر
مرا هوش و جان و جهان این یکیست	بچشمم چنین جان او خوار نیست
بدو گفت گودرز کای مهربان	جز این برد باید بوی بر گمان
که هر چند بیژن جوانست و نو	بهر کار دارد خرد پیشرو
و دیگر که این جای کین جستنست	جهان را ز آهرمنان شستنست
بکین سیاوش بفرمان شاه	نشاید بپیوند کردن نگاه

و گر بارد از ابر پولاد تیغ / نشاید که دارم ما جان دریغ
نشاید شکستن دلش را بجنگ / بگوشیدنش جامه‌ی نام و ننگ
که چون کاهلی پیشه گیرد جوان / بماند منش پست و تیره روان
چو پاسخ چنین یافت چاره نبود / یکی با پسر نیز بند آزمود
بگودرز گفت ای جهان پهلوان / بجایی که پیکار خیزد بجان
مرا خود شب و روز کارست پیش / چرا داد باید مرا جان خویش
نه فرزند باید نه گنج و سپاه / نه آزرم سالار و فرمان شاه
اگر جنگ جوید سلیحش کجاست / زره دارد از من چه بایدش خواست
چنین گفت پیش پدر رزمساز / که ما را بدرع تو ناید نیاز
برانی که اندر جهان سربسر / بدرع تو جویند مردان هنر
چو درع سیاوش نباشد بجنگ / نجویند گردنکشان نام و ننگ
برانگیخت اسب از میان سپاه / که آید ز لشکر بوردگاه
چو از پیش گودرز شد ناپدید / دل گیو ز اندوه او بردمید
پشیمان شد از درد دل خون گریست / نگر تا غم و مهر فرزند چیست
یکی بسمان برفرازید سر / پر از خون دل از درد خسته جگر
بدادار گفت ار جهان‌داوری / یکی سوی این خسته‌دل بنگری
نسوزی تو از جان بیژن دلم / که ز آب مژه تا دل اندر گلم
بمن بازبخشش تو ای کردگار / بگردان ز جانش بد روزگار
بیامد پراندیشه دل پهلوان / پراز خون دل ازبهر رفته جوان
بدل گفت خیره بیازردمش / چرا خواسته پیش ناوردمش
گر او را ز هومان بد آید بسر / چه باید مرا درع و تیغ و کمر
بمانم پر از حسرت و درد و خشم / پر از آرزو دل پر از آب چشم
وزانجا دمان هم بکردار گرد / بپیش پسر شد بجای نبرد
بدو گفت ما را چه داری بتنگ / همی تیزی آری بجای درنگ
سیه مار چندان دمد روز جنگ / که از ژرف دریا برآید نهنگ
درفشیدن ماه چندان بود / که خورشید تابنده پنهان بود
کنون سوی هومان شتابی همی / ز فرمان من سر بتابی همی
چنین برگزینی همی رای خویش / ندانی که چون آیدت کار پیش
بدو گفت بیژن که ای نیو باب / دل من ز کین سیاوش متاب

که هومان نه از روی وز آهنست | نه پیل ژیان و نه آهرمنست
یکی مرد جنگست و من جنگجوی | ازو برنتابم ببخت تو روی
نوشته مگر بر سرم دیگرست | زمانه بدست جهانداورست
اگر بودنی بود دل را بغم | سزد گر نداری نباشی دژم
چو بنشید گفتار پور دلیر | میان بسته‌ی جنگ برسان شیر
فرودآمد از دیزه‌ی راهجوی | سپر داد و درع سیاوش بدوی
بدو گفت گر کارزارت هواست | چنین بر خرد کام تو پادشاست
برین باره‌ی گامزن برنشین | که زیر تو اندر نوردد زمین
سلیحم همیدون بکار آیدت | چو با اهرمن کارزار آیدت
چو اسب پدر دید بر پای پیش | چو باد اندر آمد ز بالای خویش
بران باره‌ی خسروی برنشست | کمربست و بگرفت گرزش بدست
یکی ترجمان را ز لشکر بجست | که گفتار ترکان بداند درست
بیامد بسان هژبر ژیان | بکین سیاوش بسته میان
چو بیژن بنزدیک هومان رسید | یکی آهنین کوه پوشیده دید
ز جوشن همه دشت روشن شده | یکی پیل در زیر جوشن شده
ازان پس بفرمود تا ترجمان | یکی بانگ برزد بران بدگمان
که گر جنگ جویی یگی بازگرد | که بیژن همی با تو جوید نبرد
همی گوید ای رزم دیده سوار | چه پویانی اسب اندرین مرغزار
کز افراسیاب اندر آیدت بد | ز توران زمین بر تو نفرین سزد
بکینه پی‌افگنده و بدخوی | ز ترکان گنهکارتر کس توی
عنان بازکش زین تگاور هیون | کت اکنون ز کینه بجوشید خون
یکی برگزین جایگاه نبرد | بدشت و در و کوه با من بگرد
وگر در میان دو رویه سپاه | بگردی بلاف از پی نام و جاه
کجا دشمن و دوست بیند ترا | دل اکنون کجا برگزیند ترا
چو بشنید هومان بدو گفت زه | زره را بکینم تو بستی گره
ز یزدان سپاس و بدویم پناه | کت آورد پیشم بدین رزمگاه
بلشکر بران سان فرستمت باز | که گیو از تو ماند بگرم و گداز
سرت را ز تن دور مانم نه دیر | چنان کز تبارت فراوان دلیر
چه سودست کمد بنزدیک شب | رو اکنون بزنهار تاریک شب

من اکنون یکی باز لشگر شوم / بشبگیر نزدیک مهتر شوم
وزآنجا دمان گردن افراخته / بیایم نبرد ترا ساخته
چنین پاسخ آورد بیژن که شو / پست باد و آهرمنت پیشرو
همه دشمنان سربسر کشته باد / گر آواره از جنگ برگشته باد
چو فردا بیایی بوردگاه / نبینند ترا نیز شاه و سپاه
سرت را چنان دور مانم ز پای / کزان پس بلشکر نیایدت رای
وزآن جایگه روی برگاشتند / بشب دشت پیکار بگذاشتند
بلشکر گه خویش بازآمدند / بر پهلوانان فراز آمدند
همه شب بخواب اند آسیب شیب / ز پیکارشان دل شده ناشکیب

رزم هومان با بیژن

سپیده چو از کوه سربردمید / شد آن دامن تیره شب ناپدید
بپوشید هومان سلیح نبرد / سخن پیش پیران همه یاد کرد
که من بیژن گیو را خواستم / همه شب همی جنگش آراستم
یکی ترجمان را ز لشکر بخواند / بگلگون بادآورش برنشاند
که رو پیش بیژن بگویش که زود / بیایی دمان گر من آیم چو دود
فرستاده برگشت و با او بگفت / که با جان پاکت خرد باد جفت
سپهدار هومان بیامد چو گرد / بدان تا ز بیژن بجوید نبرد
چو بشنید بیژن بیامد دمان / بسیچیده جنگ با ترجمان
بپشت شباهنگ بر بسته تنگ / چو جنگی پلنگی گرازان بجنگ
زره با گره بر بر پهلوی / درفشان سر از مغفر خسروی
بهومان چنین گفت کای بادسار / ببردی ز من دوش سر یاددار
امیدستم امروز کین تیغ من / سرت را ز بن بگسلاند ز تن
که از خاک خیزد ز خون تو گل / یکی داستان اندر آری بدل
که با آهوان گفت غرم ژیان / که گر دشت گردد همه پرنیان
ز دامی که پای من آزادگشت / نپویم بران سوی آباد دشت

چنین داد پاسخ که امروز گیو	بماند جگر خسته بر پور نیو
بچنگ منی در بسان تذرو	که بازش برد بر سر شاخ سرو
خروشان و خون از دو دیده چکان	کشانش بچنگال و خونش مکان
بدو گفت بیژن که تا کی سخن	کجا خواهی آهنگ آورد کن
بکوه کنابد کنی کارزار	اگر سوی زیبد برآرای کار
که فریادرسمان نباشد ز دور	نه ایران گراید بیاری نه تور
برانگیختند اسب و برخاست گرد	بزه بر نهاده کمان نبرد
دو خونی برافراخته سر بماه	چنان کینه‌ور گشته از کین شاه
ز کوه کنابد برون تاختند	سران سوی هامون برافراختند
برفتند چندانک اندر زمی	ندیدند جایی پی آدمی
نه بر آسمان کرگسان را گذر	نه خاکش سپرده پی شیر نر
نه از لشکران یار و فریادرس	بپیرامن اندر ندیدند کس
نهادند پیمان که با ترجمان	نباشند در چیرگی بدگمان
بدان تا بد و نیک با شهریار	بگویند ازین گردش روزگار
که کردار چون بود و پیکار چون	چه زاری رسید اندرین دشت خون
بگفتند و زاسبان فرود آمدند	ببند زره بر کمر برزدند
بر اسبان جنگی سواران جنگ	یکی برکشیدند چون سنگ تنگ
چو بر بادپایان ببستند زین	پر از خشم گردان و دل پر ز کین
کمانها چوبایست برخاستند	بمیدان تنگ اندرون تاختند
چپ و راست گردان و پیچان عنان	همان نیزه و آب داده سنان
زرهشان درآورد شد لخت لخت	نگر تا کرا روز برگشت و بخت
دهنشان همی از تبش مانده باز	بب و بسایش آمد نیاز
پس آسوده گشتند و دم برزدند	بران آتش تیز نم برزدند
سپر برگرفتند و شمشیر تیز	برآمد خروشیدن رستخیز
چو بر درفشان که از تیره میغ	همی آتش افروخت ازهردو تیغ
زآهن بدان آهن آبدار	نیامد بزخم اندرون تابدار
بکردار آتش پرنداوران	فرو ریخت ازدست کنداوران
نبد دسترسشان بخون ریختن	نشد سیر دلشان زآویختن

۷۱۹

عمود از پس تیغ برداشتند	از اندازه پیکار بگذاشتند
ازان پس بران بر نهادند کار	که زور آزمایند در کارزار
بدین گونه جستند ننگ و نبرد	که از پشت زین اندر آرند مرد
کمربند گیرد کرا زور بیش	رباید ز اسب افگند خوار پیش
ز نیروی گردان دوال رکیب	گسست اندر آوردگاه از نهیب
همیدون نگشتند ز اسبان جدا	نبودند بر یکدگر پادشا
پس از اسب هر دو فرود آمدند	ز پیکار یکبار دم برزدند
گرفته بدست اسپشان ترجمان	دو جنگی بکردار شیر دمان
بدان ماندگی باز برخاستند	بکشتی گرفتن بیاراستند
زشبگیر تا سایه گسترد شید	دو خونی ازین سان به بیم و امید
همی رزم جستند یک با دگر	یکی را ز کینه نه برگشت سر
دهن خشک و غرقه شده تن در آب	ازان رنج و تابیدن آفتاب
وزان پس بدستوری یکدگر	برفتند پویان سوی آبخور
بخورد آب و برخاست بیژن بدرد	ز دادار نیکی دهش یاد کرد
تن از درد لرزان چو از باد بید	دل از جان شیرین شده ناامید
بیزدان چنین گفت کای کردگار	تو دانی نهان من و آشکار
اگر داد بینی همی جنگ ما	برین کینه جستن بر آهنگ ما
ز من مگسل امروز توش مرا	نگه دار بیدار هوش مرا
جگر خسته هومان بیامد چو زاغ	سیه گشت از درد رخ چون چراغ
بدان خستگی باز جنگ آمدند	گرازان بسان پلنگ آمدند
همی زور کرد این بران آن برین	گه این را بسودی گه آنرا زمین
ز بیژن فزون بود هومان بزور	هنر عیب گردد چو برگشت هور
ز هر گونه زور آزمودند و بند	فراز آمد آن بند چرخ بلند
بزد دست بیژن بسان پلنگ	ز سر تا میانش بیازید چنگ
گرفتش بچپ گردن و راست ران	خم آورد پشت هیون گران
برآوردش از جای و بنهاد پست	سوی خنجر آورد چون باد دست
فرو برد و کردش سر از تن جدا	فگندش بسان یکی اژدها
بغلتید هومان بخاک اندرون	همه دشت شد سربسر جوی خون
نگه کرد بیژن بدان پیلتن	فگنده چو سرو سهی بر چمن

شگفت آمدش سخت و برگشت ازوی / سوی کردگار جهان کرد روی
که ای برتر از جایگاه و زمان / ز جان سخن‌گوی و روشن‌روان
توی تو که جز تو جهاندار نیست / خرد را بدین کار پیکار نیست
مرا زین هنر سربسر بهره نیست / که با پیل کین جستنم زهره نیست
بکین سیاوش بریدمش سر / بهفتاد خون برادر پدر
روانش روان ورا بنده باد / بچنگال شیران تنش کنده باد
سرش را بفتراک شبرنگ بست / تنش را بخاک اندر افگند پست
گشاده سلیح و گسسته کمر / تنش جای دیگر دگر جای سر
زمانه سراسر فریبست و بس / بسختی نباشدت فریادرس
جهان را نمایش چو کردار نیست / سپردن بدو دل سزاوار نیست
بترسید ازو یار هومان چو دید / که بر مهتر او چنان بد رسید
چو شد کار هومان ویسه تباه / دوان ترجمانان هر دو سپاه
ستایش‌کنان پیش بیژن شدند / چو پیش بت چین برهمن شدند
بدو گفت بیژن مترس از گزند / که پیمان همانست و بگشاد بند
تو اکنون سوی لشکر خویش پوی / ز من هرچ دیدی بدیشان بگوی
بشد ترجمان بیژن آمد دمان / بکوه کنابد بزه بر کمان
چو بیژن نگه کرد زان رزمگاه / نبودش گذر جز بتوران سپاه
بترسید از انبوه مردم کشان / که یابند زان کار یکسر نشان
بجنگ اندر آیند برسان کوه / بسنده نباشد مگر با گروه
برآهخت درع سیاوش ز سر / بخفتان هومان بپوشید بر
بران چرمه‌ی پیل‌پیکر نشست / درفش سر نامداران بدست
برفت و بران دشت کرد آفرین / بران بخت بیدار و فرخ زمین
چو آن دیده‌بانان لشکر ز دور / درفش و نشان سپهدار تور
بدیدند زان دیده برخاستند / بشادی خروشیدن آراستند
طلایه هیونی برافگند زود / بنزدیک پیران بکردار دود
که هومان بپیروزی شهریار / دوان آمد از مرکز کارزار
درفش سپهدار ایران نگون / تنش غرقه مانده بخاک اندرون
همه لشکرش برگرفته خروش / بهومان نهاده سپهدار گوش
چو بیژن میان دو رویه سپاه / رسید اندران سایه‌ی تاج و گاه

بتوران رسید آن زمان ترجمان	بگفت آنچ دید از بد بدگمان
هم آنگه بپیران رسید آگهی	که شد تیره آن فر شاهنشهی
سبک بیژن اندر میان سپاه	نگونسار کرد آن درفش سیاه
چو آن دیده‌بانان ایران سپاه	نگون یافتند آن درفش سیاه
سوی پهلوان روی برگاشتند	وزان دیده گه نعره برداشتند
وزآنجا هیونی بسان نوند	طلایه سوی پهلوان برفگند
که بیژن بپیروزی آمد چو شیر	درفش سیه را سر آورده زیر
چو دیوانگان گیو گشته نوان	بهرسو خروشان و هر سو دوان
همی آگهی جست زان نیوپور	همی ماتم آورد هنگام سور
چو آگاهی آمد ز بیژن بدوی	دمان پیش فرزند بنهاد روی
چو چشمش بروی گرامی رسید	ز اسب اندر آمد چنان چون سزید
بغلتید و بنهاد بر خاک سر	همی آفرین خواند بر دادگر
گرفتش ببر باز فرزند را	دلیر و جوان و خردمند را
وزآنجا دمان سوی سالار شاه	ستایش کنان برگرفتند راه
چو دیدند مر پهلوان را ز دور	نبیره فرود آمد از اسب تور
پر از خون سلیح و پر از خاک سر	سرگرد هومان بفتراک بر
بپیش نیا رفت بیژن چو دود	همی یاد کرد آن کجا رفته بود
سلیح و سر و اسب هومان گرد	به پیش سپهدار گودرز برد
ز بیژن چنان شاد شد پهلوان	که گفتی برافشاند خواهد روان
گرفت آفرین پس بدادار بر	بران اختر و بخت بیدار بر
بگنجور فرمود پس پهلوان	که تاج آر با جامه‌ی خسروان
گهربافته پیکر و بوم زر	درفشان چو خورشید تاج و کمر
ده اسب آوریدند زرین لگام	پری‌روی زرین کمر ده غلام
بدو داد و گفت از گه سام شیر	کسی ناورید اژدهایی بزیر
گشادی سپه را بدین جنگ دست	دل شاه ترکان بهم بر شکست
همه لشکر شاه ایران چو شیر	دمان و دنان بادپایان بزیر
وز اندوه پیران برآورد خشم	دل از درد خسته پر از آب چشم
بنستیهن آنگه فرستاد کس	که ای نامور گرد فریادرس
سزد گر کنی جنگ را تیز چنگ	بکین برادر نسازی درنگ

بایرانیان بر شبیخون کنی	زمین را بخون رود جیحون کنی
ببر ده هزار آزموده سوار	کمر بسته بر کینه و کارزار
مگر کین هومان تو بازآوری	سر دشمنان را بگاز آوری
چو رفتی بنزدیک لشکر فراز	سپه را یکی سوی هومان بساز
بدو گفت نستیهن ایدون کنم	که از خون زمین رود جیحون کنم
دو بهره چو از تیره شب درگذشت	ز جوش سواران بجوشید دشت
گرفتند ترکان همه تاختن	بدان تاختن گردن افراختن
چو نستیهن آن لشکر کینه‌خواه	بیاورد نزدیک ایران سپاه
سپیده‌دمان تا بدانجا رسید	چو از دیده گه دیده‌بانش بدید
چو کارآگهان آگهی یافتند	سبک سوی گودرز بشتافتند
که آمد سپاهی چو کوه روان	که گویی ندارند گویا زبان
بران سان که رسم شبیخون بود	سپهدار داند که آن چون بود
بلشکر بفرمود پس پهلوان	که بیدار باشید و روشن‌روان
بخواند آن زمان بیژن گیو را	ابا تیغ‌زن لشکر نیو را
بدو گفت نیک اختر و کام تو	شکسته دل دشمن از نام تو
ببر هرک باید ز گردان من	ازین نامداران و مردان من
پذیره شو این تاختن را چو شیر	سپاه اندر آورد به مردی بزیر
گزین کرد بیژن ز لشکر سوار	دلیران و پرخاشجویان هزار
رسیدند پس یک بدیگر فراز	دو لشکر پر از کینه و رزمساز
همه گرزها بر کشیدند پاک	یکی ابر بست از بر تیره خاک
فرود آمد از کوه ابر سیاه	بپوشید دیدار توران سپاه
سپهدار چون گرد تیره بدید	کزو لشکر ترک شد ناپدید
کمانها بفرمود کردن بزه	برآمد خروش از مهان و ز که
چو بیژن به نستیهن اندر رسید	درفش سر ویسگان را بدید
هوا سربسر گشته زنگارگون	زمین شد بکردار دریای خون
ز ترکان دو بهره فتاده نگون	بزیر پی اسب غرقه بخون
یکی تیر بر اسب نستیهنا	رسید از گشاد و بر بیژنا
ز درد اندر آمد تگاور بروی	رسید اندرو بیژن جنگجوی
عمودی بزد بر سر ترگدار	تهی ماند ازو مغز و برگشت کار

چنین گفت بیژن بایرانیان
که هر کو ببندد کمر بر میان
بجز گرز و شمشیر گیرد بدست
کمان بر سرش بر کنم پاک پست
که ترکان بدیدن پری چهره‌اند
بجنگ از هنر پاک بی‌بهره‌اند
دلیری گرفتند کنداوران
کشیدند لشکر پرندآوران
چو پیلان همه دشت بر یکدگر
فگنده ز تنها جدا مانده سر
ازان رزمگه تا بتوران سپاه
دمان از پس اندر گرفتند راه
چو پیران ندید آن زمان با سپاه
برادر بدو گشت گیتی سیاه
بکارآگهان گفت زین رزمگاه
هیونی بتازد بوردگاه
که آردنشانی ز نستیهنم
وگرنه دو دیده ز سر برکنم
هیونی برون تاختند آن زمان
برفت و بدید و بیامد دمان
که نستیهن آنک بدان رزمگاه
ابا نامداران توران سپاه
بریده سرافگنده بر سان پیل
تن از گرز خسته بکردار نیل
چو بشنید پیران برآمد بجوش
نماند آن زمان با سپهدار هوش
همی کند موی و همی ریخت آب
ازو دور شد خورد و آرام و خواب
بزد دست و بدرید رومی قبای
برآمد خروشیدن های های
همی گفت کای کردگار جهان
همانا که با تو بدستم نهان
که بگسست از بازوان زور من
چنین تیره شد اختر و هور من
دریغ آن هژبر افن گردگیر
جوان دلاور سوار هژیر
گرامی برادر جهانبان من
سر ویسگان گرد هومان من
چو نستیهن آن شیر شرزه بجنگ
که روباه بودی بجنگش پلنگ
کرا یابم اکنون بدین رزمگاه
بجنگ اندر آورد باید سپاه
بزد نای رویین و بربست کوس
هوا نیلگون شد زمین آبنوس
ز کوه کنابد برون شد سپاه
بشد روشنایی ز خورشید و ماه
سپهدار ایران بزد کرنای
سپاه اندر آورد و بگرفت جای
میان سپه کاویانی درفش
بپیش اندرون تیغهای بنفش
همه نامدارن پرخاشخر
ابا نیزه و گرزه‌ی گاوسر
سپیده‌دمان اندر آمد سپاه
به پیکار تا گشت گیتی سیاه
برفتند زان پی به بنگاه خویش
بخیمه شد این، آن بخرگاه خویش
سپهدار ایران به زیبد رسید
از اندیشه کردن دلش بردمید

همی گفت کامروز رزمی گران بکردیم و کشتیم ازیشان سران
گمانی برم زانک پیران کنون دواند سوی شاه ترکان هیون
وزو یار خواهد بجنگ سپاه رسانم کنون آگهی من بشاه

نامه فرستادن گودرز بنزدیک کیخسرو

نویسنده‌ی نامه را خواند و گفت برآورد خواهم نهان از نهفت
اگر برگشایی تو لب را ز بند زبان آورد بر سرت برگزند
یکی نامه فرمود نزدیک شاه بگاه کردن ز کار سپاه
بخسرو نمود آن کجا رفته بود سخن هرچ پیران بود گفته بود
فرستادن گیو و پیوند و مهر نمودن بدو کار گردان سپهر
ز پاسخ که دادند مر گیو را بزرگان و فرزانه‌ی نیو را
وزان لشکری کز پسش چون پلنگ بیاورد سوی کنابد بجنگ
ازان پس کجا رزمگه ساختند وزان رزم دلرا بپرداختند
ز هومان و نستیهن جنگجوی سراسر همه یاد کرد اندر اوی
ز کردار بیژن که روز نبرد بدان گرزداران توران چه کرد
سخن سربسر چون همه گفته بود ز پیکار و جنگ آن کجا رفته بود
بپردخت زان پس بافراسیاب که با لشکر آمد بنزدیک آب
گر او از لب رود جیحون سپاه بایران گذارد سپه را براه
تو دانی که با او نداریم پای ایا فرخجسته جهان کدخدای
مگر خسرو آید بپشت سپاه بسر بر نهد بندگانرا کلاه
ور ایدونک پیران کند دست پیش بخواهد سپه یاور از شاه خویش
بخسرو رسد زان سپس آگهی ک با او چه سازد ببختت رهی
و دیگر که از رستم دیو بند ز لهراسب وز اشکش هوشمند
ز کردار ایشان به کهتر خبر رساند مگر شاه پیروزگر
چو نامه بمهر اندر آورد و بند بفرمود تا بر ستور نوند
تشستنگه خسروی ساختند فراوان تگاور برون تاختند

بفرمود تا رفت پیشش هجیر	جوانی بکردار هشیار و پیر
بگفت آن سخن سربسر پهلوان	بپیش هشیوار پور جوان
بدو گفت کای پور هشیاردل	یکی تیز گردان بدین کاردل
اگر مر تو را نزد من دستگاه	همی جست باید کنونست گاه
چو بستانی این نامه هم در زمان	برو هم بکردار باد دمان
شب و روز ماسای و سر بر مخار	ببر نامه‌ی من بر شهریار
بپدرود کردن گرفتش ببر	برون آمد از پیش فرخ پدر
ز لشکر دو تن را بر خویش خواند	سبکشان باسب تگاور نشاند
برون شد ز پرده‌سرای پدر	بهر منزلی بر هیونی دگر
خور و خواب و آرامشان بر ستور	چه تاریکی شب چه تابنده هور
بران گونه پویان براه آمدند	بیک هفته نزدیک شاه آمدند
چو از راه ایران بیامد سوار	کس آمد بر خسرو نامدار
پذیره فرستاد شماخ را	چه مایه دلیران گستاخ را
بپرسید چون دید روی هجیر	که ای پهلوان‌زاده‌ی شیرگیر
درودست باری که بس ناگهان	رسیدی به نزدیک شاه جهان
بفرمود تا پرده برداشتند	باسبش ز درگاه بگذاشتند
هجیر اندر آمد چو خسرو بدوی	نگه کرد پیشش بمالید روی
بپرسید بسیار و بنشاندش	هزاران هجیر آفرین خواندش
ز گوهر یکی تاج پیروزه شاه	بسر بر نهادش چو رخشنده ماه
ز گودرز وز مهتران سپاه	ز هر یک یکایک بپرسید شاه
درود بزرگان بخسرو بداد	همه کار لشکر برو کرد یاد
بدو داد پس نامه‌ی پهلوان	جوان خردمند روشن‌روان
نویسنده را پیش بنشاندند	بفرمود تا نامه برخواندند
چو برخواند نامه بخسرو دبیر	ز یاقوت رخشان دهان هجیر
بیاگند وزان پس بگنجور گفت	که دینار و دیبا بیار از نهفت
بیاورد بدره چو فرمان شنید	همی ریخت تا شد سرش ناپدید
بیاورد پس جامه زرنگار	چنانچون بود از در شهریار
همیدون ببردند پیش هجیر	ابا زین زرین ده اسب هژیر
بیارانش بر خلعت افگند نیز	درم داد و دینار و هرگونه چیز

ازان پس جو از جای برخاستند / نشستنگه می بیاراستند
هجیر و بزرگان خسروپرست / گرفتند یکسر همه می بدست
نشستند یک روز و یک شب بهم / همی رای زد خسرو از بیش و کم
بشبگیر خسرو سر و تن بشست / بپیش جهانداور آمد نخست
بپوشید نو جامه‌ی بندگی / دو دیده چو ابری ببارندگی
دوتایی شده پشت و بنهاد سر / همی آفرین خواند بر دادگر
ازو خواست پیروزی و فرهی / بدو جست دیهیم و تخت مهی
بیزدان بنالید ز افراسیاب / بدرد از دو دیده فرو ریخت آب
وزآنجا بیامد چو سرو سهی / نشست از برگاه شاهنشهی

پاسخ نامه گودرز از پیش شاه کیخسرو

دبیر خردمند را پیش خواند / سخنهای بایسته با او براند
چو آن نامه را زود پاسخ نوشت / پدید آورید اندرو خوب و زشت
نخست آفرین کرد بر کردگار / کزو دید نیک و بد روزگار
دگر آفرین کرد بر پهلوان / که جاوید بادی و روشن‌روان
خجسته سپهدار بسیار هوش / همه رای و دانش همه جنگ و جوش
خداوند گوپال و تیغ بنفش / فروزنده‌ی کاویانی درفش
سپاس از جهاندار یزدان ما / که پیروز بودند گردان ما
از اختر ترا روشنایی نمود / ز دشمن برآورد ناگاه دود
نخست آنک گفتی که مر گیو را / بزرگان فرزانه و نیو را
بنزدیک پیران فرستاده‌ام / چه مایه ورا پندها داده‌ام
نپذرفت ازان پس خود او پند من / نجست اندرین کار پیوند من
سپهبد یکی داستان زد برین / چو دستور پیشین برآورد کین
که هر مهتری کو روان کاستست / ز نیکی ببخت بد آراستست
مرا زان سخن پیش بود آگهی / که پیران دل از کین نخواهد تهی
ولیکن ازان خوب کردار او / نجستم همی ژرف پیکار او

کنون آشکارا نمود این سپهر   که پیران بتوران گراید بمهر
کنون چون نبیند جز افراسیاب   دلش را تو از مهر او برمتاب
گر او بر خرد برگزیند هوا   بکوشش نروید ز خاراگیا
تو با دشمن ار خوب گویی رواست   از آزادگان خوب گفتن سزاست
و دیگر ز پیکار جنگ‌آوران   کجا یاد کردی به گرز گران
ز نیک‌اختر و گردش هور و ماه   ز کوشش نمودن بران رزمگاه
مرا این درستست کز کار کرد   تو پیروز باشی بروز نبرد
نبیره کجا چون تو دارد نیا   بجنگ اندرون باشدش کیمیا
ز شیران چه زاید مگر نره شیر   چنانچون بود نامدار و دلیر
به بیداد برنیست این کار تو   بسندست یزدان نگهدار تو
تو زور و دلیری ز یزدان شناس   ازو دار تا زنده باشی سپاس
سدیگر که گفتی که افراسیاب   سپه را همی بگذارند ز آب
ز پیران فرستاده شد نزد اوی   سپاهش بایران نهادست روی
همانست یکسر که گفتی سخن   کنون باز پاسخ فگندیم بن
بدان ای پر اندیشه سالار من   بهر کار شایسته‌ی کار من
که او بر لب رود جیحون درنگ   نه ازان کرد کید بر ما بجنگ
که خاقان برو لشکر آرد ز چین   فراز آمدش از دو رویه کمین
و دیگر که از لشکران گران   پراگنده برگرد توران سران
بدو دشمن آمد ز هر سو پدید   ازان بر لب رود جیحون کشید
بپنجم سخن کگهی خواستی   بمهر گوان دل بیاراستی
چو لهراسب و چون اشکش تیزچنگ   چو رستم سپهبد دمنده نهنگ
بدان ای سپهدار و آگاه باش   بهر کار با بخت همراه باش
کزان سو که شد رستم شیرمرد   ز کشمیر و کابل برآورد گرد
وزان سو که شد اشکش تیزهوش   برآمد ز خوارزم یکسر خروش
برزم اندرون شیده برگشت ازوی   سوی شهر گرگان نهادست روی
وزان سو که لهراسب شد با سپاه   همه مهتران برگشادند راه
الانان و غز گشت پرداخته   شد آن پادشاهی همه ساخته
گر افراسیاب اندر آید براه   زجیحون بدین سو گذارد سپاه
بگیرند گردان پس پشت اوی   نماند بجز باد در مشت اوی

Shahnameh

تو بشناس کو شهر آباد خویش   بر و بوم و فرخنده بنیاد خویش
بگفتار پیران نماند بجای   بدشمن سپارد نهد پیش پای
نجنباند او داستان را دو لب   که ناید خبر زو بمن روز و شب
بدان روز هرگز مبادا درود   که او بگذراند سپه را ز رود
بما برکند پیشدستی بجنگ   نبیند کس این روز تاریک و تنگ
بفرمایم اکنون که بر پیل کوس   ببندد دمنده سپهدار طوس
دهستان و گرگان و آن بوم و بر   بگیرد برآرد بخورشید سر
من اندر پی طوس با پیل و گاه   بیاری بیایم بپشت سپاه
تو از جنگ پیران مبر تاب روی   سپه را بیارای و زو کینه‌جوی
چو هومان و نستیهن از پشت اوی   جدا ماند شد باد در مشت اوی
گر از نامداران ایران نبرد   بخواهد بفرما وزان برمگرد
چو پیران نبرد تو جوید دلیر   کمن بددلی پیش او شو چو شیر
به پیکار مندیش ز افراسیاب   بجای آرد دل روی ازو برمتاب
چو آید بجنگ اندرون جنگجوی   نباید که برتابی از جنگ روی
بریشان تو پیروز باشی بجنگ   نگر دل نداری بدین کار تنگ
چنین دارم اومید از کردگار   که پیروز باشی تو در کارزار
همیدون گمانم که چون من ز راه   بپشت سپاه اندر آرم سپاه
بریشان شما رانده باشید کام   به خورشید تابان برآورده نام
ز کاوس وز طوس نزد سپاه   درود فراوان فرستاد شاه
بران نامه بنهاد خسرو نگین   فرستاده را داد و کرد آفرین
چو از پیش خسرو برون شد هجیر   سپهبد همی رای زد با وزیر
ز بس مهربانی که بد بر سپاه   سراسر همه رزم بد رای شاه
همی گفت اگر لشکر افراسیاب   بجنباند از جای و بگذارد آب
سپاه مرا بگسلاند ز جای   مرا رفت باید همینست رای
همانگه شه نوذران را بخواند   بفرمود تا تیز لشکر براند
بسوی دهستان سپه برکشید   همه دشت خوارزم لشکر کشید
نگهبان لشکر بود روز جنگ   بجنگ اندر آید بسان پلنگ
تبیره برآمد ز درگاه طوس   خروشیدن نای رویین و کوس
سپاه و سپهبد برفتن گرفت   زمین سم اسبان نهفتن گرفت

تو گفتی که خورشید تابان بجای	بماند از نهیب سواران بپای
دو هفته همی رفت زان سان سپاه	بشد روشنایی ز خورشید و ماه
پراگنده بر گرد کشور خبر	ز جنبیدن شاه پیروزگر
چو طوس از در شاه ایران برفت	سبک شاه رفتن بسیچید تفت
ابا ده هزار از گزیده سران	همه نامداران و کنداوران
بنزدیک گودرز بنهاد روی	ابا نامداران پرخاشجوی
ابا پیل و با کوس و با فرهی	ابا تخت و با تاج شاهنشهی
هجیر آمد از پیش خسرودمان	گرازان و خندان و دل شادمان
ابا خلعت و خوبی و خرمی	تو گفتی همی برنوردد زمی
چو آمد به نزدیک پرده‌سرای	برآمد خروشیدن کرنای
پذیره شدندش سران سربسر	زمین پر ز آهن هوا پر ز زر
چو خیزد بچرخ اندرون داوری	ز ماه و ز ناهید وز مشتری
بیاراست لشکر چو چشم خروس	ابا زنگ زرین و پیلان و کوس
چو آمد بر نامور پهلوان	بگفت آنچ دید از شه خسروان
نوازیدن شاه و پیوند اوی	همی گفت از رادی و پند اوی
که چون بر سپه گستریدست مهر	چگونه ز پیغام بگشاد چهر
پس آن نامه‌ی شهریار جهان	بگودرز داد و درود مهان
نوازیدن شاه بشنید ازوی	بمالید بر نامه بر چشم و روی
چو بگشاد مهرش بخواننده داد	سخنها برو کرد خواننده یاد
سپهدار بر شاه کرد آفرین	بفرمان ببوسید روی زمین
ببود آن شب و رای زد با پسر	بشبگیر بنشست و بگشاد در
همه نامداران لشگر پگاه	برفتند بر سر نهاده کلاه
پس آن نامه‌ی شاه، فرخ هجیر	بیاورد و بنهاد پیش دبیر
دبیر آن زمان پند و فرمان شاه	ز نامه همی خواند پیش سپاه
سپهدار رزی دهان را بخواند	بدیوان دینار دادن نشاند
ز اسبان گله هرچ بودش به کوه	بلشکر گه آورد یکسر گروه
در گنج دینار و تیغ و کمر	همان مایه‌ور جوشن و خود زر
بروزی دهان داد یکسر کلید	چو آمد گه نام جستن پدید
برافشاند بر لشکر آن خواسته	سوار و پیاده شد آراسته

یکی لشکری گشن برسان کوه	زمین از پی بادپایان ستوه
دل شیر غران ازیشان به بیم	همه غرقه در آهن و زر و سیم
بفرمودشان جنگ را ساختن	دل و گوش دادن بکین آختن
برفتند پیش سپهبد گروه	بر انبوه لشکر بکردار کوه
بریشان نگه کرد سالار مرد	زمین تیره دید آسمان لاژورد
چنین گفت کز گاه رزم پشین	نیاراست کس رزمگاهی چنین
باسب و سلیح و بسیم و بزر	بپیلان جنگی و شیران نر
اگر یار باشد جهان‌آفرین	نپیچیم از ایدر عنان تا بچین
چو بنشست فرزانگان را بخواند	ابا نامداران برامش نشاند
همی خورد شادی‌کنان دل بجای	همی با یلان جنگ را کرد رای
بپیران رسید آگهی زین سخن	که سالار ایران چه افگند بن
ازان آگهی شد دلش پرنهیب	سوی چاره برگشت و بند و فریب
ز دستور فرخنده رای آنگهی	بجست اندر آن کینه جستن رهی

نامه پیران ویسه به گودرز کشواد

یکی نامه فرمود پس تا دبیر	نویسد سوی پهلوان دلپذیر
سر نامه کرد آفرین بزرگ	بیزدان پناهش ز دیو سترگ
دگر گفت کز کردگار جهان	بخواهم همی آشکار و نهان
مگر کز میان تو رویه سپاه	جهاندار بردارد این کینه‌گاه
اگر تو که گودرزی آن خواستی	که گیتی بکینه بیاراستی
برآمد ازین کینه گه کام تو	چه گویی چه باشد سرانجام تو
نگه کن که چندان دلیران من	ز خویشان نزدیک و شیران من
تن بی سرانشان فگندی بخاک	ز یزدان نداری همی شرم و باک
ز مهر و خرد روی برتافتی	کنون آنچ جستی همه یافتی
گه آمد که گردی ازین کینه سیر	بخون ریختن چند باشی دلیر
نگه کن کز ایران و توران سوار	چه مایه تبه شد بدین کارزار

بکین جستن مرده‌ای ناپدید	سر زندگان چند باید برید
گه آمد که بخشایش آید ترا	ز کین جستن آسایش آید ترا
اگر بازیابی شده روزگار	بگیتی درون تخم کینه مکار
روانت مرنجان و مگذار تن	ز خون ریختن بازکش خویشتن
پس از مرگ نفرین بود بر کسی	کزو نام زشتی بماند بسی
نباید که زشتی بماندت نام	وگر تو بدان سر شوی شادکام
هر آنگه که موی سیه شد سپید	ببودن نماند فراوان امید
بترسم که گر بار دیگر سپاه	بجنگ اندر آید بدین رزمگاه
نبینی ز هر دو سپه کس بپای	برفته روان تن بمانده بجای
ازان پس که داند که پیروز کیست	نگون‌بخت گر گیتی افروز کیست
ور ایدونک پیکار و خون ریختن	بدین رزمگه با من آویختن
کزین سان همی جنگ شیران کنی	همی از پی شهر ایران کنی
بگو تا من اکنون هم اندر شتاب	نوندی فرستم بافراسیاب
بدان تا بفرمایدم تا زمین	ببخشم و پس در نوردیم کین
چنانچون بگاه منوچهر شاه	ببخشش همی داشت گیتی نگاه
هران شهر کز مرز ایران نهی	بگو تا کنیم آن ز ترکان تهی
وز آباد و ویران و هر بوم و بر	که فرمود کیخسرو دادگر
از ایران بکوه اندر آید نخست	در غرچگان از بر بوم بست
دگر طالقان شهر تا فاریاب	همیدون در بلخ تا اندر آب
دگر پنجهیر و در بامیان	سر مرز ایران و جای کیان
دگر گوزگانان فرخنده جای	نهادست نامش جهان کدخدای
دگر مولیان تا در بدخشان	همینست ازین پادشاهی نشان
فروتر دگر دشت آموی و زم	که با شهر ختلان براید برم
چه شگنان وز ترمذ ویسه گرد	بخارا و شهری که هستش بگرد
همیدون برو تا در سغد نیز	نجوید کس آن پادشاهی بنیز
وزان سو که شد رستم گرد سوز	سپارم بدو کشور نیمروز
ز کوه و ز هامون بخوانم سپاه	سوی باختر برگشاییم راه
بپردازم این تا در هندوان	نداریم تاریک ازین پس روان
ز کشمیر وز کابل و قندهار	شما را بود آن همه زین شمار

وزان سو که لهراسب شد جنگجوی   الانان و غر در سپارم بدوی
ازین مرز پیوسته تا کوه قاف   بخسرو سپاریم بی‌جنگ و لاف
وزان سو که اشکش بشد همچنین   بپردازم اکنون سراسر زمین
وزان پس که این کرده باشم همه   ز هر سو بر خویش خوانم رمه
بسوگند پیمان کنم پیش تو   کزین پس نباشم بداندیش تو
بدانی که ما راستی خواستیم   بمهر و وفا دل بیاراستیم
سوی شاه ترکان فرستم خبر   که ما را ز کینه بپیچید سر
همیدون تو نزدیک خسرو بمهر   یکی نامه بنویس و بنمای چهر
چنین از ره مهر و پیکار من   ز خون ریختن با تو گفتار من
چو پیمان همه کرده باشیم راست   ز من خواسته هرچ خسرو بخواست
فرستم همه سربسر نزد شاه   در کین ببندد مگر بر سپاه
ازان پس که این کرده باشیم نیز   گروگان فرستاده و داده چیز
بپیوندم این هر و آیین و دین   بدوزم بدست وفا چشم کین
که بشکست هنگام شاه بزرگ   ز بد گوهر تور و سلم سترگ
فریدون که از درد سرگشته شد   کجا ایرج نامور کشته شد
ز من هرچ باید بنیکی بخواه   ازان پس برین نامه کن نزد شاه
نباید کزین خوب گفتار من   بسستی گمانی برند انجمن
که من جز بمهر این نگویم همی   سرانجام نیکی بجویم همی
مرا گنج و مردان از آن تو بیش   بمردانگی نام از آن تو پیش
ولیکن بدین کینه انگیختن   به بیداد هر جای خون ریختن
بسوزد همی بر سپه بر دلم   بکوشم که کین از میان بگسلم
سه دیگر که از کردگار جهان   بترسم همی آشکار و نهان
که نپسندد از ما بدی دادگر   گزافه نبردارد این شور و شر
اگر سر بپیچی ز گفتار من   نجویی همه ژرف کردار من
گنهکار دانی مرا بی‌گناه   نخواهی بگفتار کردن نگاه
کجا داد و بیداد نزدت یکیست   جز از کینه گستردنت رای نیست
گزین کن ز گردان ایران سران   کسی کو گراید برگرز گران
همیدون من از لشکر خویش مرد   گزینم چو باید ز بهر نبرد
همه یک بدیگر فرازآوریم   سران را ز سر سوی گاز آوریم

همیدون من و تو بوردگاه	بگردیم یک با دگر کینه‌خواه
مگر بیگناهان ز خون ریختن	بسایش آیند ز آویختن
کسی کش گنهکار داری همی	وزو بر دل آزار داری همی
بپیش تو آرم بروز نبرد	ببایدت پیمان یکی نیز کرد
که بر ما تو گر دست یابی بخون	شود بخت گردان ترکان نگون
نیازاری از بن سپاه مرا	نسوزی بر و بوم و گاه مرا
گذرشان دهی تا بتوران شوند	کمین را نسازی بریشان کمند
وگر من شوم بر تو پیروزگر	دهد مر مرا اختر نیک بر
نسازم بایرانیان بر کمین	نگیریم خشم و نجوییم کین
سوی شهر ایران دهم راهشان	گذارم یکایک سوی شاهشان
ازیشان نگردد یکی کاسته	شوند ایمن از جان وز خواسته
ور ایدونک زینسان نجویی نبرد	دگرگونه خواهی همی کار کرد
بانبوه جویی همی کارزار	سپه را سراسر بجنگ اند آر
هران خون که آید بکین ریخته	تو باشی بدان گیتی آویخته
ببست از بر نامه بر بند را	بخواند آن گرانمایه فرزند را
پسر بد مر او را سر انجمن	یکی نام رویین و رویینه تن
بدو گفت نزدیک گودرز شو	سخن گوی هشیار و پاسخ شنو
چو رویین برفت از در نامور	فرستاده با ده سوار دگر
بیامد خردمند روشن‌روان	دمان تا سراپرده‌ی پهلوان
چو رویین پیران بدرگه رسید	سوی پهلوان سپه کس دوید
فرستاده را خواند پس پهلوان	دمان از پس پرده آمد جوان
بیامد چو گودرز را دید دست	بکش کرد و سر پیش بنهاد پست
سپهدار بر جست و او را چو دود	بغوش تنگ اندر آورد زود
ز پیران بپرسید وز لشکرش	ز گردان وز شاه وز کشورش
خردمند رویین پس آن نامه پیش	بیاورد و بگزارد پیغام خویش
دبیر آمد و نامه برخواند زود	بگودرز گفت آنچ در نامه بود
چو نامه بگودرز برخواندند	همه نامداران فرو ماندند
ز بس چرب گفتار و ز پند خوب	نمودن بدو راه و پیوند خوب
خردمند پیران که در نامه یاد	چه آورد وز پند نیکو چه داد

برویین چنین گفت پس پهلوان — که‌ای پور سالار و فرخ جوان
تومهمان ما بود باید نخست — پس این پاسخ نامه بایدت جست
سراپرده‌ی نو بپرداختند — نشستنگه خسروی ساختند
بدیبای رومی بیاراستند — خورشها و رامشگران خواستند
پراندیشه گشته دل پهلوان — نبشته ابا رای‌زن موبدان
همی پاسخ نامه آراستند — سخن هرچ نیکوتر آن خواستند
بیک هفته گودرز با رود و می — همی نامه را پاسخ افگند پی
ز بالا چو خورشید گیتی فروز — بگشتی سپهبد گه نیم‌روز
می و رود و مجلس بیاراستی — فرستاده را پیش خود خواستی

پاسخ نامه پیران ویسه از گودرز

چو یک هفته بگذشت هشتم پگاه — نویسنده را خواند سالار شاه
بفرمود تا نامه پاسخ نوشت — درختی بنوی بکینه بگشت
سرنامه کرد آفرین از نخست — دگر پاسخ آورد یکسر درست
که بر خواندم نامه را سربسر — شنیدیم گفتار تو در بدر
رسانید رویین بر ما پیام — یکایک همه هرچ بردی تو نام
ولیکن شگفت آمدم کار تو — همی زین چنین چرب گفتار تو
دلت با زبان هیچ همسایه نیست — روان ترا از خرد مایه نیست
بهرجای چربی بکار آوری — چنین تو سخن پرنگار آوری
کسی را که از بن نباشد خرد — گمان بر تو بر مهربانی برد
چو شوره زمینی که از دور آب — نماید چو تابد برو آفتاب
ولیکن نه گاه فریبست و بند — که هنگام گرزست و تیغ و کمند
مرا با تو جز کین و پیکار نیست — گه پاسخ و روز گفتار نیست
نگر تا چه سان گردد اکنون سپهر — نه جای فریبست و پیوند و مهر
کرا داد خواهد جهاندار زور — کرا بردهد بخت پیروز هور
ولیکن بدین گفته پاسخ شنو — خرد یاد کن بخت را پیشرو

نخست آنک گفتی که از مهر نیز　　ز یزدان وز گردش رستخیز
نخواهم که آید مرا پیش جنگ　　دلم گشت ازین کار بیداد تنگ
دلت با زبان آشنایی نداشت　　بدان گه که این گفته بر دل گماشت
اگر داد بودی بدلت اندرون　　ترا پیشدستی نبودی بخون
که ز آغاز کار اندر آمد نخست　　نبودی بخون ریختن هیچ سست
نخستین که آمد بپیش تو گیو　　از ایران هشیوار مردان نیو
بسازیده مر جنگ را لشکری　　ز کشور دمان تا دگر کشوری
تو کردی همه جنگ را دست پیش　　سپه را تو برکندی از جای خویش
خرد، ار پس آمد تو پیش آمدی　　بفرجام آرام بیش آمدی
ولیکن سرشت بد و خوی بد　　ترا نگذراند براه خرد
بدی خود بدان تخمه در گوهرست　　ببد کردن آن تخمه اندر خورست
شنیدی که بر ایرج نیک‌بخت　　چه آمد ز تور از پی تاج و تخت
چو از تور و سلم اندر آمد زمین　　سراسر بگسترد بیداد و کین
فریدون که از درد دل روز و شب　　گشادی بنفرین ایشان دو لب
بافراسیاب آمد آن مهر بد　　ازان نامداران اندک خرد
ز سر با منوچهر نو کین نهاد　　همیدون ابا نوذر و کیقباد
بکاوس کی کرد خود آنچ کرد　　برآورد از ایران آباد گرد
ازان پس بکین سیاوش باز　　فگند این چنین کینه‌ی نو دارز
نیامد بدانگه ترا داد یاد　　که او بی‌گنه جان شیرین بداد
جه مایه بزرگان که از تخت و گاه　　از ایران شدند اندرین کین تباه
و دیگر که گفتی که با پیر سر　　بخون ریختن کس نبندد کمر
بدان ای جهاندیده‌ی پرفریب　　بهر کار دیده فراز و نشیب
که یزدان مرا زندگانی دراز　　بدان داد با بخت گردن‌فراز
که از شهر توران بروز نبرد　　ز کینه برآرم بخورشید گرد
بترسم همی زانک یزدان من　　ز تن بگسلاند مگر جان من
من این کینه را ناوریده بجای　　بر و بومتان ناسپرده بپای
سدیگر که گفتی ز یزدان پاک　　نبینم بدلت اندرون بیم و باک
ندانی کزین خیره خون ریختن　　گرفتار کردی بفرجام تن
من اکنون بدین خوب گفتار تو　　اگر باز گردم ز پیکار تو

بهنگام پرسش ز من کردگار / بپرسد ازین گردش روزگار
که سالاری و گنج و مردانگی / ترا دادم و زور و فرزانگی
بکین سیاوش کمر بر میان / نبستی چرا پیش ایرانیان
بهفتاد خون گرامی پسر / بپرسد ز من داور دادگر
ز پاسخ بپیش جهان‌آفرین / چه گویم چرا بازگشتم ز کین
ز کار سیاوش چهارم سخن / که افگندی ای پیر سالار بن
که گفتی ز بهر تنی گشته خاک / نشاید ستد زنده را جان پاک
تو بشناس کین زشت کردارها / بدل پر ز هر گونه آزارها
که با شهر ایران شما کرده‌اید / چه مایه کیان را بیازرده‌اید
چه پیمان شکستن چه کین ساختن / همیشه بسوی بدی تاختن
چو یاد آورم چون کنم آشتی / که نیکی سراسر بدی کاشتی
بپنجم که گفتی که پیمان کنم / ز توران سران را گروگان کنم
بنزدیک خسرو فرستیم گنج / ببندیم بر خویشتن راه رنج
بدان ای نگهبان توران سپاه / که فرمان جز اینست ما را ز شاه
مرا جنگ فرمود و آویختن / بکین سیاوش خون ریختن
چو فرمان خسرو نیارم بجای / روان شرم دارد بدیگر سرای
ور اومید داری که خسرو بمهر / گشاید برین گفتها بر تو چهر
گروگان و آن خواسته هرچ هست / چو لهاک و رویین خسروپرست
گسی کن بزودی بنزدیک شاه / سوی شهر ایران گشادست راه
ششم شهر ایران که کردی تو یاد / برو و بوم آباد فرخ‌نژاد
سپاریم گفتی بخسرو همه / ز هر سو بر خویش خوانم رمه
تراکرد یزدان ازان بی‌نیاز / گر آگه نه‌ای تا گشاییم راز
سوی باختر تا بمرز خزر / همه گشت لهراسب را سربسر
سوی نیمروز اندرون تا بسند / جهان شد بکردار روی پرند
تهم رستم نیو با تیغ تیز / برآورد ازیشان دم رستخیز
سر هندوان با درفش سیاه / فرستاد رستم بنزدیک شاه
دهستان و خوارزم و آن بوم و بر / که ترکان برآورده بودند سر
بیابان ازیشان بپرداختند / سوی باختر تاختن ساختند
ببارید بر شیده اشکش تگرگ / فراز آوریدش بنزدیک مرگ

اسیران وز خواسته چند چیز   فرستاد نزدیک خسرو بنیز
وزین سو من و تو به جنگ اندریم   بدین مرکز نام و ننگ اندریم
بیک جنگ دیدی همه دستبرد   ازین نامداران و مردان گرد
ور ایدونک روی اندر آری بروی   رهانم ترا زین همه گفت و گوی
بنیروی یزدان و فرمان شاه   بخون غرقه گردانم این رزمگاه
تو ای نامور پهلوان سپاه   نگه کن بدین گردش هور و ماه
که بند سپهری فراز آمدست   سربخت ترکان بگاز آمدست
نگر تا ز کردار بدگوهرت   چه آرد جهان‌آفرین بر سرت
زمانه ز بد دامن اندر کشید   مکافات بد را بد آید پدید
تو بندیش هشیار و بگشای گوش   سخن از خردمند مردم نیوش
بدان کین چنین لشکر نامدار   سواران شمشیرزن صدهزار
همه نامجوی و همه کینه‌خواه   بافسون نگردند ازین رزمگاه
زمانه برآمد به هفتم سخن   فگندی وفا را بسوگند بن
بپیمان مرا با تو گفتار نیست   خرد را روانت خریدار نیست
ازیراک باهرک پیمان کنی   وفا را بفرجام هم بشکنی
بسوگند تو شد سیاوش بباد   بگفتار بر تو کس ایمن مباد
نبودیش فریادرس روز درد   چه مایه بسختی ترا یاد کرد
به هشتم که گفتی مرا تاج و تخت   از آن تو بیشست مردی و بخت
همیدون فزونم بمردان و گنج   ولیکن دلم را ز مهرست رنج
من ایدون گمانم که تا این زمان   بجنگ آزمودی مرا بی‌گمان
گرم بی‌هنر یافتی روز کین   تو دانی کنون بازم از پس ببین
بفرجام گفتی ز مردان مرد   تنی چند بگزین ز بهر نبرد
من از لشکر ترک هم زین نشان   بیارم سواران مردم‌کشان
که از مهربانی که بر لشکرم   نخواهم که بیداد کین گسترم
تو با مهربانی نهی پای پیش   که دانی نهان دل و رای خویش
بیازارد از من جهاندار شاه   گر از یکدگر بگسلانم سپاه
نهم آنک گفتی مبارز گزین   که با من بگردد برین دشت کین
یکی لشکری پرگنه پیش من   پرآزار ازیشان دل انجمن
نباشد ز من شاه همداستان   کزیشان بگردم بدین داستان

نخستین بانبوه زخمی چو کوه بباید زدن سر بر همگروه
میان دو لشکر دو صف برکشید گر ایدونک پیروزی آید پدید
وگرنه همین نامداران مرد بیاریم و سازیم جای نبرد
ازین گفته گر بگسلی باز دل من از گفته‌ی خود نیم دلگسل
ور ایدونک با من بوردگاه بسنده نخواهی بدن با سپاه
سپه خواه و یاور ز سالار خویش بژرفی نگه‌دار پیکار خویش
پراگنده از لشکرت خستگان ز خویشان نزدیک و پیوستگان
بمان تا کنندشان پزشکان درست زمان جستن اکنون بدین کار تست
اگر خواهی از من زمان درنگ وگر جنگ جویی بیارای جنگ
بدان گفتم این تا بروز نبرد بما بر بهانه نبایدت کرد
که ناگاه با ما بجنگ آمدی کمین کردی و بی‌درنگ آمدی
من این کین اگر تا بصد سالیان بخواهم همانست و اکنون همان
ازین کینه برگشتن امید نیست شب و روز بی‌دیدگان را یکیست
چو آن پاسخ نامه گشت اسپری فرستاده آمد بسان پری
کمر بر میان با ستور نوند ز مردان به گرد اندرش نیز چند
فرود آمد از باره رویین گرد گوان را همه پیش گودرز برد
سپهبد بفرمود تا موبدان زلشکر همه نامور بخردان
بزودی سوی پهلوان آمدند خردمند و روشن‌روان آمدند
پس آن پاسخ نامه پیش گوان بفرمود خواندن همی پهلوان
بزرگان که آن نامه‌ی دلپذیر شنیدند گفتار فرخ دبیر
هش و رای پیران تنک داشتند همه پند او را سبک داشتند
بگودرز بر آفرین خواند ورا پهلوان گزین خواندند
پس آن نامه را مهر کرد و بداد برویین پیران ویسه‌نژاد
چو از پیش گودرز برخاستند بفرمود تا خلعت آراستند
از اسبان تازی بزرین ستام چه افسر چه شمشیر زرین نیام
ببخشید یارانش را سیم و زر کرا در خور آمد کلاه و کمر
برفت از در پهلوان با سپاه سوی لشکر خویش بگرفت راه
چو رویین بنزدیک پیران رسید بپیش پدر شد چنانچون سزید

بنزدیک تختش فرو برد سر جهاندیده پیران گرفتش ببر
چو بگزارد پیغام سالار شاه بگفت آنچ دید اندران رزمگاه
پس آن نامه برخواند پیشش دبیر رخ پهلوان سپه شد چو قیر
دلش گشت پردرد و جان پرنهیب بدانست کمد بتنگی نشیب
شکیبایی و خامشی برگزید بکرد آن سخن بر سپه ناپدید
ازان پس چنین گفت پیش سپاه که گودرز را دل نیامد براه
ازان خون هفتاد پور گزین نیارامدش یک زمان دل ز کین
گر ایدونک او بر گذشته سخن بنوی همی کینه سازد ز بن
چرا من بکین برادر کمر نبندم نخارم ازین کینه سر
هم از خون نهصد سر نامدار که از تن جدا شد گه کارزار
که اندر بر و بوم ترکان دگر سواری چو هومان نبندد کمر
چو نستیهن آن سرو سایه فگن که شد ناپدید از همه انجمن
بباید کنون بست ما را کمر نمانم بایرانیان بوم و بر
بنیروی یزدان و شمشیر تیز برآرم ازان انجمن رستخیز
از اسبان گله هرچ شایسته بود ز هر سو بلشکر گه آورد زود
پیاده همه کرد یکسر سوار دو اسبه سوار از پس کارزار
سرگنجهای کهن برگشاد بدینار دادن دل اندر نهاد
چو این کرده شد نزد افراسیاب نوندی برافگند هنگام خواب
فرستاده‌ای با هش و رای پیر سخن‌گوی و گرد و سوار و دبیر
که رو شاه توران سپه را بگوی که ای دادگر خسرو نامجوی
کز آنگه که چرخ سپهر بلند بگشت از بر تیره خاک نژند
چو تو شاه بر گاه ننشست نیز به کس نام شاهی نپیوست نیز
نه زیبا بود جز تو مر تخت را کلاه و کمر بستن و بخت را
ازان کس برآرد جهاندار گرد که پیش تو آید بروز نبرد
یکی بنده‌ام من گنهکار تو کشیده سر از جان بیدار تو
ز کیخسرو از من بیازرد شاه جزین خویشتن را ندانم گناه
که این ایزدی بود بود آنچ بود ندارد ز گفتار بسیار سود
اگر نیز بیند مرا زین گناه کند گردن آزاد و آید براه
رسانم من اکنون بشاه آگهی که گردون چه آورد پیش رهی

کشیدم بکوه کنابد سپاه / بایرانیان بر ببستیم راه
وزان سو بیامد سپاهی گران / سپهدار گودرز و با او سران
کز ایران ز گاه منوچهر شاه / فزون زان نیامد بتوران سپاه
به زیبد یکی جایگه ساختند / سپه را دران کوه بنشاختند
سپه را سه روز و سه شب چون پلنگ / بروی اندر آورده بد روی تنگ
نجستیم رزم اندران کینه‌گاه / که آید مگر سوی هامون سپاه
نیامد سپاهش ازان که برون / سر پهلوانان ما شد نگون
سپهدار ایران نیامد ستوه / بهامون نیاورد لشکر ز کوه
برادر جهاندار هومان من / بکینه بجوشید ازین انجمن
بایران سپه شد که جوید نبرد / ندانم چه آمد بران شیرمرد
بیامد بکین جستنش پور گیو / بگردید با گرد هومان نیو
ابر دست چون بیژنی کشته شد / سر من ز تیمار او گشته شد
که دانست هرگز که سرو بلند / بباغ از گیا یافت خواهد گزند
دل نامداران همه بر شکست / همه شادمانی شد از درد پست
و دیگر چو نستیهن نامدار / ابا ده هزار آزموده سوار
برفت از بر من سپیده دمان / همان بیژنش کند سر در زمان
من از درد دل برکشیدم سپاه / غریوان برفتم بوردگاه
یکی رزم تا شب برآمد ز کوه / بکردیم یک با دگر همگروه
چو نهصد تن از نامداران شاه / سر از تن جدا شد برین رزمگاه
دو بهره ز گردان این انجمن / دل از درد خسته بشمشیر تن
بما بر شده چیره ایرانیان / بکینه همه پاک بسته میان
بترسم همی زانک گردان سپهر / بخواهد بریدن ز ما پاک مهر
وزان پس شنیدم یکی بدخبر / کزان نیز برگشتم آسیمه سر
که کیخسرو آید همی با سپاه / بپشت سپهبد بدین رزمگاه
گرایدونک گردد درست این خبر / که خسرو کند سوی ما برگذر
جهاندار داند که من با سپاه / نیارم شدن پیش او کینه‌خواه
مگر شاه با لشکر کینه‌جوی / نهد سوی ایران بدین کینه‌روی
بگرداند این بد ز تورانیان / ببندد بکینه کمر بر میان
که گر جان ما را ز ایران سپاه / بد آید نباشد کسی کینه‌خواه

پاسخ افراسیاب به پیران ویسه

فرستاده چون گفت پیران شنید	بکردار باد دمان بردمید
مشست از بر بادپای سمند	بکردار آتش هیونی بلند
بشد تا بنزدیک افراسیاب	نه دم زد بره بر نه آرام و خواب
بنزدیک شاه اندر آمد چو باد	ببوسید تخت و پیامش بداد
چو بشنید گفتار پیران بدرد	دلش گشت پرخون و رخساره زرد
شد از کار آن کشتگان خسته‌دل	بدان درد بنهاد پیوسته دل
وزان نیز کز دشمنان لشکرش	گریزان و ویران شده کشورش
ز هر سو پلنگ اندر آورده چنگ	بروبر جهان گشته تاریک و تنگ
چو گفتار پیران ازان سان شنید	سپه را همه پای برجای دید
به شبگیر چون تاج بر سر نهاد	همانگه فرستاده را در گشاد
بفرمود تا بازگردد بجای	سوی نامور بنده‌ی کدخدای
چنین پاسخ آورد کو را بگوی	که ای مهربان نیکدل راستگوی
تو تا زادی از مادر پاکتن	سرافراز بودی بهر انجمن
ترا بیشتر نزد من دستگاه	توی برتر از پهلوانان بجاه
همیشه یکی جوشنی پیش من	سپر کرده جان و فدی کرده تن
همیدون بهر کار با گنج خویش	گزیده ز بهر منی رنج خویش
تو بردی ز چین تا بایران سپاه	تو کردی دل و بخت دشمن سیاه
نبیند سپه چون تو سالار نیز	نبندد کمر چون تو هشیار نیز
ز تور و پشنگ ار دراید بمهر	چو تو پهلوان نیز نارد سپهر
نخست آنک گفتی من از انجمن	گنهکار دارم همی خویشتن
که کیخسرو آمد ز توران زمین	به ایران و با ما بگسترد کین
بدین من که شاهم نیازرده‌ام	بدل هرگز این یاد ناورده‌ام
نباید که باشی بدین تنگدل	ز تیمار یابد ترا زنگ دل
که آن بودنی بود از کردگار	نیامد بدین بد کس آموزگار

که کیخسرو از من نگیرد فروغ نبیره مخوانش که باشد دروغ
نباشم همیدون من او را نیا نجویم همی زین سخن کیمیا
بدن کار او کس گنهکار نیست مرا با جهاندار پیکار نیست
چنین بود و این بودنی کار بود مرا از تو در دل چه آزار بود
و دیگر که گفتی ز کار سپاه ز گردیدن تیره خورشید و ماه
همیشه چنینست کار نبرد ز هر سو همی گردد این تیره گرد
گهی برکشد تا بخورشید سر گهی اندر آرد ز خورشید بر
بیکسان نگردد سپهر بلند گهی شاد دارد گهی مستمند
گهی با می و رود و رامشگران گهی با غم و گرم و با اندهان
تو دل را بدین درد خسته مدار روان را بدین کار بسته مدار
سخن گفتن کشتگان گشت خواب ز کین برادر تو سر برمتاب
دلی کو ز درد برادر شخود علاج پزشکان ندارد‌ش سود
سه دیگر که گفتی که خسرو پگاه بجنگ اندر آید همی با سپاه
مبیناد چشم کس آن روزگار که او پیشدستی نماید بکار
که من خود برانم کز ایدر سپاه ازان سوی جیحون گذارم براه
نه گودرز مانم نه خسرو نه طوس نه گاه و نه تاج و نه بوق و نه کوس
بایران ازان گونه رانم سپاه کزان پس نبیند کسی تاج و گاه
بکیخسرو این پس نمانم جهان بسر بر فرود آیمش ناگهان
بخنجر ازان سان ببرم سرش که گرید بدو لشکر و کشورش
مگر کاسمانی دگرگونه کار فرازآید از گردش روزگار
ترا ای جهاندیده‌ی سرافراز نکردست یزدان بچیزی نیاز
ز مردان وز گنج و نیروی دست همه ایزدی هرچ بایدت هست
یکی نامور لشکری ده هزار دلیر و خردمند و گرد و سوار
فرستادم اینک بنزدیک تو که روشن کند جان تاریک تو
از ایرانیان ده وزینها یکی بچشم یکی ده سوار اندکی
چو لشکر بنزد تو آید مپای سر و تاج گودرز بگسل ز جای
همان کوه کو کرده دارد حصار باسیان جنگی ز پا اندرآر
مکش دست ازیشان بخون ریختن تو پیروز باشی بویختن
ممان زنده زیشان بگیتی کسی که نزد تو آید ازیشان بسی

فرستاده بنشیند پیغام شاه بیامد بر پهلوان سپاه
بپیش اندر آمد بسان شمن خمیده چو از بار شاخ سمن
بپیران رسانید پیغام شاه وزان نامداران جنگی سپاه
چو بشنید پیران سپه را بخواند فرستاده چون این سخن باز راند
سپه را سراسر همه داد دل که از غم بباشید آزاد دل
نهانی روانش پر از درد بود پر از خون دل و بخت برگرد بود
که از هر سوی لشکر شهریار همی کاسته دید در کارزار
هم از شاه خسرو دلش بود تنگ بترسید کاید یکایک بجنگ
بیزدان چنین گفت کای کردگار چه مایه شگفت اندرین روزگار
کرا برکشیدی تو افگنده نیست جز از تو جهاندار دارنده نیست
بخسرو نگر تا جز از کردگار که دانست کید یکی شهریار
نگه کن بدین کار گردنده دهر مر آن را که از خویشتن کرد بهر
برآرد گل تازه از خار خشک شود خاک بابخت بیدار مشک
شگفتی‌تر آنک از پی آز مرد همیشه دل خویش دارد بدرد
میان نیا و نبیره دو شاه ندانم چرا باید این کینه‌گاه
دو شاه و دو کشور چنین جنگجوی دو لشکر بروی اندر آورده روی
چه گویی سرانجام این کارزار کرا برکشد گردش روزگار
پس آنگه بیزدان بنالید زار که ای روشن دادگر کردگار
گر افراسیاب اندرین کینه‌گاه ابا نامداران توران سپاه
بدین رزمگه کشته خواهد شدن سربخت ما گشته خواهد شدن
چو کیخسرو آید ز ایران بکین بدو بازگردد سراسر زمین
روا باشد ار خسته در جوشنم برآرد روان کردگار از تنم
مبیناد هرگز جهانبین من گرفته کسی راه و آیین من
کرا گردش روز با کام نیست ورا زندگانی و مرگش یکیست
وزان پس ز ایران سپه کرنای برآمد دم بوق و هندی درای
دو رویه ز لشکر برآمد خروش زمین آمد از نعل اسبان بجوش
سپاه اندر آمد ز هر سو گروه بپوشید جوشن همه دشت و کوه
دو سالار هر دو بسان پلنگ فراز آوریدند لشکر بجنگ
بکردار باران ز ابر سیاه ببارید تیر اندران رزمگاه

Shahnameh

جهان چون شب تیره از تیره میغ / چو ابری که باران او تیر و تیغ
زمین آهنین کرده اسبان بنعل / برو دست گردان بخون گشته لعل
ز بس خسته ترک اندران رزمگاه / بریده سرانشان فگنده براهچ
برآورد گه جای گشتن نماند / پی اسب را برگذشتن نماند
زمین لاله‌گون شد هوا نیلگون / برآمد همی موج دریای خون
دو سالار گفتند اگر همچنین / بداریم گردان برین دشت کین
شب تیره را کس نماند بجای / جز از چرخ گردان و گیهان خدای
چو پیران چنان دید جای نبرد / بلهاک فرمود و فرشیدورد
که چندان کجا با شما لشکرست / کسی کاندرین رزمگه درخورست
سران را ببخشید تا بر سه روی / بوند اندرین رزمگه کینه‌جوی
وزیشان گروهی که بیدارتر / سپه را ز دشمن نگهدارتر
بدیشان سپارید پشت سپاه / شما بر دو رویه بگیرید راه
بلهاک فرمود تا سوی کوه / برد لشکر خویش را همگروه
همیدون سوی رود فرشیدورد / شود تا برارد بخورشید گرد
چو آن نامداران توران سپاه / گسستند زان لشکر کینه‌خواه
نوندی برافگند بر دیده‌بان / ازان دیده گه تا در پهلوان
نگهبان گودرز خود با سپاه / همی داشت هر سو ز دشمن نگاه
دو رویه چو لهاک و فرشیدورد / ز راه کیمن برگشادند گرد
سواران ایران برآویختند / همی خاک با خون برآمیختند
نوندی برافگند هر سو دوان / بگاه کردن بر پهلوان
نگه کرد گودرز تا پشت اوی / که دارد ز گردان پرخاشجوی
گرامی پسر شیر شرزه هجیر / بپشت پدر بود با تیغ و تیر
بفرمود تا شد بپشت سپاه / بر گیو گودرز لشکرپناه
بگوید که لشکر سوی رود و کوه / بیاری فرستد گروها گروه
ودیگر بفرمود گفتن بگیو / که پشت سپه را یکی مرد نیو
گزیند سپارد بدو جای خویش / نهد او از آن جایگه پای پیش
هجیر خردمند بسته کمر / چو بشنید گفتار فرخ پدر
بیامد بسوی برادر دوان / بگفت آن کجا گفته بد پهلوان
چز بشنید گیو این سخن بردمید / ز لشکر یکی نامور برگزید

کجا نام او بود فرهاد گرد	بخواند و سپه یکسر او را سپرد
دو صد کار دیده دلاور سران	بفرمود تا زنگه شاوران
برد تاختن سوی فرشیدورد	برانگیزد از رود وز آب گرد
ز گردان دو صد با درفشی چو باد	بفرخنده گرگین میلاد داد
بدو گفت ز ایدر بگردان عنان	اباگرز و با آبداده سنان
کنون رفت باید بران رزمگاه	جهان کرد باید بریشان سیاه
که پشت سپهشان بهم بر شکست	دل پهلوانان شد از درد پست
ببیژن چنین گفت کای شیرمرد	توی شیر درنده روز نبرد
کنون شیرمردی بکار آیدت	که با دشمنان کارزار آیدت
از ایدر برو تا بقلب سپاه	ز پیران بدان جایگه کینه‌خواه
ازیشان نپرهیز و تن پیش‌دار	که آمد گه کینه در کارزار
که پشت همه شهر توران بدوست	چو روی تو بیند بدردش پوست
اگر دست‌یابی برو کار بود	جهاندار و نیک اخترت یار بود
بیاساید از رنج و سختی سپاه	شود شادمانه جهاندار و شاه
شکسته شود پشت افراسیاب	پر از خون کند دل دو دیده پر آب
بگفت این سخن پهلوان با پسر	پسر جنگ را تنگ بسته کمر
سواران که بودند بر میسره	بفرمود خواندن همه یکسره
گرازه برون آمد و گستهم	هجیر سپهدار و بیژن بهم
وزآنجا سوی قلب توران سپاه	گرانمایگان برگرفتند راه
بکردار گرگان بروز شکار	بران بادپایان اخته زهار
میان سپاه اندرون تاختند	ز کینه همی دل بپرداختند
همه دشت بر گستوانور سوار	پراگنده گشته گه کارزار
چه مایه فتاده بپای ستور	کفن جوشن و سینه‌ی شیر گور
چو رویین پیران ز پشت سپاه	بدید آن تکاپوی و گرد سیاه
بیامد بپشت سپاه بزرگ	ابا نامداران بکردار گرگ
برآویخت برسان شرزه پلنگ	بکوشید و هم بر نیامد بجنگ
بیفگند شمشیر هندی ز مشت	بنومیدی از جنگ بنمود پشت
سپهدار پیران و مردان خویش	بجنگ اندرون پای بنهاد پیش
چو گیو آن زمان روی پیران بدید	عنان سوی او جنگ را برکشید

ازان مهتران پیش پیران چهار	بنیزه ز اسب اندر افگند خوار
بزه کرد پیران ویسه کمان	همی تیر بارید بر بدگمان
سپر بر سر آورد گیو سترگ	بنیزه درآمد بکردار گرگ
چو آهنگ پیران سالار کرد	که جوید بورد با او نبرد
فروماند اسبش همیدون بجای	از آنجا که بد پیش ننهاد پای
یکی تازیانه بران تیز رو	بزد خشم را نامبردار گو
بجوشید بگشاد لب را ز بند	بنفرین دژخیم دیو نژند
بیفگند نیزه کمان برگرفت	یکی درقه‌ی کرگ بر سر گرفت
کمان را بزه کرد و بگشاد بر	که با دست پیران بدوزد سپر
بزد بر سرش چارچوبه خدنگ	نبد کارگر تیر بر کوه سنگ
همیدون سه چوبه بر اسب سوار	بزد گیو پیکان آهن گذار
نشد اسب خسته نه پیران نیو	بدانجا رسیدند یاران گیو
چو پیران چنان دید برگشت زود	برفت از پسش گیو تازان چو دود
بنزدیک گیو آمد آنگه پسر	که ای نامبردار فرخ پدر
من ایدون شنیدستم از شهریار	که پیران فراوان کند کارزار
ز چنگ بسی تیزچنگ اژدها	مر او را بود روز سختی رها
سرانجام بر دست گودرز هوش	برآید تو ای باب چندین مکوش
پس اندر رسیدند یاران گیو	پر از خشم و کینه سواران نیو
چو پیران چنان دید برگشت زری	سوی لشکر خویش بنهاد روی
خروشان پر از درد و رخساره زرد	بنزدیک لهاک و فرشیدورد
بیامد که ای نامداران من	دلیران و خنجرگزاران من
شما را ز بهر چنین روزگار	همی پرورانیدم اندر کنار
کنون چون بجنگ اندر آمد سپاه	جهان شد بما بر ز دشمن سیاه
نبینم کسی کز پی نام و ننگ	بپیش سپاه اندر آید بجنگ
چو آواز پیران بدیشان رسید	دل نامداران ز کین بردمید
برفتند و گفتند گر جان پاک	نباشد بتن نیستمان بیم و باک
ببندیم دامن یک اندر دگر	نشاید گشادن برین کین کمر
سوی گیو لهاک و فرشیدورد	برفتند و جستند با او نبرد
برآمد بر گیو لهاک نیو	یکی نیزه زد بر کمرگاه گیو

همی خواست کو را رباید ز زین ... نگونسار از اسب افگند بر زمین
بنیزه زره بردرید از نهیب ... نیامد برون پای گیو از رکیب
بزد نیزه پس گیو بر اسب اوی ... ز درد اندر آمد تگاور بروی
پیاده شد از باره لهاک مرد ... فراز آمد از دور فرشید ورد
ابر نیزه‌ی گیو تیغی چو باد ... بزد نیزه ببرید و برگشت شاد
چو گیو اندران زخم او بنگرید ... عمود گران از میان برکشید
بزد چون یکی تیزدم اژدها ... که از دست او خنجر آمد رها
سبک دیگری زد بگردنش بر ... که آتش ببارید بر تنش بر
بجوشید خون بر دهانش از جگر ... تنش سست برگشت و آسیمه سر
چو گیو اندرین بود لهاک زود ... نشست از بر بادپای چو دود
ابا گرز و با نیزه برسان شیر ... بر گیو رفتند هر دو دلیر
چه مایه ز چنگ دلاور سران ... برو بر ببارید گرز گران
بزین خدنگ اندورن بد سوار ... ستوهی نیامدش از کارزار
چو دیدند لهاک و فرشیدورد ... چنان پایداری ازان شیرمرد
ز بس خشم گفتند یک با دگر ... که ما را چه آمد ز اختر بسر
برین زین همانا که کوهست و روست ... برو بر ندرد جز از شیر پوست
ز یارانش گیو آنگهی نیزه خواست ... همی گشت هر سو چپ و دست راست
بدیشان نهاد از دو رویه نهیب ... نیامد یکی را سر اندر نشیب
بدل گفت کاری نو آمد بروی ... مرا زین دلیران پرخاشجوی
نه از شهر ترکان سران آمدند ... که دیوان مازندران آمدند
سوی راست گیو اندر آمد چو گرد ... گرازه بپرخاش فرشیدورد
ز پولاد در چنگ سیمین ستون ... بزیر اندرون باره‌ای چون هیون
گرازه چو بگشاد از باد دست ... بزین بر شد آن ترگ پولاد بست
بزد نیزه‌ای بر کمربند اوی ... زره بود نگسست پیوند اوی
یکی تیغ در چنگ بیژن چو شیر ... بپشت گرازه درآمد دلیر
بزد بر سر و ترگ فرشیدورد ... زمین را بدرید ترک از نبرد
همی کرد بر بارگی دست راست ... باسب اندر آمد نبود آنچ خواست
پس بیژن اندر دمان گستهم ... ابا نامداران ایران بهم
بنزدیک توران سپاه آمدند ... خلیده‌دل و کینه‌خواه آمدند

ز توران سپاه اندریمان چو گرد	بیامد دمان تا بجای نبرد
عمودی فروهشت بر گستهم	که تا بگسلاند میانش ز هم
بتیغش برآمد بدو نیم گشت	دل گستهم زو پر از بیم گشت
بپشت یلان اندر آمد هجیر	ابر اندریمان ببارید تیر
خدنگش بدرید برگستوان	بماند آن زمان بارگی بی روان
پیاده شد ازباره مرد سوار	سپر بر سر آورد و بر ساخت کار
ز ترکان بر آمد سراسر غریو	سواران برفتند برسان دیو
مر او را بچاره ز آوردگاه	کشیدند از پیش روی سپاه
سپهدار پیران ز سالارگاه	بیامد بیاراست قلب سپاه
ز شبگیر تا شب برآمد زکوه	سواران ایران و توران گروه
همی گرد کینه برانگیختند	همی خاک با خون برآمیختند
از اسبان و مردان همه رفته هوش	دهن خشک و رفته ز تن زور و توش
چو روی زمین شد برنگ آبنوس	برآمد ز هر دو سپه بوق و کوس
ابر پشت پیلان تبیره زنان	ازان رزمگه بازگشت آن زمان
بران بر نهادند هر دو سپاه	که شب بازگردند ز آوردگاه
گزینند شبگیر مردان مرد	که از ژرف دریا برآرند گرد
همه نامداران پرخاشجوی	یکایک بروی اندر آرند روی
ز پیکار یابد رهایی سپاه	نریزند خون سر بیگناه
بکردند پیمان و گشتند باز	گرفتند کوتاه رزم دراز
دو سالار هر دو زکینه بدرد	همی روی بر گاشتند از نبرد
یکی سوی کوه کنابد برفت	یکی سوی زیبد خرامید تفت
همانگه طلایه ز لشکر براه	فرستاد گودرز سالار شاه
ز جوشنوران هرک فرسوده بود	زخون دست و تیغش بیالوده بود
همه جوشن و خود و ترگ و زره	گشادند مربندها را گره
چو از بار آهن برآسوده شد	خورش جست و می چند پیموده شد
بتدبیر کردن سوی پهلوان	برفتند بیدار پیر و جوان
بگودرز پس گفت گیو ای پدر	چه آمد مرا از شگفتی بسر
چو من حمله بردم بتوران سپاه	دریدم صف و برگشادند راه
بپیران رسیدم نوندم بجای	فروماند و ننهاد از پیش پای

چنانم شتاب آمد از کار خویش	که گفتم نباشم دگر یار خویش
پس آن گفته شاه بیژن بیاد	همی داشت وان دم مرا یادداد
که پیران بدست تو گردد تباه	از اختر همین بود گفتار شاه
بدو گفت گودرز کو را زمان	بدست منست ای پسر بی‌گمان
که زو کین هفتاد پور گزین	بخواهم بزور جهان‌آفرین
ازان پس بروی سپه بنگرید	سران را همه گونه پژمرده دید
ز رنج نبرد و ز خون ریختن	بهرجای با دشمن آویختن
دل پهلوان گشت زان پر ز درد	که رخسار آزادگان دید زرد
بفرمودشان بازگشتن بجای	سپهدار نیک‌اختر و رهنمای
بدان تا تن رنج بردارشان	برآساید از جنگ و پیکارشان
برفتند و شبگیر بازآمدند	پر از کینه و زرمساز آمدند
بسالار برخواندند آفرین	که ای نامور پهلوان زمین
شبت خواب چون بود و چون خاستی	ز پیکار ترکان چه آراستی
بدیشان چنین گفت پس پهلوان	که ای نیک‌مردان و فرخ گوان
سزد گر شما بر جهان‌آفرین	بخوانید روز و شبان آفرین
که تا این زمان هرچ رفت از نبرد	به کام دل ما همی گشت گرد
فراوان شگفتی رسیدم بسر	جهان را ندیدم مگر بر گذر
ز بیداد و داد آنچ آمد بشاه	بد و نیک راهم بدویست راه
چو ما چرخ گردان فراوان سرشت	درود آن کجا برزو خود بکشت
نخستین که ضحاک بیدادگر	ز گیتی بشاهی برآورد سر
جهان را چه مایه بسختی بداشت	جهان آفرین زو همه درگذاشت
بداد آنک آورد پیدا ستم	ز باد آمد آن پادشاهی بدم
چو بیداد او دادگر برنداشت	یکی دادگر را برو برگماشت
برآمد بران کار او چند سال	بد انداخت یزدان بران بدسگال
فریدون فرخ شه دادگر	ببست اندر آن پادشاهی کمر
همه بند آهرمنی برگشاد	بیاراست گیتی سراسر بداد
چو ضحاک بدگوهر بدمنش	که کردند شاهان بدو سرزنش
ز افراسیاب آمد آن بد خوی	همان غارت و کشتن و بدگوی
که در شهر ایران بگسترد کین	بگشت از ره داد و آیین و دین

سیاوش را هم به فرجام کار	بکشت و برآورد از ایران دمار
وزان پس کجا گیو ز ایران براند	چه مایه بسختی بتوران بماند
نهالیش بد خاک و بالینش سنگ	خورش گوشت نخچیر و پوشش پلنگ
همی رفت گم بوده چون بیهشان	که یابد ز کیخسرو آنجا نشان
یکایک چو نزدیک خسرو رسید	برو آفرین کرد کو را بدید
وزان پس به ایران نهادند روی	خبر شد بپیران پرخاشجوی
سبک با سپاه اندر آمد براه	که هر دو کندشان بره برتباه
بکرد آنچ بودش ز بد دسترس	جهاندارشان بد نگهدار و بس
ازان پس بکین سیاوش سپاه	سوی کاسه رود اندر آمد براه
بلاون که آمد سپاه گشتن	شبیخون پیران و جنگ پشن
که چندان پسر پیش من کشته شد	دل نامداران همه گشته شد
کنون با سپاهی چنین کینه‌جوی	بیامد بروی اندر آورد روی
چو با ما بسنده نخواهد بدن	همی داستانها بخواهد زدن
همی چاره سازد بدان تا سپاه	ز توران بیاید بدین رزمگاه
سران را همی خواهد اکنون بجنگ	یکایک بباید شدن تیز چنگ
که گر ما بدین کار سستی کنیم	وگر نه بدین پیشدستی کنیم
بهانه کند بازگردد ز جنگ	بپیچد سر از کینه و نام و ننگ
ار ایدونک باشید با من یکی	ازیشان فراوان و ما اندکی
ازان نامداران برآریم گرد	بدانگه که سازد همی او نبرد
ور ایدونک پیران ازین رای خویش	نگردد نهد رزم را پای پیش
پذیرفتم اندر شما سربسر	که من پیش بندم بدین کین کمر
ابا پیر سر من بدین رزمگاه	بکشتن دهم تن بپیش سپاه
من و گرد پیران و رویین و گیو	یکایک بسازیم مردان نیو
که کس در جهان جاودانه نماند	بگیتی بما جز فسانه نماند
هم آن نام باید که ماند بلند	چو مرگ افگند سوی ما برکمند
زمانه بمرگ و بکشتن یکیست	وفا با سپهر روان اندکیست
شما نیز باید که هم زین نشان	ابا نیزه و تیغ مردم کشان
بکینه ببندید یکسر کمر	هرانکس که هست از شما نامور
که دولت گرفتست از ایشان نشیب	کنون کرد باید بکین بر نهیب

بتوران چو هومان سواری نبود
که با بیژن گیو رزم آزمود

چو برگشته بخت او شد نگون
بریدش سر از تن بسان هیون

نباید شکوهید زیشان بجنگ
نشاید کشیدن ز پیکار چنگ

ور ایدونک پیران بخواهد نبرد
باندوه لشکر بیارد چو گرد

همیدون بانبوه ما همچو کوه
بباید شدن پیش او همگروه

که چندان دلیران همه خسته‌دل
ز تیمار و اندوه پیوسته دل

برانم که ما را بود دستگاه
ازیشان برآریم گرد سیاه

بگفت این سخن سربسر پهلوان
بپیش جهاندیده فرخ گوان

چو سالارشان مهربانی نمود
همه پاک بر پای جستند زود

برو سربسر خواندند آفرین
که چون تو کسی نیست پر داد و دین

پرستنده چون تو فریدون نداشت
که گیتی سراسر بشاهی گذاشت

ستون سپاهی و سالار شاه
فرازنده‌ی تاج و گاه و کلاه

فدی کرده‌ی جان و فرزند و چیز
ز سالار شاهان چه جویند نیز

همه هرچ شاه از فریبرز جست
ز طوس آن کنون از تو بیند درست

همه سربسر مر ترا بنده‌ایم
بفرمان و رایت سرافگنده‌ایم

گر ایدونک پیران ز توران سپاه
سران آورد پیش ما کینه‌خواه

ز ما ده مبارز و زیشان هزار
نگر تا که پیچد سر از کارزار

ور ایدونک لشکر همه همگروه
بجنگ اندر آید بکردار کوه

ز کینه همه پاک دلخسته‌ایم
کمر بر میان جنگ را بسته‌ایم

فدای تو بادا تن و جان ما
سراسر برینست پیمان ما

چو گودرز پاسخ برین سان شنود
بدلش اندرون شادمانی فزود

بران نامداران گرفت آفرین
که این نره شیران ایران زمین

سپه را بفرمود تا برنشست
همیدون میان را بکینه ببست

چپ لشکرش جای رهام گرد
بفرهاد خورشید پیکر سپرد

سوی راست جای فریبرز بود
بکتماره‌ی قارنان داد زود

بشیدوش فرمود کای پور من
بهر کار شایسته دستور من

تو با کاویانی درفش و سپاه
برو پشت لشکر تو باش و پناه

بفرمود پس گستهم را که شو
سپه را تو باش این زمان پیشرو

ترا بود باید بسالارگاه
نگه‌دار بیدار پشت سپاه

Shahnameh

سپه را بفرمود کز جای خویش	نگر ناورید اندکی پای پیش
همه گستهم را کنید آفرین	شب و روز باشید بر پشت زین
برآمد خروش از میان سپاه	گرفتند زاری بران رزمگاه
همه سربسر سوی او تاختند	همی خاک بر سر برانداختند
که با پیر سر پهلوان سپاه	کمر بست و شد سوی آوردگاه
سپهدار پس گستهم را بخواند	بسی پند و اندرز با او براند
بدو گفت زنهار بیدار باش	سپه را ز دشمن نگهدار باش
شب و روز در جوشن کینه‌جوی	نگر تا گشاده ندارید روی
چو آغازی از جنگ پرداختن	بود خواب را بر تو برتاختن
همان چون سرآری بسوی نشیب	ز ناخفتگان بر تو آید نهیب
یکی دیده‌بان بر سر کوه دار	سپه را ز دشمن بی‌اندوه‌دار
ور ایدونک آید ز توران زمین	شبی ناگهان تاختن گر کمین
تو باید که پیکار مردان کنی	بجنگ اندر آهنگ گردان کنی
ور ایدونک از ما بدین رزمگاه	بدآگاهی آید ز توران سپاه
که ما را بوردگه برکشند	تن بی‌سران مان بتوران کشند
نگر تا سپه را نیاری بجنگ	سه روز اندرین کرد باید درنگ
چهارم خود آید بپشت سپاه	شه نامبردار با پیل و گاه
چو گفتار گودرز زان سان شنید	سرشکش ز مژگان برخ برچکید
پذیرفت سر تا بسر پند اوی	همی جست ازان کار پیوند اوی
بسالار گفت آنچ فرمان دهی	میان بسته دارم بسان رهی
پس از جنگ پیشین که آمد شکست	که توران بران درد بودند پست
خروشان پدر بر پسر روی زد	برادر ز خون برادر بدرد
همه سر بسر سوگوار و نژند	دژم گشته از گشت چرخ بلند
چو پیران چنان دید لشکر همه	چو از گرگ درنده خسته رمه
سران را ز لشکر سراسر بخواند	فراوان سخن پیش ایشان براند
چنین گفت کای کار دیده گوان	همه سوده‌ی رزم پیر و جوان
شما را بنزدیک افراسیاب	چه مایه بزرگی و جاهست و آب
بپیروزی و فرهی کامتان	بگیتی پراگنده شد نامتان
بیک رزم کمد شما را شکست	کشیدید یکسر ز پیکار دست

بدانید یکسر کزین رزمگاه	اگر بازگردد ببستی سپاه
پس اندر ز ایران دلاور سران	بیایند با گرزهای گران
یکی را ز ما زنده اندر جهان	نبیند کس از مهتران و کهان
برون کرد باید ز دلها نهیب	گزیدن مرین غمگنان را شکیب
چنین داستان زد شه موبدان	که پیروز یزدان بود جاودان
جهان سربسر با فراز و نشیب	چنینست تا رفتن اندر نهیب
کنون از بر و بوم و فرزند خویش	که اندیشد از جان و پیوند خویش
همان لشکر است این که از جنگ ما	بپیچید و بس کرد آهنگ ما
بدین رزمگه بست باید میان	بکینه شدن پیش ایرانیان
چنین کرد گودرز پیمان که من	سران برگزینم ازین انجمن
یکایک بروی اندر آریم روی	دو لشکر برآساید از گفت و گوی
گر ایدونک پیمان بجای آورید	سران را ز لشکر بپای آورید
وگر همگروه اندر آید بجنگ	نباید کشیدن ز پیکار چنگ
اگر سر همه سوی خنجر بریم	بروزی بزادیم و روزی مریم
وگرنه سرانشان برآرم بدار	دو رویه بود گردش روزگار
اگر سر بپیچد کس از گفت من	بفرمایمش سر بریدن ز تن
گرفتند گردان بپاسخ شتاب	که ای پهلوان رد افراسیاب
تو از دیرگه باز با گنج خویش	گزیدستی از بهر ما رنج خویش
میان بسته بر پیش ما چون رهی	پسر با برادر بکشتن دهی
چرا سر بپیچیم ما خود کییم	چنین بنده‌ی شه ز بهر چییم
بگفتند وز پیش برخاستند	بپیکار یکسر بیاراستند
همه شب همی ساختند این سخن	که افگند سالار بیدار بن
بشبگیر آوای شیپور و نای	ز پرده برآمد بهر دو سرای
نشستند بر زین سپیده دمان	همه نامداران بباز و کمان
که از نعل اسبان تو گفتی زمین	بپوشد همی چادر آهنین
سپهبد بلهاک و فرشیدورد	چنین گفت کای نامداران مرد
شما را نگهبان توران سپاه	همی بود باید بدین رزمگاه
یکی دیده‌بان بر سر کوهسار	نگهبان روز و ستاره‌شمار
گر ایدونک ما را ز گردان سپهر	بد آید ببرد ز ما پاک مهر

شما جنگ را کس متازید زود
بتوران شتابید برسان دود
کزین تخمه‌ی ویسگان کس نماند
همه کشته شد جز شما بس نماند
گرفتند مر یکدگر را کنار
بدرد جگر برگسستند زار
برفتند و بس روی برگاشتند
غریویدن و بانگ برداشتند
پر از کینه سالار توران سپاه
خروشان بیامد باوردگاه

رسیدن گودرز و پیران بیکدیگر

چو گودرز کشوادگان را بدید
سخن گفت بسیار و پاسخ شنید
بدو گفت کای پر خرد پهلوان
برنج اندرون چند پیچی روان
روان سیاوش را زان چه سود
که از شهر توران برآری تو دود
بدان گیتی او جای نیکان گزید
نگیری تو آرام کو آرمید
دو لشکر چنین پاک با یکدگر
فگنده چو پیلان ز تن دور سر
سپاه دو کشور همه شد تباه
گه آمد که برداری این کینه‌گاه
جهان سربسر پاک بی‌مرد گشت
برین کینه پیکار ما سرد گشت
ور ایدونک هستی چنین کینه‌دار
ازان کوهپایه سپاه اندرآر
تو از لشکر خویش بیرون خرام
مگر خود برآیدت زین کینه کام
بتنها من و تو برین دشت کین
بگردیم و کین‌آوران همچنین
ز ما هرک او هست پیروزبخت
رسد خود بکام و نشیند بتخت
اگر من بدست تو گردم تباه
نجویند کینه ز توران سپاه
بپیش تو آیند و فرمان کنند
بپیمان روان را گروگان کنند
وگر تو شوی کشته بر دست من
کسی را نیازارم از انجمن
مرا با سپاه تو پیکار نیست
بریشان ز من نیز تیمار نیست
چو گودرز گفتار پیران شنید
از اختر همی بخت وارونه دید
نخست آفرین کرد بر کردگار
دگر یاد کرد از شه نامدار
بپیران چنین گفت کای نامور
شنیدیم گفتار تو سربسر
ز خون سیاوش بافراسیاب
چه سودست از داد سر برمتاب

که چون گوسفندش ببرید سر	پر از خون دل از درد خسته جگر
ازان پس برآورد ز ایران خروش	زبس کشتن و غارت و جنگ و جوش
سیاوش بسوگند تو سربداد	تو دادی بخیره مر او را بباد
ازان پس که نزد تو فرزند من	بیامد کشیدی سر از پند من
شتابیدی و جنگ را ساختی	بکردار آتش همی تاختی
مرا حاجت از کردگار جهان	برین گونه بود آشکار و نهان
که روزی تو پیش من آیی بجنگ	کنون آمدی نیست جای درنگ
به پیران سر اکنون بوردگاه	بگردیم یک با دگر بی‌سپاه
سپهدار ترکان برآراست کار	ز لشکر گزید آن زمان ده سوار
ابا اسب و ساز و سلیح تمام	همه شیرمرد و همه نیکنام
همانگه ز ایران سپه پهلوان	بخواند آن زمان ده سوار جوان
برون تاختند از میان سپاه	برفتند یکسر بوردگاه
که دیدار دیده بریشان نبود	دو سالار زین گونه زرم آزمود
ابا هر سواری ز ایران سپاه	ز توران یکی شد ورا رزم خواه
نهادند پس گیو را با گروی	که همزور بودند و پرخاشجوی
گروی زره کز میان سپاه	سراسر برو بود نفرین شاه
که بگرفت ریش سیاوش بدست	سرش را برید از تن پاک پست
دگر با فریبرز کاوس تفت	چو کلباد ویسه بورد رفت
چو رهام گودرز با بارمان	برفتند یک با دگر بدگمان
گرازه بشد با سیامک بجنگ	چو شیر ژیان با دمنده نهنگ
چو گرگین کارآزموده سوار	که با اندریمان کند کارزار
ابا بیژن گیو رویین گرد	بجنگ از جهان روشنایی ببرد
چو او خواست با زنگه شاوران	دگر برته با کهرم از یاوران
چو دیگر فروهل بد و زنگله	برون تاختند از میان گله
هجیر و سپهرم بکردار شیر	بدان رزمگاه اندر آمد دلیر
چو گودرز کشواد و پیران بهم	همه ساخته دل بدرد و ستم
میان بسته هر دو سپهبد بکین	چه از پادشاهی چه از بهر دین
بخوردند سوگند یک بادگر	که کس برنگرداند از کینه سر
بدان تا کرا گردد امروز کار	که پیروز برگردد از کارزار

۷۵۶

دو بالا بداندر دو روی سپاه / که شایست کردن بهرسو نگاه
یکی سوی ایران دگر سوی تور / که دیدار بودی بلشکر ز دور
بپیش اندرون بود هامون و دشت / که تا زنده شایست بر وی گذشت
سپهدار گودرز کرد آن نشان / که هر کو ز گردان گردنکشان
بزیر آورد دشمنی را چو دود / درفشی ز بالا برآرند زود
سپهدار پیران نشانی نهاد / ببالای دیگر همین کرد یاد
ازآن پس بهامون نهادند سر / بخون ریختن بسته گردان کمر
بتیغ و بگرز و بتیر و کمر / همی آزمودند هرگونه بند
دلیران توران و کنداوران / ابا گرز و تیغ و پرنداوران
که گر کوه پیش آمدی روز جنگ / نبودی بر آن رزم کردن درنگ
همه دستهاشان فروماند پست / در زور یزدان بریشان ببست
بدان بلا اندر آویختند / که بسیار بیداد خون ریختند
فرومانده اسبان جنگی بجای / تو گفتی که با دست بستست پای
بریشان همه راستی شد نگون / که برگشت روز و بجوشید خون
چنان خواست یزدان جان‌آفرین / که گفتی گرفت آن گوان را زمین
ز مردی که بودند با بخت خویش / برآویختند از پی تخت خویش
سران از پی پادشاهی بجنگ / بدادند جان از پی نام و ننگ
دمان آمدند اندر آوردگاه / ابا یکدگر ساخته کینه خواه
نخستین فریبرز نیو دلیر / ز لشکر برون تاخت برسان شیر
بنزدیک کلباد ویسه دمان / بیامد بزه برنهاده کمان
همی گشت و تیرش نیامد چو خواست / کشید آن پرنداور از دست راست
برآورد و زد تیر بر گردنش / بدو نیم شد تا کمرگه تنش
فرود آمد از اسب و بگشاد بند / ز فتراک خویش آن کیانی کمند
ببست از بر باره کلباد را / گشاد از برش بند پولاد را
ببالا برآمد به پیروز نام / خروشی برآورد و بگذارد گام
که سالار ما باد پیروزگر / همه دشمن شاه خسته‌جگر

رزم گیو با گروی زره

و دیگر گروی زره دیو نیو	برون رفت با پور گودرز گیو
بنیزه فراوان برآویختند	همی زهر با خون برآمیختند
سناندار نیزه ز چنگ سوار	فرو ریخت از هول آن کارزار
کمان برگرفتند و تیر خدنگ	یک اندر دگر تاخته چون پلنگ
همی زنده بایست مر گیو را	کز اسب اندر آرد گو نیو را
چنان بسته در پیش خسرو برد	ز ترکان یکی هدیه‌ی نو برد
چو گیو اندر آمد گروی از نهیب	کمان شد ز دستش بسوی نشیب
سوی تیغ برد آن زمان دست خویش	دمان گیو نیو اندر آمد بپیش
عمودی بزد بر سر و ترگ اوی	که خون اندر آمد ز تارک بروی
همیدون ز زین دست بگذاردش	گرفتش ببر سخت و بفشاردش
که بر پشت زین مرد بی‌توش گشت	ز اسب اندر افتاد و بیهوش گشت
فرود آمد از باره جنگی پلنگ	دو دست از پس پشت بستش چو سنگ
نشست از بر زین و او را بپیش	دوانید و شد تا بر یار خویش
ببالا برآمد درفشی بدست	بنعره همی کوه را کرد پست
به پیروزی شاه ایران زمین	همی خواند بر پهلوان آفرین

رزم گرازه با سیامک

سه دیگر سیامک ز توران سپاه	بشد با گرازه بوردگاه
برفتند و نیزه گرفته بدست	خروشان بکردار پیلان مست
پر از جنگ و پر خشم کینه‌وران	گرفتند زان پس عمود گران
چو شیران جنگی برآشوفتند	همی بر سر یکدگر کوفتند
زبانشان شد از تشنگی لخت لخت	بتنگی فراز آمد آن کار سخت

پیاده شدند و برآویختند	همی گرد کینه برانگیختند
گرازه بزد دست برسان شیر	مر او را چو باد اندر آورد زیر
چنان سخت زد بر زمین کاستخوانش	شکست و برآمد ز تن نیز جانش
گرازه هم آنگه ببستش باسب	نشست از بر زین چو آذرگشسب
گرفت آنگه اسب سیامک بدست	ببالا برآمد بکردار مست
درفش خجسته بدست اندرون	گرازان و شادان و دشمن نگون
خروشان و جوشان و نعره زنان	ابر پهلوان آفرین برکنان

رزم فروهل با زنگنه

چهارم فروهل بد و زنگله	دو جنگی بکردار شیر یله
بایران نبرده بتیر و کمان	نبد چون فروهل دگر بدگمان
چو از دور ترک دژم را بدید	کمان را بزه کرد و اندر کشید
برآورد زان تیرهای خدنگ	گرفته کمان رفت پیشش بجنگ
ابر زنگله تیرباران گرفت	ز هر سو کمین سواران گرفت
خدنگی برانش برآمد چو باد	که بگذشت بر مرد و بر اسب شاد
بروی اندر آمد تگاور ز درد	جدا شد ازو زنگله روی زرد
نگون شد سر زنگله جان بداد	تو گفتی همانا ز مادر نزاد
فروهل فروجست و ببرید سر	برون کرد خفتان رومی ز بر
سرش را بفتراک زین بربست	بیامد گرفت اسب او را بدست
ببالا برآمد بسان پلنگ	بخون غرقه گشته بر و تیغ و چنگ
درفش خجسته برآورد راست	شده شادمان یافته هرچ خواست
خروشید زان پس که پیروز باد	سر خسروان شاه فرخ نژاد

رزم رهام گودرز با بارمان ویسه

به پنجم چو رهام گودرز بود	که با بارمان او نبرد آزمود
کمان برگرفتند و تیر خدنگ	برآمد خروش سواران جنگ
کمانها همه پاک بر هم شکست	سوی نیزه بردند چون باد دست
دو جنگی و هر دو دلیر و سوار	هشیوار و دیده بسی کارزار
بگشتند بسیار یک بادگر	بپیچید رهام پرخاشخر
یکی نیزه انداخت بر ران اوی	کز اسب اندر آمد بفرمان اوی
جدا شد ز باره هم آنگاه ترک	ز اسب اندر افتاد ترک سترگ
بپشت اندرش نیزه‌ای زد دگر	سنان اندر آمد میان جگر
فرود آمد از باره کرد آفرین	ز دادار بر بخت شاه زمین
بکین سیاوش کشیدش نگون	ز کینه بمالید بر روی خون
بزین اندر آهخت و بستش چو سنگ	سر آویخته پایها زیر تنگ
نشست از بر زین و اسبش کشان	بیامد دوان تا بجای نشان
ببالا برآمد شده شاد دل	ز درد و غمان گشته آزاددل
به پیروزی شاه و تخت بلند	بکام آمده زیر بخت بلند
همی آفرین خواند سالار شاه	ابر شاه کیخسرو و تاج و گاه
که پیروزگر شاه پیروز باد	همه روزگارانش نوروز باد

رزم بیژن با رویین پیران

ششم بیژن گیو و رویین دمان	بزه برنهادند هر دو کمان
چپ و راست گشتند یک با دگر	نبد تیرشان از کمان کارگر
برومی عمود آنگهی پور گیو	همی گشت با گرد رویین نیو
بر آوردگه بر برو دست یافت	زمین را بدرید و اندر شتافت

زد از باد بر سرش رومی ستون	فروریخت از ترگ او مغز و خون
به زین پلنگ اندرون جان بداد	ز پیران ویسه بسی کرد یاد
پس از پشت باره درآمد نگون	همه تن پر آهن دهن پر ز خون
ز اسب اندر آمد سبک بیژنا	مر او را بکردار آهرمنا
کمند اندر افگند و بر زین کشید	نبد کس که تیمار رویین کشید
برفت از پی سود مایه بباد	هنوز از جوانیش نابوده شاد
بر اسبش بکردار پیلی ببست	گرفت آنگهی پالهنگش بدست
عنان هیون تگاور بتافت	وز آن جایگه سوی بالا شتافت
بچنگ اندرون شیر پیکر درفش	میان دیبه و رنگ خورده بنفش
چنینست کار جهان فریب	پس هر فرازی نهاده نشیب
وز آن جایگه شد بجای نشان	بنزدیک آن نامور سرکشان
همی گفت پیروزگر باد شاه	همیشه سر پهلوان با کلاه
جهان پیش شاه جهان بنده باد	همیشه دل پهلوان باد شاد

رزم هجیر با سپهرم

برون تاخت هفتم ز گردان هجیر	یکی نامداری سواری هژیر
سپهرم ز خویشان افراسیاب	یکی نامور بود با جاه و آب
ابا پور گودرز رزم آزمود	که چون او بلشکر سواری نبود
برفتند هر دو بجای نبرد	برآمد ز آوردگه تیره گرد
بشمشیر هر دو برآویختند	همی زآهن آتش فروریختند
هجیر دلاور بکردار شیر	بروی سپهرم درآمد دلیر
بنام جهان‌آفرین کردگار	ببخت جهاندار با شهریار
یکی تیغ زد بر سر و ترگ اوی	که آمد هم اندر زمان مرگ اوی
درافتاد ز اسبش هم آنگه نگون	بزاری و خواری دهن پر ز خون
فرود آمد از باره فرخ هجیر	مر او را ببست از بر زین چو شیر
نشست از بر اسب و آن اسب اوی	گرفته عنان و درآورده روی

برآمد ببالا و کرد آفرین	بران اختر نیک و فرخ زمین
همی زور و بخت از جهاندار دید	وز آن گردش بخت بیدار دید

رزم زنگنه شاروان با اخواست

بهشتم ز گردان ناماوران	بشد ساخته زنگه‌ی شاوران
که همرزمش از تخم او خواست بود	که از جنگ هرگز نه برکاست بود
گرفتند هر دو عمود گران	چو او خواست با زنگه‌ی شاوران
بگشتند ز اندازه بیرون بجنگ	ز بس کوفتن گشت پیکار تنگ
فروماند اسبان جنگی ز تگ	که گفتی بتنشان نجنبید رگ
چو خورشید تابان ز گنبد بگشت	بکردار آهن بتفسید دشت
چنان تشنه گشتند کز جای خویش	نجنبید و ننهاد کس پای پیش
زبان برگشادند یکبادگر	که اکنون ز گرمی بسوزد جگر
بباید برآسود و دم برزدن	پس آنگه سوی جنگ بازآمدن
برفتند و اسبان جنگی بجای	فراز آوریدند و بستند پای
بسودگی باز برخاستند	بپیکار کینه بیاراستند
بکردار آتش ز نیزه سوار	همی گشت بر مرکز کارزار
بدآنگه که زنگه برو دست یافت	سنان سوی او کرد و اندر شتافت
یکی نیزه زد بر کمرگاه اوی	کز اسبش نگون کرد و برزد بروی
چو رعد خروشان یکی ویله کرد	که گفتی بدرید دشت نبرد
فرود آمد از باره شد نزد اوی	بران خاک تفته کشیدش بروی
مر او را بچاره ز روی زمین	نگون اندر افگند بر پشت زین
نشست از بر اسب و بالا گرفت	بترکان چه آمد ز بخت ای شگفت
بران کوه فرخ برآمد ز پست	یکی گرگ پیکر درفشی بدست
بشد پیش یاران و کرد آفرین	ابر شاه و بر پهلوان زمین

رزم گرگین میلاد با اندریمان

برون رفت گرگین نهم کینه‌خواه / ابا اندریمان ز توران سپاه
جهاندیده و کارکرده دو مرد / برفتند و جستند جای نبرد
بنیزه بگشتند و بشکست پست / کمان برگرفتند هر دو بدست
ببارید تیر از کمان سران / بروی اندر آورده کرگ اسپران
همی تیر بارید همچون تگرگ / بران اسپر کرگ و بر ترک و ترگ
یکی تیر گرگین بزد بر سرش / که بردوخت با ترگ رومی برش
بلرزید بر زین ز سختی سوار / یکی تیر دیگر بزد نامدار
هم آنگاه ترک اندر آمد نگون / ز چشمش برون آمد از درد خون
فرود آمد از باره گرگین چو گرد / سر اندریمان ز تن دور کرد
بفتراک بربست و خود برنشست / نوند سوار نبرده بدست
بران تند بالا برآمد دمان / همیدون ببازو بزه بر کمان
بنیروی یزدان که او بد پناه / بپیروز بخت جهاندار شاه
چو پیروز برگشت مرد از نبرد / درفش دلفروز بر پای کرد

رزم برته با کهرم

دهم برته با کهرم تیغ‌زن / دو خونی و هر دو سر انجمن
همی آزمودند هرگونه جنگ / گرفتند پس تیغ هندی بچنگ
درفش همایون بدست اندرون / تو گفتی بجنبد که بیستون
یکایک بپیچید ازو برته روی / یکی تیغ زد بر سر و ترگ اوی
که تا سینه کهرم بد و نیک گشت / ز دشمن دل برته بی‌بیم گشت
فرود آمد از اسب و او را ببست / بران زین توزی و خود برنشست
برآمد ببالا چو شرزه پلنگ / خروشان یکی تیغ هندی بچنگ

درفش همایون بدست اندرون	فگنده بران باره کهرم نگون
همی گفت شاهست پیروزگر	همیشه کلاهش بخورشید بر

رزم گودرز کشواد با پیران ویسه و کشته شدن پیران

چو از روز نه ساعت اندر گذشت	ز ترکان نبد کس بران پهن‌دشت
کسی را کجا پروراند بناز	برآید برو روزگار دراز
شبیخون کند گاه شادی بروی	همی خواری و سختی آرد بروی
ز باد اندر آرد دهدمان بدم	همی داد خوانیم و پیدا ستم
بتورانیان بر بد آن جنگ شوم	بوردگه کردن آهنگ شوم
چنان شد که پیران ز توران سپاه	سواری ندید اندر آوردگاه
روان‌ها گسسته ز تنشان بتیغ	جهان را تو گفتی نیامد دریغ
سپهدار ایران و توران دژم	فراز آمدند اندران کین بهم
همی برنوشتند هر دو زمین	همه دل پر از درد و سر پر ز کین
بوردگاه سواران ز گرد	فروماند خورشید روز نبرد
بتیغ و بخنجر بگرز و کمند	ز هر گونه‌ای برنهادند بند
فراز آمد آن گردش ایزدی	از ایران بتوران رسید آن بدی
ابا خواست یزدانش چاره نماند	کرا کوشش و زور و یاره نماند
نگه کرد پیران که هنگام چیست	بدانست کان گردش ایزدیست
ولیکن بمردی همی کرد کار	بکوشید با گردش روزگار
ازان پس کمان برگرفتند و تیر	دو سالار لشکر دو هشیار پیر
یکی تیرباران گرفتند سخت	چو باد خزان بر جهد بر درخت
نگه کرد گودرز تیر خدنگ	که آهن ندارد مر او را نه سنگ
ببر گستوان برزد و بردرید	تگاور بلرزید و دم درکشید
بیفتاد و پیران درآمد بزیر	بغلتید زیرش سوار دلیر
بدانست کمد زمانه فراز	وزان روز تیره نیابد جواز
ز نیرو بدو نیم شد دست راست	هم آنگه بغلتید و بر پای خاست

Shahnameh

ز گودرز بگریخت و شد سوی کوه	غمی شد ز درد دویدن ستوه
همی شد بران کوهسر بر دوان	کزو بازگردد مگر پهلوان
نگه کرد گودرز و بگریست زار	بترسید از گردش روزگار
بدانست کش نیست با کس وفا	میان بسته دارد ز بهر جفا
فغان کرد کای نامور پهلوان	چه بودت که ایدون پیاده دوان
بکردار نخچیر در پیش من	کجات آن سپاه ای سر انجمن
نیامد ز لشکر ترا یار کس	وزیشان نبینمت فریادرس
کجات آنهمه زور و مردانگی	سلیح و دل و گنج و فرزانگی
ستون گوان پشت افراسیاب	کنون شاه را تیره گشت آفتاب
زمانه ز تو زود برگاشت روی	بهنگام کینه تو چاره مجوی
چو کارت چنین گشت زنهار خواه	بدان تات زنده برم نزد شاه
ببخشاید از دل همی بر تو بر	که هستس جهان پهلوان سربسر
بدو گفت پیران که این خود مباد	بفرجام بر من چنین بد مباد
ازین پس مرا زندگانی بود	بزنهار رفتن گمانی بود
خود اندر جهان مرگ را زادهایم	بدین کار گردن ترا دادهایم
شنیدستم این داستان از مهان	که هرچند باشی بخرم جهان
سرانجام مرگست زو چاره نیست	بمن بر بدین جای پیغاره نیست
همی گشت گودرز بر گرد کوه	نبودش بدو راه و آمد ستوه
پیاده ببود و سپر برگرفت	چو نخچیربانان که اندر گرفت
گرفته سپر پیش و ژوپین بدست	ببالا نهاده سر از جای پست
همی دید پیران مر او را ز دور	بست از بر سنگ سالار تور
بینداخت خنجر بکردار تیر	بیامد ببازوی سالار پیر
چو گودرز شد خسته بر دست اوی	ز کینه بخشم اندر آورد روی
بینداخت ژوپین بپیران رسید	زره بر تنش سربسر بردرید
ز پشت اندر آمد براه جگر	بغرید و آسیمه برگشت سر
برآمدش خون جگر بر دهان	روانش برآمد هم اندر زمان
چو شیر ژیان اندر آمد بسر	بنالید با داور دادگر
بران کوه خارا زمانی طپید	پس از کین و آوردگاه آرمید
زمانه بزهراب دادست چنگ	بدرد دل شیر و چرم پلنگ

۷۶۵

چنینست خود گردش روزگار	نگیرد همی پند آموزگار
چو گودرز بر شد بران کوهسار	بدیدش بر آن‌گونه افگنده خوار
دریده دل و دست و بر خاک سر	شکسته سلیح و گسسته کمر
چنین گفت گودرز کای نره شیر	سر پهلوانان و گرد دلیر
جهان چون من و چون تو بسیار دید	نخواهد همی با کسی آرمید
چو گودرز دیدش چنان مرده‌خوار	بخاک و بخون بر طپیده بزار
فروبرد چنگال و خون برگرفت	بخورد و بیالود روی ای شگفت
ز خون سیاوش خروشید زار	نیایش همی کرد بر کردگار
ز هفتاد خون گرامی پسر	بنالید با داور دادگر
سرش را همی خواست از تن برید	چنان بدکنش خویشتن را ندید
درفی ببالینش بر پای کرد	سرش را بدان سایه برجای کرد
سوی لشکر خویش بنهاد روی	چکان خون ز بازوش چون آب جوی
همه کینه‌جویان پرخاشجوی	ز بالا بلشکر نهادند روی
ابا کشتگان بسته بر پشت زین	بریشان سرآورده پرخاش و کین
چو با کینه‌جویان نبد پهلوان	خروشی برآمد ز پیر و جوان
که گودرز بر دست پیران مگر	ز پیری بخون اندر آورد سر
همی زار بگریست لشکر همه	ز نادیدن پهلوان رمه
درفشی پدید آمد از تیره گرد	گرازان و تازان بدشت نبرد
برآمد ز لشکرگه آوای کوس	همی گرد بر آسمان داد بوس
بزرگان بر پهلوان آمدند	پر از خنده و شادمان آمدند
چنین گفت لشکر مگر پهلوان	ازو بازگردید تیره روان
که پیران یکی شیردل مرد بود	همه ساله جویای آورد بود
چنین یاد کرد آن زمان پهلوان	سپرده بدو گوش پیر و جوان
بانگشت بنمود جای نبرد	بگفت آنک با او زمانه چه کرد
برهام فرمود تا برنشست	بوردن او میان را ببست
بدو گفت او را بزین برببند	بیاور چنان تازیان بر نوند
درفش و سلیحش چنان هم که هست	بدرع و میانش مبر هیچ دست
بران گونه چون پهلوان کرد یاد	برون تاخت رهام چون تندباد
کشید از بر اسب روشن تنش	بخون اندرون غرقه بد جوشنش

چنان هم ببستش بخم کمند — فرود آوریدش ز کوه بلند
درفشش چو از جایگاه نشان — ندیدند گردان گردنکشان
همه خواندند آفرین سربسر — ابر پهلوان زمین دربدر
که ای نامور پشت ایران سپاه — پرستنده‌ی تخت تو باد ماه
فدای سپه کرده‌ای جان و تن — بپیری زمان روزگار کهن
چنین گفت گودرز با مهتران — که چون رزم ما گشت زین سان گران
مرا در دل آید که افراسیاب — سپه بگذراند بدین روی آب
سپاه وی آسوده از رنج و تاب — بمانده سپاهم چنین در شتاب
ولیکن چنین دارم امید من — که آید جهاندار خورشید من
بیفروزد این رزمگه را بفر — بیارد سپاهی بنو کینه‌ور
یکی هوشمندی فرستاده‌ام — بس شاه را پندها داده‌ام
که گر شاه ترکان بیارد سپاه — نداریم پای اندرین کینه‌گاه
گمانم چنانست کو با سپاه — بیاری بیاید بدین رزمگاه
مر این کشتگان را برین دشت کین — چنین هم بدارید بر پشت زین
کزین کشتگان جان ما بیغمست — روان سیاوش زین خرمست
اگر هم چنین نزد شاه آوریم — شود شاد و زین پایگاه آوریم
که آشوب ترکان و ایرانیان — ازین بد کجا کم شد اندر میان
همه یکسره خواندند آفرین — که بی تو مبادا زمان و زمین
همه سودمندی ز گفتار تست — خور و ماه روشن بدیدار تست
برفتند با کشتگان همچنان — گروی زره را پیاده دوان
چو نزدیک بنگاه و لشکر شدند — پذیره‌ی سپهبد سپاه آمدند
بپیش سپه بود گستهم شیر — بیامد بر پهلوان دلیر
زمین را ببوسید و کرد آفرین — سپاهت بی‌آزار گفتا ببین
چنانچون سپردی سپردم بهم — درین بود گودرز با گستهم
که اندر زمان از لب دیده‌بان — بگوش آمد از کوه زیبد فغان
که از گرد شد دشت چون تیره شب — شگفتی برآمد ز هر سو جلب
خروشیدن کوس با کرنای — بجنباند آن دشت گویی ز جای
یکی تخت پیروزه بر پشت پیل — درفشان بکردار دریای نیل
هوا شد بسان پرند بنفش — ز تابیدن کاویانی درفش

درفشی ببالای سرو سهی	پدید آمد از دور با فرهی
بگردش سواران جوشنوران	زمین شد بنفش از کران تا کران
پس هر درفشی درفشی بپای	چه از اژدها و چه پیکر همای
ارگ همچنین تیزرانی کنند	بیک روز دیگر بدینجا رسند
ز کوه کنابد همان دیده‌بان	بدید آن شگفتی و آمد دوان
چنین گفت گر چشم من تیره نیست	وز اندوه دیدار من خیره نیست
ز ترکان برآورد ایزد دمار	همه رنجشان سربسر گشت خوار
سپاه اندر آمد ز بالا بپست	خروشان و هر یک درفشی بدست
درفش سپهدار توران نگون	همی بینم از پیش غرقه بخون
همان ده دلاور کز ایدر برفت	ابا گرد پیران بورد تفت
همی بینم از دورشان سرنگون	فگنده بر اسبان و تن پر ز خون
دلیران ایران گرازان بهم	رسیدند یکسر بر گستهم
وزان سوی زیبد یکی تیره‌گرد	پدید آمد و دشت شد لاژورد
میان سپه کاویانی درفش	بپیش اندرون تیغهای بنفش
درفش شهنشاه با بوق و کوس	پدید آمد و شد زمین آبنوس
برفتند لهاک و فرشیدورد	بدانجا که بد جایگاه نبرد
بدیدند کشته بدیدار خویش	سپهبد برادر جهاندار خویش
ابا ده سوار آن گزیده سران	ز ترکان دلیران جنگاوران
بران دیده برزار و جوشان شدند	ز خون برادر خروشان شدند
همی زار گفتند کای نره شیر	سپهدار پیران سوار دلیر
چه بایست آن رادی و راستی	چو رفتن ز گیتی چنین خواستی
کنون کام دشمن برآمد همه	ببد بر تو گیتی سرآمد همه
که جوید کنون در جهان کین تو	که گیرد کنون راه و آیین تو
ازین شهر ترکان و افراسیاب	بد آمد سرانجامت ای نیک‌یاب
بباید بریدن سر خویش پست	بخون غرقه کردن بر و یال و دست
چو اندرز پیران نهادند پیش	نرفتند بر خیره گفتار خویش
ز گودرز چون خواست پیران نبرد	چنین گفت با گرد فرشیدورد
که گر من شوم کشته بر کینه‌گاه	شما کس مباشید پیش سپاه
اگر کشته گردم برین دشت کین	شود تنگ بر نامداران زمین

۷۶۸

نه از تخمه‌ی ویسه ماند کسی
که اندر سرش مغز باشد بسی
که بر کینه‌گه چونک ما را کشند
چو سرهای ما سوی ایران کشند
ز گودرز خواهد سپه زینهار
شما خویشتن را مدارید خوار
همه راه سوی بیابان برید
مگر کز بد دشمنان جان برید
بلشکر گه خویش رفتند باز
همه دیده پر خون و دل پر گداز
بدانست لشکر سراسر همه
که شد بی‌شبان آن گرازان رمه
همه سربسر زار و گریان شدند
چو بر آتش تیز بریان شدند
بنزدیک لهاک و فرشیدورد
برفتند با دل پر از باد سرد
که اکنون چه سازیم زین رزمگاه
چو شد پهلوان پشت توران سپاه
چنین گفت هر کس که پیران گرد
جز از نام نیکو ز گیهان نبرد
کرا دل دهد نیز بستن کمر
ز آهن کله برنهادن بسر
چنین گفت لهاک فرشیدورد
که از خواست یزدان کرانه که کرد
چنین راند بر سر ورا روزگار
که بر کینه کشته شود زار و خوار
بشمشیر کرده جدا سر ز تن
نیابد همی کشته گور و کفن
بهرجای کشته کشان دشمنش
پر از خون سر و درع و خسته تنش
کنون بودنی بود و پیران گذشت
همه کار و کردار او باد گشت
ستون سپه بود تا زنده بود
بمهر سپه جانش آگنده بود
سپه را ز دشمن نگهدار بود
پسر با برادر برش خوار بود
بدان گیتی افتاد نیک و بدش
همانا که نیک است با ایزدش
بس از لشکر خویش تیمار خورد
ز گودرز پیمان ستد در نبرد
که گر من شوم کشته در کینه‌گاه
نجویی تو کین زان سپس با سپاه
گذرشان دهی تا بتوران شوند
کمین را نسازی بریشان کمند
ز پیمان نگردند ایرانیان
ازین در کنون نیست بیم زیان
سه کارست پیش‌آمده ناگزیر
همه گوش دارید برنا و پیر
اگرتان بزنهار باید شدن
کنونتان همی رای باید زدن
وگر بازگشتن بخرگاه خویش
سپردن بنیک و ببد راه خویش
وگر جنگ را گرد کرده عنان
یکایک بخوناب داده سنان
گر ایدون کتان دل گراید بجنگ
بدین رزمگه کرد باید درنگ
که پیران ز مهتر سپه خواستست
سپهبد یکی لشکر آراستست

زمان تا زمان لشکر آید پدید
همی کینه زینشان بباید کشید

ز هرگونه رانیم یکسر سخن
جز از خواست یزدان نباشد ز بن

ور ایدون کتان رای شهرست و گاه
همانا که بر ما نگیرند راه

وگرتان بزنهار شاهست رای
بباید بسیچید و رفتن ز جای

وگرتان سوی شهر ایران هواست
دل هر کسی بر تنش پادشاست

ز ما دو برادر مدارید چشم
که هرگز نشوییم دل را ز خشم

کزین تخمه‌ی ویسگان کس نبود
که بند کمر بر میانش نسود

بر اندرز سالار پیران شویم
ز راه بیابان بتوران شویم

ار ایدونک بر ما بگیرند راه
بکوشیم تا هستمان دستگاه

چو ترکان شنیدند زیشان سخن
یکی نیک پاسخ فگندند بن

که سالار با ده یل نامدار
کشیدند کشته بران گونه خوار

وزان روی کیخسرو آمد پدید
که یارد بدین رزمگاه آرمید

نه اسب و سلیح و نه پای و نه پر
نه گنج و نه سالار و نه نامور

نه نیروی جنگ و نه راه گریز
چه با خویشتن کرد باید ستیز

اگر بازگردیم گودرز و شاه
پس ما برانند پیل و سپاه

رهایی نیابیم یک تن بجان
نه خرگاه بینیم و نه دودمان

بزنهار بر ما کنون عار نیست
سپاهست بسیار و سالار نیست

ازان پس خود از شاه ترکان چه باک
چه افراسیاب و چه یک مشت خاک

چو لشکر چنین پاسخ آراستند
دو پرمایه از جای برخاستند

بدانست لهاک و فرشیدورد
کشان نیست هنگام ننگ و نبرد

همی راست گویند لشکر همه
تبه گردد از بی‌شبانی رمه

بپدرود کردند گرفتند ساز
بیابان گرفتند و راه دراز

درفشی گرفته بدست اندرون
پر از درد دل دیدگان پر ز خون

برفتند با نامور ده سوار
دلیران و شایسته‌ی کارزار

بره بر ز ایران سواران بدند
نگهبان آن نامداران بدند

برانگیختند اسب ترکان ز جای
طلایه بیفشارد با جای پای

یکی ناسگالیده‌شان جنگ خاست
که از خون زمین گشت با کوه راست

بکشتند ایرانیان هشت مرد
دلیران و شیران روز نبرد

وزانجا برفتند هر دو دلیر
براه بیابان بکردار شیر

ز ترکان جزین دو سرافراز گرد	ز دست طلایه دگر جان نبرد
پس از دیده گه دیده‌بان کرد غو	که ای سرفرازان و گردان نو
ازین لشکر ترک دو نامدار	برون رفت با نامور ده سوار
چنان با طلایه برآویختند	که با خاک خون را برآمیختند
تنی هشت کشتند ایرانیان	دو تن تیز رفتند بسته میان
چو بشنید گودرز گفت آن دو مرد	بود گرد لهاک و فرشیدورد
برفتند با گردان افراختن	شکسته نشدشان دل از تاختن
گر ایشان از اینجا به توران شوند	بر این لشکر آید همانا گزند
هم اندر زمان گفت با سرکشان	که ای نامداران دشمن‌کشان
که جوید کنون نام نزدیک شاه	بپوشد سرش را برومی کلاه
همه مانده بودند ایرانیان	شده سست و سوده ز آهن میان
ندادند پاسخ جز از گستهم	که بود اندر آورد شیر دژم
بسالار گفت ای سرافراز شاه	چو رفتی بورد توران سپاه
سپردی مرا کوس و پرده‌سرای	بپیش سپه بربودن بپای
دلیران همه نام جستند و ننگ	مرا بهره نمد بهنگام جنگ
کنون من بدین کار نام آورم	شومشان یکایک بدام آورم
بخندید گودرز و زو شاد شد	رخش تازه شد وز غم آزاد شد
بدو گفت نیک‌اختری تو ز هور	که شیری و بدخواه تو همچو گور
برو کفریننده یار تو باد	چو لهاک سیصد شکار تو باد
بپوشید گستهم درع نبرد	ز گردان کرا دید پدرود کرد
برون رفت وز لشکر خویش تفت	بجنگ دو ترک سرافراز رفت
همی گفت لشکر همه سربسر	که گستهم را زین بد آید بسر
یکی لشکر از نزد افراسیاب	همی رفت برسان کشتی برآب
بیاری همه جنگجو آمدند	چو نزدیک دشت دغو آمدند
خبر شد بدیشان که پیران گذشت	نبرد دلیران دگرگونه گشت
همه بازگشتند یکسر ز راه	خروشان برفتند نزدیک شاه
چو بشنید بیژن که گستهم رفت	ز لشکر بورد لهاک تفت
گمانی چنان برد بیژن که او	چو تنگ اندر آید بدشت دغو
نباید که لهاک و فرشیدورد	برآرند ازو خاک روز نبرد

771

نشست از بر دیزه‌ی راه‌جوی	بنزدیک گودرز بنهاد روی
چو چشمش بروی نیا برفتاد	خروشید و چندی سخن کرد یاد
نه خوب آید ای پهلوان از خرد	که هر نامداری که فرمان برد
مر او را بخیره بکشتن دهی	بهانه بچرخ فلک برنهی
دو تن نامداران توران سپاه	برفتند زین سان دلاور براه
ز هومان و پیران دلاورترند	بگوهر بزرگان آن کشورند
کنون گستهم شد بجنگ دو تن	نباید که آید برو برشکن
همه کام ما بازگردد بدرد	چو کم گردد از لشکر آن رادمرد
چو بشنید گودرز گفتار اوی	کشیدن بدان کار تیمار اوی
پس اندیشه کرد اندران یک زمان	هم از بد که می‌برد بیژن گمان
بگردان چنین گفت سالار شاه	که هر کس که جوید همی نام و گاه
پس گستهم رفت باید دمان	مر او را بدن یار با بدگمان
ندادند پاسخ کس از انجمن	نه غمخواره بد کس نه آسوده‌تن
بگودرز پس گفت بیژن که کس	جز من نباشدش فریادرس
که آید ز گردان بدین کار پیش	بسیری نیامد کس از جان خویش
مرا رفت باید که از کار اوی	دلم پر ز درد است و پر آب روی
بدو گفت گودرز کای شیرمرد	نه گرم آزموده ز گیتی نه سرد
نبینی که ماییم پیروزگر	بدین کار مشتاب تند ای پسر
بریشان بود گستهم چیره‌بخت	وزیشان ستاند سرو تاج و تخت
بمان تا کنون از پس گستهم	سواری فرستم چو شیر دژم
که با او بود یارگاه نبرد	سر دشمنان اندر آرد بگرد
بدو گفت بیژن که ای پهلوان	خردمند و بیدار و روشن‌روان
کنون یار باید که زندست مرد	نه آنگه کجا زو برآرند گرد
چو گستهم شد کشته در کارزار	سرآمد برو روز و برگشت کار
کجا سود دارد مر او را سپاه	کنون دار گر داشت خواهی نگاه
بفرمای تا من ز تیمار اوی	ببندم کمر تنگ بر کار اوی
ور ایدونک گویی مرو من سرم	ببرم بدین آبگون خنجرم
که من زندگانی پس از مرگ اوی	نخواهم که باشد بهانه مجوی
بدو گفت گودرز بشتاب پیش	اگر نیست مهر تو بر جان خویش

۷۷۲

نیابی همی سیری از کارزار	کمر بند و ببسیچ و سر بر مخار
نسوزد همانا دلت بر پدر	که هزمان مر او را بسوزی جگر
چو بشنید بیژن فرو برد سر	زمین را ببوسید و آمد بدر
برآرم همی گفت از کوه خاک	بدین جنگ جستن مرا زو چه باک
کمر بست و برساخت مر جنگ را	بزین اندر آورد شبرنگ را
بگیو آگهی شد که بیژن چو گرد	کمر بست بر جنگ فرشیدورد
پس گستهم تازیان شد براه	بجنگ سواران توران سپاه
هم اندر زمان گیو برجست زود	نشست از بر تازی اسبی چو دود
بیامد بره بر چو او را بدید	به تندی عنانش بیکسو کشید
بدو گفت چندین زدم داستان	نخواهی همی بود همداستان
که باشم بتو شادمان یک زمان	کجا رفت خواهی بدین سان دمان
بهر کار درد دلم را مجوی	بپیران سر از من چه باید بگوی
جز از تو بگیتیم فرزند نیست	روانم بدرد تو خرسند نیست
بدی ده شبان روز بر پشت زین	کشیده ببدخواه بر تیغ کین
بسودی بخفتان و خود اندرون	نخواهی همی سیر گشتن ز خون
چو نیکی دهش بخت پیروز داد	بباید نشستن برام و شاد
بپیش زمانه چه تازی سرت	بس ایمن شدستی بدین خنجرت
کسی کو بجوید سرانجام خویش	نجوید ز گیتی چنین کام خویش
تو چندین بگرد زمانه مپوی	که او خود سوی ما نهادست روی
ز بهر مرا زین سخن بازگرد	نشاید که دارای دل من بدرد
بدو گفت بیژن که ای پر خرد	جزین بر تو مردم گمانی برد
که کار گذشته بیاری بیاد	نپیچی بخیره همی سر زداد
بدان ای پدر کین سخن داد نیست	مگر جنگ لاون ترا یاد نیست
که با من چه کرد اندران گستهم	غم و شادمانیش با من بهم
ورایدون کجا گردش ایزدی	فرازآورد روزگار بدی
نبشته نگردد بپرهیز باز	نباید کشید این سخن را دراز
ز پیکار سر بر مگردان که من	فدی کرده دارم بدین کار تن
بدو گفت گیو ار بگردی تو باز	همان خوبتر کین نشیب و فراز
تو بیمن مپویی بروز نبرد	منت یار باشم بهر کارکرد

بدو گفت بیژن که این خود مباد	که از نامداران خسرونژاد
سه گرد از پی بیم خورده دو تور	بتازند پویان بدین راه دور
بجان و سر شاه روشن‌روان	بجان نیا نامور پهلوان
بکین سیاوش کزین رزمگاه	تو برگردی و من بپویم براه
نخواهم برین کار فرمانت کرد	که گویی مرا بازگرد از نبرد
چو بشنید گیو این سخن بازگشت	برو آفرین کرد و اندر گذشت
که پیروز بادی و شاد آمدی	مبیناد چشم تو هرگز بدی
همی تاخت بیژن پس گستهم	که ناید بروبر ز توران ستم
چو از دور لهاک و فرشیدورد	گذشتند پویان ز دشت نبرد
بیک ساعت از هفت فرسنگ راه	برفتند ایمن ز ایران سپاه
یکی بیشه دیدند و آب روان	بدو اندرون سایه‌ی کاروان
ببیشه درون مرغ و نخچیر و شیر	درخت از بر و سبزه و آب زیر
بنخچیر کردن فرود آمدند	وزان تشنگی سوی رود آمدند
چو آب اندر آمد ببایست نان	باندوه و شادی نبندد دهان
بگشتند بر گرد آن مرغزار	فگندند بسیار مایه شکار
برافروختند آتش و زان کباب	بخوردند و کردند سر سوی خواب
چو بد روزگار دلیران دژم	کجا خواب سازد بریشان ستم
فرو خفت لهاک و فرشیدورد	بسر بر همی پاسبانیش کرد
برآمد چو شب تیره شد ماهتاب	دو غمگین سر اندر نهاده بخواب
رسید اندران جایگه گستهم	که بودند یاران توران بهم
نوند اسب او بوی اسبان شنید	خروشی برآورد و اندر دمید
سبک اسب لهاک هم زین نشان	خروشی برآورد چون بیهشان
دمان سوی لهاک فرشید ورد	ز خواب خوش آمدش بیدار کرد
بدو گفت برخیز زین خواب خوش	بمردی سر بخت خود را بکش
که دانا زد این داستان بزرگ	که شیری که بگریزد از چنگ گرگ
نباید که گرگ از پسش در کشد	که او را همان بخت خود برکشد
چه مایه بپیوند و چندی شتافت	کس از روز بد هم رهایی نیافت
هلا زود بشتاب کمد سپاه	از ایران و بر ما گرفتند راه
نشستند بر باره هر دو سوار	کشیدند پویان ازان مرغزار

۷۷۴

ز بیشه ببالا نهادند روی — دو خونی دلاور دو پرخاشجوی
بهامون کشیدند هر دو سوار — پراندیشه تا چون بسیچند کار
پدید آمد از دور پس گستهم — ندیدند با او سواری بهم
دلیران چو سر را برافراختند — مر او را چو دیدند بشناختند
گرفتند یک بادگر گفت و گوی — که یک تن سوی ما نهادست روی
نیابد رهایی ز ما گستهم — مگر بخت بد کرد خواهد ستم
جز از گستهم نیست کامد بجنگ — درفش دلیران گرفته بچنگ
گریزان بباید شد از پیش اوی — مگر کاندر آرد بدین دشت روی
وز آنجا بهامون نهادند روی — پس اندر دمان گستهم کینه‌جوی
بیامد چو نزدیک ایشان رسید — چو شیر ژیان نعره‌ای برکشید
بریشان ببارید تیر خدنگ — چو فرشیدورد اندر آمد بجنگ
یکی تیر زد بر سرش گستهم — که با خون برآمیخت مغزش بهم
نگون گشت و هم در زمان جان بداد — شد آن نامور گرد ویسه نژاد
چو لهاک روی برادر بدید — بدانست کز کارزار آرمید
بلرزید وز درد او خیره شد — جهان پیش چشم‌اندرش تیره شد
ز روشن‌روانش بسیری رسید — کمان را بزه کرد و اندر کشید
شدند آن زمان خسته هر دو سوار — بشمشیر برساختند کارزار
یکایک برو گستهم دست یافت — ز کینه چنان خسته اندر شتافت
بگردنش بر زد یکی تیغ تیز — برآورد ناگاه زو رستخیز
سرش زیر پای اندر آمد چو گوی — که آید همی زخم چوگان بروی
چنینست کردار گردان سپهر — ببرد ز پرورده‌ی خویش مهر
چو سر جوییش پای یابی نخست — وگر پای جویی سرش پیش تست
بزین بر چنان خسته بد گستهم — که بگسست خواهد تو گفتی ز هم
بیامد خمیده بزین اندرون — همی راند اسب و همی ریخت خون
و زآنجا سوی چشمه‌ساری رسید — هم آب روان دید و هم سایه دید
فرود آمد و اسب را بر درخت — ببست و بب اندر آمد ز بخت
بخورد آب بسیار و کرد آفرین — ببستش تو گفتی سراسر زمین
بپیچید و غلتید بر تیره خاک — سراسر همه تن بشمشیر چاک
همی گفت کای روشن کردگار — پدید آر زان لشکر نامدار

بدلسوزگی بیژن گیو را / وگرنه دلاور یکی نیو را
که گر مرده گر زنده‌زین جایگاه / برد مر مرا سوی ایران سپاه
سر نامداران توران سپاه / ببرد برد پیش بیدار شاه
بدان تا بداند که من جز بنام / نمردم بگیتی همینست کام
همه شب بنالید تا روز پاک / پر از درد چون مار پیچان بخاک
چو گیتی ز خورشید شد روشنا / بیامد بدانجایگه بیژنا
همی گشت بر گرد آن مرغزار / که یابد نشانی ز گم بوده یار
پدید آمد از دور اسب سمند / بدان مرغزار اندرون چون نوند
چمان و چران چون پلنگان بکام / نگون گشته زین و گسسته لگام
همه آلت زین برو بر نگون / رکیب و کمند و جنا پر ز خون
چو بیژن بدید آن ازو رفت هوش / برآورد چو شیر شرزه خروش
همی گفت که ای مهربان نیک‌یار / کجایی فگنده در این مرغزار
که پشتم شکستی و خستی دلم / کنون جان شیرین ز تن بگسلم
بشد بر پی اسب بر چشمه‌سار / مر او را بدید اندران مزغزار
همه جوشن ترگ پر خاک و خون / فتاده بدان خستگی سرنگون
فروجست بیژن ز شبرنگ زود / گرفتش بغوش در تنگ زود
برون کرد رومی قبا از برش / برهنه شد از ترگ خسته سرش
ز بس خون دویدن تنش بود زرد / دلش پر ز تیمار و جان پر ز درد
بران خستگیهاش بنهاد روی / همی بود زاری کنان پیش اوی
همی گفت کای نیک دل یار من / تو رفتی و این بود پیکار من
شتابم کنون بیش بایست کرد / رسیدن بر تو بجای نبرد
مگر بودمی گاه سختیت یار / چو با اهرمن ساختی کارزار
کنون کام دشمن همه راست کرد / برآنرد سر هرچ می‌خواست کرد
بگفت این سخن بیژن و گستهم / بجنبید و برزد یکی تیز دم
ببیژن چنین گفت کای نیک خواه / مکن خویشتن پیش من در تباه
مرا درد تو بتر از مرگ خویش / بنه بر سر خسته بر ترگ خویش
یکی چاره کن تا ازین جایگاه / توانی رسانیدنم نزد شاه
مرا باد چندان همی روزگار / که بینم یکی چهره‌ی شهریار
ازان پس چو مرگ آیدم باک نیست / مرا خود نهالی بجز خاک نیست

Shahnameh

نمردست هرکس که با کام خویش		بمیرد بیابد سرانجام خویش
و دیگر دو بد خواه با ترس و باک		که بر دست من کرد یزدان هلاک
مگرشان بزین بر توانی کشید		وگرنه سرانشان ز تنها برید
سلیح و سر نامبردارشان		ببر تا بدانند پیکارشان
کنی نزد شاه جهاندار یاد		که من سر بخیره ندادم بباد
بسودم بهر جای بابخت جنگ		گه‌ی نام جستن نمردم بننگ
ببیژن نمود آنگهی هر دو تور		که بودند کشته فگنده بدور
بگفت این و سستی گرفتش روان		همی بود بیژن بسر بر نوان
وز آن جایگه اسب او بیدرنگ		بیاورد و بگشاد از باره تنگ
نمد زین بزیر تن خفته مرد		بیفگند و نالید چندی بدرد
همه دامن قرطه را کرد چاک		ابر خستگیهاش بر بست پاک
وز آن جایگه سوی بالا دوان		بیامد ز غم تیره کرده روان
سواران ترکان پراگنده دید		که آمد ز راه بیابان پدید
ز بالا چو برق اندر آمد بشیب		دل از مردن گستهم با نهیب
ازان بیم دیده سواران دو تن		بشمشیرکم کرد زان انجمن
ز فتراک بگشاد زان پس کمند		ز ترکان یکی را بگردن فگند
ز اسب اندر آورد و زنهار داد		بدان کار با خویشتن یار داد
وز آنجا بیامد بکردار گرد		دمان سوی لهاک و فرشیدورد
بدید آن سران سپه را نگون		فگنده بران خاک غرقه بخون
بسرشان بر اسبان جنگی بپای		چراگاه سازید و جای چرای
چو بیژن چنان دید کرد آفرین		ابر گستهم کو سرآورد کین
بفرمود تا ترک زنهار خواه		بزین برکشید آن سران را ز راه
ببستندشان دست و پای و میان		کشیدند بر پشت زین کیان
وزآنجا سوی گستهم تازیان		بیامد بسان پلنگ ژیان
فرود آمد از اسب و او را چو باد		بی آزار نرم از بر زین نهاد
بدان ترک فرمود تا برنشست		بغوش او اندر آورد دست
سمند نوندش همی راند نرم		بروبر همی آفرین خواند گرم
مرگ زنده او را بر شهریار		تواند رسانیدن از کارزار
همی راند بیژن پر از درد و غم		روانش پر از انده گستهم

چو از روزنه ساعت اندر گذشت — خور از گنبد چرخ گردان بگشت
جهاندار خسرو بنزد سپاه — بیامد بدان دشت آوردگاه
پذیره شدندش سراسر سران — همه نامداران و جنگاوران
برو خواندند آفرین بخردان — که ای شهریار و سر موبدان
چنان هم همی بود بر اسب شاه — بدان تا ببینند رویش سپاه
بریشان همی خواند شاه آفرین — که آباد بادا بگردان زمین
ببین پس پشت لشکر چو کوه — همی رفت گودرز با آن گروه
سر کشتگانرا فگنده نگون — سلیح و تن و جامه هاشان بخون
همان ده مبارز کز آوردگاه — بیاورده بودند گردان شاه
پس لشکر اندر همی راندند — ابر شهریار آفرین خواندند
چو گودرز نزدیک خسرو رسید — پیاده شد از دور کو را بدید
ستایش کنان پهلوان سپاه — بیامد بغلتید در پیش شاه
همه کشتگانرا بخسرو نمود — بگفتش که همرزم هر کس که بود
گروی زره را بیاوردر گیو — دمان با سپهدار پیران نیو
ز اسب اندر آمد سبک شهریار — نیایش همی کرد برکردگار
ز یزدان سپاس و بدویم پناه — که او داد پیروزی و دستگاه
ز دادار بر پهلوان آفرین — همی خواند و بر لشکرش همچنین
که ای نامداران فرخنده پی — شما آتش و دشمنان خشک نی
سپهدار گودرز با دودمان — ز بهر دل من چو آتش دمان
همه جان و تنها فدا کرده‌اند — دم از شهر توران برآورده‌اند
کنون گنج و شاهی مرا با شماست — ندارم دریغ از شما دست راست
ازان پس بدان کشتگان بنگرید — چو روی سپهدار پیران بدید
فروریخت آب از دو دیده بدرد — که کردار نیکی همی یاد کرد
بپیرانش بر دل ازان سان بسوخت — تو گفتی بدلش آتشی برفروخت
یکی داستان زد پس از مرگ اوی — بخون دو دیده بیالود روی
که بخت بدست اژدهای دژم — بدام آورد شیر شرزه بدم
بمردی نیابد کسی زو رها — چنین آمد این تیزچنگ اژدها
کشیدی همه ساله تیمار من — میان بسته بودی بپیکار من
ز خون سیاوش پر از درد بود — بدانگه کسی را نیازرد بود

چنان مهربان بود دژخیم شد	وزو شهر ایران پر از بیم شد
مر او را ببرد اهرمن دل ز جای	دگرگونه پیش اندر آورد پای
فراوان همی خیره دادمش پند	نیامدش گفتار من سودمند
از افراسیابش نه برگشت سر	کنون شهریارش چنین داد بر
مکافات او ما جز این خواستیم	همی گاه و دیهیمش آراستیم
از اندیشه‌ی ما سخن درگذشت	فلک بر سرش بر دگرگونه گشت
بدل بر جفاکرد بر جای مهر	بدین سر دگرگونه بنمود چهر
کنون پند گودرز و فرمان من	بیفگند گفتار و پیمان من
تبه کرد مهر دل پاک را	بزهر اندر آمیخت تریاک را
که آمد بجنگ شما با سپاه	که چندان شد از شهر ایران تباه
ز توران بسیچید و آمد دمان	که ژوپین گودرز بودش زمان
پسر با برادر کلاه و کمر	سلیح و سپاه و همه بوم و بر
بداد از پی مهر افراسیاب	زمانه برو کرد چندین شتاب
بفرمود تا مشک و کافور ناب	بعنبر برآمیخته با گلاب
تنش را بیالود زان سربسر	بکافور و مشکش بیاگند سر
بدیبار رومی تن پاک اوی	بپوشید آن جان ناپاک اوی
یکی دخمه فرمود خسرو بمهر	بر آورده سر تا بگردان سپهر
نهاد اندرو تختهای گران	چنانچون بود در خور مهتران
نهادند مر پهلوان را بگاه	کمر بر میان و بسر برکلاه
چنینست کردار این پر فریب	چه مایه فرازست و چندی نشیب
خردمند را دل ز کردار اوی	بماند همی خیره از کار اوی
ازان پس گروی زره را بدید	یکی باد سرد از جگر برکشید
نگه کرد خسرو بدان زشت روی	چو دیوی بسر بر فروهشته موی
همی گفت کای کردگار جهان	تو دانی همی آشکار و نهان
همانا که کاوس بد کرده بود	بپاداش ازو زهر و کین آزمود
که دیوی چنین بر سیاوش گماشت	ندانم جزین کینه بر دل چه داشت
ولیکن بپیروزی یک خدای	جهاندار نیکی ده و رهنمای
که خون سیاوش ز افراسیاب	بخواهم بدین کینه گیرم شتاب
گروی زره را گره تا گره	بفرمود تا برکشیدند زه

چو بندش جداشد سرش را ز بند — بریدند همچون سر گوسفند
بفرمود او را فگندن به آب — بگفتا چنین بینم افراسیاب
ببد شاه چندی بران رزمگاه — بدان تا کند سازکار سپاه
دهد پادشاهی کرا در خورست — کسی کز در خلعت و افسرست
بگودرز داد آن زمان اصفهان — کلاه بزرگی و تخت مهان
باندازه اندر خور کارشان — بیاراست خلعت سزاوارشان
از آنها که بودند مانده بجای — که پیرانشان بد سرو کد خدای
فرستاده آمد بنزدیک شاه — خردمند مردی ز توران سپاه
که ما شاه را بنده و چاکریم — زمین جز بفرمان او نسپریم
کس از خواست یزدان نیابد رها — اگر چه شود در دم اژدها
جهاندار داند که ما خود کییم — میان تنگ بسته ز بهر چییم
نبدمان بکار سیاوش گناه — ببرد اهرمن شاه را دل ز راه
که توران ز ایران همه پر غمست — زن و کودک خرد در ماتمست
نه بر آرزو کینه خواه آمدیم — ز بهر بر و بوم و گاه آمدیم
ازین جنگ ما را بد آمد بسر — پسر بی پدر شد پدر بی پسر
بجان گر دهد شاهمان زینهار — ببندیم پیشش میان بنده‌وار
بدین لشکر اندر بس مهترست — کجا بندگی شاه را در خورست
گنهکار اوییم و او پادشاست — ازو هرچ آید بما بر رواست
سران سربسر نزد شاه آوریم — بسی پوزش اندر گناه آوریم
گر از ما بدلش اندرون کین بود — بریدن سر دشمن آیین بود
ور ایدونک بخشایش آرد رواست — همان کرد باید که او را هواست
چو بشنید گفتار ایشان بدرد — ببخشودشان شاه آزاد مرد
بفرمود تا پیش او آمدند — بران آرزو چاره‌جو آمدند
همه بر نهادند سر بر زمین — پر از خون دل و دیده پر آب کین
سپهبد سوی آسمان کرد سر — که ای دادگر داور چاره‌گر
همان لشکرست این که سر پر ز کین — همی خاک جستند ز ایران زمین
چنین کردشان ایزد دادگر — نه رای و نه دانش نه پای و نه پر
بدو دست یازم که او یار بس — ز گیتی نخواهیم فریادرس

بدین داستان زد یکی نیک رای | که از کین بزین اندر آورد پای
که این باره رخشنده تخت منست | کنون کار بیدار بخت منست
بدین کینه گر تخت و تاج آوریم | و گر رسم تابوت ساج آوریم
و گرنه بچنگ پلنگ اندرم | خور کرگسانست مغز سرم
کنون بر شما گشت کردار بد | شناسد هر آنکس که دارد خرد
نیم من بخون شما شسته چنگ | که گیرم چنین کار دشوار تنگ
همه یکسره در پناه منید | و گر چند بدخواه گاه منید
هر آنکس که خواهد نباشد رواست | بدین گفته افزایش آمد نه کاست
هر آنکس که خواهد سوی شاه خویش | گذارد نگیرم برو راه پیش
ز کمی و بیشی و از رنج و آز | بنیروی یزدان شدم بی نیاز
چو ترکان شنیدند گفتار شاه | ز سر بر گرفتند یکسر کلاه
بپیروزی شاه خستو شدند | پلنگان جنگی چو آهو شدند
بفرمود شاه جهان تا سلیح | بیارند تیغ و سنان و رمیح
ز بر گستوان و ز رومی کلاه | یکی توده کردند نزدیک شاه
بگرد اندرش سرخ و زرد و بنفش | زدند آن سرافراز ترکان درفش
بخوردند سوگندهای گران | که تا زنده‌ایم از کران تا کران
همه شاه را چاکر و بنده‌ایم | همه دل بمهر وی آگنده‌ایم
چو این کرده بودند بیدار شاه | ببخشید یکسر همه بر سپاه
ز همشان پس آنگه پراگنده کرد | همه بومش از مردم آگنده کرد

اندر رسیدن بیژن و گستهم بنزدیک کیخسرو

ازان پس خروش آمد از دیده‌گاه | که گرد سواران برآمد ز راه
سه اسب و دو کشته برو بسته زار | همی بینم از دور با یک سوار
همه نامداران ایران سپاه | نهادند چشم از شگفتی براه
که تا کیست از مرز توران زمین | که یارد گذشتن برین دشت کین
هم اندر زمان بیژن آمد دمان | ببازو بزه بر فگنده کمان

بر اسبان چو لهاک و فرشیدورد	فگنده نگونسار پرخون و گرد
بر اسبی دگر بر پر از درد و غم	بغوش ترک اندرون گستهم
چو بیژن بنزدیک خسرو رسید	سر تاج و تخت بلندش بدید
ببوسید و بر خاک بنهاد روی	بشد شاد خسرو بدیدار اوی
بپرسید و گفتش که ای شیر مرد	کجا رفته بودی ز دشت نبرد
ز گستهم بیژن سخن یاد کرد	ز لهاک وز گرد فرشیدورد
وزان خسته و زاری گستهم	ز جنگ سواران وز بیش و کم
کنون آرزو گستهم را یکیست	که آن کار بر شاه دشوار نیست
بدیدار شاه آمدستش هوا	وزان پس اگر میرد او را روا
بفرمود پس شاه آزرم جوی	که بردند گستهم را پیش اوی
چنان نیک دل شد ازو شهریار	که از گریه مژگانش آمد ببار
چنان بد ز بس خستگی گستهم	که گفتی همی برنیامدش دم
یکی بوی مهر شهنشاه یافت	بپیچید و دیده سوی او شتافت
ببارید از دیدگان آب مهر	سپهبد پر از آب و خون کرد چهر
بزرگان برو زار و گریان شدند	چو بر آتش تیز بریان شدند
دریغ آمد او را سپهبد بمرگ	که سندان کین بد سرش زیر ترگ
ز هوشنگ و تهمورس و جمشید	یکی مهره بد خستگان را امید
رسیده بمیراث نزدیک شاه	ببازوش برداشتی سال و ماه
چو مهر دلش گستهم را بخواست	گشاد آن گرانمایه از دست راست
ابر بازوی گستهم بربست	بمالید بر خستگیهاش دست
پزشکان که از روم و ز هند وچین	چه از شهر یونان و ایران زمین
ببالین گستهمشان بر نشاند	ز هر گونه افسون بر و بر بخواند
وز آنجا بیامد بجای نماز	بسی با جهان آفرین گفت راز
دو هفته برآمد بران خسته مرد	سرآمد همه رنج و سختی و درد
بر اسبش ببردند نزدیک شاه	چو شاه اندرو کرد لختی نگاه
بایرانیان گفت کز کردگار	بود هر کسی شاد و به روزگار
ولیکن شگفتست این کار من	بدین راستی بر شده یار من
بپیروزی اندر غم گستهم	نکرد این دل شادمان را دژم
بخواند آن زمان بیژن گیو را	بدو داد دست گو نیو را

که تو نیک‌بختی و یزدان شناس	مدار از تن خویش هرگز هراس
همه مهر پروردگارست و بس	ندانم بگیتی جز او هیچ کس
که اویست جاوید فریادرس	بسختی نگیرد جز او دست کس
اگر زنده گردد تن مرده مرد	جهاندار گستهم را زنده کرد
بدآنگه بدو گفت تیمار دار	چو بیژن نبیند کس از روزگار
کزو رنج بر مهر بگزیده‌ای	ستایش بدین گونه بشنیده‌ای
بزیبد ببد شاه یک هفته نیز	درم داد و دینار و هر گونه چیز
فرستاد هر سو فرستادگان	بنزد بزرگان و آزادگان
چو از جنگ پیران شدی بی‌نیاز	یکی رزم کیخسرو اکنون بساز

جنگ بزرگ کیخسرو با افراسیاب

گفتار اندر ستایش سلطان محمود

ز یزدان بران شاه باد آفرین	که نازد بدو تاج و تخت و نگین
که گنجش ز بخشش بنالد همی	بزرگی ز نامش ببالد همی
ز دریا بدریا سپاه ویست	جهان زیر فر کلاه ویست
خداوند نام و خداوند گنج	خداوند شمشیر و خفتان و رنج
زگیتی بکان اندرون زر نماند	که منشور جود ورا بر نخواند
ببزم اندرون گنج پیدا کند	چو رزم آیدش رنج بینا کند
ببار آورد شاخ دین و خرد	گمانش بدانش خرد پرورد
باندیشه از بی گزندان بود	همیشه پناهش به یزدان بود
چو او مرز گیرد بشمشیر تیز	برانگیزد اندر جهان رستخیز
ز دشمن ستاند ببخشد بدوست	خداوند پیروزگر یار اوست
بدان تیغزن دست گوهرفشان	ز گیتی نجوید همی جز نشان
که در بزم دریاش خواند سپهر	برزم اندرون شیر خورشید چهر
گواهی دهد بر زمین خاک و آب	همان بر فلک چشمه آفتاب
که چون او ندیدست شاهی بجنگ	نه در بخشش و کوشش و نام و ننگ
اگر مهر با کین برآمیزدی	ستاره ز خشمش بپرهیزدی
تنش زورمندست و چندان سپاه	که اندر میان باد را نیست راه
پس لشکرش هفصد ژنده پیل	خدای جهان یارش و جبریل
همی باژ خواهد ز هر مهتری	ز هر نامداری و هر کشوری
اگر باژ ندهند کشور دهند	همان گنج و هم تخت و افسر دهند
که یارد گذشتن ز پیمان اوی	و گر سر کشیدن ز فرمان اوی
که در بزم گیتی بدو روشنست	برزم اندرون کوه در جوشنست
ابوالقاسم آن شهریار دلیر	کجا گور بستاند از چنگ شیر
جهاندار محمود کاندر نبرد	سر سرکشان اندر آرد بگرد
جهان تا جهان باشد او شاه باد	بلند اخترش افسر ماه باد

که آرایش چرخ گردنده اوست	ببزم اندرون ابر بخشنده اوست
خرد هستش و نیکنامی و داد	جهان بی سر و افسر او مباد
سپاه و دل و گنج و دستور هست	همان رزم وبزم و می و سور هست
یکی فرش گسترده شد در جهان	که هرگز نشانش نگردد نهان
کجا فرش را مسند و مرقدست	نشستنگه نصر بن احمدست
که این گونه آرام شاهی بدوست	خرد در سر نامداران نکوست
نبد خسروان را چنو کدخدای	بپرهیز دین و برادی و رای
گشاده زبان و دل و پاک دست	پرستنده‌ی شاه یزدان پرست
ز دستور فرزانه و دادگر	پراگنده رنج من آمد ببر
بپیوستم این نامه‌ی باستان	پسندیده از دفتر راستان
که تا روز پیری مرا بر دهد	بزرگی و دینار و افسر دهد
ندیدم جهاندار بخشنده‌ای	بتخت کیان بر درخشنده‌ای
همی داشتم تا کی آید پدید	جوادی که جودش نخواهد کلید
نگهبان دین و نگهبان تاج	فروزنده‌ی افسر و تخت عاج
برزم دلیران توانا بود	بچون و چرا نیز دانا بود
چنین سال بگذاشتم شست و پنج	بدرویشی و زندگانی برنج
چو پنج از سر سال شستم نشست	من اندر نشیب و سرم سوی پست
رخ لاله گون گشت برسان کاه	چو کافور شد رنگ مشک سیاه
بدان گه که بد سال پنجاه و هفت	نوانتر شدم چون جوانی برفت
فریدون بیدار دل زنده شد	زمان و زمین پیش او بنده شد
بداد و ببخشش گرفت این جهان	سرش برتر آمد ز شاهنشهان
فروزان شد آثار تاریخ اوی	که جاوید بادا بن و بیخ اوی
ازان پس که گوشم شنید آن خروش	نهادم بران تیز آواز گوش
بپیوستم این نامه بر نام اوی	همه مهتری باد فرجام اوی
ازان پس تن جانور خاک راست	روان روان معدن پاک راست
همان نیزه بخشنده‌ی دادگر	کزویست پیدا بگیتی هنر
که باشد بپیری مرا دستگیر	خداوند شمشیر و تاج و سریر
خداوند هند و خداوند چین	خداوند ایران و توران زمین
خداوند زیبای برترمنش	ازو دور پیغاره و سرزنش

۷۸۷

بدرد ز آواز او کوه سنگ	بدریا نهنگ و بخشکی پلنگ
چه دینار در پیش بزمش چه خاک	ز بخشش ندارد دلش هیچ باک
جهاندار محمود خورشیدفش	برزم اندرون شیر شمشیرکش
مرا او جهان بی‌نیازی دهد	میان گوان سرفرازی دهد
که جاوید بادا سر و تخت اوی	بکام دلش گردش بخت اوی
که داند ورا در جهان خود ستود	کسی کش ستاید که یارد شنود
که شاه از گمان و توان برترست	چو بر تارک مشتری افسرست
یکی بندگی کردم ای شهریار	که ماند ز من در جهان یادگار
بناهای آباد گردد خراب	ز باران وز تابش آفتاب
پی افگندم از نظم کاخی بلند	که از باد و بارانش نیاید گزند
برین نامه بر سالها بگذرد	همی خواند آنکس که دارد خرد
کند آفرین بر جهاندار شاه	که بی او مبیناد کس پیشگاه
مر او را ستاینده کردار اوست	جهان سربسر زیر آثار اوست
چو مایه ندارم ثنای ورا	نیایش کنم خاک پای ورا
زمانه سراسر بدو زنده باد	خرد تخت او را فروزنده باد
دلش شادمانه چو خرم بهار	همیشه برین گردش روزگار
ازو شادمانه دل انجمن	بهر کار پیروز و چیره سخن
همی تا بگردد فلک چرخوار	بود اندرو مشتری را گذار
شهنشاه ما باد با جاه و ناز	ازو دور چشم بد و بی نیاز
کنون زین سپس نامه باستان	بپیوندم از گفته‌ی راستان
چو پیش آورم گردش روزگار	نباید مرا پند آموزگار
چو پیکار کیخسرو آمد پدید	ز من جادویها بباید شنید
بدین داستان در ببارم همی	بسنگ اندرون لاله کارم همی
کنون خامه‌ای یافتم بیش ازان	که مغز سخن بافتم پیش ازان
ایا آزمون را نهاده دو چشم	گهی شادمانی گهی درد و خشم
شگفت اندرین گنبد لاژورد	بماند چنین دل پر از داغ و درد
چنین بود تا بود دور زمان	بنوی تو اندر شگفتی ممان
یکی را همه بهره شهدست و قند	تن آسانی و ناز و بخت بلند
یکی زو همه ساله با درد و رنج	شده تنگدل در سرای سپنج

۷۸۸

یکی را همه رفتن اندر نهیب	گهی در فراز و گهی در نشیب
چنین پروراند همی روزگار	فزون آمد از رنگ گل رنج خار
هر آنگه که سال اندر آمد بشست	بباید کشیدن ز بیشیت دست
ز هفتاد برنگذرد بس کسی	ز دوران چرخ آزمودم بسی
وگر بگذرد آن همه بتریست	بران زندگانی بباید گریست
اگر دام ماهی بدی سال شست	خردمند ازو یافتی راه جست
نیابیم بر چرخ گردنده راه	نه بر کار دادار خورشید و ماه
جهاندار اگر چند کوشد برنج	بتازد بکین و بنازد بگنج
همش رفت باید بدیگر سرای	بماند همه کوشش ایدر بجای
تو از کار کیخسرو اندازه گیر	کهن گشته کار جهان تازه گیر
که کین پدر باز جست از نیا	بشمشیر و هم چاره و کیمیا
نیا را بکشت و خود ایدر نماند	جهان نیز منشور او را نخواند
چنینست رسم سرای سپنج	بدان کوش تا دور مانی ز رنج

لشکر آراستن کیخسرو بجنگ افراسیاب

چو شد کار پیران ویسه بسر	بجنگ دگر شاه پیروزگر
بیاراست از هر سوی مهتران	برفتند با لشکری بیکران
برآمد خروشیدن کرنای	بهامون کشیدند پرده‌سرای
بشهر اندرون جای خفتن نماند	بدشت اندرون راه رفتن نماند
یکی تخت پیروزه بر پشت پیل	نهادند و شد روی گیتی چو نیل
نشست از بر تخت با تاج شاه	خروش آمد از دشت وز بارگاه
چو بر پشت پیل آن شه نامور	زدی مهره در جام و بستی کمر
نبودی بهر پادشاهی روا	نشستن مگر بر در پادشا
ازان نامور خسرو سرکشان	چنین بود در پادشاهی نشان
بمرزی که لشکر فرستاده بود	بسی پند و اندرزها داده بود
چو لهراسب و چون اشکش تیز چنگ	که از ژرف دریا ربودی نهنگ

دگر نامور رستم پهلوان	پسندیده و راد و روشن روان
بفرمودشان بازگشتن بدر	هر آن کس که بد گرد و پرخاشخر
در گنج بگشاد و روزی بداد	بسی از روان پدر کرد یاد
سه تن را گزین کرد زان انجمن	سخن گو و روشن دل و تیغ زن
چو رستم که بد پهلوان بزرگ	چو گودرز بینادل آن پیر گرگ
دگر پهلوان طوس زرینه کفش	کجا بود با کاویانی درفش
بهر نامداری و خودکامه‌ای	نبشتند بر پهلوی نامه‌ای
فرستادگان خواست از انجمن	زبان آور و بخرد و رای زن
که پیروز کیخسرو از پشت پیل	بزد مهره و گشت گیتی چو نیل
مه آرام بادا شما را مه خواب	مگر ساختن رزم افراسیاب
چو آن نامه برخواند هر مهتری	کجا بود در پادشاهی سری
ز گردان گیتی برآمد خروش	زمین همچو دریا برآمد بجوش
بزرگان هر کشوری با سپاه	نهادند سر سوی درگاه شاه
چو شد ساخته جنگ را لشکری	ز هر نامداری بهر کشوری
ازان پس بگردید گرد سپاه	بیاراست بر هر سوی رزمگاه
گزین کرد زان لشکر نامدار	سواران شمشیر زن سی هزار
که باشند با او بقلب اندرون	همه جنگ را دست شسته بخون
بیک دست مرطوس را کرد جای	منوشان خوزان فرخنده رای
که بر کشور خوزیان بود شاه	بسی نامداران زرین کلاه
دو تن نیز بودند هم رزم سوز	چو گوران شه آن گرد لشگر فروز
وزو نیوتر آرش رزم زن	بهر کار پیروز و لشکر شکن
یکی آنک بر کشوری شاه بود	گه رزم با بخت همراه بود
دگر شاه کرمان که هنگام جنگ	نکردی بدل یاد رای درنگ
چو صیاع فرزانه شاه یمن	دگر شیر دل ایرج پیل تن
که بر شهر کابل بد او پادشا	جهاندار و بیدار و فرمان روا
هر آنکس که از تخمه‌ی کیقباد	بزرگان بادانش و بانژاد
چو شماخ سوری شه سوریان	کجا رزم را بود بسته میان
فروتر ازو گیوه‌ی رزم زن	بهر کار پیروز و لشکر شکن
که بر شهر داور بد او پادشا	جهانگیر و فرزانه و پارسا

بدست چپ خویش بر پای کرد / دلفروز را لشکر آرای کرد
بزرگان که از تخم پورست تیغ / زدندی شب تیره بر باد میغ
خر آنکس که بود او ز تخم زرسب / پرستنده‌ی فرخ آذر گشسب
دگر بیژن گیو و رهام گرد / کجا شاهشان از بزرگان شمرد
چو گرگین میلاد و گردان ری / برفتند یکسر بفرمان کی
پس پشت او را نگه داشتند / همه نیزه از ابر بگذاشتند
به رستم سپرد آن زمان میمنه / که بود او سپاهی شکن یک تنه
هر آنکس که از زابلستان بدند / وگر کهتر و خویش دستان بدند
بدیشان سپرد آن زمان دست راست / همی نام و آرایش جنگ خواست
سپاهی گزین کرد بر میسره / چو خورشید تابان ز برج بره
سپهدار گودرز کشواد بود / هجیر و چو شیدوش و فرهاد بود
بزرگان که از بردع و اردبیل / بپیش جهاندار بودند خیل
سپهدار گودرز را خواستند / چپ لشکرش را بیاراستند
بفرمود تا پیش قلب پساه / بپیلان جنگی ببستند راه
نهادند صندوق بر پشت پیل / زمین شد بکردار دریای نیل
هزار از دلیران روز نبرد / بصندوق بر ناوک انداز کرد
نگهبان هر پیل سیصد سوار / همه جنگ‌جوی و همه نیزه‌دار
ز بغداد گردان جنگاوران / که بودند با زنگه‌ی شاوران
سپاهی گزیده ز گردان بلخ / بفرمود تا با کمانهای چرخ
پیاده ببودند بر پیش پیل / که گر کوه پیش آمدی بر دو میل
دل سنگ بگذاشتندی بتیر / نبودی کس آن زخم را دستگیر
پیاده پس پیل کرده بپای / ابا نه رشی نیزه‌ی سرگرای
سپرهای گیلی بپیش اندرون / همی از جگرشان بجوشید خون
پیاده صفی از پس نیزه‌دار / سپردار با تیر جوشن‌گذار
پس پشت ایشان سواران جنگ / برآگنده ترکش ز تیر خدنگ
ز خاور سپاهی گزین کرد شاه / سپردار با درع و رومی کلاه
ز گردان گردنکشان سی هزار / فریبرز را داد جنگی سوار
ابا شاه شهر دهستان تخوار / که جنگ بداندیش بودیش خوار
ز بغداد و گردن فرازان کرخ / بفرمود تا با کمانهای چرخ

بپیش اندرون تیرباران کنند / هوا را چو ابر بهاران کنند

بدست فریبرز نستوه بود / که نزدیک او لشکر انبوه بود

بزرگان رزم آزموده سران / ز دشت سواران نیزه وران

سر مایه و پیشروشان زهیر / که آهو ربودی ز چنگال شیر

بفرمود تا نزد نستوه شد / چپ لشکر شاه چون کوه شد

سپاهی بد از روم و بر برستان / گوی پیشرو نام لشکرستان

سوار و پیاده بدی سی هزار / برفتند با ساقه‌ی شهریار

دگر لشکری کز خراسان بدند / جهانجوی و مردم شناسان بدند

منوچهر آرش نگهدارشان / گه نام جستن سپهدارشان

دگر نامداری گروخان نژاد / جهاندار وز تخمه‌ی کیقباد

کجا نام آن شاه پیروز بود / سپهبد دل و لشکر افروز بود

شه غرچگان بود برسان شیر / کجا ژنده پیل آوریدی بزیر

بدست منوچهرشان جای کرد / سر تخمه را لشکر آرای کرد

بزرگان که از کوه قاف آمدند / ابا نیزه و تیغ لاف آمدند

سپاهی ز تخم فریدون و جم / پر از خون دل از تخمه‌ی زادشم

ازین دست شمشیرزن سی هزار / جهاندار وز تخمه‌ی شهریار

سپرد این سپه گیو گودرز را / بدو تازه شد دل همه مرز را

بیاری بپشت سپهدار گیو / برفتند گردان بیدار و نیو

فرستاد بر میمنه ده هزار / دلاور سواران خنجر گزار

سپه ده هزار از دلیران گرد / پس پشت گودرز کشواد برد

دمادم بشد برته‌ی تیغ زن / ابا کوهیار اندر آن انجمن

به مردی شود جنگ را یارگیو / سپاهی سرافراز و گردان نیو

زواره بد این جنگ را پیشرو / سپاهی همه جنگ سازان نو

بپیش اندرون قارن رزم زن / سر نامداران آن انجمن

بدان تا میان دو رویه سپاه / بود گرد اسب افگن و رزمخواه

ازان پس بگستهم گژدهم گفت / که با قارن رزم زن باش جفت

بفرمود تا اندمان پور طوس / بگردد بهر جای با پیل و کوس

بدان تا ببندد ز بیداد دست / کسی را کجا نیست یزدان پرست

نباشد کس از خوردنی بی‌نوا / ستم نیز برکس ندارد روا

جهان پر ز گردون بد و گاومیش	ز بهر خورش را همی راند پیش
بخواهد همی هرچ باید ز شاه	بهر کار باشد زبان سپاه
به سو طلایه پدیدار کرد	سر خفته از خواب بیدار کرد
بهر سو برفتند کار آگهان	همی جست بیدار کار جهان
کجا کوه بد دیده‌بان داشتی	سپه را پراگنده نگذاشتی
همه کوه و غار و بیابان و دشت	بهر سو همی گرد لشکر بگشت
عنانها یک اندر دگر ساخته	همه جنگ را گردن افراخته
ازیشان کسی را نبد بیم و رنج	همی راند با خویشتن شاه گنج
برین گونه چون شاه لشکر بساخت	بگردون کلاه کیی برفراخت
دل مرد بدساز با نیک خوی	جز از جنگ جستن نکرد آرزوی

آگاهی یافتن افراسیاب از کشته شدن پیران و لشکر آراستن کیخسرو

سپهدار توران ازان سوی جاج	نشسته برام بر تخت عاج
دوباره ز لشکر هزاران هزار	سپه بود با آلت کارزار
نشسته همه خلخ و سرکشان	همی سرفرازان و گردنکشان
بمرز کروشان زمین هرچ بود	ز برگ درخت و زکشت و درود
بخوردند یکسر همه بار و برگ	جهان را همی آرزو کرد مرگ
سپهدار ترکان به بیکند بود	بسی گرد او خویش و پیوند بود
همه نامداران ما چین و چین	نشسته بمرز کروشان زمین
جهان پر ز خرگاه و پرده سرای	ز خیمه نبد نیز بر دشت جای
جهانجوی پر دانش افراسیاب	نشسته بکندز بخورد و بخواب
نشست اندران مرز زان کرده بود	که کندز فریدون برآورده بود
برآورده در کندز آتشکده	همه زند و استا بزر آژده
ورا نام کندز بدی پهلوی	اگر پهلوانی سخن بشنوی
کنون نام کندز به بیکند گشت	زمانه پر از بند و ترفند گشت
نبیره فریدون بد افراسیاب	ز کندز برفتن نکردی شتاب

خود و ویژگانش نشسته بدشت	سپهر از سپاهش همی خیره گشت
ز دیبای چینی سراپرده بود	فراوان بپرده درون برده بود
بپرده درون خیمه‌های پلنگ	بر آیین سالار ترکان پشنگ
نهاده به خیمه درون تخت زر	همه پیکر تخت یکسر گهر
نشسته برو شاه توران سپاه	بچنگ اندرون بگرز و بر سر کلاه
ز بیرون دهلیز پرده‌سرای	فراوان درفش بزرگان بپای
زده بر در خیمه‌ی هر کسی	که نزدیک او آب بودش بسی
برادر بد و چند جنگی پسر	ز خویشان شاه آنک بد نامور
همی خواست کید بپشت سپاه	بنزدیک پیران بدان رزمگاه
سحرگه سواری بیامد چو گرد	سخنهای پیران همه یاد کرد
همه خستگان از پس یکدگر	رسیدند گریان و خسته جگر
همی هر کسی یاد کرد آنچ دید	وزان بد کز ایران بدیشان رسید
ز پیران و لهاک و فرشیدورد	وزان نامداران روز نبرد
کزیشان چه آمد بروی سپاه	چه زاری رسید اندر آن رزمگاه
همان روز کیخسرو آنجا رسید	زمین کوه تا کوه لشکر کشید
بزنهار شد لشکر ما همه	هراسان شد از بی‌شبانی رمه
چو بشنید شاه این سخن خیره گشت	سیه گشت و چشم و دلش تیره گشت
خروشان فرود آمد از تخت عاج	بپیش بزرگان بینداخت تاج
خروشی ز لشکر بر آمد بدرد	رخ نامداران شد از درد زرد
ز بیگانه خیمه بپرداختند	ز خویشان یکی انجمن ساختند
ازان درد بگریست افراسیاب	همی کند موی و همی ریخت آب
همی گفت زار این جهانبین من	سوار سرافراز رویین من
جهانجوی لهاک و فرشیدورد	سواران و گردان روز نبرد
ازین جنگ پور و برادر نماند	بزرگان و سالار و لشکر نماند
بنالید و برزد یکی باد سرد	پس آنگه یکی سخت سوگند خورد
بیزدان که بیزارم از تخت و گاه	اگر نیز بیند سر من کلاه
قبا جوشن و اسب تخت منست	کله خود و نیزه درخت منست
ازین پس نخواهم چمید و چرید	و گر خویشتن تاج را پرورید
مگر کین آن نامداران خویش	جهانجوی و خنجرگزاران خویش

بخواهم ز کیخسرو شوم‌زاد	که تخم سیاوش بگیتی مباد
خروشان همی بود زین گفت و گوی	ز کیخسرو آگاهی آمد بروی
که لشکر بنزدیک جیحون رسید	همه روی کشور سپه گسترید
بدان درد و زاری سپه را بخواند	ز پیران فراوان سخنها برآند
ز خون برادرش فرشیدورد	ز رویین و لهاک شیر نبرد
کنون گاه کینست و آویختن	ابا گیو گودرز خون ریختن
همم رنج و مهرست و هم درد و کین	از ایران وز شاه ایران زمین
بزرگان ترکان افراسیاب	ز گفتن بکردند مژگان پر آب
که ما سربسر مر تو را بنده‌ایم	بفرمان و رایت سرافگنده‌ایم
چو رویین و پیران ز مادر نزاد	چو فرشیدورد گرامی نژاد
ز خون گر در و کوه و دریا شود	درازای ما همچو پهنا شود
یکی برنگردیم زین رزمگاه	ار یار باشد خداوند ماه
دل شاه ترکان از آن تازه گشت	ازان کار بر دیگر اندازه گشت
در گنج بگشاد و روزی بداد	دلش پر زکین و سرش پر ز باد
گله هرچ بودش بدشت و بکوه	ببخشید بر لشکرش همگروه
ز گردان شمشیرزن سی هزار	گزین کرد شاه از در کارزار
سوی بلخ بامی فرستادشان	بسی پند و اندرزها دادشان
که گستهم نوذر بد آنجا بپای	سواران روشن دل و رهنمای
گزین کرد دیگر سپه سی هزار	سواران گرد از در کارزار
بجیحون فرستاد تا بگذرند	بکشتی رخ آب را بسپرند
بدان تا شب تیره بی ساختن	ز ایران نیاید یکی تاختن
فرستاد بر هر سوی لشکری	بسی چاره‌ها ساخت از هر دری
چنین بود فرمان یزدان پاک	که بیدادگر شاه گردد هلاک
شب تیره بنشست با بخردان	جهاندیده و رای زن موبدان
ز هرگونه با او سخن ساختند	جهان را چپ و راست انداختند
بران برنهادند یکسر که شاه	ز جیحون بران سو گذارد سپاه
قراخان که او بود مهتر پسر	بفرمود تا رفت پیش پدر
پدر بود گفتی بمردی بجای	ببالا و دیدار و فرهنگ و رای
ز چندان سپه نیمه او را سپرد	جهاندیده و نامداران گرد

بفرمودتا در بخارا بود   بپشت پدر کوه خارا بود
دمادم فرستد سلیح و سپاه   خورش را شتر نگسلاند ز راه
سپه را ز بیکند بیرون کشید   دمان تالب رود جیحون کشید
سپه بود سرتاسر رودبار   بیاورد کشتی و زورق هزار
بیک هفته بر آب کشتی گذشت   سپه بود یکسر همه کوه ودشت
بخرطوم پیلان و شیران بدم   گذرهای جیحون پر از باد و دم
ز کشتی همه آب شد ناپدید   بیابان آموی لشکر کشید
بیامد پس لشکر افراسیاب   بر اندیشه‌ی رزم بگذاشت آب
پراگند هر سو هیونی دوان   یکی مرد هشیار روشن روان
ببینید گفت از چپ و دست راست   که بالا و پهنای لشکر کجاست
چو بازآمد از هر سوی رزمساز   چنین گفت با شاه گردن فراز
که چندین سپه را برین دشت جنگ   علف باید و ساز و جای درنگ
ز یک سو بدریای گیلان رهست   چراگاه اسبان و جای نشست
بدین روی جیحون و آب روان   خورش آورد مرد روشن روان
میان اندرون ریگ و دشت فراخ   سراپرده و خیمه بر سوی کاخ
دلش تازه‌تر گشت زان آگهی   بیامد بدرگاه شاهنشهی
سپهدار خود دیده بد روزگار   نرفتی بگفتار آموزگار
بیاراست قلب و جناح سپاه   طلایه که دارد ز دشمن نگاه
همان ساقه و جایگاه بنه   همان میسره راست با میمنه
بیاراست لشکر گهی شاهوار   بقلب اندرون تیغ زن سی هزار
نگه کدر بر قلبگه جای خویش   سپهبد بد و لشکر آرای خویش
بفرمود تا پیش او شد پشنگ   که او داشتی چنگ و زور نهنگ
بلشکر چنو نامداری نبود   بهر کار چون او سواری نبود
برانگیختی اسب و دم پلنگ   گرفتی بکندی ز نیروی جنگ
همان نیزه‌ی آهنین داشتی   بورد بر کوه بگذاشتی
پشنگست نامش پدر شیده خواند   که شیده بخورشید تابنده ماند
ز گردان گردنکشان صد هزار   بدو داد شاه از در کارزار
همان میسره جهن را داد و گفت   که نیک اخترت باد هر جای جفت
که باشد نگهبان پشت پشنگ   نپیچد سر ار بارد از ابر سنگ

سپاهی بجنگ کهیلا سپرد ‌‌ یکی تیزتر بود ایلای گرد
نبیره جهاندار فراسیاب ‌‌ که از پشت شیران ربودی کباب
دو جنگی ز توران سواران بدند ‌‌ بدل یک بیک کوه ساران بدند
سوی میمنه لشکری برگزید ‌‌ که خورسید گشت از جهان ناپدید
قراخان سالار چارم پسر ‌‌ کمر بست و آمد بپیش پدر
بدو داد ترک چگل سی هزار ‌‌ سواران و شایسته‌ی کارزار
طرازی و غزی و خلخ سوار ‌‌ همان سی هزار آزموده سوار
که سالارشان بود پنجم پسر ‌‌ یکی نامور گرد پرخاشخر
ورا خواندندی گو گردگیر ‌‌ که بر کوه بگذاشتی تیغ و تیر
دمور و جرنجاش با او برفت ‌‌ بیاری جهن سرافراز تفت
ز گردان و جنگ آوران سی هزار ‌‌ برفتند با خنجر کارزار
جهاندیده نستوه سالارشان ‌‌ پشنگ دلاور نگهدارشان
همان سی هزار از یلان ترکمان ‌‌ برفتند با گرز و تیر و کمان
سپهبد چو اغریرث جنگجوی ‌‌ که با خون یکی داشتی آب جوی
وزان نامور تیغ زن سی هزار ‌‌ گزین کرد شاه از در کارزار
سپهبد چو گرسیوز پیلتن ‌‌ جهانجوی و سالار آن انجمن
بدو داد پیلان و سالارگاه ‌‌ سر نامداران و پشت سپاه
ازان پس گزید از یلان ده هزار ‌‌ که سیری ندادند کس از کارزار
بفرمود تا در میان دو صف ‌‌ بوردگاه بر لب آورده کف
پراگنده بر لشکر اسب افگنند ‌‌ دل و پشت ایرانیان بشکنند
سوی باختر بود پشت سپاه ‌‌ شب آمد به پیلان ببستند راه
چنین گفت سالار گیتی فروز ‌‌ که دارد سپه چشم بر نیمروز

آگاهی یافتن کیخسرو از آمدو افراسیاب و لشکر

چو آگاه شد شهریار جهان ‌‌ ز گفتار بیدار کار آگهان
ز ترکان وز کار افراسیاب ‌‌ که لشکرگه آورد زین روی آب

سپاهی ز جیحون بدین سو کشید	که شد ریگ و سنگ از جهان ناپدید
چو بشنید خسرو یلانرا بخواند	همه گفتنی پیش ایشان براند
سپاهی ز جنگ آوران برگزید	بزرگان ایران چنانچون سزید
چشیده بسی از جهان شور و تلخ	بیاری گستهم نوذر ببلخ
باشکش بفرمود تا سوی زم	برد لشکر و پیل و گنج درم
بدان تا پس اندر نیاید سپاه	کند رای شیران ایران تباه
ازان پس یلان را همه برنشاند	بزد کوس رویین و لشکر براند
همی رفت با رای و هوش و درنگ	که تیزی پشیمانی آرد بجنگ
سپهدار چون در بیابان رسید	گرازیدن و ساز و لشکر بدید
سپه را گذر سوی خوارزم بود	همه رنگ و دشت از در رزم بود
بچپ بر دهستان و بر راست آب	میان ریگ و پیش اندر افراسیاب
چو خورشید سر زد ز برج بره	بیاراست روی زمین یکسره
سپهدار ترکان سپه را بدید	بزد نای رویین و صف برکشید
جهان شد پر آوای بوق و سپاه	همه برنهادند ز آهن کلاه
چو خسرو بدید آن سپاه نیا	دل پادشا شد پر از کیمیا
خود و رستم و طوس و گودرز و گیو	ز لشکر بسی نامبردار نیو
همی گشت بر گرد آن رزمگاه	بیابان نگه کرد و بی‌راه و راه
که لشکر فزون بود زان کو شمرد	همان ژنده پیلان و مردان گرد
بگرد سپه بر یکی کنده کرد	طلایه بهر سو پراگنده کرد
شب آمد بکنده در افگند آب	بدان سو که بد روی افراسیاب
دو لشکر چنین هم دو روز و دو شب	از ایشان یکی را نجنبید لب
تو گفتی که روی زمین آهنست	ز نیزه هوا نیز در جوشنست
ازین روی و زان روی بر پشت زین	پیاده بپیش اندرون همچنین
تو گفتی جهان کوه آهن شدست	همان پوشش چرخ جوشن شدست
ستاره شمر پیش دو شهریار	پر اندیشه و زیجها برکنار
همی باز جستند راز سپهر	بصلاب تا بر که گردد بمهر
سپهر اندر آن جنگ نظاره بود	ستاره شمر سخت بیچاره بود

سخن گفتن پشنگ با افراسیاب

بروز چهارم چو شد کار تنگ / بپیش پدر شد دلاور پشنگ
بدو گفت کای کدخدای جهان / سرافراز بر کهتران و مهان
بفر تو زیر فلک شاه نیست / ترا ماه و خورشید بد خواه نیست
شود کوه آهن چو دریای آب / اگر بشنود نام افرسیاب
زمین بر نتابد سپاه ترا / نه خورشید تابان کلاه ترا
نیاید ز شاهان کسی پیش تو / جزین بی‌پدر بد گوهر خویش تو
سیاوش را چون پسر داشتی / برو رنج و مهر پدر داشتی
یکی باد ناخوش ز روی هوا / برو برگذشتی نبودی روا
ازو سیر گشتی چو کردی درست / که او تاج و تخت و سپاه تو جست
گر او را نکشتی جهاندار شاه / بدو باز گشتی نگین و کلاه
کنون اینک آمد بپیشت بجنگ / نباید به گیتی فراوان درنگ
هر آن کس که نیکی فرامش کند / همی رای جان سیاوش کند
بپروردی این شوم ناپاک را / پدروار نسپردیش خاک را
همی داشتی تا بر آورد پر / شد از مهر شاه از در تاج زر
ز توران چو مرغی بایران پرید / تو گفتی که هرگز نیا را ندید
ز خوبی نگه کن که پیران چه کرد / بدان بی‌وفا ناسزاوار مرد
همه مهر پیران فراموش کرد / پر از کینه سر دل پر از جوش کرد
همی بود خامش چو آمد به مشت / چنان مهربان پهلوان را بکشت
از ایران کنون با سپاهی به جنگ / بیامد به پیش نیا تیزچنگ
نه دینار خواهد نه تخت و کلاه / نه اسب و نه شمشیر و گنج و سپاه
ز خویشان جز از جان نخواهد همی / سخن را ازین در نکاهد همی
پدر شاه و فرزانه‌تر پادشاست / بدیت راست گفتار من بر گواست
از ایرانیان نیست چندین سخن / سپه را چنین دل شکسته مکن
بدیشان چباید ستاره شمر / بشمشیر جویند مردان هنر

سواران که در میمنه با منند	همه جنگ را یکدل و یکتند
چو دستور باشد مرا پادشا	از ایشان نمانم یکی پارسا
بدوزم سر و ترگ ایشان بتیر	نه اندیشم از کنده و آبگیر
چو بشنید افراسیاب این سخن	بدو گفت مشتاب و تندی مکن
سخن هرچ گفتی همه راست بود	جز از راستی را نباید شنود
ولیکن تو دانی که پیران گرد	بگیتی همه راه نیکی سپرد
نبد در دلش کژی و کاستی	نجستی به جز خوبی و راستی
همان پیل بد روز جنگ او به زور	چو دریا دل و رخ چو تابنده هور
برادرش هومان پلنگ نبرد	چو لهاک جنگی و فرشیدورد
ز ترکان سواران کین صدهزار	همه نامجوی از در کارزار
برفتند از ایدر پر از جنگ و جوش	من ایدر نوان با غم و با خروش
ازان کو برین دشت کین کشته شد	زمین زیر او چو گل آغشته شد
همه مرز توران شکسته دلند	ز تیمار دل را همی بگسلند
نبینند جز مرگ پیران بخواب	نخواند کسی نام افراسیاب
بباشیم تا نامداران ما	مهان و ز لشکر سواران ما
ببینند ایرانیان را بچشم	ز دل کم شود سوگ با درد و خشم
هم ایرانیان نیز چندین سپاه	ببینند آیین تخت و کلاه
دو لشکر برین گونه پر درد و خشم	ستاره به ما دارد از چرخ چشم
بانبوه جستن نه نیکوست جنگ	شکستی بود باد ماند بچنگ
مبارز پراگنده بیرون کنیم	از ایشان بیابان پر از خون کنیم
چنین داد پاسخ که ای شهریار	چو زین گونه جویی همی کارزار
نخستین ز لشکر مبارز منم	که بر شیر و بر پیل اسب افگنم
کسی را ندانم که روز نبرد	فشاند بر اسب من از دور گرد
مرا آرزو جنگ کیخسروست	که او در جهان شهریار نوست
اگر جوید او بی گمان جنگ من	رهایی نیابد ز چنگال من
دل و پشت ایشان شکسته شود	بارن انجمن کار بسته شود
و گر دیگری پیشم آید به جنگ	بخاک اندر آرم سرش بی‌درنگ
بدو گفت کای کار نادیده مرد	شهنشاه کی جوید از تو نبرد
اگر جویدی هم نبردش منم	تن و نام او زیر پای افگنم

گر او با من آید بوردگاه	برآساید از جنگ هر دو سپاه
بدو شیده گفت ای جهاندیده مرد	چشیده ز گیتی بسی گرم و سرد
پسر پنج زنده‌ست پیشت بپای	نمانیم تا تو کنی رزم رای
نه لشکر پسندد نه ایزد پرست	که تو جنگ او را کنی پیشدست
بدو گفت شاه ای سرفراز مرد	نه گرم آزموده ز گیتی نه سرد

پیام افراسیاب بنزد کیخسرو

از ایدر برو تا میان سپاه	ازیشان یکی مرد دانا بخواه
بکیخسرو از من پیامی رسان	که گیتی جز این دارد آیین و سان
نبیره که رزم آورد با نیا	دلش بر بدی باشد و کیمیا
چنین بود رای جهان آفرین	که گردد جهان پر ز پرخاش و کین
سیاوش نه بر بیگنه کشته شد	شد از آموزگاران سرش گشته شد
گنه گر مرا بود پیران چه کرد	چو رویین و لهاک و فرشیدورد
که بر پشت زینشان ببایست بست	پر از خون بکردار پیلان مست
گر ایدونک گویم که تو بدتنی	بد اندیش و ز تخم آهرمنی
بگوهر نگه کن بتخمه منم	نکوهش همی خویشتن را کنم
تو این کین بگودرز و کاوس مان	که پیش من آرند لشکر دمان
نه زان گفتم این کز تو ترسان شدم	وگر پیر گشتم دگر سان شدم
همه ریگ و دریا مرا لشکرند	همه نره شیرند و کنداورند
هر آنگه که فرمان دهم کوه گنگ	چو دریا کنند ای پسر روز جنگ
ولیکن همی ترسم از کردگار	ز خون ریختن وز بد روزگار
که چندین سرنامور بی‌گناه	جدا گردد از تن بدین رزمگاه
گر از پیش من بر نگردی ز جنگ	نگردی همانا که آیدت ننگ
چو با من بسوگند پیمان کنی	بکوشی که پیمان من نشکنی
بدین کار باشم ترا رهنمای	که گنج و سپاهت بماند بجای
چو کار سیاوش فرامش کنی	نیارا بتوران برامش کنی

برادر بود جهن و جنگی پشنگ
که در جنگ دریا کند کوه سنگ
هران بوم و برکان ز ایران نهی
بفرمان کنم آن ز ترکان تهی
ز گنج نیاکان ما هرچ هست
ز دینار وز تاج و تخت و نشست
ز اسب و سلیح و ز بیش و ز کم
که میراث ماند از نیا زادشم
ز گنج بزرگان و تخت و کلاه
ز چیزی که باید ز بهر سپاه
فرستم همه همچنین پیش تو
پسر پهلوان و پدر خویش تو
دو لشکر برآساید از رنج رزم
همه روز ما بازگردد ببزم
ور ایدونک جان ترا اهرمن
بپیچد همی تا بپوشی کفن
جز از رزم و خون کردنت رای نیست
بمغز تو پند مرا جای نیست
تو از لشکر خویش بیرون خرام
مگر خود برآیدت ازین کار کام
بگردیم هر دو بوردگاه
بر آساید از جنگ چندین سپاه
چو من کشته آیم جهان پیش تست
سپه بندگان و پسر خویش تست
و گر تو شوی کشته بر دست من
کسی را نیازارم از انجمن
سپاه تو در زینهار منند
همه مهترانند و یار منند
وگر زانکه بامن نیایی به جنگ
نتابی تو با کار دیده نهنگ
کمر بسته پیش تو آید پشنگ
چو جنگ آوری او نسازد درنگ
پدر پیر شد پایمردش جوان
جوانی خردمند و روشن‌روان
بوردگه با تو جنگ آورد
دلیرست و جنگ پلنگ آورد
ببینیم تا بر که گردد سپهر
کرا بر نهد بر سر از تاج مهر
ورایدونک با او نجویی نبرد
دگرگونه خواهی همی کار کرد
بمان تا بیاساید امشب سپاه
چو بر سر نهد کوه زرین کلاه
ز لشکر گزینیم جنگاوران
سرافراز با گرزهای گران
زمین را ز خون رود دریا کنیم
ز بالای بد خواه پهنا کنیم
دوم روز هنگام بانگ خروس
ببندیم بر کوهه‌ی پیل کوس
سران را به یاری برون آوریم
بجوی اندرون آب و خون آوریم
چو بد خواه پیغام تو نشنود
بپیچد بدین گفتها نگرود
بتنها تن خویش ازو رزم خواه
بدیدار دوراز میان سپاه
پسر آفرین کرد و آمد برون
پدر دیده پر آب و دل پر ز خون
گزین کرد از موبدان چار مرد
چشیده بسی از جهان گرم و سرد

Shahnameh

وزان نامداران لشکر هزار	خردمند و شایسته‌ی کارزار
بره چون طلایه بدیدش ز دور	درفش و سنان سواران تور
ز ترکان که هر آنکس که بد پیشرو	زناکاردیده جوانان نو
بره با طلایه بر آویختند	بنام از پی شیده خون ریختند
تنی چند از ایرانیان خسته شد	وزان روی پیکار پیوسته شد
هم اندر زمان شیده آنجا رسید	نگهبان ایرانیان را بدید
دل شیده کشت اندر آن کار تنگ	همی باز خواند آن یلانرا ز جنگ
بایرانیان گفت نزدیک شاه	سواری فرستید با رسم و راه
بگوید که روشن دلی شیده نام	بشاه آوریدست چندی پیام
از افراسیاب آن سپهدار چین	پدر مادر شاه ایران زمین
سواری دمان از طلایه برفت	بر شاه ایران خرامید تفت
که پیغمبر شاه توران سپاه	گوی بر منش بر درفشی سیاه
همی شیده گوید که هستم بنام	کسی بایدم تا گزارم پیام
دل شاه شد زان سخن پر ز شرم	فرو ریخت از دیدگان آب گرم
چنین گفت کین شیده خال منست	ببالا و مردی همال منست
نگه کرد گردنکشی زان میان	نبد پیش جز قارن کاویان
بدو گفت رو پیش او شادکام	درودش ده از ما و بشنو پیام
چو قارن بیامد ز پیش سپاه	بدید آن درفشان درفش سیاه
چو آمد بر شیده دادش درود	ز شاه و ز ایرانیان برفزود
جوان نیز بگشاد شیرین زبان	که بیدار دل بود و روشن روان
بگفت آنچه بشنید ز افراسیاب	ز آرام وز بزم و رزم و شتاب
چو بشنید قارن سخنهای نغز	ازان نامور بخرد پاک مغز
بیامد بر شاه ایران بگفت	که پیغامها با خرد بود جفت
چو بشنید خسرو ز قارن سخن	بیاد آمدش گفتهای کهن
بخندید خسرو ز کار نیا	ازان جستن چاره و کیمیا
ازان پس چنین گفت کافراسیاب	پشیمان شدست از گذشتن ز آب
ورا چشم بی آب و لب پر سخن	مرا دل پر از دردهای کهن
بکوشد که تا دل بپیچاندم	ببیشی لشکر بترساندم
بدان گه که گردنده چرخ بلند	نگردد ببایست روز گزند

803

کنون چاره‌ی ما جزین نیست روی / که من دل پر از کین شوم پیش اوی
بگردم بورد با او بجنگ / بهنگام کوشش نسازم درنگ
همه بخردان و ردان سپاه / بواز گفتند کین نیست راه
جهاندیده پردانش افراسیاب / جز از چاره جستن نبیند بخواب
نداند جز از تنبل و جادویی / فریب و بداندیشی و بدخویی
ز لشکر کنون شیده را برگزید / که این دید بند بدی را کلید
همی خواهد از شاه ایران نبرد / بدان تا کند روز ما را بدرد
تو بر تیزی او دلیری مکن / از ایران وز تاج سیری مکن
وگر شیده از شاه جوید نبرد / بورد گستاخ با او مگرد
بدست تو گر شیده گردد تباه / یکی نامور کم شود زان سپاه
وگر دور از ایدر تو گردی هلاک / ز ایران برآید یکی تیره خاک
یکی زنده از ما نماند بجای / نه شهر و بر و بوم ایران بپای
کسی نیست ما را ز تخم کیان / که کین را ببندد کمر بر میان
نیای تو پیری جهاندیده است / بتوران و چین در پسندیده است
همی پوزش آرد بدین بد که کرد / ز بیچارگی جست خواهد نبرد
همی گوید اسبان و گنج درم / که بنهاد تور از پی زادشم
همان تخت شاهی و تاج سران / کمرهای زرین و گرز گران
سپارد بگنج تو از گنج خویش / همی باز خرد بدین رنج خویش
هران شهر کز مرزایران نهی / همی کرد خواهد ز ترکان تهی
بایران خرامیم پیروز و شاد / ز کار گذشته نگیریم یاد
برین گفته بودند پیر و جوان / جز از نامور رستم پهلوان
که رستم همی ز آشتی سربگاشت / ز درد سیاوش بدل کینه داشت
همی لب بدندان بخوایید شاه / همی کرد خیره بدیشان نگاه
وزان پس چنین گفت کین نیست راه / بایران خرامیم زین رزمگاه
کجا آن همه رستم و سوگند ما / همان بدره و گفته و پند ما
جو بر تخت بر زنده افراسیاب / بماند جهان گردد از وی خراب
بکاوس یکسر چه پوزش بریم / بدین دیدگان چو بدو بنگریم
شنیدیم که بر ایرج نیکبخت / چه آمد بتور از پی تاج و تخت
سیاوش را نیز بر بیگناه / بکشت از پی گنج و تخت و کلاه

Shahnameh

فریبنده ترکی ازان انجمن	بیامد خرامان بنزدیک من
گر از من همی جست خواهد نبرد	شارا چرا شد چنین روی زرد
همی از شما این شگفت آیدم	همان کین پیشین بیفزایدم
گمانی نبردم که ایرانیان	گشایند جاوید زین کین میان
کسی را ندیدم ز ایران سپاه	که افگنده بود اندرین رزمگاه
که از جنگ ایشان گرفتی شتاب	بگفت فریبنده افراسیاب
چو ایرانیان این سخنها ز شاه	شنیدند و پیچان شدند از گناه
گرفتند پوزش که ما بنده‌ایم	هم از مهربانی سرافگنده‌ایم
نخواهد شهنشاه جز نام نیک	وگر کارها را سرانجام نیک
ستوده جهاندار برتر منش	نخواهد که بر مابود سرزنش
که گویند از ایران سواری نبود	که یارست با شیده رزم آزمود
که آمد سواری بدشت نبرد	جز از شاهشان این دلیری نکرد
نخواهد مگر خسرو موبدان	که بر ما بود ننگ تا جاودان
بدیشان چنین پاسخ آورد شاه	که ای موبدان نماینده راه
بدانید کاین شیده روز نبرد	پدر را ندارد بهامون بمرد
سلیحش پدر کرده از جادویی	ز کژی و بی راهی و بدخویی
نباشد سلیح شما کارگر	بدان جوشن و خود پولادبر
همان اسبش از باد دارد نژاد	بدل همچو شیر و برفتن چو باد
کسی را که یزدان ندادست فر	نباشدش با چنگ او پای و پر
همان با شما او نیاید بجنگ	ز فر و نژاد خود آیدش ننگ
نبیره فریدون و پور قباد	دو جنگی بود یک‌دل و یک نهاد
بسوزم برو تیره جان پدرش	چو کاوس را سوخت او بر پسرش
دلیران و شیران ایران زمین	همه شاه را خواندند آفرین

پاسخ فرستادن کیخسرو افراسیاب را

بفرمود تا قارن نیک‌خواه
شود باز و پاسخ گزارد ز شاه

که این کار ما دیر و دشوار گشت
سخنها ز اندازه اندر گذشت

هنر یافته مرد سنگی بجنگ
نجوید که رزم چندین درنگ

کنون تا خداوند خورشید و ماه
کراشاد دارد بدین رزمگاه

نخواهم ز تو اسب و دینار و گنج
که بر کس نماند سرای سپنج

بزور جهان آفرین کردگار
بدیهیم کاوس پروردگار

که چندان نمانم شما را زمان
که بر گل جهد تندباد خزان

بدان خواسته نیست ما را نیاز
که از جور و بیدادی آمد فراز

کرا پشت گرمی بیزدان بود
همیشه دل و بخت خندان بود

بر و بوم و گنج و سپاهت مراست
همان تخت و زرین کلاهت مراست

پشنگ آمد و خواست از من نبرد
زره‌دار بی لشکر و دار و برد

سپیده‌دمان هست مهمان من
بخنجر ببیند سرافشان من

کسی را نخواهم ز ایران سپاه
که با او بگردد بوردگاه

من و شیده و دشت و شمشیر تیز
برآرم بفرجام ازو رستخیز

گر ایدونک پیروز گردم بجنگ
نسازم برین سان که گفتی درنگ

مبارز خروشان کنیم از دور روی
ز خون دشت گردد پر از رنگ و بوی

ازان پس یلان را همه همگروه
بجنگ اندر آریم بر سان کوه

چو این گفت باشی به شیده بگوی
که ای کم خرد مهتر کامجوی

نه تنها تو ایدر بکام آمدی
نه بر جستن ننگ و نام آمدی

نه از بهر پیغام افراسیاب
که کردار بد کرد بر تو شتاب

جهاندارت انگیخت از انجمن
ستودانت ایدر بود هم کفن

گزند آیدت زان سر بی‌گزند
که از تن بریدند چون گوسفند

بیامد دمان قارن از نزد شاه
بنزد یکی آن درفش سیاه

سخن هرچ بشنید با او بگفت
نماند ایچ نیک و بد اندر نهفت

بشد شیده نزدیک افراسیاب	دلش چون بر آتش نهاده کباب
بید شاه ترکان ز پاسخ دژم	غمی گشت و برزد یکی تیز دم
ازان خواب کز روزگار دراز	بدید و ز هر کس همی داشت راز
سرش گشت گردان و دل پرنهیب	بدانست کامد بتنگی نشیب
بدو گفت فردا بدین رزمگاه	ز افگنده مردان نیابند راه
بشیده چنین گفت کز بامداد	مکن تا دو روز ای پسر جنگ یاد
بدین رزم بشکست گویی دلم	بر آنم که دل را ز تن بگسلم
پسر گفت کای شاه ترکان و چین	دل خویش را بد مکن روز کین
چو خورشید فردا بر آرد درفش	درفشان کند روی چرخ بنفش
من و خسرو و دشت آوردگاه	برانگیزم از شاه گرد سیاه

رزم کیخسرو با شیده پسر افراسیاب

چو روشن شد آن چادر لاژورد	جهان شد به کردار یاقوت زرد
نشست از بر اسب چنگی پشنگ	ز باد جوانی سرش پر ز جنگ
بجوشن بپوشید روشن برش	ز آهن کلاه کیان بر سرش
درفشش یکی ترک جنگی بچنگ	خرامان بیامد بسان پلنگ
چو آمد بنزدیک ایران سپاه	یکی نامداری بشد نزد شاه
که آمد سواری میان دو صف	سرافراز و جوشان و تیغی بکف
بخندید ازو شاه و جوشن بخواست	درفش بزرگی برآورد راست
یکی ترگ زرین بسر بر نهاد	درفشش برهام گودرز داد
همه لشکرش زار و گریان شدند	چو بر آتش تیز بریان شدند
خروشی بر آمد که ای شهریار	بهن تن خویش رنجه مدار
شهان را همه تخت بودی نشست	که بر کین کمر بر میان تو بست
که جز خاک تیره نشستش مباد	بهیچ آرزو کام و دستش مباد
سپهدار با جوشن و گرز و خود	بلشکر فرستاد چندی درود
که یک تن مجنبید زین رزمگاه	چپ و راست و قلب و جناح سپاه

نباید که جوید کسی جنگ و جوش / برهام گودرز دارید گوش
چو خورشید بر چرخ گردد بلند / ببینید تا بر که آید گزند
شما هیچ دل را مدارید تنگ / چنینست آغاز و فرجام جنگ
گهی بر فراز و گهی در نشیب / گهی شادکامی گهی با نهیب
برانگیخت شبرنگ بهزاد را / که دریافتی روز تگ باد را
میان بسته با نیزه و خود و گبر / همی گرد اسبش بر آمد بابر
میان دو صف شیده او را بدید / یکی باد سرد از جگر بر کشید
بدو گفت پور سیاوش رد / توی ای پسندیده‌ی پرخرد
نبیره جهاندار توران سپاه / که ساید همی ترگ بر چرخ ماه
جز آنی که بر تو گمانی برد / جهاندیده‌یی کو خرد پرورد
اگر مغز بودیت با خال خویش / نکردی چنین جنگ را دست پیش
اگر جنگ‌جویی ز پیش سپاه / برو دور بگزین یکی رزمگاه
کز ایران و توران نبینند کس / نخواهیم یاران فریادرس
چنین داد پاسخ بدو شهریار / که ای شیر درنده در کارزار
منم داغدل پور آن بیگناه / سیاوش که شد کشته بر دست شاه
بدین دشت از ایران به کین آمدم / نه از بهر گاه و نگین آمدم
ز پیش پدر چونک برخاستی / ز لشکر نبرد مرا خواستی
مرا خواستی کس نبودی روا / که پیشت فرستادمی ناسزا
کنون آرزو کن یکی رزمگاه / بدیدار دور از میان سپاه
نهادند پیمان که از هر دو روی / بیاری نیاید کسی کینه‌جوی
هم اینها که دارند با ما درفش / ز بد روی ایشان نگردد بنفش
برفتند هر دو ز لشکر بدور / چنانچون شود مرد شادان بسور
بیابان که آن از در رزم بود / بدانجایگه مرز خوارزم بود
رسیدند جایی که شیر و پلنگ / بدان شخ بی آب ننهاد چنگ
نپرید بر آسمانش عقاب / ازو بهره‌ای شخ و بهری سراب
نهادند آوردگاهی بزرگ / دو اسب و دو جنگی بسان دو گرگ
سواران چو شیران اخته زهار / که باشند پر خشم روز شکار
بگشتند با نیزه‌های دراز / چو خورشید تابنده گشت از فراز
نماند ایچ بر نیزه‌هاشان سنان / پر از آب برگستوان و عنان

برومی عمود و بشمشیر و تیر — بگشتند با یکدگر ناگزیر
زمین شد ز گرد سواران سیاه — نگشتند سیر اندر آوردگاه
چو شیده دل و زور خسرو بدید — ز مژگان سرشکش برخ برچکید
بدانست کان فره ایزدیست — ازو بر تن خویش باید گریست
همان اسبش از تشنگی شد غمی — بنیروی مرد اندر آمد کمی
چو درمانده شد با دل اندیشه کرد — که گر شاه را گویم اندر نبرد
بیا تا به کشتی پیاده شویم — ز خوی هر دو آهار داده شویم
پیاده نگردد که عار آیدش — ز شاهی تن خویش خوار آیدش
بدین چاره گر زو نیابم رها — شدم بی گمان در دم اژدها
بدو گفت شاها بتیغ و سنان — کند هر کسی جنگ و پیچد عنان
پیاه به آید که جوییم جنگ — بکردار شیران بیازیم چنگ
جهاندار خسرو هم اندر زمان — بدانست اندیشه‌ی بدگمان
بدل گفت کین شیر با زور و جنگ — نبیره فریدون و پور پشگ
گر آسوده گردد تن آسان کند — بسی شیر دلرا هراسان کند
اگر من پیاده نگردم به جنگ — به ایرانیان بر کند جای تنگ
بدو گفت رهام کای تاجور — بدین کار ننگی مگردان گهر
چو خسرو پیاده کند کارزار — چه باید بر این دشت چندین سوار
اگر پای بر خاک باید نهاد — من از تخم کشواد دارم نژاد
بمان تا شوم پیش او جنگ‌ساز — نه شاه جهاندار گردن فراز
برهام گفت آن زمان شهریار — که ای مهربان پهلوان سوار
چو شیده دلاور ز تخم پشنگ — چنان دان که با تو نیاید به جنگ
ترا نیز با رزم او پای نیست — بترکان چنو لشکر آرای نیست
یکی مرد جنگی فریدون نژاد — که چون او دلاور ز مادر نزاد
نباشد مرا ننگ رفتن بجنگ — پیاده بسازیم جنگ پلنگ
وزان سو بر شیده شد ترجمان — که دوری گزین از بد بدگمان
جز از بازگشتن ترا رای نیست — که با جنگ خسرو ترا پای نیست
بهنگام کردن ز دشمن گریز — به از کشتن و جستن رستخیز
بدان نامور ترجمان شیده گفت — که آورد مردان نشاید نهفت
چنان دان که تا من ببستم کمر — همی برفرازم بخورشید سر

بدین زور و این فره و دستبرد
ندیدم بوردگه نیز گرد

ولیکن ستودان مرا از گریز
به آید چو گیرم بکاری ستیز

هم از گردش چرخ بر بگذرم
وگر دیده‌ی اژدها بسپرم

گر ایدر مرا هوش بر دست اوست
نه دشمن ز من باز دارد نه دوست

ندانم من این زور مردی ز چیست
برین نامور فره ایزدیست

پیاده مگر دست یابم بدوی
بپیکار خون اندر آرم بجوی

بشیده چنین گفت شاه جهان
که ای نامدار از نژاد مهان

ز تخم کیان بی گمان کس نبود
که هرگز پیاده نبرد آزمود

ولیکن ترا گرد چنینست کام
نپیچم ز رای تو هرگز لگام

فرود آمد از اسب شبرنگ شاه
ز سر برگرفت آن کیانی کلاه

برهام داد آن گرانمایه اسب
پیاده بیامد چو آذرگشسب

پیاده چو از دور دیدش پشنگ
فرود آمد از باره جنگی پلنگ

بهامون چو پیلان بر آویختند
همی خاک با خون برآمیختند

چو شیده بدید آن بر و برز شاه
همان ایزدی فر و آن دستگاه

همی جست کید مگر زو رها
که چون سر بشد تن نیارد بها

چو آگاه شد خسرو از روی اوی
وزان زور و آن برز بالای اوی

گرفتش بچپ گردن و راست پشت
برآورد و زد بر زمین بر درشت

همه مهره‌ی پشت او همچو نی
شد از درد ریزان و بگسست پی

یکی تیغ تیز از میان بر کشید
سراسر دل نامور بر درید

برو کرد جوشن همه چاک چاک
همی ریخت بر تارک از درد خاک

برهام گفت این بد بدسگال
دلیر و سبکسر مرا بود خال

پس از کشتنش مهربانی کنید
یکی دخمه‌ی خسروانی کنید

تنش را بمشک و عبیر و گلاب
بشویی مغزش بکافور ناب

بگردنش بر طوق مشکین نهید
کله بر سرش عنبرآگین نهید

نگه کرد پس ترجمانش ز راه
بدید آن تن نامبردار شاه

که با خون ازان ریگ برداشتند
سوی لشکر شاه بگذاشتند

بیامد خروشان بنزدیک شاه
که ای نامور دادگر پیشگاه

یکی بنده بودم من او را نوان
نه جنگی سواری و نه پهلوان

بمن بر ببخشای شاها بمهر
که از جان تو شاد بادا سپهر

بدو گفت شاه آنچ دیدی ز من
نیا را بگو اندر آن انجمن
زمین را ببوسید و کرد آفرین
بسیچید ره سوی سالار چین
وزان دشت کیخسرو کینه‌جوی
سوی لشکر خویش بنهاد روی
خروشی بر آمد ز ایران سپاه
که بخشایش آورد خورشید و ماه
بیامد همانگاه گودرز و گیو
چو شیدوش و رستم چو گرگین نیو
همه بوسه دادند پیشش زمین
بسی شاه را خواندند آفرین
وزان روی ترکان دو دیده براه
که شویده کی آید ز آوردگاه
سواری همی شد بران ریگ نرم
برهنه سر و دیده پر خون و گرم
بیامد بنزدیک افراسیاب
دل از درد خسته دو دیده پر آب
برآورد پوشیده راز از نهفت
همه پیش سالار ترکان بگفت
جهاندار گشت از جهان ناامید
بکند آن چو کافور موی سپید
بسر بر پراگند ریگ روان
ز لشکر برفت آنک بد پهلوان
رخ شاه ترکان هر آنکس که دید
بر و جامه و دل همه بردرید
چنین گفت با مویه افراسیاب
کزین پس نه آرام جویم نه خواب
مرا اندرین سوگ یاری کنید
همه تن بتن سوگواری کنید
نه بیند سر تیغ ما را نیام
نه هرگز بوم زین سپس شادکام
ز مردم شمر ار ز دام و دده
دلی کو نباشد بدرد آژده
مبادا بدان دیده در آب و شرم
که از درد ما نیست پر خون گرم
ازان ماه‌دیدار جنگی سوار
ازان سروبن بر لب جویبار
همی ریخت از دیده خونین سرشک
ز دردی که درمان نداند پزشک
همه نامداران پاسخ‌گزار
زبان برگشادند بر شهریار
که این دادگر بر تو آسان کناد
بداندیش را دل هراسان کناد
ز ما نیز یک تن نسازد درنگ
شب و روز بر درد و کین پشنگ
سپه را همه دل خروشان کنیم
باوردگه بر سر افشان کنیم
ز خسرو نبد پیش ازین کینه چیز
کنون کینه بر کین بیفزود نیز
سپه دل شکسته شد از بهر شاه
خروشان و جوشان همه رزمگاه
چو خورشید برزد سر از برج گاو
ز هامون برآمد خروش چکاو
تبیره برآمد ز هر دو سرای
همان ناله بوق باکرنای
ز گردان شمشیرزن سی هزار
بیاورد جهن از در کارزار

چو خسرو بر آن گونه بر دیدشان	بفرمود تا قارن کاویان
ز قلب سپاه اندر آمد چو کوه	ازو گشت جهن دلاور ستوه
سوی راست گستهم نوذر چو گرد	بیامد دمان با درفش نبرد
جهان شد ز گرد سواران بنفش	زمین پرسپاه و هوا پر درفش
بجنبید خسرو ز قلب سپاه	هم افراسیاب اندران رزمگاه
بپیوست جنگی کزان سان نشان	ندادند گردان گردنکشان
بکشتند چندان ز توران سپاه	که دریای خون گشت آوردگاه
چنین بود تا آسمان تیره گشت	همان چشم جنگاوران خیره گشت
چو پیروز شد قارن رزم زن	به جهن دلیر اندر آمد شکن
چو بر دامن کوه بنشست ماه	یلان بازگشتند ز آوردگاه
از ایرانیان شاد شد شهریار	که چیره شدند اندران کارزار
همه شب همی جنگ را ساختند	بخواب و بخوردن نپرداختند
چو برزد سر از چنگ خرچنگ هور	جهان شد پر از جنگ و آهنگ و شور
سپاه دو لشکر کشیدند صف	همه جنگ را بر لب آورده کف
سپهدار ایران ز پشت سپاه	بشد دور با کهتری نیک‌خواه
چو لختی بیامد پیاده ببود	جهان آفرین را فراوان ستود
بمالید رخ را بران تیره خاک	چنین گفت کای داور داد و پاک
تو دانی کزو من ستم دیده‌ام	بسی روز بد را پسندیده‌ام
مکافات کن بدکنش را بخون	تو باشی ستم دیده را رهنمون
وزان جایگه با دلی پر ز غم	پر از کین سر از تخمه زادشم
بیامد خروشان بقلب سپاه	بسر بر نهاد آن خجسته کلاه
خروش آمد و ناله‌ی گاودم	دم نای رویین و رویینه خم
وزان روی لشکر بکردار کوه	برفتند جوشان گروها گروه
سپاهی به کردار دریای آب	بقلب اندرون جهن و افراسیاب
چو هر دو سپاه اندر آمد ز جای	تو گفتی که دارد در و دشت پای
سیه شد ز گرد سپاه آفتاب	ز پیکان الماس و پر عقاب
ز بس ناله‌ی بوق و گرد سپاه	ز بانگ سواران در آن رزمگاه
همی آب گشت آهن و کوه و سنگ	بدریا نهنگ و بهامون پلنگ
زمین پرزجوش و هوا پر خروش	هژبر ژیان را بدرید گوش

Shahnameh

جهان سر بسر گفتی از آهنست   وگر آسمان بر زمین دشمنست
بهر جای بر توده چون کوه کوه   ز گردان و ایران و توران گروه
همه ریگ ارمان سر و دست و پای   زمین را همی دل برآمد ز جای
همه بوم شد زیر نعل اندرون   چو کرباس آهار داده بخون
وزان پس دلیران افراسیاب   برفتند بر سان کشتی بر آب
بصندوق پیلان نهادند روی تیر   کجا ناوک‌انداز بود اندروی
حصاری بد از پیل پیش سپاه   برآورده بر قلب و بر بسته راه
ز صندوق پیلان ببارید تیر   برآمد خروشیدن دار و گیر
برفتند گردان نیزه‌وران   هم از قلب لشکر سپاهی گران
نگه کرد افراسیاب از دو میل   بدان لشکر و جنگ صندوق و پیل
همه ژنده پیلان و لشکر براند   جهان تیره شد روشنایی نماند
خروشید کای نامداران جنگ   چه دارید بر خویش تن جای تنگ
ممانید بر پیش صندوق و پیل   سپاهست بیکار بر چند میل
سوی میمنه میسره برکشید   ز قلب و ز صندوق برتر کشید
بفرمود تا جهن رزم آزمای   رود با تگینال لشکر ز جای
برد دو هزار آزموده سوار   همه نیزه‌دار از در کارزار
بر مسیره شیر جنگی طبرد   بشد تیز با نامداران گرد
چو کیخسرو آن رزم ترکان بدید   که خورشید گشت از جهان ناپدید
سوی آوه و سمنکنان کرد روی   که بودند شیران پرخاشجوی
بفرمود تا بر سوی میسره   بتابند چون آفتاب از بره
برفتند با نامور ده هزار   زره‌دار با گرزه‌ی گاوسار
بشماخ سوری بفرمود شاه   که از نامداران ایران سپاه
گزین کن ز جنگ آوران ده‌هزار   سواران گرد از در کارزار
میان دو صف تیغها بر کشید   مبینید کس را سر اندر کشید
دو لشکر برینسان بر آویختند   چنان شد که گفتی برآمیختند
چکاچاک برخاست از هر دو روی   ز پرخاش خون اندر آمد بجوی
چو برخاست گرد از چپ و دست راست   جهاندار خفتان رومی بخواست
بیک سو کشیدند صندوق پیل   جهان شد بکردار دریای نیل

بجنبید با رستم از قبلگاه / منوشان خوزان لشکر پناه
برآمد خروشیدن بوق و کوس / بیک دست خسرو سپهدار طوس
بیاراسته کاویانی درفش / همه پهلوانان زرینه کفش
به درد دل از جای برخاستند / چپ شاه لشکر بیاراستند
سوی راستش رستم کینه جوی / زواره برادرش بنهاد روی
جهاندیده گودرز کشوادگان / بزرگان بسیار و آزادگان
ببودند بر دست رستم بپای / زرسب و منوشان فرخنده رای
برآمد ز آوردگاه گیر و دار / ندیدند ز آنگونه کس کارزار
همه ریگ پر خسته و کشته بود / کسی را کجا روز برگشته بود
ز بس کشته بردشت آوردگاه / همی راندند اسب بر کشته گاه
بیابان بکردار جیحون ز خون / یکی بی سر و دیگری سرنگون
خروش سواران و اسبان ز دشت / ز بانگ تبیره همی برگذشت
دل کوه گفتی بدرد همی / زمین با سواران بپرد هیم
سر بی تنان و تن بی سران / چرنگیدن گرزهای گران
درخشیدن خنجر و تیغ تیز / همی جست خورشید راه گریز
بدست منوچر بر میمنه / کهیلا که صد شیر بد یک تنه
جرنجاش بر میسره شد تباه / بدست فریبرز کاوس شاه
یکی باد و ابری سوی نیمروز / برآمد رخ هور گیتی فروز
تو گفتی که ابری برآمد سیاه / ببارید خون اندر آوردگاه
بپوشید و روی زمین تیره گشت / همی دیده از تیرگی خیره گشت
بدآنگه که شد چشمه سوی نشیب / دل شاه ترکان بجست از نهیب
ز جوش سواران هر کشوری / ز هر مرز و هر بوم و هر مهتری
سواران شمشیر زن سی هزار / گزیده سوارن خنجر گزار
دگرگونه جوشن دگرگون درفش / جهانی شده سرخ و زرد و بنفش
نگه کرد گرسیوز از پشت شاه / بجنگ اندر آورد یکسر سپاه
سپاهی فرستاد بر میمنه / گرانمایگان یک‌دل و یک تنه
سوی میسره همچنین لشکری / پراگنده بر هر سویی مهتری
سواران جنگاوران سی هزار / گزیده همه از در کارزار
چو گرسیوز از پشت لشکر برفت / بپیش برادر خرامید تفت

برادر چو روی برادر بدید | بنیرو شد و لشکر اندر کشید
برآمد ز لشکر ده و دار و گیر | بپوشید روی هوا را بتیر
چو خورشید را پشت باریک شد | ز دیدار شب روز تاریک شد
فریبنده گرسیوز پهلوان | بیامد بپیش برادر نوان
که اکنون ز گردان که جوید نبد | زمین پر ز خون آسمان پر ز گرد
سپه بازکش چون شب آمد مکوش | که اکنون برآید ز ترکان خروش
تو در جنگ باشی سپه در گریز | مکن با تن خویش چندین ستیز
دل شاه ترکان پر از خشم و جوش | ز تندی نبودش بگفتار گوش
برانگیخت اسب از میان سپاه | بیامد دمان با درفش سیاه
از ایرانیان چند نامی بکشت | چو خسرو بدید اندر آمد بپشت
دو شاه دو کشور چنین کینه دار | برفتند با خوار مایه سوار
ندیدند گرسیوز و جهن روی | که او پیش خسرو شود رزمجوی
عنانش گرفتند و بر تافتند | سوی ریگ آموی بشتافتند
چنو بازگشت استقیلا چو گرد | بیامد که با شاه جوید نبرد
دمان شاه ایلا بپیش سپاه | یکی نیزه زد بر کمرگاه شاه
نبد کارگر نیزه بر جوشنش | نه ترس آمد اندر دل روشنش
چو خسرو دل و زور او را بدید | سبک تیغ تیز از میان برکشید
بزد بر میانش بدو نیم کرد | دل برز ایلا پر از بیم کرد
سبک برز ایلا چو آن زخم شاه | بدید آن دل و زور و آن دستگاه
بتاریکی اندر گریزان برفت | همی پوست بر تنش گفتی بکفت
سپه چون بدیدند زو دستبرد | بورد که بر نماند ایچ گرد
بر افراسیاب آن سخن مرگ بود | کجا پشت خود را بدیشان نمود
ز تورانیان او چو آگاه شد | تو گفتی برو روز کوتاه شد
چو آوردگه خوار بگذاشتند | بفرمود تا بانگ برداشتند
که این شیر مردی ز زنگ شبست | مرا باز گشتن ز تنگ شبست
گر ایدونک امروز یکبار باد | ترا جست و شادی ترا در گشاد
چو روشن کند روز روی زمین | درفش دلفروز ما را ببین
همه روی ایران چو دریا کنیم | ز خورشید تابان ثریا کنیم
دو شاه و دو کشور چنان رزمساز | بلکشر گه خویش رفتند باز

هزیمت شدن افراسیاب

چو نیمی ز تیره شب اندر گذشت
سپهر از بر کوه ساکن بگشت
سپهدار ترکان بنه بر نهاد
سپه را همه ترگ و جوشن بداد
طلایه بفرمود تا ده هزار
بود ترک بر گستوان ور سوار
چنین گفت با لشکر افراسیاب
که من چون گذر یابم از رود آب
دمادم شما از پسم بگذرید
بجیحون و زورق زمان مشمرید
شب تیره با لشکر افراسیاب
گذر کرد از آموی و بگذاشت آب
همه روی کشور به بی راه و راه
سراپرده و خیمه بد بی سپاه
سپیده چو از باختر بردمید
طلایه سپه را بهامون ندید
بیامد بمژده بر شهریار
که پردخته شد شاه زین کارزار
همه دشت خیمه‌ست و پرده‌سرای
ز دشمن سواری نبینم بجای
چو بشنید خسرو دوان شد بخاک
نیایش کنان پیش یزدان پاک
همی گفت کای روشن کردگار
جهاندار و بیدار و پروردگار
تو دادی مرا فر و دیهیم و زور
تو کردی دل و چشم بدخواه کور
ز گیتی ستمکاره را دور کن
ز بیمش همه ساله رنجور کن
چو خورشید زرین سپر برگرفت
شب آن شعر پیروزه بر سر گرفت
جهاندار بنشست بر تخت عاج
بسر برنهاد آن دلفروز تاج
نیایش کنان پیش او شد سپاه
که جاوید باد این سزاوار گاه
شد این لشکر از خواسته بی‌نیاز
که از لشکر شاه چین ماند باز
همی گفت هر کس که اینت فسوس
که او رفت با لشکر و بوق وکوس
شب تیره از دست پرمایگان
بشد نامداران چنین رایگان
بدیشان چنین گفت بیدار شاه
که ای نامداران ایران سپاه
چو دشمن بود شاه را کشته به
گر آواره از جنگ برگشته به
چو پیروزگر دادمان فرهی
بزرگی و دیهیم شاهنشهی
ز گیتی ستایش مر او را کنید
شب آید نیایش مر او را کنید

که آنرا که خواهد کند شوربخت	یکی بی هنر برنشاند بتخت
ازین کوشش و پرسشت رای نیست	که با داد او بنده را پای نیست
بباشم بدین رزمگه پنج روز	ششم روز هرمزد گیتی فروز
براید برانیم ز ایدر سپاه	که او کین فزایست و ما کینه خواه
بدین پنج روز اندرین رزمگاه	همی کشته جستند ز ایران سپاه
بشستند ایرانیان را ز گرد	سزاوار هر یک یکی دخمه کرد

فتح نامه نوشتن کیخسرو بکاووس

بفرمود تا پیش او شد دبیر	بیاورد قرطاس و مشک و عبیر
نبشتند نامه بکاوس شاه	چنانچون سزا بود زان رزمگاه
سرنامه کرد از نخست آفرین	ستایش سزای جهان آفرین
دگر گفت شاه جهانبان من	پدروار لرزیده بر جان من
بزرگیش با کوه پیوسته باد	دل بدسگالان او خسته باد
رسیدم ز ایران بریگ فرب	سه جنگ گران کرده شد در سه شب
شمار سواران افراسیاب	بیند خردمند هرگز بخواب
بریده چو سیصد سرنامدار	فرستادم اینک بر شهریار
برادر بد و خویش و پیوند اوی	گرامی بزرگان و فرزند اوی
وزان نامداران بسته دویست	که صد شیر با جنگ هر یک یکیست
همه رزم بر دشت خوارزم بود	ز چرخ آفرین بر چنان رزم بود
برفت او و ما از پس اندر دمان	کشیدیم تا بر چه گرد زمان
برین رزمگاه آفرین باد گفت	همه ساله با اختر نیک جفت
نهادند بر نامه مهری ز مشک	ازان پس گذر کرد بر ریگ خشک

رسیدن افراسیاب به گنگ دژ

چو زان رود جیحون شد افراسیاب	چو باد دمان تیز بگذشت آب
بپیش سپاه قراخان رسید	همی گفت هر کس ز جنگ آنچ دید
سپهدار ترکان چه مایه گریست	بران کس که از تخمه‌ی او بزیست
ز بهر گرانمایه فرزند خویش	بزرگان و خویشان و پیوند خویش
خروشی بر آمد تو گفتی که ابر	همی خون چکاند ز چشم هژبر
همی بودش اندر بخارا درنگ	همی خواست کایند شیران به جنگ
ازان پس چو گشت انجمن آنچ ماند	بزرگان برتر منش را بخواند
چو گشتند پر مایگان انجمن	ز لشکر هر آنکس که بد رای زن
زبان بر گشادند بر شهریار	چو بیچاره شدشان دل از کار زار
که از لشکر ما بزرگان که بود	گذشتند و زیشان دل ما شخود
همانا که از صد نماندست بیست	بران رفتگان بر بباید گریست
کنون ما دل از گنج و فرزند خویش	گسستیم چندی ز پیوند خویش
بدان روی جیحون یکی رزمگاه	بکردیم زان پس که فرمود شاه
ز بی دانشی آنچ آمد بروی	تو دانی که شاهی و ما چاره‌جوی
گر ایدونک روشن بود رای شاه	از ایدر بچاچ اندر آرد سپاه
چو کیخسرو آید بکین خواستن	بباید تو را لشکر آراستن
چو شانه اندرین کار فرمان برد	ز گلزریون نیز هم بگذرد
بباشد برام ببهشت گنگ	که هم جای جنگست و جای درنگ
برین بر نهادند یکسر سخن	کسی رای دیگر نیفگند بن
برفتند یکسر بگلزریون	همه دیده پرآب و دل پر ز خون
بگلزریون شاه توران سه روز	ببود و براسود با باز و یوز
برفتند زان جایگه سوی گنگ	بجایی نبودش فراوان درنگ
یکی جای بود آن بسان بهشت	گلش مشک سارا بد و زر خشت
بدان جایگه شاد و خندان بخفت	تو گفتی که با ایمنی گشت جفت

سپه خواند از هر سوی بی‌کران	برگان گردنکش و مهتران
می و گلشن و بانگ چنگ و رباب	گل و سنبل و رطل و افراسیاب
همی بود تا بر چه گردد جهان	بدین آشکارا چه دارد نهان
چو کیخسرو آمد برین روی آب	ازو دور شد خورد و آرام و خواب

رفتن کیخسرو از پس افراسیاب و گذشتن بجیحون

سپه چون گذر کرد زان سوی رود	فرستاد زان پس به هر کس درود
کزین آمدن کس مدارید باک	بخواهید ما را ز یزدان
گرانمایه گنجی بدرویش داد	کسی را کزو شاد بد بیش داد
وزآنجا بیامد سوی شهر سغد	یکی نو جهان دید رسته ز چغد
ببخشید گنجی بران شهر نیز	همی خواست کباد گردد بچیز
بر منزلی زینهاری سوار	همی آمدندی بر شهریار
ازان پس چو آگاهی آمد بشاه	ز گنگ و ز افراسیاب و سپاه
که آمد بنزدیک او گلگله	ابا لشکری چون هژبر یله
که از تخم تورست پرکین و درد	بجوید همی روزگار نبرد
فرستاد بهری ز گردان بچاج	که جوید همی تخت ترکان و تاج
سپاهی بسوی بیابان سترگ	فرستاد سالار ایشان طورگ
پذیرفت زین هر یکی جنگ شاه	که بر نامداران ببندند راه
جهاندار کیخسرو آن خوار داشت	خرد را باندیشه سالار داشت
سپاهی که از بردع و اردبیل	بیامد بفرمود تا خیل خیل
بیایند و بر پیش او بگذرند	رد و موبد و مرزبان بشمرند
برفتند و سالارشان گستهم	که در جنگ شیران نبودی دژم
همان گفت تا لشکر نیمروز	برفتند با رستم نیوسوز
بفرمود تا بر هیونان مست	نشینند و گیرند اسبان بدست
بسغد اندرون بود یک ماه شاه	همه سغد شد شاه را نیک‌خواه
سپه را درم داد و آسوده کرد	همی جست هنگام روز نبرد

819

هر آن کس که بود از در کارزار
بدانست نیرنگ و بند حصار

بیاورد و با خویشتن یار کرد
سر بدکنش پر ز تیمار کرد

وزان جایگه گردن افراخته
کمر بسته و جنگ را ساخته

ز سغد کشانی سپه بر گرفت
جهانی درو مانده اندر شگفت

خبر شد به ترکان که آمد سپاه
جهانجوی کیخسرو کینه‌خواه

همه سوی دژها نهادند روی
جهان شد پر از جنبش و گفت و گوی

بلشکر چنین گفت پس شهریار
که امروز به گونه شد کارزار

ز ترکان هر آنکس که فرمان کند
دل از جنگ جستن پشیمان کند

مسازید جنگ و مریزید خون
مباشید کس را ببد رهنمون

وگر جنگ جوید کسی با سپاه
دل کینه دارش نیاید براه

شما را حلال است خون ریختن
بهر جای تاراج و آویختن

بره بر خورشها مدارید تنگ
مدارید کین و مسازید جنگ

خروشی بر آمد ز پیش سپاه
که گفتی بدرد همی چرخ و ماه

سواران بدژها نهادند روی
جهان شد پر از غلغل و گفتگوی

هر آنکس که فرمان بجا آورید
سپاه شهنشه بدو ننگرید

هر آن کو برون شد ز فرمان شاه
سرانشان بریدند یکسر سپاه

ز ترکان کس از بیم افراسیاب
لب تشنه نگذاشتندی بر آب

وگر باز ماندی کسی زین سپاه
تن بی سرش یافتندی براه

دلیران بدژها نهادند روی
بهر دژ که بودی یکی جنگجوی

شدی باره‌ی دژ هم آنگاه پست
نماندی در و بام وجای نشست

غلام و پرستنده و چارپای
نماندی بد و نیک چیزی به جای

برین گونه فرسنگ بر صد گذشت
نه دژ ماند آباد جایی نه دشت

چو آورد لشکر بگلزریون
بهر سو بگردید با رهنمون

جهان دید بر سان باغ بهار
در و دشت و کوه و زمین پرنگار

همه کوه نخچیر و هامون درخت
جهان از در مردم نیک بخت

طلایه فرستاد و کارآگهان
بدان تا نماند بدی در نهان

سراپرده‌ی شهریار جهان
کشیدند بر پیش آب روان

جهاندار بر تخت زرین نشست
خود و نامداران خسروپرست

شبی کرد جشنی که تا روز پاک
همی مرده برخاست از تیره خاک

وزان سوی گنگ اندر افراسیاب	برخشنده روز و بهنگام خواب
همی گفت با هرک بد کاردان	بزرگان بیدار و بسیاردان
که اکنون که دشمن ببالین رسید	بگنگ اندرون چون توان آرمید
همه بر گشادند گویا زبان	که اکنون که نزدیک شد بد گمان
جز از جنگ چیزی نبینیم راه	زبونی نه خوبست چندین سپاه
بگفتند وز پیش برخاستند	همه شب همی لشکر آراستند

رزم کردن کیخسرو بار دیگر با افراسیاب

سپیده دمان گاه بانگ خروس	ز درگاه برخاست آوای کوس
سپاهی بهامون بیامد ز گنگ	که بر مور و بر پشه شد راه تنگ
چو آمد بنزدیک گلزریون	زمین شد بسان که بیستون
همی لشکر آمد سه روز و سه شب	جهان شد پرآشوب جنگ و جلب
کشیدند بر هفت فرسنگ نخ	فزون گشت مردم ز مور و ملخ
چهارم سپه برکشیدند صف	ز دریا برآمد بخورشید تف
بقلب اندر افراسیاب و ردان	سواران گردنکش و بخردان
سوی میمنه جهن افراسیاب	همی نیزه بگذاشت از آفتاب
وزین روی کیخسرو از قلبگاه	همی داشت چون کوه پشت سپاه
چو گودرز و چون طوس نوذر نژاد	منوشان خوزان و پیروز و داد
چو گرگین میلاد و رهام شیر	هجیر و چو شیدوش گرد دلیر
فریبرز کاوس بر میمنه	سپاهی ه یکدل و یک تنه
منوچهر بر میسره جای داشت	که با جنگ هر جنگیی پای داشت
بپشت سپه گیو گودرز بود	که پشت و نگهبان هر مرز بود
زمین کان آهن شد از میخ نعل	همه آب دریا شد از خون لعل
بسر بر ز گرد سیاه ابر بست	تبیره دل سنگ خارا بخست
زمین گشت چون چادر آبنوس	ستاره غمی شد ز آوای کوس
زمین گشت جنبان چو ابر سیاه	تو گفتی همی بر نتابد سپاه

همه دشت مغز و سر و پای بود	همانا مگر بر زمین جای بود
همی نعل اسبان سرکشته خست	همه دشت بی‌تن سر و پای و دست
خردمند مردم بیکسو شدند	دو لشکر برین کار خستو شدند
که گر یک زمان نیز لشکر چنین	بماند برین دشت با درد و کین
نماند یکی زین سواران بجای	همانا سپهر اندر آید ز پای
ز بس چاک چاک تبرزین و خود	روانها همی داد تن را درود
چو کیخسرو آن پیچش جنگ دید	جهان بر دل خویشتن تنگ دید
بیامد بیکسو ز پشت سپاه	بپیش خداوند شد دادخواه
که ای برتر از دانش پارسا	جهاندار و بر هر کسی پادشا
ار نیستم من ستم یافته	چو آهن بکوره درون تافته
نخواهم که پیروز باشم بجنگ	نه بر دادگر بر کنم جای تنگ
بگفت این و بر خاک مالید روی	جهان پر شد از ناله‌ی زار اوی
همانگه برآمد یکی باد سخت	که بشکست شاداب شاخ درخت
همی خاک بر داشت از رزمگاه	بزد بر رخ شاه توران سپاه
کسی کو سر از جنگ برتافتی	چو افراسیاب آگهی یافتی
بریدی بجنجر سرش را ز تن	جز از خاک و ریگش نبودی کفن
چنین تا سپهر و زمین تار شد	فراوان ز ترکان گرفتار شد
بر آمد شب و چادر مشک رنگ	بپوشید تا کس نیاید بجنگ
سپه باز چیدند شاهان ز دشت	چو روی زمین ز آسمان تیره گشت
همه دامن کوه تا پیش رود	سپه بود با جوشن و درع و خود
برافروختند آتش از هر سوی	طلایه بیامد ز هر پهلوی
همی جنگ را ساخت افراسیاب	همی بود تا چشمه‌ی آفتاب
بر آید رخ کوه رخشان کند	زمین چون نگین بدخشان کند
جهان آفرین را دگر بود رای	بهر کار با رای او نیست پای

پناه گرفتن افراسیاب در گنگ بهشت

شب تیره چون روی زنگی سیاه
کس آمد ز گستهم نوذر بشاه
که شاه جهان جاودان زنده باد
مه ما بازگشتیم پیروز و شاد
بدان نامداران افراسیاب
رسیدیم ناگه بهنگام خواب
ازیشان سواری طلایه نبود
کی را ز اندیشه مایه نبود
چو بیدار گشتند زیشان سران
کشیدیم شمشیر و گرز گران
چو شب روز شد جز قراخان نماند
ز مردان ایشان فراوان نماند
همه دشت زیشان سرون و سرست
زمین بستر و خاکشان چادر است
بمژده ز رستم هم اندر زمان
هیونی بیامد سپیده‌دمان
که ما در بیابان خبر یافتیم
بدان آگهی تیز بشتافتیم
شب و روز رستم یکی داشتی
چو تنها شدی راه بگذاشتی
بدیشان رسیدیم هنگام روز
چو بر زد سر از چرخ گیتی فروز
تهمتن کمان را بزه برنهاد
چو نزدیک شد ترگ بر سر نهاد
نخستین که از کلک بگشاد شست
قراخان ز پیکان رستم بخست
بتوران زمین شد کنون کنیه‌خواه
همانا که آگاهی آمد بشاه
بشادی به لشکر بر آمد خروش
سپهدار ترکان همی داشت گوش
هر آنکس که بودند خسروپرست
بشادی و رامش گشادند دست
سواری بیامد هم اندر شتاب
خروشان به نزدیک افراسیاب
که از لشکر ما قراخان برست
رسیدست نزدیک ما مردشست
سپاهی بتوران نهادند روی
کزیشان شود ناپدید آب جوی
چنین گفت با رای زن شهریار
که پیکار سخت اندر آمد بکار
چو رستم بگیرد سر گاه ما
بیکبارگی گم شود راه ما
کنونش گمان آنک ما نشنویم
چنین کار در جنگ کیخسرویم
چو آتش بریشان شبیخون کنیم
زخون روی کشور چو جیحون کنیم
چو کیخسرو آید ز لشکر دو بهر
نبیند مگر بام و دیوار و شهر

سراسر همه لشکر این دید رای / همان مرد فرزانه و رهنمای
بنه هرچ بودش هم آنجا بماند / چو آتش ازان دشت لشکر براند
همانگه طلایه بیامد ز دشت / که گرد سپاه از هوا برگذشت
همه دشت خرگاه و خیمست و بس / ازیشان بخیمه درون نیست کس
بدانست خسرو که سالار چین / چرا رفت بیگاه زان دشت کین
ز گستهم و رستم خبر یافتست / بدان آگهی نیز بشتافتست
نوندی برافگند هم در زمان / فرستاد نزدیک رستم دمان
که برگشت زین کینه افراسیاب / همانا بجنگ تو دارد شتاب
سپه را بیارای و بیدار باش / برو خویشتن زو نگهدار باش
نوند جهاندیده شایسته بود / بدان راه بی‌راه بایسته بود
همی رفت چون پیش رستم رسید / گو شیردل را میان بسته دید
سپه گرزها بر نهاده بدوش / یکایک نهاده بواز گوش
برستم بگفت آنچ پیغام بود / که فرجام پیغامش آرام بود
وزین روی کیخسرو کینه‌جوی / نشسته برام بی‌گفت و گوی
همی کرد بخشش همه بر سپاه / سراپرده و خیمه و تاج و گاه
از ایرانیان کشتگان را بجست / کفن کرد وز خون و گلشان بنشست
برسم مهان کشته را دخمه کرد / چو برداشت زان خاک و خون نبرد
بنه بر نهاد و سپه بر نشاند / دمان از پس شاه ترکان براند
چو نزدیک شهر آمد افراسیاب / بران بد که رستم شود سیرخواب
کنون من شبیخون کنم برسرش / برآیم گرد از سر لشکرش
بتاریکی اندر طلایه بدید / بشهر اندر آواز ایشان شنید
فروماند زان کار رستم شگفت / همی راند و اندیشه اندر گرفت
همه کوفته لشکر و ریخته / بشیرین روان اندر آویخته
بپیش اندرون رستم تیزچنگ / پس پشت شاه و سواران جنگ
کسی را که نزدیک بد پیش خواند / وزیشان فراوان سخنها براند
بپرسید کین را چه بینید روی / چنین گفت با نامور چاره‌جوی
که در گنگ دژ آن همه گنج شاه / چه بایست اکنون همه رنج راه
زمین هشت فرسنگ بالای اوی / همانا که چارست پهنای اوی
زن و کودک و گنج و چندان سپاه / بزرگی و فرمان و تخت و کلاه

بران باره‌ی دژ نپرد عقاب
نبیند کسی آن بلندی بخواب

خورش هست و ایوان و گنج و سپاه
ترا رنج بدخواه را تاج و گاه

همان بوم کو را بهشتست نام
همه جای شادی و آرام و کام

بهر گوشه‌ای چشمه‌ی آبگیر
ببالا و پهنای پرتاب تیر

همی موبد آورد از هند و روم
بهشتی بر آورده آباد بوم

همانا کزان باره فرسنگ بیست
ببینند آسان که بر دشت کیست

ترازین جهان بهره جنگست و بس
بفرجام گیتی نماند بکس

چو بشنید گفتارها شهریار
خوش آمدش و ایمن شد از روزگار

بیامد بدلشاد ببهشت گنگ
ابا آلت لشکر و ساز جنگ

همی گشت بر گرد آن شارستان
بدستی ندید اندرو خارستان

یکی کاخ بودش سر اندر هوا
برآورده‌ی شاه فرمان روا

بایوان فرود آمد و بار داد
سپه را درم داد و دینار داد

فرستاد بر هر سوی لشکری
نگهبان هر لشکری مهتری

پیاده بران باره بر دیده‌بان
نگهبان بروز و بشب پاسبان

رد و موبدش بود بر دست راست
نویسنده‌ی نامه را پیش خواست

یکی نامه نزدیک فغفور چین
نبشتند با صد هزار آفرین

نامه افراسیاب بنزدیک فغفور چین

چنین گفت کز گردش روزگار
نیامد مرا بهره جز کارزار

بپروردم آن را که بایست کشت
کنون شد ازو روزگارم درشت

چو فغفور چین گر بیاید رواست
که بر مهر او بر روانم گواست

وگر خود نیاید فرستد سپاه
کزین سو خرامد همی کینه خواه

فرستاده از نزد افراسیاب
بچین اندر آمد بهنگام خواب

سرافراز فغفور بنواختش
یکی خرم ایوان بپرداختش

وزان سو بگنگ اندر افراسیاب
نه آرام بودش نه خورد و نه خواب

بدیوار عراده بر پای کرد
ببرج اندرون رزم را جای کرد

بفرمود تا سنگهای گران	کشیدند بر باره افسونگران
بس کاردانان رومی بخواند	سپاهی بدیوار دژ برنشاند
برآورد بیدار دل جاثلیق	بران باره عراده و منجنیق
کمانهای چرخ و سپرهای کرگ	همه برجها پر ز خفتان و ترگ
گروهی ز آهنگران رنجه کرد	ز پولاد بر هر سوی پنجه کرد
ببستند بر نیزه‌های دراز	که هر کس که رفتی بر دژ فراز
بدان چنگ تیز اندر آویختی	و گرنه ز دژ زود بگریختی
سپه را درم داد و آباد کرد	بهر کار با هر کسی داد کرد
همان خود و شمشیر و بر گستوان	سپرهای چینی و تیر و کمان
ببخشید بر لشکرش بی‌شمار	بویژه کسی کو کند کارزار
چو آسوده شد زین بشادی نشست	خود و جنگسازان خسرو پرست
پری چهره هر روز صد چنگ‌زن	شدندی بدرگاه شاه انجمن
شب و روز چون مجلس آراستی	سرود از لب ترک و می خواستی
همی داد هر روز گنجی بباد	بر امروز و فردا نیامدش یاد

آمدن کیخسرو بپیش گنگ دژ

دو هفته برین گونه شادان بزیست	که داند که فردا دل‌افروز کیست
سیم هفته کیخسرو آمد بگنگ	شنید آن غونای و آوای چنگ
بخندید و برگشت گرد حصار	بماند اندر آن گردش روزگار
چنین گفت کان کو چنین باره کرد	نه از بهر پیکار پتیاره کرد
چو خون سر شاه ایران بریخت	بما بر چنین آتش کین ببیخت
شگفت آمدش کانچنان جای دید	سپهری دلارام بر پای دید
برستم چنین گفت کای پهلوان	سزد گر ببینی بروشن روان
که با ما جهاندار یزدان چه کرد	ز خوب و پیروزی اندر نبرد
بدی را کجا نام بد بر بدی	بتندی و کژی و نابخردی
گریزان شد از دست ما بر حصار	برین سان برآسود از روزگار

بدی کو بد آن جهان را سرست	بپیری رسیده کنون بترست
بدین گر ندارم ز یزدان سپاس	مبادا که شب زنده باشم سه پاس
کزویست پیروزی و دستگاه	هم او آفریننده‌ی هور و ماه
ز یک سوی آن شارستان کوه بود	ز پیکار لشکر بی اندوه بود
بروی دگر بودش آب روان	که روشن شدی مرد را زو روان
کشیدند بر دشت پرده سرای	ز هر سوی دژ پهلوانی بپای
زمین هفت فرسنگ لشکر گرفت	ز لشکر زمین دست بر سر گرفت
سراپرده زد رستم از دست راست	ز شاه جهاندار لشکر بخواست
بچپ بر فریبرز کاوس بود	دل‌افروز با بوق و با کوس بود
برفتند و بردند پرده‌سرای	سیم روی گودرز بگزید جای
شب آمد بر آمد ز هر سو خروش	تو گفتی جهان را بدرید گوش
زمین را همی دل برآمد ز جای	ز بس ناله‌ی بوق و شیپور و نای
چو خورشید برداشت از چرخ زنگ	بدرید پیراهن مشک رنگ
نشست از بر اسب شبرنگ شاه	بیامد بگردید گرد سپاه
چنین گفت با رستم پیلتن	که این نامور مهتر انجمن
چنین دارم امید کافراسیاب	نبیند جهان نیز هرگز بخواب
اگر کشته گر زنده آید بدست	ببیند سر تیغ یزدان پرست
برآنم که او را ز هر سو سپاه	بیاری بیاید بدین رزمگاه
بترسند وز ترس یاری کنند	نه از کین و از کامکاری کنند
بکوشیم تا پیش ازان کو سپاه	بخواند برو بر بگیریم راه
همه باره‌ی دژ فرود آوریم	همه سنگ و خاکش برود آوریم
سپه را کنون روز سختی گذشت	همان روز رزم اندر آرام گشت
چو دشمن بدیوار گیرد پناه	ز پیکار و کینش نترسد سپاه
شکسته دلست او بدین شارستان	کزین پس شود بی گمان خارستان
چو گفتار کاوس یاد آوریم	روان را همه سوی داد آوریم
کجا گفت کاین کین با دار و برد	بپوشد زمانه بزنگار و گرد
پسر بر پسر بگذرانم بدست	چنین تا شود سال بر پنج شست
بسان درختی بود تازه برگ	دل از کین شاهان نترسد ز مرگ
پذر بگذرد کین بماند بجای	پسر باشد این درد را رهنمای

بزرگان برو آفرین خواندند … ورا خسرو پاکدین خواندند
که کین پدر بر تو آید بسر … مبادی بجز شاه و پیروزگر

آمدن جهن با نامه افراسیاب نزد کیخسرو

ر چون خور برآمد ز راغ … نهاد از بر چرخ زرین چراغ
خروشی برآمد بلند از حصار … پر اندیشه شد زان سخن شهریار
همانگه در دژ گشادند باز … برهنه شد از روی پوشیده راز
بیامد ز دژ جهن باده سوار … خردمند و بادانش و مایه دار
بشد پیش دهلیز پرده سرای … همی بود با نامداران بپای
ازان پس بیامد منوشان گرد … خرد یافته جهن را پیش برد
خردمند چو پیش خسرو رسید … شد از آب دیده رخش ناپدید
بماند اندرو جهن جنگی شگفت … کلاه بزرگی ز سر بر گرفت
چو آمد بنزدیک تختش فراز … برو آفرین کرد و بردش نماز
چنین گفت کای نامور شهریار … همیشه جهان را بشادی گذار
بر و بوم ما بر تو فرخنده باد … دل و چشم بدخواه تو کنده باد
همیشه بدی شاد و یزدان پرست … بر و بوم ما پیش گسترده دست
خجسته شدن باد و باز آمدن … به نیکی همی داستانها زدن
پیامی گزارم ز افراسیاب … اگر شاه را زان نگیرد شتاب
چو از جهن گفتار بشنید شاه … بفرمود زرین یکی پیشگاه
نهادند زیر خردمند مرد … نشست و پیام پدر یاد کرد
چنین گفت با شاه کافراسیاب … نشستست پر درد و مژگان پر آب
نخستین درودی رسانم بشاه … ازان داغ دل شاه توران سپاه
که یزدان سپاس و بدویم پناه … که فرزند دیدم بدین پایگاه
که لشکر کشد شهریاری کند … بپیش سواران سواری کند
ز راه پدر شاه تا کیقباد … ز مادر سوی تور دارد نژاد
ز شاهان گیتی سرش برترست … بچین نام او تخت را افسرست

بابر اندرون تیز پران عقاب	نهنگ دلاور بدریای آب
همه پاسبانان تخت ویند	دد و دام شادان ببخت ویند
بزرگان که با تاج و با زیورند	بروی زمین مر ترا کهترند
شگفتی تر از کار دیو نژند	که هرگز نخواهد بما جز گزند
بدان مهربانی و آن راستی	چرا شد دل من سوی کاستی
که بردست من پور کاوس شاه	سیاوش رد کشته شد بی گناه
جگر خسته‌ام زین سخن پر ز درد	نشسته بیکسو ز خواب و ز خورد
نه من کشتم او را که ناپاک دیو	ببرد از دلم ترس گیهان خدیو
زمانه ورا بد بهانه مرا	بچنگ اندرون بد فسانه مرا
تو اکنون خردمندی و پادشا	پذیرنده‌ی مردم پارسا
نگه کن تا چند شهر فراخ	پر از باغ و ایوان و میدان و کاخ
شدست اندرین کینه جستن خراب	بهانه سیاوش و افراسیاب
همان کارزاری سواران جنگ	بتن همچو پیل و بزور نهنگ
که جز کام شیران کفنشان نبود	سری تیز نزدیک تنشان نبود
یکی منزل اندر بیابان نماند	بکشور جز از دشت ویران نماند
جز از کینه و زخم شمشیر تیز	نماند ز ما نام تا رستخیز
نیاید جهان آفرین را پسند	بفرجام پیچان شویم از گزند
وگر جنگ جویی همی بیگمان	نیاساید از کین دلت یک زمان
نگه کن بدین گردش روزگار	جز او را مکن بر دل آموزگار
که ما در حصاریم و هامون تراست	سری پر ز کین دل پر از خون تر است
همی گنگ خوانم بهشت منست	برآورده‌ی بوم و کشت منست
هم ایدر مرا گنج و ایدر سپاه	هم ایدر نگین و هم ایدر کلاه
هم اینجام کشت و هم اینجام خورد	هم اینجام مردان روز نبرد
تراگاه گرمی و خوشی گذشت	گل و لاله و رنگ و شی گذشت
زمستان و سرما بپیش اندرست	که بر نیزه‌ها گردد افسرده دست
بدامن چو ابر اندرافگند چین	بر و بوم ما سنگ گردد زمین
ز هر سو که خوانم بیاید سپاه	نتابی تو با گردش هور و ماه
ور ایدون گمانی که هر کارزار	ترا بردهد اختر روزگار
از اندیشه گردون مگر بگذرد	ز رنج تو دیگر کسی برخورد

گر ایدونک گویی که ترکان چین / بگیرم زنم آسمان بر زمین
بشمشیر بگذارم این انجمن / بدست تو آیم گرفتار من
مپندار کاین نیز نابود نیست / نساید کسی کو نفرسود نیست
نبیره‌ی سر خسروان زادشم / ز پشت فریدون وز تخم جم
مرا دانش ایزدی هست و فر / همان یاورم ایزد دادگر
چو تنگ اندر آید بد روزگار / نخواهد دلم پند آموزگار
بفرمان یزدان بهنگام خواب / شوم چون ستاره برآفتاب
بدریای کیماک بر بگذرم / سپارم ترا لشکر و کشورم
مرا گنگ و دژ باشد آرامگاه / نبیند مرا نیز شاه و سپاه
چو آید مرا روز کین خواستن / ببین آنزمان لشکر آراستن
بیایم بخواهم ز تو کین خویش / بهرجای پیدا کنم دین خویش
و گر کینه از مغز بیرون کنی / بمهر اندرین کشور افسون کنی
گشایم در گنج تاج و کمر / همان تخت و دینار و جام گهر
که تور فریدون به ایرج نداد / تو بردار وز کین مکن هیچ یاد
و گر چین و ماچین بگیری رواست / بدان رای ران دل همی کت هواست
خراسان و مکران زمین پیش تست / مرا شادکامی کم وبیش تست
براهی که بگذشت کاوس شاه / فرستم چندانک باید سپاه
همه لشکرت را توانگر کنم / ترا تخت زرین و افسر کنم
همت یار باشم بهر کارزار / بهر انجمن خوانمت شهریار
گر از پند من سر بپیچی همی / و گر با نیاکین بسیچی همی
چو زین باز گردی بیارای جنگ / منم ساخته جنگ را چون پلنگ

پاسخ دادن کیخسرو جهن را

چو از جهن پیغام بشنید شاه / همی کرد خندان بدوبر نگاه
بپاسخ چنین گفت کای رزمجوی / شنیدیم سر تا سر این گفت و گوی
نخست آنک کردی مرا آفرین / همان باد بر تخت و تاج و نگین

Shahnameh

درودی که دادی ز افراسیاب	بگفتی که او کرد مژگان پر آب
شنیدم همین باد بر تاج و تخت	مبادم مگر شاد و پیروزبخت
دوم آنک گفتی ز یزدان سپاس	که بینم همی پور یزدان شناس
زشاهان گیتی دل افروزتر	پسندیده‌تر شاه و پیروزتر
مرا داد یزدان همه هرچ گفت	که با این هنرها خرد باد جفت
ترا چند خواهی سخن چرب هست	بدل نیستی پاک و یزدان پرست
کسی کو بدانش توانگر بود	زگفتار کردار بهتر بود
فریدون فرخ ستاره نگشت	نه از خاک تیره همی برگذشت
تو گویی که من بر شوم بر سپهر	بشستی برین گونه از شرم چهر
دلت جادوی را چو سرمایه گشت	سخن بر زبانت چو پیرایه گشت
زبان پر زگفتار و دل پر دروغ	بر مرد دانا نگیرد فروغ
پدر کشته را شاه گیتی مخوان	کنون کز سیاوش نماند استخوان
همان مادرم را ز پرده براه	کشیدی و گشتی چنین کینه خواه
مرا نوز نازاده از مادرم	همی آتش افروختی برسرم
هر آنکس که او بد بدرگاه تو	بنفرید بر جان بی راه تو
که هرگز بگیتی کس آن بد نکرد	ز شاهان و گردان و مردان مرد
که بر انجمن مر زنی را کشان	سپارد بزرگی بمردم کشان
زننده همی تازیانه زند	که تا دخترش بچه را بفگند
خردمند پیران بدانجا رسید	بدید آنک هرگز ندید و شنید
چنین بود فرمان یزدان که من	سرافراز گردم بهر انجمن
گزند و بلای تو از من بگاشت	که با من زمانه یکی راز داشت
ازان پس که گشتم ز مادر جدا	چنانچون بود بچه‌ی بینوا
بپیش شبانان فرستادیم	بپرواز شیران نر دادیم
مرا دایه و پیشکاره شبان	نه آرام روز و نه خواب شبان
چنین بود تا روز من برگذشت	مرا اندر آورد پیران ز دشت
بپیش تو آورد و کردی نگاه	که هستم سزاوار تخت و کلاه
بسان سیاوش سرم را ز تن	ببری و تن هم نیابد کفن
زبان مرا پاک یزدان ببست	همان خیره ماندم بجای نشست
مرا بی دل و بی خرد یافتی	بکردار بد تیز نشتافتی

سیاوش نگه کن که از راستی	چه کرد و چه دید از بد و کاستی
ز گیتی بیامد ترا برگزید	چنان کز ره نامداران سزید
ز بهر تو پرداخت آیین و گاه	بیامد ز گیتی ترا خواند شاه
وفا جست و بگذاشت آن انجمن	بدان تا نخوانیش پیمان‌شکن
چو دیدی بر و گردگاه ورا	بزرگی و گردی و راه ورا
بجنبیدت آن گوهر بد ز جای	بیفگندی آن پاک دلرا ز پای
سر تاجداری چنان ارجمند	بریدی بسان سر گوسفند
ز گاه منوچهر تا این زمان	نبودی مگر بدتن و بدگمان
ز تور اندر آمد زیان از نخست	کجا با پدر دست بد را بشست
پسر بر پسر بگذرد همچنین	نه راه بزرگی نه آیین دین
زدی گردن نوذر نامدار	پدر شاه وز تخمه‌ی شهریار
برادرت اغریرث نیکخوی	کجا نیکنامی بدش آرزوی
بکشتی و تا بوده‌ای بدتنی	نه از آدم از تخم آهرمنی
کسی گر بدیهات گیرد شمار	فزون آید از گردش روزگار
نهالی فرستاده‌ای بدوزخ	نگویی که از مردمان زاده‌ای
دگر آنک گفتی که دیو پلید	دل و رای من سوی زشتی کشید
همین گفت ضحاک و هم جمشید	چو شدشان دل از نیکویی ناامید
که ما را دل ابلیس بی راه کرد	ز هر نیکویی دست کوتاه کرد
نه برگشت ازیشان بد روزگار	ز بد گوهر و گفت آموزگار
کسی کو بتابد سر از راستی	گزیند همی کژی و کاستی
بجنگ پشن نیز چندان سپاه	که پیران بکشت اندر آوردگاه
زمین گل شد از خون گودرزیان	نجویی جز از رنج و راه زیان
کنون آمدی با هزاران هزار	ز ترکان سوار از در کارزار
بموی لشکر کشیدی بجنگ	وزیشان بپیش من آمد پشنگ
فرستادیش تا ببرد سرم	ازان پس تو ویران کنی کشورم
جهاندار یزدان مرا یار گشت	سر بخت دشمن نگونسار گشت
مرا گویی اکنون که از تخت تو	دل‌افروز و شادانم از بخت تو
نگه کن که تا چون بود باورم	چو کردارهای تو یاد آورم
ازین پس مرا جز بشمشیر تیز	نباشد سخن با تو تا رستخیز

بکوشم بنیروی گنج و سپاه	بنیک اختر و گردش هور و ماه
همان پیش یزدان بباشم بپای	نخواهم بگیتی جزو رهنمای
مگر گز بدان پاک گردد جهان	بداد و دهش من ببندم میان
بداندیش را از میان بر کنم	سر بدنشان را بی‌افسر کنم
سخن هرچ گفتم نیا را بگوی	که درجنگ چندین بهانه مجوی
یکی تاج دادش زبر جد نگار	یکی طوق زرین و دو گوشوار
همانگه بشد جهن پیش پدر	بگفت آن سخنها همه دربدر
ز پاسخ برآشفت افراسیاب	سواری ز ترکان کجا یافت خواب
ببخشید گنج درم بر سپاه	همان ترگ و شمشیر و تخت و کلاه

رزم کیخسرو با افراسیاب و گرفته شدن گنگ دژ

شب تیره تا برزد از چرخ شید	بشد کوه چون پشت پیل سپید
همی لشکر آراست افراسیاب	دلش بود پردرد و سر پر شتاب
چو از گنگ برخاست آوای کوس	زمین آهنین شد هوا آبنوس
سر موبدان شاه نیکی گمان	نشست از بر زین سپیده‌دمان
بیامد بگردید گرد حصار	نگه کرد تا چون کند کارزار
برستم بفرمود تا همچو کوه	بیارد بیک سود دریا گروه
دگر سوش گستهم نوذر بپای	سه دیگر چو گودرز فرخنده رای
بسوی چهارم شه نامدار	ابا کوس و پیلان و چندی سوار
سپه را همه هرچ بایست ساز	بکرد و بیامد بر دژ فراز
بلشکر بفرمود پس شهریار	یکی کنده کردن بگرد حصار
بدان کار هر کس که دانا بدند	بجنگ دژ اندر توانا بدند
چه از چین وز روم وز هندوان	چه رزم آزموده ز هر سو گوان
همه گرد آن شارستان چون نوند	بگشتند و جستند هر گونه بند
دو نیزه ببالا یکی کنده کرد	سپه را بگردش پراگنده کرد
بدان تا شب تیره بی ساختن	نیارد ترکان یکی تاختن

دو صد ساخت عراده بر هر دری　　دو صد منجنیق از پس لشکری
دو صد چرخ بر هر دری با کمان　　ز دیوار دژ چون سر بدگمان
پدید آمدی منجنیق از برش　　چو ژاله همی کوفتی بر سرش
پس منجنیق اندرون رومیان　　ابا چرخها تنگ بسته میان
دو صد پیل فرمود پس شهریار　　کشیدن ز هر سو بگرد حصار
یکی کنده‌ای زیر باره درون　　بکند و نهادند زیرش ستون
بد آن منکری باره مانده بپای　　بدان نیزه‌ها برگرفته ز جای
پس آلود بر چوب نفط سیاه　　بدین گونه فرمود بیدار شاه
بیک سو بر از منجنیق و ز تیر　　رخ سرکشان گشته همچون زریر
به‌زیر اندرون آتش و نفط و چوب　　ز بر گرزهای گران کوب کوب
بهر چارسو ساخت آن کارزار　　چنانچون بود ساز جنگ حصار
وزآن جایگه شهریار زمین　　بیامد بپیش جهان‌آفرین
ز لشکر بشد تا بجای نماز　　ابا کردگار جهان گفت زار
ابر خاک چون مار پیچان ز کین　　همی خواند بر کردگار آفرین
همی گفت کام و بلندی ز تست　　بهر سختیی یارمندی ز تست
اگر داد بینی همی رای من　　مرگدان ازین جایگه پای من
نگون کن سر جاودانرا ز تخت　　مرادار شادان‌دل و نیک‌بخت
چو برداشت از پیش یزدان سرش　　بجوشن بپوشید روشن برش
کمر بر میان بست و برجست زود　　بجنگ اندر آمد بکردار دود
بفرمود تا سخت بر هر دری　　بجنگ اندر آید یکی لشکری
بدان چوب و نفط آتش اندر زدند　　ز برشان همی سنگ بر سر زدند
زبانگ کمانهای چرخ و ز دود　　شده روی خورشید تابان کبود
ز عراده و منجنیق و ز گرد　　زمین نیلگون شد هوا لاژورد
خروشیدن پیل و بانگ سران　　درخشیدن تیغ و گرز گران
تو گفتی برآویخت با شید ماه　　ز باریدن تیر و گرد سیاه
ز نفط سیه چوبها برفروخت　　به فرمان یزدان چو هیزم بسوخت
نگون باره گفتی که برداشت پای　　بکردار کوه اندر آمد ز جای
وزان باره چندی ز ترکان دلیر　　نگون اندر آمد چو باران بزیر
که آید بدام اندرون ناگهان　　سر آرد بران شوربختی جهان

بپیروزی از لشکر شهریار
برآمد خروشیدن کارزار
سوی رخنه‌ی دژ نهادند روی
بیامد دمان رستم کینه‌جوی
خبر شد بنزدیک افراسیاب
کجا باره‌ی شارستان شد خراب
پس افراسیاب اندر آمد چو گرد
به جهن و بگرسیوز آواز کرد
که با باره‌ی دژ شما را چه کار
سپه را ز شمشیر باید حصار
ز بهر بر و بوم و پیوند خویش
همان از پی گنج و فرزند خویش
ببندیم دامن یک اندر دگر
نمانیم بر دشمنان بوم و بر
سپاهی ز ترکان گروها گروه
بدان رخنه رفتند بر سان کوه
بکردار شیران برآویختند
خروش از دو رویه برانگیختند
سواران ترکان بکردار بید
شده لرزلرزان و دل نااامید
برستم بفرمود پس شهریار
پیاده هرآنکس که بد نامدار
که پیش اندر آید بدان رخنه گاه
همیدون بی نیزه‌ور کینه‌خواه
ابا ترکش و تیغ و تیر و تبر
سوار ایستاده پس نیزه‌ور
سواران جنگی نگهدارشان
بدانگه که شد سخت پیکارشان
سوار و پیاده بهر سو گروه
بجنگ اندر آمد بکردار کوه
برخنه در آورد یکسر سپاه
چو شیر ژیان رستم کینه‌خواه
پیاده بیامد بکردار گرد
درفش سیه را نگون‌سار کرد
نشان سپهدار ایران بنفش
بران باره زد شیر پیکر درفش
بپیروزی شاه ایران سپاه
برآمد خروشیدن از رزمگاه
فراوان ز توران سپه کشته شد
سر بخت تورانیان گشته شد
بدانگه کجا رزمشان شد درشت
دو تن رستم آورد ازیشان بمشت
چو گرسیو و جهن رزم آزمای
که بد تخت توران بدیشان بپای
برادر یکی بود و فرخ پسر
چنین آمد از شوربختی بسر
بدان شارستان اندر آمد سپاه
چنان داغ‌دل لشکری کینه‌خواه
بتاراج و کشتن نهادند روی
برآمد خروشیدن های هوی
زن و کودکان بانگ برداشتند
بایرانیان جای بگذاشتند
چه مایه زن و کودک نارسید
که زیر پی پیل شد ناپدید
همه شهر توران گریزان چو باد
نیامد کسی را بر و بوم یاد
بشد بخت گردان ترکان نگون
بزاری همه دیدگان پر ز خون

| | زن و گنج و فرزند گشته اسیر | ز گردون روان خسته و تن بتیر |

گریختن افراسیاب از گنگ

بایوان برآمد پس افراسیاب	پر از خون دل از درد و دیده پرآب
بران باره بر شد که بد کاخ اوی	بیامد سوی شارستان کرد روی
دو بهره ز جنگاوران کشته دید	دگر یکسر از جنگ برگشته دید
خروش سواران و بانگ زنان	هم از پشت پیلان تبیره زنان
همی پیل بر زندگان راندند	همی پشتشان بر زمین ماندند
همه شارستان دود و فریاد دید	همان کشتن و غارت و باد دید
یکی شاد و دیگر پر از درد و رنج	چنانچون بود رسم و رای سپنج
چو افراسیاب آنچنان دید کار	چنان هول و برگشتن کارزار
نه پور و برادر نه بوم و نه بر	نه تاج و نه گنج و نه تخت و کمر
همی گفت با دل پر از داغ و درد	که چرخ فلک خیره با من چه کرد
بدیده بدیدم همان روزگار	که آمد مرا کشتن و مرگ خوار
پر از درد ازان باره آمد فرود	همی داد تخت مهی را درود
همی گفت کی بینمت نیز باز	ایاروز شادی و آرام و ناز
وزان جایگه خیره شد ناپدید	تو گفتی چو مرغان همی بر پرید
در ایوان که در دژ برآورده بود	یکی راه زیر زمین کرده بود
ازان نامداران دو صد برگزید	بران راه بی‌راه شد ناپدید
وزآنجای راه بیابان گرفت	همه کشورش ماند اندر شگفت
نشانی ندادش کس اندر جهان	بدان گونه آواره شد در نهان
چو کیخسرو آمد درایوان اوی	بپای اندر آورد کیوان اوی
ابر تخت زرینش بنشست شاه	بجستنش بر کرد هر سو سپاه
فراوان بجستند جایی نشان	نیامد ز سالار گردنکشان
ز گرسیوز و جهن پرسید شاه	ز کار سپهدار توران سپاه
که چون رفت و آرامگاهش کجاست	نهان گشته ز ایدر پناهش کجاست

ز هر گونه گفتند و خسرو شنید / نیامد همی روشنایی پدید
بایرانیان گفت پیروز شاه / که دشمن چو آواره گردد ز گاه
ز گیتی برو نام و کام اندکیست / ورا مرگ با زندگانی یکیست

زینهار دادن خسرو خویشان افراسیاب را

ز لشکر گزین کرد پس بخردان / جهاندیده و کار بین موبدان
بدیشان چنین گفت کباد بید / همیشه بهر کار با داد بید
در گنج این ترک شوریده بخت / شما را سپردم بکوشید سخت
نباید که بر کاخ افراسیاب / بتابد ز چرخ بلند آفتاب
هم آواز پوشیده‌رویان اوی / نخواهم که آید ز ایوان بکوی
نگهبان فرستاد سوی گله / که بودند گلد دژ اندر یله
ز خویشان او کس نیازرد شاه / چنانچون بود در خور پیشگاه
چو زان گونه دیدند کردار اوی / سپه شد سراسر پر از گفت و گوی
که کیخسرو ایدر بدان سان شدست / که گویی سوی باب مهمان شدست
همی یاد نایدش خون پدر / بخیره بریده ببیداد سر
همان مادرش را که از تخت و گاه / ز پرده کشیدند یکسو براه
شبان پروریدست وز گوسفند / مزیدست شیر این شه هوشمند
چرا چون پلنگان بچنگال تیز / نه انگیزد از خان او رستخیز
فرود آورد کاخ و ایوان اوی / برانگیزد آتش ز کیوان اوی
ز گفتار ایرانیان پس خبر / بکیخسرو آمد همه در بدر
فرستاد کس بخردان را بخواند / بسی داستان پیش ایشان براند
که هر جای تندی نباید نمود / سر بیخرد را نشاید ستود
همان به که با کینه داد آوریم / بکام اندرون نام یاد آوریم
که نیکیست اندر جهان یادگار / نماند بکس جاودان روزگار
همین چرخ گردنده با هر کسی / تواند جفا گستریدن بسی
ازان پس بفرمود شاه جهان / که آرند پوشیدگان را نهان

چو ایرانیان آگهی یافتند	پر از کین سوی کاخ بشتافتند
بران گونه بردند گردان گمان	که خسرو سرآرد بریشان زمان
بخوری همی نزدشان خواستند	بتاراج و کشتن بیاراستند
ز ایوان بزاری برآمد خروش	که ای دادگر شاه بسیار هوش
تو دانی که ما سخت بیچاره‌ایم	نه بر جای خواری و پیغاره‌ایم
بر شاه شد مهتر بانوان	ابا دختران اندر آمد نوان
پرستنده صد پیش هر دختری	ز یاقوت بر هر سری افسری
چو خورشید تابان ازیشان گهر	بپیش اندر افگنده از شرم سر
بیک دست مجمر بیک دست جام	برافروخته عنبر و عود خام
تو گفتی که کیوان ز چرخ برین	ستاره فشاند همی بر زمین
مه بانوان شد بنزدیک تخت	ابر شهریار آفرین کرد سخت
همان پروریده بتان طراز	برین گونه بردند پیشش نماز
همه یکسره زار بگریستند	بدان شوربختی همی زیستند
کسی کو ندیدست جز کام و ناز	برو بر ببخشای روز نیاز
همی خواندند آفرینی بدرد	که ای نیکدل خسرو رادمرد
چه نیکو بدی گر ز توران زمین	نبودی بدلت اندرون ایچ کین
تو ایدر بجشن و خرام آمدی	ز شاهان درود و پیام آمدی
برین بوم بر نیست خود کدخدای	بتخت نیا بر نهادی تو پای
سیاوش نگشتی بخیره تباه	ولیکن چنین گشت خورشید و ماه
چنان کرد بدگوهر افراسیاب	که پیش تو پوزش نبیند بخواب
بسی دادمش پند و سودی نداشت	بخیره همی سر ز پندم بگاشت
گوای منست آفریننده‌ام	که بارید خون از دو بیننده‌ام
چو گرسیوز و جهن پیوند تو	که ساید بزاری کنون بند تو
ز بهر سیاوش که در خان من	چه تیمار بد بر دل و جان من
که افراسیاب آن بداندیش مرد	بسی پند بشنید و سودش نکرد
بدان تا چنین روزش آید بسر	شود پادشاهیش زیر و زبر
بتاراج داده کلاه و کمر	شده روز او تار و برگشته سر
چنین زندگانی همی مرگ اوست	شگفت آنک بر تن ندردش پوست
کنون از پی بیگناهان بما	نگه کن بر آیین شاهان بما

Shahnameh

همه پاک پیوسته‌ی خسرویم	جز از نام او در جهان نشنویم
ببد کردن جادو افراسیاب	نگیرد برین بیگناهان شتاب
بخواری و زخم و بخون ریختن	چه بر بی‌گنه خیره آویختن
که از شهریاران سزاوار نیست	بریدن سری کان گنهکار نیست
ترا شهریارا جز اینست جای	نماند کسی در سپنجی سرای
هم آن کن که پرسد ز تو کردگار	نپیچی ازان شرم روز شمار
چو بشنید خسرو ببخشود سخت	بران خوبرویان برگشت بخت
که پوشیده‌رویان از آن درد و داغ	شده لعل رخسارشان چون چراغ
بپیچید دل بخردان را ز درد	ز فرزند و زن هر کسی یاد کرد
همی خواندند آفرینی بزرگ	سران سپه مهتران سترگ
کز ایشان شه نامبردار کین	نخواهد ز بهر جهان آفرین
چنین گفت کیخسرو هوشمند	که هر چیز کان نیست ما را پسند
نیاریم کس را همان بد بروی	وگر چند باشد جگر کینه‌جوی
چو از کار آن نامدار بلند	براندیشم اینم نیاید پسند
که بد کرد با پرهنر مادرم	کسی را همان بد بسر ناورم
بفرمودشان بازگشتن بجای	چنان پاک‌زاده جهان کدخدای
بدیشان چنین گفت کایمن شوید	ز گوینده گفتار بد مشنوید
کزین پس شما را ز من بیم نیست	مرا بی‌وفایی و دژخیم نیست
تن خویش را بد نخواهد کسی	چو خواهد زمانش نباشد بسی
بباشید ایمن بایوان خویش	بیزدان سپرده تن و جان خویش
بایرانیان گفت پیروزبخت	بماناد تا جاودان تاج و تخت
همه شهر توران گرفته بدست	بایران شما را سرای و نشست
ز دلها همه کینه بیرون کنید	بمهر اندرین کشور افسون کنید
که از ما چنین دردشان دردلست	ز خون ریختن گرد کشور گلست
همه گنج توران شما را دهم	بران گنج دادن سپاهی نهم
بکوشید و خوبی بکار آورید	چو دیدند سرما بهار آورید
من ایرانیانرا یکایک نه دیر	کنم یکسر از گنج دینار سیر
ز خون ریختن دل بباید کشید	سر بیگناهان نباید برید
نه مردی بود خیره آشوفتن	بزیر اندر آورده را کوفتن

ز پوشیده‌رویان بپیچید روی	هر آن کس که پوشیده دارد بکوی
ز چیز کسان سر بتابید نیز	که دشمن شود دوست از بهر چیز
نیاید جهان‌آفرین را پسند	که جوینده بر بیگناهان گزند
هرآنکس که جوید همی رای من	نباید که ویران کند جای من
و دیگر که خوانند بیداد و شوم	که ویران کند مهتر آباد بوم
ازان پس بلشکر بفرمود شاه	گشادن در گنج توران سپاه
جز از گنج ویژه رد افراسیاب	که کس را نبود اندران دست یاب
ببخشید دیگر همه بر سپاه	چه گنج سلیح و چه تخت و کلاه
ز هر سو پراگنده بی مر سپاه	زترکان بیامد بنزدیک شاه
همی داد زنهار و بنواختشان	بزودی همی کار بر ساختشان
سران را ز توران زمین بهر داد	بهر نامداری یکی شهر داد
بهر کشوری هر که فرمان نبرد	ز دست دلیران او جان نبرد
شدند آن زمان شاه را چاکران	چو پیوسته شد نامه‌ی مهتران
ز هر سو فرستادگان نزد شاه	یکایک سر اندر نهاده براه
ابا هدیه و نامه‌ی مهتران	شده یک بیک شاه را چاکران

نامه کیخسرو بکاووس به نوید پیروزی

دبیر نویسنده را پیش خواند	سخن هرچ بایست با او براند
سرنامه کرد آفرین از نخست	بدان کو زمین از بدیها بشست
چنان اختر خفته بیدار کرد	سر جاودان را نگونسار کرد
توانایی و دانش و داد ازوست	بگیتی ستم یافته شاد ازوست
دگر گفت کز بخت کاموس کی	بزرگ و جهاندیده و نیک‌پی
گشاده شد آن گنگ افراسیاب	سر بخت او اندر آمد بخواب
بیک رزمگاه از نبرده سران	سرافراز با گرزهای گران
همانا که افگنده شد صد هزار	بگلزریون در یکی کارزار
وز آن پس برآمد یکی باد سخت	که برکند شاداب بیخ درخت

بب اندر افتاد چندی سپاه	که جستند بر ما یکی دستگاه
بوردگه در چنان شد سوار	که از ما یکی را دو صد شد شکار
وز آن جایگه رفت ببهشت گنگ	حصاری پر از مردم و جای تنگ
بجنگ حصار اندرون سی‌هزار	همانا که شد کشته در کارزار
همان بد که بیدادگر بود مرد	ورا دانش و بخت یاری نکرد
همه روی کشور سپه گسترید	شدست او کنون از جهان ناپدید
ازین پس فرستم بشاه آگهی	ز روزی که باشد مرا فرهی
ازان پس بیامد به شادی نشست	پری روی پیش اندرون می بدست
ببد تا بهار اندرآورد روی	جهان شد بهشتی پر از رنگ و بوی
همه دشت چون پرنیان شد برنگ	هوا گشت برسان پشت پلنگ
گرازیدن گور و آهو بدشت	بدین گونه بر چند خوشی گذشت
به نخچیر یوزان و پرنده باز	همه مشک بویان بتان طراز
همه چارپایان بکردار گور	پراگنده و آگنده کردن بزور
بگردن بکردار شیران نر	بسان گوزنان بگوش و بسر
ز هر سو فرستاد کارآگهان	همی جست پیدا ز کار جهان
پس آگاهی آمد ز چین و ختن	از افراسیاب و ازان انجمن
که فغفور چین باوی انباز گشت	همه روی کشور پرآواز گشت
ز چین تا بگلزریون لشکرست	بریشان چو خاقان چین سرورست
نداند کسی راز آن خواسته	پرستنده و اسب آراسته
که او را فرستاد خاقان چین	بشاهی برو خواندند آفرین
همان گنج پیرانش آمد بدست	شتروار دینار صدبار شست
چو آن خواسته برگرفت از ختن	سپاهی بیاورد لشکر شکن
چو زین گونه آگاهی آمد بشاه	بنزدیک زنهار داده سپاه
همه بازگشتند ز ایرانیان	ببستند خون ریختن را میان
چو برداشت افراسیاب از ختن	یکی لشکری شد برو انجمن
که گفتی زمین برنتابد همی	ستاره شمارش نیابد همی
ز چین سوی کیخسرو آورد روی	پر از درد با لشکری کینه‌جوی
چو کیخسرو آگاه شد زان سپاه	طلایه فرستاد چندی براه
بفرمود گودرز کشواد را	سپهدار گرگین و فرهاد را

که ایدر بباشید با داد و رای — طلایه شب و روز کرده بپای
بگودرز گفت این سپاه تواند — چو کار آید اندر پناه تواند
ز ترکان هرآنگه که بینی یکی — که یاد آرد از دشمنان اندکی
هم اندر زمان زنده بر دارکن — دو پایش ز بر سر نگونسار کن
چو بی‌رنج باشد تو بی‌رنج باش — نگهبان این لشکر و گنج باش
تبیره برآمد ز پرده سرای — خروشیدن زنگ و هندی داری
بدین سان سپاهی بیامد ز گنگ — که خورشید را آرزو کرد جنگ
چو بیرون شد از شهر صف بر کشید — سوی کوکها لشکر اندر کشید
میان دو لشکر دو منزل بماند — جهانداران گردنکشان را بخواند
چنین گفت کامشب مجنبید هیچ — نه خوب آید آرامش اندر بسیچ
طلایه برافگند بر گرد دشت — همه شب همی گرد لشکر بگشت
بیک هفته بودش هم آنجا درنگ — همی ساخت آرایش و ساز جنگ
بهشتم بیامد طلایه ز راه — بخسرو خبر داد کمد سپاه
سپه را بدان سان بیاراست شاه — که نظاره گشتند خورشید و ماه
چو افراسیاب آن سپه را بدید — بیامد برابر صفی برکشید
بفرزانگان گفت کین دشت رزم — بدل مر مرا چون خرامست و بزم
مرا شاد بر گاه خواب آمدی — چو رزمم نبودی شتاب آمدی
کنون مانده گشتم چنین در گریز — سری پر ز کینه دلی پرستیز
بر آنم که از بخت کیخسروست — و گر بر سرم روزگاری نوست
بر آنم که با او شوم همنبرد — اگر کام یابم اگر مرگ و درد
بدو گفت هر کس فرزانه بود — گر از خویش بود ار ز بیگانه بود
که گر شاه را جست باید نبرد — چرا باید این لشکر و دار و برد
همه چین و توران بپیش تواند — ز بیگانگان ار ز خویش تواند
فدای تو بادا همه جان ما — چنین بود تا بود پیمان ما
اگر صد شود کشته گر صد هزار — تن خویش را خوار مایه مدار
همه سربسر نیکخواه توایم — که زنده بفر کلاه توایم
وزآن پس برآمد ز لشکر خروش — زمین و زمان شد پر از جنگ و جوش
ستاره پدید آمد از تیره گرد — رخ زرد خورشید شد لاژورد
سپهدار ترکان ازان انجمن — گزین کرد کار آزموده دو تن

پیامی فرستاد نزدیک شاه
که کردی فراوان پس پشت راه

همانا که فرسنگ ز ایران هزار
بود تا بگنگ اندر ای شهریار

ز ریگ و بیابان وز کوه و شخ
دو لشکر برین سان چو مور و ملخ

زمین همچو دریا شد از خون کین
ز گنگ و ز چین تا بایران زمین

اگر خون آن کشتگان را ز خاک
بژرفی برد رای یزدان پاک

همانا چو دریای قلزم شود
دولشکر بخون اندرون گم شود

اگر گنج خواهی ز من گر سپاه
وگر بوم ترکان و تخت و کلاه

سپارم ترا من شوم ناپدید
جز از تیغ جان را ندارم کلید

مکن گر ترا من پدر مادرم
ز تخم فریدون افسونگرم

ز کین پدر گر دلت خیره شد
چنین آب من پیش تو تیره شد

ازان بد سیاوش گنهکار بود
مرا دل پر از درد و تیمار بود

دگر گردش اختران بلند
که هم باپناهند و هم باگزند

مرا سالیان شست بر سر گذشت
که با نامداری نرفتم بدشت

تو فرزندی و شاه ایران توی
برزم اندرون چنگ شیران توی

یکی رزمگاهی گزین دوردست
نه بر دامن مرد خسروپرست

بگردیم هر دو بوردگاه
بجایی کزو دور ماند سپاه

اگر من شوم کشته بر دست تو
ز دریا نهنگ آورد شست تو

تو با خویش و پیوند مادر مکوش
بپرهیز وز کینه چندین مجوش

وگر تو شوی کشته بر دست من
بزنهار یزدان کزان انجمن

نمانم که یک تن بپیچد ز درد
دگر بیند از باد خاک نبرد

ز گوینده بشنید خسرو پیام
چنین گفت با پور دستان سام

که این ترک بدساز مردم فریب
نبیند همی از بلندی نشیب

بچاره چنین از کف ما بجست
نماید که بر تخت ایران نشست

ز آورد چندین بگوید همی
مگر دخمه‌ی شیده جوید همی

نبیره فریدن و پور پشنگ
بورد با او مرا نیست ننگ

بدو گفت رستم که ای شهریار
بدین در مدار آتش اندر کنار

که ننگست بر شاه رفتن بجنگ
وگر همنبرد تو باشد پشنگ

دگر آنک گوید که با لشکرم
مکن چنگ با دوده و کشورم

ز دریا بدریا ترا لشکرست
کجا رایشان زین سخن دیگرست

چو پیمان یزدان کنی با نیا	نشاید که در دل بود کیمیا
بانبوه لشکر بجنگ اندر آر	سخن چند آلوده‌ی نابکار
ز رستم چو بشنید خسرو سخن	یکی دیگر اندیشه افگند بن
بگوینده گفت این بداندیش مرد	چنین با من آویخت اندر نبرد
فزون کرد ازین با سیاوش وفا	زبان پر فسون بود دل پرجفا
سپهبد بکژی نگیرد فروغ	زبان خیره پرتاب و دل پر دروغ
گر ایدونک رایش نبردست و بس	جز از من نبرد ورا هست کس
تهمتن بجایست و گیو دلیر	که پیکار جویند با پیل و شیر
اگر شاه با شاه جوید نبرد	چرا باید این دشت پرمرد کرد
نباشد مرا با تو زین بیش جنگ	ببینی کنون روز تاریک و تنگ
فرستاد برگشت و آمد چو باد	شنیده سراسر برو کرد یاد
پر از درد شد جان افراسیاب	نکرد ایچ بر جنگ جستن شتاب
سپه را بجنگ اندر آورد شاه	بجنبید ناچار دیگر سپاه
یکی با درنگ و یکی با شتاب	زمین شد بکردار دریای آب
ز باریدن تیر گفتی ز ابر	همی ژاله بارید بر خود و ببر
ز شبگیر تا گشت خورشید لعل	زمین پر ز خون بود در زیر نعل
سپه بازگشتند چون تیره گشت	که چشم سواران همی خیره گشت
سپهدار با فر و نیرنگ و ساز	چو آمد به لشکرگه خویش باز
چنین گفت با طوس کامروز جنگ	نه بر آرزو کرد پور پشنگ
گمانم که امشب شبیخون کند	ز دل درد دیرینه بیرون کند
یکی کنده فرمود کردن براه	بر آن سو که بد شاه توران سپاه
چنین گفت کتش نسوزید کس	نباید که آید خروش جرس
ز لشکر سواران که بودند گرد	گزین کرد شاه و برستم سپرد
دگر بهره بگزید ز ایرانیان	که بندند بر تاختن بر میان
بطوس سپهدار داد آن گروه	بفرمود تا رفت بر سوی کوه
تهمتن سپه را بهامون کشید	سپهبد سوی کوه بیرون کشید
بفرمود تا دور بیرون شوند	چپ و راست هر دو بهامون شوند
طلایه مدارند و شمع و چراغ	یکی سوی دشت و یکی سوی راغ
بدان تا اگر سازد افراسیاب	برو بر شبیخون بهنگام خواب

گر آید سپاه اندر آید ز پس بماند نباشدش فریادرس
بره کنده پیش و پس اندر سپاه پس کنده با لشکر و پیل شاه

شبیخون افراسیاب به سپاه ایران

سپهدار ترکان چو شب در شکست میان با سپه تاختن را ببست
ز لشکر جهاندیدگان را بخواند ز کار گذشته فراوان براند
چنین گفت کین شوم پر کیمیا چنین خیره شد بر سپاه نیا
کنون جمله ایرانیان خفته‌اند همه لشکر ما برآشفته‌اند
کنون ما ز دل بیم بیرون کنیم سحرگه بریشان شبیخون کنیم
گر امشب بر ایشان بیابیم دست ببیشی ابر تخت باید نشست
وگر بختمان بر نگیرد فروغ همه چاره بادست و مردی دروغ
برین برنهادند و برخاستند ز بهر شبیخون بیاراستند
ز لشکر گزین کرد پنجه هزار جهاندیده مردان خنجرگزار
برفتند کارآگهان پیش شاه جهاندیده مردان با فر و جاه
ز کارآگهان آنک بد رهنمای بیامد بنزدیک پرده سرای
بجایی غو پاسبانان ندید تو گفتی جهان سربسر آرمید
طلایه نه و آتش و باد نه ز توران کسی را بدل یاد نه
چو آن دید برگشت و آمد دوان کزیشان کسی نیست روشن‌روان
همه خفتگان سربسرمرده‌اند وگر نه همه روز می خورده‌اند
بجایی طلایه پدیدار نیست کس آن خفتگان را نگهدار نیست
چو افراسیاب این سخنها شنود بدلش اندرون روشنایی فزود
سپه را فرستاد و خود برنشست میان یلی تاختن را ببست
برفتند گردان چو دریای آب گرفتند بر تاختن بر شتاب
بران تاختن جنبش و ساز نه همان ناله‌ی بوق و آواز نه
چو رفتند نزدیک پرده سرای برآمد خروشیدن کر نای
غو طبل بر کوهه زین بخاست درفش سیه را برآورد راست

ز لشکر هرآنکس که بد پیشرو	برانگیختند اسب و برخاست غو
بکنده در افتاد چندی سوار	بپیچید دیگر سر از کارزار
ز یک دست رستم برآمد ز دشت	ز گرد سواران هواتیره گشت
ز دست دگر گیو گودرز و طوس	بپیش اندرون ناله‌ی بوق و کوس
شهنشاه باکاویانی درفش	هوا شد ز تیغ سواران بنفش
برآمد ده و گیر و ببرند و کش	نه با اسب تاب و نه با مرد هش
ازیشان ز صد نامور ده بماند	کسی را که بد اختر بد براند
چو آگاهی آمد برین رزمگاه	چنان خسته بد شاه توران سپاه
که از خستگی جمله گریان شدند	ز درد دل شاه بریان شدند
چنین گفت کز گردش آسمان	نیابد گذر دانشی بی‌گمان
چو دشمن همی جان بسیچد نه چیز	بکوشیم ناچار یک دست نیز
اگر سربسر تن بکشتن دهیم	وگر ایرجی تاج بر سر نهیم
برآمد خروش از دو پرده‌سرای	جهان پر شد از ناله‌ی کر نای
گرفتند ژوپین و خنجر بکف	کشیدند لشکر سه فرسنگ صف
بکردار دریا شد آن رزمگاه	نه خورشید تابنده روشن نه ماه
سپاه اندر آمد همی فوج فوج	بران سان که برخیزد از باد موج
در و دشت گفتی همه خون شدست	خور از چرخ گردنده بیرون شدست
کسی را نبد بر تن خویش مهر	بقیر اندر اندود گفتی سپهر
همانگه برآمد یکی تیره باد	که هرگز ندارد کسی آن بیاد
همی خاک برداشت از رزمگاه	بزد بر سر و چشم توران سپاه
ز سرها همی ترگها برگرفت	بماند اندران شاه ترکان شگفت
همه دشت مغز سر و خون گرفت	دل سنگ رنگ طبر خون گرفت
سواران توران که روز درنگ	زبون داشتندی شکار پلنگ
ندیدند با چرخ گردان نبرد	همی خاک برداشت از دشت مرد
چو کیخسرو آن خاک و آن باد دید	دل و بخت ایرانیان شاد دید
ابا رستم و گیو گودرز و طوس	ز پشت سپاه اندر آورد کوس
دهاده برآمد ز قلب سپاه	ز یک دست رستم ز یک دست شاه
شد اندر هوا گرد برسان میغ	چه میغی که باران او تیر و تیغ
تلی کشته هر جای چون کوه کوه	زمین گشته از خون ایشان ستوه

هوا گشت چون چادر نیلگون	زمین شد بکردار دریای خون
ز تیر آسمان شد چو پر عقاب	نگه کرد خیره سر افراسیاب
بدید آن درفشان درفش بنفش	نهان کرد بر قلبگه بر درفش
سپه را رده بر کشیده بماند	خود و نامداران توران براند
زخویشان شایسته مردی هزار	بنزدیک او بود در کارزار
به بیراه راه بیابان گرفت	برنج تن از دشمنان جان گرفت
ز لشکر نیا را همی جست شاه	بیامد دمان تا بقلب سپاه
ز هر سوی پویید و چندی شتافت	نشان پی شاه توران نیافت
سپه چون نگه کرد در قلبگاه	ندیدند جایی درفش سیاه
ز شه خواستند آن زمان زینهار	فروریختند آلت کارزار
چو خسرو چنان دید بنواختشان	ز لشکر جدا جایگه ساختشان
بفرمود تا تخت زرین نهند	بخیمه در آرایش چین نهند
می‌آورد و رامشگران را بخواند	ز لشکر فراوان سران را بخواند
شبی کرد جشنی که تا روز پاک	همی مرده برخاست از تیره خاک
چو خورشید بر چرخ بنمود پشت	شب تیره شد از نمودن درشت
شهنشاه ایران سر و تن بشست	یکی جایگاه پرستش بجست
کز ایرانیان کس مر او را ندید	نه دام و دد آوای ایشان شنید
ز شبگرد تا ماه بر چرخ ساج	بسر بر نهاد آن دل‌افروز تاج
ستایش همی کرد برکردگار	ازان شادمان گردش روزگار
فراوان بمالید بر خاک روی	برخ بر نهاد از دو دیده دو جوی
و زآنجا بیامد سوی تاج و تخت	خرامان و شادان دل و نیکبخت
از ایرانیان هرک افگنده بود	اگر کشته بودند گر زنده بود
ازان خاک آورد برداشتند	تن دشمنان خوار بگذاشتند
همه رزمگه دخمه‌ها ساختند	ازان کشتگان چو بپرداختند
ز چیزی که بود اندران رزمگاه	ببخشید شاه جهان بر سپاه
و زآنجا بشد شاه ببهشت گنگ	همه لشکر آباد با ساز جنگ
چو آگاهی آمد بماچین و چین	ز ترکان وز شاه ایران زمین
بپیچید فغفور و خاقان بدرد	ز تخت مهی هر کسی یاد کرد
وزان یاوریها پشیمان شدند	پراندیشه دل سوی درمان شدند

همی گفت فغفور کافراسیاب	ازین پس نبیند بزرگی بخواب
ز لشکر فرستادن و خواسته	شود کار ما بی‌گمان کاسته
پشیمانی آمد همه بهر ما	کزین کار ویران شود شهر ما
ز چین و ختن هدیه‌ها ساختند	بدان کار گنجی بپرداختند
فرستاده‌ای نیکدل را بخواند	سخنهای شایسته چندی براند
یکی مرد بد نیکدل نیک خواه	فرستاد فغفور نزدیک شاه
طرایف بچین اندرون آنچ بود	ز دینار وز گوهر نابسود
بپوزش فرستاد نزدیک شاه	فرستادگان برگرفتند راه
بزرگان چین بی‌درنگ آمدند	بیک هفته از چین بگنگ آمدند
جهاندار پیروز بنواختشان	چنانچون ببایست بنشاختشان
بپذرفت چیزی که آورده بود	طرایف بد و بدره و پرده بود
فرستاده را گفت کو را بگوی	که خیره بر ما مبر آب روی
نباید که نزد تو افراسیاب	بیاید شب تیره هنگام خواب
فرستاده برگشت و آمد چو باد	بفغفور یکسر پیامش بداد
چو بشنید فغفور هنگام خواب	فرستاد کس نزد افراسیاب
که از من ز چین و ختن دور باش	ز بد کردن خویش رنجور باش
هرآنکس که او گم کند راه خویش	بد آید بداندیش را کار پیش

گذشتن افراسیاب از آب زره

چو بشنید افراسیاب این سخن	پشیمان شد از کرده‌های کهن
بیفگند نام مهی جان گرفت	به بیراه، راه بیابان گرفت
چو با درد و با رنج و غم دید روز	بیامد دمان تا بکوه اسپروز
ز بدخواه روز و شب اندیشه کرد	شب روز را دل یکی پیشه کرد
بیامد ز چین تا بب زره	میان سوده از رنج و بند گره
چو نزدیک آن ژرف دریا رسید	مر آن را میان و کرانه ندید
بدو گفت ملاح کای شهریار	بدین ژرف دریا نیابی گذار

Shahnameh

مرا سالیان هست هفتاد و هشت — ندیدم که کشتی بروبر گذشت
بدو گفت پر مایه افراسیاب — که فرخ کسی کو بمیرد در آب
مرا چون بشمشیر دشمن نکشت — چنانچون نکشتش نگیرد بمشت
بفرمود تا مهتران هر کسی — بب اندر آرند کشتی بسی
سوی گنگ دژ بادبان برکشید — بنیک و بدیها سر اندر کشید
چو آن جایگه شد بخفت و بخورد — برآسود از روزگار نبرد
چنین گفت کایدر بباشیم شاد — ز کار گذشته نگیریم یاد
چو روشن شود تیره گرن اخترم — بکشتی بر آب زره بگذرم
ز دشمن بخواهم همان کین خویش — درفشان کنم راه و آیین خویش
چو کیخسرو آگاه شد زین سخن — که کار نو آورد مرد کهن
به رستم چنین گفت کافراسیاب — سوی گنگ دژ شد ز دریای آب
بکردار کرد آنچ با ما بگفت — که ما را سپهر بلندست جفت
بکشتی بب زره برگذشت — همه رنج ما سربسر باد گشت
مرا با نیا جز بخنجر سخن — نباشد نگردانم این کین کهن
بنیروی یزدان پیروزگر — ببندم بکین سیاوش کمر
همه چین و ماچین سپه گسترم — بدریای کیماک بر بگذرم
چو گردد مرا راست ماچین و چین — بخواهیم باژی ز مکران زمین
بب زره بگذرانم سپاه — اگر چرخ گردان بود نیک‌خواه
اگر چند جایی درنگ آیدم — مگر مرد خونی بچنگ آیدم
شما رنج بسیار برداشتید — بر و بوم آباد بگذاشتید
همین رنج بر خویشتن برنهید — ازان به که گیتی بدشمن دهید
بماند ز ما نام تا رستخیز — بپیروزی و دشمن اندر گریز
شدند اندران پهلوانان دژم — دهان پر ز باد ابروان پر زخم
که دریای با موج و چندین سپاه — سر و کار با باد و شش ماه راه
که داند که بیرون که آید ز آب — بد آمد سپه را ز افراسیاب
چو خشکی بود ما بجنگ اندریم — بدریا بکام نهنگ اندریم
همی گفت هر گونه‌ای هر کسی — بدانگه که گفتارها شد بسی
همی گفت رستم که ای مهتران — جهان دیده و رنجبرده سران
نباید که این رنج بی بر شود — به ناز و تن آسانی اندر شود

و دیگر که این شاه پیروزگر	بیابد همی ز اختر نیک بر
از ایران برفتیم تا پیش گنگ	ندیدیم جز چنگ یازان بجنگ
ز کاری که سازد همی برخورد	بدین آمد و هم بدین بگذرد
چو بشنید لشکر ز رستم سخن	یکی پاسخ نو فگندند بن
که ما سربسر شاه را بنده‌ایم	ابا بندگی دوست دارنده‌ایم
بخشکی و بر آب فرمان رواست	همه کهترانیم و پیمان وراست
ازان شاد شد شاه و بنواختشان	یکایک باندازه بنشاختشان
در گنجهای نیا برگشاد	ز پیوند و مهرش نکرد ایچ یاد
ز دینار و دیبای گوهرنگار	هیونان شایسته کردند بار
همیدون ز گنج درم صد هزار	ببردند با آلت کارزار
ز گاوان گردون کشان ده هزار	ببر دند تا خود کی آید بکار
هیونان ز گنج درم ده هزار	بسی بار کردند با شهریار
بفرمود زان پس بهنگام خواب	که پوشیده رویان افراسیاب
ز خویشان و پیوند چندانک هست	اگر دخترانند اگر زیر دست
همه در عماری براه آوردند	ز ایوان بمیدان شاه آوردند
دو از نامداران گردنکشان	که بودند هر یک بمردی نشان
چو جهن و چو گرسیوز ارجمند	بمهد اندرون پای کرده ببند
همه خویش و پیوند افراسیاب	ز تیمارشان دیده کرده پر آب
نواها که از شهرها یادگار	گروگان ستد ترک چینی هزار
سپرد آن زمان گیو را شهریار	گزین کرد ز ایرانیان ده هزار
بدو گفت کای مرد فرخنده پی	برو با سپه پیش کاوس کی
بفرمود تا پیش او شد دبیر	بیاورد قرطاس و چینی حریر
یکی نامه از قیر و مشک و گلاب	بفرمود در کار افراسیاب

نامه شاه به کاووس

چو شد خامه از مشک وز قیر تر	نخست آفرین کرد بر دادگر
که دارنده و بر سر آرنده اوست	زمین و زمان را نگارنده اوست
همو آفریننده‌ی پیل و مور	ز خاشاک تا آب دریای شور
همه با توانایی او یکیست	خداوند هست و خداوند نیست
کسی را که او پروراند بمهر	بر آنکس نگردد بتندی سپهر
ازو باد بر شاه گیتی درود	کزو خیزد آرام را تار و پود
رسیدم بدین دژ که افراسیاب	همی داشت از بهر آرام و خواب
بدو اندرون بود تخت و کلاه	بزرگی و دیهیم و گنج و سپاه
چهل پیل زیشان همه بسته گشت	هر آنکس که برگشت تن خسته گشت
بگوید کنون گیو یک یک بشاه	سخن هرچ رفت اندرین رزمگاه
چو بر پیش یزدان گشایی دو لب	نیایش کن از بهر من روز و شب
کشیدیم لشکر بما چین و چین	و زآن روی رانم بمکران زمین
و زآن پس بر آب زره بگذرم	اگر پای یزدان بود یاورم
ز پیش شهنشاه برگشت گیو	ابا لشکری گشن و مردان نیو
چو باد هوا گشت و ببرید راه	بیامد بنزدیک کاوس شاه
پس آگاهی آمد بکاوس کی	ازان پهلوان زاده‌ی نیک پی
پذیره فرستاد چندی سپاه	گرانمایگان بر گرفتند راه
چو آمد بر شهر گیو دلیر	سپاهی ز گردان چو یک دشت شیر
چو گیو اندر آمد بنزدیک شاه	زمین را ببوسید بر پیش گاه
و رادید کاوس بر پای جست	بخندید و بسترد رویش بدست
بپرسیدش از شهریار و سپاه	ز گردنده خورشید و تابنده ماه
بگفت آن کجا دید گیو سترگ	ز گردان وز شهریار بزرگ
جوان شد زگفتار او مرد پیر	پس آن نامه بنهاد پیش دبیر
چو آن نامه بر شاه ایران بخواند	همه انجمن در شگفتی بماند

همه شاد گشتند و خرم شدند	ز شادی دو دیده پر از نم شدند
همه چیز دادند درویش را	بنفریده کردند بدکیش را
فرود آمد از تخت کاوس شاه	ز سر برگرفت آن کیانی کلاه
بیامد بغلتید بر تیره خاک	نیایش کنان پیش یزدان پاک
وز آن جایگه شد بجای نشست	بگرد دژ آیین شادی ببست
همی گفت با شاه گیو آنچ دید	سخن کز لب شاه ایران شنید
می آورد و رامشگران را بخواند	وز ایران نبرده سران را بخواند
ز هر گونه‌ای گفت و پاسخ شنید	چنین تا شب تیره اندر چمید
برفتند با شمع یاران ز پیش	دلش شاد و خرم بایوان خویش
چو برزد خور از چرخ رخشان سنان	بپیچید شب گرد کرده عنان
تبیره بر آمد ز درگاه شاه	برفتند گردان بدان بارگاه
جهاندار پس گیو را پیش خواند	بران نامور تخت شاهی نشاند
بفرمود تا خواسته پیش برد	همان نامور سرفرازان گرد
همان بیگنه روی پوشیدگان	پس پرده اندر ستم دیدگان
همان جهن و گرسیوز بندسای	که او برد پای سیاوش ز جای
چو گرسیوز بدکنش را بدید	برو کرد نفرین که نفرین سزید
همان جهن را پای کرده ببند	ببردند نزدیک تخت بلند
بدان دختران رد افراسیاب	نگه کرد کاوس مژگان پر آب
پس پرده‌ی شاهشان جای کرد	همانگه پرستنده بر پای کرد
اسیران و آنکس که بود از نوا	بیاراست مر هر یکی را جدا
یکی را نگهبان یکی را ببند	ببردند از پیش شاه بلند
ازان پس همه خواسته هرچ بود	ز دینار وز گوهر نابسود
بارزانیان داد تا آفرین	بخوانند بر شاه ایران زمین
دگر بردگان مهتران را سپرد	بایوان ببرد از بزرگان و خرد
بیاراستند از در جهن جای	خورش با پرستنده و رهنمای
بدژ بر یکی جای تاریک بود	ز دل دور با دخمه نزدیک بود
بگرسیوز آمد چنان جای بهر	چنینست کردار گردنده دهر
خنک آنکسی کو بود پادشا	کفی راد دارد دلی پارسا
بداند که گیتی برو بگذرد	نگردد بگرد در بی خرد

خرد چون شود از دو دیده سرشک	چنان هم که دیوانه خواهد پزشک
ازان پس کزیشان بپردخت شاه	ز بیگانه مردم تهی کرد گاه
نویسنده آهنگ قرطاس کرد	سر خامه برسان الماس کرد
نبشتند نامه بهر کشوری	بهر نامداری و هر مهتری
که شد ترک و چین شاه را یکسره	ببشخور آمد پلنگ و بره
درم داد و دینار درویش را	پراگنده و مردم خویش را
بدو هفته در پیش درگاه شاه	از انبوه بخشش ندیدند راه
سیم هفته بر جایگاه مهی	نشست اندر آرام با فرهی
ز بس ناله‌ی نای و بانگ سرود	همی داد گل جام می را درود
بیک هفته از کاخ کاوس کی	همی موج برخاست از جام می
سر ماه نو خلعت گیو ساخت	همی زر و پیروزه اندر نشاخت
طبق‌های زرین و پیروزه جام	کمرهای زرین و زرین ستام
پرستار با طوق و با گوشوار	همان یاره و تاج گوهر نگار
همان جامه‌ی تخت و افگندنی	ز رنگ و ز بو وز پراگندنی
فرستاد تا گیو را خواندند	براورنگ زرینش بنشاندند
ببردند خلعت بنزدیک اوی	بمالید گیو اندران تخت روی
وزان پس بیامد خرامان دبیر	بیاورد قرطاس و مشک و عبیر
نبشتند نامه که از کردگار	بدادیم و خشنود از روزگار
که فرزند ما گشت پیروزبخت	سزای مهی وز در تاج و تخت
بدی را که گیتی همی ننگ داشت	جهانرا پر از غارت و جنگ داشت
ز دست تو آواره شد در جهان	نگویند نامش جز اندر نهان
همه ساله تا بود خونریز بود	ببدنامی و زشتی آویز بود
بزد گردن نوذر تاجدار	ز شاهان وز راستان یادگار
برادرکش و بدتن و شاه کش	بداندیش و بدراه و آشفته هش
پی او ممان تا نهد بر زمین	بتوران و مکران و دریای چین
جهان را مگر زو رهایی بود	سر بی بهایش بهایی بود
اگر داور دادگر یک خدای	همی بود خواهد ترا رهنمای
که گیتی بشویی ز رنج بدان	ز گفتار و کردار نابخردان
بداد جهان آفرین شاد باش	

مگر باز بینم تورا شادمان	جهان را یکی تازه بنیاد باش
وزین پس جز از پیش یزدان پاک	پر از درد گردد دل بدگمان
بدان تا تو پیروز باشی و شاد	نباشم کزویست امید و باک
جهان آفرین رهنمای تو باد	سرت سبز باد و دلت پر ز داد
نهادند بر نامه بر مهر شاه	همیشه سر تخت جای تو باد
بره بر نبودش بجایی درنگ	بر ایوان شه گیو بگزید راه
برو آفرین کرد و نامه بداد	بنزدیک کیخسرو آمد بگنگ
ز گفتار او شاد شد شهریار	پیام نیا پیش او کرد یاد
همی خورد پیروز و شادان سه روز	می‌آورد و رامشگر و میگسار
سپه را همه ترک و جوشن بداد	چهارم چو بفروخت گیتی فروز
مر آن را بگستهم نوذر سپرد	پیام نیا پیششان کرد یاد
ز گنگ گزین راه چین برگرفت	یکی لشکری نامبردار و گرد
نبد روز بیکار و تیره شبان	جهان را بشمشیر در بر گرفت
بدین گونه تا شارستان پدر	طلایه بروز و بشب پاسبان
همی گرد باغ سیاوش بگشت	همی رفت گریان و پر کینه سر
همی گفت کز داور یک خدای	بجایی که بنهاد خونریز تشت
مگر همچنین خون افراسیاب	بخواهم که باشد مرا رهنمای
و ز آن جایگه شد سوی تخت باز	هم ایدر بریزم بکردار آب
ز لشکر فرستادگان برگزید	همی گفت با داور پاک راز
فرستاد کس نزد خاقان چین	که گویند و دانند گفت و شنید
که گر دادگیرید و فرمان کنید	بفغفور و سالار مکران زمین
خورشیدها فرستید نزد سپاه	ز کردار بد دل پشیمان کنید
کسی کو بتابد ز فرمان من	ببینید ناچار ما را براه
بیاراست باید پسه را برزم	و گر دور باشد ز پیمان من
فرستاده آمد بهر کشوری	هرآنکس که بگریزد از راه بزم
غمی گشت فغفور و خاقان چین	بهر جا که بد نامور مهتری
فرستاده را چند گفتند گرم	بزرگان هر کشوری همچنین
که ما شاه را سربسر کهتریم	سخنهای شیرین بواز نرم
گذرها که راه دلیران بدست	

Shahnameh

کنیم از سر آباد با خوردنی	زمین جز بفرمان او نسپریم
همی گفت هر کس که بودش خرد	ببینیم تا چند ویران شدست
بدرویش بخشیم بسیار چیز	بباشیم و آریمش آوردنی
فرستاده را بی‌کران هدیه داد	که گر بی زیان او بما بگذرد
دگر نامور چون بمکران رسید	نثار و خورشها بسازیم نیز
بر تخت او رفت و نامه بداد	بیامد بدرگاه پیروز و شاد
سبک مر فرستاده را خوار کرد	دل شاه مکران دگرگونه دید
بدو گفت با شاه ایران بگوی	بگفت از پیام آنچ بودش بیاد
زمانه همه زیر تخت منست	دل انجمن پر ز تیمار کرد
چو خورشید تابان شود برسپهر	که نادیده بر ما فزونی مجوی
همم دانش و گنج آباد هست	جهان روشن از فر بخت منست
گراز من همی راه جوید رواست	نخستین برین بوم تابد بمهر
نبندیم اگر بگذری بر تو راه	بزرگی و مردی و نیروی دست
ور ایدونک با لشکر آیی بشهر	که هر جانور بر زمین پادشاست
نمانم که بر بوم من بگذری	زیانی مکن بر گذر با سپاه
نمانم که مانی تو پیروزگر	برین پادشاهی ترا نیست بهر
برین گونه چون شاه پاسخ شنید	وزین مرز جایی به پی بسپری
بیامد گرازان بسوی ختن	وگر یابی از اختر نیک بر
برفتند فغفور و خاقان چین	ازان جایگه لشکر اندر کشید
سه منزل ز چین پیش شاه آمدند	جهاندار با نامدار انجمن
همه راه آباد کرده چو دست	برشاه با پوزش و آفرین
همه بوم و بر پوشش و خوردنی	خود و نامداران براه آمدند
چو نزدیک شاه اندر آمد سپاه	در و دشت چون جایگاه نشست
بدیوار دیبا برآویختند	از آرایش بزم و گستردنی
چو با شاه فغفور گستاخ شد	ببستند آذین به بیراه و راه
بدو گفت ما شاه را کهتریم	ز بر زعفران و درم ریختند
جهانی ببخت تو آباد گشت	بپیش اندر آمد سوی کاخ شد
گر ایوان ما در خور شاه نیست	اگر کهتری را خود اندر خوریم
بکاخ اندر آمد سرافراز شاه	دل دوستداران تو شاد گشت

ز دینار چینی ز بهر نثار	گمانم که هم بتر از راه نیست
همی بود بر پیش او بربپای	نشست از بر نامور پیشگاه
بچین اندرون بود خسرو سه ماه	بیاورد فغفور چین صد هزار
پرستنده فغفور هر بامداد	ابا مرزبانان فرخنده رای
چهارم ز چین شاه ایران براند	ابا نامداران ایران سپاه
بیامد چو نزدیک مکران رسید	همی نو بنو شاه را هدیه داد
بر شاه مکران فرستاد و گفت	بمکران شد و رستم آنجا بماند
خروش ساز راه سپاه مرا	ز لشکر جهاندیده‌ای برگزید
نگه کن که ما از کجا رفته‌ایم	که با شهریاران خرد باد جفت
جهان روشن از تاج و بخت منست	بخوبی بیارای گاه مرا
برند آنگهی دست چیز کسان	نه مستیم و بیراه و نه خفته‌ایم
علف چون نیابند جنگ آورند	سر مهتران زیر تخت منست
ور ایدونک گفتار من نشنوی	مگر من نباشم بهر کس رسان
همه شهر مکران تو ویران کنی	جهان بر بداندیش تنگ آورند
فرستاده آمد پیامش بداد	بخون فراوان کس اندر شوی
سر بی خرد زان سخن خیره شد	چو بر کینه آهنگ شیران کنی
پراگنده لشکر همه گرد کرد	نبد بر دلش جای پیغام و داد
فرستاده را گفت بر گرد و رو	بجوشید و مغزش ازان تیره شد
بگویش که از گردش تیره روز	بیاراست بر دشت جای نبرد
ببینی چو آیی ز ما دستبرد	بنزدیک آن بدگمان باز شو
فرستاده‌ی شاه چون بازگشت	تو گشتی چنین شاد و گیتی فروز
زمین کوه تا کوه لشکر گرفت	بدانی که مردان کدامند و گرد

رزم کیخسرو با شاه مکران و گذشتن بر آب زره

بیاورد پیلان جنگی دویست	همه شهر مکران پرآواز گشت
از آواز اسبان و جوش سپاه	همه تیز و مکران سپه برگرفت

تو گفتی برآمد زمین بسمان — تو گفتی که اندر زمین جای نیست
طلایه بیامد بنزدیک شاه — همی ماه بر چرخ گم کرد راه
همه روی کشور درفشست و پیل — وگر گشت خورشید اندر نهان
بفرمود تا برکشیدند صف — که مکران سیه شد ز گرد سپاه
ز مکران طلایه بیامد بدشت — ببیند کنون شهریار از دو میل
نگهبان لشکر از ایران تخوار — گرفتند گوپال و خنجر بکفت
بیامد برآویخت با او بهم — همه شب همی گرد لشکر بگشت
بزد تیغ و او را بدونیم کرد — که بودی بنزدیک او رزم‌خوار
دو لشکر بران گونه صف برکشید — چو پیل سرافراز و شیر دژم
سپاه اندر آمد دو رویه چو کوه — دل شاه مکران پر از بیم کرد
بقلب اندر آمد سپهدار طوس — که از گرد شد آسمان ناپدید
بپیش اندرون کاویانی رفش — روده برکشیدند هر دو گروه
هوا پر ز پیکان شد و پر و تیر — جهان شد پر از ناله‌ی بوق و کوس
بقلب اندرون شاه مکران بخست — پس پشت گردان زرینه کفش
یکی گفت شاها سرش را بریم — جهان شد بکردار دریای قیر
سر شهریاران نبرد ز تن — وزآن خستگی جان او هم برست
برهنه نباید که گردد تنش — بدو گفت شاه اندرو ننگریم
یکی دخمه سازید مشک و گلاب — مگر نیز از تخمه‌ی اهرمن
بپوشید رویش بدیبای چین — بران هم نشان خسته در جوشنش
و زآن انجمن کشته شد ده هزار — چنانچون بود شاه را جای خواب
هزار و صد و چل گرفتار شد — که مرگ بزرگان بود همچنین
ببردند پیلان و آن خواسته — سواران و گردان خنجرگزار
بزرگان ایران توانگر شدند — سر زندگان پر ز تیمار شد
ازان پس دلیران پرخاشجوی — سراپرده و گاه آراسته
خروش زنان خاست از دشت و شهر — بسی نیز با تخت و افسر شدند
بدرهای شهر آتش اندر زدند — بتاراج مکران نهادند روی
بخستند زیشان فراوان بتیر — چشیدند زان رنج بسیار بهر
چو کم شد ازان انجمن خشم شاه — همی آسمان بر زمین برزدند
بفرمود تا اشکش تیز هوش — زن و کودک خرد کردند اسیر

کسی را نماند که زشتی کند بفرمود تا باز گردد سپاه
ازان شهر هر کس که بد پارسا بیارامد از غارت و جنگ و جوش
که ما بیگناهیم و بیچاره‌ایم وگر با نژندی درشتی کند
گر ایدونک بیند سر بی‌گناه بپوزش بیامد بر پادشا
ازیشان چو بشنید فرخنده شاه همیشه برنج ستمکاره‌ایم
خروشی برآمد ز پرده‌سرای ببخشد سزاوار باشد ز شاه
ازین پس گر آید ز جایی خروش بفرمود تا بانگ زد بر سپاه
ستمکارگان را کنم به دو نیم که ای پهلوانان فرخنده رای
جهاندار سالی بمکران بماند ز بیدادی و غارت و جنگ و جوش
چو آمد بهار و زمین گشت سبز کسی کو ندارد ز دادار بیم
چراگاه اسبان و جای شکار ز هر جای کشتی گرانرا بخواند
باشکش بفرمود تا با سپاه همه کوه پر لاله و دشت سبز
نجوید جز از خوبی و راستی بیاراست باغ از گل و میوه‌دار
و زآن شهر راه بیابان گرفت بمکران بباشد یکی چندگاه
چنان شد بفرمان یزدان پاک نیارد بکار اندرون کاستی
هوا پر ز ابر و زمین پر ز خوید همه رنجها بر دل آسان گرفت
خورشهای مردم ببردند پیش که اندر بیابان ندیدند خاک
بدشت اندرون سبزه و جای خواب جهانی پر از لاله و شنبلید
چو آمد بنزدیک آب زره بگردون بزیر اندرون گاومیش
همه چاره سازان دریا براه هوا پر ز ابر و زمین پر ز آب
بخشکی بکرد آنچ بایست کرد گشادند گردان میان از گره
بفرمود تا توشه برداشتند ز چین و زمکران همی برد شاه
جهاندار نیک اختر و راه‌جوری چو کشتی بب اندر افگند مرد
بران بندگی بر نیایش گرفت بیک ساله ره راه بگذاشتند
همی خواست از کردگار بلند برفت از لب آب با آب روی
همان ساز جنگ و سپاه ورا جهان آفرین را ستایش گرفت
همی گفت کای کردگار جهان کز آبش بخشکی برد بی‌گزند
نگهدار خشکی و دریاتوی بزرگان ایران و گاه ورا
نگه‌دار جان و سپاه مرا شناسنده‌ی آشکار و نهان

پرآشوب دریا ازان گونه بود	خدای ثری و ثریا توی
بشش ماه کشتی برفتی بب	همان تخت و گنج و کلاه مرا
بهفتم که نیمی گذشتی ز سال	کزو کس نرستی بدان برشخود
سر بادبان تیز برگاشتی	کزو ساختی هر کسی جای خواب
براهی کشیدیش موج مدد	شدی کژ و بی راه باد شمال
چنان خواست یزدان که باد هوا	چو برق درخشنده بگماشتی
شگفت اندران آب مانده سپاه	که ملاح خواندش فم الاسد
باب اندرون شیر دیدند و گاو	نشد کژ با اختر پادشا
همان مردم و مویها چون کمند	نمودی بانگشت هر یک بشاه
گروهی سران چون سر گاومیش	همی داشتی گاو با شیر تاو
یکی سر چو ماهی و تن چون نهنگ	همه تن پر از پشم چون گوسفند
نمودی همی این بدان آن بدین	دو دست از پس مردم و پای پیش
ببخشایش کردگار سپهر	یکی پای چون گور و تن چون پلنگ
گذشتند بر آب بر هفت ماه	بدادار بر خواندند آفرین
چو خسرو ز دریا بخشکی رسید	هوا شد خوش و باد ننمود چهر
بیامد بپیش جهان آفرین	که بادی نکرد اندریشان نگاه
برآورد کشتی و زورق ز آب	نگه کرد هامون جهان را بدید
بیابانش پیش آمد و ریگ و دشت	بمالید بر خاک رخ بر زمین
همه شهرها دید برسان چین	شتاب آمدش بود جای شتاب
بدان شهرها در بیاسود شاه	تن‌آسان بریگ روان برگذشت
سپرد آن زمین گیو را شهریار	زبانها بکردار مکران زمین
درشتی مکن با گنهکار نیز	خورش خواست چندی ز بهر سپاه
ازین پس ندرام کسی را بکس	بدو گفت بر خوردی از روزگار
ز لشکر یکی نامور برگزید	که بی رنج شد مردم از گنج و چیز
فرستاد نزدیک شاهان پیام	پرستش کنم پیش فریادرس
بیایند خرم بدین بارگاه	که گفتار هر کس بداند شنید
یکی سر نپیچید زان مهتران	که هر کس که او جوید آرام و کام
چو دیدار بد شاه بنواختشان	برفتند یکسر بفرمان شاه
پس از گنگ دژ باز جست آگهی	بدرگاه رفتند چون کهتران

چنین گفت گوینده‌ای زان گروه   بخورشید گردن برافراختشان
اگر بشمری سربسر نیک و بد   ز افراسیاب و ز تخت مهی
کنون تا برآمد ز دریای آب   که ایدر نه آبست پیشت نه کوه
ازان آگهی شاد شد شهریار   فزون نیست تا گنگ فرسنگ صد
دران مرزها خلعت آراستند   بگنگست با مردم افراسیاب
بفرمود تا بازگشتند شاه   شد آن رنجها بر دلش نیز خوار
بران سو که پور سیاوش براند   پس اسب جهاندیدگان خواستند
سپه را بیاراست و روزی بداد   سوی گنگ دژ رفت با آن سپاه
همی گفت هر کس که جوید بدی   ز بیداد مردم فراوان نماند
نباید که باشید یک تن بشهر   ز یزدان نیکی دهش کرد یاد
چهانجوی چون گنگ دژ را بدید   بپیچد ز باد افره ایزدی
پیاده شد از اسب و رخ بر زمین   گر از رنج یابد پی مور بهر
همی گفت کای داور داد و پاک   شد از آب دیده رخش ناپدید
که این باره‌ی شارستان پدر   همی کرد بر کردگار آفرین
سیاوش که از فر یزدان پاک   یکی بنده‌ام دل پر از ترس و باک
ستمگر بد آن کو ببد آخت دست   بدیدم برآورده از ماه سر
بران باره بگریست یکسر سپاه   چنین باره‌ای برکشید از مغاک
بدستت بداندیش بر کشته شد   دل هر کس از کشتن او بخست
پس آگاهی آمد بافراسیاب   ز خون سیاوش که بد بیگناه
شنیده همی داشت اندر نهفت   چنین تخم کین در جهان کشته شد
جهاندیدگان را هم آنجا بماند   که شاه جهاندار بگذاشت آب
چو کیخسرو آمد بگنگ اندرون   بیامد شب تیره با کس نگفت
بدید آن دل افروز باغ بهشت   دلی پر ز تیمار تنها براند
بهر گوشه‌ای چشمه و گلستان   سری پر ز تیمار دل پر ز خون
همی گفت هر کس که اینت نهاد   شمرهای او چون چراغ بهشت
وزان پس بفرمود بیدار شاه   زمین سنبل و شاخ بلبلستان
بجستند بر دشت و باغ و سرای   هم ایدر بباشیم تا مرگ شاد
همی رفت جوینده چون بیهشان   طلب کردن شاه توران سپاه
چو بر جستنش تیز بشتافتند   گرفتند بر هر سوی رهنمای

Shahnameh

بکشتند بسیار کس بی‌گناه   مگر زو بیابند جایی نشان
همی بود در گنگ دژ شهریار   فراوان ز کسهای او یافتند
جهان چون بهشتی دلاویز بود   نشانی نیامد ز بیداد شاه
برفتن همی شاه را دل نداد   یکی سال با رامش و میگسار
همه پهلوانان ایران سپاه   پر از گلشن و باغ و پالیز بود
که گر شاه را دل نجنبد ز جای   همی بود در گنگ پیروز و شاد
همانا بداندیش افراسیاب   برفتند یکسر بنزدیک شاه
چنان پیر بر گاه کاوس شاه   سوی شهر ایران نیایدش رای
گر او سوی ایران شود پر ز کین   گذشتست زان سو بدریای آب
گر او باز با تخت و افسر شود   نه اورنگ و فر و نه گنج و سپاه
ازان پس بایرانیان شاه گفت   که باشد نگهبان ایران زمین
ازان شارستان پس مهان را بخواند   همه رنج ما پاک بی‌بر شود
ازیشان کسی را که شایسته‌تر   که این پند با سودمندیست جفت
تنش را بخلعت بیاراستند   وزان رنج بردن فراوان براند
چنین گفت کایدر بشادی بمان   گرامی‌تر از شهر و بایسته‌تر
ببخشید چندانک بد خواسته   ز دژ باره‌ی مرزبان خواستند
همه شهر زیشان توانگر شدند   ز دل بر کن اندیشه‌ی بدگمان
بدانگه که بیدار گردد خروس   ز اسبان وز گنج آراسته
سپاهی شتابنده و راه‌جوی   چه با یاره و تخت و افسر شدند
همه نامداران هر کشوری   ز درگاه برخاست آوای کوس
خورشها ببردند نزدیک شاه   بسوی بیابان نهادند روی
براهی که لشکر همی برگذشت   برفتند هر جا که بد مهتری
بکوه و بیابان و جای نشست   که بود از در شهریار و سپاه
بزرگان ابا هدیه و با نثار   در و دشت یکسر چو بازار گشت
چو خلعت فراز آمدیشان ز گنج   کسی را نبد کس که بگشاد دست
پذیره شدش گیو با لشکری   پذیره شدندی بر شهریار
چو دید آن سر و فره‌ی سرفراز   نهشتی که با او برفتی برنج
جهاندار بسیار بنواختشان   و زآن شهر هر کس که بد مهتری
چو خسرو بنزدیک کشتی رسید   پیاده شد و برد پیشش نماز

دو هفته بر آن روی دریا بماند	برسم کیان جایگه ساختشان
چنین گفت هر کو ندیدست گنگ	فرود آمد و بادبان برکشید
بفرمود تا کار برساختند	ز گفتار با گیو چندی براند
شناسای کشتی هر آنکس که بود	نباید که خواهد بگیتی درنگ
بفرمود تا بادبان برکشید	دو زورق بب اندر انداختند
همان راه دریا بیک ساله راه	که بر ژرف دریا دلیری نمود
که آن شاه و لشکر بدین سو گذشت	بدریای بی‌مایه اندر کشید
سپهدار لشکر بخشکی کشید	چنان تیز شد باد در هفت ماه
خورش کرد و پوشش هم آنجا یله	که از باد کژ آستی تر نگشت
بفرمود دینار و خلعت ز گنج	ببستند کشتی و هامون بدید
وزان آب راه بیابان گرفت	بملاح و آنکس که کردی خله
چو آگاه شد اشکش آمد براه	ز گیتی کسی را که بردند رنج
پیاده شد از اسب و روی زمین	جهانی ازو مانده اندر شگفت
همه تیز و مکران بیاراستند	ابا لشکری ساخته پیش شاه
همه راه و بی‌راه آوای رود	ببوسید و بر شاه کرد آفرین
بدیوار دیبا برآویختند	ز هر جای رامشگران خواستند
بمکران هر آنکس که بد مهتری	تو گفتی هوا تار شد رود پود
برفتند با هدیه و با نثار	درم با شکر زیر پی ریختند
و زان مرز چندانک بد خواسته	وگر نامداری و کنداوری
ز اشکش پذیرفت شاه آنچ دید	بنزدیک پیروزگر شهریار
ورا کرد مهتر بمکران زمین	فراز آورید اشکش آراسته
چو آمد ز مکران و توران بچین	و زآن نامداران یکی برگزید
پذیره شدش رستم زال سام	بسی خلعتش داد و کرد آفرین
چو از دور کیخسرو آمد پدید	خود و سرفرازان ایران زمین
پیاده شد از باره بردش نماز	سپاهی گشاده دل و شاد کام
بگفت آن شگفتی که دید اندر آب	سوار سرفراز چترش کشید
بچین نیز مهمان رستم بماند	گرفتش ببر شاه گردن‌فراز
همی رفت سوی سیاوش گرد	ز گم بودن جادو افراسیاب
چو آمد بدان شارستان پدر	بیک هفته از چین بماچین براند

بجایی که گر سیوز بدنشان	بماه سفندار مذ روز ارد
سر شاه ایران بریدند خوار	دو رخساره پر آب و خسته جگر
همی ریخت برسر ازان تیره خاک	گروی بنفرین مردم کشان
بمالید رستم بران خاک روی	بیامد بدان جایگه شهریار
همی گفت کیخسرو ای شهریار	همی کرد روی و بر خویش چاک
نماندم زکین تومانند چیز	بنفرید برجان ناکس گروی
بپرداختم تخت افراسیاب	مراماندی در جهان یادگار
بر امید آن کش بچنگ آورم	برنج اندرم تا جهانست نیز
ازان پس بدان گنج بنهاد سر	ازین پس نه آرام جویم نه خواب
در گنج بگشاد و روزی بداد	جهان پیش او تار وتنگ آورم
برستم دو صد بدره دینار داد	که مادر بدو یاد کرد از پدر
چو بشنید گستهم نوذر که شاه	دو هفته دران شارستان بود شاد
پذیره شدش با سپاهی گران	همان گیو را چیز بسیار داد
چو از دور دید افسر و تاج شاه	بدان شارستان پدر کرد راه
همه یکسره خواندند آفرین	زایران بزرگان و کنداوران
بگستهم فرمود تا برنشست	پیاده فراوان بپیمود راه
کشیدند زان روی ببهشت گنگ	بران دادگر شهریار زمین
وفا چون درختی بود میوه‌دار	همه راه شادان و دستش بدثست
نیاسود یک تن ز خورد و شکار	سپه را بنزدیک شاه آب و رنگ
زترکان هرآنکس که بد سرفراز	همی هرزمانی نو آید ببار
برخشنده روز و بهنگام خواب	همان یک سواره همان شهریار
ازیشان کسی زو نشانی نداد	شدند ازنوازش همه بی‌نیاز
جهاندار یک شب سرو تن بشست	هم آگهی جست ز افراسیاب
همه شب بپیش جهان آفرین	نکردند ازو در جهان نیز یاد
همی گفت کین بنده ناتوان	بشد دور با دفتر زند و است
همه کوه و رود و بیابان و آب	همی بود گریان وسربر زمین
همی گفت کای داور دادگر	همیشه پر از درد دارد روان
که او راه تو دادگر نسپرد	نبینند نشانی ز افراسیاب
تو دانی که او نیست برداد و راه	تودادی مرانازش و زور و فر

مگر باشدم دادگر یک خدای کسی را زگیتی بکس نشمرد
تودانی که من خود سراینده‌ام بسی ریخت خون سربیگناه
بگیتی ازو نام و آواز نیست بنزدیک آن بدکنش رهنمای
اگر زو تو خشنودی ای دادگر پرستنده آفریننده‌ام
بکش در دل این آتش کین من ز من راز باشد ز تو راز نیست
ز جای نیایش بیامد بتخت مرابازگردان ز پیکار سر
همی بود یک سال در حصن گنگ ببین خویش آور آیین من
چو بودن بگنگ اندرون شد دراز جوان سرافراز و پیروز بخت
بگستهم نوذر سپرد آن زمین برآسود از جنبش و ساز جنگ
بی‌اندازه لشکر بگستهم داد بدیدار کاوسش آمد نیاز
بچین و بمکران زمین دست یاز ز قچغار تا پیش دریای چین
همی جوی ز افراسیاب آگهی بدو گفت بیدار دل باش و شاد
و زآن جایگه خواسته هرچ بود بهر سو فرستاده و نامه ساز
ز مشک و پرستار و زرین ستام مگر زو شود روی گیتی تهی
زگستردنیها و آلات چین ز دینار وز گوهر نابسود
ز گاوان گردونکشان چل هزار همان جامه و اسب و تخت وغلام
همی گفت هرگز کسی پیش ازین ز چیزی که خیزد ز مکران زمین
سپه بود چندانک برکوه و دشت همی راندپیش اندرون شهریار
چو دمدار برداشتی پیشرو ندید ونبد خواسته بیش ازین
بیامد بران هم نشان تا بچاج همی ده شب و روز لشکر گذشت
بسغد اندرون بود یک هفته شاه بمنزل رسیدی همی نو بنو
وزآنجا بشهر بخارا رسید بیاویخت تاج از برتخت عاج
بخورد و بیاسود و یک هفته بود همه سغد شد شاه را نیک خواه
بیامد خروشان بتشکده ز لشکر هوا را همی کس ندید
که تور فریدون برآورده بود دوم هفته با جامه نابسود
بگسترد بر موبدان سیم و زر غمی بود زان اژدهای شده
و زآن جایگه سر برفتن نهاد بدو اندرون کاخها کرده بود
بجیحون گذر کرد بر سوی بلخ برآتش پراگند چندی گهر

بازگشتن کیخسرو از توران به ایران

ببلخ اندرون بود یک ماه شاه — همی رفت با کام دل شاه شاد
بهر شهر در نامور مهتری — چشیده ز گیتی بسی شور و تلخ
ببستند آذین به بیراه و راه — سر ماه بر بلخ بگزید راه
همه بوم کشور بیاراستند — بماندی سرافراز بالشکری
درم ریختند از بر و زعفران — بجایی که بگذشت شاه و سپاه
بشهر اندرون هرک درویش بود — می و رود و رامشگران خواستند
درم داد مر هر یکی را ز گنج — چه دینار و مشک از کران تا کران
سر هفته را کرد آهنگ ری — وگر سازش از کوشش خویش بود
دو هفته بری نیز بخشید و خورد — پراگنده شد بدره پنجاه و پنج
هیونان فرستاد چندی ز ری — سوی پارس نزدیک کاوس کی
دل پیر زان آگهی تازه شد — سیم هفته آهنگ بغداد کرد
بایوانها تخت زرین نهاد — بنزدیک کاوس فرخنده‌پی
ببستند آذین بشهر وبه راه — تو گفتی که بر دیگر اندازه شد
پذیره شدندش همه مهتران — بخانه در آرایش چین نهاد
همه راه و بی راه گنبد زده — همه برزن و کوی و بازارگاه
همه مشک با گوهر آمیختند — بزرگان هر شهر وکنداوران
چو بیرون شد از شهر کاوس کی — جهان شد چو دیبا بزر آزده
سوی طالقان آمد و مرو رود — ز گنبد بسرها فرو ریختند
و زآن پس براه نشاپور شاه — ابا نامداران فرخنده‌پی
نیا را چو دید از کران شاه نو — جهان بود پربانگ و آوای رود
بروبرنیا برگرفت آفرین — بدیدند مر یکدگر را براه
همی گفت بی‌تو مبادا جهان — برانگیخت آن باره تندرو
که خورشید چون تو ندیدست شاه — ستایش سزای جهان آفرین
زجمشید تا بفریدون رسید — نه تخت بزرگی نه تاج مهان

نه زین سان کسی رنج برد از مهان
نه جوشن نه اسب و نه تخت و کلاه

که روشن جهان برتو فرخنده باد
سپهر و زمین چون تو شاهی ندید

سیاوش گرش روز باز آمدی
نه دید آشکارا نهان جهان

بدو گفت شاه این زبخت تو بود
دل وجان بدخواه تو کنده باد

زبرجد بیاورد و یاقوت و زر
بفر تو او رانیاز آمدی

بدین گونه تا تخت گوهرنگار
برومند شاخ درخت تو بود

بفرمود پس کانجمن را بخوان
همی ریخت بر تارک شاه بر

نشستند در گلشن زرنگار
بشد پایه ها ناپدید از نثار

همی گفت شاه آن شگفتی که دید
بایوان دیگر بیارای خوان

ز دریا و از گنگ دژ یادکرد
بزرگان پرمایه با شهریار

ازان خرمی دشت و آن شهر و راغ
بدریا در و نامداران شنید

بدو ماندکاوس کی در شگفت
لب نامداران پراز باد کرد

بدو گفت روز نو وماه نو
شمرهاو پالیزها چون چراغ

نه کس چون تواندر جهان شاه دید
ز کردارش اندازه‌ها برگرفت

کنون تا بدین اختری نو کنیم
چو گفتارهای نو و شاه نو

بیاراست آن گلشن زرنگار
نه این داستان گوش هر کس شنید

بیک هفته ز ایوان کاوس کی
بمردی همه یاد خسرو کنیم

بهشتم در گنج بگشاد شاه
می آورد یاقوت‌لب میگسار

بزرگان که بودند بااوبهم
همی موج برخاست از جام می

باندازه‌شان خلعت آراستند
همی ساخت آن رنج راپایگاه

برفتند هر کس سوی کشوری
برزم و ببزم وبشادی و غم

بپرداخت زان پس بکارسپاه
زگنج آنچ پرمایه‌تر خواستند

وزآن پس نشستند بی‌انجمن
سرافراز بانامور لشکری

چنین گفت خسرو بکاوس شاه
درم داد یک‌ساله از گنج شاه

بیابان و یک‌ساله دریا و کوه
نیا و جهانجوی با رای‌زن

بهامون و کوه و بدریای آب
جز از کردگار ازکه جوییم راه

گرو یک زمان اندر آید بگنگ
برفتیم با داغ دل یک گروه

همه رنج و سختی بپیش اندرست
نشانی ندیدیم ز افراسیاب

نیا چون شنید از نبیره سخن
سپاه آرد از هر سویی بیدرنگ

بدو گفت ما همچنین بردو اسب / اگر چندمان دادگر یاورست
سر و تن بشوییم با پا و دست / یکی پند پیرانه افگند بن
ابا باژ با کردگار جهان / بتازیم تا خان آذرگشسب
بباشیم بر پیش آتش بپای / چنانچون بودمرد یزدان پرست
بجایی که او دارد آرامگاه / بدو برکنیم آفرین نهان
برین باژ گشتند هر دو یکی / مگر پاک یزدان بود رهنمای
نشستند با باژ هر دو براسب / نماید نماینده داد راه
پراز بیم دل یک بیک پرامید / نگردیدیک تن ز راه اندکی
چو آتش بدیدند گریان شدند / دوان تا سوی خان آذرگشسب
بدان جایگه زار و گریان دو شاه / برفتند با جامه‌های سپید
جهان‌آفرین را همی خواندند / چو بر آتش تیز بریان شدند
چو خسرو بب مژه رخ بشست / ببودند بادرد و فریاد خواه
بیک هفته بر پیش یزدان بدند / بدان موبدان گوهر افشاندند
که آتش بدان گاه محراب بود / برافشاند دینار بر زند و است
اگر چند اندیشه گردد دراز / مپندار کتش پرستان بدند
بیک ماه در آذرابادگان / پرستنده را دیده پرآب بود
ازان پس چنان بد که افراسیاب / هم از پاک یزدان نه‌ای بی‌نیاز
نه ایمن بجان و نه تن سودمند / ببودند شاهان و آزادگان
همی از جهان جایگاهی بجست / همی بود هر جای بی‌خورد و خواب
بنزدیک بردع یکی غار بود / هراسان همیشه ز بیم گزند
ندید ازبرش جای پرواز باز / که باشد بجان ایمن و تن‌درست
خورش برد وز بیم جان جای ساخت / سرکوه غار از جهان نابسود
زهر شهر دور و بنزدیک آب / نه زیرش پی شیر و آن گراز
همی بود چندی بهنگ اندرون / بغار اندرون جای بالای ساخت
چو خونریز گردد سرافراز / که خوانی ورا هنگ افراسیاب
یکی مرد نیک اندران روزگار / ز کرده پشیمان و دل پرزخون
پرستار با فر و برزکیان / بتخت کیان برنماند دراز
پرستشگهش کوه بودی همه / ز تخم فریدون آموزگار
کجا نام این نامور هوم بود / بهر کار با شاه‌بسته میان

یکی کاخ بود اندران برز کوه ز شادی شده دور و دور از رمه
پرستشگهی کرده پشمینه پوش پرستنده دور از بروبوم بود
که شاها سرانامور مهترا بدو سخت نزدیک و دور از گروه
همه ترک و چین زیر فرمان تو زکافش یکی ناله آمد بگوش
یکی غار داری ببهره بچنگ بزرگان و برداوران داورا
کجات آن همه زور ومردانگی رسیده بهر جای پیمان تو
کجات آن بزرگی و تخت و کلاه کجات آن سرتاج و مردان جنگ
که اکنون بدین تنگ غار اندری دلیری ونیروی و فرزانگی
بترکی چو این ناله بشنید هوم کجات آن بروبوم و چندان سپاه
چنین گفت کین ناله هنگام خواب گریزان بسنگین حصار اندری
چو اندیشه شد بر دلش بر درست پرستش رهاکردو بگذاشت بوم
زکوه اندر آمد بهنگام خواب نباشد مگر آن افراسیاب
بیامد بکردار شیر ژیان در غار تاریک چندی بجست
کمندی که بر جای زنار داشت بدید آن در هنگ افراسیاب
بهنگ اندرون شد گرفت آن بدست زپشمینه بگشاد گردی میان
همی رفت واو را پس اندر کشان کجا در پناه جهاندار داشت
شگفت ار بمانی بدین در رواست چو نزدیک شد بازوی او ببست
جز از نیک‌نامی نباید گزید همی تاخت با رنج چون بیهشان
زگیتی یک عار بگزید راست هرآنکس که او بر جهان پادشاست
چو آن شاه راهوم بازو ببست بباید چمید و بباید چرید
بدو گفت کای مرد باهوش و باک چه دانست کان غار هنگ بلاست
چه خواهی زمن من کییم درجهان همی بردش از جایگاه نشست
بدو گفت هوم این نه آرام تست پرستار دارنده یزدان پاک
زشاهان گیتی برادر که کشت نشسته بدین غار باندهان
چو اغریرث و نوذر نامدار جهانی سراسر پراز نام تست
تو خون سربیگناهان مریز که شد نیز با پاک یزدان درشت
بدو گفت کاندر جهان بیگناه سیاوش که بد در جهان یادگار
چنین راند برسر سپهر بلند نه اندر بن غار بی‌بن گریز
زفرمان یزدان کسی نگذرد کرادانی ای مردبا دستگاه

ببخشای بر من که بیچاره‌ام   که آید زمن درد ورنج و گزند
نبیره فریدون فرخ منم   وگردیده اژدها بسپرد
کجابرد خواهی مرابسته خوار   وگر چند بر خود ستمکاره‌ام
بدو گفت هوم ای بد بدگمان   زبند کمندت همی بگسلم
سخنهات چون گلستان نوست   نترسی ز یزدان بروزشمار
بپیچد دل هوم را زان گزند   همانا فراوان نماندت زمان
بدانست کان مرد پرهیزگار   تراهوش بردست کیخروست
بپیچد وزو خویشتن درکشید   برو سست کرد آن کیانی کمند
چنان بد که گودرز کشوادگان   ببخشود بر ناله شهریار
گرازان و پویان بنزدیک شاه   بدریا درون جست و شد ناپدید
بچشم آمدش هوم با آن کمند   همی رفت باگیو و آزادگان
همان گونه آب را تیره دید   بدریا درون کرد چندی نگاه
بدل گفت کین مرد پرهیزگار   نوان برلب آب برمستمند
نهنگی مگر دم ماهی گرفت   پرستنده را دیدگان خیره دید
بدو گفت کای مرد پرهیزگار   زدریای چیچست گیرد شکار
ازین آب دریا چه جویی همی   بدیدار ازو مانده اندر شگفت
بدو گفت هوم ای سرافراز مرد   نهانی چه داری بکن آشکار
یکی جای دارم بدین تیغ کوه   مگر تیره تن را بشویی همی
شب تیره بر پیش یزدان بدم   نگه کن یکی اندرین کارکرد
بدانگه که خیزد ز مرغان خروش   پرستشگه بنده دور از گروه
همانگه گمان برد روشن دلم   همه شب زیزدان پرستان بدم
بدین گونه آوازم هنگام خواب   یکی ناله زارم آمد بگوش
بجستن گرفتم همه کوه و غار   که من بیخ کین از جهان بگسلم
دو دستش بزنار بستم چو سنگ   نشاید که باشد جز افراسیاب
ز کوه اندر آوردمش تازیان   بدیدم در هنگ آن سوگوار
ز بس ناله و بانگ و سوگند اوی   بدان سان که خونریز بودش دو چنگ
بدین جایگه در ز چنگم بجست   خروشان و نوحه‌زنان چون زنان
بدین آب چیچست پنهان شدست   یکی سست کردم همی بند اوی
چو گودرز بشنید این داستان   دل و جانم از رستن او بخست

از آنجا بشد سوی آتشکده
بگفتم ترا راست چونانک هست

نخستین برآتش ستایش گرفت
بیادآمدش گفته راستان

بپردخت و بگشاد راز از نهفت
چنانچون بود مردم دلشده

همانگه نشستند شاهان براسب
جهان‌آفرین را نیایش گرفت

پراندیشه شد زان سخن شهریار
همان دیده برشهریاران بگفت

چو هوم آن سرو تاج شاهان بدید
برفتند زایوان آذر گشسب

همه شهریاران برو آفرین
بیامد بنزدیک پرهیزگار

چنین گفت باهوم کاوس شاه
بریشان بداد آفرین گسترید

که دیدم رخ مردان یزدان‌پرست
همی خواندند از جهان‌آفرین

چنین داد پاسخ پرستنده هوم
به یزدان سپاس و بدویم پناه

بدین شاه‌نوروز فرخنده باد
توانا و بادانش و زور دست

پرستنده بودم بدین کوهسار
به آباد بادا بداد تو بوم

همی خواستم تا جهان‌آفرین
دل بدسگالان او کنده باد

چو باز آمد او شاد و خندان شدم
که بگذشت برگنگ دژ شهریار

سروش خجسته شبی ناگهان
بدو دارد آباد روی زمین

ازین غار بی‌بن برآمدخروش
نیایش کنان پیش یزدان شدم

کسی زار بگریست برتخت عاج
بکرد آشکارا بمن برنهان

ز تیغ آمدم سوی آن غار تنگ
شنیدم نهادم بواز گوش

بدیدم سر و گوش افراسیاب
چه بر کشور و لشکر و تیغ وتاج

ببند کمندش ببستم چو سنگ
کمندی که زنار بودم بچنگ

بخواهش بدو سست کردم کمند
درو ساخته جای آرام و خواب

بب اندرست این زمان ناپدید
کشیدمش بیچاره زان جای تنگ

ورا گر ببرد باز گیرد سپهر
چو آمد برآب بگشاد بند

چو فرماند دهد شهریار بلند
پی او ز گیتی بباید برید

بیارند بر کتف او خام گاو
بجنبد بگرسیوزش خون و مهر

چو آواز او یابد افراسیاب
برادرش را پای کرده ببند

بفرمود تا روزبانان در
بدوزند تاگم کند زور وتاو

ببردند گرسیوز شوم را
همانا برآید ز دریای آب

بدژخیم فرمود تا برکشید
برفتند باتیغ و گیلی سپر

همی دوخت برکتف او خام گاو	که آشوب ازو بد بر و بوم را
برو پوست بدرید و زنهار خواست	زرخ پرده شوم رابردرید
چو بشنید آوازش افراسیاب	چنین تانماندش بتن هیچ تاو
بدریا همی کرد پای آشناه	جهان آفرین را همی یار خواست
ز خشکی چو بانگ برادر شنید	پر از درد گریان برآمد ز آب
چو گرسیوز او را بدید اندر آب	بیامد بجایی که بد پایگاه
فغان کرد کای شهریار جهان	برو بتر آمد ز مرگ آنچ دید
کجات آن همه رسم و آیین و گاه	دو دیده پر از خون و دل پر شتاب
کجات آن همه دانش و زور دست	سر نامداران و تاج مهان
کجات آن برزم اندرون فر و نام	کجات آن سر تاج و چندان سپاه
که اکنون بدریا نیاز آمدت	کجات آن بزرگان خسروپرست
چو بشنید بگریست افراسیاب	کجات آن ببزم اندرون کام و جام
چنی اد پاسخ که گرد جهان	چنین اختر دیرساز آمدت
کزین بخشش بد مگر بگذرم	همی ریخت خونین سرشک اندر آب
مرا زندگانی کنون خوار گشت	بگشتم همی آشکار و نهان
نبیره‌ی فریدون و پور پشنگ	ز بد بتر آمد کنون بر سرم
همی پوست درند بر وی بچرم	روانم پر از درد و تیمار گشت
زبان دو مهتر پر از گفت و گوی	برآویخته سر بکام نهنگ
چو یزدان پرستنده او را بدید	کسی را نبینم بچشم آب شرم
ز راه جزیره برآمد یکی	روان پرستنده پر جست و جوی
گشاد آن کیانی کمند از میان	چنان نوحه‌ی زار ایشان شنید
بینداخت آن گرد کرده کمند	چو دیدش مر او را ز دور اندکی
بخشکی کشیدش ز دریای آب	دو تایی بیامد چو شیر ژیان
گرفته ورا مرد دیندار دست	سر شهریار اندر آمد ببند
سپردش بدیشان و خود بازگشت	بشد توش و هوش از رد افراسیاب
بیامد جهاندار با تیغ تیز	بخواری ز دریا کشید و ببست
چنین گفت بی‌دولت افراسیاب	تو گفتی که با باد انباز گشت
سپهر بلند ار فراوان کشید	سری پر ز کینه دلی پر ستیز
بواز گفت ای بد کینه جوی	که این روز را دیده بودم بخواب

چنین داد پاسخ که ای بدکنش	همان پرده‌ی رازها بردرید
ز جان برادرت گویم نخست	چراکشت خواهی نیا را بگوی
دگر نوذر آن نامور شهریار	سزاوار پیغاره و سرزنش
زدی گردنش را بشمشیر تیز	که هرگز بلای مهان را نجست
سه دیگر سیاوش که چون او سوار	که از تخم ایرج بد او یادگار
بریدی سرش چون سر گوسفند	برانگیختی از جهان رستخیز
بکردار بد تیز بشتافتی	نبیند کسی از مهان یادگار
بدو گفت شاها ببود آنچ بود	همی برگذشتی ز چرخ بلند
بمان تا مگر مادرت را بجان	مکافات آن بد کنون یافتی
بدو گفت گر خواستی مادرم	کنون داستانم بباید شنود
پدر بیگنه بود و من در نهان	ببینم پس این داستانها بخوان
سر شهریاری ربودی که تاج	چرا آتش افروختی بر سرم
کنون روز بادا فره ایزدیست	چه رفت از گزند تو اندر جهان
بشمشیر هندی بزد گردنش	بدو زار گریان شد و تخت عاج
ز خون لعل شد ریش و موی سپید	مکافات بد را ز یزدان بدیست
تهی ماند زو گاه شاهنشهی	بخاک اندر افگند نازک تنش
ز کردار بد بر تنش بد رسید	برادرش گشت از جهان ناامید
چو جویی بدانی که از کار بد	سرآمد برو روزگار مهی
سپهبد که با فر یزدان بود	مجو ای پسر بند بد را کلید
چو خونریز گردد بماند نژند	بفرجام بر بدکنش بد رسد
چنین گفت موبد ببهرام تیز	همه خشم او بند و زندان بود
چو خواهی که تاج تو ماند بجای	مکافات یابد ز چرخ بلند
نگه کن که خود تاج با سر چه گفت	که خون سر بیگناهان مریز
بگرسیوز آمد ز کار نیا	مبادی جز آهسته و پاکرای
کشیدندش از پیش دژخیم زار	که با مغزت ای سر خرد باد جفت
ابا روزبانان مردم‌کشان	دو رخ زرد و یک دل پر از کیمیا
چو در پیش کیخسرو آمد بدرد	ببند گران و ببد روزگار
شهنشاه ایران زبان برگشاد	چنانچون بود مردم بدنشان
ز تور و فریدون و سلم سترگ	بباريد خون بر رخ لاژورد

بدژخیم فرمود تا تیغ تیز	و زآن تشت و خنجر بسی کرد یاد
میان سپهبد بدو نیم کرد	ز ایرج که بد پادشاه بزرگ
بهم برفگندندشان همچو کوه	کشید و بیامد دلی پر ستیز
ز یزدان چو شاه آرزوها بیافت	سپه را همه دل پر از بیم کرد
بسی زر بر آتش برافشاندند	ز هر سو بدور ایستاده گروه
ببودند یک روز و یک شب بپای	ز دریا سوی خان آذر شتافت
چو گنجور کیخسرو آمد زرسب	بزمزم همی آفرین خواندند
بران موبدان خلعت افگند نیز	بپیش جهاندآور رهنمای
بشهر اندرون هرک درویش بود	ببخشید گنجی بر آذرگشسب
بران نیز گنجی پراگنده کرد	درم داد و دینار و بسیار چیز
ازان پس بتخت کیان برنشست	وگر خوردش از کوشش خویش بود
نبشتند نامه بهر کشوری	جهانی بداد و دهش بنده کرد
ز خاور بشد نامه تا باختر	در بار بگشاد و لب را ببست
که روی زمین از بد اژدها	بهر نامداری و هر مهتری
بنیروی یزدان پیروزگر	بجایی که بد مهتری با گهر
روان سیاوش را زنده کرد	بشمشیر کیخسرو آمد رها
همی چیز بخشید درویش را	نیاسود و نگشاد هرگز کمر
ازان پس چنین گفت شاه جهان	جهان را بداد و دهش بنده کرد
زن و کودک خرد بیرون برید	پرستنده و مردم خویش را
بپردخت زان پس برامش نهاد	که ای نامداران فرخ مهان
هرآنکس که بود از نژاد زرسب	خورشها و رامش بهامون برید
چهل روز با شاه کاوس کی	برفتند گردان خسرو نژاد
چو رخشنده شد بر فلک ماه نو	بیامد بایوان آذرگشسب
بزرگان سوی پارس کردند روی	همی بود با رامش و رود و می
بهر شهر کاندر شدندی ز راه	ز زر افسری بر سر شاه نو
گشادی سر بدره‌ها شهریار	برآسوده از رزم وز گفت و گوی
چو با ایمنی گشت کاوس جفت	شدی انجمن مرد بر پیشگاه
چنین گفت کای برتر از روزگار	توانگر شدی مرد پرهیزگار

۸۷۳

سپری شدن روزگار کاووس

ز تو یافتم فر و اورنگ و بخت — همه راز دل پیش یزدان بگفت
تو کردی کسی را چو من بهرمند — تو باشی بهر نیکی آموزگار
ز تو خواستم تا بکی کینه‌ور — بزرگی و دیهیم و هم تاج و تخت
نبیره بدیدم جهانبین خویش — ز گنج و ز تخت و ز نام بلند
جهانجوی با فر و برز و خرد — بکین سیاوش ببندد کمر
چو سالم سه پنجاه بر سر گذشت — بفرهنگ و تدبیر و آیین خویش
همان سرو یازنده شد چون کمان — ز شاهان پیشینگان بگذرد
بسی برنیامد برین روزگار — سر موی مشکین چو کافور گشت
جهاندار کیخسرو آمد بگاه — ندارم گران گر سرآید زمان
از ایرانیان هرک بد نامجوی — کزو ماند نام از جهان یادگار
همه جامه‌هاشان کبود و سیاه — نشست از بر زیرگه با سپاه
ز بهر ستودانش کاخی بلند — پیاده برفتند بی‌رنگ و بوی
ببردند پس نامداران شاه — دو هفته ببودند با سوگ شاه
برو تافته عود و کافور و مشک — بکردند بالای او ده کمند
نهادند زیراندرش تخت عاج — دبیقی و دیبای رومی سیاه
چو برگشت کیخسرو از پیش تخت — تنش را بدو در بکردند خشک
کسی نیز کاوس کی را ندید — بسربر ز کافور وز مشک تاج
چنینست رسم سرای سپنج — در خوابگه را ببستند سخت
نه دانا گذر یابد از چنگ مرگ — ز کین و ز آوردگاه آرمید
اگر شاه باشی وگر زردهشت — نمانی درو جاودانه مرنج
چنان دان که گیتی ترا دشمنست — نه جنگ‌آوران زیر خفتان و ترگ
چهل روز سوگ نیا داشت شاه — نهالی ز خاکست و بالین ز خشت
پس آنگه نشست از بر تخت عاج — زمین بستر و گور پیراهنست

نا امید شدن کیخسرو از پادشاهی

سپاه انجمن شد بدرگاه شاه / ز شادی شده دور وز تاج و گاه
بشاهی برو آفرین خواندند / بسر برنهاد آن دل‌افروز تاج
یکی سور بد در جهان سربسر / ردان و بزرگان زرین کلاه
برین گونه تا سالیان گشت شست / بران تاج بر گوهر افشاندند
پراندیشه شد مایه‌ور جان شاه / چو بر تخت بنشست پیروزگر
همی گفت ویران و آباد بوم / جهان شد همه شاه را زیردست
هم از خاوران تا در باختر / ازان رفتن کار و آن دستگاه
سراسر ز بدخواه کردم تهی / ز چین و ز هند و توران و روم
جهان از بداندیش بی‌بیم شد / ز کوه و بیابان وز خشک و تر
ز یزدان همه آرزو یافتم / مرا گشت فرمان و گاه مهی
روانم نباید که آرد منی / دل اهرمن زین به دو نیم شد
شوم همچو ضحاک تازی و جم / وگر دل همه سوی کین تافتم
بیک سو چو کاوس دارم نیا / بداندیشی و کیش آهرمنی
چو کاوس و چون جادو افراسیاب / که با سلم و تور اندر آیم بزم
بیزدان شوم یک زمان ناسپاس / دگر سو چو توران پر از کیمیا
ز من بگسلد فره ایزدی / که جز روی کژی ندیدی بخواب
ازان پس بران تیرگی بگذرم / بروشن روان اندر آرم هراس
بگیتی بماند ز من نام بد / گر آیم بکژی و راه بدی
تبه گرددم چهر و رنگ رخان / بخاک اندر آید سر و افسرم
هنر کم شود ناسپاسی بجای / همان پیش یزدان سرانجام بد
گرفته کسی تاج و تخت مرا / بریزد بخاک اندرون استخوان
ز من نام ماند بدی یادگار / روان تیره گردد بدیگر سرای
من اکنون چو کین پدر خواستم / بپای اندر آورده بخت مرا
بکشتم کسی را که بایست کشت / گل رنجهای کهن گشته خار

بباد و ویران درختی نماند
جهانی بخوبی بیاراستم

بزرگان گیتی مرا کهترند
که بد کژ و با راه یزدان درشت

سپاسم ز یزدان که او داد فر
که منشور تخت مرا برنخواند

کنون آن به آید که من راه‌جوی
وگر چند با گنج و با افسرند

مگر هم بدین خوبی اندر نهان
همان گردش اختر و پای و پر

روانم بدان جای نیکان برد
شوم پیش یزدان پر از آب روی

نیابد کسی زین فزون کام و نام
پرستنده‌ی کردگار جهان

رسیدیم و دیدیم راز جهان
که این تاج و تخت مهی بگذرد

کشاورز دیدیم گر تاجور
بزرگی و خوبی و آرام و جام

بسالار نوبت بفرمود شاه
بد و نیک هم آشکار و نهان

ورا بازگردان بنیکو سخن
سرانجام بر مرگ باشد گذر

ببست آن در بارگاه کیان
که هر کس که آید بدین بارگاه

ز بهر پرستش سر وتن بشست
همه مردمی جوی و تندی مکن

بپوشید پس جامه‌ی نو سپید
خروشان بیامد گشاده‌میان

بیامد خرامان بجای نماز
بشمع خرد راه یزدان بجست

همی گفت کای برتر از جان پاک
نیایش کنان رفت دل پر امید

مرا بین و چندی خرد ده مرا
همی گفت با داور پاک راز

ترا تا بباشم نیایش کنم
برآرنده‌ی آتش از تیره خاک

بیامرز رفته گناه مرا
هم اندیشه‌ی نیک و بد ده مرا

بگردان ز جانم بد روزگار
بدین نیکویها فزایش کنم

بدان تا چو کاوس و ضحاک و جم
ز کژی بکش دستگاه مرا

چو بر من بپوشد در راستی
همان چاره‌ی دیو آموزگار

بگردان ز من دیو را دستگاه
نگیرد هوا بر روانم ستم

نگه‌دار بر من همین راه و سان
بنیرو شود کژی و کاستی

شب و روز یک هفته بر پای بود
بدان تا ندارد روانم تباه

سر هفته را گشت خسرو نوان
روانم بدان جای نیکان رسان

بهشتم ز جای پرستش برفت
تن آنجا و جانش دگر جای بود

همه پهلوانان ایران سپاه
بجای پرستش نماندش توان

ازان نامداران روز نبرد
بر تخت شاهی خرامید تفت

Shahnameh

چو بر تخت شد نامور شهریار	شگفتی فرومانده از کار شاه
بفرمود تا پرده برداشتند	همی هر کسی دیگر اندیشه کرد
برفتند با دست کرده بکش	بیامد بدرگاه سالار بار
چو طوس و چو گودرز و گیو دلیر	سپه را ز درگاه بگذاشتند
چو دیدند بردند پیشش نماز	بزرگان پیل افکن شیرفش
که شاها دلیرا گوا داورا	چو گرگین و بیژن چو رهام شیر
چو تو شاه ننشست بر تخت عاج	ازان پس همه برگشادند راز
فرازنده‌ی نیزه و تیغ و اسب	جهاندار و بر مهتران مهترا
نترسی ز رنج و ننازی بگنج	فروغ از تو گیرد همی مهر و تاج
همه پهلوانان ترا بنده‌ایم	فروزنده‌ی فرخ آذرگشسب
همه دشمنان را سپردی بخاک	بگیتی ز گنجت فزونست رنج
بهر کشوری لشکر و گنج تست	سراسر بدیدار تو زنده‌ایم
ندانیم کاندیشه‌ی شهریار	نماندت بگیتی ز کس بیم و باک
ترا زین جهان روز برخوردنست	بجایی که پی برنهی رنج تست
گر از ما بچیزی بیازرد شاه	چرا تیره شد اندرین روزگار
بگوید بما تا دلش خوش کنیم	نه هنگام تیمار و پژمردنست
وگر دشمنی دارد اندر نهان	از آزار او نیست ما را گناه
همه تاجداران که بودند شاه	پر از خون دل و رخ بر آتش کنیم
که گر سر ستانند و گر سر دهند	بگوید بما شهریار جهان
نهانی که دارد بگوید بما	بدین داشتند ارج گنج و سپاه
بدیشان چنین گفت پس شهریار	چو ترگ دلیران بسر برنهند
بگیتی ز دشمن مرا نیست رنج	همان چاره‌ی آن بجوید ز ما
نه آزار دارم ز کار سپاه	که با کس ندارید کس کارزار
ز دشمن چو کین پدر خواستم	نشد نیز جایی پراکنده گنج
بگیتی پی خاک تیره نماند	نه اندر شما هست مرد گناه
شما تیغها در نیام آورید	بداد وبدین گیتی آراستم
بجای چرنگ کمان نای و چنگ	که مهر نگین مرا برنخواند
بیک هفته من پیش یزدان بپای	می سرخ و سیمینه جام آورید
یکی آرزو دارم اندر نهان	بسازید با باده و بوی و رنگ

بگویم گشاده چو پاسخ دهید	ببودم به اندیشه و پاکرای
شما پیش یزدان نیایش کنید	همی خواهم از کردگار جهان
که او داد بر نیک و بد دستگاه	بپاسخ مرا روز فرخ نهید
ازان پس بمن شادمانی کنید	برین کام و شادی ستایش کنید
بدانید کین چرخ ناپایدار	ستایش مر او را که بنمود راه
همی بدرود پیر و برنا بهم	ز بدها روان بی‌گمانی کنید
همه پهلوانان ز نزدیک شاه	نداند همی کهتر از شهریار
بسالار بار آن زمان گفت شاه	ازو داد بینیم و زو هم ستم
کسی را مده بار در پیش من	برون آمدند از غمان جان تباه
بیامد بجای پرستش بشب	که بنشین پس پرده‌ی بارگاه
همی گفت ای برتر از برتری	ز بیگانه و مردم خویش من
تو باشی بمینو مرا رهنمای	بدادار دارنده بگشاد لب
نکردی دلم هیچ نایافته	فزاینده‌ی پاکی و مهتری
چو یک هفته بگذشت ننمود روی	مگر بگذرم زین سپنجی سرای
همه پهلوانان شدند انجمن	روان جای روشن دلان تافته
چو گودرز و چون طوس نوذرنژاد	برآمد یکی غلغل و گفت و گوی
ز کردار شاهان برتر منش	بزرگان فرزانه و رای زن
همه داستانها زدند از مهان	سخن رفت چندی ز بیداد و داد
پدر گیو را گفت کای نیکبخت	ز یزدان پرستان وز بدکنش
از ایران بسی رنج برداشتی	بزرگان و فرزانگان جهان
بپیش آمد اکنون یکی تیره کار	همیشه پرستنده‌ی تاج و تخت
بباید شدن سوی زابلستان	بر و بوم و پیوند بگذاشتی
بزابل برستم بگویی که شاه	که آن را نشاید که داریم خوار
در بار بر نامداران ببست	سواری فرستی بکابلستان
بسی پوزش و خواهش آراستیم	ز یزدان بپیچید و گم کرد راه
فراوان شنید ایچ پاسخ نداد	همانا که با دیو دارد نشست
بترسیم کو هیچو کاوس شاه	همی زان سخن کام او خواستیم
شما پهلوانید و داناتریاد	دلش خیره بینیم و سر پر ز باد
کنون هرک اوهست پاکیزه‌رای	شود کژ و دیوش بپیچد ز راه

ستاره‌شناسان کابلستان
بیارید زین در یکی انجمن
شد این پادشاهی پر از گفت و گوی
فگندیم هرگونه رایی ز بن
سخنهای گودرز بشنید گیو
برآشفت و اندیشه اندر گرفت
چو نزدیک دستان و رستم رسید
غمی گشت پس نامور زال گفت
برستم چنین گفت کز بخردان
ز زابل بخوان و ز کابل بخواه
شدند انجمن موبدان و ردان
همه سوی دستان نهادند روی
جهاندار برپای بد هفت روز
ز در پرده برداشت سالار بار
همه پهلوانان ابا موبدان
فراوان ببودند پیشش بپای
جهاندار چون دید بنداختشان
ازان نامداران خسروپرست
گشادند لب کی سپهر روان
توانایی و فر شاهی تراست
همه بودنیها بروشن‌روان
همه بندگانیم در پیش شاه
ارغم ز دریاست خشکی کنیم
وگر کوه باشد ز بن برکنیم
وگر چاره‌ی این برآید بگنج
همه پاسبانان گنج توایم
چنین داد پاسخ جهاندار باز
ولیکن ندارم همی دل برنج
نه در کشوری دشمن آمد پدید

بهر بودنی بر تواناترید
ز قنوج وز دنور و مرغ و مای
همه پاکریان زابلستان
بایران خرامید با خویشتن
چو پوشید خسرو ز ما رای و روی
ز دستان گشاید همی این سخن
ز لشکر گزین کرد مردان نیو
ز ایران ره سیستان برگرفت
بگفت آن شگفتی که دید و شنید
که گشتیم با رنج بسیار جفت
ستاره‌شناسان و هم موبدان
بدان تا بیایند با ما براه
ستاره‌شناسان و هم بخردان
ز زابل به ایران نهادند روی
بهشتم چو بفروخت گیتی‌فروز
نشست از بر تخت زر شهریار
برفتند نزدیک شاه جهان
بزرگان با دانش و رهنمای
برسم کیان پایگه ساختشان
کس از پای ننشست و نگشاد دست
جهاندار باداد و روشن‌روان
ز خورشید تا پشت ماهی تراست
بدانی بکردار و دانش جوان
چه کردیم و بر ما چرا بست راه
همه چادر خاک مشکی کنیم
بخنجر دل دشمنان بشکنیم
نبینند ز گنج درم نیز رنج
پر از درد گریان ز رنج توایم
که از پهلوانان نیم بی‌نیاز

یکی آرزو خواست روشن دلم
ز نیروی دست و ز مردان و گنج

بدان آرزو دارم اکنون امید
که تیمار آن بد بباید کشید

چه یابم بگویم همه راز خویش
همی دل آن آرزو نگسلم

شما بازگردید پیروز و شاد
شب تیره تا گاه روز سپید

همه پهلوانان آزادمرد
برآرم نهان کرده آواز خویش

چو ایشان برفتند پیروز شاه
بد اندیشه بر دل مدارید یاد

فروهشت و بنشست گریان بدرد
برو خواندند آفرینی بدرد

جهاندار شد پیش برتر خدای
بفرمود تا پرده‌ی بارگاه

همی گفت کای کردگار سپهر
همی بود پیچان و رخ لاژورد

ازین شهریاری مرا سود نیست
همی خواست تا باشدش رهنمای

ز من نیکوی گر پذیرفت و زشت
فروزنده‌ی نیکی و داد و مهر

چنین پنج هفته خروشان بپای
گر از من خداوند خشنود نیست

شب تیره از رنج نغنود شاه
نشستن مرا جای ده در بهشت

بخفت او و روشن روانش نخفت
همی بود بر پیش گیهان خدای

چنان دید در خواب کو را بگوش
بدانگه که برزد سر از برج ماه

که ای شاه نیک‌اختر و نیک‌بخت
که اندر جهان با خرد بود جفت

اگر زین جهان تیز بشتافتی
نهفته بگفتی خجسته سروش

بهمسیایگی داور پاک جای
بسودی بسی یاره و تاج و تخت

چو بخشی بارزانیان بخش گنج
کنون آنچ جستی همه یافتی

توانگر شوی گر تو درویش را
بیابی بدین تیرگی در مپای

کسی گردد ایمن ز چنگ بلا
کسی را سپار این سرای سپنج

هرآنکس که از بهر تو رنج برد
کنی شادمان مردم خویش را

چو بخشی بارزانیان بخش چیز
که یابد رها زین دم اژدها

سر تخت را پادشاهی گزین
چنان دان که آن از پی گنج برد

چو گیتی ببخشی میاسای هیچ
که ایدر نمانی تو بسیار نیز

چو بیدار شد رنج دیده ز خواب
که ایمن بود مور ازو بر زمین

همی بود گریان و رخ بر زمین
که آمد ترا روزگار بسیج

همی گفت گر تیز بشتافتم
ز خوی دید جای پرستش پرآب

بیامد بر تخت شاهی نشست
همی خواند بر کردگار آفرین

Shahnameh

بپوشید و بنشست بر تخت عاج	ز یزدان همه کام دل یافتم
سر هفته را زال و رستم بهم	یکی جامه‌ی نابسوده بدست
چو ایرانیان آگهی یافتند	جهاندار بی‌یاره و گرز و تاج
چو رستم پدید آمد و زال زر	رسیدند بی‌کام دل پر ز غم
هرآنکس که بود از نژاد زرسب	همه داغ دل پیش بشتافتند
همان طوس با کاویانی درفش	همان موبدان فراوان هنر
چو گودرز پیش تهمتن رسید	پذیره شدن را بیاراست اسب
سپاهی همی رفت رخساره زرد	همه نامداران زرینه کفش
بگفتند با زال و رستم که شاه	سرشکش ز مژگان برخ برچکید
همه بارگاهش سیاهست و بس	ز خسرو همه دل پر از داغ و درد
ازین هفته تا آن در بارگاه	بگفتار ابلیس گم کرد راه
جز آنست کیخسرو ای پهلوان	شب و روز او را ندیدست کس
شده کوژ بالای سرو سهی	گشایند و پوییم و یابیم راه
ندانم چه چشم بد آمد بروی	که دیدی تو شاداب و روشن‌روان
مگر تیره شد بخت ایرانیان	گرفته گل سرخ رنگ بهی
بدیشان چنین گفت زال دلیر	چرا پژمرید آن چو گلبرگ روی
درستی و هم دردمندی بود	وگر شاه را ز اختر آمد زیان
شما دل مدارید چندین بغم	که باشد که شاه آمد از گاه سیر
بکوشیم و بسیار پندش دهیم	گهی خوشی و گه نژندی بود
وزان پس هرآنکس که آمد براه	که از غم شود جان خرم دژم
هم آنگه ز در پرده برداشتند	بپند اختر سودمندش دهیم
چو دستان و چون رستم پیلتن	برفتند پویان سوی بارگاه
چو گرگین و چون بیژن و گستهم	بر اندازه‌شان شاد بگذاشتند
شهنشاه چون روی ایشان بدید	چو طوس و چو گودرز و آن انجمن
پراندیشه از تخت برپای خاست	هرآنکس که رفتند گردان بهم
ز دانندگان هرک بد زابلی	بپرده در آوای رستم شنید
یکایک بپرسید و بنواختشان	چنان پشت خمیده را کرد راست
همان نیز ز ایرانیان هرک بود	ز قنوج وز دنبر و کابلی
برو آفرین کرد بسیار زال	برسم مهی پایگه ساختشان

ز گاه منوچهر تا کیقباد	بانداره‌شان پایگه برفزود
همان زو تهماسب و کاوس کی	که شادان بدی تا بود ماه و سال
سیاوش مرا خود چو فرزند بود	ازان نامداران که داریم یاد
ندیدم کسی را بدین بخردی	بزرگان و شاهان فرخنده‌پی
بپیروزی و مردی و مهر و رای	که با فر و با برز و اورند بود
چه مهتر که پای ترا خاک نیست	بدین برز و این فره ایزدی
یکی ناسزا آگهی یافتم	که شاهیت بادا همیشه بجای
ستاره‌شناسان و کنداوران	چه زهر آنک نام تو تریاک نیست
ز قنوج وز دنور و مرغ و مای	بدان آگهی تیز بشتافتم
بدان تا بجویند راز سپهر	ز هر کشوری آنک دیدم سران
از ایران کس آمد که پیروز شاه	برفتند با زیج هندی ز جای
نه بردارد از پیش سالار بار	کز ایران چرا پاک ببرید مهر
من از درد ایرانیان چو عقاب	بفرمود تا پرده‌ی بارگاه
بدان تا بپرسم ز شاه جهان	بپوشد ز ما چهره‌ی شهریار
به سه چیز هر کار نیکو شود	همی تاختم همچو کشتی بر آب
بگنج و برنج و بمردان مرد	ز چیزی که دارد همی در نهان
چهارم بیزدان ستایش کنیم	همان تخت شاهی بی‌آهو شود
که اویست فریادرس بنده را	بجز این نشاید همی کار کرد
بدرویش بخشیم بسیار چیز	شب و روز او را نیایش کنیم
بدان تا روان تو روشن کند	همو بازدارد گراینده را
چو بشنید خسرو ز دستان سخن	اگر چند چیز ارجمند است نیز
بدو گفت کای پیر پاکیزه مغز	خرد پیش مغز تو جوشن کند
ز گاه منوچهر تا این زمان	یکی دانشی پاسخ افگند بن
همان نامور رستم پیلتن	همه رای و گفتارهای تو نغز
سیاوش را پروراننده اوست	نه‌ای جز بی‌آزار و نیکی گمان
سپاهی که دیدند گوپال او	ستون کیان نازش انجمن
بسی جنگ ناکرده بگریختند	بدو نیکویها رساننده اوست
بپیش نیاکان من کینه‌خواه	سر ترگ و برز و فر و یال او
وگر نام و رنج تو گیرم بیاد	همه دشت تیر و کمان ریختند

۸۸۲

ز گفتار چرب ار پژوهش کنم
دگر هرچ پرسیدی از کار من
بیزدان یکی آرزو داشتم
کنون پنج هفتست تا من بپای
که بخشد گذشته گناه مرا
برد مر مرا زین سپنجی سرای
نماند کزین راستی بگذرم
کنون یافتم هرچ جستم ز کام
سحرگه مرا چشم بغنود دوش
که برساز کمد گه رفتنت
کنون بارگاه من آمد بسر
غمی شد دل ایرانیان را ز شاه
چو بشنید زال این سخن بردمید
بایرانیان گفت کین رای نیست
که تا من ببستم کمر بر میان
ز شاهان ندیدم کسی کین بگفت
نباید بدین بود همداستان
مگر دیو با او هم‌آواز گشت
فریدون و هوشنگ یزدان پرست
بگویم بدو من همه راستی
چنین یافت پاسخ ز ایرانیان
همه با توایم آنچ گویی بشاه
شنید این سخن زال برپای خاست
ز پیر جهاندیده بشنو سخن

چو دستور فرخ نماینده راه
بماند سخن تازه تا صد نژاد
ترا این ستایش نکوهش کنم
ز نادادن بار و آزار من
جهان را همه خوار بگذاشتم
همی خواهم از داور رهنمای
درخشان کند تیرگاه مرا
بود در همه نیکوی رهنمای
چو شاهان پیشین بپیچد سرم
بباید پسیچید کمد خرام
ز یزدان بیامد خجسته سروش
سرآمد نژندی و ناخفتنت
غم لشکر و تاج و تخت و کمر
همه خیره گشتند و گم کرده راه
یکی باد سرد از جگر برکشید
خرد را بمغز اندرش جای نیست
پرستنده‌ام پیش تخت کیان
چو او گفت ما را نباید نهفت
که او هیچ راند چنین داستان
که از راه یزدان سرش بازگشت
نبردند هرگز بدین کار دست
گر آید بجان اندرون کاستی
کزین سان سخن کس نگفت از میان
مبادا که او گم کند رسم و راه

پند دادن زال سام کیخسرو را

که گفتار تلخست با راستی	چنین گفت کای خسرو داد و راست
نشاید که آزار گیری ز من	چو کژ آورد رای پاسخ مکن
بتوران زمین زادی از مادرت	ببندد بتلخی در کاستی
ز یک سو نبیره‌ی رد افراسیاب	برین راستی پیش این انجمن
چو کاوس دژخیم دیگر نیا	همانجا بد آرام و آبشخورت
ز خاور ورا بود تا باختر	که جز جادوی را ندیدی بخواب
همی خواست کز آسمان بگذرد	پر از رنگ رخ دل پر از کیمیا
بدان بر بسی پندها دادمش	بزرگی و شاهی و تاج و کمر
بس پند بشنید و سودی نکرد	همه گردش اختران بشمرد
چو بر شد نگون اندر آمد بخاک	همین تلخ گفتار بگشادمش
بیامد بیزدان شده ناسپاس	ازو بازگشتم پر از داغ و درد
تو رفتی و شمشیرزن صد هزار	ببخشود بر جانش یزدان پاک
چو شیر ژیان ساختی رزم را	سری پر ز گرد و دلی پرهراس
ز پیش سپه تیز رفتی بجنگ	زره‌دار با گرزه‌ی گاوسار
گر او را بدی بر تو بر دستیاب	بیاراستی دشت خوارزم را
زن و کودک خرد ایرانیان	پیاده شدی پس بجنگ پشنگ
ترا ایزد از دست او رسته کرد	بایران کشیدی رد افراسیاب
بکشتی کسی را که زو بد هراس	ببردی بکین کس نبستی میان
چو گفتم که هنگام آرام بود	ببخشود و رای تو پیوسته کرد
بایران کنون کار دشوارتر	بدادار دارنده بد ناسپاس
که تو برنوشتی ره ایزدی	گه بخشش و پوشش و جام بود
ازین بد نباشد تنت سودمند	فزونتر بدی دل پرآزارتر
گر این باشد این شاه سامان تو	بکژی گذشتی و راه بدی
پشیمانی آید ترا زین سخن	نیاید جهان‌آفرین را پسند

وگر نیز جویی چنین کار دیو   نگردد کسی گرد پیمان تو
بمانی پر از درد و دل پر گناه   براندیش و فرمان دیوان مکن
بیزدان پناه و بیزدان گرای   ببرد ز تو فر کیهان خدیو
گر این پند من یک بیک نشنوی   نخوانند ازین پس ترا نیز شاه
بماندت درد و نماندت بخت   که اویست بر نیک و بد رهنمای
خرد باد جان ترا رهنمای   بهرمن بدکنش بگروی
سخنهای دستان چو آمد ببن   نه اورنگ شاهی نه تاج و نه تخت
که ما هم برآنیم کین پیر گفت   بپاکی بماناد مغزت بجای
چو کیخسرو آن گفت ایشان شنید   یلان برگشادند یکسر سخن
پراندیشه گفت ای جهاندیده زال   نباید در راستی را نهفت
اگر سرد گویمت بر انجمن   زمانی بیاسود و اندر شمید
دگر آنک رستم شود دردمند   بمردی بی‌اندازه پیموده سال
دگر آنگ گر بشمری رنج‌اوی   جهاندار نپسندد این بد ز من
سپر کرد پیشم تن خویش را   ز درد وی آید بایران گزند
همان پاسخت را بخوبی کنیم   همانا فزون آید از گنج اوی
چنین گفت زان پس بواز سخت   نبد خواب و خوردن بداندیش را
سخنهای دستان شنیدم همه   دلت را بگفتار تو نشکنیم
بدارنده یزدان گیهان خدیو   که ای سرفرازان پیروز بخت
به یزدان گراید همی جان من   که بیدار بگشاد پیش رمه
بدید آن جهان را دل روشنم   که من دورم از راه و فرمان دیو
بزال آنگهی گفت تندی مکن   که آن دیدم از رنج درمان من
نخست آنک گفتی ز توران‌نژاد   خرد شد ز بدهای او جوشنم
جهاندار پور سیاوش منم   براندازه باید که رانی سخن
نبیره‌ی جهاندار کاوس کی   خردمند و بیدار هرگز نزاد
بمادر هم از تخم افراسیاب   ز تخم کیان راد و باهش منم
نبیره‌ی فریدون و پور پشنگ   دل‌افروز و با دانش و نیک‌پی
که شیران ایران بدریای آب   که با خشم او گم شدی خورد و خواب
دگر آنک کاوس صندوق ساخت   ازین گوهران چنین نیست ننگ
چنان دان که اندر فزونی منش   نشستی تن از بیم افراسیاب

کنون من چو کین پدر خواستم   سر از پادشاهی همی برفراخت
بکشتم کسی را کزو بود کین   نسازند بر پادشا سرزنش
بگیتی مرا نیز کاری نماند   جهان را بپیروزی آراستم
هرآنگه که اندیشه گردد دراز   وزو جور و بیداد بد بر زمین
چو کاوس و جمشید باشم براه   ز بدگوهران یادگاری نماند
چو ضحاک ناپاک و تور دلیر   ز شادی و از دولت دیریاز
بترسم که چون روز نخ برکشد   چو ایشان ز من گم شود پایگاه
دگر آنک گفتی که باشیده جنگ   که از جور ایشان جهان گشت سیر
ازان بد کز ایران ندیدم سوار   چو ایشان مرا سوی دوزخ کشد
که تنها بر او بجنگ آمدی   بیاراستی چون دلاور پلنگ
کسی را کجا فر یزدان نبود   نه اسپ افگنی از در کارزار
همه خاک بودی بجنگ پشنگ   چو رفتی برزمش درنگ آمدی
بدین پنج هفته که من روز و شب   وگر اختر نیک خندان نبود
بدان تا جهاندار یزدان پاک   از ایران بدین سان شدم تیزچنگ
شدم سیر زین لشکر و تاج و تخت   همی بفرین برگشادم دو لب
تو ای پیر بیدار دستان سام   رهاند مرا زین غم تیره خاک
بتاری و کژی بگشتم ز راه   سبک بار گشتیم و بستیم رخت
ندانم که بادافره ایزدی   مرا دیو گویی که بنهاد دام
چو دستان شنید این سخن خیره شد   روان گشته بی‌مایه و دل تباه
خروشان شد از شاه و بر پای خاست   کجا یابم و روزگار بدی
ز من بود تیزی و نابخردی   همی چشمش از روی او تیره شد
سزد گر ببخشی گناه مرا   چنین گفت کای داور داد و راست
مرا سالیان شد فزون از شمار   توی پاک فرزانه‌ی ایزدی
ز شاهان ندیدم کزین گونه راه   اگر دیو گم کرد راه مرا
که ما را جدایی نبود آرزوی   کمر بسته‌ام پیش هر شهریار
سخنهای دستان چو بشنید شاه   بجستی ز دادار خورشید و ماه
بیازید و بگرفت دستش بدست   ازین دادگر خسرو نیک‌خوی
بدانست کو این سخن جز بمهر   پسند آمدش پوزش نیک‌خواه
چنین گفت پس شاه با زال زر   بر خویش بردش بجای نشست

تو و رستم و طوس و گودرز و گیو	نپیمود با شاه خورشید چهر
سراپرده از شهر بیرون برید	که اکنون ببندید یکسر کمر
ز خرگاه وز خیمه چندانک هست	دگر هرک او نامدارست نیو
درفش بزرگان و پیل و سپاه	درفش همایون بهامون برید
چنان کرد رستم که خسرو بگفت	بسازید بر دشت جای نشست
بهامون کشیدند ایرانیان	بسازید روشن یکی رزمگاه
سپید و سیاه و بنفش و کبود	ببردند پرده‌سرای از نهفت
میان اندرون کاویانی درفش	بفرمان ببستند یکسر میان
سراپرده‌ی زال نزدیک شاه	زمین کوه تا کوه پر خیمه بود
بدست چپش رستم پهلوان	جهان زو شده سرخ و زرد و بنفش
بپیش اندرون طوس و گودرز و گیو	برافراخته زو درفش سیاه
پس پشت او بیژن و گستهم	ز کابل بزرگان روشن‌روان
شهنشاه بر تخت زرین نشست	چو رهام و شاپور و گرگین نیو
بیک دست او زال و رستم بهم	بزرگان که بودند با او بهم

پند دادن کیخسرو ایرانیان را

بدست گر طوس و گودرز و گیو	یکی گرزه‌ی گاوپیکر بدست
نهاده همه چهر بر چشم شاه	چو پیل سرافراز و شیر دژم
بواز گفت آن زمان شهریار	دگر بیژن گرد و رهام نیو
هران کس که دارید راه و خرد	بدان تا چه گوید ز کار سپاه
همه رفتنی‌ایم و گیتی سپنج	که این نامداران به روزگار
ز هر دست خوبی فرازآوریم	بدانید کین نیک و بد بگذرد
کنون گاو آن زیر چرم اندر است	چرا باید این درد و اندوه و رنج
بترسید یکسر ز یزدان پاک	بدشمن بمانیم و خود بگذریم
که این روز بر ما همی بگذرد	که پاداش و بادافره دیگرست
ز هوشنگ و جمشید و کاوس شاه	مباشید ایمن بدین تیره خاک

جز از نام ازیشان بگیتی نماند	زمانه دم هر کسی بشمرد
از ایشان بسی ناسپاسان بدند	که بودند با فر و تخت و کلاه
چو ایشان همان من یکی بنده‌ام	کسی نامه‌ی رفتگان برنخواند
بکوشیدم و رنج بردم بسی	بفرجام زان بد هراسان بدند
کنون جان و دل زین سرای سپنج	وگر چند با رنج کوشنده‌ام
کنون آنچ جستم همه یافتم	ندیدم که ایدر بماند کسی
هر آن کس که در پیش من برد رنج	بکندم سرآوردم این درد و رنج
ز کردار هر کس که دارم سپاس	ز تخت کیی روی برتافتم
بایرانیان بخشم این خواسته	ببخشم بدو هرچ خواهد ز گنج
هر آن کس که هست از شما مهتری	بگویم بیزدان نیکی‌شناس
همان بدره و برده و چارپای	سلیح و در گنج آراسته
ببخشم که من راه را ساختم	ببخشم بهر مهتری کشوری
شما دست شادی بخوردن برید	براندیشم آرم شمارش بجای
بخواهم که تا زین سرای سپنج	وزین تیرگی دل بپرداختم
چو کیخسرو این پندها برگرفت	بیک هفته ایدر چمید و چرید
یکی گفت کین شاه دیوانه شد	گذر یابم و دور مانم ز رنج
ندانم برو بر چه خواهد رسید	بماندند گردان ایران شگفت
برفتند یکسر گروهاگروه	خرد با دلش سخت بیگانه شد
غو نای و آوای مستان ز دشت	کجا خواهد این تاج و تخت آرمید
ببودند یک هفته زین گونه شاد	همه دشت لشکر بدو راغ و کوه
بهشتم نشست از بر گاه شاه	تو گفتی همی از هوا برگذشت
چو آمدش رفتن بتنگی فراز	کسی را نیامد غم و رنج یاد

وصیت کردن کیخسرو گودرز را

چو بگشاد آن گنج آباد را	ابی یاره و گرز و زرین کلاه
بدو گفت بنگر بکار جهان	یکی گنج را درگشادند باز

که هر گنجِ را روزی آگندنیست	وصی کرد گودرز کشواد را
نگه کن رباطی که ویران بود	چه در آشکار و چه اندر نهان
دگر آبگیری که باشد خراب	بسختی و روزی پراگندنیست
دگر کودکانی که بی‌مادرند	یکی کان بنزدیک ایران بود
دگر آنکش آید بچیزی نیاز	از ایران وز رنج افراسیاب
بر ایشان در گنج بسته مدار	زنانی که بی شوی و بی‌چادرند
دگر گنج کش نام بادآورست	ز هر کس همی دارد آن رنج راز
نگه کن بشهری که ویران شدست	ببخش و بترس از بد روزگار
دگر هرکجا رسم آتشکدست	پر از افسر و زیور و گوهرست
سه دیگر کسی کو ز تن بازماند	کنام پلنگان و شیران شدست
دگر چاهساری که بی‌آب گشت	که بی‌هیربد جای ویران شدست
بدین گنج بادآور آباد کن	بروز جوانی درم برفشاند
دگر گنج کش خواندندی عروس	فراوان برو سالیان برگذشت
بگودرز فرمود کان را ببخش	درم خوار کن مرگ را یاد کن
همه جامه‌های تنش برشمرد	که آگند کاوس در شهر طوس
همان یاره و طوق کنداوران	یزال و بگیو و خداوند رخش
ز اسبان بجایی که بودش یله	نگه کرد یکسر برستم سپرد
همه باغ و گلشن بگودرز داد	همان جوشن و گرزهای گران
سلیح تنش هرچ در گنج بود	بطوس سپهبد سپردش گله
سپردند یکسر بگیو دلیر	بگیتی ز مرزی که آمدش یاد
از ایوان و خرگاه و پرده‌سرای	که او را بدان خواسته رنج بود
فریبرز کاوس را داد شاه	بدانگه که خسرو شد از گنج سیر
یکی طوق روشن‌تر از مشتری	همان خیمه و آخور و چارپای
نبشته برو نام شاه جهان	بسی جوشن و ترگ و رومی کلاه
بیژن چنین گفت کین یادگار	ز یاقوت رخشان دو انگشتری
بایرانیان گفت هنگام من	که اندر جهان آن نبودی نهان
بخواهید چیزی که باید ز من	همی دار و جز تخم نیکی مکار
همه مهتران زار و گریان شدند	فراز آمد و تازه شد کام من
همی گفت هرکس که ای شهریار	که آمد پراگندن انجمن

چو بشنید دستان خسرو پرست	ز درد شهنشاه بریان شدند
چنین گفت کای شهریار جهان	کرا مانی این تاج را یادگار
تو دانی که رستم بایران چه کرد	زمین را ببوسید و برپای جست
چو کاوس کی شد بمازندران	سزد کرزوها ندارم نهان
چو دیوان ببستند کاوس را	برزم و ببزم و بننگ و نبرد
تهمتن چو بشنید تنها برفت	رهی دور و فرسنگهای گران
بیابان وتاریکی و دیو و شیر	چو گودرز گردنکش و طوس را
بدان رنج و تیمار ببرید راه	بمازندران روی بنهاد تفت
بدرید پهلوی دیو سپید	همان جادوی و اژدهای دلیر
سر سنجه را ناگه از تن بکند	بمازندران شد بنزدیک شاه
چو سهراب فرزند کاندر جهان	جگرگاه پولاد غندی و بید
بکشت از پی کین کاوس شاه	خروشش برآمد بابر بلند
وزان پس کجا رزم کاموس کرد	کسی را نبود از کهان و مهان
ز کردار او چند رانم سخن	ز دردش بگرید همی سال و ماه
اگر شاه سیر آمد از تاج و گاه	بمردی بابر اندر آورد گرد
چنین داد پاسخ که کردار اوی	که هم داستانها نیاید ببن
که داند مگر کردگار سپهر	چه ماند بدین شیردل نیک‌خواه
سخنهای او نیست اندر نهفت	بنزدیک ما رنج و تیمار اوی
بفرمود تا رفت پیشش دبیر	نماینده‌ی کام و آرام و مهر
نبشتند عهدی ز شاه زمین	نداند کس او را بافاق جفت
ز بهر سپهبد گو پیلتن	بیاورد قرطاس و مشک و عبیر
که او باشد اندر جهان پیشرو	سرافراز کیخسرو پاک‌دین
هم او را بود کشور نیمروز	ستوده بمردی بهر انجمن
نهادند بر عهد بر مهر زر	جهاندار و بیدار و سالار و گو
بدو داد منشور و کرد آفرین	سپهدار پیروز لشکر فروز
مهانی که با زال سام سوار	برآیین کیخسرو دادگر
ببخشیدنشان خلعت و سیم و زر	که آباد بادا برستم زمین
جهاندیده گودرز برپای خاست	برفتند با زیجها بر کنار
چنین گفت کای شاه پیروز بخت	یکی جام مر هر یکی را گهر

Shahnameh

ز گاه منوچهر تا کیقباد	بیاراست با شاه گفتار راست
بپیش بزرگان کمر بسته‌ام	ندیدیم چون تو خداوند تخت
نبیره پسر بود هفتاد و هشت	ز کاوس تا گاه فرخ نژاد
همان گیو بیداردل هفت سال	بی‌آزار یک روز ننشسته‌ام
بدشت اندرون گور بد خوردنش	کنون ماند هشت و دگر برگذشت
بایران رسید آنچ بد شاه دید	بتوران زمین بود بی‌خورد و هال
جهاندار سیر آمد از تاج گاه	هم از چرم نخچیر پیراهنش
چنین داد پاسخ که بیشست ازین	که تیمار او گیو چندی کشید
خداوند گیتی ورایار باد	همو چشم دارد به نیکی ز شاه
کم و بیش ما پاک بر دست تست	که بر گیو بادا هزارآفرین
بفرمود تا عهد قم و اصفهان	دل بدسگالانش پرخار باد
نویسد ز مشک و ز عنبر دبیر	که روشن روان بادی و تن درست
یکی مهر زرین برو برنهاد	نهاد بزرگان و جای مهان
که یزدان ز گودرز خشنود باد	یکی نامه از پادشا بر حریر
بایرانیان گفت گیو دلیر	بران نامه شاه آفرین کرد یاد
بدانید کو یادگار منست	دل بدسگالانش پر دود باد
مر او را همه پاک فرمان برید	مبادا که آید ز کردار سیر
ز گودرزیان هرک بد پیش‌رو	بنزد شما زینهار منست
چو گودرز بنشست برخاست طوس	ز گفتار گودرز بر مگذرید
بدو گفت شاها انوشه بدی	یکی آفرینی بگسترد نو
منم زین بزرگان فریدون نژاد	بشد پیش خسرو زمین داد بوس
کمر بسته‌ام پیش ایرانیان	همیشه ز تو دور دست بدی
بکوه هماون ز جوشن تنم	ز ناماوران تا بیامد قباد
بکین سیاوش بران رزمگاه	که نگشادم از بند هرگز میان
بلاون سپه را نکردم رها	بخست و همان بود پیراهنم
بمازندران بسته کاوس بود	بدم هر شبی پاسبان سپاه
نکردم سپه را به جایی یله	همی بودم اندر دم اژدها
کنون شاه سیر آمد از تاج و گنج	دگر بند بر گردن طوس بود
چه فرمایدم چیست نیروی من	نه از من کسی کرد هرگز گله

چنین داد پاسخ بدو شهریار همی بگذرد زین سرای سپنج
همی باش با کاویانی درفش تو دانی هنرها و آهوی من
بدین مرز گیتی خراسان تراست که بیشست رنج تو از روزگار
نبشتند عهدی بران هم نشان تو باشی سپهدار زرینه کفش
نهادند بر عهد بر مهر زر ازین نامداران تن‌آسان تراست
بدو داد و کردش بسی آفرین بپیش بزرگان گردنکشان
ز کار بزرگان چو پردخته شد یکی طوق زرین و زرین کمر
ازان مهتران نام لهراسب ماند که از تو مبادا دلی پر ز کین

دادن کیخسرو پادشاهی بلهراسپ

ببیژن بفرمود تا با کلاه شهنشاه زان رنجها رخته شد
چو دیدش جهاندار برپای جست که از دفتر شاه کس برنخواند
فرود آمد از نامور تخت عاج بیاورد لهراسب را نزد شاه
بلهراسب بسپرد و کرد آفرین برو آفرین کرد و بگشاد دست
همی کرد پدرود آن تخت عاج ز سر برگرفت آن دل‌افروز تاج
که این تاج نو بر تو فرخنده باد همه پادشاهی ایران زمین
سپردم بتو شاهی و تاج و گنج برو آفرین کرد و بر تخت و تاج
مگردان زبان زین سپس جز بداد جهان سربسر پیش تو بنده باد
مکن دیو را آشنا با روان ازان پس که دیدم بسی درد و رنج
خردمند باش و بی‌آزار باش که از داد باشی تو پیروز و شاد
به ایرانیان گفت کز بخت اوی چو خواهی که بختت بماند جوان
شگفت اندرو مانده ایرانیان همیشه روانرا نگهدار باش
همی هر کسی در شگفتی بماند بباشید شادان دل از تخت اوی
ازان انجمن زال بر پای خاست برآشفته هر یک چو شیر ژیان
چنین گفت کای شهریار بلند که لهراسب را شاه بایست خواند
سربخت آن کس پر از خاک باد بگفت آنچ بودش بدل رای راست

که لهراسب را شاه خواند بداد	سزد گر کنی خاک را ارجمند
بایران چو آمد بنزد زرسب	روان ورا خاک تریاک باد
بجنگ الانان فرستادیش	ز بیداد هرگز نگیریم یاد
ز چندین بزرگان خسرو نژاد	فرومایه‌ای دیدمش با یک اسب
نژادش ندانم ندیدم هنر	سپاه و درفش و کمر دادیش
خروشی برآمد ز ایرانیان	نیامد کسی بر دل شاه یاد
نجوییم کس نام در کارزار	ازین گونه نشنیده‌ام تاجور
چو بشنید خسرو ز دستان سخن	کزین پس نبندیم شاها میان
که هر کس که بیداد گوید همی	چو لهراسب را کی کند شهریار
که نپسندد از ما بدی دادگر	بدو گفت مشتاب و تندی مکن
که یزدان کسی را کند نیک بخت	بجز دود ز آتش نجوید همی
جهان‌آفرین بر روانم گواست	نه هر کو بدی کرد بیند گهر
که دارد همی شرم و دین و خرد	سزاوار شاهی و زیبای تخت
نبیره‌ی جهاندار هوشنگ هست	که گشت این سخنها بلهراسب راست
پی جاودان بگسلاند ز خاک	ز کردار نیکی همی برخورد
زمانه جوان گردد از پند اوی	خردمند و بینادل و پاک‌دست
بشاهی برو آفرین گسترید	پدید آورد راه یزدان پاک
هرآنکس کز اندرز من درگذشت	بدین هم بود پاک فرزند اوی
چنین هم ز یزدان بود ناسپاس	وزین پند و اندرز من مگذرید
چو بشنید زال این سخنهای پاک	همه رنج او و پیش من بادگشت
بیالود لب را بخاک سیاه	بدلش اندر آید ز هر سو هراس
بشاه جهان گفت خرم بدی	بیازید انگشت و برزد بخاک
که دانست جز شاه پیروز و راد	به آواز لهراسب را خواند شاه
چو سوگند خوردم بخاک سیاه	همیشه ز تو دور دست بدی
به ایرانیان گفت پیروز شاه	که لهراسب دارد ز شاهان نژاد
چو من بگذرم زین فرومایه خاک	لب آلوده شد مشمر آن از گناه
بپدرود کردن رخ هر کسی	که بدرود باد این دل افروز گاه
یلان را همه پاک در بر گرفت	شما را بخواهم ز یزدان پاک

همی گفت کاجی من این انجمن ‌‌ ببوسید با آب مژگان بسی
خروشی برآمد ز ایران سپاه ‌‌ بزاری خروشیدن اندر گرفت
پس پرده‌ها کودک خرد و زن ‌‌ توانستمی برد با خویشتن
خروشیدن ناله و آه خاست ‌‌ که خورشید بر چرخ گم کرد راه
به ایرانیان آن زمان گفت شاه ‌‌ بکوی و ببازار شد انجمن
هر آنکس که دارید نام و نژاد ‌‌ بهر برزنی ماتم شاه خاست
من اکنون روانرا همی پرورم ‌‌ که فردا شما را همینست راه
نبستم دل اندر سپنجی سرای ‌‌ بدادار خورشید باشید شاد
بگفت این وز پایگه اسب خواست ‌‌ که بر نیک نامی مگر بگذرم
بیامد بایوان شاهی دژم ‌‌ بدان تا سروش آمدم رهنمای
کنیزک بدش چار چون آفتاب ‌‌ ز لشکرگه آواز فریاد خاست
ز پرده بتان را بر خویش خواند ‌‌ بزاد سرو اندر آورده خم
که رفتیم اینک ز جای سپنج ‌‌ ندیدی کسی چهر ایشان بخواب
نبینید جاوید زین پس مرا ‌‌ همه راز دل پیش ایشان براند
سوی داور پاک خواهم شدن ‌‌ شما دل مدارید با درد و رنج
بشد هوش زان چار خورشید چهر ‌‌ کزین خاک بیدادگر بس مرا
شخودند روی و بکندند موی ‌‌ نبینم همی راه بازآمدن
ازان پس هر آنکس که آمد بهوش ‌‌ خروشان شدند از غم و درد و مهر
که ما را ببر زین سرای سپنج ‌‌ گسستند پیرایه و رنگ و بوی
بدیشان چنین گفت پر مایه شاه ‌‌ چنین گفت با ناله و با خروش
کجا خواهران جهاندار جم ‌‌ رها کن تو ما را ازین درد و رنج
کجا مادرم دخت افراسیاب ‌‌ کزین پس شما را همینست راه
کجا دختر تور ماه آفرید ‌‌ کجا تاجداران با باد و دم
همه خاک دارند بالین و خشت ‌‌ که بگذشت زان سان بدریای آب
مجویید ازین رفتن آزار من ‌‌ که چون او کس اندر زمانه ندید
خروشید و لهراسب را پیش خواند ‌‌ ندانم بدوزخ درند ار بهشت
بلهراسب گفت این بتان منند ‌‌ که آسان شود راه دشوار من
برین هم نشست اندرین هم سرای ‌‌ ازیشان فراوان سخنها براند
نباید که یزدان چو خواندت پیش ‌‌ فروزنده‌ی پاک جان منند

چو بینی مرا با سیاوش بهم
پذیرفت لهراسب زو هرچ گفت
وزان جایگه تنگ بسته میان
کز ایدر بایوان خرامید زود
مباشید گستاخ با این جهان
مباشید جاوید جز راد و شاد
همه شاد و خرم بایوان شوید
همه نامداران ایران سپاه
که ما پند او را بکردار جان
بلهراسب فرمود تا بازگشت
تو رو تخت شاهی ببین بدار
هرآنگه که باشی تن آسان ز رنج
چنان دان که رفتنت نزدیک شد
همه داد جوی و همه دادکن
فرود آمد از باره لهراسب زود
بدو گفت خسرو که پدرود باش
برفتند با او ز ایران سران
چو دستان و رستم چو گودرز و گیو
بهفتم فریبرز کاوس بود
همی رفت لشکر گروهاگروه
ببودند یکهفته دم برزدند
خروشان و جوشان ز کردار شاه
همی گفت هر موبدی در نهفت
چو خورشید برزد سر از تیره کوه
زن و مرد ایرانیان صدهزار
همه کوه پر ناله و با خروش
همی گفت هر کس که شاها چه بود
گر از لشکر آزار داری همی
بگوی و تو از گاه ایران مرو

همی دارشان تا تو باشی بجای
روان شرم دارد ز کردار خویش
ز شرم دو خسرو بمانی دژم
که با دیده‌شان دارم اندر نهفت
بگردید بر گرد ایرانیان
مدارید در دل مرا جز درود
که او بتری دارد اندر نهان
ز من جز بنیکی مگیرید یاد
چو رفتن بود شاد و خندان شوید
نهادند سر بر زمین پیش شاه
بداریم تا جان بود جاودان
بدو گفت روز من اندر گذشت
بگیتی جز از تخم نیکی مکار
ننازی بتاج و ننازی بگنج
بیزدان ترا راه باریک شد
ز گیتی تن مهتر آزاد کن
زمین را ببوسید و شادی نمود
بداد اندرون تار گر پود باش
بزرگان بیدار و کنداوران
دگر بیژن گیو و گستهم نیو
بهشتم کجا نامور طوس بود
ز هامون بشد تا سر تیغ کوه
یکی بر لب خشک نم برزدند
کسی را نبود اندر آن رنج راه
کزین سان همی در جهان کس نگفت
بیامد بپیشش ز هر سو گروه
خروشان برفتند با شهریار
همی سنگ خارا برآمد بجوش
که روشن دلت شد پر از داغ و دود

همه خاک باشیم اسب ترا	مرین تاج را خوار داری همی
کجا شد ترا دانش و رای و هوش	جهان کهن را مکن شاه نو
همه پیش یزدان ستایش کنیم	پرستنده آذرگشسب ترا
مگر پاک یزدانت بخشد بما	که نزد فریدون نیامد سروش
شهنشاه زان کار خیره بماند	بتشکده در نیایش کنیم
چنین گفت ایدر همه نیکویست	دل موبدان بردرخشد بما
ز یزدان شناسید یکسر سپاس	ازان انجمن موبدان را بخواند
که گرد آمدن زود باشد بهم	برین نیکویها نباید گریست
بدان مهتران گفت زین کوهسار	مباشید جز پاک یزدان‌شناس
که راهی درازست و بی‌آب و سخت	مباشید زین رفتن من دژم
ز با من شدن راه کوته کنید	همه بازگردید بی‌شهریار
برین ریگ برنگذرد هر کسی	نباشد گیاه و نه برگ درخت
سه مرد گرانمایه و سرفراز	روان را سوی روشنی ره کنید
چو دستان و رستم چو گودرز پیر	مگر فره و برز دارد بسی
نگشتند زو باز چون طوس و گیو	شنیدند گفتار و گشتند باز
برفتند یک روز و یک شب بهم	جهانجوی و بیننده و یادگیر
بره بر یکی چشمه آمد پدید	همان بیژن و هم فریبرز نیو
بدان آب روشن فرود آمدند	شدند از بیابان و خشکی دژم
بدان مرزبانان چنین گفت شاه	جهانجوی کیخسرو آنجا رسید
بجوییم کار گذشته بسی	بخوردند چیزی و دم برزدند
چو خورشید تابان برآرد درفش	که امشب نرانیم زین جایگاه
مرا روزگار جدایی بود	کزین پس نبینند ما را کسی
ازین رای گر تاب گیرد دلم	چو زر آب گردد زمین بنفش
چو بهری ز تیره شب اندر چمید	مگر با سروش آشنایی بود
بران آب روشن سر و تن بشست	دل تیره گشته ز تن بگسلم
چنین گفت با نامور بخردان	کی نامور پیش چشمه رسید
کنون چون برآرد سنان آفتاب	همی خواند اندر نهان زند و است
شما بازگردید زین ریگ خشک	که باشید پدرود تا جاودان
ز کوه اندر آید یکی باد سخت	مبینید دیگر مرا جز بخواب

896

Shahnameh

ببارد بسی برف زابر سیاه　　مباشید اگر بارد از ابر مشک
سر مهتران زان سخن شد گران　　کجا بشکنند شاخ و برگ درخت
چو از کوه خورشید سر برکشید　　شما سوی ایران نیابید راه
ببودند ز آن جایگه شاه‌جوی　　بخفتند با درد کنداواران
ز خسرو ندیدند جایی نشان　　ز چشم مهان شاه شد ناپدید
همه تنگ‌دل گشته و تافته　　بریگ بیابان نهادند روی
خروشان بدان چشمه بازآمدند　　ز ره بازگشتند چون بیهشان
بران آب هر کس که آمد فرود　　سپرده زمین شاه نایافته
فریبرز گفت آنچ خسرو بگفت　　پر از غم دل و با گداز آمدند
چو آسوده باشیم و چیزی خوریم　　همی داد شاه جهان را درود
زمین گرم و نرم است و روشن هوا　　که با جان پاکش خرد باد جفت
بران چشمه یکسر فرود آمدند　　یک امشب ازین چشمه برنگذریم
که چونین شگفتی نبیند کسی　　بدین رنجگی نیست رفتن روا
کزین رفتن شاه نادیده‌ایم　　ز خسرو بسی داستانها زدند
دریغ آن بلند اختر و رای او　　وگر در زمانه بماند بسی
خردمند ازین کار خندان شود　　ز گردنکشان نیز نشنیده‌ایم
که داند بگیتی که او را چه بود　　بزرگی و دیدار و بالای او
بدان نامداران چنین گفت گیو　　که زنده کسی پیش یزدان شود
بمردی و بخشش بداد و هنر　　چه گوییم و گوش که یارد شنود
برزم اندرون پیل بد با سپاه　　که هرگز چنین نشنود گوش نیو
و زآن پس بخوردند چیزی که بود　　بدیدار و بالا و فر و گهر
هم آنگه برآمد یکی باد و ابر　　ببزم اندرون ماه بد با کلاه
چو برف از زمین بادبان برکشید　　ز خوردن سوی خواب رفتند زود
یکایک ببرف اندرون ماندند　　هواگشت برسان چشم هژبر
زمانی تپیدند در زیر برف　　نبد نیزه‌ی نامداران پدید
نماند ایچ کس را ازیشان توان　　ندانم بدآنجای چون ماندند
همی بود رستم بران کوهسار　　یکی چاه شد کنده هر جای ژرف
بدان کوه بودند یکسر سه روز　　برآمد بفرجام شیرین روان
بگفتند کین کار شد با درنگ　　همان زال و گودرز و چندی سوار

اگر شاه شد از جهان ناپدید	چهارم چو بفروخت گیتی فروز
دگر نامداران کجا رفته‌اند	چنین چند باشیم بر کوه و سنگ
ببودند یک هفته بر پشت کوه	چو باد هوا از میان بردمید
بدیشان همه زار و گریان شدند	مگر پند خسرو نپذرفته‌اند
همی کند گودرز کشواد موی	سر هفته گشتند یکسر ستوه
همی گفت گودرز کین کس ندید	بران آتش درد بریان شدند
نبیره پسر داشتم لشکری	همی ریخت آب و همی خست روی
بکین سیاوش همه کشته شد	که از تخم کاوس بر من رسید
کنون دیگر از چشم شد ناپدید	جهاندار و بر هر سری افسری
سخنهای دیرینه دستان بگفت	همه دوده زیر و زبر گشته شد
چو از برف پیدا شود راه شاه	که دید این شگفتی که بر من رسید
نشاید بدین کوه سر بر بدن	که با داد یزدان خرد باد جفت
پیاده فرستیم چندی براه	مگر بازگردند و یابند راه
برفتند زان کوه گریان بدرد	خورش نیست ز ایدر بباید شدن
ز فرزند و خویشان وز دوستان	بیابند روزی نشان سپاه
جهان را چنین است آیین و دین	همی هر کسی از کس یاد کرد
یکی را ز خاک سیه برکشد	و زآن شاه چون سرو در بوستان
نه زین شاد باشد نه ز آن دردمند	نماندست همواره در به گزین
کجا آن یلان و کیان جهان	یکی را ز تخت کیان درکشد
چو لهراسب آگه شد از کار شاه	چنینست رسم سرای گزند
نشست از بر تخت با تاج زر	از اندیشه دل دور کن تا توان
بواز گفت ای سران سپاه	ز لشکر که بودند با او براه
هرآنکس که از تخت من نیست شاد	برفتند گردان زرین کمر
مرا هرچ فرمود و گفت آن کنم	شنیده همه پند و اندرز شاه
شما نیز از اندرز او دست باز	ندارد همی پند شاهان بیاد
گنهکار باشد بیزدان کسی	بکوشم بنیکی و فرمان کنم
بد و نیک ازین هرچ دارید یاد	مدارید وز من مدارید راز
چنین داد پاسخ ورا پور سام	که اندرز شاهان ندارد بسی
پذیرفته‌ام پند و اندرز او	سراسر بمن بر بباید گشاد

تو شاهی و ما یکسره کهتریم
من و رستم زابلی هرک هست
هرآنکس که او نه برین ره بود
چو لهراسب گفتار دستان شنید
چنین گفت کز داور راستی
که یزدان شما را بدان آفرید
جهاندار نیک‌اختر و شادروز
کنون پادشاهی جز آن هرچ هست
مرا با شما گنج بخشیده نیست
بگودز گفت آنچ داری نهان
بدو گفت گودرز من یک تنم
برآنم سراسر که دستان بگفت
چنانم که با شاه گفتم نخست
تو شاهی و ما سربسر کهتریم
همه مهتران خواندند آفرین
ز گفتار ایشان دلش تازه گشت
بران نامداران گرفت آفرین
گزیدش یکی روز فرخنده‌تر
چنانچون فریدون فرخ‌نژاد
بدان مهرگان گزین او ز مهر
بیاراست ایوان کیخسروی
چنینست گیتی فراز و نشیب
ازین کار خسرو ببیرون شدیم
بپیروزی شهریار بلند
بنیکی رساند دل دوستان

که خسرو ترا شاه بر دست نام
نیابد گذر پای از مرز او
ز رای و ز فرمان او نگذریم
ز مهتر تو برنگسلانیم دست
ز نیکی ورادست کوته بود
بدو آفرین کرد و دم درکشید
شما را مبادا کم و کاستی
که روی بدیها شود ناپدید
شما را سپرد آن زمان نیمروز
بگیرید چندانک باید بدست
تن و دوده و پادشاهی یکیست
بگوی از دل ای پهلوان جهان
چو بی‌گیو و رهام و بی بیژنم
جزین من ندارم سخن درنهفت
بدین مایه نشکست عهد درست
ز پیمان و فرمان تو نگذریم
بفرمان نهادند سر برزمین
ببالید و بر دیگر اندازه گشت
که آباد بادا بگردان زمین
که تا برنهد تاج شاهی بسر
برین مهرگان تاج بر سر نهاد
کزان راستی رفت مهر سپهر
بپیراست دیوان او از نوی
یکی آورد دیگری را نهیب
سوی کار لهراسب بازآمدیم
کزویست امید نیک و گزند
گزند آید از وی بناراستان

پادشاهی لهراسپ

پادشاهی لهراسپ

چو لهراسپ بنشست بر تخت داد	به شاهنشهی تاج بر سر نهاد
جهان آفرین را ستایش گرفت	نیایش ورا در فزایش گرفت
چنین گفت کز داور داد و پاک	پر امید باشید و با ترس و باک
نگارنده‌ی چرخ گردنده اوست	فراینده‌ی فره بنده اوست
چو دریا و کوه و زمین آفرید	بلند آسمان از برش برکشید
یکی تیز گردان و دیگر بجای	به جنبش ندادش نگارنده پای
چو موی از بر گوی و ما در میان	به رنج تن و آز و سود و زیان
تو شادان دل و مرگ چنگال تیز	نشسته چو شیر ژیان پرستیز
ز آز و فزونی به یکسو شویم	به نادانی خویش خستو شویم
ازین تاج شاهی و تخت بلند	نجوییم جز داد و آرام و پند
مگر بهره‌مان زین سرای سپنج	نیاید همی کین و نفرین و رنج
من از پند کیخسرو افزون کنم	ز دل کینه و آز بیرون کنم
بسازید و از داد باشید شاد	تن آسان و از کین مگیرید یاد
مهان جهان آفرین خواندند	ورا شهریار زمین خواندند
گرانمایه لهراسپ آرام یافت	خرد مایه و کام پدرام یافت
از آن پس فرستاد کسها به روم	به هند و به چین و به آباد بوم
ز هر مرز هرکس که دانا بدند	به پیمانش اندر توانا بدند
ز هر کشوری بر گرفتند راه	برفتند پویان به نزدیک شاه
ز دانش چشیدند هر شور و تلخ	ببودند با کام چندی به بلخ
یکی شارسانی برآورد شاه	پر از برزن و کوی و بازارگاه
به هر برزنی جشنگاهی سده	همه‌گرد بر گردش آتشکده
یکی آذری ساخت برزین به نام	که با فرخی بود و با برز و کام
دو فرزند بودش به کردار ماه	سزاوار شاهی و تخت و کلاه
یکی نام گشتاسپ و دیگر زریر	که زیر آوریدی سر نره شیر

گذشته به هر دانشی از پدر	ز لشکر به مردی برآورده سر
دو شاه سرافراز و دو نیک‌پی	نبیره‌ی جهاندار کاوس کی
بدیشان بدی جان لهراسپ شاد	وزیشان نکردی ز گشتاسپ یاد
که گشتاسپ را سر پر از باد بود	وزان کار لهراسپ ناشاد بود
چنین تا برآمد برین روزگار	پر از درد گشتاسپ از شهریار
چنان بد که در پارس یک روز تخت	نهادند زیر گل‌افشان درخت
بفرمود لهراسپ تا مهتران	برفتند چندی ز لشکر سران
به خوان بر یکی جام می‌خواستند	دل شاه گیتی بیاراستند
چو گشتاسپ می‌خورد برپای خاست	چنین گفت کای شاه با داد و راست
به شاهی نشست تو فرخنده باد	همان جاودان نام تو زنده باد
ترا داد یزدان کلاه و کمر	دگر شاه کیخسرو دادگر
کنون من یکی بنده‌ام بر درت	پرستنده‌ی اختر و افسرت
ندارم کسی را ز مردان به مرد	گر آیند پیشم به روز نبرد
مگر رستم زال سام سوار	که با او نسازد کسی کارزار
چو کیخسرو از تو پر اندیشه گشت	ترا داد تخت و خود اندر گذشت
گر ایدونک هستم ز ارزانیان	مرا نام بر تاج و تخت و کیان
چنین هم که‌ام پیش تو بنده‌وار	همی باشم و خوانمت شهریار
به گشتاسپ گفت ای پسر گوش دار	که تندی نه خوب آید از شهریار
چو اندر کیخسرو آرم به یاد	تو بشنو نگر سر نپیچی ز داد
مرا گفت بیدادگر شهریار	یکی خو بود پیش باغ بهار
که چون آب باید به نیرو شود	همه باغ ازو پر ز آهو شود
جوانی هنوز این بلندی مجوی	سخن را بسنج و به اندازه گوی
چو گشتاسب بشنید شد پر ز درد	بیامد ز پیش پدر گونه زرد
همی گفت بیگانگان را نواز	چنین باش و با زاده هرگز مساز
ز لشکر ورا بود سیصد سوار	همه گرد و شایسته‌ی کارزار
فرود آمد و کهتران را بخواند	همه رازها پیش ایشان براند
که امشب همه ساز رفتن کنید	دل و دیده زین بارگه برکنید
یکی گفت ازیشان که راهت کجاست	چو برداری آرامگاهت کجاست
چنین داد پاسخ که در هندوان	مرا شاد دارند و روشن روان

یکی نامه دارم من از شاه هند	نوشته ز مشک سیه بر پرند
که گر زی من آیی ترا کهترم	ز فرمان و رای تو برنگذرم
چو شب تیره شد با سپه برنشست	همی رفت جوشان و گرزی به دست
به شبگیر لهراسپ آگاه شد	غمی گشت و شادیش کوتاه شد
ز لشکر جهاندیدگان را بخواند	همه بودنی پیش ایشان براند
ببینید گفت این که گشتاسپ کرد	دلم کرد پر درد و سر پر ز گرد
بپروردمش تا برآورد یال	شد اندر جهان نامور بی‌همال
بدانگه که گفتم که آمد به بار	ز باغ من آواره شد نامدار
برفت و بر اندیشه بر بود دیر	بفرمود تا پیش او شد زریر
بدو گفت بگزین ز لشکر هزار	سواران گرد از در کارزار
برو تیز بر سوی هندوستان	مبادا بر و بوم جادوستان
سوی روم گستهم نوذر برفت	سوی چین گرازه گرازید تفت
همی رفت گشتاسپ پرتاب و خشم	دل پر ز کین و پر از آب چشم
همی تاخت تا پیش کابل رسید	درخت و گل و سبزه و آب دید
بدان جای خرم فرود آمدند	ببودند یک روز و دم بر زدند
همه کوهسارانش نخچیر بود	به جوی آبها چون می و شیر بود
شب تیره می‌خواست از میگسار	ببردند شمع از بر جویبار
چو بفروخت از کوه گیتی فروز	برفتند از آن بیشه با باز و یوز
همی تاخت اسپ از پی او زریر	زمانی بجای نیاسود دیر
چو آواز اسپان برآمد ز راه	برفتند گردان ز نخچیرگاه
چو بنهاد گشتاسپ گوش اندر آن	چنین گفت با نامور مهتران
که این جز به آواز اسپ زریر	نماند که او راست آواز شیر
نه تنها بیامد گر او آمدست	که با لشکری جنگجو آمدست
هنوز اندرین بد که گردی بنفش	پدید آمد و پیل پیکر درفش
زریر سپهبد به پیش سپاه	چو باد دمان اندر آمد ز راه
چو گشتاسپ را دید گریان برفت	پیاده بدو روی بنهاد تفت
جهان‌آفرین را ستایش گرفت	به پیش برادر نیایش گرفت
گرفتند مر یکدگر را کنار	نشستند شادان در آن مرغزار
ز لشکر هر آنکس که بد پیشرو	ورا خواندی شاه گشتاسپ گو

بخواندند و نزدیک بنشاندند	ز هر جایگاهی سخن راندند
چنین گفت زیشان یکی نامور	به گشتاسپ کای گرد زرین کمر
ستاره‌شناسان ایران گروه	هرانکس که دانیم دانش پژوه
به اخترت گویند کیخسروی	به شاهی به تخت مهی بر شوی
کنون افسر شاه هندوستان	بپوشی نباشیم همداستان
ازیشان کسی نیست یزدان پرست	یکی هم ندارند با شاه دست
نگر تا پسند آید اندر خرد	کجا رای را شاه فرمان برد
ترا از پدر سربسر نیکویست	ندانم که آزردن از بهر چیست
بدو گفت گشتاسپ کای نامجوی	ندارم به پیش پدر آبروی
به کاوسیان خواهد او نیکوی	بزرگی و هم افسر خسروی
اگر تاج ایران سپارد به من	پرستش کنم چون بتان را شمن
وگرنه نباشم به درگاه اوی	ندارم دل روشن از ماه اوی
به جایی شوم که نیابند نیز	به لهراسپ مانم همه مرز و چیز
بگفت این و برگشت زان مرغزار	بیامد بر نامور شهریار
چو بشنید لهراسپ با مهتران	پذیره شدش با سپاهی گران
جهانجوی روی پدر دید باز	فرود آمد از باره بردش نماز
ورا تنگ لهراسپ در برگرفت	بدان پوزش آرایش اندر گرفت
که تاج تو تاج سر ماه باد	ز تو دیو را دست کوتاه باد
که هرگز نیاموزدت راه بد	چو دستور بد بر درشاه بد
ز شاهی مرا نام تاجست و تخت	ترا مهر و فرمان و پیمان و بخت
ورا گفت گشتاسپ کای شهریار	منم بر درت بر یکی پیشکار
اگر کم کنی جاه فرمان کنم	به پیمان روان را گروگان کنم
بزرگان برفتند با او به راه	گرازان و پویان به ایوان شاه
بیاراست ایوان گوهرنگار	نهادند خوان و می خوشگوار
یکی جشن کردند کز چرخ ماه	ستاره ببارید بر جشنگاه
چنان بد ز مستی که هر مهتری	برفتند بر سر ز زر افسری
به کاوسیان بود لهراسپ شاد	همیشه ز کیخسروش بود یاد
همی ریخت زان درد گشتاسپ خون	همی گفت هرگونه با رهنمون
همی گفت هرچند کوشم به رای	نیارم همی چاره‌ی این به جای

اگر با سواران شوم مهتری	فرستد پسم نیز با لشکری
به چاره ز ره بازگرداندم	بسی خواهش و پندها راندم
چو تنها شوم ننگ دارم همی	ز لهراسپ دل تنگ دارم همی
دل او به کاوسیانست شاد	نیاید گذر مهر او بر نژاد
چو یک تن بود کم کند خواستار	چه داند که من چون شدم شهریار
شب تیره شبدیز لهراسپی	بیاورد با زین گشتاسپی
بپوشید زربفت رومی قبای	ز تاج اندر آویخت پر همای
ز دینار وز گوهر شاهوار	بیاورد چندان کش آمد به کار
از ایران سوی روم بنهاد روی	به دل گاه جوی و روان راه جوی
پدر چون ز گشتاسپ آگاه شد	بپیچید و شادیش کوتاه شد
زریر و همه بخردان را بخواند	ز گشتاسپ چندی سخنها براند
بدیشان چنین گفت کاین شیر مرد	سر تاجدار اندر آرد به گرد
چه بینید و این را چه درمان کنید	نشاید که این بر دل آسان کنید
چنین گفت موبد که این نیک بخت	گرامی به مردان بود تاج و تخت
چو گشتاسپ فرزند کس را نبود	نه هرگز کس از نامداران شنود
ز هر سو بباید فرستاد کس	دلاور بزرگان فریادرس
گر او بازگردد تو زفتی مکن	هنرجوی و با آز جفتی مکن
که تاج کیان چون تو بیند بسی	نماند همی مهر او بر کسی
به گشتاسپ ده زین جهان کشوری	بنه بر سرش نامدار افسری
جز از پهلوان رستم نامدار	به گیتی نبینیم چون او سوار
به بالا و دیدار و فرهنگ و هوش	چنو نامور نیز ننشنید گوش
فرستاد لهراسپ چندی مهان	به جستن گرفتند گرد جهان
برفتند و نومید بازآمدند	که با اختر دیرساز آمدند
نکوهش از آن بهر لهراسپ بود	غم و رنج تن بهر گشتاسپ بود
چو گشتاسپ نزدیک دریا رسید	پیاده شد و باژ خواهش بدید
یکی پیرسر بود هیشوی نام	جوانمرد و بیدار و با رای و کام
برو آفرین کرد گشتاسپ و گفت	که با جان پاکت خرد باد جفت
ازایران یکی نامدارم دبیر	خردمند و روشندل و یادگیر
به کشتی برین آب اگر بگذرم	سپاسی نهی جاودان بر سرم

Shahnameh

چنین گفت شایسته‌ای تاج را	و یا جوشن و تیغ و تاراج را
کنون راز بگشای و با من بگوی	ازین سان به دریا گذشتن مجوی
مرا هدیه باید اگر گفت راست	ترا رای و راه دبیری کجاست
ز هیشوی بشنید گشتاسپ گفت	که از تو مرا نیست چیزی نهفت
ز من هرچ خواهی ندارم دریغ	ازین افسر و مهر و دینار و تیغ
ز دینار لختی به هیشوی داد	ازان هدیه شد مرد گیرنده شاد
ز کشتی سبک بادبان برکشید	جهانجوی را سوی قیصر کشید
یکی شارستان بد به روم اندرون	سه فرسنگ پهنای شهرش فزون
برآورده‌ی سلم جای بزرگ	نشستنگه قیصران سترگ
چو گشتاسپ آمد بدان شارستان	همی جست جای یکی کارستان
همی گشت یک هفته بر گرد روم	همی کار جست اندر آباد بوم
چو چیزی که بودش بخورد و بداد	همی رفت ناشاد و دل پر ز باد
چو در شهر آباد چندی بگشت	ز ایوان به دیوان قیصر گذشت
به اسقف چنین گفت کای دستگیر	ز ایران یکی نامجویم دبیر
بدین کار باشم ترا یارمند	ز دیوان کنم هرچ آید پسند
دبیران که بودند در بارگاه	همی کرد هریک به دیگر نگاه
کزین کلک پولاد گریان شود	همان روی قرطاس بریان شود
یکی باره باید به زیرش بلند	به بازو کمان و به زین بر کمند
به آواز گفتند ما را دبیر	زیانست پیش آمدن ناگزیر
چو بشنید گشتاسپ دل پر ز درد	ز دیوان بیامد دو رخساره زرد
یکی باد سرد از جگر برکشید	به نزدیک چوپان قیصر رسید
جوانمرد را نام نستاو بود	دلیر و هشیوار و با تاو بود
به نزدیک نستاو چون شد فراز	برو آفرین کرد و بردش نماز
نگه کرد چوپان و بنواختش	به نزدیکی خویش بنشاختش
چه مردی بدو گفت با من بگوی	که هم شاه شاخی و هم نامجوی
چنین داد پاسخ که ای نامدار	یکی کره تازم دلیر و سوار
مرا گر نوازی به کار آیمت	به رنج و به بد نیز یار آیمت
بدو گفت نستاو زین در بگرد	تو ایدر غریبی وبی‌پای مرد
بیابان و دریا و اسپان یله	به ناآشنا چون سپارم گله

۹۰۷

چو بشنید گشتاسپ غمگین برفت ‌‌ ‌‌ ره ساربانان قیصر گرفت
یکی آفرین کرد بر ساربان ‌‌ ‌‌ که پیروز بادی و روشن روان
خردمند چون روی گشتاسپ دید ‌‌ ‌‌ پذیره شد و جایگاهش گزید
سبک باز گسترد گستردنی ‌‌ ‌‌ بیاورد چیزی که بد خوردنی
چنین گفت گشتاسپ با ساروان ‌‌ ‌‌ که این مرد بیدار و روشن روان
مرا ده یکی کاروانی شتر ‌‌ ‌‌ چو رای آیدت مزد ما هم ببر
بدو ساربان گفت کای شیرمرد ‌‌ ‌‌ نزیبد ترا هرگز این کارکرد
به چیزی که ما راست چون سر کنی ‌‌ ‌‌ به آید گر آهنگ قیصر کنی
ترا بی‌نیازی دهد زین سخن ‌‌ ‌‌ جز آهنگ درگاه قیصر مکن
و گر گم شدت راه دارم هیون ‌‌ ‌‌ پسندیده و مردم رهنمون
برو آفرین کرد و برگشت زوی ‌‌ ‌‌ پر از غم سوی شهر بنهاد روی
شد آن دردها بر دلش بر گران ‌‌ ‌‌ بیامد به بازار آهنگران
یکی نامور بود بوراب نام ‌‌ ‌‌ پسندیده آهنگری شادکام
همی ساختی نعل اسپان شاه ‌‌ ‌‌ بر قیصر او را بدی پایگاه
ورا یار و شاگرد بد سی و پنج ‌‌ ‌‌ ز پتک و ز آهن رسیده به رنج
به دکانش بنشست گشتاسپ دیر ‌‌ ‌‌ شد آن پیشه‌کار از نشستنش سیر
بدو گفت آهنگر ای نیکخوی ‌‌ ‌‌ چه داری به دکان ما آرزوی
چنین داد پاسخ که ای نیک‌بخت ‌‌ ‌‌ نپیچم سر از پتک وز کار سخت
مرا گر بداری تو یاری کنم ‌‌ ‌‌ برین پتک و سندان سواری کنم
چو بشنید بوراب زو داستان ‌‌ ‌‌ به یاری او گشت همداستان
گرانمایه گویی به آتش بتافت ‌‌ ‌‌ چو شد تافته سوی سندان شتافت
به گشتاسپ دادند پتکی گران ‌‌ ‌‌ برو انجمن گشته آهنگران
بزد پتک و بشکست سندان و گوی ‌‌ ‌‌ ازو گشت بازار پر گفت‌وگوی
بترسید بوراب و گفت ای جوان ‌‌ ‌‌ به زخم تو آهن ندارد توان
نه پتک و نه آتش نه سندان نه دم ‌‌ ‌‌ چو بشنید گشتاسپ زان شد دژم
بینداخت پتک و بشد گرسنه ‌‌ ‌‌ نه روی خورش بد نه جای بنه
نماند به کس روز سختی نه رنج ‌‌ ‌‌ نه آسانی و شادمانی نه گنج
بد و نیک بر ما همی بگذرد ‌‌ ‌‌ نباشد دژم هرکه دارد خرد
همی بود گشتاسپ دل مستمند ‌‌ ‌‌ خروشان و جوشان ز چرخ بلند

نیامد ز گیتیش جز زهر بهر | یکی روستا دید نزدیک شهر
درخت و گل و آبهای روان | نشستنگه شاد مرد جوان
درختی گشن سایه بر پیش آب | نهان گشته زو چشمه‌ی آفتاب
بران سایه بنشست مرد جوان | پر از درد پیچان و تیره‌روان
همی گفت کای داور کردگار | غم آمد مرا بهره زین روزگار
نبینم همی اختر خویش بد | ندانم چرا بر سرم بد رسد
یکی نامور زان پسندیده ده | گذر کرد بر وی که او بود مه
ورا دید با دیدگان پر ز خون | به زیر زنخ دست کرده ستون
بدو گفت کای پاک مرد جوان | چرایی پر از درد و تیره‌روان
اگر آیدت رای ایوان من | بوی شاد یکچند مهمان من
مگر کین غمان بر دلت کم شود | سر تیر مژگانت بی نم شود
بدو گفت گشتاسپ کای نامجوی | نژاد تو از کیست با من بگوی
چنین داد پاسخ ورا کدخدای | کزین پرسش اکنون ترا چیست رای
من از تخم شاه آفریدون گرد | کزان تخمه کس در جهان نیست خرد
چو بشنید گشتاسپ برداشت پای | همی رفت با نامور کدخدای
چو آن مهتر آمد سوی خان خویش | به مهمان بیاراست ایوان خویش
بسان برادر همی داشتش | زمانی به ناکام نگذاشتش
زمانه برین نیز چندی بگشت | برین کار بر ماهیان برگذشت

داستان کتایون با گشتاسپ

چنان بود قیصر بدانگه برای | که چون دختر او رسیدی بجای
چو گشتی بلند اختر و جفت جوی | بدیدی که آمدش هنگام شوی
یکی گرد کردی به کاخ انجمن | بزرگان فرزانه و رای زن
هرانکس که بودی مر او را همال | ازان نامدارن برآورده یال
ز کاخ پدر دختر ماهروی | بگشتی بران انجمن جفت جوی
پرستنده بودی به گرد اندرش | ز مردم نبودی پدید افسرش

پس پرده‌ی قیصر آن روزگار	سه بد دختر اندر جهان نامدار
به بالا و دیدار و آهستگی	به بایستگی هم به شایستگی
یکی بود مهتر کتایون به نام	خردمند و روشن‌دل و شادکام
کتایون چنان دید یک شب به خواب	که روشن شدی کشور از آفتاب
یکی انجمن مرد پیدا شدی	از انبوه مردم ثریا شدی
سر انجمن بود بیگانه‌یی	غریبی دل آزار و فرزانه‌یی
به بالای سرو و به دیدار ماه	نشستنش چون بر سر گاه شاه
یکی دسته دادی کتایون بدوی	وزو بستدی دسته‌ی رنگ و بوی
یکی انجمن کرد قیصر بزرگ	هر آن کس که بودند گرد و سترگ
به شبگیر چون بردمید آفتاب	سر نامداران برآمد ز خواب
بران انجمن شاد بنشاندند	ازان پس پری‌چهره را خواندند
کتایون بشد با پرستار شست	یکی دسته گل هر یکی را به دست
همی گشت چندان کش آمد ستوه	پسندش نیامد کسی زان گروه
از ایوان سوی پرده بنهاد روی	خرامان و پویان و دل جفت‌جوی
هم آنگه زمین گشت چون پر زاغ	چنین تا سر از کوه بر زد چراغ
بفرمود قیصر که از کهتران	به روم اندرون مایه‌ور مهتران
بیارند یکسر به کاخ بلند	بدان تا که باشد به خوبی پسند
چو آگاهی آمد به هر مهتری	بهر نامداری و کنداوری
خردمند مهتر به گشتاسپ گفت	که چندین چه باشی تو اندر نهفت
برو تا مگر تاج و گاه مهی	ببینی دلت گردد از غم تهی
چو بشنید گشتاسپ با او برفت	به ایوان قیصر خرامید تفت
به پیغوله‌یی شد فرود از مهان	پر از درد بنشست خسته نهان
برفتند بیدار دل بندگان	کتایون و گل رخ پرستندگان
همی گشت بر گرد ایوان خویش	پسش بخردان و پرستار پیش
چو از دور گشتاسپ را دید گفت	که آن خواب سر برکشید از نهفت
بدان مایه‌ور نامدار افسرش	هم آنگه بیاراست خرم سرش
چو دستور آموزگار آن بدید	هم اندر زمان پیش قیصر دوید
که مردی گزین کرد از انجمن	به بالای سرو سهی در چمن
به رخ چون گلستان و با یال و کفت	که هرکش ببیند بماند شگفت

Shahnameh

بد آنست کو را ندانیم کیست	تو گویی همه فره ایزدیست
چنین داد پاسخ که دختر مباد	که از پرده عیب آورد بر نژاد
اگر من سپارم بدو دخترم	به ننگ اندرون پست گردد سرم
هم او را و آنرا که او برگزید	به کاخ اندرون سر بباید برید
سقف گفت کاین نیست کاری گران	که پیش از تو بودند چندی سران
تو با دخترت گفتی انباز جوی	نگفتی که رومی سرافراز جوی
کنون جست آنرا که آمدش خوش	تو از راه یزدان سرت را مکش
چنین بود رسم نیاکان تو	سرافراز و دیندار و پاکان تو
به آیین این شد پی افگنده روم	تو راهی مگیر اندر آباد بوم
همایون نباشد چنین خود مگوی	به راهی که هرگز نرفتی مپوی
چو بشنید قیصر بر آن برنهاد	که دخت گرامی به گشتاسپ داد
بدو گفت با او برو همچنین	نیابی ز من گنج و تاج و نگین
چو گشتاسپ آن دید خیره بماند	جهان‌آفرین را فراوان بخواند
چنین گفت با دختر سرفراز	که ای پروریده بنام و بناز
ز چندین سر و افسر نامدار	چرا کرد رایت مرا خواستار
غریبی همی برگزینی که گنج	نیابی و با او بمانی به رنج
ازین سرفرازان همالی بجوی	که باشد به نزد پدرت آبروی
کتایون بدو گفت کای بدگمان	مشو تیز با گردش آسمان
چو من با تو خرسند باشم به بخت	تو افسر چرا جویی و تاج و تخت
برفتند ز ایوان قیصر به درد	کتایون و گشتاسپ با باد سرد
چنین گفت با شوی و زن کدخدای	که خرسند باشید و فرخنده‌رای
سرایی به پردخت مهتر بده	خورشها و گستردنی هرچ به
چو آن دید گشتاسپ کرد آفرین	بران نامور مهتر پاک‌دین
کتایون بی‌اندازه پیرایه داشت	ز یاقوت و هر گوهری مایه داشت
یکی گوهری از میان برگزید	که چشم خردمند زان سان ندید
ببردند نزدیک گوهرشناس	پذیرفت ز اندازه بیرون سپاس
بها داد یاقوت را شش‌هزار	ز دینار و گنج از در شهریار
خریدند چیزی که بایسته بود	بدان روز بد نیز شایسته بود
ازان سان که آمد همی زیستند	گهی شادمان گاه بگریستند

همه کار گشتاسپ نخچیر بود / همه ساله با ترکش و تیر بود
چنان بد که روزی ز نخچیرگاه / مر او را به هیشوی بر بود راه
ز هرگونه‌یی چند نخچیر داشت / همی رفت و ترکش پر از تیر داشت
همه هرچ بود از بزرگان و خرد / هم از راه نزدیک هیشوی برد
چو هیشو بدیدش بیامد دوان / پذیره شدش شاد و روشن‌روان
به زیرش بگسترد گستردنی / بیاورد چیزی که بد خوردنی
برآسود گشتاسپ و چیزی بخورد / بیامد به نزد کتایون چو گرد
چو گشتاسپ هیشوی را دوست کرد / به دانش ورا چون تن و پوست کرد
چو رفتی به نخچیر آهو ز شهر / به ره بر به هیشوی دادی دو بهر
دگر بهره‌ی مهتر ده بدی / هرانکس کزان روستا مه بدی
چنان شد که گشتاسپ با کدخدای / یکی شد به خورد و به آرام و رای
یکی رومی بود میرین به نام / سرافراز و به ارای و با گنج و کام
فرستاد نزدیک قیصر پیام / که من سرفرازم به گنج و به نام
به من ده دل‌آرام دخترت را / به من تازه کن نام و افسرت را
چنین گفت قیصر که من زین سپس / نجویم بدین روی پیوند کس
کتایون و آن مرد ناسرفراز / مرا داشتند از چنان کار باز
کنون هرک جویند خویشی من / وگر سر فرازد به پیشی من
یکی کار بایدش کردن بزرگ / که خوانندش ایدر بزرگان سترگ
چنو در جهان نامداری بود / مرا بر زمین نیز یاری بود
شود تا سر بیشه‌ی فاسقون / بشوید دل و دست و مغزش به خون
یکی گرگ بیند به کردار نیل / تن اژدها دارد و زور پیل
سرو دارد و نیشتر چون گراز / نیارد شدن پیل پیشش فراز
بران بیشه بر نگذرد نره شیر / نه پیل و نه خونریز مرد دلیر
هر آنکس که بر وی بدرید پوست / مرا باشد او یار و داماد و دوست
چنین گفت میرین برین زادبوم / جهان آفرین تا پی افگند روم
نیاکان ما جز به گرز گران / نکردند پیکار با مهتران
کنون قیصر از من بجوید همی / سخن با من از کینه گوید همی
من این چاره اکنون بجای آورم / ز هرگونه پاکیزه رای آورم
چو آمد به ایوان پسندیده مرد / ز هرگونه اندیشه‌ها یاد کرد

Shahnameh

نوشته بیاورد و بنهاد پیش	همان اختر و طالع و فال خویش
چنان دید کاندر فلان روزگار	از ایران بیاید یکی نامدار
به دستش برآید سه کار گران	کزان باز گویند رومی سران
یکی آنک داماد قیصر شود	همان بر سر قیصر افسر شود
پدید آید از روی کشور دو دد	که هرکس رسد از بد دد به بد
شود هردو بر دست او بر هلاک	ز هر زورمندی نیایدش باک
ز کار کتایون خود آگاه بود	که با نیو گشتاسپ همراه بود
ز هیشوی و آن مهتر نامجوی	که هر سه به روی اندر آرند روی
بیامد به نزدیک هیشوی تفت	سراسر بگفت آن سخنها که رفت
وزان اختر فیلسوفان روم	شگفتی که آید بدان مرز و بوم
بدو گفت هیشوی کامروز شاد	بر ما همی باش با مهر و داد
که این مرد کز وی تو دادی نشان	یکی نامداریست از سرکشان
به نخچیر دارد همی روی و رای	نیندیشد از تخت خاور خدای
یکی دی نیامد به نزدیک من	که خرم شدی جان تاریک من
بیاید هم‌اکنون ز نخچیرگاه	بما بر بود بی‌گمانیش راه
می و رود آورد با بوی و رنگ	نشستند با جام زرین به چنگ
هم انگه که شد جام می بر چهار	پدید آمد از دشت گرد سوار
چو هیشوی و میرین بدیدند گرد	پذیره شدندش به دشت نبرد
چو میرین بدیدش به هیشوی گفت	که این را به گیتی کسی نیست جفت
بدین شاخ و این یال و این دستبرد	ز تخمی بود نامبردار و گرد
هنرها ز دیدار او بگذرد	همان شرم و آزردگی و خرد
چو گشتاسپ تنگ آمد این هر دو مرد	پیاده ببودند ز اسپ نبرد
نشستی نو آراست بر پیش آب	یکی خوان نو ساخت اندر شتاب
می آورد با میگساران نو	نشستی نو آیین و یاران نو
چو رخ لعل گشت از می لعل فام	به گشتاسپ هیشوی گفت ای همام
مرا بر زمین دوست خوانی همی	جز از من کسی را ندانی همی
کنون سوی من کرد میرین پناه	یکی نامدارست با دستگاه
دبیرست با دانش و ارجمند	بگیرد شمار سپهر بلند
سخن گوید از فیلسوفان روم	ز آباد و ویران هر مرز و بوم

هم از گوهر سلم دارد نژاد	پدر بر پدر نام دارد به یاد
به نزدیک اویست شمشیر سلم	که بودی همه ساله در زیر سلم
سواریست گردافکن و شیر گیر	عقاب اندر آرد ز گردون به تیر
برین نیز خواهد که بیشی کند	چو با قیصر روم خویشی کند
به قیصر سخن گفت و پاسخ شنید	ز پاسخ همانا دلش بردمید
که او گفت در بیشه‌ی فاسقون	یکی گرگ باشد بسان هیون
اگر کشته آید به دست تو گرگ	تو باشی به روم ایرمانی بزرگ
جهاندار باشی و داماد من	زمانه به خوبی دهد داد من
کنون گر تو این را کنی دست پیش	منت بنده‌ام وین سرافراز خویش
بدو گفت گشتاسپ کری رواست	چه گویند و این بیشه اکنون کجاست
چگونه ددی باشد اندر جهان	که ترسند ازو کهتران و مهان
چنین گفت هیشوی کاین پیر گرگ	همی برتر است از هیونی سترگ
دو دندان او چون دو دندان پیل	دو چشمش طبر خون و چرمش چو نیل
سروهاش چو آبنوسی فرسپ	چو خشم آورد بگذرد بر دو اسپ
از ایدر بسی نامور قیصران	برفتند با گرزهای گران
ازان بیشه ناکام باز آمدند	پر از ننگ و تن پر گداز آمدند
بدو گفت گشتاسپ کان تیغ سلم	بیارید و اسپس سرافراز گرم
همی اژدها خوانم این را نه گرگ	تو گرگی مدان از هیونی بزرگ
چو بشنید میرین زانجا برفت	سوی خانه‌ی خویش تازید تفت
ز آخر گزین کرد اسپی سیاه	گرانمایه خفتان و رومی کلاه
همان مایه‌ور تیغ الماس گون	که سلم آب دادش به زهر و به خون
بسی هدیه بگزید با آن ز گنج	ز یاقوت و گوهر همه پنج‌پنج
چو خورشید پیراهن قیرگون	بدرید و آمد ز پرده برون
جهانجوی میرین ز ایوان برفت	بیامد به نزدیک هیشوی تفت
ز نخچیر گشتاسپ زانسو کشید	نگه کرد هیشوی و اورا بدید
ازان اسپ و شمشیر خیره شدند	چو نزدیک‌تر شد پذیره شدند
چو گشتاسپ آن هدیه‌ها بنگرید	همان اسپ و تیغ از میان برگزید
دگر چیز بخشید هیشوی را	بیاراست جان جهانجوی را
بپوشید گشتاسپ خفتان چو گرد	به زیر اندر آورد اسپ نبرد

به زه بر کمان و به بازو کمند / سواری سرافراز و اسپی بلند
همی رفت هیشوی با او به راه / جهانجوی میرین فریادخواه
چنین تا لب بیشه‌ی فاسقون / برفتند پیچان و دل پر ز خون
چو نزدیک شد بیشه و جای گرگ / بپیچید میرین و مرد سترگ
به گشتاسپ بنمود به انگشت راست / که آن اژدها را نشیمن کجاست
وزو بازگشتند هر دو به درد / پر از خون دل و دیده پر آب زرد
چنین گفت هیشوی کان سرفراز / دلیرست و دانا و هم رزمساز
بترسم بروبر ز چنگال گرگ / که گردد تباه این جوان سترگ
چو گشتاسپ نزدیک آن بیشه شد / دل رزمسازش پر اندیشه شد
فرود آمد از باره‌ی سرفراز / به پیش جهاندار و بردش نماز
همی گفت ایا پاک پروردگار / فروزنده‌ی گردش روزگار
تو باشی بدین بد مرا دستگیر / ببخشای بر جان لهراسپ پیر
که گر بر من این اژدهای بزرگ / که خواند ورا ناخردمند گرگ
شود پادشاه چون پدر بشنود / خروشان شود زان سپس نغنود
بماند پر از درد چون بیهشان / به هر کس خروشان و جویا نشان
اگر من شوم زین بد دد ستوه / بپوشم سر از شرم پیش گروه
بگفت این و بر بارگی برنشست / خروشان و جوشان و تیغی به دست
کمانی به زه بر به بازو درون / همی رفت بیدار دل پر زخون
ز ره چون به تنگ اندر آمد سوار / بغرید برسان ابر بهار
چو گرگ از در بیشه او را بدید / خروشی به ابر سیه برکشید
همی کند روی زمین را به چنگ / نه بر گونه‌ی شیر و چنگ پلنگ
چو گشتاسپ آن اژدها را بدید / کمان را به زه کرد و اندر کشید
چو باد از برش تیرباران گرفت / کمان را چو ابر بهاران گرفت
دد از تیر گشتاسپی خسته شد / دلیریش با درد پیوسته شد
بیاسود و برخاست از جای گرگ / بیامد بسان هیون سترگ
سرو چون گوزنان به پیش اندرون / تن از زخم پر درد و دل پر زخون
چو نزدیک اسپ اندر آمد ز راه / سرونی بزد بر سرین سیاه
که از خایه تا ناف او بردرید / جهانجوی تیغ از میان برکشید
پیاده بزد بر میان سرش / بدو نیم شد پشت و یال و برش

بیامد به پیش خداوند دد	خداوند هر دانش و نیک و بد
همی آفرین خواند بر کردگار	که ای آفریننده‌ی روزگار
تویی راه گم کرده را رهنمای	تویی برتر برترین یک خدای
همه کام و پیروزی از کام تست	همه فر و دانایی از نام تست
چو برگشت از جایگاه نماز	بکند آن دو دندان که بودش دراز
وزان بیشه تنها سر اندر کشید	همی رفت تا پیش دریا رسید
بر آب هیشوی و میرین به درد	نشسته زبانها پر از یاد کرد
سخنشان ز گشتاسپ بود و ز گرگ	که زارا سوار دلیر و سترگ
که اکنون به رزمی بزرگ اندرست	دریده به چنگال گرگ اندرست
چو گشتاسپ آمد پیاده پدید	پر از خون و رخ چون گل شنبلید
چو دیدنش از جای برخاستند	به زاری خروشیدن آراستند
به زاری گرفتندش اندر کنار	رخان زرد و مژگان چو ابر بهار
که چون بود با گرگ پیکار تو	دل ما پر از خون بد از کار تو
بدو گفت گشتاسپ کای نیک رای	به روم اندرون نیست بیم از خدای
بران سان یکی اژدهای دلیر	به کشور بمانند تا سال دیر
برآید جهانی شود زو هلاک	چه قیصر مر او را چه یک مشت خاک
به شمشیر سلمش زدم به دو نیم	سرآمد شما را همه ترس و بیم
شوید آن شگفتی ببینید گرم	کزان بیشتر کس ندیدست چرم
یکی ژنده پیلست گویی به پوست	همه بیشه بالا و پهنای اوست
بران بیشه رفتند هر دو دوان	ز گفتار او شاد و روشن‌روان
بدیدند گرگی به بالای پیل	به چنگال شیران و همرنگ نیل
بدو زخم کرده ز سر تا به پای	دو شیرست گویی فتاده به جای
چو دیدند کردند زو آفرین	بران فرمند آفتاب زمین
دلی شاد زان بیشه باز آمدند	بر شیر جنگی فراز آمدند
بسی هدیه آورد میرین برش	بر آنسان که بد مرد را در خورش
بجز دیگر اسپی نپذرفت زوی	وزانجا سوی خانه بنهاد روی
چو آمد ز دریا به آرام خویش	کتایون بینادلش رفت پیش
بدو گفت جوشن کجا یافتی	کز ایدر به نخچیر بشتافتی
چنین داد پاسخ که از شهر من	بیامد یکی نامور انجمن

مرا هدیه این جوشن و تیغ و خود	بدادند و چندی ز خویشان درود
کتایون می‌آورد همچون گلاب	همی خورد با شوی تا گاه خواب
بخفتند شادان دو اختر گرای	جوانمرد هزمان بجستی ز جای
بدیدی به خواب اندرون رزم گرگ	به کردار نر اژدهای سترگ
کتایون بدو گفت امشب چه بود	که هزمان بترسی چنین نابسود
چنین داد پاسخ که من تخت خویش	بدیدم به خواب اختر و بخت خویش
کتایون بدانست کو را نژاد	ز شاهی بود یک‌دل و یک نهاد
بزرگست و با او نگوید همی	ز قیصر بلندی نجوید همی
بدو گفت گشتاسپ کای ماهروی	سمن خد و سیمین‌بر و مشکبوی
بیارای تا ما به ایران شویم	از ایدر به جای دلیران شویم
ببینی بر و بوم فرخنده را	همان شاه با داد و بخشنده را
کتایون بدو گفت خیره مگوی	به تیزی چنین راه رفتن مجوی
چو ز ایدر به رفتن نهی روی را	هم آواز کن پیش هیشوی را
مگر بگذراند به کشتی ترا	جهان تازه شد چون گذشتی ترا
من ایدر بمانم به رنج دراز	ندانم که کی بینمت نیز باز
به نارفته در جامه گریان شدند	بران آتش درد بریان شدند
چو از چرخ بفروخت گردنده شید	جوانان بیداردل پر امید
ازان خانه‌ی بزم برخاستند	ز هرگونه‌یی گفتن آراستند
که تا چون شود بر سر ما سپهر	به تندی گذارد جهان گر به مهر
وزان روی چون باد میرین برفت	به نزدیک قیصر خرامید تفت
چنین گفت کای نامدار بزرگ	به پایان رسید آن زیانهای گرگ
همه بیشه سرتابسر اژدهاست	تو نیز ار شگفتی ببینی رواست
بیامد دمان کرد آهنگ من	یکی خنجری یافت از چنگ من
ز سر تا میانش بدو نیم شد	دل دیو زان زخم پر بیم شد
ببالید قیصر ز گفتار اوی	برافروخت پژمرده رخسار اوی
بفرمود تا گاو گردون برند	سراپرده از شهر بیرون برند
یکی بزمگاهی بیاراستند	می و رود و رامشگران خواستند
ببردند گاوان گردون کشان	بران بیشه کز گرگ بودی نشان
برفتند و دیدند پیلی ژیان	به خنجر بریده ز سر تا میان

چو بیرون کشیدندش از مرغزار
به گاوان گردون‌کش تاودار

جهانی نظاره بران پیر گرگ
چه گرگ آن ژیان نره شیر سترگ

چو قیصر بدید آن تن پیل مست
ز شادی بسی دست بر زد به دست

همان روز قیصر سقف را بخواند
به ایوان و دختر به میرین رساند

نوشتند نامه بهر کشوری
سکوبا و بطریق و هر مهتری

که میرین شیر آن سرافرازم روم
ز گرگ دلاور تهی کرد بوم

ز میرین یکی بود کهتر به سال
ز گردان رومی برآورده یال

گوی بر منش نام او اهرنا
ز تخم بزرگان رویین تنا

فرستاد نزدیک قیصر پیام
که دانی که ما را نژادست و نام

ز میرین به هر گوهری بگذرم
به تیغ و به گنج درم برترم

به من ده کنون دختر کهترت
به من تازه کن لشکر و افسرت

چنین داد پاسخ که پیمان من
شنیدی مگر با جهانبان من

که داماد نگزیند این دخترم
ز راه نیاکان خود نگذرم

چو میرین یکی کار بایدت کرد
ازان پس تو باشی ورا هم نبرد

به کوه سقیلا یکی اژدهاست
که کشور همه پاک ازو در بلاست

اگر کم کنی اژدها را ز روم
سپارم ترا دختر و گنج و بوم

که همتای آن گرگ شیراوژنست
دمش زهر و او دام آهرمنست

چنین داد پاسخ که فرمان کنم
بدین آرزو جان گروگان کنم

ز نزدیک قیصر بیامد برون
دلش زان سخن کفته جان پر زخون

به یاران چنین گفت کان زخم گرگ
نبد جز به شمشیر مردی سترگ

ز میرین کی آید چنین کارکرد
نداند همی قیصر از مرد مرد

شوم زو بپرسم بگوید مگر
سخن با من از بی‌پی چاره‌گر

بشد تا به ایوان میرین چوگرد
پرستنده‌یی رفت و آواز کرد

نشستنگهی داشت میرین که ماه
به گردون ندارد چنان جایگاه

جهانجوی با گبر کنداوری
یکی افسری بر سرش قیصری

پرستنده گفت اهرن پیلتن
بیامد به در با یکی انجمن

نشستنگهی ساخت شایسته‌تر
برفت آنک بودند بایسته‌تر

به ایوان میرین نماندند کس
دو مهتر نشستند بر تخت بس

چو میرین بدیدش به بر درگرفت
بپرسیدن مهتر اندر گرفت

بدو گفت اهرن که با من بگوی	ز هرچت بپرسم بهانه مجوی
مرا آرزو دختر قیصرست	کجا روم را سربسر افسرست
بگفتیم و پاسخ چنین داد باز	که در کوه با اژدها رزم ساز
اگر بازگویی تو آن کار گرگ	بوی مر مرا رهنمای بزرگ
چو بشنید میرین ز اهرن سخن	بپژمرد و اندیشه افگند بن
که گر کار آن نامدار جهان	به اهرن بگویم نماند نهان
سرمایه‌ی مردمی راستیست	ز تاری و کژی بباید گریست
بگویم مگر کان نبرده سوار	نهد اژدهار را سر اندر کنار
چو اهرن بود مر مرا یار و پشت	ندارد مگر باد دشمن به مشت
برآریم گرد از سر آن سوار	نهان ماند این کار یک روزگار
به اهرن چنین گفت کز کار گرگ	بگویم چو سوگند یابم بزرگ
که این کار هرگز به روز و به شب	نگویی نداری گشاده دو لب
بخورد اهرن آن سخت سوگند اوی	بپذرفت سرتاسر آن بند اوی
چو قرطاس را جامه‌ی خامه کرد	به هیشوی میرین یکی نامه کرد
که اهرن که دارد ز قیصر نژاد	جهانجوی با گنج و با تخت و داد
بخواهد ز قیصر همی دختری	که ماندست از دختران کهتری
همی اژدها دام اهرن کند	بکوشد کزان بدنشان تن کند
بیامد به نزدیک من چاره‌جوی	گذشته سخنها گشادم بدوی
ازان گرگ و آن رزم دیده‌سوار	بگفتم همه هرچ آمد به کار
چنان هم که کار مرا کرد خوب	کند بی‌گمان کار این مرد خوب
دو تن را بدین مرز مهتر کند	چو خورشید را بر سر افسر کند
بیامد دوان اهرن چاره‌جوی	به نزدیک هیشوی بنهاد روی
چو اهرن به نزدیک دریا رسید	جهانجوی هیشوی پیشین دوید
ازو بستد آن نامه‌ی دلپسند	برو آفرین کرد و بگشاد بند
بدو گفت هیشوی کای راد مرد	بباید کنون او به کردار گرد
یکی نامداری غریب و جوان	فدی کرد بر پیش میرین روان
کنون چون کند رزم نر اژدها	به چاره نیابد مگر زو رها
مرا گفتن و کار بر دست اوست	سخن گفتن نیک هرجا نکوست
تو امشب بدین میزبان رای کن	بنه شمع و دریا دل‌آرای کن

که فردا بیاید گو نامجوی	بگویم بدو هرچ گویی بگوی
به شمع آب دریا بیاراستند	خورشها بخوردند و می خواستند
چنین تا سپیده ز یاقوت زرد	بزد شید بر شیشه‌ی لاژورد
پدید آمد از دشت گرد سوار	ز دورش بدید اهرن نامدار
چو تنگ اندر آمد پیاده دوان	پذیره شدش مرد روشن روان
فرود آمد از باره جنگی سوار	می و خوردنی خواست از نامدار
یکی تیز بگشاد هیشوی لب	که شادان بدی نامور روز و شب
نگه کن بدین مرد قیصر نژاد	که گردون گردان بدو گشت شاد
هم از تخمه‌ی قیصرانست نیز	همش فر و نام و همش گنج و چیز
به دامادی قیصر آمدش رای	همی خواهد اندر سخن رهنمای
چنو نیست مر قیصران را همال	جوانیست با فر و با برز و یال
ازو خواست یکبار و پاسخ شنید	کنون چاره‌ی دیگر آمد پدید
همی گویدش اژدهاگیر باش	گر از خویشی قیصر آژیر باش
به پیش گرانمایگان روز و شب	بجز نام میرین نراند به لب
هرانکس که باشند زیبای بخت	بخواهد که ماند بدو تاج و تخت
یکی برز کوهست از ایدر نه دور	همه جای خوردن گه کام و سور
یکی اژدها بر سر تیغ کوه	شده مردم روم زو در ستوه
همی ز آسمان کرگس اندر کشد	ز دریا نهنگ دژم برکشد
همی دود زهرش بسوزد زمین	نخواند برین مرز و بوم آفرین
گر آن کشته آید به دست تو بر	شگفتی شوی در جهان سربسر
ازو یاورت پاک یزدان بود	به کام تو خورشید گردان بود
بدین زور و بالا و این دستبرد	ندانیم همتای تو هیچ گرد
بدو گفت رو خنجری کن دراز	ازو دسته بالاش چون پنج باز
ز هر سوش برسان دندان مار	سنانی برو بسته برسان خار
همی آب داده به زهر و به خون	به تیزی چو الماس و رنگ آبگون
به فرمان یزدان پیروزبخت	نگون اندر آویزمش بر درخت
بشد اهرن و هرچ گشتاسپ خواست	بیاورد چون کارها گشت راست
ز دریا به زین اندر آورد پای	برفتند یارانش با او ز جای
چو هیشوی کوه سقیلا بدید	به انگشت بنمود و خود را کشید

۹۲۰

خود و اهرن از جای گشتند باز   چو خورشید برزد سنان از فراز
جهانجوی بر پیش آن کوه بود   که آرام آن مار نستوه بود
چو آن اژدهابرز او را بدید   به دم سوی خویشش همی درکشید
چو از پیش زین اندر آویخت ترگ   برو تیر بارید همچون تگرگ
چو تنگ اندر آمد بران اژدها   همی جست مرد جوان زو رها
سبک خنجر اندر دهانش نهاد   ز دادار نیکی دهش کرد یاد
بزد تیز دندان بدان خنجرش   همه تیغها شد به کام اندرش
به زهر و به خون کوه یکسر بشست   همی ریخت زو زهر تا گشت سست
به شمشیر برد آن زمان دست شیر   بزد بر سر اژدهای دلیر
همی ریخت مغزش بران سنگ سخت   ز باره درآمد گو نیکبخت
بکند از دهانش دو دندان نخست   پس آنگه بیامد سر و تن بشست
خروشان بغلتید بر خاک بر   به پیش خداوند پیروزگر
کجا داد آن دستگاه بزرگ   بران گرگ و آن اژدهای سترگ
همی گفت لهراسپ و فرخ زریر   شدند از تن و جان گشتاسپ سیر
به روشن روان و دل و زور و تاب   همانا نبینند ما را به خواب
بجز رنج و سختی نبینم ز دهر   پراگنده بر جای تریاک زهر
مگر زندگانی دهد کردگار   که بینم یکی روی آن شهریار
دگر چهر فرخ برادر زریر   بگویم که گشتم من از تاج سیر
بگویم که بر من چه آمد ز بخت   همی تخت جستم که گم گشت تخت
پر از آب رخ بارگی برنشست   همان خنجر آب داده به دست
چو نزدیک هیشوی و اهرن رسید   همه یاد کرد آن شگفتی که دید
به اهرن چنین گفت کان اژدها   بدین خنجر تیز شد بی‌بها
شما از دم اژدهای بزرگ   پر از بیم گشتید از کار گرگ
مرا کارزار دلاور سران   سرافراز با گرزهای گران
بسی تیز آید ز جنگ نهنگ   که از ژرف برآید به جنگ
چنین اژدها من بسی دیده‌ام   که از رزم او سر نپیچیده‌ام
شنیدند هیشوی و اهرن سخن   ازان نو به گفتار دانش کهن
چو آواز او آن دو گردن‌فراز   شنیدند و بردند پیشش نماز
به گشتاسپ گفتند کی نره شیر   که چون تو نزاید ز مادر دلیر

۹۲۱

بیاورد اهرن بسی خواسته … گرانمایه اسپان آراسته
یکی تیغ برداشت و یک باره جنگ … کمانی و سه چوبه تیر خدنگ
به هیشوی داد آن دگر هرچ بود … ز دینار وز جامه‌ی نابسود
چنین گفت گشتاسپ با سرکشان … کزین کس نباید که دارد نشان
نه از من که نر اژدها دیده‌ام … گر آواز آن گرگ بشنیده‌ام
وزان جایگه شاد و خرم برفت … به سوی کتایون خرامید تفت
بشد اهرن و گاو گردون ببرد … تن اژدها کهتران را سپرد
که این را به درگاه قیصر برید … به پیش بزرگان لشگر برید
خود از پیش گاوان و گردون برفت … به نزدیک قیصر خرامید تفت
به روم اندرون آگهی یافتند … جهاندیدگان پیش بشتافتند
چو گاو اندر آمد به هامون ز کوه … خروشی بد اندر میان گروه
ازان زخم و آن اژدهای دژم … کزان بود بر گاو گردون ستم
همی آمد از چرخ بانگ چکاو … تو گفتی ندارد تن گاو تاو
هرانکس که آن زخم شمشیر دید … خروشیدن گاو گردون شنید
همی گفت کاین خنجر اهرنست … وگر زخم شیراوژن آهرمنست
همانگاه قیصر ز ایوان براند … بزرگان و فرزانگان را بخواند
بران اژدها بر یکی جشن کرد … ز شبگیر تا شد جهان لاژورد
چو خورشید بنهاد بر چرخ تاج … به کردار زر آب شد روی عاج
فرستاده قیصر سقف را بخواند … بپرسید و بر تخت زرین نشاند
ز بطریق وز جاثلیقان شهر … هرانکس کش از مردمی بود بهر
به پیش سکوبا شدند انجمن … جهاندیده با قیصر و رای زن
به اهرن سپردند پس دخترش … به دستوری مهربان مادرش
ز ایوان چو مردم پراکنده شد … دل نامور زان سخن زنده شد
چنین گفت کامروز روز منست … بلند آسمان دلفروز منست
که کس چون دو داماد من در جهان … نبینند بیش از کهان و مهان
نوشتند نامه به هر مهتری … کجا داشتی تخت گر افسری
که نر اژدها با سرافراز گرگ … تبه شد به دست دو مرد سترگ
یکی منظری پیش ایوان خویش … برآورده چون تخت رخشان خویش
به میدان شدندی دو داماد اوی … بیاراستندی دل شاد اوی

به تیر و به چوگان و زخم سنان / بهر دانشی گرد کرده عنان
همی تاختندی چپ و دست راست / که گفتی سواری بدیشان سزاست
چنین تا برآمد برین روزگار / بیامد کتایون آموزگار
به گشتاسپ گفت ای نشسته دژم / چه داری ز اندیشه دل را به غم
به روم از بزرگان دو مهتر بدند / که با تاج و با گنج و افسر بدند
یکی آنک نر اژدها را بکشت / فراوان بلا دید و ننمود پشت
دگر آنک بر گرگ بدرید پوست / همه روم یکسر پرآواز اوست
به میدان قیصر به ننگ و نبرد / همی به آسمان اندر آرند گرد
نظاره شو انجا که قیصر بود / مگر بر دلت رنج کمتر بود
بدو گفت گشتاسپ کای خوب چهر / ز قیصر مرا کی بود داد و مهر
ترا با من از شهر بیرون کند / چو بیند مرا مردمی چون کند
ولیکن ترا گر چنین است رای / نپیچم ز رای تو ای رهنمای
بیامد به میدان قیصر رسید / همی بود تا زخم چوگان بدید
ازیشان یکی گوی و چوگان بخواست / میان سواران برافگند راست
برانگیخت آن بارگی را ز جای / یلان را همه کند شد دست و پای
به میدان کسی نیز گویی ندید / شد از زخم او در جهان ناپدید
سواران کجا گوی او یافتند / به چوگان زدن نیز نشتافتند
شدند آن زمان رومیان زردروی / همه پاک با غلغل و گفت و گوی
کمان برگرفتند و تیر خدنگ / برفتند چندی سواران جنگ
چو آن دید گشتاسپ برخاست و گفت / که اکنون هنرها نشاید نهفت
بیفگند چوگان کمان برگرفت / زه و توز ازو دست بر سر گرفت
نگه کرد قیصر بران سرفراز / بدان چنگ و یال و رکیب دراز
بپرسید و گفت این سوار از کجاست / که چندین بپیچد چپ و دست راست
سرافراز گردان بسی دیدهام / سواری بدین گونه نشنیدهام
بخوانید تا زو بپرسم که کیست / فرشتست گر همچو ما آدمیست
بخواندند گشتاسپ را پیش اوی / بپیچید جان بداندیش اوی
به گشتاسپ گفت ای نبرده سوار / سر سرکشان افسر کارزار
چه نامی بمن گوی شهر و نژاد / ورا زین سخن هیچ پاسخ نداد
چنین گفت کان خوار بیگانه مرد / که از شهر قیصر ورا دور کرد

چو داماد گشتم ز شهرم براند	کس از دفترش نام من بر نخواند
ز قیصر ستم بر کتایون رسید	که مردی غریب از میان برگزید
نرفت اندرین جز به آیین شهر	ازان راستی خواری آمدش بهر
به بیشه درون آن زیانکار گرگ	به کوه بزرگ اژدهای سترگ
سرانشان به زخم من آمد به پای	بران کار هیشوی بد رهنمای
که دندانهاشان بخان منست	همان زخم خنجر نشان منست
ز هیشوی قیصر بپرسد سخن	نوست این نگشتست باری کهن
چو هیشوی شد پیش دندان ببرد	گذشته سخنها برو بر شمرد
به پوزش بیاراست قیصر زبان	بدو گفت بیداد رفت ای جوان
کنون آن گرامی کتایون کجاست	مرا گر ستمگاره خواند رواست
ز میرین و اهرن برآشفت و گفت	که هرگز نماند سخن در نهفت
همانگه نشست از بر بادپای	به پوزش بیامد بر پاک رای
بسی آفرین کرد فرزند را	مران پاک دامن خردمند را
بدو گفت قیصر که ای ماهروی	گزیدی تو اندر خور خویش شوی
همه دوده را سر برافراختی	برین نیکبختی که تو ساختی
به پرسش بدو گفت ز انباز خویش	مگر بر تو پیدا کند راز خویش
که آرام و شهر و نژادش کجاست	بگوید مگر مر ترا گفت راست
چنین داد پاسخ که پرسیدمش	نه بر دامن راستی دیدمش
نگوید همی پیش من راز خویش	نهان دارد از هرکس آواز خویش
گمانم که هست از نژاد بزرگ	که پرخاش جویست و گرد و سترگ
ز هرچش بپرسم نگوید تمام	فرخزاد گوید که هستم به نام
وزان جایگه سوی ایوان گذشت	سپهر اندرین نیز چندی بگشت
چو گشتاسپ برخاست از بامداد	سر پرخرد سوی قیصر نهاد
چو قیصر ورا دید خامش بماند	بران نامور پیشگاهش نشاند
کمر خواست از گنج و انگشتری	یکی نامور افسری مهتری
ببوسید و پس بر سر او نهاد	ز کار گذشته بسی کرد یاد
چنین گفت با هرک بد یادگیر	که بیدار باشید برنا و پیر
فرخزاد را جمله فرمان برید	ز گفتار و کردار او مگذرید
ازان آگهی شد به هر کشوری	به هر پادشاهی و هر مهتری

به قیصر خزر بود نزدیکتر	وزیشان بدش روز تاریکتر
به مرز خزر مهتر الیاس بود	که پور جهاندار مهراس بود
به الیاس قیصر یکی نامه کرد	تو گفتی که خون بر سر خامه کرد
که چندین به افسوس خوردی خزر	کنون روز آسایش آمد بسر
اگر ساو و باژست و گنج گران	گروگان ازان مرز چندی سران
وگرنه فرخزاد چون پیل مست	بیاید کند کشورت را چو دست
چو الیاس بر خواند آن نامه را	به زهر آب در زد سر خامه را
چنین داد پاسخ که چندین هنر	نبودی به روم اندرون سربسر
اگر من نخواهم همی باژ روم	شما شاد باشید زان مرز و بوم
چنین دل گرفتید از یک سوار	که نزد شما یافت او زینهار
چنان دان که او دام آهرمنست	و گر کوه آهن همان یکتنست
تو او را بدین جنگ رنجه مکن	که من بین درازی نمانم سخن
سخن چون به میرین و اهرن رسید	ز الیاس و آن دام کو گسترید
فرستاد میرین به قیصر پیام	که این اژدها نیست کاید به دام
نه گرگست کز چاره بیجان شود	ز آلودن زهر پیچان شود
چو الیاس در جنگ خشم آورد	جهانجوی را خون به چشم آورد
نگه کن کنون کاین سرافراز مرد	ازو چند پیچد به دشت نبرد
غمی گشت قیصر ز گفتارشان	چو بشنید زان گونه بازارشان
فرخزاد را گفت پر مایه‌ای	همی روم را همچو پیرایه‌ای
چنان دان که الیاس شیراوژن است	چو اسپ افگند پیل رویین‌تن است
اگر تاب داری به جنگش بگوی	و گرنه مبر اندرین آب روی
اگر جنگ او را نداری تو پای	بسازیم با او یکی خوب رای
به خوبی ز ره بازگردانمش	سخن با هزینه برافشانمش
بدو گفت گشتاسپ کین جست و جوی	چرا باید و چیست این گفت و گوی
چو من باره اندر جهانم به خاک	ندارم ز مرز خزر هیچ باک
ولیکن نباید که روز نبرد	ز میرین و اهرن بود یاد کرد
که ایشان به رزم اندر از دشمنی	برآرند کژی و آهرمنی
چو لشکر بیاید ز مرز خزر	نگهبان من باش با یک پسر
به نیروی پیروزگر یک خدای	چو من با سپاه اندر آیم ز جای

نه الیاس مانم نه با او سپاه	نه چندن بزرگی و تخت و کلاه
کمربند گیرمش وز پشت زین	به ابر اندر آرم زنم بر زمین
دگر روز چون بردمید آفتاب	چو زرین سپر می‌نمود اندر آب
ز سوی خزر نای رویین بخاست	همی گرد بر شد سوی چرخ راست
سرافراز قیصر به گشتاسپ گفت	که اکنون جدا کن سپاه از نهفت
بگفت این و لشکر به بیرون کشید	گوان و یلان را به هامون کشید
همی گشت با گرزه‌ی گاوسار	چو سرو بلند از بر کوهسار
همی جست بر دشت جای نبرد	ز هامون به ابر اندر آورد گرد
چو الیاس دید آن بر و یال اوی	چنان گردش چنگ و گوپال اوی
سواری فرستاد نزدیک اوی	که بفریبد ان رای تاریک اوی
بیامد بدو گفت کای سرفراز	ز قیصر بدین گونه سر کم فراز
کزین لشکر اکنون سوارش تویی	بهارش تویی نامدارش تویی
به یکسو گرای از میان دو صف	چه داری چنین بر لب آورده کف
که الیاس شیر است روز نبرد	پذیره درآید سبک‌تر ز گرد
اگر هدیه خواهی ورا گنج هست	مسای از پی چیز با رنج دست
ز گیتی گزین کن یکی بهره‌یی	تو باشی بران بهره در شهره‌یی
همت یار باشم همت کهترم	که هرگز ز پیمان تو نگذرم
بدو گفت گشتاسپ کاین سرد گشت	سخنها ز اندازه اندر گذشت
تو کردی بدین داوری دست پیش	کنون بازگشتی ز گفتار خویش
سخن گفتن اکنون نیاید به کار	گه جنگ و آویزش کارزار
فرستاده برگشت و آمد چو باد	همی کرد پاسخ به الیاس یاد
چو خورشید شد بر سر کوه زرد	نماند آن زمان روزگار نبرد
شب آمد یکی پرده‌ی آبنوس	بپوشید بر چهره‌ی سندروس
چو خورشید ازان کوشش آگاه شد	ز برج کمان بر سر گاه شد
ببد چشمه‌ی روز چون سندروس	ز هر سو برآمد دم نای و کوس
چکاچاک برخاست از هر دو روی	ز خون شد همه رزمگه جوی جوی
بیامد سبک قیصر از میمنه	دو داماد را کرد پیش بنه
ابر میمنه پور قیصر سقیل	ابر میسره قیصر و کوس و پیل
دهاده برآمد ز هر دو سپاه	تو گفتی برآویخت با شید ماه

بجنبید گشتاسپ از پیش صف / یکی باره زیر اژدهایی به کف
چنین گفت الیاس با انجمن / که قیصر همی باژ خواهد ز من
چو بر در چنین اژدها باشدش / ازیرا منش بابها باشدش
چو گشتاسپ الیاس را دید گفت / که اکنون هنرها نباید نهفت
برانگیختند اسپ هر دو سوار / ابا نیزه و تیر جوشن گذار
ازان لشکر الیاس بگشاد شست / که گشتاسپ را برکند کار پست
بزد نیزه گشتاسپ بر جوشنش / بخست آن زمان کارزاری تنش
بیفگندش از باره برسان مست / بیازید و بگرفت دستش به دست
ز پیش سواران کشانش ببرد / بیاورد و نزدیک قیصر سپرد
بیاورد لشکر به پیش سپاه / به کردار باد اندر آمد ز راه
ازیشان چه مایه گرفت و بکشت / بکشتند مر هرک آمد به مشت
چو رومی پس‌اندر هم‌آواز شد / چو گشتاسپ زان جایگه باز شد
بر قیصر آمد سپه تاخته / به پیروزی و گردن افراخته
ز لشکر چو قیصر بدیدش به راه / ز شادی پذیره شدش با سپاه
سر و چشم آن نامور بوس داد / جهان‌آفرین را همی کرد یاد
وزان جایگه بازگشتند شاد / سپهبد کلاه کیان برنهاد
همه روم با هدیه و با نثار / برفتند شادان بر نامدار
برین نیز بگذشت چندی سپهر / به دل در همی داشت و ننمود چهر
بگشتاسپ گفت آن زمان جنگجوی / که تا زنده‌ای زین جهان بهر جوی
براندیش با این سخن با خرد / که اندیشه اندر سخن به خورد
به ایران فرستم فرستاده‌یی / جهاندیده و پاک و آزاده‌یی
به لهراسپ گویم که نیم جهان / تو داری به آرام و گنج مهان
اگر باژ بفرستی از مرز خویش / ببینی سرمایه‌ی ارز خویش
بریشان سپاهی فرستم ز روم / که از نعل پیدا نبینند بوم
چنین داد پاسخ که این رای تست / زمانه بزیر کف پای تست
یکی نامور بود قالوس نام / خردمند و با دانش و رای و کام
بخواند آن خردمند را نامدار / کز ایدر برو تا در شهریار
بگویش که گر باژ ایران دهی / به فرمان گرایی و گردن نهی
به ایران بماند بتو تاج و تخت / جهاندار باشی و پیروزبخت

وگرنه مرا با سپاهی گران	هم از روم وز دشت نیزه‌وران
نگه کن که برخیزد از دشت غو	فرخزاد پیروزشان پیش رو
همه بومتان پاک ویران کنم	ز ایران به شمشیر بیران کنم
فرستاده آمد به کردار باد	سرش پر خرد بد دلش پر ز داد
چو آمد به نزدیک شاه بزرگ	بدید آن در و بارگاه بزرگ
چو آگاهی آمد به سالار بار	خرامان بیامد بر شهریار
که پیر جهاندیده‌یی بر درست	همانا فرستاده‌ی قیصرست
سوارست با او بسی نامدار	همی راه جوید بر شهریار
چو بشنید بنشست بر تخت عاج	بسر بر نهاد آن دل افروز تاج
بزرگان ایران همه پیش تخت	نشستند شادان دل و نیکبخت
بفرمود تا پرده برداشتند	فرستاده را شاد بگذاشتند
چو آمد به نزدیک تختش فراز	بر او آفرین کرد و بردش نماز
پیام گرانمایه قیصر بداد	چنان چون بباید به آیین و داد
غمی شد ز گفتار او شهریار	برآشفت با گردش روزگار
گرانمایه جایی بیاراستند	فرستاده را شاد بنشاستند
فرستاد زربفت گستردنی	ز پوشیدنی و هم از خوردنی
بران گونه بنواخت او را به بزم	تو گفتی که نشنید پیغام رزم
شب آمد پر اندیشه پیچان بخفت	تو گفتی که با درد و غم بود جفت
چو خورشید بر تخت زرین نشست	شب تیره رخسار خود را ببست
بفرمود تا رفت پیشش زریر	سخن گفت هرگونه با شاه دیر
به شگبیر قالوس شد بار خواه	ورا راه دادند نزدیک شاه
ز بیگانه ایوان بپرداختند	فرستاده را پیش بنشاختند
بدو گفت لهراسپ کای پر خرد	مبادا که جان جز خرد پرورد
بپرسم ترا راست پاسخ‌گزار	اگر بخردی کام کژی مخار
نبود این هنرها به روم اندرون	بدی قیصر از پیش شاهان زبون
کنون او بهر کشوری باژخواه	فرستاد و بر ماه بنهاد گاه
چو الیاس را کو به مرز خزر	گوی بود با فر و پرخاشخر
بگیرد ببندد همی با سپاه	بدین باژخواهش که بنمود راه
فرستاده گفت ای سخنگوی شاه	به مرز خزر من شدم باژخواه

به پیغمبری رنج بردم بسی	نپرسید زین باره هرگز کسی
ولیکن مرا شاه زان‌سان نواخت	که گردن به کژی نباید فراخت
سواری به نزدیک او آمدست	که از بیشه‌ها شیر گیرد به دست
به مردان بخندد همی روز رزم	هم از جامه‌ی می به هنگام بزم
به بزم و به رزم و به روز شکار	جهان‌بین ندیدست چون او سوار
بدو داد پرمایه‌تر دخترش	که بودی گرامی‌تر از افسرش
نشانی شدست او به روم اندرون	چو نر اژدها شد به چنگش زبون
یکی گرگ بد همچو پیلی به دشت	که قیصر نیارست زان سو گذشت
بیفگند و دندان او را بکند	وزو کشور روم شد بی‌گزند
بدو گفت لهراسپ کای راست‌گوی	کرا ماند این مرد پرخاشجوی
چنین داد پاسخ که باری نخست	به چهره زریرست گویی درست
به بالا و دیدار و فرهنگ و رای	زریر دلیرست گویی بجای
چو بشنید لهراسپ بگشاد چهر	بران مرد رومی بگسترد مهر
فراوان ورا برده و بدره داد	ز درگاه برگشت پیروز و شاد
بدو گفت کاکنون به قیصر بگوی	که من با سپاه آمدم جنگجوی
پر اندیشه بنشست لهراسپ دیر	بفرمود تا پیش او شد زریر
بدو گفت کاین جز برادرت نیست	بدین چاره بشتاب وایدر مه‌ایست
درنگ آوری کار گردد تباه	میاسا و اسپ درنگی مخواه
ببر تخت و بالا و زرینه کفش	همان تاج با کاویانی درفش
من این پادشاهی مر او را دهم	برین بر سرش بر سپاسی نهم
تو ز ایدر برو تا حلب کینه‌جوی	سپه را جز از جنگ چیزی مگوی
زریر ستوده به لهراسپ گفت	که این راز بیرون کشیم از نهفت
گر اویست فرمان‌بر و مهترست	ورا هرک مهتر بود کهترست
بگفت این و برساخت در حال کار	گزیده یکی لشکری نامدار
نبیره‌ی برزگان و آزادگان	ز کاوس و گودرز کشوادگان
ز تخم زرسپ آنک بودند نیز	چو بهرام شیراوژن و ریونیز
همی رفت هر مهتری با دو اسپ	فروزان به کردار آذرگشسپ
نیاسود کس تا به مرز حلب	جهان شد پر از جنگ و جوش و شغب
درفش همایون برافراختند	سراپرده و خیمه‌ها ساختند

زریر سپهبد سپه را بماند — به بهرام گردنکش و خود براند

بسان کسی کو پیامی برد — وگر نزد شاهی خرامی برد

ازان ویژگان پنج تن را ببرد — که بودند با مغز و هشیار و گرد

چو نزدیک درگاه قیصر رسید — به درگاه سالار بارش بدید

به در بر همه فرش دیبا کشید — بیامد به قیصر بگفت آنچ دید

به کاخ اندرون بود قیصر دژم — چو قالوس و گشتاسپ با او بهم

بدو آگهی داد سالار بار — که آمد به درگه زریر سوار

چو قیصر شنید این سخن بار داد — ازان آمدن گشت گشتاسپ شاد

زریر اندر آمد چو سرو بلند — نشست از بر تخت آن ارجمند

ز قیصر بپرسید و پوزش گرفت — همان رومیان را فروزش گرفت

بدو گفت قیصر فرخزاد را — نپرسی نداری به دل داد را

به قیصر چنین گفت فرخ زریر — که این بنده از بندگی گشت سیر

گریزان بیامد ز درگاه شاه — کنون یافت ایدر چنین پایگاه

چو گشتاسپ بشنید پاسخ نداد — تو گفتی ز ایران نیامدش یاد

چو قیصر شنید این سخن زان جوان — پراندیشه شد مرد روشن‌روان

که شاید بدن این سخن کو بگفت — جز از راستی نیست اندر نهفت

به قیصر ز لهراسپ پیغام داد — که گر دادگر سر نه پیچد ز داد

ازین پس نشستم برومست و بس — به ایران نمانیم بسیار کس

تو ز ایدر برو گو بیارای جنگ — سخن چون شنیدی نباید درنگ

نه ایران خزر گشت و الیاس من — که سر برکشیدی از آن انجمن

چنین داد پاسخ که من جنگ را — بیازم همی هر سوی چنگ را

تو اکنون فرستاده‌ای بازگرد — بسازیم ناچار جای نبرد

ز قیصر چو بنشید فرخ زریر — غمی شد ز پاسخ فروماند دیر

چو برخاست قیصر به گشتاسپ گفت — که پاسخ چرا ماندی در نهفت

بدو گفت گشتاسپ من پیش ازین — ببودم بر شاه ایران زمین

همه لشکر شاه و آن انجمن — همه آگهند از هنرهای من

همان به که من سوی ایشان شوم — بگویم همه گفته‌ها بشنوم

برآرم ازیشان همه کام تو — درفشان کنم در جهان نام تو

بدو گفت قیصر تو داناتری — برین آرزو بر تواناتری

چو بشنید گشتاسپ گفتار اوی	نشست از بر بارهی راه جوی
بیامد به جای نشست زریر	به سر افسر و بادپایی به زیر
چو لشکر بدیدند گشتاسپ را	سرافرازتر پور لهراسپ را
پیاده همه پیش اوی آمدند	پر از درد و پر آب روی آمدند
همه پاک بردند پیشش نماز	که کوتاه شد رنجهای دراز
همانگه چو آمد به پیشش زریر	پیاده ببود و شد از رزم سیر
گرامیش را تنگ در بر گرفت	چو بگشاد لب پرسش اندر گرفت
نشستند بر تخت با مهتران	بزرگان ایران و کنداوران
زریر خجسته به گشتاسپ گفت	که بادی همه ساله با بخت جفت
پدر پیر سر شد تو برنادلی	ز دیدار پیران چرا بگسلی
به پیری ورا بخت خندان شدست	پرستندهی پاک یزدان شدست
فرستاد نزدیک تو تاج و گنج	سزد گر نداری کنون دل به رنج
چنین گفت کایران سراسر تراست	سر تخت با تاج کشور تراست
ز گیتی یکی کنج ما را بس است	که تخت مهی را جز از من کس است
برارد بیاورد پرمایه تاج	همان یاره و طوق و هم تخت عاج
چو گشتاسپ تخت پدر دید شاد	نشست از برش تاج بر سر نهاد
نبیرهی جهانجوی کاوس کی	ز گودرزیان هرک بد نیکپی
چو بهرام و چون ساوه و ریونیز	کسی کو سرافراز بودند نیز
به شاهی برو آفرین خواندند	ورا شهریار زمین خواندند
ببودند بر پای بسته کمر	هرانکس که بودند پرخاشخو
چو گشتاسپ دید آن دلارای کام	فرستاد نزدیک قیصر پیام
کز ایران همه کام تو راست گشت	سخنها ز اندازه اندر گذشت
همی چشم دارد زریر و سپاه	که آیی خرامان بدین رزمگاه
همه سربسر با تو پیمان کنند	روان را به مهرت گروگان کنند
گرت رنج ناید خرامی به دشت	که کار زمانه به کام تو گشت
فرستاده چون نزد قیصر رسید	به دشت آمد و ساز لشکر بدید
چو گشتاسپ را دید بر تخت عاج	نهاده به سر بر ز پیروزه تاج
بیامد ورا تنگ در برگرفت	سخنهای دیرینه اندر گرفت
بدانست قیصر که گشتاسپ اوست	فروزندهی جان لهراسپ اوست

فراوانش بستود و بردش نماز	وزانجا سوی تخت رفتند باز
ازان کرده‌ی خویش پوزش گرفت	بپیچید زان روزگار شگفت
بپذرفت گفتار او شهریار	سرش را گرفت آنگهی برکنار
بدو گفت چون تیره گردد هوا	فروزیدن شمع باشد روا
بر ما فرست آنک ما را گزید	که او درد و رنج فراوان کشید
بشد قیصر و رنج و تشویر برد	بس نیز بر خوی بد برشمرد
به سوی کتایون فرستاد گنج	یکی افسر و سرخ یاقوت پنج
غلام و پرستار رومی هزار	یکی طوق پر گوهر شاهوار
ز دینار رومی شتروار پنج	یکی فیلسوفی نگهبان گنج
سلیح و درم داد لشکرش را	همان نامداران کشورش را
هرانکس که بود او ز تخم بزرگ	وگر تیغ زن نامداری سترگ
بیاراست خلعت سزاوارشان	برافرخت پژمرده بازارشان
از اسپان تازی و برگستوان	ز خفتان وز جامه‌ی هندوان
ز دیبا و دینار و تاج و نگین	ز تخت و ز هرگونه دیبای چین
فرستاده نزدیک گشتاسپ برد	یکایک به گنجور او برشمرد
ابا این بسی آفرین گسترید	بران کو زمان و زمین آفرید
کتایون چو آمد به نزدیک شاه	غو کوس برخاست از بارگاه
سپه سوی ایران برفتن گرفت	هوا گرد اسپان نهفتن گرفت
چو قیصر دو منزل بیامد به راه	عنان تگاور بپیچید شاه
به سوگند ازان مرز برگاشتش	به خواهش سوی روم بگذاشتش
وزان جایگه شد سوی روم باز	چو گشتاسپ شد سوی راه دراز
همی راند تا سوی ایران رسید	به نزد دلیران و شیران رسید
چو بشنید لهراسپ کامد زریر	برادرش گشتاسپ آن نره شیر
پذیره شدش با همه مهتران	بزرگان ایران و نام‌آوران
چو دید او پسر را به بر درگرفت	ز جور فلک دست بر سر گرفت
فرود آمد از باره گشتاسپ زود	بدو آفرین کرد و زاری نمود
ز ره چو به ایوان شاهی شدند	چو خورشید در برج ماهی شدند
بدو گفت لهراسپ کز من مبین	چنین بود رای جهان آفرین
نوشته چنین بد مگر بر سرت	که پردخت ماند ز تو کشورت

بدو شادمان گشت لهراسپ شاه	مر او را نشاند از بر تخت و گاه
ببوسید و تاجش به سر بر نهاد	همی آفرین کرد با تاج یاد
بدو گفت گشتاسپ کای شهریار	ابی تو مبیناد کس روزگار
چو مهتر کنی من ترا کهترم	بکوشم که گرد ترا نسپرم
همه نیک بادا سرانجام تو	مبادا که باشیم بی‌نام تو
که گیتی نماند همی بر کسی	چو ماند به تن رنج ماند بسی
چنین است گیهان ناپایدار	برو تخم بد تا توانی مکار
همی خواهم از دادگر یک خدای	که چندان بمانم به گیتی به جای
که این نامه‌ی شهریاران پیش	بپویندم از خوب گفتار خویش
ازان پس تن جانور خاک راست	سخن گوی جان معدن پاک راست

پادشاهی گشتاسپ

بخواب دیدن فردوسی دقیقی را

چنان دید گوینده یک شب به خواب	که یک جام می داشتی چون گلاب
دقیقی ز جایی پدید آمدی	بران جام می داستانها زدی
به فردوسی آواز دادی که می	مخور جز بر آیین کاوس کی
که شاهی ز گیتی گزیدی که بخت	بدو نازد و لشگر و تاج و تخت
شهنشاه محمود گیرنده شهر	ز شادی به هر کس رسانیده بهر
از امروز تا سال هشتاد و پنج	بکاهدش رنج و نکاهدش گنج
ازین پس به چین اندر آرد سپاه	همه مهتران برگشایند راه
نبایدش گفتن کسی را درشت	همه تاج شاهانش آمد به مشت
بدین نامه گر چند بشتافتی	کنون هرچ جستی همه یافتی
ازین باره من پیش گفتم سخن	سخن را نیامد سراسر به بن
ز گشتاسپ و ارجاسپ بیتی هزار	بگفتم سرآمد مرا روزگار
گر آن مایه نزد شهنشه رسد	روان من از خاک بر مه رسد
کنون من بگویم سخن کو بگفت	منم زنده او گشت با خاک جفت

گفتار دقیقی

چو گشتاسپ را داد لهراسپ تخت	فرود آمد از تخت و بربست رخت
به بلخ گزین شد بران نوبهار	که یزدان پرستان بدان روزگار
مران جای را داشتندی چنان	که مر مکه را تازیان این زمان
بدان خانه شد شاه یزدان پرست	فرود آمد از جایگاه نشست
ببست آن در آفرین خانه را	نماند اندرو خویش و بیگانه را
بپوشید جامه‌ی پرستش پلاس	خرد را چنان کرد باید سپاس
بیفگند یاره فرو هشت موی	سوی روشن دادگر کرد روی

همی بود سی سال خورشید را	برینسان پرستید باید خدای
نیایش همی کرد خورشید را	چنان بوده بد راه جمشید را
چو گشتاسپ بر شد به تخت پدر	که هم فر او داشت و بخت پدر
به سر بر نهاد آن پدر داده تاج	که زیبنده باشد بر آزاده تاج
منم گفت یزدان پرستنده شاه	مرا ایزد پاک داد این کلاه
بدان داد ما را کلاه بزرگ	که بیرون کنیم از رم میش گرگ
سوی راه یزدان بیازیم چنگ	بر آزاده گیتی نداریم تنگ
چو آیین شاهان بجای آوریم	بدان را به دین خدای آوریم
یکی داد گسترد کز داد اوی	ابا گرگ میش آب خوردی به جوی
پس آن دختر نامور قیصرا	که ناهید بد نام آن دخترا
کتایونش خواندی گرانمایه شاه	دو فرزندش آمد چو تابنده ماه
یکی نامور فرخ اسفندیار	شه کارزاری نبرده سوار
پشوتن دگر گرد شمشیر زن	شه نامبردار لشکرشکن
چو گشتی بران شاه نو راست شد	فریدون دیگر همی خواست شد
گزیدش بدادند شاهان همه	نشستن دل نیک‌خواهان همه
مگر شاه ارجاسپ توران خدای	که دیوان بدندی به پیشش به پای
گزیتش نپذرفت و نشنید پند	اگر پند نشنید زو دید بند
وزو بستدی نیز هر سال باژ	چرا داد باید به هامال باژ

پیدا شدن زردشت و پذیرفتن گشتاسپ دین او

چو یک چند سالان برآمد برین	درختی پدید آمد اندر زمین
در ایوان گشتاسپ بر سوی کاخ	درختی گشن بود بسیار شاخ
همه برگ وی پند و بارش خرد	کسی کو خرد پرورد کی مرد
خجسته پی و نام او زردهشت	که آهرمن بدکنش را بکشت
به شاه کیان گفت پیغمبرم	سوی تو خرد رهنمون آورم
جهان آفرین گفت بپذیر دین	نگه کن برین آسمان و زمین

که بی‌خاک و آبش برآورده‌ام / نگه کن بدو تاش چون کرده‌ام
نگر تا تواند چنین کرد کس / مگر من که هستم جهاندار و بس
گر ایدونک دانی که من کردم این / مرا خواند باید جهان‌آفرین
ز گوینده بپذیر به دین اوی / بیاموز ازو راه و آیین اوی
نگر تا چه گوید بران کار کن / خرد برگزین این جهان خوار کن
بیاموز آیین و دین بهی / که بی‌دین ناخوب باشد مهی
چو بشنید ازو شاه به دین به / پذیرفت ازو راه و آیین به
نبرده برادرش فرخ زریر / کجا ژنده پیل آوریدی به زیر
ز شاهان شه پیر گشته به بلخ / جهان بر دل ریش او گشته تلخ
شده زار و بیمار و بی‌هوش و توش / به نزدیک او زهر مانند نوش
سران و بزرگان و هر مهتران / پزشکان دانا و ناموران
بر آن جادوی چارها ساختند / نه سود آمد از هرچ انداختند
پس این زردهشت پیمبرش گفت / کزو دین ایزد نشاید نهفت
که چون دین پذیرد ز روز نخست / شود رسته از درد و گردد درست
شهنشاه و زین پس زریر سوار / همه دین پذیرنده از شهریار
همه سوی شاه زمین آمدند / ببستند کشتی به دین آمدند
پدید آمد آن فره ایزدی / برفت از دل بد سگالان بدی
پر از نور مینو ببد دخمه‌ها / وز آلودگی پاک شد تخمه‌ها
پس آزاده گشتاسپ برشد به گاه / فرستاد هرسو به کشور سپاه
پراگنده اندر جهان موبدان / نهاد از بر آذران گنبدان
نخست آذر مهربرزین نهاد / به کشمر نگر تا چه آیین نهاد
یکی سرو آزاده بود از بهشت / به پیش در آذر آن را بکشت
نبشتی بر زاد سرو سهی / که پذرفت گشتاسپ دین بهی
گوا کرد مر سرو آزاد را / چنین گستراند خرد داد را
چو چندی برآمد برین سالیان / مران سرو استبر گشتش میان
چنان گشت آزاد سرو بلند / که برگرد او برنگشتی کمند
چو بسیار برگشت و بسیار شاخ / بکرد از بر او یکی خوب کاخ
چهل رش به بالا و پهنا چهل / نکرد از بنه اندرو آب و گل
دو ایوان برآورد از زر پاک / زمینش ز سیم و ز عنبرش خاک

برو بر نگارید جمشید را	پرستنده مر ماه و خورشید را
فریدونش را نیز با گاوسار	بفرمود کردن برانجا نگار
همه مهتران را بر آنجا نگاشت	نگر تا چنان کامگاری که داشت
چو نیکو شد آن نامور کاخ زر	به دیوارها بر نشانده گهر
به گردش یکی باره کرد آهنین	نشست اندرو کرد شاه زمین
فرستاد هرسو به کشور پیام	که چون سرو کشمر به گیتی کدام
ز مینو فرستاد زی من خدای	مرا گفت زینجا به مینو گرای
کنون هرک این پند من بشنوید	پیاده سوی سرو کشمر روید
بگیرید پند ار دهد زردهشت	به سوی بت چین بدارید پشت
به برز و فر شاه ایرانیان	ببندید کشتی همه بر میان
در آیین پیشینیان منگرید	برین سایه‌ی سروبن بگذرید
سوی گنبد آذر آرید روی	به فرمان پیغمبر راستگوی
پراگنده فرمانش اندر جهان	سوی نامداران و سوی مهان
همه نامداران به فرمان اوی	سوی سرو کشمر نهادند روی
پرستشکده گشت زان سان که پشت	ببست اندرو دیو را زردهشت
بهشتیش خوان ار ندانی همی	چرا سرو کشمرش خوانی همی
چراکش نخوانی نهال بهشت	که شاه کیانش به کشمر بکشت

نپذیرفتن گشتاسپ باژ ایران ارجاسب را

چو چندی برآمد برین روزگار	خجسته ببود اختر شهریار
به شاه کیان گفت زردشت پیر	که در دین ما این نباشد هژیر
که تو باژ بدهی به سالار چین	نه اندر خور دین ما باشد این
نباشم برین نیز همداستان	که شاهان ما درگه باستان
به ترکان نداد ایچ کس باژ و ساو	برین روزگار گذشته بتاو
پذیرفت گشتاسپ گفتا که نیز	نفرمایمش دادن این باژ چیز
پس آگاه شد نره دیوی ازین	هم‌اندرز زمان شد سوی شاه چین
بدو گفت کای شهریار جهان	جهان یکسره پیش تو چون کهان

به جای آوریدند فرمان تو نتابد کسی سر ز پیمان تو
مگر پورلهراسپ گشتاسپ شاه که آرد همی سوی ترکان سپاه
برد آشکارا همه دشمنی ابا تو چنو کرد یارد منی
چو ارجاسپ بشنید گفتار دیو فرود آمد از گاه گیهان خدیو
از اندوه او سست و بیمار شد دل و جان او پر ز تیمار شد
تگینان لشکرش را پیش خواند شنیده سخن پیش ایشان براند
بدانید گفتا کز ایران زمین بشد فره و دانش و پاک دین
یکی جادو آمد به دین آوری به ایران به دعوی پیغمبری
همی گوید از آسمان آمدم ز نزد خدای جهان آمدم
خداوند را دیدم اندر بهشت من این زند و استا همه زو نوشت
بدوزخ درون دیدم آهرمنا نیارستمش گشت پیرامنا
گروگر فرستادم از بهر دین بیارای گفتا به دانش زمین
سرنامداران ایران سپاه گرانمایه فرزند لهراسپ شاه
که گشتاسپ خوانندش ایرانیان ببست او یکی کشتی بر میان
برادرش نیز آن سوار دلیر سپهدار ایران که نامش زریر
همه پیش آن دین پژوه آمدند ازان پیر جادو ستوه آمدند
گرفتند ازو سربسر دین اوی جهان شد پر از راه و آیین اوی
نشست او به ایران به پیغمبری به کاری چنان یافه و سرسری
یکی نامه باید نوشتن کنون سوی آن زده سر ز فرمان برون
ببایدش دادن بسی خواسته که نیکو بود داده ناخواسته
مر او را بگویی کزین راه زشت بگرد و بترس از خدای بهشت
مر آن پیر ناپاک را دور کن بر آیین ما بر یکی سور کن
گر ایدونک نپذیرد از ما سخن کند روی تازه بما بر کهن
سپاه پراگنده باز آوریم یکی خوب لشکر فراز آوریم
به ایران شویم از پس کار اوی نترسیم از آزار و پیکار اوی
برانیمش از پیش و خوارش کنیم ببندیم و زنده به دارش کنیم
برین ایستادند ترکان چنین دو تن نیز کردند زیشان گزین
یکی نام او بیدرفش بزرگ گوی پیر و جادو ستنبه سترگ
دگر جادوی نام او نام خواست که هرگز دلش جز تباهی نخواست

یکی نامه بنوشت خوب و هژیر	سوی نامور خسرو و دین پذیر
نوشتش به نام خدای جهان	شناسنده‌ی آشکار و نهان
نوشتم یکی نامه‌ای شهریار	چنانچون بد اندر خور روزگار
سوی گرد گشتاسپ شاه زمین	سزاوار گاه کیان به آفرین
گزین و مهین پور لهراسپ شاه	خداوند جیش و نگهدار گاه
ز ارجاسپ سالار گردان چین	سوار جهان‌دیده گرد زمین
نوشت اندران نامه‌ی خسروی	نکو آفرینی خط یبغوی
که ای نامور شهریار جهان	فروزنده‌ی تاج شاهنشهان
سرت سبز باد و تن و جان درست	مبادت کیانی کمرگاه سست
شنیدم که راهی گرفتی تباه	مرا روز روشن بکردی سیاه
بیامد یکی پیر مهتر فریب	ترا دل پر از بیم کرد و نهیب
سخن گفتنش از دوزخ و از بهشت	به دلت اندرون هیچ شادی نهشت
تو او را پذیرفتی و دینش را	بیاراستی راه و آیینش را
برافگندی آیین شاهان خویش	بزرگان گیتی که بودند پیش
رها کردی آن پهلوی کیش را	چرا ننگریدی پس و پیش را
تو فرزند آنی که فرخنده شاه	بدو داد تاج از میان سپاه
ورا برگزید از گزینان خویش	ز جمشیدیان مر ترا داشت پیش
بران سان که کیخسرو و کینه‌جوی	ترا بیش بود از کیان آبروی
بزرگی و شاهی و فرخندگی	توانایی و فر و زیبندگی
درفشان و پیلان آراسته	بسی لشکر و گنج و بس خواسته
همی بودت ای مهتر شهریار	که مهتران مر ترا دوستدار
همی تافتی بر جهان یکسره	چو اردیبهشت آفتاب از بره
زگیتی ترا برگزیده خدای	مهانت همه پیش بوده به پای
نکردی خدای جهان را سپاس	نبودی بدین ره ورا حق شناس
ازان پس که ایزد ترا شاه کرد	یکی پیر جادوت بی راه کرد
چو آگاهی تو سوی من رسید	به روز سپیدم ستاره بدید
نوشتم یکی نامه‌ی دوست وار	که هم دوست بودیم و هم نیک یار
چو نامه بخوانی سر و تن بشوی	فریبنده را نیز منمای روی
مران بند را از میان باز کن	به شادی می روشن آغاز کن

گرایدونک بپذیری از من تو پند	ز ترکان ترا نیز ناید گزند
زمین کشانی و ترکان چین	ترا باشد این همچو ایران زمین
به تو بخشم این بی‌کران گنجها	که آورده‌ام گرد با رنجها
نکورنگ اسپان با سیم و زر	به استامها در نشانده گهر
غلامان فرستمت با خواسته	نگاران با جعد آراسته
و ایدونک نپذیری این پند من	ببینی گران آهنین بند من
بیایم پس نامه تا چندگاه	کنم کشورت را سراسر تباه
سپاهی بیارم ز ترکان چین	که بنگاهشان بر نتابد زمین
بینبارم این رود جیحون به مشک	به مشک آب دریا کنم پاک خشک
بسوزم نگاریده کاخ ترا	ز بن برکنم بیخ و شاخ ترا
زمین را سراسر بسوزم همه	کتفتان به ناوک بدوزم همه
ز ایرانیان هرچ مردست پیر	کشان بنده کردن نباشد هژیر
ازیشان نیابی فزونی بها	کنمشان همه سر ز گردن جدا
زن و کودکانشان بیارم ز پیش	کنمشان همه بنده‌ی شهر خویش
زمینشان همه پاک ویران کنم	درختانش از بیخ و بن برکنم
بگفتم همه گفتنی سر بسر	تو ژرف اندرین پند نامه نگر
بپیچید و نامه بکردش نشان	بدادش بدان هر دو گردنکشان
بفرمودشان گفت به خرد بوید	به ایوان او با هم اندر شوید
چو او را ببینید بر تخت و گاه	کنید آن زمان خویشتن را دو تاه
بر آیین شاهان نمازش برید	بر تاج و بر تخت او مگذرید
چو هر دو نشینید در پیش اوی	سوی تاج تابنده‌ش آرید روی
گزارید پیغام فرخش را	ازو گوش دارید پاسخش را
چو پاسخ ازو سر بسر بشنوید	زمین را ببوسید و بیرون شوید
چو از پیش او کینه‌ور بیدرفش	سوی بلخ بامی کشیدش درفش
ابا یار خود خیره سر نام خواست	که او بفگند آن نکو راه راست
چو از شهر توران به بلخ آمدند	به درگاه او بر پیاده شدند
پیاده برفتند تا پیش اوی	براین آستانه نهادند روی
چو رویش بدیدند بر گاه بر	چو خورشید و تیر از بر ماه بر
نیایش نمودند چون بندگان	به پیش گزین شاه فرخندگان

۹۴۲

Shahnameh

بدادندش آن نامه‌ی خسروی نوشته درو بر خط یبغوی
چو شاه جهان نامه را باز کرد برآشفت و پیچیدن آغاز کرد
بخواند آن زمان پیر جاماسپ را کجا راهبر بود گشتاسپ را
گزینان ایران و اسپهبدان گوان جهان دیده و موبدان
بخواند آن همه آذران پیش خویش بیاورد استا و بنهاد پیش
پیمبرش را خواند و موبدش را زریر گزیده سپهبدش را
زریر سپهبد برادرش بود که سالار گردان لشکرش بود
جهان پهلوان بود آن روزگار که کودک بد اسفندیار سوار
پناه سپه بود و پشت سپاه سپهدار لشکر نگهدار گاه
جهان از بدی ویژه او داشتی به رزم اندرون نیژه او داشتی
جهانجوی گفتا به فرخ زریر به فرخنده جاماسپ و پور دلیر
که ارجاسپ سالار ترکان چین یکی نامه کردست زی من چنین
بدیشان نمود آن سخنهای زشت که نزدیک او شاه ترکان نوشت
چه بینید گفتا بدین اندرون چه گویید کاین را سرانجام چون
که ناخوش بود دوستی با کسی که مایه ندارد ز دانش بسی
من از تخمه‌ی ایرج پاک زاد وی از تخمه‌ی تور جادو نژاد
چگونه بود در میان آشتی ولیکن مرا بود پنداشتی
کسی کش بود نام و ماند بسی سخن گفت بایدش با هرکسی
همان چون بگفت این سخن شهریار زریر سپهدار و اسفندیار
کشیدند شمشیر و گفتند اگر کسی باشد اندر جهان سربسر
که نپسندد او را به دین‌آوری سر اندر نیارد به فرمانبری
نیاید بدرگاه فرخنده شاه نبندد میان پیش رخشنده گاه
نگرید ازو راه و دین بهی مرین دین به را نباشد رهی
به شمشیر جان از تنش بر کنیم سرش را به دار برین بر کنیم
سپهدار ایران که نامش زریر نبرده دلیری چو درنده شیر
به شاه جهان گفت آزاده‌وار که دستور باشد مرا شهریار
که پاسخ کنم جادو ارجاسپ را پسند آمد این شاه گشتاسپ را
بدو گفت برخیز و پاسخ کنش نکال تگینان خلخ کنش
زریر گرانمایه و اسفندیار چو جاماسپ دستور ناباک‌دار

ز پیشش برفتند هر سه به هم شده سر پر از کین و دلها دژم
نوشتند نامه به ارجاسپ زشت هم اندر خور آن کجا او نوشت
زریز سپهبد گرفتش به دست چنان هم گشاده ببردش نبست
سوی شاه برد و برو بر بخواند جهانجوی گشتاسپ خیره بماند
ز دانا سپهبد زریر سوار ز جاماسپ و ز فرخ اسفندیار
ببست و نوشت اندرو نام خویش فرستادگان را همه خواند پیش
بگیرید گفت این و زی او برید نگر زین سپس راه را نسپرید
که گر نیستی اندر استا و زند فرستاده را زینهار از گزند
ازین خواب بیدارتان کردمی همان زنده بر دارتان کردمی
چنین تا بدانستی آن گرگسار که گردن نیازد ابا شهریار
بینداخت نامه بگفتا روید مرین را سوی ترک جادو برید
بگویید هوشت فراز آمدست به خون و به خاکت نیاز آمدست
زده باد گردنت خسته میان به خاک اندرون ریخته استخوان
درین ماه ار ایدونک خواهد خدای بپوشم به رزم آهنینه قبای
به توران زمین اندر آرم سپاه کنم کشور گرگساران تباه
سخن چون بسر برد شاه زمین سیه پیل را خواند و کرد آفرین
سپردش بدو گفت بردارشان از ایران به آن مرز بگذارشان
فرستادگان سپهدار چین ز پیش جهانجوی شاه زمین
برفتند هر دو شده خاکسار جهاندارشان رانده و کرده خوار
از ایران فرخ به خلخ شدند ولیکن به خلخ نه فرخ شدند
چو از دور دیدند ایوان شاه زده بر سر او درفش سیاه
فرود آمدند از چمنده ستور شکسته دل و چشمها گشته کور
پیاده برفتند تا پیش اوی سیه‌شان شده جامه و زرد روی
بدادندش آن نامه‌ی شهریار سرآهنگ مردان نیزه گزار
دبیرش مران نامه را برگشاد بخواندش بران شاه جادو نژاد
نوشته دران نامه‌ی شهریار ز گردان و مردان نیزه گزار
پس شاه لهراسپ گشتاسپ شاه نگهبان گیتی سزاوار گاه
فرسته فرستاد زی او خدای همه مهتران پیش او بر به پای
زی ارجاسپ ترک آن پلید سترگ کجا پیکرش پیکر پیر گرگ

زده سر ز آیین و دین بهی	گزینه ره کوری و ابلهی
رسید آن نوشته فرومایه‌وار	که بنوشته بودی سوی شهریار
شنیدیم و دید آن سخنها کجا	نبودی تو مر گفتنش را سزا
نه پوشیدنی و نه بنمودنی	نه افگندنی و نه پیسودنی
چنان گفته بودی که من تا دو ماه	سوی کشور خرم آرم سپاه
نه دو ماه باید ز تو نی چهار	کجا من بیایم چو شیر شکار
تو بر خویشتن بر میفزای رنج	که ما بر گشادیم درهای گنج
بیارم ز گردان هزاران هزار	همه کار دیده همه نیزه‌دار
همه ایرجی زاده و پهلوی	نه افراسیابی و نه یبغوی
همه شاه چهر و همه ماه روی	همه سرو بالا همه راست‌گوی
همه از در پادشاهی و گاه	همه از در گنج و گاه و کلاه
جهانشان بفرسوده با رنج و ناز	همه شیرگیر و همه سرفراز
همه نیزه‌داران شمشیر زن	همه باره‌انگیز و لشکر شکن
چو دانند کم کوس بر پیل بست	سم اسپ ایشان کند کوه پست
ازیشان دو گرد گزیده سوار	زریر سپهدار و اسفندیار
چو ایشان بپوشند ز آهن قبای	به خورشید و ماه اندرآرند پای
چو بر گردن آرند رخشنده گرز	همی تابد از گرزشان فر و برز
چو ایشان بباشند پیش سپاه	ترا کرد باید بدیشان نگاه
به خورشید مانند با تاج و تخت	همی تابد از نیزه‌شان فر و بخت
چنینم گوانند و اسپهبدان	گزین و پسندیده‌ی موبدان
تو سیحون مینبار و جیحون به مشک	که ما را چه جیحون چه سیحون چه خشک
چنان بردوانند باره بر آب	که تاری شود چشمه‌ی آفتاب
به روز نبرد ار بخواهد خدای	به رزم اندر آرم سرت زیر پای
چو سالار پیکند نامه بخواند	فرود آمد از گاه و خیره بماند
سپهبدش را گفت فردا پگاه	بخوان از همه پادشاهی سپاه

لشکر کشیدن ارجاسب بجنگ گشتاسپ

تگینان لشکرش ترکان چین	برفتند هر سو به توران زمین
بدو باز خواندند لشکرش را	سر مرزداران کشورش را
برادر بد او را دو آهرمنان	یکی کهرم و دیگری اندمان
بفرمودشان تا نبرده سوار	گزیدند گردان لشکر هزار
بدادندشان کوس و پیل و درفش	بیاراسته زرد و سرخ و بنفش
بدیشان ببخشید سیصد هزار	گوان گزیده نبرده سوار
در گنج بگشاد و روزی بداد	بزد نای رویین بنه بر نهاد
بخواند آن زمان مر برادرش را	بدو داد یک دست لشکرش را
باندیدمان داد دست دگر	خود اندر میان رفت با یک پسر
یکی ترک بد نام او گرگسار	گذشته بروبر بسی روزگار
سپه را بدو داد اسپهبدی	تو گفتی نداند همی جز بدی
چو غارتگری داد بر بیدرفش	بدادش یکی پیل پیکر درفش
یکی بود نامش خشاش دلیر	پذیره نرفتی ورا نره شیر
سپه دیده‌بان کردش و پیش رو	کشیدش درفش و بشد پیش گو
دگر ترک بد نام او هوش دیو	پیامش فرستاد ترکان خدیو
نگه دار گفتا تو پشت سپاه	گر از ما کسی باز گردد به راه
هم آنجا که بینی مر او را بکش	نگر تا بدانجا نجنبدت هش
بران سان همی رفت باپین خشم	پر از خون شده دل پر از آب چشم
همی کرد غارت همی سوخت کاخ	درختان همی کند از بیخ و شاخ
در آورد لشکر به ایران زمین	همه خیره و دل پراگنده کین
چو آگاهی آمد به گشتاسپ شاه	که سالار چین جملگی با سپاه
بیاراسته آمد از جای خویش	خشاش یلش را فرستاد پیش
چو بشنید کو رفت با لشکرش	که ویران کند آن نکو کشورش
سپهبدش را گفت فردا پگاه	بیارای پیل و بیاور سپاه

سوی مرزدارانش نامه نوشت　　که خاقان ره راد مردی بهشت
بیایید یکسر به درگاه من　　که بر مرز بگذشت بد خواه من
چو نامه سوی راد مردان رسید　　که آمد جهانجوی دشمن پدید
سپاهی بیامد به درگاه شاه　　که چندان نبد بر زمین بر گیاه
ز بهر جهانگیر شاه کیان　　ببستند گردان گیتی میان
به درگاه خسرو نهادند روی　　همه مرزداران به فرمان اوی
برین برنیامد بسی روزگار　　که گرد از گزیده هزاران هزار
فراز آمده بود مر شاه را　　کی نامدار و نکو خواه را
به لشکرگه آمد سپه را بدید　　که شایسته بد رزم را برگزید
ازان شادمان گشت فرخنده شاه　　دلش خیره آمد زبی مر سپاه
دگر روز گشتاسپ با موبدان　　ردان و بزرگان و اسپهبدان
گشاد آن در گنج پر کرده جم　　سپه را بداد او دو ساله درم
چو روزی ببخشید و جوشن بداد　　بزد نای و کوس و بنه بر نهاد
بفرمود بردن ز پیش سپاه　　درفش همایون فرخنده شاه
سوی رزم ارجاسپ لشکر کشید　　سپاهی که هرگز چنان کس ندید
ز تاریکی و گرد پای سپاه　　کسی روز روشن ندید ایچ راه
ز بس بانگ اسپان و از بس خروش　　همی ناله‌ی کوس نشنید گوش
درفش فراوان برافراشته　　همه نیزه‌ها ز ابر بگذاشته
چو رسته درخت از بر کوهسار　　چو بیشه نیستان به وقت بهار
ازین سان همی رفت گشتاسپ شاه　　ز کشور به کشور همی شد سپاه
چو از بلخ بامی به جیحون رسید　　سپهدار لشکر فرود آورید
بشد شهریار از میان سپاه　　فرود آمد از باره بر شد به گاه
بخواند او گرانمایه جاماسپ را　　کجا رهنمون بود گشتاسپ را
سر موبدان بودو شاه ردان　　چراغ بزرگان و اسپهبدان
چنان پاک تن بود و تابنده جان　　که بودی بر او آشکارا نهان
ستاره‌شناس و گرانمایه بود　　ابا او به دانش کرا پایه بود
بپرسید ازو شاه و گفتا خدای　　ترا دین به داد و پاکیزه رای
چو تو نیست اندر جهان هیچ کس　　جهاندار دانش ترا داد و بس
ببایدت کردن ز اختر شمار　　بگویی همی مر مرا روی کار

که چون باشد آغاز و فرجام جنگ	کرا بیشتر باشد اینجا درنگ
نیامد خوش آن پیر جاماسپ را	به روی دژم گفت گشتاسپ را
که میخواستم کایزد دادگر	ندادی مرا این خرد وین هنر
مرا گر نبودی خرد شهریار	نکردی زمن بودنی خواستار
مگر با من از داد پیمان کند	که نه بد کند خود نه فرمان کند
جهانجوی گفتا به نام خدای	بدین و به دین آور پاک رای
به جان زریر آن نبرده سوار	به جان گرانمایه اسفندیار
که نه هرگزت روی دشمن کنم	نفرمایمت بد نه خود من کنم
تو هرچ اندرین کار دانی بگوی	که تو چاره‌دانی و من چاره‌جوی
خردمند گفت این گرانمایه شاه	همیشه بتو تازه بادا کلاه
ز بنده میازار و بنداز خشم	خنک آنکسی کو نبیند به چشم
بدان ای نبرده کی نامجوی	چو در رزم روی اندر آری بروی
بدانگه کجا بانگ و ویله کنند	تو گویی همی کوه را برکنند
به پیش اندر آیند مردان مرد	هوا تیره گردد ز گرد نبرد
جهان را ببینی بگشته کبود	زمین پر ز آتش هوا پر زدود
وزان زخم آن گرزهای گران	چنان پتک پولاد آهنگران
به گوش اندر آید ترنگا ترنگ	هوا پر شده نعره‌ی بور و خنگ
شکسته شود چرخ گردونها	زمین سرخ گردد از ان خونها
تو گویی هوا ابر دارد همی	وزان ابر الماس بارد همی
بسی بی پدر گشته بینی پسر	بسی بی پسر گشته بینی پدر
نخستین کس نامدار اردشیر	پس شهریار آن نبرده دلیر
به پیش افگند اسپ تازان خویش	به خاک افگند هر ک آیدش پیش
پیاده کند ترک چندان سوار	کز اختر نباشد مر آن را شمار
ولیکن سرانجام کشته شود	نکونامش اندر نوشته شود
دریغ آنچنان مرد نام آورا	ابا رادمردان همه سرورا
پس آزاده شیدسپ فرزند شاه	چو رستم درآید به روی سپاه
پس آنگاه مر تیغ را برکشد	بتازد بسی اسپ و دشمن کشد
بسی نامداران و گردان چین	که آن شیر مرد افگند بر زمین
سرانجام بختش کند خاکسار	برهنه کند آن سر تاجدار

بیاید پس آنگاه فرزند من ببسته میان را جگر بند من
ابر کین شیدسپ فرزند شاه به میدان کند تیز اسپ سیاه
بسی رنج بیند به رزم اندرون شه خسروان را بگویم که چون
درفش فروزنده‌ی کاویان بیفگنده باشند ایرانیان
گرامی بگیرد به دندان درفش به دندان بدارد درفش بنفش
به یک دست شمشیر و دیگر کلاه به دندان درفش فریدون شاه
برین سان همی‌افگند دشمنان همی برکند جان آهرمنان
سرانجام در جنگ کشته شود نکو نامش اندر نوشته شود
پس ازاده بستور پور زریر به پیش افگند اسپ چون نره شیر
بسی دشمنان را کند ناپدید شگفتی‌تر از کار او کس ندید
چو آید سرانجام پیروز باز ابر دشمنان دست کرده دراز
بیاید پس آن برگزیده سوار پس شهریار جهان نامدار
ز آهرمنان بفگند شست گرد نماید یکی پهلوی دستبرد
سرانجام ترکان به تیرش زنند تن پیلوارش به خاک افگنند
بیاید پس آن نره شیر دلیر سوار دلاور که نامش زریر
به پیش اندر آید گرفته کمند نشسته بر اسفندیاری سمند
ابا جوشن زر درخشان چو ماه بدو اندرون خیره گشته سپاه
بگیرد ز گردان لشکر هزار ببندد فرستد بر شهریار
به هر سو کجا بنهد آن شاه روی همی راند از خون بدخواه جوی
نه استد کس آن پهلوان شاه را ستوه آورد شاه خرگاه را
پس افگنده بیند بزرگ اردشیر سیه گشته رخسار و تن چون زریر
بگرید برو زار و گردد نژند برانگیزد اسفندیاری سمند
به خاقان نهد روی پر خشم و تیز تو گویی ندیدست هرگز گریز
چو اندر میان بیند ارجاسپ را ستایش کند شاه گشتاسپ را
صف دشمنان سر بسر بردرد ز گیتی سوی هیچ کس ننگرد
همی خواند او زند زردشت را به یزدان نهاده کیی پشت را
سرانجام گردد برو تیره‌بخت بریده کندش آن نکو تاج و تخت
بیاید یکی نام او بیدرفش به سرنیزه دارد درفش بنفش
نیارد شدن پیش گرد گزین نشیند به راه وی اندر کمین

باستند بران راه چون پیل مست / یکی تیغ زهر آب داده به دست
چو شاه جهان بازگردد ز رزم / گرفته جهان را و کشته گرزم
بیندازد آن ترک تیری بروی / نیارد شدن آشکارا بروی
پس از دست آن بیدرفش پلید / شود شاه آزادگان ناپدید
به ترکان برد باره و زین اوی / بخواهد پسرت آن زمان کین اوی
پس آن لشکر نامدار بزرگ / به دشمن درافتد چو شیر سترگ
همی تازند این بر آن آن برین / ز خون یلان سرخ گردد زمین
یلان را بباشد همه روی زرد / چو لرزه برافتد به مردان مرد
برآید به خورشید گرد سپاه / نبیند کس از گرد تاریک راه
فروغ سر نیزه و تیر و تیغ / بتابد چنان چون ستاره ز میغ
وزان زخم مردان کجا می‌زنند / و بر یکدگر بر همی افگند
همه خسته و کشته بر یکدگر / پسر بر پدر بر پدر بر پسر
وزان ناله و زاری خستگان / به بند اندر آیند نابستگان
شود کشته چندان ز هر سو سپاه / که از خونشان پر شود رزمگاه
پس آن بیدرفش پلید و سترگ / به پیش اندر آید چو ارغنده گرگ
همان تیغ زهر آب داده به دست / همی تازد او باره چون پیل مست
به دست وی اندر فراوان سپاه / تبه گردد از برگزینان شاه
بیاید پس آن فرخ اسفندیار / سپاه از پس پشت و یزدانش یار
ابر بیدرفش افگند اسپ تیز / برو جامه پر خون و دل پر ستیز
مر او را یکی تیغ هندی زند / ز بر نیمه‌ی تنش زیر افگند
بگیرد پس آن آهنین گرز را / بتاباند آن فره و برز را
به یک حمله از جایشان بگسلد / چو بگسستشان بر زمین کی هلد
بنوک سر نیزه‌شان بر چند / کندشان تبه پاک و بپراگند
گریزد سرانجام سالار چین / از اسفندیار آن گو بافرین
به ترکان نهد روی بگریخته / شکسته سپر نیزها ریخته
بیابان گذارد به اندک سپاه / شود شاه پیروز و دشمن تباه
بدان ای گزیده شه خسروان / که من هرچ گفتم نباشد جز آن
نباشد ازین یک سخن بیش و کم / تو زین پس مکن روی بر من دژم
که من آنچ گفتم نگفتم مگر / به فرمانت ای شاه پیروزگر

وزان کم بپرسید فرخنده شاه	ازین ژرف دریا و تاریک راه
ندیدم که بر شاه بنهفتمی	وگرنه من این راز کی گفتمی
چو شاه جهاندار بشنید راز	بران گوشه‌ی تخت خسپید باز
ز دستش بیفتاد زرینه گرز	تو گفتی برفتش همی فر و برز
به روی اندر افتاد و بیهوش گشت	نگفتش سخن نیز و خاموش گشت
چو با هوش آمد جهان شهریار	فرود آمد از تخت و بگریست زار
چه باید مرا گفت شاهی و گاه	که روزم همی گشت خواهد سیاه

رزم ارجاسب با گشتاسپ

که آنان که بر من گرامی‌ترند	گزین سپاهند و نامی‌ترند
همی رفت و خواهند از پیش من	ز تن برکنند این دل ریش من
به جاماسپ گفت ار چنینست کار	به هنگام رفتن سوی کارزار
نخوانم نبرده برادرم را	نسوزم دل پیر مادرم را
نفرمایمش نیز رفتن به رزم	سپه را سپارم به فرخ گرزم
کیان زادگان و جوانان من	که هر یک چنانند چون جان من
بخوانم همه سربسر پیش خویش	زره‌شان نپوشم نشانم به پیش
چگونه رسد نوک تیر خدنگ	برین آسمان بر شده کوه سنگ
خردمند گفتا به شاه زمین	که ای نیک‌خو مهتر بافرین
گر ایشان نباشند پیش سپاه	نهاده بسر بر کیانی کلاه
که یارد شدن پیش ترکان چین	که بازآورد فره پاک دین
تو زین خاک برخیز و برشو به گاه	مکن فره پادشاهی تباه
که داد خدایست وزین چاره نیست	خداوند گیتی ستمگاره نیست
ز اندوه خوردن نباشدت سود	کجا بودنی بود و شد کار بود
مکن دلت را بیشتر زین نژند	بداد خدای جهان کن بسند
بدادش بسی پند و بشنید شاه	چو خورشید گون گشت بر شد به گاه
نشست از برگاه و بنهاد دل	به رزم جهانجوی شاه چگل

از اندیشه‌ی دل نیامدش خواب	به رزم و به بزمش گرفته شتاب
چو جاماسپ گفت این سپیده دمید	فروغ ستاره بشد ناپدید
سپه را به هامون فرود آورید	بزد کوس بر پیل و لشکر کشید
وزانجا خرامید تا رزمگاه	فرود آورید آن گزیده سپاه
به گاهی که باد سپیده دمان	به کاخ آرد از باغ بوی گلان
فرستاده بد هر سوی دیده‌بان	چنانچون بود رسم آزادگان
بیامد سواری و گفتا به شاه	که شاها به نزدیکی آمد سپاه
سپاهیست ای شهریار زمین	که هرگز چنان نامد از ترک و چین
به نزدیکی ما فرود آمدند	به کوه و در و دشت خیمه زدند
سپهدارشان دیده‌بان برگزید	فرستاد و دیده به دیده رسید
پس آزاده گشتاسپ شاه دلیر	سپهبدش را خواند فرخ زریر
درفشی بدو داد و گفتا بتاز	بیارای پیلان و لشکر بساز
سپهبد بشد لشکرش راست کرد	همی رزم سالار چین خواست کرد
بدادش جهاندار پنجه هزار	سوار گزیده به اسفندیار
بدو داد یک دست زان لشکرش	که شیری دلش بود و پیلی برش
دگر دست لشکرش را همچنان	برآراست از شیر دل سرکشان
به گرد گرامی سپرد آن سپاه	که شیر جهان بود و همتای شاه
پس پشت لشکر به بستور داد	چراغ سپهدار خسرو نژاد
چو لشکر بیاراست و بر شد به کوه	غمی گشته از رنج و گشته ستوه
نشست از بر خوب تابنده گاه	همی کرد زانجا به لشکر نگاه
پس ارجاسپ شاه دلیران چین	بیاراست لشکرش را همچنین
جدا کرد از خلخی سی هزار	جهان آزموده نبرده سوار
فرستادشان سوی آن بیدرفش	که کوس مهین داشت و رنگین درفش
بدو داد یک دست زان لشکرش	که شیر ژیان نامدی همبرش
دگر دست را داد بر گرگسار	بدادش سوار گزین صدهزار
میان‌گاه لشکرش را همچنین	سپاهی بیاراست خوب و گزین
بدادش بدان جادوی خویش کام	کجا نام خواست و هزارانش نام
خود و صدهزاران سواران گرد	نموده همه در جهان دستبرد
نگاهش همی داشت پشت سپاه	همی کرد هر سوی لشکر نگاه

پسر داشتی یک گرانمایه مرد	جهاندیده و دیده هر گرم و سرد
سواری جهاندیده نامش کهرم	رسیده بسی بر سرش سرد و گرم
مران پور خود را سپهدار کرد	بران لشکر گشن سالار کرد
چو اندر گذشت آن شب و بود روز	بتابید خورشید گیهان فروز
به زین بر نشستند هر دو سپاه	همی دید زان کوه گشتاسپ شاه
چو از کوه دید آن شه بافرین	کجا برنشستند گردان به زین
سیه رنگ بهزاد را پیش خواست	تو گفتی که بیستونست راست
برو بر فگندند برگستوان	برو بر نشست آن شه خسروان
چو هر دو برابر فرود آمدند	ابر پیل بر نای رویین زدند

کشته شدن اردشیر و شیرو و شیدسپ و گرامی و نیوزار سرداران ایران

یکی رزمگاهی بیاراستند	یلان هم نبردان همی خواستند
بکردند یک تیرباران نخست	بسان تگرگ بهاران درست
بشد آفتاب از جهان ناپدید	چه داند کسی کان شگفتی ندید
بپوشیده شد چشمه‌ی آفتاب	ز پیکانهاشان درفشان چو آب
تو گفتی جهان ابر دارد همی	وزان ابر الماس بارد همی
وزان گرزداران و نیزه‌وران	همی تاختند آن برین این بران
هوازی جهان بود شبگون شده	زمین سربسر پاک گلگون شده
بیامد نخست آن سوار هژیر	پس شهریار جهان اردشیر
به آوردگه رفت نیزه به دست	تو گفتی مگر طوس اسپهبدست
برین سان همی گشت پیش سپاه	نبود آگه از بخش خورشید و ماه
بیامد یکی ناوکش بر میان	گذارنده شد بر سلیح کیان
ز بور اندر افتاد خسرو نگون	تن پاکش آلوده شد پر ز خون
دریغ آن نکو روی همرنگ ماه	که بازش ندید آن خردمند شاه
بیامد بر شاه شیر اورمزد	کجا زو گرفتی شهنشاه پزد
ز پیش اندر آمد به دشت اندرا	به زهر آب داده یکی خنجرا

خروشی برآورد برسان شیر   که آورد خواهد ژیان گور زیر
ابر کین آن شاهزاده سوار   بکشت از سواران دشمن هزار
به هنگامه‌ی بازگشتن ز جنگ   که روی زمین گشته بد لاله رنگ
بیامد یکی تیرش اندر قفا   شد آن خسرو شاهزاده فنا
بیامد پسش باز شیدسپ شاه   که ماننده‌ی شاه بد همچو ماه
یکی دیزه‌یی بر نشسته چو نیل   به تگ همچو آهو به تن همچو پیل
به آوردگه گشت و نیزه بگاشت   چو لختی بگردید نیزه بداشت
کدامست گفتا کهرم سترگ   کجا پیکرش پیکر پیر گرگ
بیامد یکی دیو گفتا منم   که با گرسنه شیر دندان زنم
به نیزه بگشتند هر دو چو باد   بزد ترک را نیزه‌ی شاهزاد
ز باره در آورد و ببرید سر   به خاک اندر افگنده زرین کمر
همی گشت بر پیش گردان چین   بسان یکی کوه بر پشت زین
همانا چنو نیز دیده ندید   ز خوبی کجا بود چشمش رسید
یکی ترک تیری برو برگماشت   ز پشتش سر تیر بیرون گذاشت
دریغ آن شه پرورده به ناز   بشد روی او باب نادیده باز
بیامد سر سروران سپاه   پسر تهم جاماسپ دستور شاه
نبرده سواری گرامیش نام   به ماننده‌ی پور دستان سام
یکی چرمه‌یی برنشسته سمند   یکی گام زن باره‌ی بی‌گزند
چماننده‌ی چرمه‌ی نونده جوان   یکی کوه پارست گوی روان
به پیش صف چینیان ایستاد   خداوند بهزاد را کرد یاد
کدامست گفت از شما شیردل   که آید سوی نیزه‌ی جان گسل
کجا باشد آن جادوی خویش کام   کجا خواست نام و هزارانش نام
برفت آن زمان پیش او نامخواست   تو گفتی که همچو ستونست راست
بگشتند هر دو سوار هژیر   به گرز و به نیزه به شمشیر و تیر
گرامی گوی بود با زور شیر   نتابید با او سوار دلیر
گرفت از گرامی نبرده دریغ   گرامی کفش بود برنده تیغ
گرامی خرامید با خشم تیز   دل از کینه‌ی کشتگان پر ستیز
میان صف دشمن اندر فتاد   پس از دامن کوه برخاست باد
سپاه از دو رو بر هم آویختند   و گرد از دو لشکر برانگیختند

بدان شورش اندر میان سپاه	ازان زخم گردان و گرد سیاه
بیفتاد از دست ایرانیان	درفش فروزنده‌ی کاویان
گرامی بدید آن درفش چو نیل	که افگنده بودند از پشت پیل
فرود آمد و بر گرفت آن ز خاک	بیفشاند از خاک و بسترد پاک
چو او را بدیدند گردان چین	که آن نیزه‌ی نامدار گزین
ازان خاک برداشت و بسترد و برد	به گردش گرفتند مردان گرد
ز هر سو به گردش همی تاختند	به شمشیر دستش بینداختند
درفش فریدون به دندان گرفت	همی زد به یک دست گرز ای شگفت
سرانجام کارش بکشتند زار	بران گرم خاکش فگندند خوار
دریغ آن نبرده سوار هژبر	که بازش ندید آن خردمند پیر
بیامد هم آنگاه بستور شیر	نبرده کیان زاده پور زریر
بکشت او ازان دشمنان بی‌شمار	که آویخت اندر بد روزگار
سرانجام برگشت پیروز و شاد	به پیش پدر باز شد و ایستاد
بیامد پس آن برگزیده سوار	پس شهریار جهان نیوزار
به زیر اندرون تیزرو شولکی	که نبود چنان از هزاران یکی
بیامد بران تیره آوردگاه	به آواز گفت ای گزیده سپاه
کدامست مرد از شما نامدار	جهاندیده و گرد و نیزه‌گزار
که پیش من آیند نیزه به دست	که امروز در پیش مرد آمدست
سواران چین پیش او تاختند	برافگندنش را همی ساختند
سوار جهانجوی مرد دلیر	چو پیل دژآگاه و چون نره شیر
همی گشت بر گرد مردان چین	تو گفتی همی بر نوردد زمین
بکشت از گوان جهان شست مرد	دران تاختنها به گرز نبرد
سرانجامش آمد یکی تیر چرخ	چنان آمده بودش از چرخ برخ
بیفتاد زان شولک خوب رنگ	بمرد و نرست اینت فرجام جنگ
دریغ آن سوار گرانمایه نیز	که افگنده شد رایگان بر نه چیز
که همچون پدر بود و همتای اوی	دریغ آن نکو روی و بالای اوی
چو کشته شد آن نامبرده سوار	ز گردان به گردش هزاران هزار
بهر گوشه‌یی بر هم آویختند	ز روی زمین گرد انگیختند
برآمد برین رزم کردن دو هفت	کزیشان سواری زمانی نخفت

زمینها پر از کشته و خسته شد / سراپرده‌ها نیز بربسته شد
در و دشتها شد همه لاله‌گون / به دشت و بیابان همی رفت خون
چنان بد ز بس کشته آن رزمگاه / که بد می‌توانست رفتن به راه
دو هفته برآمد برین کارزار / که هزمان همی تیره‌تر گشت کار
به پیش اندر آمد نبرده زریر / سمندی بزرگ اندر آورده زیر
به لشکرگه دشمن اندر فتاد / چو اندر گیا آتش و تیز باد
همی کشت زیشان همی خوابنید / مر او را نه استاد هرکش بدید
چو ارجاسپ دانست کان پورشاه / سپه را همی کرد خواهد تباه
بدان لشکر خویش آواز داد / که چونین همی داد خواهید داد
دو هفته برآمد برین بر درنگ / نبینم همی روی فرجام جنگ
بکردند گردان گشتاسپ شاه / بسی نامداران لشکر تباه
کنون اندر آمد میانه زریر / چو گرگ دژآگاه و شیر دلیر
بکشت او همه پاک مردان من / سرافراز گردان و ترکان من
یکی چاره باید سگالیدنا / و گرنه ره ترک مالیدنا
برین گر بماند زمانی چنین / نه ایتاش ماند نه خلخ نه چین
کدامست مرد از شما نام خواه / که آید پدید از میان سپاه
یکی ترگ داری خرامد به پیش / خنیده کند در جهان نام خویش
هران کز میان باره انگیزند / بگرداندش پشت و بگریزند
من او را دهم دختر خویش را / سپارم بدو لشکر خویش را
سپاهش ندادند پاسوخ باز / بترسیده بد لشکر سرفراز
چو شیر اندرافتاد و چون پیل مست / همی کشت زیشان همی کرد پست
همی کوفتشان هر سوی زیر پای / سپهدار ایران فرخنده رای
چو ارجاسپ دید آن چنان خیره شد / که روز سپیدش شب تیره شد
دگر باره گفت ای بزرگان من / تگینان لشکر گزینان من
ببینید خویشان و پیوستگان / ببینید نالیدن خستگان
ازان زخم آن پهلو آتشی / که سامیش گرزست و تیر آرشی
که گفتی بسوزد همی لشکرم / کنون برفروزد همی کشورم
کدامست مرد از شما چیره دست / که بیرون شود پیش این پیل مست
هرانکو بدان گردکش یازدا / مر او را ازان باره بندازدا

چو بخشنده‌ام بیش بسپارمش	کلاه از بر چرخ بگذارمش
همیدون نداد ایچ کس پاسخش	بشد خیره و زرد گشت آن رخش
سه بار این سخن را بریشان براند	چو پاسخ نیامدش خامش بماند
بیامد پس آن بیدرفش سترگ	پلید و بد و جادوی و پیر گرگ
به ارجاسپ گفت ای بلند آفتاب	به زور و به تن همچو افراسیاب
به پیش تو آوردم این جان خویش	سپر کردم این جان شیرینت پیش
شوم پیش آن پیل آشفته مست	گر ایدونک یابم بران پیل دست
به خاک افگنم تنش ای شهریار	مگر بر دهد گردش روزگار
ازو شاد شد شاه و کرد آفرین	بدادش بدو باره‌ی خویش و زین
بدو داد ژوپین زهرابدار	که از آهنین کوه کردی گذار
چو شد جادوی زشت ناباکدار	سوی آن خردمند گرد سوار
چو از دور دیدش برآورد خشم	پر از خاک روی و پر از خون دو چشم
به دست اندرون گرز چون سام یل	به پیش اندرون کشته چون کوه تل
نیارست رفتنش بر پیش روی	ز پنهان همی تاخت بر گرد اوی
بینداخت ژوپین زهرابدار	ز پنهان بران شاهزاده سوار
گذاره شد از خسروی جوشنش	به خون غرقه شد شهریاری تنش
ز باره در افتاد پس شهریار	دریغ آن نکو شاهزاده سوار
فرود آمد آن بیدرفش پلید	سلیحش همه پاک بیرون کشید
سوی شاه چین برد اسپ و کمرش	درفش سیه افسر پرگهرش
سپاهش همه بانگ برداشتند	همی نعره از ابر بگذاشتند
چو گشتاسپ از کوه سر بنگرید	مر او را بدان رزمگه بر ندید
گمانی برم گفت کان گرد ماه	که روشن بدی زو همه رزمگاه
نبرده برادرم فرخ زریر	که شیر ژیان آوریدی به زیر
فگندست بر باره از تاختن	بماندند گردان ز انداختن
نیاید همی بانگ شه زادگان	مگر کشته شد شاه آزادگان
هیونی بتازید تا رزمگاه	به نزدیکی آن درفش سیاه
ببینید کان شاه من چون شدست	کم از درد او دل پر از خون شدست
به دین اندرون بود شاه جهان	که آمد یکی خون ز دیده چکان
به شاه جهان گفت ماه ترا	نگهدار تاج و سپاه ترا

جهان پهلوان آن زریر سوار	سواران ترکان بکشتند زار
سر جادوان جهان بیدرفش	مر او را بیفگند و برد آن درفش
چو آگاهی کشتن او رسید	به شاه جهانجوی و مرگش بدید
همه جامه تا پای بدرید پاک	بران خسروی تاج پاشید خاک
همی گفت گشتاسپ کای شهریار	چراغ دلت را بکشتند زار
ز پس گفت داننده جاماسپ را	چه گویم کنون شاه لهراسپ را
چگونه فرستم فرسته بدر	چه گویم بدان پیر گشته پدر
چه گویم چه کردم نگار ترا	که برد آن نبرده سوار ترا
دریغ آن گو شاهزاده دریغ	چو تابنده ماه اندرون شد به میغ
بیارید گلگون لهراسپی	نهید از برش زین گشتاسپی
بیاراست مر جستن کینش را	به ورزیدن دین و آیینش را
جهاندیده دستور گفتا به پای	به کینه شدن مر ترا نیست رای
به فرمان دستور دانای راز	فرود آمد از باره بنشست باز
به لشکر بگفتا کدامست شیر	که باز آورد کین فرخ زریر
که پیش افگند باره بر کین اوی	که باز آورد باره و زین اوی
پذیرفتن اندر خدای جهان	پذیرفتن راستان و مهان
که هر کز میانه نهد پیش پای	مر او را دهم دخترم را همای
نجنبید زیشان کس از جای خویش	ز لشکر نیاورد کس پای پیش
پس آگاهی آمد به اسفندیار	که کشته شد آن شاه نیزه گزار

آگاهی یافتن اسفندیار از کشته شدن زریر

پدرت از غم او بکاهد همی	کنون کین او خواست خواهد همی
همی گوید آنکس کجاکین اوی	بخواهد نهد پیش دشمنش روی
مر او را دهم دخترم را همای	وکرد ایزدش را برین بر گوای
کی نامور دست بر دست زد	بنالید ازان روزگاران بد
همه ساله زین روز ترسیدمی	چو او را به رزم اندرون دیدمی

Shahnameh

دریغا سوارا گوا مهترا / که بختش جدا کرد تاج از سرا
که کشت آن سیه پیل نستوه را / که کند از زمین آهنین کوه را
درفش و سرلشکر و جای خویش / برادرش را داد و خود رفت پیش
به قلب اندر آمد به جای زریر / به صف اندر استاد چون نره شیر
به پیش اندر آمد میان را ببست / گرفت آن درفش همایون به دست
برادرش بد پنج دانسته راه / همه از در تاج و همتای شاه
همه ایستادند در پیش اوی / که لشکر شکستن بدی کیش اوی
به آزادگان گفت پیش سپاه / که ای نامداران و گردان شاه
نگر تا چه گویم یکی بشنوید / به دین خدای جهان بگروید
نگر تا نترسید از مرگ و چیز / که کس بی‌زمانه نمردست نیز
کرا کشت خواهد همی روزگار / چه نیکوتر از مرگ در کارزار
بدانید یکسر که روزیست این / که کافر پدید آید از پاک دین
شما از پس پشتها منگرید / مجویید فریاد و سر مشمرید
نگر تا نبینید بگریختن / نگر تا نترسید ز آویختن
سر نیزه‌ها را به رزم افگنید / زمانی بکوشید و مردی کنید
بدین اندرون بود اسفندیار / که بانگ پدرش آمد از کوهسار
که این نامداران و گردان من / همه مر مرا چون تن و جان من
مترسید از نیزه و گرز و تیغ / که از بخشمان نیست روی گریغ
به دین خدا ای گو اسفندیار / به جان زریر آن نبرده سوار
که آید فرود او کنون در بهشت / که من سوی لهراسپ نامه نوشت
پذیرفتم اندرز آن شاه پیر / که گر بخت نیکم بود دستگیر
که چون بازگردم ازین رزمگاه / به اسفندیارم دهم تاج و گاه
سپه را همه پیش رفتن دهم / ورا خسروی تاج بر سر نهم
چنانچون پدر داد شاهی مرا / دهم همچنان پادشاهی ورا
چو اسفندیار آن گو تهمتن / خداوند اورنگ با سهم و تن
ازان کوه بشنید بانگ پدر / به زاری به پیش اندر افگند سر
خرامیده نیزه به چنگ اندرون / ز پیش پدر سر فگنده نگون
یکی دیزه‌یی بر نشسته بلند / بسان یکی دیو جسته ز بند
بدان لشکر دشمن اندر فتاد / چنان چون در افتد به گلبرگ باد

959

همی کشت ازیشان و سر می‌برید	ز بیمش همی مرد هرکش بدید
چو بستور پور زریر سوار	ز خیمه خرامید زی اسپدار
یکی اسپ آسوده‌ی تیزرو	جهنده یکی بود آگنده خو
طلب کرد از اسپدار پدر	نهاد از بر او یکی زین زر
بیاراست و برگستوران برفگند	به فتراک بر بست پیچان کمند
بپوشید جوشن بدو بر نشست	ز پنهان خرامید نیزه به دست
ازین سان خرامید تا رزمگاه	سوی باب کشته بپیمود راه
همی تاخت آن باره‌ی تیزگرد	همی آخت کینه همی کشت مرد
از آزادگان هرک دیدی به راه	بپرسیدی از نامدار سپاه
کجا اوفتادست گفتی زریر	پدر آن نبرده سوار دلیر
یکی مرد بد نام او اردشیر	سواری گرانمایه گردی دلیر
بپرسید ازو راه فرزند خرد	سوی بابکش راه بنمود گرد
فگندست گفتا میان سپاه	به نزدیکی آن درفش سیاه
برو زود کانجا فتادست اوی	مگر باز بینیش یک بار روی
پس آن شاهزاده برانگیخت بور	همی کشت گرد و همی کرد شور
بدان تاختن تا بر او رسید	چو او را بدان خاک کشته بدید
بدیدش مر او را چو نزدیک شد	جهان فروزانش تاریک شد
برفتش دل و هوش وز پشت زین	فگند از برش خویشتن بر زمین
همی گفت کای ماه تابان من	چراغ دل و دیده و جان من
بران رنج و سختی بپروردیم	کنون چون برفتی بکه اسپردیم
ترا تا سپه داد لهراسپ شاه	و گشتاسپ را داد تخت و کلاه
همی لشکر و کشور آراستی	همی رزم را به آرزو خواستی
کنون کت به گیتی برافروخت نام	شدی کشته و نارسیده به کام
شوم زی برادرت فرخنده شاه	فرود آی گویمش از خوب گاه
که از تو نه این بد سزاوار اوی	برو کینش از دشمنان بازجوی
زمانی برین سان همی بود دیر	پس آن باره را اندر آورد زیر
همی رفت با بانگ تا نزد شاه	که بنشسته بود از بر رزمگاه
شه خسروان گفت کای جان باب	چرا کردی این دیدگان پر ز آب
کیان زاده گفت ای جهانگیر شاه	نبینی که بابم شد اکنون تباه

پس آنگاه گفت ای جهانگیر شاه / برو کینه‌ی باب من بازخواه
بماندست بابم بران خاک خشک / سیه ریش او پرویده به مشک
چواز پور بشنید شاه این سخن / سیاهش ببد روز روشن ز بن
جهان بر جهانجوی تاریک شد / تن پیل واریش باریک شد
بیارید گفتا سیاه مرا / نبردی قبا و کلاه مرا
که امروز من از پی کین اوی / برانم ازین دشمنان خون به جوی
یکی آتش انگیزم اندر جهان / کزانجا به کیوان رسد دود آن
چو گردان بدیدند کز رزمگاه / ازان تیره آوردگاه سپاه
که خسرو بسیچید آراستن / همی رفت خواهد به کین خواستن
نباشیم گفتند همداستان / که شاهنشه آن کدخدای جهان
به رزم اندر آید به کین خواستن / چرا باید این لشکر آراستن
گرانمایه دستور گفتش به شاه / نبایدت رفتن بدان رزمگاه
به بستور ده باره‌ی برنشست / مر او را سوی رزم دشمن فرست
که او آورد باز کین پدر / ازان کش تو باز آوری خوب‌تر
بدو داد پس شاه بهزاد را / سپه جوشن و خود پولاد را
پس شاه کشته میان را ببست / سیه رنگ بهزاد را برنشست
خرامید تا رزمگاه سپاه / نشسته بران خوب رنگ سیاه
به پیش صف دشمنان ایستاد / همی برکشید از جگر سرد باد
منم گفت بستور پور زریر / پذیره نیاید مرا نره شیر
کجا باشد آن جادوی بیدرفش / که بردست آن جمشیدی درفش
چو پاسخ ندادند آزاد را / برانگیخت شبرنگ بهزاد را
بکشت از تگینان لشکر بسی / پذیره نیامد مر او را کسی
وزان سوی دیگر گو اسفندیار / همی کشتشان بی‌مر و بی‌شمار
چو سالار چین دید بستور را / کیان زاده آن پهلوان پور را
به لشکر بگفت این که شاید بدن / کزین سان همی نیزه داند زدن
بکشت از تگینان من بی‌شمار / مگر گشت زنده زریر سوار
که نزد من آمد زریر از نخست / برین سان همی تاخت باره درست
کجا رفت آن بیدرفش گزین / هم‌اکنون سوی منش خوانید هین
بخواندند و آمد دمان بیدرفش / گرفته به دست آن درفش بنفش

نشسته بر آن باره‌ی خسروی	بپوشیده آن جوشن پهلوی
خرامید تا پیش لشکر ز شاه	نگهبان مرز و نگهبان گاه
گرفته همان تیغ زهر آبدار	که افگنده بد آن زریر سوار
بگشتند هر دو به ژوپین و تیر	سر جاودان ترک و پور زریر
پس آگاه کردند زان کارزار	پس شاه را فرخ اسفندیار
همی تاختش تا بدیشان رسید	سر جاودان چون مر او را بدید
برافگند اسپ از میان نبرد	بدانست کش بر سر افتاد مرد
بینداخت آن زهر خورده به روی	مگر کس کند زشت رخشنده روی
نیامد برو تیغ زهر آبدار	گرفتش همان تیغ شاه استوار
زدش پهلوانی یکی بر جگر	چنان کز دگر سو برون کرد سر
چو آهو ز باره در افتاد و مرد	بدید از کیان زادگان دستبرد
فرود آمد از باره اسفندیار	سلیح زریر آن گزیده سوار
ازان جادوی پیر بیرون کشید	سرش را ز نیمه‌تن اندر برید
نکو رنگ باره‌ی زریر و درفش	ببرد و سر بی‌هنر بیدرفش
سپاه کیان بانگ برداشتند	همی نعره از ابر بگذاشتند
که پیروز شد شاه و دشمن فگند	بشد بازآورد اسپ سمند
شد آن شاهزاده سوار دلیر	سوی شاه برد آن سمند زریر
سر پیر جادوش بنهاد پیش	کشنده بکشت اینت آیین و کیش
چو بازآورید آن گرانمایه کین	بر اسپ زریری برافگند زین
خرامید تازان به آوردگاه	به سه بهره کرد آن کیانی سپاه
ازان سه یکی را به بستور داد	دگر آن سپهدار فرخنژاد
دگر بهره را بر برادر سپرد	بزرگان ایران و مردان گرد
سیم بهره را سوی خود بازداشت	که چون ابر غرنده آواز داشت
چو بستور فرخنده و پاک تن	دگر فرش آورد شمشیر زن
بهم ایستادند از پیش اوی	که لشکر شکستن بدی کیش اوی
همیدون ببستند پیمان برین	که گر تیغ دشمن بدرد زمین
نگردیم یک تن ازین جنگ باز	نداریم زین بدکنان چنگ باز
بر اسپان بکردند تنگ استوار	برفتند یکدل سوی کارزار
چو ایشان فگندند اسپ از میان	گوان و جوانان ایرانیان

همه یکسر از جای برخاستند	جهان را به جوشن بیاراستند
ازیشان بکشتند چندان سپاه	کزان تنگ شد جای آوردگاه
چنان خون همی رفت بر کوه و دشت	کزان آسیاها به خون بربگشت
چو ارجاسپ آن دید کامدش پیش	ابا نامداران و مردان خویش
گو گردکش نیزه اندر نهاد	بران گردگیران یبغو نژاد
همی دوختشان سینه‌ها باز پشت	چنان تا همه سرکشان را بکشت
چو دانست خاقان که ماندند بس	نیارد شدن پیش او هیچ‌کس
سپه جنب جنبان شد و کار گشت	همی بود تا روز اندر گدشت
همانگاه اندر گریغ اوفتاد	بشد رویش اندر بیابان نهاد
پس اندر نهادند ایرانیان	بدان بی‌مره لشکر چینیان
بکشتند زیشان به هر سو بسی	نبخشودشان ای شگفتی کسی
چو ترکان بدیدند کارجاسپ رفت	همی آید از هر سوی تیغ تفت
همه سرکشانشان پیاده شدند	به پیش گو اسفندیار آمدند
کمانچای چاچی بینداختند	قبای نبردی برون آختند
به زاریش گفتند گر شهریار	دهد بندگان را به جان زینهار
بدین اندر آییم و خواهش کنیم	همه آذران را نیایش کنیم
ازیشان چو بشنید اسفندیار	به جان و به تن دادشان زینهار
بران لشکر گشن آواز داد	گو نامبردار فرخ‌نژاد
که این نامداران ایرانیان	بگردید زین لشکر چینیان
کنون کاین سپاه عدو گشت پست	ازین سهم و کشتن بدارید دست
که بس زاروارند و بیچاره‌وار	دهدی این سگان را به جان زینهار
بدارید دست از گرفتن کنون	مبندید کس را مریزید خون
متازید و این کشتگان مسپرید	بگردید و این خستگان بشمرید
مگیریدشان بهر جان زریر	بر اسپان جنگی مپایید دیر
چو لشکر شنیدند آواز اوی	شدند از بر خستگان بارزوی
به لشکرگه خود فرود آمدند	به پیروز گشتن تبیره زدند
همه شب نخفتند زان خرمی	که پیروزی بودشان رستمی
چو اندر شکست آن شب تیره‌گون	به دشت و بیابان فرو خورد خون
کی نامور با سران سپاه	بیامد به دیدار آن رزمگاه

همی گرد آن کشتگان بر بگشت کرا دید بگریست و اندر گذشت
برادرش را دید کشته به زار به آوردگاهی برافگنده خوار
چو او را چنان زار و کشته بدید همه جامه‌ی خسروی بردرید
فرود آمد از شولک خوب رنگ به ریش خود اندر زده هر دو چنگ
همی گفت کی شاه گردان بلخ همه زندگانی ما کرده تلخ
دریغا سوارا شها خسروا نبرده دلیرا گزیده گوا
ستون منا پرده‌ی کشورا چراغ جهان افشر لشکرا
فرود آمد و برگرفتش ز خاک به دست خودش روی بسترد پاک
به تابوت زرینش اندر نهاد تو گفتی زریر از بنه خود نزاد
کیان زادگان و جوانان خویش به تابوتها در نهادند پیش
بفرمود تا کشتگان بشمرند کسی را که خستست بیرون برند
بگردید بر گرد آن رزمگاه به کوه و بیابان و بر دشت و راه
از ایرانیان کشته بد سی‌هزار ازان هفتصد سرکش و نامدار
هزار چل از نامور خسته بود که از پای پیلان به در جسته بود
وزان دیگران کشته بد صد هزار هزار و صد و شست و سه نامدار
ز خسته بدی سه هزار و دویست برین جای بر تا توانی مه ایست
کی نامبردار فرخنده شاه سوی گاه باز آمد از رزمگاه

اندر بازگشت گشتاسپ به ایرانزمین

به بستور گفتا که فردا پگاه سوی کشور نامور کش سپاه
بیامد سپهبد هم از بامداد بزد کوس و لشکر بنه برنهاد
به ایران زمین باز کردند روی همه خیره دل گشته و جنگجوی
همه خستگان را ببردند نیز نماندند از خواسته نیز چیز
به ایران زمین باز بردندشان به دانا پزشکان سپردندشان
چو شاه جهان باز شد بازجای به پور مهین داد فرخ همای
سپه را به بستور فرخنده داد عجم را چنین بود آیین و داد

بدادش از آزادگان ده هزار	سواران جنگی و نیزه گزار
بفرمود و گفت ای گو رزمسار	یکی بر پی شاه توران بتاز
به ایتاش و خلج ستان برگذر	بکش هرک یابی به کین پدر
ز هرچیز بایست بردش به کار	بدادش همه بی‌مر و بی‌شمار
هم‌آنگاه بستور برد آن سپاه	و شاه جهان از بر تخت و گاه
نشست و کیی تاج بر سر نهاد	سپه را همه یکسره بار داد
در گنج بگشاد وز خواسته	سپه را همه کرد آراسته
سران را همه شهرها داد نیز	سکی را نماند ایچ ناداده چیز
کرا پادشاهی سزا بد بداد	کرا پایه بایست پایه نهاد
چو اندر خور کارشان داد ساز	سوی خانهاشان فرستاد باز
خرامید بر گاه و باره ببست	به کاخ شهنشاهی اندر نشست
بفرمود تا آذر افروختند	برو عود و عنبر همی سوختند
زمینش بکردند از زر پاک	همه هیزمش عود و عنبرش خاک
همه کاخ را کار اندام کرد	پسش خان گشتاسپیان نام کرد
بفرمود تا بر در گنبدش	بدادند جاماسپ را موبدش
سوی مرزدارانش نامه نوشت	که ما را خداوند یافه نهشت
شبان شده تیرهمان روز کرد	کیان را به هر جای پیروز کرد
به نفرین شد ارجاسپ ناآفرین	چنین است کار جهان آفرین
چو پیروزی شاهتان بشنوید	گزیتی به آذر پرستان دهید
چو آگاه شد قیصر آن شاه روم	که فرخ شد آن شاه و ارجاسپ شوم
فرسته فرستاد با خواسته	غلامان و اسپان آراسته
شه بت‌پرستان و رایان هند	گزیتش بدادند شاهان سند
کی نامبردار زان روزگار	نشست از بر گاه آن شهریار
گزینان لشکرش را بار داد	بزرگان و شاهان مهترنژاد
ز پیش اندر آمد گو اسفندیار	به دست اندرون گرزه‌ی گاوسار
نهاده به سر بر کیانی کلاه	به زیر کلاهش همی تافت ماه
به استاد در پیش او شیرفش	سرافگنده و دست کرده به کش
چو شاه جهان روی او را بدید	ز جان و جهانش به دل برگزید
بدو گفت شاه ای یل اسفندیار	همی آرزو بایدت کارزار

یل تیغ‌زن گفت فرمان تراست	که تو شهریاری و گیهان تراست
کی نامور تاج زرینش داد	در گنجها را برو برگشاد
همه کار ایران مر او را سپرد	که او را بدی پهلوی دستبرد
درفشان بدو داد و گنج و سپاه	هنوزت نبد گفت هنگام گاه
برو گفت و پا را به زین اندر آر	همه کشورت را به دین اندر آر
بشد تیغ زن گردکش پور شاه	بگردید بر کشورش با سپاه
به روم و به هندوستان برگذشت	ز دریا و تاریکی اندر گذشت
شه روم و هندوستان و یمن	همه نام کردند بر تهمتن
وزو دین گزارش همی خواستند	مرین دین به را بیاراستند
گزارش همی کرد اسفندیار	به فرمان یزدان همی بست کار
چو آگاه شدند از نکو دین اوی	گرفتند آن راه و آیین اوی
بتان از سر کوه میسوختند	بجای بت آذر برافروختند
همه نامه کردند زی شهریار	که ما دین گرفتیم ز اسفندیار
ببستیم کشتی و بگرفت باژ	کنونت نشاید ز ما خاست باژ
که ما راست گشتیم و ایزدپرست	کنون زند و استا سوی ما فرست
چو شه نامه‌ی شهریاران بخواند	نشست از برگاه و یاران بخواند
فرستاد زندی به هر کشوری	به هر نامداری و هر مهتری
بفرمود تا نامور پهلوان	همی گشت هر سو به گرد جهان
به هرجا که آن شاه بنهاد روی	بیامد پذیره کسی پیش اوی
همه کس مر او را به فرمان شدند	بدان در جهان پاک پنهان شدند
چو گیتی همه راست شد بر پدرش	گشاد از میان باز زرین کمرش
به شادی نشست از بر تخت و گاه	بیاسود یک چند گه با سپاه
برادرش را خواند فرشیدورد	سپاهی برون کرد مردان مرد
بدو داد و دینار دادش بسی	خراسان بدو داد و کردش گسی
چو یک چند گاهی برآمد برین	جهان ویژه گشت از بد و پاک دین
فرسته فرستاد سوی پدر	که ای نامور شاه پیروزگر
جهان ویژه کردنم به دین خدای	به کشور برافگنده سایه‌ی همای
کسی را بنیز از کسی بیم نه	به گیتی کسی بی‌زر و سیم نه
فروزنده‌ی گیتی بسان بهشت	جهان گشته آباد و هر جای کشت

Shahnameh

سواران جهان را همی داشتند	چو برزیگران تخم می‌کاشتند
بدین سان ببوده سراسر جهان	به گیتی شده گم بد بدگمان
یکی روز بنشست کی شهریار	به رامش بخورد او می خوش‌گوار
یکی سرکشی بود نامش گرزم	گوی نامجو آزموده به رزم
به دل کین همی داشت ز اسفندیار	ندانم چه شان بود از آغاز کار
به هر جای کاواز او آمدی	ازو زشت گفتی و طعنه زدی
نشسته بد او پیش فرخنده شاه	رخ از درد زرد و دل از کین تباه
فراز آمد از شاهزاده سخن	نگر تا چه بد آهو افگند بن
هوازی یکی دست بر دست زد	چو دشمن بود گفت فرزند بد
فرازش نباید کشیدن به پیش	چنین گفت آن موبد راست کیش
که چون پور با سهم و مهتر شود	ازو باب را روز بتر شود
رهی کز خداوند سر برکشید	از اندازه‌اش سر بباید برید
چو از رازدار این شنیدم نخست	نیامد مرا این گمانی درست
جهانجوی گفت این سخن چیست باز	خداوند این راز که وین چه راز
کیان شاه را گفت کای راست گوی	چنین راز گفتن کنون نیست روی
سر شهریاران تهی کرد جای	فریبنده را گفت نزد من آی
بگوی این همه سر بسر پیش من	نهان چیست زان اژدها کیش من
گرزم بد آهوش گفت از خرد	نباید جز آن چیز کاندر خورد
مرا شاه کرد از جهان بی‌نیاز	سزد گر ندارم بد از شاه باز
ندارم من از شاه خود باز پند	وگر چه مرا او را نیاد پسند
که گر راز گویمش و او نشنود	به از راز کردنش پنهان شود
بدان ای شهنشاه کاسفندیار	بسیچد همی رزم را روی کار
بسی لشکر آمد به نزدیک اوی	جهانی سوی او نهادست روی
بر آنست اکنون که بندد ترا	به شاهی همی بد پسندد ترا
تراگر به دست آورید و ببست	کند مر جهان را همه زیردست
تو دانی که آنست اسفندیار	که اورا به رزم اندرون نیست یار
چو حلقه کرد آن کمند بتاب	پذیره نیارد شدن آفتاب
کنون از شنیده بگفتمت راست	تو به دان کنون رای و فرمان تراست
چو با شاه ایران گرزم این براند	گو نامبردار خیره بماند

چنین گفت هرگز که دید این شگفت	دژم گشت وز پور کینه گرفت
نخورد ایچ می نیز و رامش نکرد	ابی بزم بنشست با باد سرد
از اندیشگان نامد آن شبش خواب	ز اسفندیارش گرفته شتاب
چو از کوهساران سپیده دمید	فروغ ستاره ببد ناپدید
بخواند آن جهاندیده جاماسپ را	کجا بیش دیدست لهراسپ را
بدو گفت شو پیش اسفندیار	بخوان و مر او را به ره باش یار
بگویش که برخیز و نزد من آی	چو نامه بخوانی به ره بر میپای
که کاری بزرگست پیش اندرا	تو پایی همی این همه کشورا
یکی کار اکنون همی بایدا	که بی‌تو چنین کار برنایدا
نوشته نوشتش یکی استوار	که این نامور فرخ اسفندیار
فرستادم این پیر جاماسپ را	که دستور بد شاه لهراسپ را
چو او را ببینی میان را ببند	ابا او بیا بر ستور نوند
اگر خفته‌ای زود برجه به پای	وگر خود بپایی زمانی مپای
خردمند شد نامه‌ی شاه برد	به تازنده کوه و بیابان سپرد
بدان روزگار اندر اسفندیار	به دشت اندرون بد ز بهر شکار
ازان دشت آواز کردش کسی	که جاماسپ را کرد خسرو گسی
چو آن بانگ بشنید آمد شگفت	بپیچید و خندیدن اندر گرفت
پسر بود او را گزیده چهار	همه رزم‌جوی و همه نیزه‌دار
یکی نام بهمن دوم مهرنوش	سیم نام او بد دلافروز طوش
چهارم بدش نام نوشاذرا	نهادی کجا گنبد آذرا
به شاه جهان گفت بهمن پسر	که تا جاودان سبز بادات سر
یکی ژرف خنده بخندید شاه	نیابم همی اندرین هیچ راه
بدو گفت پورا بدین روزگار	کس آید مرا از در شهریار
که آواز بشنیدم از ناگهان	بترسم که از گفته‌ی بی‌رهان
ز من خسرو آزار دارد همی	دلش از رهی بار دارد همی
گرانمایه فرزند گفتا چرا	چه کردی تو با خسرو کشورا
سر شهریارانش گفت ای پسر	ندانم گناهی به جای پدر
مگر آنک تا دین بیاموختم	همی در جهان آتش افروختم
جهان ویژه کردم به برنده تیغ	چرا داد از من دل شاه میغ

همانا دل دیو بفریفتست ... که بر کشتن من بیاشیفتست
همی تا بدین اندرون بود شاه ... پدید آمد از دور گرد سیاه
چراغ جهان بود دستور شاه ... فرستاده‌ی شاه زی پور شاه
چو از دور دیدش ز کهسار گرد ... بدانست کامد فرستاده مرد
پذیره شدش گرد فرزند شاه ... همی بود تا او بیامد ز راه
ز باره‌ی چمنده فرود آمدند ... گو پیر هر دو پیاده شدند
بپرسید ازو فرخ اسفندیار ... که چونست شاه آن گو نامدار
خردمند گفتا درستست و شاد ... برش را ببوسید و نامه بداد
درست از همه کارش آگاه کرد ... که مر شاه را دیو بی‌راه کرد
خردمند را گفتش اسفندیار ... چه بینی مرا اندرین روی کار
گر ایدونک با تو بیایم به در ... نه نیکو کند کار با من پدر
ور ایدونک نایم به فرمانبری ... برون کرده باشم سر از کهتری
یکی چاره‌ساز ای خردمند پیر ... نیابد چنین ماند بر خیره خیر
خردمند گفت ای شه پهلوان ... به دانندگی پیر و بختت جوان
تو دانی که خشم پدر بر پسر ... به از جور مهتر پسر بر پدر
ببایدت رفت چنینست روی ... که هرچ او کند پادشاهست اوی
برین بر نهادند و گشتند باز ... فرستاده و پور خسرو نیاز
یکی جای خویش فرود آورید ... به کف بر گرفتند هر دو نبید
به پیشش همی عود می‌سوختند ... تو گفتی همی آتش افروختند
دگر روز بنشست بر تخت خویش ... ز لشکر بیامد فراوان به پیش
همه لشکرش را به بهمن سپرد ... وزانجا خرامید با چند گرد
بیامد به درگاه آزاد شاه ... کمر بسته بر نهاده کلاه
چو آگاه شد شاه کامد پسر ... کلاه کیان بر نهاده بسر

بند کردن گشتاسپ اسفندیار را

مهان و کهانرا همه خواند پیش	همه زند و استا به نزدیک خویش
همه موبدان را به کرسی نشاند	پس آن خسرو تیغزن را بخواند
بیامد گو و دست کرده بکش	به پیش پدر شد پرستار فش
شه خسروان گفت با موبدان	بدان رادمردان و اسپهبدان
چه گویید گفتا که آزاده‌اید	به سختی همه پرورش داده‌اید
به گیتی کسی را که باشد پسر	بدو شاد باشد دل تاجور
به هنگام شیرین به دایه دهد	یکی تاج زرینش بر سر نهد
همی داردش تا شود چیره دست	بیاموزدش خوردن و بر نشست
بسی رنج بیند گرانمایه مرد	سورای کندش آزموده نبرد
چو آزاده را ره به مردی رسد	چنان زر که از کان به زردی رسد
مراورا بجوید چو جویندگان	ورا بیش گویند گویندگان
سواری شود نیک و پیروز رزم	سرانجمنها به رزم و به بزم
چو نیرو کند با سرو یال و شاخ	پدر پیر گشته نشسته به کاخ
جهان را کند یکسره زو تهی	نباشد سزاوار تخت مهی
ندارد پدر جز یکی نام تخت	نشسته در ایوان نگهبان رخت
پسر را جهان و درفش و سپاه	پدر را یکی تاج و زرین کلاه
نباشد بران پور همداستان	پسندند گردان چنین داستان
ز بهر یکی تاج و افسر پسر	تن باب را دور خواهد ز سر
کند با سپاهش پس آهنگ اوی	نهاده دلش نیز بر جنگ اوی
چه گویید پیران که با این پسر	چه نیکو بود کار کردن پدر
گزینانش گفتند کای شهریار	نیاید خود این هرگز اندر شمار
پدر زنده و پور جویای گاه	ازین خامتر نیز کاری مخواه
جهاندار گفتا که اینک پسر	که آهنگ دارد به جای پدر
ولیکن من او را به چوبی زنم	که گیرند عبرت همه برزنم

ببندم چنانش سزاوار پس
ببندی که کس را نبستست کس

پسر گفت کای شاه آزاده‌خوی
مرا مرگ تو کی کند آرزوی

ندانم گناهی من ای شهریار
که کردستم اندر همه روزگار

به جان تو ای شاه گر بد به دل
گمان برده‌ام پس سرم بر گسل

ولیکن تو شاهی و فرمان تراست
ترااِم من و بند و زندان تراست

کنون بند فرما و گر خواه کش
مرا دل درستست و آهسته هش

سر خسروان گفت بند آورید
مر او را ببندید و زین مگذرید

به پیش آوریدند آهنگران
غل و بند و زنجیرهای گران

دران انجمن کس به خواهش زبان
نجنبید بر شهریار جهان

ببستند او را سر و دست و پای
به پیش جهاندار گیهان خدای

چنانش ببستند پای استوار
که هرکش همی دید بگریست زار

چو کردند زنجیر در گردنش
بفرمود بسته به در بردنش

بیارید گفتا یکی پیل نر
دونده پرنده چو مرغی به پر

فراز آوریدند پیلی چو نیل
مر او را ببستند بر پشت پیل

چو بردندش از پیش فرخ پدر
دو دیده پر از آب و رخساره‌تر

فرستاده سوی دژ گنبدان
گرفته پس و پیش اسپهبدان

پر از درد بردند بر کوهسار
ستون آوریدند ز آهن چهار

به کرده ستونها بزرگ آهنین
سر اندر هوا و بن اندر زمین

مر او را برانجا ببستند سخت
ز تختش بیفگند و برگشت بخت

نگهبان او کرد پس‌اند مرد
گو پهلوان زاده با داغ و درد

بدان تنگی اندر همی زیستی
زمان تا زمان زار بگریستی

برآمد بسی روزگاری بدوی
که خسرو سوی سیستان کرد روی

که آنجا کند زنده و استا روا
کند موبدان را بدانجا گوا

جو آنجا رسید آن گرانمایه شاه
پذیره شدش پهلوان سپاه

شه نیمروز آنک رستمش نام
سوار جهاندیده همتای سام

ابا پیر دستان که بودش پدر
ابا مهتران و گزینان در

به شادی پذیره شدندش به راه
ازو شادمان گشت فرخنده شاه

به زاولش بردند مهمان خویش
همه بنده‌وار ایستادند پیش

وزو زند و کشتی بیاموختند
ببستند و آذر برافروختند

برآمد برین میهمانی دو سال
همی خورد گشتاسپ با پور زال
به هرجا کجا شهریاران بدند
ازان کار گشتاسپ آگه شدند
که او مر سو پهلوان را ببست
تن پیل وارش به آهن بخست
به زاولستان شد به پیغمبری
که نفرین کند بر بت آزری
بگشتند یکسر ز فرمان شاه
بهم برشکستند پیمان شاه
چو آگاهی آمد به بهمن که شاه
ببستست آن شیر را بی‌گناه
نبرده گزینان اسفندیار
ازانجا برفتند تیماردار
همی داشتند از سپه دست باز
پس اندر گرفتند راه دراز
به پیش گو اسفندیار آمدند
کیان‌زادگان شیروار آمدند
پدر را به رامش همی داشتند
به زندانش تنها بنگذاشتند
پس آگاهی آمد به سالار چین
که شاه از گمان اندرآمد به کین

اندر تاخت آوردن ارجاسپ به ایرانزمین

برآشفت خسرو به اسفندیار
به زندان و بندش فرستاد خوار
خود از بلخ زی زابلستان کشید
بیابان گذارید و سیحون بدید
به زاول نشستست مهمان زال
برین روزگاران برآمد دو سال
به بلخ اندرونست لهراسپ شاه
نماندست از ایرانیان و سپاه
مگر هفتصد مرد آتش پرست
هه پیش آذر برآورده دست
جز ایشان به بلخ اندرون نیست کس
از آهنگ‌داران همینند بس
مگر پاسبانان کاخ همای
هلا زود برخیز و چندین مپای
مهان را همه خواند شاه چگل
ابر جنگ لهراسپشان داد دل
بدانید گفتا که گشتاسپ شاه
سوی نیمروز او سپردست راه
به زاول نشستست با لشکرش
سواری نه اندر همه کشورش
کنونست هنگام کین خواستن
بباید بسیچید و آراستن
پسرش آن گرانمایه اسفندیار
به بند گران‌اندرست استوار
کدامست مردی پژوهنده راز
که پیماید این ژرف راه دراز

نراند به راه ایچ و بی‌ره رود	ز ایران هراسان و آگه رود
یکی جادوی بود نامش ستوه	گذارنده راه و نهفته پژوه
منم گفت آهسته و نامجوی	چه باید ترا هرچ باید بگوی
شه چینش گفتا به ایران خرام	نگهبان آتش ببین تا کدام
پژوهنده‌ی راز پیمود راه	به بلخ گزین شد که بد گاه شاه
ندید اندرون شاه گشتاسپ را	پرستنده‌یی دید و لهراسپ را
بشد همچنان پیش خاقان بگفت	به رخ پیش او بر زمین را برفت
چو ارجاسپ آگاه شد شاد گشت	از اندوه دیرینه آزاد گشت
سر آن را همه خواند و گفتا روید	سپاه پراگنده گرد آورید
برفتند گردان لشکر همه	به کوه و بیابان و جای رمه
بدو باز خواندند لشکرش را	گزیده سواران کشورش را
چو این نامه‌ا فتاد در دست من	به ماه گراینده شد شست من

انجام شدن گفتار دقیقی

نگه کردم این نظم سست آمدم	بسی بیت ناتندرست آمدم
من این زان بگفتم که تا شهریار	بداند سخن گفتن نابکار
دو گوهر بد این با دو گوهر فروش	کنون شاه دارد به گفتار گوش
سخن چون بدین گونه بایدت گفت	مگو و مکن طبع با رنج جفت
چو بند روان بینی و رنج تن	به کانی که گوهر نیابی مکن
چو طبعی نباشد چو آب روان	مبر سوی این نامه‌ی خسروان
دهن گر بماند ز خوردن تهی	ازان به که ناساز خوانی نهی
یکی نامه بود از گه باستان	سخنهای آن برمنش راستان
چو جامی گهر بود و منثور بود	طبایع ز پیوند او دور بود
گذشته برو سالیان شش هزار	گر ایدونک پرسش نماید شمار
نبردی به پیوند او کس گمان	پر اندیشه گشت این دل شادمان
گرفتم به گوینده بر آفرین	که پیوند را راه داد اندرین

اگرچه نپیوست جز اندکی ز رزم و ز بزم از هزاران یکی
همو بود گوینده را راه بر که بنشاند شاهی ابر گاه‌بر
همی یافت از مهتران ارج و گنج ز خوی بد خویش بودی به رنج
ستاینده‌ی شهریاران بدی به کاخ افسر نامداران بدی
به شهر اندرون گشته گشتی سخن ازو نو شدی روزگار کهن
من این نامه فرخ گرفتم به فال بسی رنج بردم به بسیار سال
ندیدم سرافراز بخشنده‌یی به گاه کیان‌بر درخشنده‌یی
مرا این سخن بر دل آسان نبود بجز خامشی هیچ درمان نبود
نشستنگه مردم نیک‌بخت یکی باغ دیدم سراسر درخت
به جایی نبد هیچ پیدا درش بجز نام شاهی نبد افسرش
که گر در خور باغ بایستمی اگر نیک بودی بشایستمی
سخن را چو بگذاشتم سال بیست بدان تا سزاوار این رنج کیست
ابوالقاسم آن شهریار جهان کزو تازه شد تاج شاهنشاهان
جهاندار محمود با فر و جود که او را کند ماه و کیوان سجود
سر نامه را نام او تاج گشت به فرش دل تیره چون عاج گشت
به بخش و به داد و به رای و هنر نبد تاج را زو سزاوارتر
بیامد نشست از بر تخت داد جهاندار چون او ندارد به یاد
ز شاهان پیشی همی بگذرد نفس داستان را همی نشمرد(؟)
چه دینار بر چشم او بر چه خاک به رزم و به بزم اندرش نیست باک
گه بزم زر و گه رزم تیغ ز خواهنده هرگز ندارد دریغ
کنون زرم ارجاسپ را نو کنیم به طبع روان باغ بی خو کنیم

آمدن لشکر ارجاسپ ببلخ و کشته شدن لهراسپ

بفرمود تا کهرم تیغ‌زن بود پیش سالار آن انجمن
که ارجاسپ را بود مهتر پسر به خورشید تابان برآورده سر
بدو گفت بگزین ز لشکر سوار ز ترکان شایسته مردی هزار

Shahnameh

از ایدر برو تازیان تا به بلخ	که از بلخ شد روز ما تار و تلخ
نگر تا کرا یابی از دشمنان	از آتش پرستان و آهرمنان
سرانشان ببر خانهاشان بسوز	بریشان شب آور به رخشنده روز
از ایوان گشتاسپ باید که دود	زبانه برآرد به چرخ کبود
اگر بند بر پای اسفندیار	بیابی سرآور برو روزگار
همآنگه سرش را ز تن بازکن	وزین روی گیتی پرآواز کن
همه شهر ایران به کام تو گشت	تو تیغی و دشمن نیام تو گشت
من اکنون ز خلخ به اندک زمان	بیایم دمادم چو باد دمان
بخوانم سپاه پراگنده را	برافشانم این گنج آگنده را
بدو گفت کهرم که فرمان کنم	ز فرمان تو رامش جان کنم
چو خورشید تیغ از میان برکشید	سپاه شب تیره شد ناپدید
بیاورد کهرم ز توران سپاه	جهان گشت چون روی زنگی سیاه
چو آمد بران مرز بگشاد دست	کسی را که بد پیش آذرپرست
چو ترکان رسیدند نزدیک بلخ	گشاده زبان را به گفتار تلخ
ز کهرم چو لهراسپ آگاه شد	غمی گشت و با رنج همراه شد
به یزدان چنین گفت کای کردگار	توی برتر از گردش روزگار
توانا و دانا و پاینده‌ای	خداوند خورشید تابنده‌ای
نگهدار دین و تن و هوش من	همان نیروی جان وگر توش من
که من بنده بر دست ایشان تباه	نگردم توی پشت و فریادخواه
به بلخ اندرون نامداری نبود	وزان گرزداران سواری نبود
بیامد ز بازار مردی هزار	چنانچون بود از در کارزار
چو توران سپاه اندر آمد به تنگ	بپوشید لهراسپ خفتان جنگ
ز جای پرستش به آوردگاه	بیامد به سر بر کیانی کلاه
به پیری بغرید چون پیل مست	یکی گرزه‌ی گاو پیکر به دست
به هر حمله‌یی جادوی زان سران	سپردی زمین را به گرز گران
همی گفت هرکس که این نامدار	نباشد جز از گرد اسفندیار
به هر سو که باره برانگیختی	همی خاک با خون برآمیختی
هرانکس که آواز او یافتی	به تنش اندرون زهره بشکافتی
به ترکان چنین گفت کهرم که چنگ	میازید با او یکایک به جنگ

بکوشید و اندر میانش آورید	خروش هژبر ژیان آورید
برآمد چکاچاک زخم تبر	خروش سواران پرخاشخر
چو لهراسپ اندر میانه بماند	به بیچارگی نام یزدان بخواند
ز پیری و از تابش آفتاب	غمی گشت و بخت اندر آمد به خواب
جهاندیده از تیر ترکان بخست	نگونسار شد مرد یزدان پرست
به خاک اندر آمد سر تاجدار	برو انجمن شد فراوان سوار
بکردند چاک آهن بر و جوشنش	به شمشیر شد پاره‌پاره تنش
همی نوسواریش پنداشتند	چو خود از سر شاه برداشتند
رخی لعل دیدند و کافور موی	از آهن سیاه آن بهشتیش روی
بماندند یکسر ازو در شگفت	که این پیر شمشیر چون برگرفت
کزین گونه اسفندیار آمدی	سپه را برین دشت کار آمدی
بدین اندکی ما چرا آمدیم	هیم بی‌گله در چرا آمدیم
به ترکان چنین گفت کهرم که کار	همین بودمان رنج در کارزار
که این نامور شاه لهراسپ است	که پورش جهاندار گشتاسپ است
جهاندار با فر یزدان بود	همه کار او رزم و میدان بود
جز این نیز کاین خود پرستنده بود	دل از تاخ وز تخت برکنده بود
کنون پشت گشتاسپ زو شد تهی	بپیچد ز دیهیم شاهنشهی
از آنجا به بلخ اندر آمد سپاه	جهان شد ز تاراج و کشتن سیاه
نهادند سر سوی آتشکده	بران کاخ و ایوان زر آژده
همه زند و استش همی سوختند	چه پرمایه‌تر بود برتوختند
از ایرانیان بود هشتاد مرد	زبانشان ز یزدان پر از یاد کرد
همه پیش آتش بکشتندشان	ره بندگی بر نوشتندشان
ز خونشان بمرد آتش زرد هشت	ندانم جزا جایشان جز بهشت
زنی بود گشتاسپ را هوشمند	خردمند وز بد زبانش به بند
ز آخر چمان باره‌یی برنشست	به کردار ترکان میان را ببست
از ایران ره سیستان برگرفت	ازان کارها مانده اندر شگفت
نخفتی به منزل چو برداشتی	دو روزه به یک روزه بگذاشتی
چنین تا به نزدیک گشتاسپ شد	به آگاهی درد لهراسپ شد
بدو گفت چندین چرا ماندی	خود از بخل بامی چرا راندی

سپاهی ز ترکان بیامد به بلخ	که شد مردم بلخ را روز تلخ
همه بلخ پر غارت و کشتن است	از ایدر ترا روی برگشتن است
بدو گفت گشتاسپ کین غم چراست	به یک تاختن درد و ماتم چراست
چو من با سپاه اندرآیم ز جای	همه کشور چین ندارند پای
چنین پاسخ آورد کاین خود مگوی	که کای بزرگ آمدستت به روی
شهنشاه لهراسپ را پیش بلخ	بکشتند و شد بلخ را روز تلخ
همان دختران را ببردند اسیر	چنین کار دشوار آسان مگیر
اگر نیستی جز شکست همای	خردمند را دل نرفتی ز جای
وز آنجا به نوش آذراندر شدند	رد و هیربد را بهم برزدند
ز خونشان فروزنده آذر بمرد	چنین کار را خوار نتوان شمرد
دگر دختر شاه به آفرید	که باد هوا هرگز او را ندید
به خواری ورا زار برداشتند	برو یاره و تاج نگذاشتند
چو بشنید گشتاسپ شد پر ز درد	ز مژگان ببارید خوناب زرد
بزرگان ایرانیان را بخواند	شنیده سخن پیش ایشان براند
نویسنده‌ی نامه را خواند شاه	بینداخت تاج و بپردخت گاه
سواران پراگنده بر هر سوی	فرستاد نامه به هر پهلوی
که یک تن سر از گل مشورید پاک	مدارید باک از بلند و مغاک
ببردند نامه به هر کشوری	کجا بود در پادشاهی سری
چو آگاه گشتند یکسر سپاه	برفتند با گرز و رومی کلاه
همه یکسره پیش شاه آمدند	بران نامور بارگاه آمدند
چو گشتاسپ دید آن سپه بر درش	سواران جنگاور از کشورش
درم داد وز سیستان برگرفت	سوی بلخ بامی ره اندر گرفت
چو بشنید ارجاسپ کامد سپاه	جهاندار گشتاسپ با تاج و گاه
ز دریا به دریا سپه گسترید	که جایی کسی روی هامون ندید
دو لشکر چو تنگ اندر آمد به گرد	زمین شد سیاه و هوا لاژورد
چو هر دو سپه برکشیدند صف	همه نیزه و تیغ و ژوپین به کف
ابر میمنه شاه فرشیدورد	که با شیر درنده جستی نبرد
ابر میسره گرد بستور بود	که شاه و گه رزم چون کوه بود
جهاندار گشتاسپ در قلبگاه	همی کرد هر سو به لشکر نگاه

۹۷۷

وزان روی کندر ابر میمنه / بیامد پس پشت او با بنه
سوی میسره کهرم تیغزن / به قلب اندر ارجاسپ با انجمن
برآمد ز هر دو سپه بانگ کوس / زمین آهنین شد هوا آبنوس
تو گفتی که گردون بپرد همی / زمین از گرانی بدرد همی
ز آواز اسپان و زخم تبر / همی کوه خارا برآورد پر
همه دشت سر بود بی‌تن به خاک / سر گرزداران همه چاک‌چاک
درفشیدن تیغ و باران تیر / خروش یلان بود با دار و گیر
ستاره همی جست راه گریغ / سپه را همی نامدی جان دریغ
سر نیزه و گرز خم داده بود / همه دشت پر کشته افتاده بود
بسی کوفته زیر باره درون / کفن سینه‌ی شیر و تابوت خون
تن بی‌سران و سر بی‌تنان / سواران چو پیلان کفک افگنان
پدر را نبد بر پسر جای مهر / همی گشت زین گونه گردان سپهر
چو بگذشت زین سان سه روز و سه شب / ز بس بانگ اسپان و جنگ و جلب
سراسر چنان گشت آوردگاه / که از جوش خون لعل شد روی ماه
ابا کهرم تیغزن در نبرد / برآویخت ناگاه فرشیدورد
ز کهرم مران شاه تن خسته شد / به جان گرچه از دست او رسته شد
از ایران سواران پرخاشجوی / چنان خسته بردند از پیش اوی
فراوان ز ایرانیان کشته شد / ز خون یلان کشور آغشته شد
پسر بود گشتاسپ را سی و هشت / دلیران کوه و سواران دشت
بکشتند یکسر بران رزمگاه / به یکبارگی تیره شد بخت شاه
سرانجام گشتاسپ بنمود پشت / بدانگه که شد روزگارش درشت

هزیمت شدن گشتاسپ از ارجاسپ

پس اندر دو منزل همی تاختند / مر او را گرفتن همی ساختند
یکی کوه پیش آمدش پرگیا / بدو اندرون چشمه و آسیا
که بر گرد آن کوه یک راه بود / وزان راه گشتاسپ آگاه بود

جهاندار گشتاسپ و یکسر سپاه	سوی کوه رفتند ز آوردگاه
چو ارجاسپ با لشکر آنجا رسید	بگردید و بر کوه راهی ندید
گرفتند گرداندرش چار سوی	چو بیچاره شد شاه آزاده‌خوی
ازان کوهسار آتش افروختند	بدان خاره بر خار می‌سوختند
همی کشت هر مهتری بارگی	نهاند دلها به بیچارگی
چو لشکر چنان گردشان برگرفت	کی خوش منش دست بر سر گرفت
جهاندیده جاماسپ را پیش خواند	ز اختر فراوان سخنها براند
بدو گفت کز گردش آسمان	بگوی آنچ دانی و پنهان ممان
که باشد بدین بد مرا دستگیر	ببایدت گفتن همه ناگزیر
چو بشنید جاماسپ بر پای خاست	بدو گفت کای خسرو داد و راست
اگر شاه گفتار من بشنود	بدین گردش اختران بگرود
بگویم بدو هرچ دانم درست	ز من راستی جوی شاها نخست
بدو گفت شاه آنچ دانی بگوی	که هم راست گویی و هم راه‌جوی
بدو گفت جاماسپ کای شهریار	سخن بشنو از من یکی هوشیار
تو دانی که فرزندت اسفندیار	همی بند ساید به بد روزگار
اگر شاه بگشاید او را ز بند	نماند برین کوهسار بلند
بدو گفت گشتاسپ کای راست‌گوی	بجز راستی نیست ایچ آرزوی
به جاماسپ گفت ای خردمند مرد	مرا بود ازان کار دل پر ز درد
که اورا ببستم بران بزمگاه	به گفتار بدخواه و او بیگناه
همانگاه من زان پشیمان شدم	دلم خسته بد سوی درمان شدم
گر او را ببینم برین رزمگاه	بدو بخشم این تاج و تخت و کلاه
که یارد شدن پیش آن ارجمند	رهاند مران بیگنه را ز بند
بدو گفت جاماسپ کای شهریار	منم رفتنی کاین سخن نیست خوار
به جاماسپ شاه جهاندار گفت	که با تو همیشه خرد باد جفت
برو وز منش ده فراوان درود	شب تیره ناگاه بگذر ز رود
بگویش که آنکس که بیداد کرد	بشد زین جهان با دلی پر ز درد
اگر من برفتم بگفت کسی	که بهره نبودش ز دانش بسی
چو بیداد کردم بسیچم همی	وزان کرده‌ی خویش پیچم همی
کنون گر بیایی دل از کینه پاک	سر دشمنان اندر آری به خاک

وگرنه شد این پادشاهی و تخت	ز بن برکنند این کیانی درخت
چو آیی سپارم ترا تاج و گنج	ز چیزی که من گرد کردم به رنج
بدین گفته یزدان گوای منست	چو جاماسپ کو رهنمای منست
بپوشید جاماسپ توزی قبای	فرود آمد از کوه بی‌رهنمای
به سر بر نهاده کلاه دو پر	برآیین ترکان ببسته کمر
یکی اسپ ترکی بیاورد پیش	ابر اسپ آلت ز اندازه بیش
نشست از بر باره و آمد به زیر	که بد مرد شایسته بر سان شیر
هرانکس که او را بدیدی به راه	بپرسیدی او را ز توران سپاه
به آواز ترکی سخن راندی	بگفتی بدان کس که او خواندی
ندانستی او را کسی حال و کار	بگفتی به ترکی سخن هوشیار
همی راند باره به کردار باد	چنین تا بیامد بر شاه زاد
خرد یافته چون بیامد به دشت	شب تیره از لشکر اندر گذشت
چو آمد به نزد دژ گنبدان	رهانید خود را ز دست بدان
یکی مایه‌ور پور اسفندیار	که نوش آذرش خواندی شهریار
بران بام دژ بود و چشمش به راه	بدان تا کی آید ز ایران سپاه
پدر را بگوید چو بیند کسی	به بالای دژ درنمانده بسی
چو جاماسپ را دید پویان به راه	به سربر یکی نغز توزی کلاه
چنین گفت کامد ز توران سوار	بپویم بگویم به اسفندیار
فرود آمد از باره‌ی دژ دوان	چنین گفت کای نامور پهلوان
سواری همی بینم از دیدگاه	کلاهی به سر بر نهاده سیاه
شوم باز بینم که گشتاسپیست	وگر کینه‌جویست و ارجاسپیست
اگر ترک باشد ببرم سرش	به خاک افگنم نابسوده برش
چنین گفت پرمایه اسفندیار	که راه گذر کی بوده بی‌سوار
همانا کز ایران یکی لشکری	سوی ما بیامد به پیغمبری
کلاهی به سر بر نهاده دوپر	ز بیم سواران پرخاشخر
چو بشنید نوش آذر از پهلوان	بیامد بران باره‌ی دژ دوان
چو جاماسپ تنگ اندر آمد ز راه	هم از باره دانست فرزند شاه
بیامد به نزدیک فرخ پدر	که فرخنده جاماسپ آمد به در
بفرمود تا دژ گشادند باز	درآمد خردمند و بردش نماز

Shahnameh

بدادش درود پدر سربسر	پیامی که آورده بد در بدر
چنین پاسخ آورد اسفندیار	که ای از خرد در جهان یادگار
خردمند و کنداور و سرفراز	چرا بسته را برد باید نماز
کسی را که بر دست و پای آهنست	نه مردم نژادست کهرمنست
درود شهنشاه ایران دهی	ز دانش ندارد دلت آگهی
درودم از ارجاسپ آمد کنون	کز ایران همی دست شوید به خون
مرا بند کردند بر بی‌گناه	همانا که رزم فرزند شاه
چنین بود پاداش رنج مرا	به آهن بیاراست گنج مرا
کنون همچنین بسته باید تنم	به یزدان گوای منست آهنم
که بر من ز گشتاسپ بیداد بود	ز گفت گرزم اهرمن شاد بود
مبادا که این بد فراموش کنم	روان را به گفتار بیهش کنم
بدو گفت جاماسپ کای راست‌گوی	جهانگیر و کنداور و نیک‌خوی
دلت گر چنین از پدر خیره گشت	نگر بخت این پادشا تیره گشت
چو لهراسپ شاه آن پرستنده مرد	که ترکان بکشتندش اندر نبرد
همان هیربد نیز یزدان‌پرست	که بودند با زند و استا به دست
بکشتند هشتاد از موبدان	پرستنده و پاک‌دل بخردان
ز خونشان به نوش‌آذر آذر بمرد	چنین بدکنش خوار نتوان شمرد
ز بهر نیا دل پر از درد کن	برآشوب و رخسارگان زرد کن
ز کین یا ز دین گر نجنبی ز جای	نباشی پسندیده‌ی رهنمای
چنین داد پاسخ که ای نیک‌نام	بلنداختر و گرد و جوینده کام
براندیش کان پیر لهراسپ را	پرستنده و باب گشتاسپ را
پسر به که جوید همی کین اوی	که تخت پدر داشت و ایین اوی
بدو گفت ار ایدونک کین نیا	نجویی نداری به دل کیمیا
همای خردمند و به آفرید	که باد هوا روی ایشان ندید
به ترکان سیراند با درد و داغ	پیاده دوان رنگ رخ چون چراغ
چنین پاسخ آوردش اسفندیار	که من بسته بودم چنین زار و خوار
نکردند زیشان ز من هیچ یاد	نه برزد کس از بهر من سردباد
چه گویی به پاسخ که روزی همای	ز من کرد یاد اندرین تنگ جای
دگر نیز پرمایه به آفرید	که گفتی مرا در جهان خود ندید

بدو گفت جاماسپ کای پهلوان   پدرت از جهان تیره دارد روان

به کوه اندرست این زمان با سران   دو دیده پر از آب و لب ناچران

سپاهی ز ترکان بگرد اندرش   همانا نبینی سر و افسرش

نیاید پسند جهان‌آفرین   که تو دل بپیچی ز مهر و ز دین

برادر که بد مر ترا سی و هشت   ازان پنج ماند و دگر درگذشت

چنین پاسخ آوردش اسفندیار   که چندین برادر بدم نامدار

همه شاد با رامش و من به بند   نکردند یاد از من مستمند

اگر من کنون کین بسیچم چه سود   کزیشان برآورد بدخواه دود

چو جاماسپ زین گونه پاسخ شنود   دلش گشت از درد پر داغ و دود

همی بود بر پای و دل پر ز خشم   به زاری همی راند آب از دو چشم

بدو گفت کای پهلوان جهان   اگر تیره گردد دلت با روان

چه گویی کنون کار فرشیدورد   که بود از تو همواره با داغ و درد

به هر سو که بودی به رزم و به بزم   پر از درد و نفرین بدی بر گرزم

پر از زخم شمشیر دیدم تنش   دریده برو مغفر و جوشنش

همی زار می بگسلد جان اوی   ببخشای بر چشم گریان اوی

چو آواز دادش ز فرشیدورد   دلش گشت پرخون و جان پر ز درد

چو باز آمدش دل به جاماسپ گفت   که این بد چرا داشتی در نهفت

بفرمای کاهنگران آورند   چو سوهان و پتک گران آورند

بیاورد جاماسپ آهنگران   چو سندان پولاد و پتک گران

بسودند زنجیر و مسمار و غل   همان بند رومی به کردار پل

چو شد دیر بر سودن بستگی   به بد تنگدل بسته از خستگی

به آهنگران گفت کای شوربخت   ببندی و بسته ندانی گسخت

همی گفت من بند آن شهریار   نکردم به پیش خردمند خوار

بپیچید تن را و بر پای جست   غمی شد به پابند یازید دست

بیاهیخت پای و بپیچید دست   همه بند و زنجیر بر هم شکست

چو بگسست زنجیر بی‌توش گشت   بیفتاد از درد و بیهوش گشت

ستاره شمرکان شگفتی بدید   بران تاجدار آفرین گسترید

چو آمد به هوش آن گو زورمند   همی پیش بنهاد زنجیر و بند

چنین گفت کاین هدیه‌های گرزم   منش پست بادش به بزم و به رزم

به گرمابه شد با تن دردمند / ز زنجیر فرسوده و مستمند
چو آمد به در پس گو نامدار / رخش بود همچون گل اندر بهار
یکی جوشن خسروانی بخواست / همان جامه‌ی پهلوانی بخواست
بفرمود کان باره‌ی گام زن / بیارید و آن ترگ و شمشیر من
چو چشمش بران تیزرو برفتاد / ز یزدان نیکی دهش کرد یاد
همی گفت گر من گنه کرده‌ام / ازینسان به بند اندر آزرده‌ام
چه کرد این چمان باره‌ی بربری / چه بایست کردن بدین لاغری
بشویید و او را بی‌آهو کنید / به خوردن تنش را به نیرو کنید
فرستاد کس نزد آهنگران / هرانکس که استاد بود اندران
برفتند و چندی زره خواستند / سلیحش یکایک بپیراستند
چو شب شد چو آهرمن کینه‌خواه / خروش جرس خاست از بارگاه
بران باره‌ی پهلوی برنشست / یکی تیغ هندی گرفته به دست
چو نوشاذر و بهمن و مهرنوش / برفتند یکسر پر از جنگ و جوش
ورا راهبر پیش جاماسپ بود / که دستور فرخنده گشتاسپ بود
ازان باره‌ی دژ چو بیرون شدند / سواران جنگی به هامون شدند
سپهبد سوی آسمان کرد روی / چنین گفت کای داور راست‌گوی
توی آفریننده و کامگار / فروزنده‌ی جان اسفندیار
تو دانی که از خون فرشیدورد / دلم گشت پر درد و رخساره زرد
گر ایدونک پیروز گردم به جنگ / کنم روی گیتی بر ارجاسپ تنگ
بخواهیم ازو کین لهراسپ شاه / همان کین چندین سر بی‌گناه
برادر جهان بین من سی و هشت / که از خونشان لعل شد خاک دشت
پذیرفتم از داور دادگر / که کینه نگیرم ز بند پدر
به گیتی صد آتشکده نو کنم / جهان از ستمگاره بی‌خو کنم
نبیند کسی پای من بر بساط / مگر در بیابان کنم صد رباط
به شاخی که کرگس برو نگذرد / بدو گور و نخچیر پی نسپرد
کنم چاه آب اندرو صدهزار / توانگر کنم مردم خیش کار
همه بی‌رهان را بدین آورم / سر جادوان بر زمین آورم
بگفت این و برگاشت اسپ نبرد / بیامد به نزدیک فرشیدورد
ورا از بر جامه بر خفته دید / تن خسته در جامه بنهفته دید

ز دیده ببارید چندان سرشک — که با درد او آشنا شد پزشک
بدو گفت کای شاه پرخاشجوی — ترا این گزند از که آمد به روی
کزو کین تو باز خواهم به جنگ — اگر شیر جنگیست او گر پلنگ
چنین داد پاسخ که ای پهلوان — ز گشتاسپم من خلیده‌روان
چو پای ترا او نکردی به بند — ز ترکان بما نامدی این گزند
همان شاه لهراسپ با پیر سر — همه بلخ ازو گشت زیر و زبر
ز گفت گرزم آنچ بر ما رسید — ندیدست هرگز کسی نه شنید
بدرد من اکنون تو خرسند باش — به گیتی درخت برومند باش
که من رفتنی‌ام به دیگر سرای — تو باید که باشی همیشه به جای
چو رفتم ز گیتی مرا یاددار — به ببخش روان مرا شاددار
تو پدرود باش ای جهان پهلوان — که جاوید بادی و روشن‌روان
بگفت این و رخسارگان کرد زرد — شد آن نامور شاه فرشیدورد
بزد دست بر جامه اسفندیار — همه پرنیان بر تنش گشت خار
همی گفت کای پاک برتر خدای — به نیکی تو باشی مرا رهنمای
که پیش آورم کین فرشیدورد — برانگیزم از رود وز کوه گرد
بریزم ز تن خون ارجاسپ را — شکیبا کنم جان لهراسپ را
برادرش را مرده بر زین نهاد — دلی پر ز کینه لبی پر ز باد
ز هامون بیامد به کوه بلند — برادرش بسته بر اسپ سمند
همی گفت کاکنون چه سازم ترا — یکی دخمه چون برفرازم ترا
نه چیزست با من نه سیم و نه زر — نه خشت و نه آب و نه دیوارگر
به زیر درختی که بد سایه‌دار — نهادش بدان جایگه نامدار
برآهیخت خفتان جنگ از تنش — کفن کرد دستار و پیراهنش
وزانجا بیامد بدان جایگاه — کجا شاه گشتاسپ گم کرد راه
بسی مرد ز ایرانیان کشته دید — شده خاک و ریگ از جهان ناپدید
همی زار بگریست بر کشتگان — پر از درد دل شد ازان خستگان
به جایی کجا کرده بودند رزم — به چشم آمدش زرد روی گرزم
به نزدیک او اسپش افگنده بود — برو خاک چندی پراگنده بود
چنین گفت با کشته اسفندیار — که ای مرد نادان بد روزگار
نگه کن که دانای ایران چه گفت — بدانگه که بگشاد راز از نهفت

که دشمن که دانا بود به ز دوست	ابا دشمن و دوست دانش نکوست
براندیشد آنکس که دانا بود	به کاری که بر وی توانا بود
ز چیزی که افتد بران ناتوان	به جستنش رنجه ندارد روان
از ایران همی جای من خواستی	برافگندی اندر جهان کاستی
ببردی ازین پادشاهی فروغ	همی چاره جستی بگفت دروغ
بدین رزم خونی که شد ریخته	تو باشی بدان گیتی آویخته
وزان دشت گریان سراندر کشید	به انبوه گردان ترکان رسید
سپه دید بر هفت فرسنگ دشت	کزیشان همی آسمان تیره گشت
یکی کنده کرده به گرد اندرون	به پهنای پرتاب تیری فزون
ز کنده به صد چاره اندر گذشت	عنان را نهاده بران سوی دشت
طلایه ز ترکان چو هشتاد مرد	همی گشت بر گرد دشت نبرد
برآهیخت شمشیر و اندر نهاد	همی کرد از رزم گشتاسپ یاد
بیفگند زیشان فراوان به راه	وزان جایگه رفت نزدیک شاه
برآمد بران تند بالا فراز	چو روی پدر دید بردش نماز
پدر داغ دل بود بر پای جست	ببوسید و بسترد رویش به دست
بدو گفت یزدان سپاس ای جوان	که دیدم ترا شاد و روشن‌روان
ز من در دل آزار و تندی مدار	به کین خواستن هیچ کندی مدار
گرزم آن بداندیش بدخواه مرد	دل من ز فرزند خود تیره کرد
بد آید به مردم ز کردار بد	بد آید به روی بد از کار بد
پذیرفتم از کردگار جهان	شناسنده‌ی آشکار و نهان
که چون من شوم شاد و پیروزبخت	سپارم ترا کشور و تاج و تخت
پرستش بهی برکنم زین جهان	سپارم ترا تاج و تخت مهان
چنین پاسخش داد اسفندیار	که خشنود بادا ز من شهریار
مرا آن بود تخت و تاج و سپاه	که خشنود باشد جهاندار شاه
جهاندار داند که بر دشت رزم	چو من دیدم افگنده روی گرزم
بدان مرد بد گوی گریان شدم	ز درد دل شاه بریان شدم
کنون آنچ بد بود از ما گذشت	غم رفته نزدیک ما بادگشت
ازین پس چو من تیغ را برکشم	وزین کوه‌پایه سراندر کشم
نه ارجاسپ مانم نه خاقان چین	نه کهرم نه خلخ نه توران زمین

چو لشکر بدانست کاسفندیار	ز بند گران رست و بد روزگار
برفتند یکسر گروها گروه	به پیش جهاندار بر تیغ کوه
بزرگان فزرانه و خویش اوی	نهادند سر بر زمین پیش اوی
چنین گفت نیک‌اختر اسفندیار	که ای نامداران خنجرگزار
همه تیغ زهرآبگون برکشید	یکایک درآیید و دشمن کشید
بزرگان برو خواندند آفرین	که ما را توی افسر و تیغ کین
همه پیش تو جان گروگان کنیم	به دیدار تو رامش جان کنیم
همه شب همی لشکر آراستند	همی جوشن و تیغ پیراستند
پدر نیز با فرخ اسفندیار	همی راز گفت از بد روزگار
ز خون جوانان پرخاشجوی	به رخ بر نهاد از دو دیده دو جوی
که بودند کشته بران رزمگاه	به سر بر ز خون و ز آهن کلاه
همان شب خبر نزد ارجاسپ شد	که فرزند نزدیک گشتاسپ شد
به ره بر فراوان طلایه بکشت	کسی کو نشد کشته بنمود پشت
غمی گشت و پرمایگان را بخواند	بسی پیش کهرم سخنها براند
که ما را جزین بود در جنگ رای	بدانگه که لشکر بیامد ز جای
همی گفتم آن دیو را گر به بند	بیابیم گیتی شود بی‌گزند
بگیرم سر گاه ایران زمین	به هر مرز بر ما کنند آفرین
کنون چون گشاده شد آن دیوزاد	به چنگست ما را غم و سرد باد
ز ترکان کسی نیست همتای اوی	که گیرد به رزم اندرون جای اوی
کنون با دلی شاد و پیروز بخت	به توران خرامیم با تاج و تخت
بفرمود تا هرچ بد خواسته	ز گنج و ز اسپان آراسته
ز چیزی که از بلخ بامی ببرد	بیاورد یکسر به کهرم سپرد
ز کهرمش کهتر پسر بد چهار	بنه بر نهادند و شد پیش بار
برفتند بر هر سوی صد هیون	نشسته برو نیز صد رهنمون
دلش بود پربیم و سر پر شتاب	ازو دور بد خورد و آرام و خواب
یکی ترک بد نام اون گرگسار	ز لشکر بیامد بر شهریار
بدو گفت کای شاه ترکان چین	به یک تن مزن خویشتن بر زمین
سپاهی همه خسته و کوفته	گریزان و بخت اندر آشوفته
پسر کوفته سوخته شهریار	بیاری که آمد جز اسفندیار

هم‌آورد او گر بیاید منم	تن مرد جنگی به خاک افگنم
سپه را همی دل شکسته کنی	به گفتار بی‌جنگ خسته کنی
چون ارجاسپ نشنید گفتار اوی	باید آن دل و رای هشیار اوی
بدو گفت کای شیر پرخاشخر	ترا هست نام و نژاد و هنر
گر این را که گفتی بجای آوری	هنر بر زبان رهنمای آوری
ز توران زمین تا به دریای چین	ترا بخشم و بوم ایران زمین
سپهبد تو باشی به هر کشورم	ز فرمان تو یک زمان نگذرم
هم اندر زمان لشکر او را سپرد	کسانی که بودند هشیار و گرد
همه شب همی خلعت آراستند	همی باره‌ی پهلوان خواستند
چو خورشید زرین سپر برگرفت	شب تیره زو دست بر سر گرفت

رزم اسفندیار با ارجاسپ و گریختن ارجاسپ

بینداخت پیراهن مشک رنگ	چو یاقوت شد مهر چهرش به رنگ
ز کوه اندر آمد سپاه بزرگ	جهانگیر اسفندیار سترگ
چو لشکر بیاراست اسفندیار	جهان شد به کردار دریای قار
بشد گرد بستور پور زریر	که بگذاشتی بیشه زو نره شیر
بیاراست بر میمنه جای خویش	سپهبد بد و لشکر آرای خویش
چو گردوی جنگی بر میسره	بیامد چو خور پیش برج بره
به پیش سپاه آمد اسفندیار	به زین اندرون گرزه‌ی گاوسار
به قلب اندرون شاه گشتاسپ بود	روانش پر از کین لهراسپ بود
وزان روی ارجاسپ صف برکشید	ستاره همی روی دریا ندید
ز بس نیزه و تیغهای بنفش	هوا گشته پر پرنیانی درفش
بشد قلب ارجاسپ چون آبنوس	سوی راستش کهرم و بوق و کوس
سوی میسره نام شاه چگل	که در جنگ ازو خواستی شیر دل
برآمد ز هر دو سپه گیر و دار	به پیش اندر آمد گو اسفندیار
چو ارجاسپ دید آن سپاه گران	گزیده سواران نیزه‌روان

بیامد یکی تند بالا گزید	به هر سوی لشکر همی بنگرید
ازان پس بفرمود تا ساروان	هیون آورد پیش ده کاروان
چنین گفت با نامداران براز	که این کار گردد به ما بر دراز
نیاید پدیدار پیروزئی	نکو رفتنی گر دل افروزئی
خود و ویژگان بر هیونان مست	بسازیم باهستگی راه جست
چو اسفندیار از میان دو صف	چو پیل ژیان بر لب آورده کف
همی گشت برسان گردان سپهر	به چنگ اندرون گرزه‌ی گاو چهر
تو گفتی همه دشت بالای اوست	روانش همی در نگنجد به پوست
خروش آمد و ناله‌ی کرنای	برفتند گردان لشکر ز جای
تو گفتی ز خون بوم دریا شدست	ز خنجر هوا چون ثریا شدست
گران شد رکیب یل اسفندیار	بغرید با گرزه‌ی گاوسار
بیفشارد بر گرز پولاد مشت	ز قلب سپه گرد سیصد بکشت
چنین گفت کز کین فرشیدورد	ز دریا برانگیزم امروز گرد
ازان پس سوی میمنه حمله برد	عنان باره‌ی تیزتگ را سپرد
صد و شست گرد از دلیران بکشت	چو کهرم چنان دید بنمود پشت
چنین گفت کاین کین خون نیاست	کزو شاه را دل پر از کیمیاست
عنان را بپیچید بر میسره	زمین شد چو دریای خون یکسره
بکشت از دلیران صد و شصت و پنج	همه نامداران با تاج و گنج
چنین گفت کاین کین آن سی و هشت	گرامی برادر که اندر گذشت
چو ارجاسپ آن دید با گرگسار	چنین گفت کز لشکر بی‌شمار
همه کشته شد هرک جنگی بدند	به پیش صفاندر درنگی بدند
ندانم تو خامش چرا مانده‌ای	چنین داستانها چرا رانده‌ای
ز گفتار او تیز شد گرگسار	بیامد به پیش صف کارزار
گرفته کمان کیانی به چنگ	یکی تیر پولاد پیکان خدنگ
چو نزدیک شد راند اندر کمان	بزد بر بر و سینه‌ی پهلوان
ز زین اندر آویخت اسفندیار	بدان تا گمانی برد گرگسار
که آن تیر بگذشت بر جوشنش	بخست آن کیانی بر روشنش
یکی تیغ الماس گون برکشید	همی خواست از تن سرش را برید
بترسید اسفندیار از گزند	ز فتراک بگشاد پیچان کمند

به نام جهان‌آفرین کردگار   بینداخت بر گردن گرگسار

به بند اندر آمد سر و گردنش   بخاک اندر افگند لرزان تنش

دو دست از پس پشت بستش چو سنگ   گره زد به گردن برش پالهنگ

به لشکرگه آوردش از پیش صف   کشان و ز خون بر لب آورده کف

فرستاد بدخواه را نزد شاه   به دست همایون زرین کلاه

چنین گفت کاین را به پرده سرای   ببند و به کشتن مکن هیچ رای

کنون تا کرا بد دهد کردگار   که پیروز گردد ازین کارزار

وزان جایگه شد به آوردگاه   به جنگ اندر آورد یکسر سپاه

برانگیختند آتش کارزار   هوا تیره گون شد ز گرد سوار

چو ارجاسپ پیکار زان‌گونه دید   ز غم پست گشت و دلش بردمید

به جنگاوران گفت کهرم کجاست   درفشش نه پیداست بر دست راست

همان تیغ‌زن کندر شیرگیر   که بگذاشتی نیزه بر کوه و تیر

به ارجاسپ گفتند کاسفندیار   به رزم اندرون بود با گرگسار

ز تیغ دلیران هوا شد بنفش   نه پیداست آن گرگ پیکر درفش

غمی شد در ارجاسپ را زان شگفت   هیون خواست و راه بیابان گرفت

خود و ویژگان بر هیونان مست   برفتند و اسپان گرفته به دست

سپه را بران رزمگه بر بماند   خود و مهتران سوی خلج براند

خروشی برآمد ز اسفندیار   بلرزید ز آواز او کوه و غار

به ایرانیان گفت شمشیر جنگ   مدارید خیره گرفته به چنگ

نیام از دل و خون دشمن کنید   ز تورانیان کوه قارن کنید

بیفشارد ران لشکر کینه‌خواه   سپاه اندر آمد به پیش سپاه

به خون غرقه شد خاک و سنگ و گیا   بگشتس بخون گر بدی آسیا

همه دشت پا و بر و پشت بود   بریده سر و تیغ در مشت بود

سواران جنگی همی تاختند   به کالا گرفتن نپرداختند

چو ترکان شنیدند کارجاسپ رفت   همی پوستشان بر تن از غم بکفت

کسی را که بد باره بگریختند   دگر تیغ و جوشن فرو ریختند

به زنهار اسفندیار آمدند   همه دیده چون جویبار آمدند

بریشان ببخشود زورآزمای   ازان پس نیفگند کس را ز پای

ز خون نیا دل بی‌آزار کرد   سری را بریشان نگهدار کرد

خود و لشکر آمد به نزدیک شاه	پر از خون بر و تیغ و رومی کلاه
ز خون در کفش خنجر افسرده بود	بر و کتفش از جوش آزرده بود
بشستند شمشیر و کفش به شیر	کشیدند بیرون ز خفتانش تیر
به آب اندر آمد سر و تن بشست	جهانجوی شادان دل و تن درست
یکی جامه‌ی سوکواران بخواست	بیامد بر داور داد و راست
نیایش همی کرد خود با پدر	بر آن آفریننده‌ی دادگر
یکی هفته بر پیش یزدان پاک	همی بود گشتاسپ با درد و باک
به هشتم به جا آمد اسفندیار	بیامد به درگاه او گرگسار
ز شیرین روان دل شده ناامید	تن از بیم لرزان چو از باد بید
بدو گفت شاها تو از خون من	ستایش نیابی به هر انجمن
یکی بنده باشم بپیشت بپای	همیشه به نیکی ترا رهنمای
به هر بد که آید زبونی کنم	به رویین دژت رهنمونی کنم
بفرمود تا بند بر دست و پای	ببردند بازش به پرده سرای
به لشکر گه آمد که ارجاسپ بود	که ریزندها خون لهراسپ بود
ببخشید زان رزمگه خواسته	سوار و پیاده شد آراسته
سران و اسیران که آورده بود	بکشت آن کزو لشکر آزرده بود
ازان پس بیامد به پرده‌سرای	ز هرگونه انداخت با شاه رای
ز لهراسپ وز کین فرشیدورد	ازان نامداران روز نبرد
بدو گفت گشتاسپ کای زورمند	تو شادانی و خواهرانت به بند
خنک آنک بر کینه گه کشته شد	نه در چنگ ترکان سرگشته شد
چو بر تخت بینند ما را نشست	چه گوید کسی کو بود زیر دست
بگریم برین ننگ تا زنده‌ام	به مغز اندرون آتش افگنده‌ام
پذیرفتم از کردگار بلند	که گر تو به توران شوی بی‌گزند
به مردی شوی در دم اژدها	کنی خواهران را ز ترکان رها
سپارم ترا تاج شاهنشهی	همان گنج بی‌رنج و تخت مهی
مرا جایگاه پرستش بس است	نه فرزند من نزد دیگر کس است
چنین پاسخ آورد اسفندیار	که بی‌تو مبیناد کس روزگار
به پیش پدر من یکی بنده‌ام	روان را به فرمانش آگنده‌ام
فدای تو دارم تن و جان خویش	نخواهم سر و تخت و فرمان خویش

Shahnameh

شوم باز خواهم ز ارجاسپ کین	نمانم بر و بوم توران زمین
به تخت آورم خواهران را ز بند	به بخت جهاندار شاه بلند
برو آفرین کرد گشتاسپ و گفت	که با تو روان و خرد باد جفت
برفتنت یزدان پناه تو باد	به باز آمدن تخت گاه تو باد
بخواند آن زمان لشگر از هر سوی	به جایی که بد موبدی گر گوی
ازیشان گزیده ده و دو هزار	سواران مرد افگن و کینه‌دار
بر ایشان ببخشید گنج درم	نکرد ایچ کس را به بخشش دژم
ببخشید گنجی بر اسفندیار	یکی تاج پر گوهر شاهوار
خروشی برآمد ز درگاه شاه	شد از گرد خورشید تابان سیاه
ز ایوان به دشت آمد اسفندیار	سپاهی گزید از در کارزار
کنون زین سپس هفتخوان آورم	سخنهای نغز و جوان آورم

هفتخوان اسفندیار

ستایش سلطان محمود

اگر بخت یکباره یاری کند	برو طبع من کامگاری کند
بگویم به تأیید محمود شاه	بدان فر و آن خسروانی کلاه
که شاه جهان جاودان زنده باد	بزرگان گیتی ورا بنده باد
چو خورشید بر چرخ بنمود چهر	بیاراست روی زمین را به مهر
به برج حمل تاج بر سر نهاد	ازو خاور و باختر گشت شاد
پر از غلغل و رعد شد کوهسار	پر از نرگس و لاله شد جویبار
ز لاله فریب و ز نرگس نهیب	ز سنبل عتاب و ز گلنار زیب
پر آتش دل ابر و پر آب چشم	خروش مغانی و پرتاب خشم
چو آتش نماید بپالاید آب	ز آواز او سر برآید ز خواب
چو بیدار گردی جهان را ببین	که دیباست گر نقش مانی به چین
چو رخشنده گردد جهان ز آفتاب	رخ نرگس و لاله بینی پر آب
بخندد بدو گوید ای شوخ چشم	به عشق تو گریان نه از درد و خشم
نخندد زمین تا نگرید هوا	هوا را نخوانم کف پادشا
که باران او در بهاران بود	نه چون همت شهریاران بود
به خورشید ماند همی دست شاه	چو اندر حمل برفرازد کلاه
اگر گنج پیش آید از خاک خشک	وگر آب دریا و گر در و مشک
ندارد همی روشناییش باز	ز درویش وز شاه گردن فراز
کف شاه ابوالقاسم آن پادشا	چنین است با پاک و ناپارسا
دریغش نیاید ز بخشیدن ایچ	نه آرام گیرد به روز بسیچ
چو جنگ آیدش پیش جنگ آورد	سر شهریاران به چنگ آورد
بدان کس که گردن نهد گنج خویش	ببخشد نیندیشد از رنج خویش
جهان را جهاندار محمود باد	ازو بخشش و داد موجود باد
ز رویین دژ اکنون جهاندیده پیر	نگر تا چه گوید ازو یاد گیر
سخن گوی دهقان چو بنهاد خوان	یکی داستان راند از هفتخوان

آغاز داستان

ز رویین دژ و کار اسفندیار	ز راه و ز آموزش گرگسار
چنین گفت کو چون بیامد به بلخ	زبان و روان پر ز گفتار تلخ
همی راند تا پیشش آمد دو راه	سراپرده و خیمه زد با سپاه
بفرمود تا خوان بیاراستند	می و رود و رامشگران خواستند
برفتند گردان لشکر همه	نشستند بر خوان شاه رمه
یکی جام زرین به کف برگرفت	ز گشتاسپ آنگه سخن در برگرفت
وزان پس بفرمود تا گرگسار	شود داغ دل پیش اسفندیار
بفرمود تا جام زرین چهار	دمادم ببستند بر گرگسار
ازان پس بدو گفت کای تیره‌بخت	رسانم ترا من به تاج و به تخت
گر ایدونک هرچت بپرسیم راست	بگویی همه شهر ترکان تراست
چو پیروز گردم سپارم ترا	به خورشید تابان برآرم ترا
نیازارم آنرا که پیوند تست	هم آنرا که پیوند فرزند تست
وگر هیچ گردی به گرد دروغ	نگیرد بر من دروغت فروغ
میانت به خنجر کنم بدو نیم	دل انجمن گردد از تو به بیم
چنین داد پاسخ ورا گرگسار	که ای نامور فرخ اسفندیار
ز من نشود شاه جز گفت راست	تو آن کن که از پادشاهی سزاست
بدو گفت رویین دژ اکنون کجاست	که آن مرز ازین بوم ایران جداست
بدو چند راهست و فرسنگ چند	کدام آنک ازو هست بیم و گزند
سپه چند باشد همیشه دروی	ز بالای دژ هرچ دانی بگوی
چنین داد پاسخ ورا گرگسار	که ای شیردل خسرو شهریار
سه راهست ز ایدر بدان شارستان	که ارجاسپ خواندش پیکارستان
یکی در سه ماه و یکی در دو ماه	گر ایدون خورش تنگ باشد به راه
گیا هست و آبشخور چارپای	فرود آمدن را نیابی تو جای
سه دیگر به نزدیک یک هفته راه	بهشتم به رویین دژ آید سپاه

۹۹۵

پر از شیر و گرگ‌ست و پر اژدها	که از چنگشان کس نیابد رها
فریب زن جادو و گرگ و شیر	فزون‌ست از اژدهای دلیر
یکی را ز دریا برآرد به ماه	یکی را نگون اندر آرد به چاه
بیابان و سیمرغ و سرمای سخت	که چون باد خیزد به درد درخت
ازان پس چو رویین دژ آید پدید	نه دژ دید ازان سان کسی نه شنید
سر باره برتر ز ابر سیاه	بدو در فراوان سلیح و سپاه
به گرد اندرش رود و آب روان	که از دیدنش خیره گردد روان
به کشتی برو بگذرد شهریار	چو آید به هامون ز بهر شکار
به صد سال گر ماند اندر حصار	ز هامون نیایدش چیزی به کار
هم‌اندر دژش کشتمند و گیا	درخت برومند و هم آسیا
چو اسفندیار آن سخنها شنید	زمانی بپیچید و دم درکشید
بدو گفت ما را جزین راه نیست	به گیتی به از راه کوتاه نیست
چنین گفت با نامور گرگسار	که این هفتخوان هرگز ای شهریار
به زور و به آواز نگذشت کس	مگر کز تن خویش کردست بس
بدو نامور گفت گر با منی	ببینی دل و زور آهرمنی
به پیشم چه گویی چه آید نخست	که باید ز پیکار او راه جست
چنین داد پاسخ ورا گرگسار	که این نامور مرد ناباک دار
نخستین به پیش تو آید دو گرگ	نر و ماده هریک چو پیلی سترگ
دو دندان به کردار پیل ژیان	بر و کتف فربه و لاغر میان
بسان گوزنان به سر بر سروی	همی رزم شیران کند آرزوی
بفرمود تا همچنانش به بند	به خرگاه بردند ناسودمند
بیاراست خرم یکی بزمگاه	به سر بر نظاره بران جشنگاه
چو خورشید بنمود تاج از فراز	هوا با زمین نیز بگشاد راز
ز درگاه برخاست آوای کوس	زمین آهنین شد سپهر آبنوس
سوی هفتخوان رخ به توران نهاد	همی رفت با لشکر آباد و شاد
چو از راه نزدیک منزل رسید	ز لشکر یکی نامور برگزید
پشوتن یکی مرد بیدار بود	سپه را ز دشمن نگهدار بود
بدو گفت لشکر به آیین بدار	همی پیچم از گفته‌ی گرگسار
منم پیش رو گر به من بد رسد	بدین کهتران بد نیاید سزد

بیامد بپوشید خفتان جنگ ببست از بر پشت شبرنگ تنگ

خوان نخست کشتن اسفندیار دو گرگ را

سپهبد چو آمد به نزدیک گرگ چه گرگ آن سرافراز پیل سترگ
بدیدند گرگان بر و یال اوی میان یلی چنگ و گوپال اوی
ز هامون سوی او نهادند روی دو پیل سرافراز و دو جنگجوی
کمان را به زه کرد مرد دلیر بغرید بر سان غرنده شیر
بر آهرمنان تیرباران گرفت به تندی کمان سواران گرفت
ز پیکان پولاد گشتند سست نیامد یکی پیش او تن درست
نگه کرد روشن‌دل اسفندیار بدید آنک دد سست برگشت کار
یکی تیغ زهرآبگون برکشید عنان را گران کرد و سر درکشید
سراسر به شمشیرشان کرد چاک گل انگیخت از خون ایشان ز خاک
فرود آمد از نامور بارگی به یزدان نمود او ز بیچارگی
سلیح و تن از خون ایشان بشست بران خارستان پاک جایی بجست
پر آژنگ رخ سوی خورشید کرد دلی پر ز درد و سری پر ز گرد
همی گفت کای داور دادگر تو دادی مرا هوش و زور و هنر
تو کردی تن گرگ را خاک جای تو باشی به هر نیک و بد رهنمای
چو آمد سپاه و پشوتن فراز بدیدند یل را به جای نماز
بماندند زان کار گردان شگفت سپه یکسر اندیشه اندر گرفت
که این گرگ خوانیم گر پیل مست که جاوید باد این دل و تیغ و دست
که بی فره اورنگ شاهی مباد بزرگی و رسم سپاهی مباد
برفتند گردان فرخنده رای برابر کشیدند پرده‌سرای
غم آمد همه بهره‌ی گرگسار ز گرگان جنگی و اسفندیار
یکی خوان زرین بیاراستند خورشها بخوردند و می خواستند
بفرمود تا بسته را پیش اوی ببردند لرزان و پرآب روی
سه جام میش داد و پرسش گرفت که اکنون چه گویی چه بینم شگفت

چنین گفت با نامور گرگسار	که ای نامور شیردل شهریار
دگر منزلت شیری آید به جنگ	که با جنگ او برنتابد نهنگ
عقاب دلاور بران راه شیر	نپرد وگر چند باشد دلیر
بخندید روشن‌دل اسفندیار	بدو گفت کای ترک ناسازگار
ببینی تو فردا که با نره‌شیر	چگونه شوم من به جنگش دلیر
چو تاریک شد شب بفرمود شاه	ازان جایگاه اندر آمد سپاه
شب تیره لشکر همی راندند	بروبر همی آفرین خواندند
چو خورشید زان چادر لاژورد	یکی مطرفی کرد دیبای زرد

خوان دویم کشتن اسفندیار شیران را

سپهبد به جای دلیران رسید	به هامون و پرخاش شیران رسید
پشوتن بفرمود تا رفت پیش	ورا پندها داد ز اندازه بیش
بدو گفت کاین لشکر سرافراز	سپردم ترا من شدم رزمساز
بیامد چو با شیر نزدیک شد	جهان بر دل شیر تاریک شد
یکی بود نر و دگر ماده شیر	برفتند پرخاشجوی و دلیر
چو نر اندرآمد یکی تیغ زد	ببد ریگ زیرش بسان بسد
ز سر تا میانش به دو نیم گشت	دل شیر ماده پر از بیم گشت
چو جفتش برآشفت و آمد فراز	یکی تیغ زد بر سرش رزمساز
به ریگ اندر افگند غلتان سرش	ز خون لعل شد دست و جنگی برش
به آب اندر آمد سر و تن بشست	نگهدار جز پاک یزدان نجست
چنین گفت کای داور داد و پاک	به دستم ددان راتو کردی هلاک
هم‌اندر زمان لشکر آنجا رسید	پشوتن سر و یال شیران بدید
بر اسفندیار آفرین خواندند	ورا نامدار زمین خواندند
وزانجا بیامد کی رهنمای	به نزدیک خرگاه و پرده‌سرای
نهادند خوان و خورشهای نغز	بیاورد سالار پاکیزه مغز
بفرمود تا پیش او گرگسار	بیامد بداندیش و بد روزگار

سه جام می لعل فامش بداد — چو آهرمن از جام می گشت شاد
بدو گفت کای مرد بدبخت خوار — که فردا چه پیش آورد روزگار
بدو گفت کای شاه برتر منش — ز تو دور بادا بد بدکنش
چو آتش به پیکار بشتافتی — چنین بر بلاها گذر یافتی
ندانی که فردا چه آیدت پیش — ببخشای بر بخت بیدار خویش
از ایدر چو فردا به منزل رسی — یکی کار پیش است ازین یک بسی
یکی اژدها پیشت آید دژم — که ماهی برآرد ز دریا به دم
همی آتش افروزد از کام اوی — یکی کوه خاراست اندام اوی
ازین راه گر بازگردی رواست — روانت برین پند من بر گواست
دریغت نیاید همی خویشتن — سپاهی شده زین نشان انجمن
چنین داد پاسخ که ای بدنشان — به بندت همی برد خواهم کشان
ببینی که از چنگ من اژدها — ز شمشیر تیزم نیابد رها
بفرمود تا درگران آورند — سزاوار چوب گران آورند
یکی نغز گردون چوبین بساخت — به گرد اندرش تیغها در نشاخت
به سر بر یکی گرد صندوق نغز — بیاراست آن درگر پاک مغز
به صندوق در مرد دیهیم جوی — دو اسپ گرانمایه بست اندر اوی
نشست آزمون را به صندوق شاه — زمانی همی راند اسپان به راه
زره‌دار با خنجر کابلی — به سر بر نهاده کلاه یلی
چو شد جنگ آن اژدها ساخته — جهانجوی زین رنج پرداخته
جهان گشت چون روی زنگی سیاه — ز برج حمل تاج بنمود ماه
نشست از بر شولک اسفندیار — برفت از پسش لشکر نامدار
دگر روز چون گشت روشن جهان — درفش شب تیره شد در نهان

خوان سیوم کشتن اسفندیار اژدها را

پشوتن بیامد سوی نامجوی — پسر با برادر همی پیش اوی
بپوشید خفتان جهاندار گرد — سپه را به فرخ پشوتن سپرد

بیاورد گردون و صندوق شیر / نشست اندرو شهریار دلیر
دو اسپ گرانمایه بسته بر اوی / سوی اژدها تیز بنهاد روی
ز دور اژدها بانگ گردون شنید / خرامیدن اسپ جنگی بدید
ز جای اندرآمد چو کوه سیاه / تو گفتی که تاریک شد چرخ و ماه
دو چشمش چو دو چشمه تابان ز خون / همی آتش آمد ز کامش برون
چو اسفندیار آن شگفتی بدید / به یزدان پناهید و دم درکشید
همی جست اسپ از گزندش رها / به دم درکشید اسپ را اژدها
دهن باز کرده چو کوهی سیاه / همی کرد غران بدو در نگاه
فرو برد اسپان چو کوهی سیاه / همی کرد غران بدو در نگاه
فرو برد اسپان و گردون به دم / به صندوق در گشت جنگی دژم
به کامش چو تیغ اندرآمد بماند / چو دریای خون از دهان برفشاند
نه بیرون توانست کردن ز کام / چو شمشیر بد تیغ و کامش نیام
ز گردون و آن تیغها شد غمی / به زور اندر آورد لختی کمی
برآمد ز صندوق مرد دلیر / یکی تیز شمشیر در چنگ شیر
به شمشیر مغزش همی کرد چاک / همی دود زهرش برآمد ز خاک
ازان دود برنده بیهوش گشت / بیفتاد و بی‌مغز و بی‌توش گشت
پشوتن بیامد هم‌اندر زمان / به نزدیک آن نامدار جهان
جهانجوی چون چشمها باز کرد / به گردان گردنکش آواز کرد
که بیهوش گشتم من از دود زهر / ز زخمش نیامد مرا هیچ بهر
ازان خاک برخاست و شد سوی آب / چو مردی که بیهوش گردد به خواب
ز گنجور خود جامه‌ی نو بجست / به آب اندر آمد سر و تن بشست
بیامد به پیش خداوند پاک / همی گشت پیچان و گریان به خاک
همی گفت کین اژدها را که کشت / مگر آنک بودش جهاندار پشت
سپاهش همه خواندند آفرین / همه پیش دادار سر بر زمین
نهادند و گفتند با کردگار / توی پاک و بی‌عیب و پروردگار
ازان کار پر درد شد گرگسار / کجا زنده شد مرده اسفندیار
سراپرده زد بر لب آن شاه / همه خیمه‌ها گردش اندر سپاه
می و رود بر خوان و میخواره خواست / به یاد جهاندار بر پای خاست
بفرمود تا داغ دل گرگسار / بیامد نوان پیش اسفندیار

می خسروانی سه جامش بداد / بخندید و زان اژدها کرد یاد
بدو گفت کای بد تن بی‌بها / ببین این دمهنج نر اژدها
ازین پس به منزل چه پیش آیدم / کجا رنج و تیمار بیش آیدم
بدو گفت کای شاه پیروزگر / همی یابی از اختر نیک بر
تو فردا چو در منزل آیی فرود / به پیشت زن جادو آرد درود
که دیدست زین پیش لشکر بسی / نکردست پیچان روان از کسی
چو خواهد بیابان چو دریا کند / به بالای خورشید پهنا کند
ورا غول خوانند شاهان به نام / به روز جوانی مرو پیش دام
به پیروزی اژدها باز گرد / نباید که نام اندرآری به گرد
جهانجوی گفت ای بد شوخ روی / ز من هرچ بینی تو فردا بگوی
که من با زن جادوان آن کنم / که پشت و دل جادوان بشکنم
به پیروزی دادده یک خدای / سر جاودان اندر آرم به پای
چو پیراهن زرد پوشید روز / سوی باختر گشت گیتی فروز
سپه برگرفت و بنه بر نهاد / ز یزدان نیکی دهش کرد یاد
شب تیره لشکر همی راند شاه / چو خورشید بفروخت زرین کلاه

خوان چهارم کشتن اسفندیار زن جادو را

چو یاقوت شد روی برج بره / بخندید روی زمین یکسره
سپه را همه بر پشوتن سپرد / یکی جام زرین پر از می ببرد
یکی ساخته نیز تنبور خواست / همی رزم پیش آمدش سور خواست
یکی بیشه‌یی دید همچون بهشت / تو گفتی سپهر اندرو لاله کشت
ندید از درخت اندرو آفتاب / به هر جای بر چشمه‌یی چون گلاب
فرود آمد از بارگی چون سزید / ز بیشه لب چشمه‌یی برگزید
یکی جام زرین به کف برنهاد / چو دانست کز می دلش گشت شاد
همانگاه تنبور را برگرفت / سراییدن و ناله اندر گرفت
همی گفت بداختر اسفندیار / که هرگز نبیند می و میگسار

نبیند جز از شیر و نر اژدها
ز چنگ بلاها نیابد رها

نیابد همی زین جهان بهره‌یی
به دیدار فرخ پری چهره‌یی

بیابم ز یزدان همی کام دل
مرا گر دهد چهره‌ی دلگسل

به بالا چو سرو و چو خورشید روی
فروهشته از مشک تا پای موی

زن جادو آواز اسفندیار
چو بشنید شد چون گل اندر بهار

چنین گفت کامد هژبری به دام
ابا چامه و رود و پر کرده جام

پر آژنگ رویی بی آیین و زشت
بدان تیرگی جادویها نوشت

بسان یکی ترک شد خوب روی
چو دیبای چینی رخ از مشک موی

بیامد به نزدیک اسفندیار
نشست از بر سبزه و جویبار

جهانجوی چون روی او را بدید
سرود و می و رود برتر کشید

چنین گفت کای دادگر یک خدای
به کوه و بیابان توی رهنمای

بجستم هم‌اکنون پری چهره‌یی
به تن شهره‌یی زو مرا بهره‌یی

بداد آفریننده‌ی داد و راد
مرا پاک جام و پرستنده داد

یکی جام پر باده‌ی مشک بوی
بدو داد تا لعل گرددش روی

یکی نغز پولاد زنجیر داشت
نهان کرده از جادو آژیر داشت

به بازوش در بسته بد زردهشت
بگشتاسپ آورده بود از بهشت

بدان آهن از جان اسفندیار
نبردی گمانی به بد روزگار

بینداخت زنجیر در گردنش
بران سان که نیرو ببرد از تنش

زن جادو از خویشتن شیر کرد
جهانجوی آهنگ شمشیر کرد

بدو گفت بر من نیاری گزند
اگر آهنین کوه گردی بلند

بیارای زان سان که هستی رخت
به شمشیر یازم کنون پاسخت

به زنجیر شد گنده پیری تباه
سر و موی چون برف و رنگی سیاه

یکی تیز خنجر بزد بر سرش
مبادا که بینی سرش گر برش

چو جادو بمرد آسمان تیره گشت
بران سان که چشم اندران خیره گشت

یکی باد و گردی برآمد سیاه
بپوشید دیدار خورشید و ماه

به بالا برآمد جهانجوی مرد
چو رعد خروشان یکی نعره کرد

پشوتن بیامد همی با سپاه
چنین گفت کای نامبردار شاه

نه با زخم تو پای دارد نهنگ
نه ترک و نه جادو نه شیر و پلنگ

به گیتی بماناد یل سرفراز
جهان را به مهر تو بادا نیاز

یکی آتش از تارک گرگسار / برآمد ز پیکار اسفندیار
جهانجوی پیش جهان‌آفرین / بمالید چندی رخ اندر زمین
بران بیشه اندر سراپرده زد / نهادند خوانی چنانچون سزد
به دژخیم فرمود پس شهریار / که آرند بدبخت را بسته خوار
ببردند پیش یل اسفندیار / چو دیدار او دید پس شهریار
سه جام می خسروانیش داد / ببد گرگسار از می لعل شاد
بدو گفت کای ترک برگشته بخت / سر پیر جادو ببین از درخت
که گفتی که لشکر به دریا برد / سر خویش را بر ثریا برد
دگر منزل اکنون چه بینم شگفت / کزین جادو اندازه باید گرفت
چنین داد پاسخ ورا گرگسار / که ای پیل جنگی گه کارزار
بدین منزلت کار دشوارتر / گراینده‌تر باش و بیدارتر
یکی کوه بینی سراندر هوا / برو بر یکی مرغ فرمانروا
که سیمرغ گوید ورا کارجوی / چو پرنده کوهیست پیکارجوی
اگر پیل بیند برآرد به ابر / ز دریا نهنگ و به خشکی هژبر
نبیند ز برداشتن هیچ رنج / تو او را چو گرگ و چو جادو مسنج
دو بچه است با او به بالای او / همان رای پیوسته با رای او
چو او بر هوا رفت و گسترد پر / ندارد زمین هوش و خورشید فر
اگر بازگردی بود سودمند / نیازی به سیمرغ و کوه بلند
ازو در بخندید و گفت ای شگفت / به پیکان بدوزم من او را دو کفت
ببرم به شمشیر هندی برش / به خاک اندر آرم ز بالا سرش
چو خورشید تابنده بنمود پشت / دل خاور از پشت او شد درشت
سر جنگجویان سپه برگرفت / سخنهای سیمرغ در سر گرفت
همه شب همی راند با خود گروه / چو خورشید تابان برآمد ز کوه
چراغ زمان و زمین تازه کرد / در و دشت بر دیگر اندازه کرد

خوان پنجم کشتن اسفندیار سیمرغ را

همان اسپ و گردون و صندوق برد   سپه را به سالار لشکر سپرد
همی رفت چون باد فرمانروا   یکی کوه دیدش سراندر هوا
بران سایه بر اسپ و گردون بداشت   روان را به اندیشه اندر گماشت
همی آفرین خواند بر یک خدای   که گیتی به فرمان او شد به پای
چو سیمرغ از دور صندوق دید   پسش لشکر و ناله‌ی بوق دید
ز کوه اندر آمد چو ابری سیاه   نه خورشید بد نیز روشن نه ماه
بدان بد که گردون بگیرد به چنگ   بران سان که نخچیر گیرد پلنگ
بران تیغها زد دو پا و دو پر   نماند ایچ سیمرغ را زیب و فر
به چنگ و به منقار چندی تپید   چو تنگ اندر آمد فرو آرمید
چو دیدند سیمرغ را بچگان   خروشان و خون از دو دیده چکان
چنان بردمیدند ازان جایگاه   که از سهمشان دیده گم کرد راه
چو سیمرغ زان تیغها گشت سست   به خوناب صندوق و گردون بشست
ز صندوق بیرون شد اسفندیار   بغرید با آلت کارزار
زره در بر و تیغ هندی به چنگ   چه زود آورد مرغ پیش نهنگ
همی زد برو تیغ تا پاره گشت   چنان چاره گر مرغ بیچاره گشت
بیامد به پیش خداوند ماه   که او داد بر هر ددی دستگاه
چنین گفت کای داور دادگر   خداوند پاکی و زور و هنر
تو بردی پی جاودان را ز جای   تو بودی بدین نیکیم رهنمای
هم‌آنگه خروش آمد از کرنای   پشوتن بیاورد پرده‌سرای
سلیح برادر سپاه و پسر   بزرگان ایران و تاج و کمر
ازان کشته کس روی هامون ندید   جر اندام جنگاور و خون ندید
زمین کوه تا کوه پر پر بود   ز پرش همه دشت پر فر بود
بدیدند پر خون تن شاه را   کجا خیره کردی به رخ ماه را
همی آفرین خواندندش سران   سواران جنگی و کنداوران

شنید آن سخن در زمان گرگسار   که پیروز شد نامور شهریار
تنش گشت لرزان و رخساره زرد   همی رفت پویان و دل پر ز درد
سراپرده زد شهریار جوان   به گردش دلیران روشن‌روان
زمین را به دیبا بیاراستند   نشستند بر خوان و می خواستند
ازان پس بفرمود تا گرگسار   بیامد بر نامور شهریار
بدادش سه جام دمادم نبید   می سرخ و جام از گل شنبلید
بدو گفت کای بد تن بدنهان   نگه کن بدین کردگار جهان
نه سیمرغ پیدا نه شیر و نه گرگ   نه آن تیز چنگ اژدهای بزرگ
به منزل که انگیزد این بار شور   بود آب و جای گیای ستور
به آواز گفت آن زمان گرگسار   که ای نامور فرخ اسفندیار
اگر باز گردی نباشد شگفت   ز بخت تو اندازه باید گرفت
ترا یار بود ایزد ای نیکبخت   به بار آمد آن خسروانی درخت
یکی کار پیشست فردا که مرد   نیندیشد از روزگار نبرد
نه گرز و کمان یاد آید نه تیغ   نه بیند ره جنگ و راه گریغ
به بالای یک نیزه برف آیدت   بدو روز شادی شگرف آیدت
بمانی تو با لشکر نامدار   به برف اندر ای فرخ اسفندیار
اگر بازگردی نباشد شگفت   ز گفتار من کین نباید گرفت
همی ویژه در خون لشکر شوی   به تندی و بدرایی و بدخوی
مرا این درستست کز باد سخت   بریزد بران مرز بار درخت
ازان پس که اندر بیابان رسی   یکی منزل آید به فرسنگ سی
همه ریگ تفتست گر خاک و شخ   برو نگذرد مرغ و مور و ملخ
نبینی به جایی یکی قطره آب   زمینش همی جوشد از آفتاب
نه بر خاک او شیر یابد گذر   نه اندر هوا کرگس تیزپر
نه بر شخ و ریگش بروید گیا   زمینش روان ریگ چون توتیا
برانی برین گونه فرسنگ چل   نه با اسپ تاو و نه با مرد دل
وزانجا به رویین‌دژ آید سپاه   ببینی یک مایه‌ور جایگاه
زمینش به کام نیاز اندر است   وگر باره با مه به راز اندر است
بشد بامش از ابر بارنده‌تر   که بد نامش از ابر برنده‌تر
ز بیرون نیابد خورش چارپای   ز لشکر نماند سواری به جای

از ایران و توران اگر صدهزار	بیایند گردان خنجرگزار
نشینند صد سال گرداندرش	همی تیرباران کنند از برش
فراوان همانست و کمتر همان	چو حلقه‌ست بر در بد بدگمان
چو ایرانیان این بد از گرگسار	شنیدند و گشتند با درد یار
بگفتند کای شاه آزادمرد	بگرد بال تا توانی مگرد
اگر گرگسار این سخنها که گفت	چنین است این خود نماند نهفت
بدین جایگه مرگ را آمدیم	نه فرسودن ترگ را آمدیم
چنین راه دشوار بگذاشتی	بلای دد و دام برداشتی
کس از نامداران و شاهان گرد	چنین رنجها برنیارد شمرد
که پیش تو آمد بدین هفتخوان	برین بر جهان آفرین را بخوان
چو پیروزگر بازگردی به راه	به دل شاد و خرم شوی نزد شاه
به راهی دگر گر شوی کینه‌ساز	همه شهر توران برندت نماز
بدین سان که گوید همی گرگسار	تن خویش را خوارمایه مدار
ازان پس که پیروز گشتیم و شاد	نباید سر خویش دادن به باد
چو بشنید این‌گونه زیشان سخن	شد آن تازه رویش ز گردان کهن
شما گفت از ایران به پند آمدید	نه از بهر نام بلند آمدید
کجا آن همه خلعت و پند شاه	کمرهای زرین و تخت و کلاه
کجا آن همه عهد و سوگند و بند	به یزدان و آن اختر سودمند
که اکنون چنین سست شد پایتان	به ره بر پراگنده شد رایتان
شما بازگردید پیروز و شاد	مرا کام جز رزم جستن مباد
به گفتار این دیو ناسازگار	چنین سرکشیدید از کارزار
از ایران نخواهم برین رزم کس	پسر با برادر مرا یار بس
جهاندار پیروز یار منست	سر اختر اندر کنار منست
به مردی نباید کسی همرهم	اگر جان ستانم وگر جان دهم
به دشمن نمایم هنر هرچ هست	ز مردی و پیروزی و زور دست
بیابید هم بی‌گمان آگهی	ازین نامور فر شاهنشهی
که با دژ چه کردم به دستان و زور	به نام خداوند کیوان و هور
چو ایرانیان برگشادند چشم	بدیدند چهر ورا پر ز خشم
برفتند پوزش‌کنان نزد شاه	که گر شاه بیند ببخشد گناه

فدای تو بادا تن و جان ما	برین بود تا بود پیمان ما
ز بهر تن شاه غمخواره‌ایم	نه از کوشش و جنگ بیچاره‌ایم
ز ما تا بود زنده یک نامدار	نپیچیم یک تن سر از کارزار
سپهبد چو بشنید زیشان سخن	بپیچید زان گفتهای کهن
به ایرانیان آفرین کرد و گفت	که هرگز نماند هنر در نهفت
گر ایدونک گردیم پیروزگر	ز رنج گذشته بیابیم بر
نگردد فرامش به دل رنجتان	نماند تهی بی‌گمان گنجتان
همی رای زد تا جهان شد خنک	برفت از بر کوه باد سبک
برآمد ز درگاه شیپور و نای	سپه برگرفتند یکسر ز جای
به کردار آتش همی راندند	جهان‌آفرین را بسی خواندند
سپیده چو از کوه سر برکشید	شب آن چادر شعر در سرکشید

خوان ششم گذشتن اسفندیار از برف

چو خورشید تابان نهان کرد روی	همی رفت خون در پس پشت اوی
به منزل رسید آن سپاه گران	همه گرزداران و نیزه‌وران
بهاری یکی خوش‌منش روز بود	دل‌افروز یا گیتی‌افروز بود
سراپرده و خیمه فرمود کی	بیاراست خوان و بیاورد می
هم‌اندر زمان تندباری ز کوه	برآمد که شد نامور زان ستوه
جهان سربسر گشت چون پر زاغ	ندانست کس باز هامون ز زاغ
بیارید از ابر تاریک برف	زمینی پر از برف و بادی شگرف
سه روز و سه شب هم بدان سان به دشت	دم باد ز اندازه اندر گذشت
هوا پود گشت ابر چون تار شد	سپهبد ازان کار بیچار شد
به آواز پیش پشوتن بگفت	که این کار ما گشت با درد جفت
به مردی شدم در دم اژدها	کنون زور کردن نیارد بها
همه پیش یزدان نیایش کنید	بخوانید و او را ستایش کنید
مگر کاین بلاها ز ما بگذرد	کزین پس کسی مان به کس نشمرد

پشوتن بیامد به پیش خدای	که او بود بر نیکویی رهنمای
نیایش ز اندازه بگذاشتند	همه در زمان دست برداشتند
همانگه بیامد یکی باد خوش	ببرد ابر و روی هوا گشت کش
چو ایرانیان را دل آمد به جای	ببودند بر پیش یزدان به پای
سراپرده و خیمه‌ها گشته‌تر	ز سرما کسی را نبد پای و پر
همانجا ببودند گردان سه روز	چهارم چو بفروخت گیتی فروز
سپهبد گرانمایگان را بخواند	بسی داستانهای نیکو براند
چنین گفت کایدر بمانید بار	مدارید جز آلت کارزار
هرانکس که هستند سرهنگ‌فش	که باشد ورا باره صد آب کش
به پنجاه آب و خورش برنهید	دگر آلت گسترش بر نهید
فزونی هم ایدر بمانید بار	مگر آنچ باید بدان کارزار
به نیروی یزدان بیابیم دست	بدان بدکنش مردم بت‌پرست
چو نومید گردد ز یزدان کسی	ازو نیک‌بختی نیاید بسی
ازان دژ یکایک توانگر شوید	همه پاک با گنج و افسر شوید
چو خور چادر زرد بر سرکشید	ببد باختر چون گل شنبلید
بنه برنهادند گردان همه	برفتند با شهریار رمه
چو بگذشت از تیره شب یک زمان	خروش کلنگ آمد از آسمان
برآشفت ز آوازش اسفندیار	پیامی فرستاد زی گرگسار
که گفتی بدین منزلت آب نیست	همان جای آرامش و خواب نیست
کنون ز آسمان خاست بانگ کلنگ	دل ما چرا کردی از آب تنگ
چنین داد پاسخ کز ایدر ستور	نیابد مگر چشمه‌ی آب شور
دگر چشمه‌ی آب‌یابی چو زهر	کزان آب مرغ و ددان راست بهر
چنین گفت سالار کز گرگسار	یکی راهبر ساختم کینه‌دار
ز گفتار او تیز لشکر براند	جهاندار نیکی دهش را بخواند
چو یک پاس بگذشت از تیره شب	به پیش اندر آمد خروش جلب

خوان هفتم گذشتن اسفندیار از رود و کشتن گرگسار را

بخندید بر بارگی شاه نو / ز دم سپه رفت تا پیش رو
سپهدار چون پیش لشکر کشید / یکی ژرف دریای بی‌بن بدید
هیونی که بود اندران کاروان / کجا پیش رو داشتی ساروان
همی پیش رو غرقه گشت اندر آب / سپهبد بزد چنگ هم در شتاب
گرفتش دو ران بر گشیدش ز گل / بترسید بدخواه ترک چگل
بفرمود تا گرگسار نژند / شود داغ دل پیش بر پای بند
بدو گفت کای ریمن گرگسار / گرفتار بر دست اسفندیار
نگفتی که ایدر نیابی تو آب / بسوزد ترا تابش آفتاب
چرا کردی ای بدتن از آب خاک / سپه را همه کرده بودی هلاک
چنین داد پاسخ که مرگ سپاه / مرا روشناییست چون هور و ماه
چه بینم همی از تو جز پای‌بند / چه خواهم ترا جز بلا و گزند
سپهبد بخندید و بگشاد چشم / فرو ماند زان ترک و بفزود خشم
بدو گفت کای کم خرد گرگسار / چو پیروز گردم من از کارزار
به رویین دژت بر سپهبد کنم / مبادا که هرگز بتو بد کنم
همه پادشاهی سراسر تراست / چو با ما کنی در سخن راه راست
نیازارم آن را که فرزند تست / هم آن را که از دوده پیوند تست
چو بشنید گفتار او گرگسار / پرامید شد جانش از شهریار
ز گفتار او ماند اندر شگفت / زمین را ببوسید و پوزش گرفت
بدو گفت شاه آنچ گفتی گذشت / ز گفتار خامت نگشت آب دشت
گذرگاه این آب دریا کجاست / بباید نمودن به ما راه راست
بدو گفت با آهن از آبگیر / نیابد گذر پر و پیکان تیر
تهمتن فروماند اندر شگفت / هم‌اندر زمان بند او برگرفت
به دریای آب اندرون گرگسار / بیامد هیونی گرفته مهار
سپهبد بفرمود تا مشگ آب / بریزند در آب و در ماهتاب

به دریا سبک‌بار شد بارگی   سپاه اندر آمد به یکبارگی
چو آمد به خشکی سپاه و بنه   ببد میسره راست با میمنه
به نزدیک رویین دژ آمد سپاه   چنان شد که فرسنگ ده ماند راه
سر جنگجویان به خوردن نشست   پرستنده شد جام باده به دست
بفرمود تا جوشن و خود و گبر   ببردند با تیغ پیش هژبر
گشاده بفرمود تا گرگسار   بیامد به پیش یل اسفندیار
بدو گفت کاکنون گذشتی ز بد   ز تو خوبی و راست گفتن سزد
چو از تن ببرم سر ارجاسپ را   درخشان کنم جان لهراسپ را
چو کهرم که از خون فرشیدورد   دل لشکری کرد پر خون و درد
دگر اندریمان که پیروز گشت   بکشت از دلیران ما سی و هشت
سرانشان ببرم به کین نیا   پدید آرم از هر دری کیمیا
همه گورشان کام شیران کنم   به کام دلیران ایران کنم
سراسر بدوزم جگرشان به تیر   بیارم زن و کودکانشان اسیر
ترا شاد خوانیم ازین گر دژم   بگوی آنچ داری به دل بیش و کم
دل گرگسار اندران تنگ شد   روان و زبانش پر آژنگ شد
بدو گفت تا چند گویی چنین   که بر تو مبادا به داد آفرین
همه اختر بد به جان تو باد   بریده به خنجر میان تو باد
به خاک اندر افگنده پر خون تنت   زمین بستر و گرد پیراهنت
ز گفتار او تیر شد نامدار   برآشفت با تنگدل گرگسار
یکی تیغ هندی بزد بر سرش   ز تارک به دو نیم شد تا برش
به دریا فگندش هم‌اندر زمان   خور ماهیان شد تن بدگمان
وزان جایگه باره را بر نشست   به تندی میان یلی را ببست
به بالا برآمد به دژ بنگرید   یکی ساده دژ آهنین باره دید
سه فرسنگ بالا و پهنا چهل   بجای ندید اندر او آب و گل
به پهنای دیوار او بر سوار   برفتی برابر بروبر چهار
چو اسفندیار آن شگفتی بدید   یکی باد سرد از جگر برکشید
چنین گفت کاین را نشاید ستد   بد آمد به روی من از راه بد
دریغ این همه رنج و پیکار ما   پشیمانی آمد همه کار ما
به گرد بیابان همه بنگرید   دو ترک اندران دشت پوینده دید

همی رفت پیش اندرون چار سگ	سگانی که گیرند آهو به تگ
ز بالا فرود آمد اسفندیار	به چنگ اندرون نیزه‌ی کارزار
بپرسید و گفت این دژ نامدار	چه جایت و چندست بر وی سوار
ز ارجاسپ چندی سخن راندند	همه دفتر دژ برو خواندند
که بالا و پهنای دژ را ببین	دری سوی ایران دگر سوی چین
بدو اندرون تیغ‌زن سی‌هزار	سواران گردنکش و نامدار
همه پیش ارجاسپ چون بنده‌اند	به فرمان و رایش سرافگنده‌اند
خورش هست چندانک اندازه نیست	به خوشه درون بار اگر تازه نیست
اگر در ببندد به ده سال شاه	خورش هست چندانک باید سپاه
اگر خواهد از چین و ماچین سوار	بیابد برش نامور صد هزار
نیازش نیاید به چیزی به کس	خورش هست و مردان فریادرس
چو گفتند او و تیغ هندی به مشت	دو گردنکش ساده‌دل را بکشت
وز انجا بیامد به پرده‌سرای	ز بیگانه پردخت کردند جای

رفتن اسفندیار به رویین دژ

پشوتن بشد نزد اسفندیار	سخن رفت هرگونه از کارزار
بدو گفت جنگی چنین دژ به جنگ	به سال فراوان نیاید به چنگ
مگر خوار گیرم تن خویش را	یکی چاره سازم بداندیش را
توایدر شب و روز بیدار باش	سپه را ز دشمن نگهدار باش
تن آنگه شود بی‌گمان ارجمند	سزاوار شاهی و تخت بلند
کز انبوه دشمن نترسد به جنگ	به کوه از پلنگ و به آب از نهنگ
به جایی فریب و به جایی نهیب	گهی فر و زیب و گهی در نشیب
چو بازارگانی بدین دژ شوم	نگویم که شیر جهان پهلوم
فراز آورم چاره از هر دری	بخوانم ز هر دانشی دفتری
تو بی‌دیده‌بان و طلایه مباش	ز هر دانشی سست مایه مباش
اگر دیده‌بان دود بیند به روز	شب آتش چو خورشید گیتی فروز

چنین دان که آن کار کرد منست　　نه از چاره‌ی هم نبرد منست
سپه را بیارای و ز ایدر بران　　زره‌دار با خود و گرز گران
درفش من از دور بر پای کن　　سپه را به قلب اندرون جای کن
بران تیز با گرزه‌ی گاوسار　　چنان کن که خوانندت اسفندیار
وزان جایگه ساربان را بخواند　　به پیش پشوتن به زانو نشاند
بدو گفت صد بارکش سرخ‌موی　　بیاور سرافراز با رنگ و بوی
ازو ده شتر بار دینار کن　　دگر پنج دیبای چین بارکن
دگر پنج هرگونه‌یی گوهران　　یکی تخت زرین و تاج سران
بیاورد صندوق هشتاد جفت　　همه بند صندوقها در نهفت
صد و شست مرد از یلان برگزید　　کزیشان نهانش نیاید پدید
تنی بیست از نامداران خویش　　سرافراز و خنجرگزاران خویش
بفرمود تا بر سر کاروان　　بوند آن گرانمایگان ساروان
به پای اندرون کفش و در تن گلیم　　به بار اندرون گوهر و زر و سیم
سپهبد به دژ روی بنهاد تفت　　به کردار بازارگانان برفت
همی راند با نامور کاروان　　یلان سرافراز چون ساروان
چو نزدیک دژ شد برفت او ز پیش　　بدید آن دل و رای هشیار خویش
چو بانگ درای آمد از کاروان　　همی رفت پیش اندرون ساروان
به دژ نامدارن خبر یافتند　　فراوان بگفتند و بشتافتند
که آمد یکی مرد بازارگان　　درمگان فرو شد به دینارگان
بزرگان دژ پیش باز آمدند　　خریدار و گردن‌فراز آمدند
بپرسید هریک ز سالار بار　　کزین بارها چیست کاید به کار
چنین داد پاسخ که باری نخست　　به تن شاه باید که بینم درست
توانایی خویش پیدا کنم　　چو فرمان دهد دیده دریا کنم
شتربار بنهاد و خود رفت پیش　　که تا چون کند تیز بازار خویش
یکی طاس پر گوهر شاهوار　　ز دینار چندی ز بهر نثار
که بر تافتش ساعد و آستین　　یکی اسپ و دو جامه دیبای چین
بران طاس پوشیده‌تایی حریر　　حریر از بر و زیر مشک و عبیر
به نزدیک ارجاسپ شد چاره‌جوی　　به دیبا بیاراسته رنگ و بوی
چو دیدش فرو ریخت دینار و گفت　　که با شهریاران خرد باد جفت

یکی مردم ای شاه بازارگان	پدر ترک و مادر ز آزادگان
ز توران به خرم به ایران برم	وگر سوی دشت دلیران برم
یکی کاروانی شتر با منست	ز پوشیدنی جامه‌های نشست
هم از گوهر و افسر و رنگ و بوی	فروشنده‌ام هم خریدار جوی
به بیرون دژ کاله بگذاشتم	جهان در پناه تو پنداشتم
اگر شاه بیند که این کاروان	به دروازه‌ی دژ کشد ساروان
به بخت تو از هر بد ایمن شوم	بدین سایه‌ی مهر تو بغنوم
چنین داد پاسخ که دل شاددار	ز هر بد تن خویش آزاد دار
نیازاردت کس به توران زمین	همان گر گرایی به ماچین و چین
بفرمود پس تا سرای فراخ	به دژ بر یکی کلبه در پیش کاخ
به رویین دژاندر مر او را دهند	همه بارش از دشت بر سر نهند
بسازد بران کلبه بازارگاه	همی داردش ایمن اندر پناه
برفتند و صندوقها را به پشت	کشیدند و ماهار اشتر به مشت
یکی مرد بخرد بپرسید و گفت	که صندوق را چیست اندر نهفت
کشنده بدو گفت ما هوش خویش	نهادیم ناچار بر دوش خویش
یکی کلبه برساخت اسفندیار	بیاراست همچون گل اندر بهار
ز هر سو فراوان خریدار خاست	بران کلبه بر تیز بازار خاست
ببود آن شب و بامداد پگاه	ز ایوان دوان شد به نزدیک شاه
ز دینار وز مشک و دیبا سه تخت	همی برد پیش اندرون نیکبخت
بیامد ببوسید روی زمین	بر ارجاسپ چندی بکرد آفرین
چنین گفت کاین مایه‌ور کاروان	همی راندم تیز با ساروان
بدو اندرون یاره و افسرست	که شاه سرافراز را در خورست
بگوید به گنجور تا خواسته	ببیند همه کلبه آراسته
اگر هیچ شایسته بیند به گنج	بیارد همانا ندارد به رنج
پذیرفتن از شهریار زمین	ز بازارگان پوزش و آفرین
بخندید ارجاسپ و بنواختش	گرانمایه‌تر پایگه ساختش
چه نامی بدو گفت خراد نام	جهانجوی با رادی و شادکام
به خراد گفت ای رد زاد مرد	به رنجی همی گرد پوزش مگرد
ز دربان نباید ترا بار خواست	به نزد من آی آنگهی کت هواست

ازان پس بپرسیدش از رنج راه ز ایران و توران و کار سپاه
چنین داد پاسخ که من ماه پنج کشیدم به راه اندرون درد و رنج
بدو گفت از کار اسفندیار به ایران خبر بود وز گرگسار
چنین داد پاسخ که ای نیک‌خوی سخن راند زین هر کسی بارزوی
یکی گفت کاسفندیار از پدر پرآزار گشت و بپیچید سر
دگر گفت کو از دژ گنبدان سپه برد و شد بر ره هفتخوان
که رزم آزماید به توران زمین بخواهد به مردی ز ارجاسپ کین
بخندید ارجاسپ گفت این سخن نگوید جهاندیده مرد کهن
اگر کرکس آید سوی هفتخوان مرا اهرمن خوان و مردم مخوان
چو بشنید جنگی زمین بوسه داد بیامد ز ایوان ارجاسپ شاد
در کلبه را نامور باز کرد ز بازارگان دژ پرآواز کرد
همی بود چندی خرید و فروخت همی هرکسی چشم خود را بدوخت
ز دینارگان یک درم بستدی همی این بران آن برین برزدی
چو خورشید تابان ز گنبد بگشت خریدار بازار او در گذشت

آمدن خواهران نزد اسفندیار

دو خواهرش رفتند ز ایوان به کوی غریوان و بر کفتها بر سبوی
به نزدیک اسفندیار آمدند دو دیده‌تر و خاکسار آمدند
چو اسفندیار آن شگفتی بدید دو رخ کرد از خواهران ناپدید
شد از کار ایشان دلش پر ز بیم بپوشید رخ را به زیر گلیم
برفتند هر دو به نزدیک اوی ز خون برنهاده به رخ‌بر دو جوی
به خواهش گرفتند بیچارگان بران نامور مرد بازارگان
بدو گفت خواهر که ای ساروان نخست از کجا راندی کاروان
که روز و شبان بر تو فرخنده باد همه مهتران پیش تو بنده باد
ز ایران و گشتاسپ و اسفندیار چه آگاهی است ای گو نامدار
بدین سان دو دخت یکی پادشا اسیریم در دست ناپارسا

برهنه سر و پای و دوش آبکش — پدر شادمان روز و شب خفته خوش
برهنه دوان بر سر انجمن — خنک آنک پوشد تنش را کفن
بگرییم چندی به خونین سرشک — تو باشی بدین درد ما را پزشک
گر آگاهیت هست از شهر ما — برین بوم تریاک شد زهر ما
یکی بانگ برزد به زیر گلیم — که لرزان شدند آن دو دختر ز بیم
که اسفندیار از بنه خود مباد — نه آن کس به گیتی کزو کرد یاد
ز گشتاسپ آن مرد بیدادگر — مبیناد چون او کلاه و کمر
نبینید کاید فروشنده‌ام — ز بهر خور خویش کوشنده‌ام
چو آواز بشنید فرخ همای — بدانست و آمد دلش باز جای
چو خواهر بدانست آواز اوی — بپوشید بر خویشتن راز اوی
چنان داغ دل پیش او در بماند — سرشک از دو دیده به رخ برفشاند
همه جامه چاک و دو پایش به خاک — از ارجاسپ جانش پر از بیم و باک
بدانست جنگاور پاک‌رای — که او را همی بازداند همای
سبک روی بگشاد و دیده پرآب — پر از خون دل و چهره چون آفتاب
ز کار جهان ماند اندر شگفت — دژم گشت و لب را به دندان گرفت
بدیشان چنین گفت کاین روز چند — بدارید هر دو لبان را به بند
من ایدر نه از بهر جنگ آمدم — به رنج از پی نام و ننگ آمدم
کسی را که دختر بود آبکش — پسر در غم و باب در خواب خوش
پدر آسمان باد و مادر زمین — نخوانم برین روزگار آفرین
پس از کلبه برخاست مرد جوان — به نزدیک ارجاسپ آمد دوان
بدو گفت کای شاه فرخنده باش — جهاندار تا جاودان زنده باش
یکی ژرف دریا درین راه بود — که بازارگان زان نه آگاه بود
ز دریا برآمد یکی کژ باد — که ملاح گفت آن ندارم به یاد
به کشتی همه زار و گریان شدیم — ز جان و تن خویش بریان شدیم
پذیرفتم از دادگر یک خدای — که گر یابم از بیم دریا رهای
یکی بزم سازم به هر کشوری — که باشد بران کشور اندر سری
بخواهنده بخشم کم و بیش را — گرامی کنم مرد درویش را
کنون شاه ما را گرامی کند — بدین خواهش امروز نامی کند
ز لشکر سرافراز گردان که‌اند — به نزدیک شاه جهان ارجمند

چنین ساختستم که مهمان کنم / وزین خواهش آرایش جان کنم
چو ارجاسپ بشنید زان شاد شد / سر مرد نادان پر از باد شد
بفرمود کانکو گرامی‌ترست / وزین لشکر امروز نامی‌ترست
به ایوان خراد مهمان شوند / وگر می بود پاک مستان شوند
بدو گفت شاها ردا بخردا / جهاندار و بر موبدان موبدا
مرا خانه تنگست و کاخ بلند / برین باره‌ی دژ شویم ارجمند
در مهر ماه آمد آتش کنم / دل نامداران به می خوش کنم
بدو گفت زان راه روکت هواست / به کاخ اندرون میزبان پادشاست
بیامد دمان پهلوان شادکام / فراوان برآورد هیزم به بام
بکشتند اسپان و چندی به ره / کشیدند بر بام دژ یکسره
ز هیزم که بر باره‌ی دژ کشید / شد از دود روی هوا ناپدید
می آورد چون هرچ بد خورده شد / گسارنده‌ی می ورا برده شد
همه نامدارن رفتند مست / ز مستی یکی شاخ نرگس به دست
شب آمد یکی آتشی برفروخت / که تفش همی آسمان را بسوخت
چو از دیده‌گه دیده‌بان بنگرید / به شب آنش و روز پردود دید
ز جایی که بد شادمان بازگشت / تو گفتی که با باد همباز گشت
چو از راه نزد پشوتن رسید / بگفت آنچ از آتش و دود دید
پشوتن چنین گفت کز پیل و شیر / به تنبل فزونست مرد دلیر
که چشم بدان از تنش دور باد / همه روزگاران او سور باد
بزد نای رویین و رویینه خم / برآمد ز در ناله‌ی گاودم
ز هامون سوی دژ بیامد سپاه / شد از گرد خورشید تابان سیاه
همه زیر خفتان و خود اندرون / همی از جگرشان بجوشید خون
به دژ چون خبر شد که آمد سپاه / جهان نیست پیدا ز گرد سیاه
همه دژ پر از نام اسفندیار / درخت بلا حنظل آورد بار
بپوشید ارجاسپ خفتان جنگ / بمالید بر چنگ بسیار چنگ
بفرمود تا کهرم شیرگیر / برد لشکر و کوس و شمشیر وتیر
به طرخان چنین گفت کای سرفراز / برو تیز با لشکری رزمساز
ببر نامدران دژ ده هزار / همه رزم جویان خنجرگزار
نگه کن که این جنگجویان کیند / وزین تاختن ساختن برچیند

Shahnameh

سرافراز طرخان بیامد دوان	بدین روی دژ با یکی ترجمان
سپه دید با جوشن و ساز جنگ	درفشی سیه پیکر او پلنگ
سپه‌کش پشوتن به قلب اندرون	سپاهی همه دست شسته به خون
به چنگ اندرون گرز اسفندیار	به زیر اندرون باره‌ی نامدار
جز اسفندیار تهم را نماند	کس او را بجز شاه ایران نخواند
سپه میسره میمنه برکشید	چنان شد که کس روز روشن ندید
ز زخم سنان‌های الماس گون	تو گفتی همی بارد از ابر خون
به جنگ اندر آمد سپاه از دو روی	هرانکس که بد گرد و پرخاشجوی
بشد پیش نوش‌آذر تیغزن	همی جست پرخاش زان انجمن
بیامد سرافراز طرخان برش	که از تن به خاک اندر آرد سرش
چو نوش‌آذر او را به هامون بدید	بزد دست و تیغ از میان برکشید
کمرگاه طرخان بدو نیم کرد	دل کهرم از درد پربیم کرد
چنان هم بقلب سپه حمله برد	بزرگش یکی بود با مرد خرد
بران‌سان دو لشکر بهم برشکست	که از تیر بر سرکشان ابر بست
سرافراز کهرم سوی دژ برفت	گریزان و لشکر همی راند تفت
چنین گفت کهرم به پیش پدر	که ای نامور شاه خورشیدفر
از ایران سپاهی بیامد بزرگ	به پیش اندرون نامداری سترگ
سرافراز اسفندیارست و بس	بدین دژ نیاید جزو هیچ‌کس
همان نیزه‌ی جنگ دارد به چنگ	که در گنبدان دژ تو دیدی به جنگ
غمی شد دل ارجاسپ را زان سخن	که نو شد دگر باره کین کهن
به ترکان همه گفت بیرون شوید	ز دژ یکسره سوی هامون شوید
همه لشکر اندر میان آورید	خروش هژبر ژیان آورید
یکی زنده زیشان ممانید نیز	کسی نام ایشان مخوانید نیز
همه لشکر از دژ به راه آمدند	جگر خسته و کینه‌خواه آمدند
چو تاریکتر شد شب اسفندیار	بپوشید نو جامه‌ی کارزار

کشتن اسفندیار ارجاسپ را

سر بند صندوقها برگشاد   یکی تا بدان بستگان جست باد
کباب و می آورد و نوشیدنی   همان جامه‌ی رزم و پوشیدنی
چو نان خورده شد هر یکی را سه جام   بدادند و گشتند زان شادکام
چنین گفت کامشب شبی پربلاست   اگر نام گیریم ز ایدر سزاست
بکوشید و پیکار مردان کنید   پناه از بلاها به یزدان کنید
ازان پس یلان را به سه بهر کرد   هرانکس که جستند ننگ و نبرد
یکی بهره زیشان میان حصار   که سازند با هرکسی کارزار
دگر بهره تا بر در دژ شوند   ز پیکار و خون ریختن نغنوند
سیم بهره را گفت از سرکشان   که باید که یابید زیشان نشان
که بودند با ما ز می دوش مست   سرانشان به خنجر ببرید پست
خود و بیست مرد از دلیران گرد   بشد تیز و دیگر بدیشان سپرد
به درگاه ارجاسپ آمد دلیر   زره‌دار و غران به کردار شیر
چو زخم خروش آمد از در سرای   دوان پیش آزادگان شد همای
ابا خواهر خویش به آفرید   به خون مژه کرده رخ ناپدید
چو آمد به تنگ اندر اسفندیار   دو پوشیده را دید چون نوبهار
چنین گفت با خواهران شیرمرد   کز ایدر بپویید برسان گرد
بدانجا که بازارگاه منست   بسی زر و سیم است و گاه منست
مباشید با من بدین رزمگاه   اگر سر دهم گر ستانم کلاه
بیامد یکی تیغ هندی به مشت   کسی را که دید از دلیران بکشت
همه بارگاهش چنان شد که راه   نبود اندران نامور بارگاه
ز بس خسته و کشته و کوفته   زمین همچو دریای آشوفته
چو ارجاسپ از خواب بیدار شد   ز غلغل دلش پر ز تیمار شد
بجوشید ارجاسپ از جایگاه   بپوشید خفتان و رومی کلاه
به دست اندرش خنجر آب‌گون   دهن پر ز آواز و دل پر ز خون

بدو گفت کز مرد بازارگان
بیابی کنون تیغ و دینارگان

یکی هدیه آرمت لهراسپی
نهاده برو مهر گشتاسپی

برآویخت ارجاسپ و اسفندیار
از اندازه بگذشتشان کارزار

پیاپی بسی تیغ و خنجر زدند
گهی بر میان گاه بر سر زدند

به زخم اندر ارجاسپ را کرد سست
ندیدند بر تنش جایی درست

ز پای اندر آمد تن پیلوار
جدا کردش از تن سر اسفندیار

چو شد کشته ارجاسپ آزرده‌جان
خروشی برآمد ز کاخ زنان

چنین است کردار گردنده دهر
گهی نوش یابیم ازو گاه زهر

چه بندی دل اندر سرای سپنج
چو دانی که ایدر نمانی مرنج

بپردخت ز ارجاسپ اسفندیار
به کیوان برآورد ز ایوان دمار

بفرمود تا شمع بفروختند
به هر سوی ایوان همی سوختند

شبستان او را به خادم سپرد
ازان جایگه رشته‌تایی نبرد

در گنج دینار او مهر کرد
به ایوان نبودش کسی هم نبرد

بیامد سوی آخر و برنشست
یکی تیغ هندی گرفته به دست

ازان تازی اسپان کش آمد گزین
بفرمود تا برنهادند زین

برفتند زانجا صد و شست مرد
گزیده سواران روز نبرد

همان خواهران را بر اسپان نشاند
ز درگاه ارجاسپ لشکر براند

وز ایرانیان نامور مرد چند
به دژ ماند با ساوه‌ی ارجمند

چو من گفت از ایدر به بیرون شوم
خود و نامدارن به هامون شوم

به ترکان در دژ ببندید سخت
مگر یار باشد مرا نیک‌بخت

هرانگه که آید گمانتان که من
رسیدم بدان پاک‌رای انجمن

غو دیده باید که از دیدگاه
کانوشه سر و تاج گشتاسپ شاه

چو انبوه گردد به دژ بر سپاه
گریزان و برگشته از رزمگاه

به پیروزی از باره‌ی کاخ پاس
بدارید از پاک یزدان سپاس

سر شاه ترکان ازان دیدگاه
بینداخت باید به پیش سپاه

بیامد ز دژ با صد و شست مرد
خروشان و جوشان به دشت نبرد

چو نزد سپاه پشوتن رسید
برو نامدار آفرین گسترید

سپاهش همه مانده زو در شگفت
که مرد جوان آن دلیری گرفت

چو ماه از بر تخت سیمین نشست
سه پاس از شب تیره اندر گذشت

همی پاسبان برخروشید سخت	که گشتاسپ شاهست و پیروز بخت
چو ترکان شنیدند زان سان خروش	نهادند یکسر به آواز گوش
دل کهرم از پاسبان خیره شد	روانش ز آواز او تیره شد
چو بشنید با اندریمان بگفت	که تیره شب آواز نتوان نهفت
چه گویی که امشب چه شاید بدن	بباید همی داستانها زدن
که یارد گشادن بدین سان دو لب	به بالین شاهی درین تیره‌شب
بباید فرستاد تا هرک هست	سرانشان به خنجر ببرند پست
چه بازی کند پاسبان روز جنگ	برین نامداران شود کار تنگ
وگر دشمن ما بود خانگی	بجوی همی روز بیگانگی
به آواز بد گفتن و فال بد	بکوبیم مغزش به گوپال بد
بدین گونه آواز پیوسته شد	دل کهرم از پاسبان خسته شد
ز بس نعره از هر سوی زین نشان	پر آواز شد گوش گردنکشان
سپه گفت کواز بسیار گشت	از اندازه‌ی پاسبان برگذشت
کنون دشمن از خانه بیرون کنیم	ازان پس برین چاره افسون کنیم
دل کهرم از پاسبان تنگ شد	بپیچید و رویش پر آژنگ شد
به لشکر چنین گفت کز خواب شاه	دل من پر از رنج شد جان تباه
کنون بی‌گمان باز باید شدن	ندانم کزین پس چه شاید بدن
بزرگان چنین روی برگاشتند	به شب دشت پیکار بگذاشتند
پس اندر همی آمد اسفندیار	زره‌دار با گرزه‌ی گاوسار
چو کهرم بر باره‌ی دژ رسید	پس لشکر ایرانیان را بدید
چنین گفت کاکنون بجز رزم کار	چه ماندست با گرد اسفندیار
همه تیغها برکشیم از نیام	به خنجر فرستاد باید پیام
به چهره چو تاب اندر آورد بخت	بران نامداران ببد کار سخت
دو لشکر بران سان برآشوفتند	همی بر سر یکدگر کوفتند
چنین تا برآمد سپیده‌دمان	بزرگان چین را سرآمد زمان
برفتند مردان اسفندیار	بران نامور باره‌ی شهریار
بریده سر شاه ارجاسپ را	جهاندار و خونیز لهراسپ را
به پیش سپاه اندر انداختند	ز پیکار ترکان بپرداختند
خروشی برآمد ز توران سپاه	ز سر برگرفتند گردان کلاه

۱۰۲۰

دو فرزند ارجاسپ گریان شدند	چو بر آتش تیز بریان شدند
بدانست لشکر که آن جنگ چیست	وزان رزم بد بر که باید گریست
بگفتند رادا دلیرا سرا	سپهدار شیراوژنا مهترا
که کشتت که بر دشت کین کشته باد	برو جاودان روز برگشته باد
سپردن کرا باید اکنون بنه	درفش که داریم بر میمنه
چو ارجاسپ پردخته شد قلبگاه	مبادا کلاه و مبادا سپاه
سپه را به مرگ آمد اکنون نیاز	ز خلج پر از درد شد تا طراز
ازان پس همه پیش مرگ آمدند	زره‌دار با گرز و ترگ آمدند
ده و دار برخاست از رزمگاه	هوا شد به کردار ابر سیاه
به هر جای بر توده‌ی کشته بود	کسی را کجا روز برگشته بود
همه دشت بی‌تن سر و یال بود	به جای دگر گرز و گوپال بود
ز خون بر در دژ همی موج خاست	که دانست دست چپ از دست راست
چو اسفندیار اندر آمد ز جای	سپهدار کهرم بیفشارد پای
دو جنگی بران سان برآویختند	که گفتی بهمشان برآمیختند
تهمتن کمربند کهرم گرفت	مر او را ازان پشت زین برگرفت
برآوردش از جای و زد بر زمین	همه لشکرش خواندند آفرین
دو دستش ببستند و بردند خوار	پراگنده شد لشکر نامدار
همی گرز بارید همچون تگرگ	زمین پر ز ترگ و هوا پر ز مرگ
سر از تیغ پران چو برگ از درخت	یکی ریخت خون و یکی یافت تخت
همی موج زد خون بران رزمگاه	سری زیر نعل و سری با کلاه
نداند کسی آرزوی جهان	نخواهد گشادن بمابر نهان
کسی کش سزاوار بد بارگی	گریزان همی راند یکبارگی
هرانکس که شد در دم اژدها	بکوشید و هم زو نیامد رها
ز ترکان چینی فراوان نماند	وگر ماند کس نام ایشان نخواند
همه ترگ و جوشن فرو ریختند	هم از دیده‌ها خون برآمیختند
دوان پیش اسفندیار آمدند	همه دیده چون جویبار آمدند
سپهدار خونریز و بیداد بود	سپاهش به بیدادگر شاد بود
کسی را نداد از یلان زینهار	بکشتند زان خستگان بی‌شمار
به توران زمین شهریاری نماند	ز ترکان چین نامداری نماند

۱۰۲۱

سراپرده و خیمه برداشتند
بدان خستگان جای بگذاشتند

بران روی دژ بر ستاره بزد
چو پیدا شد از هر دری نیک و بد

بزد بر در دژ دو دار بلند
فرو هشت از دار پیچان کمند

سر اندریمان نگونسار کرد
برادرش را نیز بر دار کرد

سپاهی برون کرد بر هر سوی
به جایی که آمد نشان گوی

بفرمود تا آتش اندر زدند
همه شهر توران بهم بر زدند

به جایی دگر نامداری نماند
به چین و به توران سواری نماند

تو گفتی که ابری برآمد سیاه
ببارید آتش بران رزمگاه

جهانجوی چون کار زان گونه دید
سران را بیاورد و می درکشید

دبیر جهاندیده را پیش خواند
ازان چاره و چنگ چندی براند

نامه نوشتن اسفندیار بگشتاسپ و پاسخ او

بر تخت بنشست فرخ دبیر
قلم خواست و قرطاس و مشک و عبیر

نخستین که نوک قلم شد سیاه
گرفت آفرین بر خداوند ماه

خداوند کیوان و ناهید و هور
خداوند پیل و خداوند مور

خداوند پیروزی و فرهی
خداوند دیهیم و شاهنشهی

خداوند جان و خداوند رای
خداوند نیکی‌ده و رهنمای

ازو جاودان کام گشتاسپ شاد
به مینو همه یاد لهراسپ باد

رسیدم به راهی به توران زمین
که هرگز نخوانم برو آفرین

اگر برگشایم سراسر سخن
سر مرد نو گردد از غم کهن

چه دستور باشد مرا شهریار
بخوانم برو نامه‌ی کارزار

به دیدار او شاد و خرم شوم
ازین رنج دیرینه بی‌غم شوم

وزان چاره‌هایی که من ساختم
که تا دل ز کینه بپرداختم

به رویین دژ ارجاسپ و کهرم نماند
جز از مویه و درد و ماتم نماند

کسی را ندادم به جان زینهار
گیا در بیابان سرآورد بار

همی مغز مردم خورد شیر و گرگ
جز از دل نجوید پلنگ سترگ

فلک روشن از تاج گشتاسپ باد　　زمین گلشن شاه لهراسپ باد
چو بر نامه بر مهر اسفندیار　　نهادند و جستند چندی سوار
هیونان کفک‌افگن و تیزرو　　به ایران فرستاد سالار نو
بماند از پی پاسخ نامه را　　بکشت آتش مرد بدکامه را
بسی برنیامد که پاسخ رسید　　یکی نامه بد بند بد را کلید
سر پاسخ نامه بود از نخست　　که پاینده بادآنک نیکی بجست
خرد یافته مرد یزدان شناس　　به نیکی ز یزدان شناسد سپاس
دگر گفت کز دادگر یک خدای　　بخواهیم کو باشدت رهنمای
درختی بکشتم به باغ بهشت　　کزان بارورتر فریدون نکشت
برش سرخ یاقوت و زر آمدست　　همه برگ او زیب و فر آمدست
بماناد تا جاودان این درخت　　ترا باد شادان دل و نیک‌بخت
یکی آنک گفتی که کین نیا　　بجستم پر از چاره و کیمیا
دگر آنک گفتی ز خون ریختن　　به تنها به رزم اندر آویختن
تن شهریاران گرامی بود　　که از کوشش سخت نامی بود
نگهدار تن باش و آن خرد　　که جان را به دانش خرد پرورد
سه دیگر که گفتی به جان زینهار　　ندادم کسی را ز چندان سوار
همیشه دلت مهربان باد و گرم　　پر از شرم جان لب پر آوای نرم
مبادا ترا پیشه خون ریختن　　نه بی‌کینه با مهتر آویختن
به کین برادرت بی سی و هشت　　از اندازه خون ریختن درگذشت
و دیگر کزان پیر گشته نیا　　ز دل دور کرده بد و کیمیا
چو خون ریختندش تو خون ریختی　　چو شیران جنگی برآویختی
همیشه بدی شاد و به روزگار　　روان را خرد بادت آموزگار
نیازست ما را به دیدار تو　　بدان پر خرد جان بیدار تو
چه نامه بخوانی بنه بر نشان　　بدین بارگاه آی با سرکشان
هیون تگاور ز در بازگشت　　همه شهر ایران پرآواز گشت
سوار هیونان چو باز آمدند　　به نزد تهمتن فراز آمدند
چو آن نامه برخواند اسفندیار　　ببخشید دینار و برساخت کار

بازگشتن اسفندیار نزد گشتاسپ

جز از گنج ارجاسپ چیزی نماند	همه گنج خویشان او برفشاند
سپاهش همه زو توانگر شدند	از اندازه‌ی کار برتر شدند
شتر بود و اسپان به دشت و به کوه	به داغ سپهدار توران گروه
هیون خواست از هر دری ده‌هزار	پراگنده از دشت وز کوهسار
همه گنج ارجاسپ در باز کرد	به کپان درم سختن آغاز کرد
هزار اشتر از گنج دینار شاه	چو سیصد ز دیبا و تخت و کلاه
صد از مشک و ز عنبر و گوهران	صد از تاج وز نامدار افسران
از افگندنیهای دیبا هزار	بفرمود تا برنهادند بار
چو سیصد شتر جامه‌ی چینیان	ز منسوج و زربفت وز پرنیان
عماری بسیچید و دیبا جلیل	کنیزک ببردند چینی دو خیل
به رخ چون بهار و به بالا چو سرو	میانها چو غرو و به رفتن تذرو
ابا خواهران یل اسفندیار	برفتند بت روی صد نامدار
ز پوشیده رویان ارجاسپ پنج	ببردند بامویه و درد و رنج
دو خواهر دو دختر یکی مادرش	پر از درد و با سوک و خسته برش
همه باره‌ی شهر زد بر زمین	برآورد گرد از بر و بوم چین
سه پور جوان را سپهدار گفت	پراگنده باشید با گنج جفت
به راه ار کسی سر بپیچد ز داد	سرانشان به خنجر ببرید شاد
شما راه سوی بیابان برید	سنانها چو خورشید تابان برید
سوی هفتخوان من به نخجیر شیر	بیابم شما ره مپویید دیر
نخستین بگیرم سر راه را	ببینم شما را سر ماه را
سوی هفتخوان آمد اسفندیار	به نخجیر با لشکری نامدار
چو نزدیک آن جای سرما رسید	همه خواسته گرد بر جای دید
هوا خوش‌گوار و زمین پرنگار	تو گفتی به تیر اندر آمد بهار
وزان جایگه خواسته برگرفت	همی ماند از کار اختر شگفت

چو نزدیکی شهر ایران رسید — به جای دلیران و شیران رسید
دو هفته همی بود با یوز و باز — غمی بود از رنج راه دراز
سه فرزند پرمایه را چشم داشت — ز دیر آمدنشان به دل خشم داشت
به نزد پدر چو بیامد پسر — بخندید با هر یکی تاجور
که راهی درشت این که من کوفتم — ز دیر آمدنتان برآشوفتم
زمین بوسه دادند هر سه پسر — که چون تو که باشد به گیتی پدر
وزان جایگه سوی ایران کشید — همه گنج سوی دلیران کشید
همه شهر ایران بیاراستند — می و رود و رامشگران خواستند
ز دیوارها جامه آویختند — زبر مشک و عنبر همی بیختند
هوا پر ز آوای رامشگران — زمین پر سواران نیزه‌وران
چو گشتاسپ بشنید رامش گزید — به آواز او جام می درکشید
ز لشکر بفرمود تا هرک بود — ز کشور کسی کو بزرگی نمود
همه با درفش و تبیره شدند — بزرگان لشکر پذیره شدند
پدر رفت با نامور بخردان — بزرگان فرزانه و موبدان
بیامد به پیش پسر تازه‌روی — همه شهر ایران پر از گفت و گوی
چو روی پدر دید شاه جوان — دلش گشت شادان و روشن‌روان
برانگیخت از جای شبرنگ را — فروزنده‌ی آتش جنگ را
بیامد پدر را به بر در گرفت — پدر ماند از کار او در شگفت
بسی خواند بر فر او آفرین — که بی‌تو مبادا زمان و زمین
وزانجا به ایوان شاه آمدند — جهانی ورا نیکخواه آمدند
بیاراست گشتاسپ ایوان و تخت — دلش گشت خرم بدان نیک‌بخت
به ایوانها در نهادند خوان — به سالار گفتا مهان را بخوان
بیامد ز هر گنبدی میگسار — به نزدیک آن نامور شهریار
می خسروانی به جام بلور — گسارنده می داد رخشان چو هور
همه چهره‌ی دوستان برفروخت — دل دشمنان را به آتش بسوخت
پسر خورد با شرم یاد پدر — پدر همچنان نیز یاد پسر
بپرسید گشتاسپ از هفتخوان — پدر را پسر گفت نامه بخوان
سخنهای دیرینه یاد آوریم — به گفتار لب را به داد آوریم
چو فردا به هشیاری آن بشنوی — به پیروزی دادگر بگروی

برفتند هرکس که گشتند مست | یکی ماه‌رخ دست ایشان به دست
سرآمد کنون قصه‌ی هفتخوان | به نام جهان داور این را بخوان
که او داد بر نیک و بد دستگاه | خداوند خورشید و تابنده ماه
اگر شاه پیروز بپسندد این | نهادیم بر چرخ گردنده زین

داستان رستم و اسفندیار

داستان رستم و اسفندیار

کنون خورد باید می خوشگوار	که می‌بوی مشک آید از جویبار
هوا پر خروش و زمین پر ز جوش	خنک آنک دل شاد دارد به نوش
درم دارد و نقل و جام نبید	سر گوسفندی تواند برید
مرا نیست فرخ مر آن را که هست	ببخشای بر مردم تنگدست
همه بوستان زیر برگ گلست	همه کوه پرلاله و سنبلست
به پالیز بلبل بنالد همی	گل از نالهٔ او ببالد همی
چو از ابر بینم همی باد و نم	ندانم که نرگس چرا شد دژم
شب تیره بلبل نخسپد همی	گل از باد و باران بجنبد همی
بخندد همی بلبل از هر دوان	چو بر گل نشیند گشاید زبان
ندانم که عاشق گل آمد گر ابر	چو از ابر بینم خروش هژبر
بدرد همی باد پیراهنش	درفشان شود آتش اندر تنش
به عشق هوا بر زمین شد گوا	به نزدیک خورشید فرمانروا
که داند که بلبل چه گوید همی	به زیر گل اندر چه موید همی
نگه کن سحرگاه تا بشنوی	ز بلبل سخن گفتنی پهلوی
همی نالد از مرگ اسفندیار	ندارد بجز ناله زو یادگار
چو آواز رستم شب تیره ابر	بدرد دل و گوش غران هژبر

آغاز داستان

ز موبد شنیدم یکی داستان	که برخواند از گفتهٔ باستان
که چون مست باز آمد اسفندیار	دژم گشته از خانهٔ شهریار
کتایون قیصر که بد مادرش	گرفته شب و روز اندر برش
چو از خواب بیدار شد تیره شب	یکی جام می خواست و بگشاد لب

Shahnameh

چنین گفت با مادر اسفندیار   که با من همی بد کند شهریار
مرا گفت چون کین لهراسپ شاه   بخواهی به مردی ز ارجاسپ شاه
همان خواهران را بیاری ز بند   کنی نام ما را به گیتی بلند
جهان از بدان پاک بی‌خو کنی   بکوشی و آرایشی نو کنی
همه پادشاهی و لشکر تراست   همان گنج با تخت و افسر تراست
کنون چون برآرد سپهر آفتاب   سر شاه بیدار گردد ز خواب
بگویم پدر را سخنها که گفت   ندارد ز من راستیها نهفت
وگر هیچ تاب اندر آرد به چهر   به یزدان که بر پای دارد سپهر
که بی‌کام او تاج بر سر نهم   همه کشور ایرانیان را دهم
ترا بانوی شهر ایران کنم   به زور و به دل جنگ شیران کنم
غمی شد ز گفتار او مادرش   همه پرنیان خار شد بر برش
بدانست کان تاج و تخت و کلاه   نبخشد ورا نامبردار شاه
بدو گفت کای رنج دیده پسر   ز گیتی چه جوید دل تاجور
مگر گنج و فرمان و رای و سپاه   تو داری برین بر فزونی مخواه
یکی تاج دارد پدر بر پسر   تو داری دگر لشکر و بوم و بر
چو او بگذرد تاج و تختش تراست   بزرگی و شاهی و بختش تراست
چه نیکوتر از نره شیر ژیان   به پیش پدر بر کمر بر میان
چنین گفت با مادر اسفندیار   که نیکو زد این داستان هوشیار
که پیش زنان راز هرگز مگوی   چو گویی سخن بازیابی بکوی
مکن هیچ کاری به فرمان زن   که هرگز نبینی زنی رای زن
پر از شرم و تشویر شد مادرش   ز گفته پشیمانی آمد برش
بشد پیش گشتاسپ اسفندیار   همی بود به آرامش و میگسار
دو روز و دو شب باده‌ی خام خورد   بر ماهرویش دل آرام کرد
سیم روز گشتاسپ آگاه شد   که فرزند جوینده‌ی گاه شد
همی در دل اندیشه بفزایدش   همی تاج و تخت آرزو آیدش
بخواند آن زمان شاه جاماسپ را   همان فال گویان لهراسپ را
برفتند با زیجها برکنار   بپرسید شاه از گو اسفندیار
که او را بود زندگانی دراز   نشیند به شادی و آرام و ناز
به سر بر نهد تاج شاهنشهی   برو پای دارد بهی و مهی

چو بشنید دانای ایران سخن نگه کرد آن زیجهای کهن
ز دانش بروها پر از تاب کرد ز تیمار مژگان پر از آب کرد
همی گفت بد روز و بد اخترم ببارید آتش همی بر سرم
مرا کاشکی پیش فرخ زریر زمانه فگندی به چنگال شیر
وگر خود نکشتی پدر مر مرا نگشتی به جاماسپ بداخترا
ورا هم ندیدی به خاک اندرون بران سان فگنده پیش پر ز خون
چو اسفندیاری که از چنگ اوی بدرد دل شیر ز آهنگ اوی
ز دشمن جهان سربسر پاک کرد به رزم اندرون نیستش هم نبرد
جهان از بداندیش بی‌بیم کرد تن اژدها را به دو نیم کرد
ازاین پس غم او بباید کشید بسی شور و تلخی بباید چشید
بدو گفت شاه ای پسندیده مرد سخن گوی وز راه دانش مگرد
هلا زود بشتاب و با من بگوی کزین پرسشم تلخی آمد به روی
گر او چون زریر سپهبد بود مرا زیستن زین سپس بد بود
ورا در جهان هوش بر دست کیست کزان درد ما را بباید گریست
بدو گفت جاماسپ کای شهریار تواین روز را خوار مایه مدار
ورا هوش در زاولستان بود به دست تهم پور دستان بود
به جاماسپ گفت آنگهی شهریار به من بر بگردد بد روزگار؟
که گر من سر تاج شاهنشهی سپارم بدو تاج و تخت مهی
نبیند بر و بوم زاولستان نداند کس او را به کاولستان
شود ایمن از گردش روزگار؟ بود اختر نیکش آموزگار؟
چنین داد پاسخ ستاره شمر که بر چرخ گردان نیابد گذر
ازین بر شده تیز چنگ اژدها به مردی و دانش که آمد رها
بباشد همه بودنی بی‌گمان نجستست ازو مرد دانا زمان
دل شاه زان در پراندیشه شد سرش را غم و درد هم پیشه شد
بد اندیشه و گردش روزگار همی بر بدی بودش آموزگار
چو بگذشت شب گرد کرده عنان برآورد خورشید رخشان سنان
نشست از بر تخت زر شهریار بشد پیش او فرخ اسفندیار
همی بود پیشش پرستارفش پراندیشه و دست کرده به کش
چو در پیش او انجمن شد سپاه ز ناموران وز گردان شاه

همه موبدان پیش او بر رده
ز اسپهبدان پیش او صف زده

پس اسفندیار آن یل پیلتن
برآورد از درد آنگه سخن

بدو گفت شاها انوشه بدی
توی بر زمین فره ایزدی

سر داد و مهر از تو پیدا شدست
همان تاج و تخت از تو زیبا شدست

تو شاهی پدر من ترا بنده‌ام
همیشه به رای تو پوینده‌ام

تو دانی که ارجاسپ از بهر دین
بیامد چنان با سواران چین

بخوردم من آن سخت سوگندها
بپذرفتم آن ایزدی پندها

که هرکس که آرد به دین در شکست
دلش تاب گیرد شود بت‌پرست

میانش به خنجر کنم به دو نیم
نباشد مرا از کسی ترس و بیم

وزان پس که ارجاسپ آمد به جنگ
نبر گشتم از جنگ دشتی پلنگ

مرا خوار کردی به گفت گرزم
که جام خورش خواستی روز بزم

ببستی تن من به بند گران
ستونها و مسمار آهنگران

سوی گنبدان دژ فرستادیم
ز خواری به بدکارگان دادیم

به زاول شدی بلخ بگذاشتی
همه رزم را بزم پنداشتی

بدیدی همی تیغ ارجاسپ را
فگندی به خون پیر لهراسپ را

چو جاماسپ آمد مرا بسته دید
وزان بستگیها تنم خسته دید

مرا پادشاهی پذیرفت و تخت
بران نیز چندی بکوشید سخت

بدو گفتم این بندهای گران
به زنجیر و مسمار آهنگران

بمانم چنین هم به فرمان شاه
نخواهم سپاه و نخواهم کلاه

به یزدان نمایم به روز شمار
بنالم ز بدگوی با کردگار

مرا گفت گر پند من نشنوی
بسازی ابر تخت بر بدخوی

دگر گفت کز خون چندان سران
سرافراز با گرزهای گران

بران رزمگه خسته تنها به تیر
همان خواهرانت ببرده اسیر

دگر گرد آزاده فرشیدورد
فگندست خسته به دشت نبرد

ز ترکان گریزان شده شهریار
همی پیچد از بند اسفندیار

نسوزد دلت بر چنین کارها
بدین درد و تیمار و آزارها

سخنها جزین نیز بسیار گفت
که گفتار با درد و غم بود جفت

غل و بند بر هم شکستم همه
دوان آمدم نزد شاه رمه

ازیشان بکشتم فزون از شمار
ز کردار من شاد شد شهریار

گر از هفتخوان برشمارم سخن	همانا که هرگز نیاید به بن
ز تن باز کردم سر ارجاسپ را	برافراختم نام گشتاسپ را
زن و کودکانش بدین بارگاه	بیاوردم آن گنج و تخت و کلاه
همه نیکویها بکردی به گنج	مرا مایه خون آمد و درد و رنج
ز بس بند و سوگند و پیمان تو	همی نگذرم من ز فرمان تو
همی گفتی ار باز بینم ترا	ز روشن روان برگزینم ترا
سپارم ترا افسر و تخت عاج	که هستی به مردی سزاوار تاج
مرا از بزرگان برین شرم خاست	که گویند گنج و سپاهت کجاست
بهانه کنون چیست من بر چیم	پس از رنج پویان ز بهر کیم
به فرزند پاسخ چنین داد شاه	که از راستی بگذری نیست راه
ازین بیش کردی که گفتی تو کار	که یار تو بادا جهان کردگار
نبینم همی دشمنی در جهان	نه در آشکارا نه اندر نهان
که نام تو یابد نه پیچان شود	چه پیچان همانا که بیجان شود
به گیتی نداری کسی را همال	مگر بی‌خرد نامور پور زال
که او راست تا هست زاولستان	همان بست و غزنین و کاولستان
به مردی همی ز آسمان بگذرد	همی خویشتن کهتری نشمرد
که بر پیش کاوس کی بنده بود	ز کیخسرو اندر جهان زنده بود
به شاهی ز گشتاسپ نارد سخن	که او تاج نو دارد و ما کهن
به گیتی مرا نیست کس هم نبرد	ز رومی و توری و آزاد مرد
سوی سیستان رفت باید کنون	به کار آوری زور و بند و فسون
برهنه کنی تیغ و گوپال را	به بند آوری رستم زال را
زواره فرامرز را همچنین	نمانی که کس برنشیند به زین
به دادار گیتی که او داد زور	فروزنده‌ی اختر و ماه و هور
که چون این سخنها به جای آوری	ز من نشنوی زین سپس داوری
سپارم به تو تاج و تخت و کلاه	نشانم بر تخت بر پیشگاه
چنین پاسخ آوردش اسفندیار	که ای پرهنر نامور شهریار
همی دور مانی ز رستم کهن	براندازه باید که رانی سخن
تو با شاه چین جنگ جوی و نبرد	ازان نامداران برانگیز گرد
چه جویی نبرد یکی مرد پیر	که کاوس خواندی ورا شیرگیر

ز گاه منوچهر تا کیقباد	دل شهریاران بدو بود شاد
نکوکارتر زو به ایران کسی	نبودست کاورد نیکی بسی
همی خواندندش خداوند رخش	جهانگیر و شیراوژن و تاجبخش
نه اندر جهان نامداری نوست	بزرگست و با عهد کیخسروست
اگر عهد شاهان نباشد درست	نباید ز گشتاسپ منشور جست
چنین داد پاسخ به اسفندیار	که ای شیر دل پرهنر نامدار
هرانکس که از راه یزدان بگشت	همان عهد او گشت چون باد دشت
همانا شنیدی که کاوس شاه	به فرمان ابلیس گم کرد راه
همی باسمان شد به پر عقاب	به زاری به ساری فتاد اندر آب
ز هاماوران دیوزادی ببرد	شبستان شاهی مر او را سپرد
سیاوش به آزار او کشته شد	همه دوده زیر و زبر گشته شد
کسی کو ز عهد جهاندار گشت	به گرد در او نشاید گذشت
اگر تخت خواهی ز من با کلاه	ره سیستان گیر و برکش سپاه
چو آنجا رسی دست رستم ببند	بیارش به بازو فگنده کمند
زواره فرامرز و دستان سام	نباید که سازند پیش تو دام
پیاده دوانش بدین بارگاه	بیاور کشان تا ببیند سپاه
ازان پس نپیچد سر از ما کسی	اگر کام اگر گنج یابد بسی
سپهبد بروها پر از تاب کرد	به شاه جهان گفت زین بازگرد
ترا نیست دستان و رستم به کار	همی راه جویی به اسفندیار
دریغ آیدت جای شاهی همی	مرا از جهان دور خواهی همی
ترا باد این تخت و تاج کیان	مرا گوشه‌یی بس بود زین جهان
ولیکن ترا من یکی بنده‌ام	به فرمان و رایت سرافگنده‌ام
بدو گفت گشتاسپ تندی مکن	بلندی بیابی نژندی مکن
ز لشکر گزین کن فراوان سوار	جهاندیدگان از در کارزار
سلیح و سپاه و درم پیش تست	نژندی به جان بداندیش تست
چه باید مرا بی‌تو گنج و سپاه	همان گنج و تخت و سپاه و کلاه
چنین داد پاسخ یل اسفندیار	که لشکر نباید مرا خود به کار
گر ایدونک آید زمانم فراز	به لشکر ندارد جهاندار باز
ز پیش پدر بازگشت او به تاب	چه از پادشاهی چه از خشم باب

به ایوان خویش اندر آمد دژم لبی پر ز باد و دلی پر ز غم
کتایون چو بشنید شد پر ز خشم به پیش پسر شد پر از آب چشم
چنین گفت با فرخ اسنفدیار که ای از کیان جهان یادگار
ز بهمن شنیدم که از گلستان همی رفت خواهی به زابلستان
ببندی همی رستم زال را خداوند شمشیر و گوپال را
ز گیتی همی پند مادر نیوش به بد تیز مشتاب و چندین مکوش
سواری که باشد به نیروی پیل ز خون رانداندر زمین جوی نیل
بدرد جگرگاه دیو سپید ز شمشیر او گم کند راه شید
همان ماه هاماوران را بکشت نیارست گفتن کس او را درشت
همانا چو سهراب دیگر سوار نبودست جنگی گه کارزار
به چنگ پدر در به هنگام جنگ به آوردگه کشته شد بی‌درنگ
به کین سیاوش ز افراسیاب ز خون کرد گیتی چو دریای آب
که نفرین برین تخت و این تاج باد برین کشتن و شور و تاراج باد
مده از پی تاج سر را به باد که با تاج شاهی ز مادر نزاد
پدر پیر سر گشت و برنا توی به زور و به مردی توانا توی
سپه یکسره بر تو دارند چشم میفگن تن اندر بلایی به خشم
جز از سیستان در جهان جای هست دلیری مکن تیز منمای دست
مرا خاکسار دو گیتی مکن ازین مهربان مام بشنو سخن
چنین پاسخ آوردش اسفندیار که ای مهربان این سخن یاددار
همانست رستم که دانی همی هنرهاش چون زند خوانی همی
نکوکارتر زو به ایران کسی نیابی و گر چند پویی بسی
چو او را به بستن نباشد روا چنین بد نه خوب آید از پادشا
ولیکن نباید شکستن دلم که چون بشکنی دل ز جان بگسلم
چگونه کشم سر ز فرمان شاه چگونه گذارم چنین دستگاه
مرا گر به زاول سرآید زمان بدان سو کشد اخترم بی‌گمان
چو رستم بیاید به فرمان من ز من نشنود سرد هرگز سخن
ببارید خون از مژه مادرش همه پاک بر کند موی از سرش
بدو گفت کای زنده پیل ژیان همی خوار گیری ز نیرو روان
نباشی بسنده تو با پیلتن از ایدر مرو بی یکی انجمن

مبر پیش پیل ژیان هوش خویش	نهاده بدین گونه بر دوش خویش
اگر زین نشان رای تو رفتنست	همه کام بدگوهر آهرمنست
به دوزخ مبر کودکان را به پای	که دانا بخواند ترا پاک رای
به مادر چنین گفت پس جنگجوی	که نابردن کودکان نیست روی
چو با زن پس پرده باشد جوان	بماند منش پست و تیره‌روان
به هر رزمگه باید او را نگاه	گذارد بهر زخم گوپال شاه
مرا لشکری خود نیاید به کار	جز از خویش و پیوند و چندی سوار
ز پیش پسر مادر مهربان	بیامد پر از درد و تیره‌روان
همه شب ز مهر پسر مادرش	ز دیده همی ریخت خون بر برش

رفتن اسفندیار به سیستان

به شبگیر هنگام بانگ خروس	ز درگاه برخاست آوای کوس
چو پیلی به اسپ اندر آورد پای	بیاورد چون باد لشکر ز جای
همی رفت تا پیشش آمد دو راه	فرو ماند بر جای پیل و سپاه
دژ گنبدان بود راهش یکی	دگر سوی ز اول کشید اندکی
شترانک در پیش بودش بخفت	تو گفتی که گشتست با خاک جفت
همی چوب زد بر سرش ساروان	ز رفتن بماند آن زمان کاروان
جهان‌جوی را آن بد آمد به فال	بفرمود کش سر ببرند و یال
بدان تا بدو بازگردد بدی	نباشد بجز فره ایزدی
بریدند پرخاشجویان سرش	بدو بازگشت آن زمان اخترش
غمی گشت زان اشتر اسفندیار	گرفت آن زمان اختر شوم خوار
چنین گفت کانکس که پیروز گشت	سر بخت او گیتی افروز گشت
بد و نیک هر دو ز یزدان بود	لب مرد باید که خندان بود
وزانجا بیامد سوی هیرمند	همی بود ترسان ز بیم گزند
بر آیین ببستند پرده‌سرای	بزرگان لشکر گزیدند جای
شراعی بزد زود و بنهاد تخت	بران تخت بر شد گو نیک‌بخت

۱۰۳۵

می آورد و رامشگران را بخواند	بسی زر و گوهر بریشان فشاند
به رامش دل خویشتن شاد کرد	دل راد مردان پر از یاد کرد
چو گل بشکفید از می سالخورد	رخ نامداران و شاه نبرد
به یاران چنین گفت کز رای شاه	نپیچیدم و دور گشتم ز راه
مرا گفت بر کار رستم بسیچ	ز بند و ز خواری میاسای هیچ
به کردن برفتم برای پدر	کنون این گزین پیر پرخاشخر
بسی رنج دارد به جای سران	جهان راست کرده به گرز گران
همه شهر ایران بدو زنده‌اند	اگر شهریارند و گر بنده‌اند
فرستاده باید یکی تیز ویر	سخن‌گوی و داننده و یادگیر
سواری که باشد ورا فر و زیب	نگیرد ورا رستم اندر فریب
گر ایدونک آید به نزدیک ما	درفشان کند رای تاریک ما
به خوبی دهد دست بند مرا	به دانش ببندد گزند مرا
نخواهم من او را بجز نیکویی	اگر دور دارد سر از بدخویی
پشوتن بدو گفت اینست راه	برین باش و آزرم مردان بخواه
بفرمود تا بهمن آمدش پیش	ورا پندها داد ز اندازه بیش
بدو گفت اسپ سیه بر نشین	بیارای تن را به دیبای چین
بنه بر سرت افسر خسروی	نگارش همه گوهر پهلوی
بران سان که هرکس که بیند ترا	ز گردنکشان برگزیند ترا
بداند که هستی تو خسرونژاد	کند آفریننده را بر تو یاد
ببر پنج بالای زرین ستام	سرافراز ده موبد نیک‌نام
هم از راه تا خان رستم بران	مکن کار بر خویشتن برگران
درودش ده از ما و خوبی نمای	بیارای گفتار و چربی فزای
بگویش که هرکس که گردد بلند	جهاندار وز هر بدی بی‌گزند
ز دادار باید که دارد سپاس	که اویست جاوید نیکی شناس
چو باشد فزاینده‌ی نیکویی	به پرهیز دارد سر از بدخویی
بیفزایدش کامگاری و گنج	بود شادمان در سرای سپنج
چو دوری گزیند ز کردار زشت	بیابد بدان گیتی اندر بهشت
بد و نیک بر ما همی بگذرد	چنین داند آن کس که دارد خرد
سرانجام بستر بود تیره‌خاک	بپرد روان سوی یزدان پاک

به گیتی هرانکس که نیکی شناخت	بکوشید و با شهریاران بساخت
همان بر که کاری همان بدروی	سخن هرچ گویی همان بشنوی
کنون از تو اندازه گیریم راست	نباید برین بر فزون و نه کاست
که بگذاشتی سالیان بیشمار	به گیتی بدیدی بسی شهریار
اگر بازجویی ز راه خرد	بدانی که چونین نه اندر خورد
که چندین بزرگی و گنج و سپاه	گرانمایه اسپان و تخت و کلاه
ز پیش نیاکان ما یافتی	چو در بندگی تیز بشتافتی
چه مایه جهان داشت لهراسپ شاه	نکردی گذر سوی آن بارگاه
چو او شهر ایران به گشتاسپ داد	نیامد ترا هیچ زان تخت یاد
سوی او یکی نامه ننوشته‌ای	از آرایش بندگی گشته‌ای
نرفتی به درگاه او بنده‌وار	نخواهی به گیتی کسی شهریار
ز هوشنگ و جم و فریدون گرد	که از تخم ضحاک شاهی ببرد
همی رو چنین تا سر کیقباد	که تاج فریدون به سر بر نهاد
چو گشتاسپ شه نیست یک نامدار	به رزم و به بزم و به رای و شکار
پذیرفت پاکیزه دین بهی	نهان گشت گمراهی و بی‌رهی
چو خورشید شد راه گیهان خدیو	نهان شد بدآموزی و راه دیو
ازان پس که ارجاسپ آمد به جنگ	سپه چون پلنگان و مهتر نهنگ
ندانست کس لشکرش را شمار	پذیره شدش نامور شهریار
یکی گورستان کرد بر دشت کین	که پیدا نبد پهن روی زمین
همانا که تا رستخیز این سخن	میان بزرگان نگردد کهن
کنون خاور او راست تا باختر	همی بشکند پشت شیران نر
ز توران زمین تا در هند و روم	جهان شد مر او را چو یک مهره موم
ز دشت سواران نیزه گزار	به درگاه اویند چندی سوار
فرستندش از مرزها باژ و ساو	که با جنگ او نیستشان زور و تاو
ازان گفتم این با توای پهلوان	که او از تو آزرده دارد روان
نرفتی بدان نامور بارگاه	نکردی بدان نامداران نگاه
کرانی گرفتستی اندر جهان	که داری همی خویشتن را نهان
فرامش ترا مهتران چون کنند	مگر مغز و دل پاک بیرون کنند
همیشه همه نیکویی خواستی	به فرمان شاهان بیاراستی

اگر بر شمارد کسی رنج تو	به گیتی فزون آید از گنج تو
ز شاهان کسی بر چنین داستان	ز بنده نبودند همداستان
مرا گفت رستم ز بس خواسته	هم از کشور و گنج آراسته
به زاول نشستست و گشتست مست	نگیرد کس از مست چیزی به دست
برآشفت یک روز و سوگند خورد	به روز سپید و شب لاژورد
که او را بجز بسته در بارگاه	نبیند ازین پس جهاندار شاه
کنون من ز ایران بدین آمدم	نبد شاه دستور تا دم زدم
بپرهیز و پیچان شو از خشم اوی	ندیدی که خشم آورد چشم اوی
چو اینجا بیایی و فرمان کنی	روان را به پوزش گروگان کنی
به خورشید رخشان و جان زریر	به جان پدرم آن جهاندار شیر
که من زین پشیمان کنم شاه را	برافرزوم این اختر و ماه را
که من زین که گفتم نجویم فروغ	نگردم به هر کار گرد دروغ
پشوتن برین بر گوای منست	روان و خرد رهنمای منست
همی جستم از تو من آرام شاه	ولیکن همی از تو دیدم گناه
پدر شهریارست و من کهترم	ز فرمان او یک زمان نگذرم
همه دوده اکنون بباید نشست	زدن رای و سودن بدین کار دست
زواره فرامرز و دستان سام	جهاندیده رودابه‌ی نیک نام
همه پند من یک به یک بشنوید	بدین خوب گفتار من بگروید
نباید که این خانه ویران شود	به کام دلیران ایران شود
چو بسته ترا نزد شاه آورم	بدو بر فراوان گناه آورم
بباشیم پیشش بخواهش به پای	ز خشم و ز کین آرمش باز جای

رفتن بهمن به نزد رستم

نمانم که بادی بتو بر وزد	بران سان که از گوهر من سزد
سخنهای آن نامور پیشگاه	چو بشنید بهمن بیامد به راه
بپوشید زربفت شاهنشهی	بسر بر نهاد آن کلاه مهی

خرامان بیامد ز پرده‌سرای	درفشی درفشان پس او به پای
جهانجوی بگذشت بر هیرمند	جوانی سرافراز و اسپی بلند
هم‌اندر زمان دیده‌بانش بدید	سوی زاولستان فغان برکشید
که آمد نبرده سواری دلیر	به هر ای زرین سیاهی به زیر
پس پشت او خوار مایه سوار	تن‌آسان گذشت از لب جویبار
هم‌اندر زمان زال زر برنشست	کمندی به فتراک و گرزی به دست
بیامد ز دیده مر او را بدید	یکی باد سرد از جگر برکشید
چنین گفت کین نامور پهلوست	سرافراز با جامه‌ی خسروست
ز لهراسپ دارد همانا نژاد	پی او برین بوم فرخنده باد
ز دیده بیامد به درگاه رفت	زمانی به اندیشه بر زین بخفت
هم‌اندر زمان بهمن آمد پدید	ازو رایت خسروی گسترید
ندانست مرد جوان زال را	بیفراخت آن خسروی یال را
چو نزدیکتر گشت آواز داد	بدو گفت کای مرد دهقان‌نژاد
سرانجمن پور دستان کجاست	که دارد زمانه بدو پشت راست
که آمد به زاول گو اسفندیار	سراپرده زد بر لب رودبار
بدو گفت زال ای پسر کام جوی	فرود آی و می خواه و آرام جوی
کنون رستم آید ز نخچیرگاه	زواره فرامرز و چندی سپاه
تو با این سواران بباش ارجمند	بیارای دل را به بگماز چند
چنین داد پاسخ که اسفندیار	نفرمودمان رامش و میگسار
گزین کن یکی مرد جوینده راه	که با من بیاید به نخچیرگاه
بدو گفت دستان که نام تو چیست	همی بگذری تیز کام تو چیست
برآنم که تو خویش لهراسپی	گر از تخمه‌ی شاه گشتاسپی
چنین داد پاسخ که من بهمنم	نبیره‌ی جهاندار رویین تنم
چو بشنید گفتار آن سرفراز	فرود آمد از باره بردش نماز
بخندید بهمن پیاده ببود	بپرسیدش و گفت بهمن شنود
بسی خواهشش کرد کایدر بایست	چنین تیز رفتن ترا روی نیست
بدو گفت فرمان اسفندیار	نشاید گرفتن چنین سست و خوار
گزین کرد مردی که دانست راه	فرستاده با او به نخچیرگاه
همی رفت پیش اندرون رهنمون	جهاندیده‌یی نام او شیرخون

به انگشت بنمود نخچیرگاه هم‌اندر زمان بازگشت او ز راه
یکی کوه بد پیش مرد جوان برانگیخت آن باره را پهلوان
نگه کرد بهمن به نخچیرگاه بدید آن بر پهلوان سپاه
درختی گرفته به چنگ اندرون بر او نشسته بسی رهنمون
یکی نره گوری زده بر درخت نهاده بر خویش گوپال و رخت
یکی جام پر می به دست دگر پرستنده بر پای پیشش پسر
همی گشت رخش اندران مرغزار درخت و گیا بود و هم جویبار
به دل گفت بهمن که این رستمست و یا آفتاب سپیده دمست
به گیتی کسی مرد ازین سان ندید نه از نامداران پیشی شنید
بترسم که با او یل اسفندیار نتابد بپیچد سر از کارزار
من این را به یک سنگ بیجان کنم دل زال و رودابه پیچان کنم
یکی سنگ زان کوه خارا بکند فروهشت زان کوهسار بلند
ز نخچیرگاهش زواره بدید خروشیدن سنگ خارا شنید
خروشید کای مهتر نامدار یکی سنگ غلتان شد از کوهسار
نجنبید رستم نه بنهاد گور زواره همی کرد زین گونه شور
همی بود تا سنگ نزدیک شد ز گردش بر کوه تاریک شد
بزد پاشنه سنگ بنداخت دور زواره برو آفرین کرد و پور
غمی شد دل بهمن از کار اوی چو دید آن بزرگی و کردار اوی
همی گفت گر فرخ اسفندیار کند با چنین نامور کارزار
تن خویش در جنگ رسوا کند همان به که با او مدارا کند
ور ایدونک او بهتر آید به جنگ همه شهر ایران بگیرد به چنگ
نشست از بر باره‌ی بادپای پراندیشه از کوه شد باز جای
بگفت آن شگفتی به موبد که دید وزان راه آسان سر اندر کشید
چو آمد به نزدیک نخچیرگاه هم‌انگه تهمتن بدیدش به راه
به موبد چنین گفت کین مرد کیست من ایدون گمانم که گشتاسپیست
پذیره شدش با زواره بهم به نخچیرگه هرک بد بیش و کم
پیاده شد از باره بهمن چو دود بپرسیدش و نیکویها فزود
بدو گفت رستم که تا نام خویش نگویی نیابی ز من کام خویش
بدو گفت من پور اسفندیار سر راستان بهمن نامدار

ورا پهلوان زود در بر گرفت	ز دیر آمدن پوزش اندر گرفت
برفتند هر دو به جای نشست	خود و نامداران خسروپرست
چو بنشست بهمن بدادش درود	ز شاه و ز ایرانیان برفزود
ازان پس چنین گفت کاسفندیار	چو آتش برفت از در شهریار
سراپرده زد بر لب هیرمند	به فرمان فرخنده شاه بلند
پیامی رسانم ز اسفندیار	اگر بشنود پهلوان سوار
چنین گفت رستم که فرمان شاه	برآنم که برتر ز خورشید و ماه
خوریم آنچ داریم چیزی نخست	پس‌آنگه جهان زیر فرمان تست
بگسترد بر سفره بر نان نرم	یکی گور بریان بیاورد گرم
چو دستارخوان پیش بهمن نهاد	گذشته سخنها برو کرد یاد
برادرش را نیز با خود نشاند	وزان نامداران کسان را نخواند
دگر گور بنهاد در پیش خویش	که هر بار گوری بدی خوردنیش
نمک بر پراگند و ببرید و خورد	نظاره بروبر سرافراز مرد
همی خورد بهمن ز گور اندکی	نبد خوردنش زان او ده یکی
بخندید رستم بدو گفت شاه	ز بهر خورش دارد این پیشگاه
خورش چون بدین گونه داری به خوان	چرا رفتی اندر دم هفتخوان
چگونه زدی نیزه در کارزار	چو خوردن چنین داری ای شهریار
بدو گفت بهمن که خسرو نژاد	سخن‌گوی و بسیار خواره مباد
خورش کم بود کوشش و جنگ بیش	به کف بر نهیم آن زمان جان خویش
بخندید رستم به آواز گفت	که مردی نشاید ز مردان نهفت
یکی جام زرین پر از باده کرد	وزو یاد مردان آزاده کرد
دگر جام بر دست بهمن نهاد	که برگیر ازان کس که خواهی تو یاد
بترسید بهمن ز جام نبید	زواره نخستین دمی درکشید
بدو گفت کای بچه‌ی شهریار	به تو شاد بادا می و میگسار
ازو بستد آن جام بهمن به چنگ	دل آزار کرده بدان می درنگ
همی ماند از رستم اندر شگفت	ازان خوردن و یال و بازوی و کفت
نشستند بر باره هر دو سوار	همی راند بهمن بر نامدار
بدادش یکایک درود و پیام	از اسفندیار آن یل نیکنام

پاسخ پیام اسفندیار از سوی رستم

چو بشنید رستم ز بهمن سخن	پراندیشه شد نامدار کهن
چنین گفت کری شنیدم پیام	دلم شد به دیدار تو شادکام
ز من پاس این بر به اسفندیار	که ای شیردل مهتر نامدار
هرانکس که دارد روانش خرد	سر مایه‌ی کارها بنگرد
چو مردی و پیروزی و خواسته	ورا باشد و گنج آراسته
بزرگی و گردی و نام بلند	به نزد گرانمایگان ارجمند
به گیتی بران سان که اکنون تویی	نباید که داری سر بدخویی
بباشیم بر داد و یزدان‌پرست	نگیریم دست بدی را به دست
سخن هرچ بر گفتنش روی نیست	درختی بود کش بر و بوی نیست
وگر جان تو بسپرد راه آز	شود کار بیسود بر تو دراز
چو مهتر سراید سخن سخته به	ز گفتار بد کام پردخته به
ز گفتارت آنگه بدی بنده شاد	که گفتی که چون تو ز مادر نزاد
به مردی و گردی و رای و خرد	همی بر نیاکان خود بگذرد
پدیدست نامت به هندوستان	به روم و به چین و به جادوستان
ازان پندها داشتم من سپاس	نیایش کنم روز و شب در سه‌پاس
ز یزدان همی آرزو خواستم	که اکنون بتو دل بیاراستم
که بینم پسندیده چهر ترا	بزرگی و گردی و مهر ترا
نشینیم با یکدگر شادکام	به یاد شهنشاه گیریم جام
کنون آنچ جستم همه یافتم	به خواهشگری تیز بشتافتم
به پیش تو آیم کنون بی‌سپاه	ز تو بشنوم هرچ فرمود شاه
بیارم برت عهد شاهان داد	ز کیخسرو آغاز تا کیقباد
کنون شهریارا تو در کار من	نگه کن به کردار و آزار من
گر آن نیکویها که من کرده‌ام	همان رنجهایی که من برده‌ام
پرستیدن شهریاران همان	از امروز تا روز پیشی همان

چو پاداش آن رنج بند آیدم	که از شاه ایران گزند آیدم
همان به که گیتی نبیند کسی	چو بیند بدو در نماند بسی
بیابم بگویم همه راز خویش	ز گیتی برافرازم آواز خویش
به بازو ببندم یکی پالهنگ	بیاویز پایم به چرم پلنگ
ازان سان که من گردن ژنده پیل	ببستم فگنده به دریای نیل
چو از من گناهی بیابد پدید	ازان پس سر من بباید برید
سخنهای ناخوش ز من دور دار	به بدها دل دیو رنجور دار
مگوی آنچ هرگز نگفتست کس	به مردی مکن باد را در قفس
بزرگان به آتش نیابند راه	ز دریا گذر نیست بی‌آشناه
همان تابش مهر نتوان نهفت	نه روبه توان کرد با شیر جفت
تو بر راه من بر ستیزه مریز	که من خود یکی مایه‌ام در ستیز
ندیدست کس بند بر پای من	نه بگرفت پیل ژیان جای من
تو آن کن که از پادشاهان سزاست	مگرد از پی آنک آن نارواست
به مردی ز دل دور کن خشم و کین	جهان را به چشم جوانی مبین
به دل خرمی دار و بگذر ز رود	ترا باد از پاک یزدان درود
گرامی کن ایوان ما را به سور	مباش از پرستنده‌ی خویش دور
چنان چون بدم کهتر کیقباد	کنون از تو دارم دل و مغز شاد
چو آیی به ایوان من با سپاه	همایدر به شادی بباشی دو ماه
برآساید از رنج مرد و ستور	دل دشمنان گردد از رشک کور
همه دشت نخچیر و مرغ اندر آب	اگر دیر مانی بگیرد شتاب
ببینم ز تو زور مردان جنگ	به شمشیر شیر افگنی گر پلنگ
چو خواهی که لشکر به ایران بری	به نزدیک شاه دلیران بری
گشایم در گنجهای کهن	که ایدر فگندم به شمشیر بن
به پیش تو آرم همه هرچ هست	که من گرد کردم به نیروی دست
بخواه آنچ خواهی و دیگر ببخش	مکن بر دل ما چنین روز دخش
درم ده سپه را و تندی مکن	چو خوبی بیابی نژندی مکن
چو هنگام رفتن فراز آیدت	به دیدار خسرو نیاز آیدت
عنان با عنان تو بندم به راه	خرامان بیایم به نزدیک شاه
به پوزش کنم نرم خشم ورا	ببوسم سر و پای و چشم ورا

بپرسم ز بیدار شاه بلند ••• که پایم چرا کرد باید به بند
همه هرچ گفتم ترا یاد دار ••• بگویش به پرمایه اسفندیار
ز رستم چو بشنید بهمن سخن ••• روان گشت با موبد پاک‌تن
تهمتن زمانی به ره در بماند ••• زواره فرامرز را پیش خواند
کز ایدر به نزدیک دستان شوید ••• به نزد مه کابلستان شوید
بگویید کاسفندیار آمدست ••• جهان را یکی خواستار آمدست
به ایوانها تخت زرین نهید ••• برو جامه‌ی خسرو آیین نهید
چنان هم که هنگام کاوس شاه ••• ازان نیز پرمایه‌تر پایگاه
بسازید چیزی که باید خورش ••• خورشهای خوب از پی پرورش
که نزدیک ما پور شاه آمدست ••• پر از کینه و رزمخواه آمدست
گوی نامدارست و شاهی دلیر ••• نیندیشد از جنگ یک دشت شیر
شوم پیش او گر پذیرد نوید ••• به نیکی بود هرکسی را امید
اگر نیکویی بینم اندر سرش ••• ز یاقوت و زر آورم افسرش
ندارم ازو گنج و گوهر دریغ ••• نه برگستوان و نه گوپال و تیغ
وگر بازگرداندم ناامید ••• نباشد مرا روز با او سپید
تو دانی که آن تابداده کمند ••• سر ژنده پیل اندر آرد به بند
زواره بدو گفت مندیش ازین ••• نجوید کسی رزم کش نیست کین
ندانم به گیتی چو اسفندیار ••• برای و به مردی یکی نامدار
نیاید ز مرد خرد کار بد ••• ندید او ز ما هیچ کردار بد
زواره بیامد به نزدیک زال ••• وزان روی رستم برافراخت یال
بیامد دمان تا لب هیرمند ••• سرش تیز گشته ز بیم گزند
عنان را گران کرد بر پیش رود ••• همی بود تا بهمن آرد درود
چو بهمن بیامد به پرده‌سرای ••• همی بود پیش پدر بر به پای
بپرسید ازو فرخ اسفندیار ••• که پاسخ چه کرد آن یل نامدار
چو بشنید بنشست پیش پدر ••• بگفت آنچ بشنیده بد در بدر
نخستین درودش ز رستم بداد ••• پس‌انگاه گفتار او کرد یاد
همه دیده پیش پدر بازگفت ••• همان نیز نادیده اندر نهفت
بدو گفت چون رستم پیلتن ••• ندیده بود کس بهر انجمن
دل شیر دارد تن ژنده پیل ••• نهنگان برآرد ز دریای نیل

بیامد کنون تا لب هیرمند	ابی جوشن و خود و گرز و کمند
به دیدار شاه آمدستش نیاز	ندانم چه دارد همی با تو راز
ز بهمن برآشفت اسفندیار	ورا بر سر انجمن کرد خوار
بدو گفت کز مردم سرفراز	نزیبد که با زن نشیند به راز
وگر کودکان را بکاری بزرگ	فرستی نباشد دلیر و سترگ
تو گردنکشان را کجا دیدهای	که آواز روباه بشنیدهای
که رستم همی پیل جنگی کنی	دل نامور انجمن بشکنی
چنین گفت پس با پشوتن به راز	که این شیر رزمآور جنگ ساز
جوانی همی سازد از خویشتن	ز سالش همانا نیامد شکن

رسیدن رستم و اسفندیار بیکدیگر

بفرمود کاسپ سیه زین کنید	به بالای او زین زرین کنید
پس از لشکر نامور صدسوار	برفتند با فرخ اسفندیار
بیامد دمان تا لب هیرمند	به فتراک بر گرد کرده کمند
ازین سو خروشی برآورد رخش	وزان روی اسپ یل تاجبخش
چنین تا رسیدند نزدیک آب	به دیدار هر دو گرفته شتاب
تهمتن ز خشک اندر آمد به رود	پیاده شد و داد یل را درود
پس از آفرین گفت کز یک خدای	همی خواستم تا بود رهنمای
که با نامداران بدین جایگاه	چنین تندرست آید و با سپاه
نشینیم یکجای و پاسخ دهیم	همی در سخن رای فرخ نهیم
چنان دان که یزدان گوای منست	خرد زین سخن رهنمای منست
که من زین سخنها نجویم فروغ	نگردم به هر کار گرد دروغ
که روی سیاوش گر دیدمی	بدین تازهرویی نگردیدمی
نمانی همی چز سیاوخش را	مر آن تاجدار جهان بخش را
خنک شاه کو چون تو دارد پسر	به بالا و فرت بنازد پدر
خنک شهر ایران که تخت ترا	پرستند بیدار بخت ترا

دژم گردد آنکس که با تو نبرد / بجوید سرش اندر آید به گرد
همه دشمنان از تو پر بیم باد / دل بدسگالان به دو نیم باد
همه ساله بخت تو پیروز باد / شبان سیه بر تو نوروز باد
چو بشنید گفتارش اسفندیار / فرود آمد از باره‌ی نامدار
گو پیلتن را به بر در گرفت / چو خشنود شد آفرین برگرفت
که یزدان سپاس ای جهان پهلوان / که دیدم ترا شاد و روشن‌روان
سزاوار باشد ستودن ترا / یلان جهان خاک بودن ترا
خنک آنک چون تو پسر باشدش / یکی شاخ بیند که بر باشدش
خنک آنک او را بود چون تو پشت / بود ایمن از روزگار درشت
خنک زال کش بگذرد روزگار / به گیتی بماند ترا یادگار
بدیدم ترا یادم آمد زریر / سپهدار اسپافگن و نره شیر
بدو گفت رستم که ای پهلوان / جهاندار و بیدار و روشن‌روان
یکی آرزو دارم از شهریار / که باشم بران آرزو کامگار
خرامان بیایی سوی خان من / به دیدار روشن کنی جام من
سزای تو گر نیست چیزی که هست / بکوشیم و با آن بساییم دست
چنین پاسخ آوردش اسفندیار / که ای از یلان جهان یادگار
هرانکس کجا چون تو باشد به نام / همه شهر ایران بدو شادکام
نشاید گذر کردن از رای تو / گذشت از بر و بوم وز جای تو
ولیکن ز فرمان شاه جهان / نپیچم روان آشکار و نهان
به زابل نفرمود ما را درنگ / نه با نامداران این بوم جنگ
تو آن کن که بر یابی از روزگار / بران رو که فرمان دهد شهریار
تو خود بند بر پای نه بی‌درنگ / نباشد ز بند شهنشاه ننگ
ترا چون برم بسته نزدیک شاه / سراسر بدو بازگردد گناه
وزین بستگی من جگر خسته‌ام / به پیش تو اندر کمر بسته‌ام
نمانم که تا شب بمانی به بند / وگر بر تو آید ز چیزی گزند
همه از من انگار ای پهلوان / بدی ناید از شاه روشن‌روان
ازان پس که من تاج بر سر نهم / جهان را به دست تو اندر نهم
نه نزدیک دادار باشد گناه / نه شرم آیدم نیز از روی شاه
چو تو بازگردی به زابلستان / به هنگام بشکوفه‌ی گلستان

ز من نیز یابی بسی خواسته / که گردد بر و بومت آراسته

بدو گفت رستم که ای نامدار / همی جستم از داور کردگار

که خرم کنم دل به دیدار تو / کنون چون بدیدم من آزار تو

دو گردن فرازیم پیر و جوان / خردمند و بیدار دو پهلوان

بترسم که چشم بد آید همی / سر از خوب خوش برگراید همی

همی یابد اندر میان دیو راه / دلت کژ کند از پی تاج و گاه

یکی ننگ باشد مرا زین سخن / که تا جاودان آن نگردد کهن

که چون تو سپهبد گزیده سری / سرافراز شیری و نام‌آوری

نیایی زمانی تو در خان من / نباشی بدین مرز مهمان من

گر این تیزی از مغز بیرون کنی / بکوشی و بر دیو افسون کنی

ز من هرچ خواهی تو فرمان کنم / به دیدار تو رامش جان کنم

مگر بند کز بند عاری بود / شکستی بود زشت کاری بود

نبیند مرا زنده با بند کس / که روشن روانم برینست و بس

ز تو پیش بودند کنداوران / نکردند پایم به بند گران

به پاسخ چنین گفتش اسفندیار / که ای در جهان از گوان یادگار

همه راست گفتی نگفتی دروغ / به کژی نگیرند مردان فروغ

ولیکن پشوتن شناسد که شاه / چه فرمود تا من برفتم به راه

گر اکنون بیایم سوی خان تو / بوم شاد و پیروز مهمان تو

تو گردن بپیچی ز فرمان شاه / مرا تابش روز گردد سیاه

دگر آنک گر با تو جنگ آورم / به پرخاش خوی پلنگ آورم

فرامش کنم مهر نان و نمک / به من بر دگرگونه گردد فلک

وگر سربپیچم ز فرمان شاه / بدان گیتی آتش بود جایگاه

ترا آرزو گر چنین آمدست / یک امروز با می بساییم دست

که داند که فردا چه شاید بدن / بدین داستانی نباید زدن

بدو گفت رستم که ایدون کنم / شوم جامه‌ی راه بیرون کنم

به یک هفته نخچیر کردم همی / به جای بره گور خوردم همی

به هنگام خوردن مرا باز خوان / چون با دوده بنشینی از پیش خوان

ازان جایگه رخش را برنشست / دل خسته را اندر اندیشه بست

بیامد دمان تا به ایوان رسید / رخ زال سام نریمان بدید

بدو گفت کای مهتر نامدار	رسیدم به نزدیک اسفندیار
سواریش دیدم چو سرو سهی	خردمند و با زیب و با فرهی
تو گفتی که شاه فریدون گرد	بزرگی دانایی او را سپرد
به دیدن فزون آمد از آگهی	همی تافت زو فر شاهنشهی

نخواندن اسفندیار رستم را به مهمانی

چو رستم برفت از لب هیرمند	پراندیشه شد نامدار بلند
پشوتن که بد شاه را رهنمای	بیامد همانگه به پرده سرای
چنین گفت با او یل اسفندیار	که کاری گرفتیم دشخوار خوار
به ایوان رستم مرا کار نیست	ورا نزد من نیز دیدار نیست
همان گر نیاید نخوانمش نیز	گر از ما یکی را برآید قفیز
دل زنده از کشته بریان شود	سر از آشناییش گریان شود
پشوتن بدو گفت کای نامدار	برادر که یابد چو اسفندیار
به یزدان که دیدم شما را نخست	که یک نامور با دگر کین نجست
دلم گشت زان کار چون نوبهار	هم از رستم و هم ز اسفندیار
چو در کارتان باز کردم نگاه	ببندد همی بر خرد دیو راه
تو آگاهی از کار دین و خرد	روانت همیشه خرد پرورد
بپرهیز و با جان ستیزه مکن	نیوشنده باش از برادر سخن
شنیدم همه هرچ رستم بگفت	بزرگیش با مردمی بود جفت
نساید دو پای ورا بند تو	نیاید سبک سوی پیوند تو
سوار جهان پور دستان سام	به بازی سراندر نیارد به دام
چنو پهلوانی ز گردنکشان	ندادست دانا به گیتی نشان
چگونه توان کرد پایش به بند	مگوی آنکه هرگز نیاید پسند
سخنهای ناخوب و نادلپذیر	سزد گر نگوید یل شیرگیر
بترسم که این کار گردد دراز	به زشتی میان دو گردن فراز
بزرگی و از شاه داناتری	به مردی و گردی تواناتری

Shahnameh

یکی بزم جوید یکی رزم و کین	نگه کن که تا کیست با آفرین
چنین داد پاسخ ورا نامدار	که گر من بپیچم سر از شهریار
بدین گیتی‌اندر نکوهش بود	همان پیش یزدان پژوهش بود
دو گیتی به رستم نخواهم فروخت	کسی چشم دین را به سوزن ندوخت
بدو گفت هر چیز کامد ز پند	تن پاک و جان ترا سودمند
همه گفتم اکنون بهی برگزین	دل شهریاران نیازد به کین
سپهبد ز خوالیگران خواست خوان	کسی را نفرمود کو را بخوان
چو نان خورده شد جام می برگرفت	ز رویین دژ آنگه سخن درگرفت
ازان مردی خود همی یاد کرد	به یاد شهنشاه جامی بخورد
همی بود رستم به ایوان خویش	ز خوردن نگه داشت پیمان خویش
چو چندی برآمد نیامد کسی	نگه کرد رستم به ره بر بسی
چو هنگام نان خوردن اندر گذشت	ز مغز دلیر آب برتر گذشت
بخندید و گفت ای برادر تو خوان	بیارای و آزادگان را بخوان
گرینست آیین اسفندیار	تو آیین این نامدار یاددار
بفرمود تا رخش را زین کنند	همان زین به آرایش چین کنند
شوم باز گویم به اسفندیار	کجا کار ما را گرفتست خوار
نشست از بر رخش چون پیل مست	یکی گرزه‌ی گاو پیکر به دست
بیامد دمان تا به نزدیک آب	سپه را به دیدار او بد شتاب
هرانکس که از لشکر او را بدید	دلش مهر و پیوند او برگزید
همی گفت هرکس که این نامدار	نماند به کس جز به سام سوار
برین کوهه‌ی زین که آهنست	همان رخش گویی که آهرمنست
اگر هم نبردش بود ژنده پیل	برافشاند از تارک پیل نیل
کسی مرد ازین سان به گیتی ندید	نه از نامداران پیشین شنید
خرد نیست اندر سر شهریار	که جوید ازین نامور کارزار
برین سان همی از پی تاج و گاه	به کشتن دهد نامداری چو ماه
به پیری سوی گنج یازان ترست	به مهر و به دیهیم نازان ترست
همی آمد از دور رستم چو شیر	به زیر اندرون اژدهای دلیر
چو آمد به نزدیک اسفندیار	همانگه پذیره شدش نامدار
بدو گفت رستم که ای پهلوان	نوآیین و نوساز و فرخ جوان

خرامی نیرزید مهمان تو	چنین بود تا بود پیمان تو
سخن هرچ گویم همه یاد گیر	مشو تیز با پیر بر خیره خیر
همی خویشتن را بزرگ آیدت	وزین نامداران سترگ آیدت
همانا به مردی سبک داریم	به رای و به دانش تنک داریم
به گیتی چنان دان که رستم منم	فروزنده‌ی تخم نیرم منم
بخاید ز من چنگ دیو سپید	بسی جاودان را کنم ناامید
بزرگان که دیدند ببر مرا	همان رخش غران هژبر مرا
چو کاموس جنگی چو خاقان چین	سواران جنگی و مردان کین
که از پشت زینشان به خم کمند	ربودم سر و پای کردم به بند
نگهدار ایران و توران منم	به هر جای پشت دلیران منم
ازین خواهش من مشو بدگمان	مدان خویشتن برتر از آسمان
من از بهر این فر و اورند تو	بجویم همی رای و پیوند تو
نخواهم که چون تو یکی شهریار	تبه دارد از چنگ من روزگار
که من سام یل را بخوانم دلیر	کزو بیشه بگذاشتی نره شیر
به گیتی منم زو کنون یادگار	دگر شاهزاده یل اسفندیار
بسی پهلوان جهان بوده‌ام	سخنها ز هر گونه بشنوده‌ام
سپاسم ز یزدان که بگذشت سال	بدیدم یکی شاه فرخ همال
که کین خواهد از مرد ناپاک دین	جهانی بروبر کنند آفرین
توی نامور پرهنر شهریار	به جنگ اندرون افسر کارزار

نکوهش کردن اسفندیار رستم را

بخندید از رستم اسفندیار	بدو گفت کای پور سام سوار
شدی تنگدل چون نیامد خرام	نجستم همی زین سخن کام و نام
چنین گرم بد روز و راه دراز	نکردم ترا رنجه تندی مساز
همی گفتم از بامداد پگاه	به پوزش بسازم سوی داد راه
به دیدار دستان شوم شادمان	به تو شاد دارم روان یک زمان

Shahnameh

کنون تو بدین رنج برداشتی	به دشت آمدی خانه بگذاشتی
به آرام بنشین و بردار جام	ز تندی و تیزی مبر هیچ نام
به دست چپ خویش بر جای کرد	ز رستم همی مجلس آرای کرد
جهاندیده گفت این نه جای منست	بجایی نشینم که رای منست
به بهمن بفرمود کز دست راست	نشستی بیارای ازان کم سزاست
چنین گفت با شاهزاده به خشم	که آیین من بین و بگشای چشم
هنر بین و این نامور گوهرم	که از تخمه‌ی سام کنداورم
هنر باید از مرد و فر و نژاد	کفی راد دارد دلی پر ز داد
سزاوار من گر ترا نیست جای	مرا هست پیروزی و هوش و رای
ازان پس بفرمود فرزند شاه	که کرسی زرین نهد پیش گاه
بدان تا گو نامور پهلوان	نشیند بر شهریار جوان
بیامد بران کرسی زر نشست	پر از خشم بویا ترنجی بدست
چنین گفت با رستم اسفندیار	که این نیک دل مهتر نامدار
من ایدون شنیدستم از بخردان	بزرگان و بیداردل موبدان
ازان برگذشته نیاکان تو	سرافراز و دیندار و پاکان تو
که دستان بدگوهر دیوزاد	به گیتی فزونی ندارد نژاد
فراوان ز سامش نهان داشتند	همی رستخیز جهان داشتند
تنش تیره بد موی و رویش سپید	چو دیدش دل سام شد نامید
بفرمود تا پیش دریا برند	مگر مرغ و ماهی ورا بشکرند
بیامد بگسترد سیمرغ پر	ندید اندرو هیچ آیین و فر
ببردش به جایی که بودش کنام	ز دستان مر او را خورش بود کام
اگر چند سیمرغ ناهار بود	تن زال پیش اندرش خوار بود
بینداختش پس به پیش کنام	به دیدار او کس نبد شادکام
همی خورد افگنده مردار اوی	ز جامه برهنه تن خوار اوی
چو افگند سیمرغ بر زال مهر	برو گشت زین گونه چندی سپهر
ازان پس که مردار چندی چشید	برهنه سوی سیستانش کشید
پذیرفت سامش ز بی‌بچگی	ز نادانی و دیوی و غرچگی
خجسته بزرگان و شاهان من	نیای من و نیکخواهان من
ورا برکشیدند و دادند چیز	فراوان برین سال بگذشت نیز

یکی سرو بد نابسوده سرش / چو با شاخ شد رستم آمد برش
ز مردی و بالا و دیدار اوی / به گردون برآمد چنین کار اوی
برین گونه ناپارسایی گرفت / ببالید و پس پادشاهی گرفت
بدو گفت رستم که آرام گیر / چه گویی سخنهای نادلپذیر
دلت بیش کژی بپالد همی / روانت ز دیوان ببالد همی
تو آن گوی کز پادشاهان سزاست / نگوید سخن پادشا جز که راست
جهاندار داند که دستان سام / بزرگست و بادانش و نیک‌نام
همان سام پور نریمان بدست / نریمان گرد از کریمان بدست
بزرگست و گرشاسپ بودش پدر / به گیتی بدی خسرو تاجور
همانا شنیدستی آواز سام / نبد در زمانه چنو نیک‌نام
بکشتش به طوس اندرون اژدها / که از چنگ او کس نیابد رها
به دریا نهنگ و به خشکی پلنگ / ورا کس ندیدی گریزان ز جنگ
به دریا سر ماهیان برفروخت / هم‌اندر هوا پر کرگس بسوخت
همی پیل را درکشیدی به دم / دل خرم از یاد او شدم دژم
و دیگر یکی دیو بد بدگمان / تنش بر زمین و سرش به آسمان
که دریای چین تا میانش بدی / ز تابیدن خور زیانش بدی
همی ماهی از آب برداشتی / سر از گنبد ماه بگذاشتی
به خورشید ماهیش بریان شدی / ازو چرخ گردنده گریان نشدی
دو پتیاره زین گونه پیچان شدند / ز تیغ یلی هر دو بیجان شدند
همان مادرم دخت مهراب بود / بدو کشور هند شاداب بود
که ضحاک بودیش پنجم پدر / ز شاهان گیتی برآورده سر
نژادی ازین نامورتر کراست / خردمند گردن نپیچد ز راست
دگر آنک اندر جهان سربسر / یلان را ز من جست باید هنر
همان عهد کاوس دارم نخست / که بر من بهانه نیارند جست
همان عهد کیخسرو دادگر / که چون او نبست از کیان کس کمر
زمین را سراسر همه گشته‌ام / بسی شاه بیدادگر کشته‌ام
چو من برگذشتم ز جیحون بر آب / ز توران به چین آمد افراسیاب
ز کاوس در جنگ هاماوران / به تنها برفتم به مازندران
نه ارژنگ ماندم نه دیو سپید / نه سنجه نه اولاد غندی نه بید

Shahnameh

همی از پی شاه فرزند را	بکشتم دلیر خردمند را
که گردی چو سهراب هرگز نبود	به زور و به مردی و رزم آزمود
ز پانصد همانا فزونست سال	که تا من جدا گشتم از پشت زال
همی پهلوان بودم اندر جهان	یکی بود با آشکارم نهان
به سام فریدون فرخ‌نژاد	که تاج بزرگی به سر بر نهاد
ز تخت اندرآورد ضحاک را	سپرد آن سر و تاج او خاک را
دگر سام کو بود ما را نیا	ببرد از جهان دانش و کیمیا
سه دیگر که چون من ببستم کمر	تن آسان شد اندر جهان تاجور
بران خرمی روز هرگز نبود	پی مرد بی‌راه بر دز نبود
که من بودم اندر جهان کامران	مرا بود شمشیر و گرز گران
بدان گفتم این تا بدانی همه	تو شاهی و گردنکشان چون رمه
تو اندر زمانه رسیده نوی	اگر چند با فر کیخسروی
تن خویش بینی همی در جهان	نه‌ای آگه از کارهای نهان
چو بسیار شد گفتها می‌خوریم	به می جان اندیشه را بشکریم

پاسخ اسفندیار رستم را

چو از رستم اسفندیار این شنید	بخندید و شادان دلش بردمید
بدو گفت ازین رنج و کردار تو	شنیدم همه درد و تیمار تو
کنون کارهایی که من کرده‌ام	ز گردنکشان سر برآورده‌ام
نخستین کمر بستم از بهر دین	تهی کردم از بت‌پرستان زمین
کس از جنگجویان گیتی ندید	که از کشتگان خاک شد ناپدید
نژاد من از تخم گشتاسپست	که گشتاسپ از تخم لهراسپست
که لهراسپ بد پور اورند شاه	که او را بدی از مهان تاج و گاه
هم اورند از گوهر کی‌پشین	که کردی پدر بر پشین آفرین
پشین بود از تخمه‌ی کیقباد	خردمند شاهی دلش پر ز داد
همی رو چنین تا فریدون شاه	که شاه جهان بود و زیبای گاه

۱۰۵۳

همان مادرم دختر قیصرست		کجا بر سر رومیان افسرست
همان قیصر از سلم دارد نژاد		ز تخم فریدون با فر و داد
همان سلم پور فریدون گرد		که از خسروان نام شاهی ببرد
بگویم من و کس نگوید که نیست		که بی‌راه بسیار و راه اندکیست
تو آنی که پیش نیاکان من		بزرگان بیدار و پاکان من
پرستنده بودی همی با نیا		نجویم همی زین سخن کیمیا
بزرگی ز شاهان من یافتی		چو در بندگی تیز بشتافتی
ترا بازگویم همه هرچ هست		یکی گر دروغست بنمای دست
که تا شاه گشتاسپ را داد تخت		میان بسته دارم به مردی و بخت
هرانکس که رفت از پی دین به چین		بکردند زان پس برو آفرین
ازان پس که ما را به گفت گرزم		ببستم پدر دور کردم ز بزم
به لهراسپ از بند من بد رسید		شد از ترک روی زمین ناپدید
بیاورد جاماسپ آهنگران		که ما را گشاید ز بند گران
همان کار آهنگران دیر بود		مرا دل بر آهنگ شمشیر بود
دلم تنگ شد بانگشان بر زدم		تن از دست آهنگران بستدم
برافراختم سر ز جای نشست		غل و بند بر هم شکستم به دست
گریزان شد ارجاسپ از پیش من		بران سان یکی نامدار انجمن
به مردی ببستم کمر بر میان		همی رفتم از پس چو شیر ژیان
شنیدی که در هفتخوان پیش من		چه آمد ز شیران و از اهرمن
به چاره به رویین‌دژ اندر شدم		جهانی بران گونه بر هم زدم
بجستم همه کین ایرانیان		به خون بزرگان ببستم میان
به توران و چین آنچ من کرده‌ام		همان رنج و سختی که من برده‌ام
همانا ندیدست گور از پلنگ		نه از شست ملاح کام نهنگ
ز هنگام تور و فریدون گرد		کس اندر جهان نام این دژ نبرد
یکی تیره دژ بر سر کوه بود		که از برتری دور از انبوه بود
چو رفتم همه بت‌پرستان بدند		سراسیمه برسان مستان بدند
به مردی من آن باره را بستدم		بتان را همه بر زمین بر زدم
برافراختم آتش زردهشت		که با مجمر آورده بود از بهشت
به پیروزی دادگر یک خدای		به ایران چنان آمدم باز جای

که ما را به هر جای دشمن نماند
به بتخانه‌ها در برهمن نماند

به تنها تن خویش جستم نبرد
به پرخاش تیمار من کس نخورد

سخنها به ما بر کنون شد دراز
اگر تشنه‌ای جام می را فراز

ستایش کردن رستم پهلوانی خود را

چنین گفت رستم به اسفندیار
که کردار ماند ز ما یادگار

کنون داده باش و بشنو سخن
ازین نامبردار مرد کهن

اگر من نرفتی به مازندران
به گردن برآورده گرز گران

کجا بسته بد گیو و کاوس و طوس
شده گوش کر یکسر از بانگ کوس

که کندی دل و مغز دیو سپید
که دارد به بازوی خویش این امید

سر جادوان را بکندم ز تن
ستودان ندیدند و گور و کفن

ز بند گران بردمش سوی تخت
شد ایران بدو شاد و او نیکبخت

مرا یار در هفتخوان رخش بود
که شمشیر تیزم جهان‌بخش بود

وزان پس که شد سوی هاماوران
ببستند پایش به بند گران

ببردم ز ایرانیان لشکری
به جایی که بد مهتری گر سری

بکشتم به جنگ اندرون شاهشان
تهی کردم آن نامور گاهشان

جهاندار کاوس کی بسته بود
ز رنج و ز تیمار دل خسته بود

بیاوردم از بند کاوس را
همان گیو و گودرز و هم طوس را

به ایران بد افراسیاب آن زمان
جهان پر ز درد از بد بدگمان

به ایران کشیدم ز هاماوران
خود و شاه با لشکری بی‌کران

شب تیره تنها برفتم ز پیش
همه نام جستم نه آرام خویش

چو دید آن درفشان درفش مرا
به گوش آمدش بانگ رخش مرا

بپردخت ایران و شد سوی چین
جهان شد پر از داد و پر آفرین

گر از یال کاوس خون آمدی
ز پشتش سیاوش چون آمدی

وزو شاه کیخسرو پاک و راد
که لهراسپ را تاج بر سر نهاد

پدرم آن دلیر گرانمایه مرد
ز ننگ اندران انجمن خاک خورد

که لهراسپ را شاه بایست خواند / ازو در جهان نام چندین نماند
چه نازی بدین تاج گشتاسپی / بدین تازه آیین لهراسپی
که گوید برو دست رستم ببند / نبندد مرا دست چرخ بلند
که گر چرخ گوید مراکاین نیوش / به گرز گرانش بمالم دو گوش
من از کودکی تا شدستم کهن / بدین گونه از کس نبردم سخن
مرا خواری از پوزش و خواهش است / وزین نرم گفتن مرا کاهش است
ز تیزیش خندان شد اسفندیار / بیازید و دستش گرفت استوار
بدو گفت کای رستم پیلتن / چنانی که بشنیدم از انجمن
ستبرست بازوت چون ران شیر / برو یال چون اژدهای دلیر
میان تنگ و باریک همچون پلنگ / به ویژه کجا گرز گیرد به چنگ
بیفشارد چنگش میان سخن / ز برنا بخندید مرد کهن
ز ناخن فرو ریختش آب زرد / همانا نجنبید زان‌درد مرد
گرفت آن زمان دست مهتر به دست / چنین گفت کای شاه یزدان‌پرست
خنک شاه گشتاسپ آن نامدار / کجا پور دارد چو اسفندیار
خنک آنک چون تو پسر زاید او / همی فر گیتی بیفزاید او
همی گفت و چنگش به چنگ اندرون / همی داشت تا چهر او شد چو خون
همان ناخنش پر ز خوناب کرد / سپهبد بروها پر از تاب کرد
بخندید ازو فرخ اسفندیار / چنین گفت کای رستم نامدار
تو امروز می خور که فردا به رزم / بپیچی و یادت نیاید ز بزم
چو من زین زرین نهم بر سپاه / به سر بر نهم خسروانی کلاه
به نیزه ز اسپت نهم بر زمین / ازان پس نه پرخاش جویی نه کین
دو دستت ببندم برم نزد شاه / بگویم که من زو ندیدم گناه
بباشیم پیشش به خواهشگری / بسازیم هرگونه‌یی داوری
رهانم ترا از غم و درد و رنج / بیابی پس از رنج خوبی و گنج
بخندید رستم ز اسفندیار / بدو گفت سیر آیی از کارزار
کجا دیده‌ای رزم جنگاوران / کجا یافتی باد گرز گران
اگر بر جزین روی گردد سپهر / بپوشید میان دو تن روی مهر
به جای می سرخ کین آوریم / کمند نبرد و کمین آوریم
غو کوس خواهیم از آوای رود / به تیغ و به گوپال باشد درود

ببینی تو ای فرخ اسفندیار	گراییدن و گردش کارزار
چو فردا بیایی به دشت نبرد	به آورد مرد اندر آید به مرد
ز باره به آغوش بردارمت	ز میدان به نزدیک زال آرمت
نشانمت بر نامور تخت عاج	نهم بر سرت بر دلافروز تاج
کجا یافتستم من از کیقباد	به مینو همی جان او باد شاد
گشایم در گنج و هر خواسته	نهم پیش تو یکسر آراسته
دهم بی‌نیازی سپاه ترا	به چرخ اندر آرم کلاه ترا
ازان پس بیابم به نزدیک شاه	گرازان و خندان و خرم به راه
به مردی ترا تاج بر سر نهم	سپاسی به گشتاسپ زین بر نهم
ازان پس ببندم کمر بر میان	چنانچون ببستم به پیش کیان
همه روی پالیز بی خو کنم	ز شادی تن خویش را نو کنم
چو تو شاه باشی و من پهلوان	کسی را به تن در نباشد روان
چنین پاسخ آوردش اسفندیار	که گفتار بیشی نیاید به کار
شکم گرسنه روز نیمی گذشت	ز گفتار پیکار بسیار گشت
بیارید چیزی که دارید خوان	کسی را که بسیار گوید مخوان
چو بنهاد رستم به خوردن گرفت	بماند اندر آن خوردن اندر شگفت
یل اسفندیار و گوان یکسره	ز هر سو نهادند پیشش بره
بفرمود مهتر که جام آورید	به جای می پخته خام آورید
ببینیم تا رستم اکنون ز می	چه گوید چه آرد ز کاوس کی
بیاورد یک جام می میگسار	که کشتی بکردی بروبر گذار
به یاد شهنشاه رستم بخورد	برآورد ازان چشمه‌ی زرد گرد
همان جام را کودک میگسار	بیاورد پر باده‌ی شاهوار
چنین گفت پس با پشوتن به راز	که بر می نیاید به آبت نیاز
چرا آب بر جام می بفگنی	که تیزی نبیند کهن بشکنی
پشوتن چنین گفت با میگسار	که بی‌آب جامی می افگن بیار
می آورد و رامشگران را بخواند	ز رستم همی در شگفتی بماند
چو هنگامه‌ی رفتن آمد فراز	ز می لعل شد رستم سرفراز
چنین گفت با او یل اسفندیار	که شادان بدی تا بود روزگار
می و هرچ خوردی ترا نوش باد	روان دلاور پر از توش باد

بدو گفت رستم که ای نامدار
همیشه خرد بادت آموزگار

هران می که با تو خورم نوش گشت
روان خردمند را توش گشت

گر این کینه از مغز بیرون کنی
بزرگی و دانش برافزون کنی

ز دشت اندرآیی سوی خان من
بوی شاد یک چند مهمان من

سخن هرچ گفتم بجای آورم
خرد پیش تو رهنمای آورم

بیاسای چندی و با بد مکوش
سوی مردمی یاز و بازآر هوش

چنین گفت با او یل اسفندیار
که تخمی که هرگز نروید مکار

تو فردا ببینی ز مردان هنر
چو من تاختن را ببندم کمر

تن خویش را نیز مستای هیچ
به ایوان شو و کار فردا بسیچ

ببینی که من در صف کارزار
چنانم چو با باده و میگسار

چو از شهر زاول به ایران شوم
به نزدیک شاه و دلیران شوم

هنر بیش بینی ز گفتار من
مجوی اندرین کار تیمار من

دل رستم از غم پراندیشه شد
جهان پیش او چون یکی بیشه شد

که گر من دهم دست بند ورا
وگر سر فرازم گزند ورا

دو کارست هر دو به نفرین و بد
گزاینده رسمی نو آیین و بد

هم از بند او بد شود نام من
بد آید ز گشتاسپ انجام من

به گرد جهان هرک راند سخن
نکوهیدن من نگردد کهن

که رستم ز دست جوانی بخست
به زاول شد و دست او را ببست

همان نام من بازگردد به ننگ
نماند ز من در جهان بوی و رنگ

وگر کشته آید به دشت نبرد
شود نزد شاهان مرا روی زرد

که او شهریاری جوان را بکشت
بدان کو سخن گفت با او درشت

برین بر پس از مرگ نفرین بود
همان نام من نیز بی‌دین بود

وگر من شوم کشته بر دست اوی
نماند به زاولستان رنگ و بوی

شکسته شود نام دستان سام
ز زابل نگیرد کسی نیز نام

ولیکن همی خوب گفتار من
ازین پس بگویند بر انجمن

چنین گفت پس با سرافراز مرد
که اندیشه روی مرا زرد کرد

که چندین بگویی تو از کار بند
مرا بند و رای تو آید گزند

مگر کاسمانی سخن دیگرست
که چرخ روان از گمان برترست

همه پند دیوان پذیری همی
ز دانش سخن برنگیری همی

ترا سال برنامد از روزگار	ندانی فریب بد شهریار
تو یکتادلی و ندیده‌جهان	جهانبان به مرگ تو کوشد نهان
گر ایدونک گشتاسپ از روی بخت	نیابد همی سیری از تاج و تخت
به گرد جهان بر دواند ترا	بهر سختی پروراند ترا
به روی زمین یکسر اندیشه کرد	خرد چون تبر هوش چون تیشه کرد
که تا کیست اندر جهان نامدار	کجا سر نپیچاند از کارزار
کزان نامور بر تو آید گزند	بماند بدو تاج و تخت بلند
که شاید که بر تاج نفرین کنیم	وزین داستان خاک بالین کنیم
همی جان من در نکوهش کنی	چرا دل نه اندر پژوهش کنی
به تن رنج کاری تو بر دست خویش	جز از بدگمانی نیایدت پیش
مکن شهریارا جوانی مکن	چنین بر بلا کامرانی مکن
دل ما مکن شهریارا نژند	میاور به جان خود و من گزند
ز یزدان و از روی من شرمدار	مخور بر تن خویشتن زینهار
ترا بی‌نیازیست از جنگ من	وزین کوشش و کردن آهنگ من
زمانه همی تاختت با سپاه	که بر دست من گشت خواهی تباه
بماند به گیتی ز من نام بد	به گشتاسپ بادا سرانجام بد
چو بشنید گردنکش اسفندیار	بدو گفت کای رستم نامدار
به دانای پیشی نگر تا چه گفت	بدانگه که جان با خرد کرد جفت
که پیر فریبنده کانا بود	وگر چند پیروز و دانا بود
تو چندین همی بر من افسون کنی	که تا چنبر از یال بیرون کنی
تو خواهی که هرکس که این بشنود	بدین خوب گفتار تو بگرود
مرا پاک خوانند ناپاک رای	ترا مرد هشیار نیکی‌فزای
بگویند کو با خرام و نوید	بیامد ورا کرد چندی امید
سپهبد ز گفتار او سر بتافت	ازان پس که جز جنگ کاری نیافت
همی خواهش او همه خوار داشت	زبانی پر از تلخ گفتار داشت
بدانی که من سر ز فرمان شاه	نتابم نه از بهر تخت و کلاه
بدو یابم اندر جهان خوب و زشت	بدویست دوزخ بدو هم بهشت
ترا هرچ خوردی فزاینده باد	بداندیشگان را گزاینده باد
تو اکنون به خوبی به ایوان بپوی	سخن هرچ دیدی به دستان بگوی

سلیحت همه جنگ را ساز کن	ازین پس مپیمای با من سخن
پگاه آی در جنگ من چاره‌ساز	مکن زین سپس کار بر خود دراز
تو فردا ببینی به آوردگاه	که گیتی شود پیش چشمت سیاه
بدانی که پیکار مردان مرد	چگونه بود روز جنگ و نبرد
بدو گفت رستم که ای شیرخوی	ترا گر چنین آمدست آرزوی
ترا بر تگ رخش مهمان کنم	سرت را به گوپال درمان کنم
تو در پهلوی خویش بشنیده‌ای	به گفتار ایشان بگرویده‌ای
که تیغ دلیران بر اسفندیار	به آوردگه بر، نیاید به کار
ببینی تو فردا سنان مرا	همان گرد کرده عنان مرا
که تا نیز با نامداران مرد	به خویی به آوردگه بر، نبرد
لب مرد برنا پر از خنده شد	همی گوهر آن خنده را بنده شد
به رستم چنین گفت کای نامجوی	چرا تیز گشتی بدین گفت و گوی
چو فردا بیابی به دشت نبرد	ببینی تو آورد مردان مرد
نه من کوهم و زیرم اسپی چوکوه	یگانه یکی مردمم چون گروه
گر از گرز من باد یابد سرت	بگرید به درد جگر مادرت
وگر کشته آیی به آوردگاه	ببندمت بر زین برم نزد شاه
بدان تا دگر بنده با شهریار	نجوید به آوردگه کارزار
چو رستم بدر شد ز پرده‌سرای	زمانی همی بود بر در به پای
به کریاس گفت ای سرای امید	خنک روز کاندر تو بد جمشید
همایون بدی گاه کاوس کی	همان روز کیخسرو نیک‌پی
در فرهی بر تو اکنون ببست	که بر تخت تو ناسزایی نشست
شنید این سخنها یل اسفندیار	پیاده بیامد بر نامدار
به رستم چنین گفت کای سرگرای	چرا تیز گشتی به پرده‌سرای
سزد گر برین بوم زابلستان	نهد دانشی نام غلغلستان
که مهمان چو سیر آید از میزبان	به زشتی برد نام پالیزبان
سراپرده را گفت بد روزگار	که جمشید را داشتی بر کنار
همان روز کز بهر کاوس شاه	بدی پرده و سایه‌ی بارگاه
کجا راه یزدان همی بازجست	همی خواستی اختران را درست
زمین زو سراسر پرآشوب بود	پر از خنجر و غارت و چوب بود

Shahnameh

کنون مایه‌دار تو گشتاسپ است
به پیش وی اندر چو جاماسپ است

نشسته به یک دست او زردهشت
که با زند واست آمدست از بهشت

به دیگر پشوتن گو نیک مرد
چشیده ز گیتی بسی گرم و سرد

به پیش اندرون فرخ اسفندیار
کزو شاد شد گردش روزگار

دل نیک‌مردان بدو زنده شد
بد از بیم شمشیر او بنده شد

بیامد بدر پهلوان سوار
پس‌اندر همی دیدش اسفندیار

چو برگشت ازو با پشوتن بگفت
که مردی و گردی نشاید نهفت

ندیدم بدین گونه اسپ و سوار
ندانم که چون خیزد از کارزار

یکی ژنده پیل است بر کوه گنگ
اگر با سلیح اندر آید به جنگ

اگر با سلیح نبردی بود
همانا که آیین مردی بود

به بالا همی بگذرد فر و زیب
بترسم که فردا ببیند نشیب

همی سوزد از مهر فرش دلم
ز فرمان دادار دل نگسلم

چو فردا بیاید به آوردگاه
کنم روز روشن بروبر سیاه

پشوتن بدو گفت بشنو سخن
همی گویمت ای برادر مکن

ترا گفتم و بیش گویم همی
که از راستی دل نشویم همی

میازار کس را که آزاد مرد
سر اندر نیارد به آزار و درد

بخسب امشب و بامداد پگاه
برو تا به ایوان او بی‌سپاه

بایوان او روز فرخ کنیم
سخن هرچ گویند پاسخ کنیم

همه کار نیکوست زو در جهان
میان کهان و میان مهان

همی سر نپیچد ز فرمان تو
دلش راست بینم به پیمان تو

تو با او چه گویی به کین و به خشم
بشوی از دلت کین وز خشم چشم

یکی پاسخ آوردش اسفندیار
که بر گوشه‌ی گلستان رست خار

چنین گفت کز مردم پاک‌دین
همانا نزیبد که گوید چنین

گر ایدونک دستور ایران توی
دل و گوش و چشم دلیران توی

همی خوب داری چنین راه را
خرد را و آزردن شاه را

همه رنج و تیمار ما باد گشت
همان دین زردشت بیداد گشت

که گوید که هر کو ز فرمان شاه
بپیچد به دوزخ بود جایگاه

مرا چند گویی گنهکار شو
ز گفتار گشتاسپ بیزار شو

تو گویی و من خود چنین کی کنم
که از رای و فرمان او پی کنم

گر ایدونک ترسی همی از تنم	من امروز ترس ترا بشکنم
کسی بی‌زمانه به گیتی نمرد	نمرد آنک نام بزرگی ببرد
تو فردا ببینی که بر دشت جنگ	چه کار آورم پیش چنگی پلنگ
پشوتن بدو گفت کای نامدار	چنین چند گویی تو از کارزار
که تا تو رسیدی به تیر و کمان	نبد بر تو ابلیس را این گمان
به دل دیو را راه دادی کنون	همی نشنوی پند این رهنمون
دلت خیره بینم همی پر ستیز	کنون هرچ گفتم همه ریزریز
چگونه کنم ترس را از دلم	بدین سان کز اندیشه‌ها بگسلم
دو جنگی دو شیر و دو مرد دلیر	چه دانم که پشت که آید به زیر
ورا نامور هیچ پاسخ نداد	دلش گشت پر درد و سر پر ز باد

پند دادن زال مر رستم را

چو رستم بیامد به ایوان خویش	نگه کرد چندی به دیوان خویش
زواره بیامد به نزدیک اوی	ورا دید پژمرده و زردروی
بدو گفت رو تیغ هندی بیار	یکی جوشن و مغفری نامدار
کمان آر و برگستوان آر و ببر	کمند آر و گرز گران آر و گبر
زواره بفرمود تا هرچ گفت	بیاورد گنجور او از نهفت
چو رستم سلیح نبردش بدید	سرافشاند و باد از جگر برکشید
چنین گفت کای جوشن کارزار	برآسودی از جنگ یک روزگار
کنون کار پیش آمدت سخت باش	به هر جای پیراهن بخت باش
چنین رزمگاهی که غران دو شیر	به جنگ اندر آیند هر دو دلیر
کنون تا چه پیش آرد اسفندیار	چه بازی کند در دم کارزار
چو بشنید دستان ز رستم سخن	پراندیشه شد جان مرد کهن
بدو گفت کای نامور پهلوان	چه گفتی کزان تیره گشتم روان
تو تا بر نشستی بزین نبرد	نبودی مگر نیک دل رادمرد
همیشه دل از رنج پرداخته	به فرمان شاهان سرافراخته

بترسم که روزت سرآید همی	گر اختر به خواب اندر آید همی
همی تخم دستان ز بن برکنند	زن و کودکان را به خاک افگنند
به دست جوانی چو اسفندیار	اگر تو شوی کشته در کارزار
نماند به زاولستان آب و خاک	بلندی بر و بوم گردد مغاک
ور ایدونک او را رسد زین گزند	نباشد ترا نیز نام بلند
همی هرکسی داستانها زنند	برآورده نام ترا بشکرند
که او شهریاری ز ایران بکشت	بدان کو سخن گفت با وی درشت
همی باش در پیش او بر به پای	وگرنه هم‌اکنون بپرداز جای
به بیغوله‌یی شو فرود از مهان	که کس نشنود نامت اندر جهان
کزین بد ترا تیره گردد روان	بپرهیز ازین شهریار جوان
به گنج و به رنج این روان بازخر	مبر پیش دیبای چینی تبر
سپاه ورا خلعت آرای نیز	ازو باز خر خویشتن را به چیز
چو برگردد او از لب هیرمند	تو پای اندر آور به رخش بلند
چو ایمن شدی بندگی کن به راه	بدان تا ببینی یکی روی شاه
چو بیند ترا کی کند شاه بد	خود از شاه کردار بد کی سزد
بدو گفت رستم که ای مرد پیر	سخنها برین گونه آسان مگیر
به مردی مرا سال بسیار گشت	بد و نیک چندی بسر بر گذشت
رسیدم به دیوان مازندران	به رزم سواران هاماوران
همان رزم کاموس و خاقان چین	که لرزان بدی زیر ایشان زمین
اگر من گریزم ز اسفندیار	تو در سیستان کاخ و گلشن مدار
چو من ببر پوشم به روز نبرد	سر هور و ماه اندرآرم به گرد
ز خواهش که گفتی بسی رانده‌ام	بدو دفتر کهتری خوانده‌ام
همی خوار گیرد سخنهای من	بپیچد سر از دانش و رای من
گر او سر ز کیوان فرود آردی	روانش بر من درود آردی
ازو نیستی گنج و گوهر دریغ	نه برگستوان و نه گوپال و تیغ
سخن چند گفتم به چندین نشست	ز گفتار باد است ما را به دست
گر ایدونک فردا کند کارزار	دل از جان او هیچ رنجه مدار
نپیچم به آورد با او عنان	نه گوپال بیند نه زخم سنان
نبندم به آوردگاه راه اوی	بنیرو نگیرم کمرگاه اوی

ز باره به آغوش بردارمش
به شاهی ز گشتاسپ بگذارمش

بیارم نشانم بر تخت ناز
ازان پس گشایم در گنج باز

چو مهمان من بوده باشد سه روز
چهارم چو از چرخ گیتی فروز

بیندازد آن چادر لاژورد
پدید آید از جام یاقوت زرد

سبک باز با او ببندم کمر
وز ایدر نهم سوی گشتاسپ سر

نشانمش بر نامور تخت عاج
نهم بر سرش بر دل‌افروز تاج

ببندم کمر پیش او بنده‌وار
نجویم جدایی ز اسفندیار

تو دانی که من پیش تخت قباد
چه کردم به مردی تو داری به یاد

بخندید از گفت او زال زر
زمانی بجنبید ز اندیشه سر

بدو گفت زال ای پسر این سخن
مگوی و جدا کن سرش را ز بن

که دیوانگان این سخن بشنوند
بدین خام گفتار تو نگروند

قبادی به جایی نشسته دژم
نه تخت و کلاه و نه گنج کهن

چو اسفندیاری که فعفور چین
نویسد همی نام او بر نگین

تو گویی که از باره بردارمش
به بر بر سوی خان زال آرمش

نگوید چنین مردم سالخورد
به گرد در ناسپاسی مگرد

بگفت این و بنهاد سر بر زمین
همی خواند بر کردگار آفرین

همی گفت کای داور کردگار
بگردان تو از ما بد روزگار

برین گوه تا خور برآمد ز کوه
نیامد زبانش ز گفتن ستوه

رزم رستم با اسفندیار

چو شد روز رستم بپوشید گبر
نگهبان تن کرد بر گبر ببر

کمندی به فتراک زین‌بر ببست
بران باره‌ی پیل پیکر نشست

بفرمود تا شد زواره برش
فراوان سخن راند از لشکرش

بدو گفت رو لشکر آرای باش
بر کوهه‌ی ریگ بر پای باش

بیامد زواره سپه گرد کرد
به میدان کار و به دشت نبرد

تهمتن همی رفت نیزه به دست
چو بیرون شد از جایگاه نشست

سپاهش برو خواندند آفرین
که بی‌تو مباد اسپ و گوپال و زین

همی رفت رستم زواره پسش	کجا بود در پادشاهی کسش
بیامد چنان تا لب هیرمند	همه دل پر از باد و لب پر ز پند
سپه با برادر هم آنجا بماند	سوی لشکر شاه ایران براند
چنین گفت پس با زواره به راز	که مردیست این بدرگ دیوساز
بترسم که باو نیارم زدن	ندانم کزین پس چه شاید بدن
تو اکنون سپه را هم ایدر بدار	شوم تا چه پیش آورد روزگار
اگر تند یابمش هم زان نشان	نخواهم ز زابلستان سرکشان
به تنها تن خویش جویم نبرد	ز لشکر نخواهم کسی رنجه کرد
کسی باشد از بخت پیروز و شاد	که باشد همیشه دلش پر ز داد
گذشت از لب رود و بالا گرفت	همی ماند از کار گیتی شگفت
خروشید کای فرخ اسفندیار	هماوردت آمد برآرای کار
چو بشنید اسفندیار این سخن	ازان شیر پرخاشجوی کهن
بخندید و گفت اینک آراستم	بدانگه که از خواب برخاستم
بفرمود تا جوشن و خود اوی	همان ترکش و نیزه‌ی جنگجوی
ببردند و پوشید روشن برش	نهاد آن کلاه کیی بر سرش
بفرمود تا زین بر اسپ سیاه	نهادند و بردند نزدیک شاه
چو جوشن بپوشید پرخاشجوی	ز زور و ز شادی که بود اندر اوی
نهاد آن بن نیزه را بر زمین	ز خاک سیاه اندر آمد به زین
بسان پلنگی که بر پشت گور	نشیند برانگیزد از گور شور
سپه در شگفتی فروماندند	بران نامدار آفرین خواندند
همی شد چو نزد تهمتن رسید	مر او را بران باره تنها بدید
پس از بارگی با پشوتن بگفت	که ما را نباید بدو یار و جفت
چو تنهاست ما نیز تنها شویم	ز پستی بران تند بالا شویم
بران گونه رفتند هر دو به رزم	تو گفتی که اندر جهان نیست بزم
چو نزدیک گشتند پیر و جوان	دو شیر سرافراز و دو پهلوان
خروش آمد از باره‌ی هر دو مرد	تو گفتی بدرید دشت نبرد
چنین گفت رستم به آواز سخت	که ای شاه شادان‌دل و نیک‌بخت
ازین گونه مستیز و بد را مکوش	سوی مردمی یاز و بازآر هوش
اگر جنگ خواهی و خون ریختن	برین گونه سختی برآویختن

بگو تا سوار آورم زابلی — که باشند با خنجر کابلی
برین رزمگه‌شان به جنگ آوریم — خود ایدر زمانی درنگ آوریم
بباشد به کام تو خون ریختن — ببینی تگاپوی و آویختن
چنین پاسخ آوردش اسفندیار — که چندین چه گویی چنین نابکار
ز ایوان به شبگیر برخاستی — ازین تند بالا مرا خواستی
چرا ساختی بند و مکر و فریب — همانا بدیدی به تنگی نشیب
چه باید مرا جنگ زابلستان — وگر جنگ ایران و کابلستان
مبادا چنین هرگز آیین من — سزا نیست این کار در دین من
که ایرانیان را به کشتن دهم — خود اندر جهان تاج بر سر نهم
منم پیشرو هرک جنگ آیدم — وگر پیش جنگ نهنگ آیدم
ترا گر همی یار باید بیار — مرا یار هرگز نیاید به کار
مرا یار در جنگ یزدان بود — سر و کار با بخت خندان بود
توی جنگجوی و منم جنگخواه — بگردیم یک با دگر بی‌سپاه
ببینیم تا اسپ اسفندیار — سوی آخر آید همی بی‌سوار
وگر باره‌ی رستم جنگجوی — به ایوان نهد بی‌خداوند روی
نهادند پیمان دو جنگی که کس — نباشد بران جنگ فریادرس
نخستین به نیزه برآویختند — همی خون ز جوشن فرو ریختند
چنین تا سنانها به هم برشکست — به شمشیر بردند ناچار دست
به آوردگه گردن افراختند — چپ و راست هر دو همی تاختند
ز نیروی اسپان و زخم سران — شکسته شد آن تیغهای گران
چو شیران جنگی برآشوفتند — پر از خشم اندامها کوفتند
همان دسته بشکست گرز گران — فروماند از کار دست سران
گرفتند زان پس دوال کمر — دو اسپ تگاور فروبرده سر
همی زور کرد این بران آن برین — نجنبید یک شیر بر پشت زین
پراگنده گشتند ز آوردگاه — غمی گشته اسپان و مردان تباه
کف اندر دهانشان شده خون و خاک — همه گبر و برگستوان چاک‌چاک

کشته شدن پسران اسفندیار بر دست زواره و فرامرز

بدانگه که رزم یلان شد دراز	همی دیر شد رستم سرفراز
زواره بیاورد زان سو سپاه	یکی لشکری داغدل کینه‌خواه
به ایرانیان گفت رستم کجاست	برین روز بیهوده خامش چراست
شما سوی رستم به جنگ آمدید	خرامان به چنگ نهنگ آمدید
همی دست رستم نخواهید بست	برین رزمگه بر نشاید نشست
زواره به دشنام لب برگشاد	همی کرد گفتار ناخوب یاد
برآشفت ازان پور اسفندیار	سواری بد اسپ‌افگن و نامدار
جوانی که نوش آذرش بود نام	سرافراز و جنگاور و شادکام
برآشفت با سگزی آن نامدار	زبان را به دشنام بگشاد خوار
چنین گفت کری گو برمنش	به فرمان شاهان کند بدکنش
نفرمود ما را یل اسفندیار	چنین با سگان ساختن کارزار
که پیچد سر از رای و فرمان او	که یارد گذشتن ز پیمان او
اگر جنگ بر نادرستی کنید	به کار اندرون پیش دستی کنید
ببینید پیکار جنگاوران	به تیغ و سنان و به گرز گران
زواره بفرمود کاندر نهید	سران را ز خون بر سر افسر نهید
زواره بیامد به پیش سپاه	دهاده برآمد ز آوردگاه
بکشتند ز ایرانیان بی‌شمار	چو نوش‌آذر آن دید بر ساخت کار
سمند سرافراز را بر نشست	بیامد یکی تیغ هندی به دست
یکی نامور بود الوای نام	سرافراز و اسپ‌افگن و شادکام
کجا نیزه‌ی رستم او داشتی	پس پشت او هیچ نگذاشتی
چو از دور نوش‌آذر او را بدید	بزد دست و تیغ از میان برکشید
یکی تیغ زد بر سر و گردنش	بدو نیمه شد پیل‌پیکر تنش
زواره برانگیخت اسپ نبرد	به تندی به نوش‌آذر آواز کرد
که او را فگندی کنون پای دار	چو الوای را من نخوانم سوار

زواره یکی نیزه زد بر برش / به خاک اندر آمد همانگه سرش
چو نوش‌آذر نامور کشته شد / سپه را همه روز برگشته شد
برادرش گریان و دل پر ز جوش / جوانی که بد نام او مهرنوش
غمی شد دل مرد شمشیرزن / برانگیخت آن باره‌ی پیلتن
برفت از میان سپه پیش صف / ز درد جگر بر لب آورده کف
وزان سو فرامرز چون پیل مست / بیامد یکی تیغ هندی به دست
برآویخت با او همی مهرنوش / دو رویه ز لشکر برآمد خروش
گرامی دو پرخاشجوی جوان / یکی شاهزاده دگر پهلوان
چو شیران جنگی برآشوفتند / همی بر سر یکدگر کوفتند
در آوردگه تیز شد مهرنوش / نبودش همی با فرامرز توش
بزد تیغ بر گردن اسپ خویش / سر بادپای اندرافگند پیش
فرامرز کردش پیاده تباه / ز خون لعل شد خاک آوردگاه
چو بهمن برادرش را کشته دید / زمین زیر او چون گل آغشته دید
بیامد دوان نزد اسفندیار / به جایی که بود آتش کارزار
بدو گفت کای نره شیر ژیان / سپاهی به جنگ آمد از سگزیان
دو پور تو نوش‌آذر و مهرنوش / به خواری به سگزی سپردند هوش
تو اندر نبردی و ما پر ز درد / جوانان و کی‌زادگان زیر گرد
برین تخمه این ننگ تا جاودان / بماند ز کردار نابخردان
دل مرد بیدارتر شد ز خشم / پر از تاب مغز و پر از آب چشم
به رستم چنین گفت کای بدنشان / چنین بود پیمان گردنکشان
تو گفتی که لشکر نیارم به جنگ / ترا نیست آرایش نام و ننگ
نداری ز من شرم وز کردگار / نترسی که پرسند روز شمار
ندانی که مردان پیمان‌شکن / ستوده نباشد بر انجمن
دو سگزی دو پور مرا کشته‌اند / بران خیرگی باز برگشته‌اند
چو بشنید رستم غمی گشت سخت / بلرزید برسان شاخ درخت
به جان و سر شاه سوگند خورد / به خورشید و شمشیر و دشت نبرد
که من جنگ هرگز نفرموده‌ام / کسی کین چنین کرد نستوده‌ام
ببندم دو دست برادر کنون / گر او بود اندر بدی رهنمون
فرامرز را نیز بسته دو دست / بیارم بر شاه یزدان‌پرست

به خون گرانمایگانشان بکش	مشوران ازین رای بیهوده هش
چنین گفت با رستم اسفندیار	که بر کین طاوس نر خون مار
بریزیم ناخوب و ناخوش بود	نه آیین شاهان سرکش بود
تو ای بدنشان چاره‌ی خویش ساز	که آمد زمانت به تنگی فراز
بر رخش با هردو رانت به تیر	برآمیزم اکنون چو با آب شیر
بدان تا کس از بندگان زین سپس	نجویند کین خداوند کس
وگر زنده مانی ببندمت چنگ	به نزدیک شاهت برم بی‌درنگ
بدو گفت رستم کزین گفت و گوی	چه باشد مگر کم شود آبروی
به یزدان پناه و به یزدان گرای	که اویست بر نیک و بد رهنمای

گریختن رستم ببالای کوه

کمان برگرفتند و تیر خدنگ	ببردند از روی خورشید رنگ
ز پیکان همی آتش افروختند	به بر بر زره را همی دوختند
دل شاه ایران بدان تنگ شد	بروها و چهرش پر آژنگ شد
چو او دست بردی به سوی کمان	نرستی کس از تیر او بی‌گمان
به رنگ طبرخون شدی این جهان	شدی آفتاب از نهیبش نهان
یکی چرخ را برکشید از شگاع	تو گفتی که خورشید شد در شراع
به تیری که پیکانش الماس بود	زره پیش او همچو قرطاس بود
چو او از کمان تیر بگشاد شست	تن رستم و رخش جنگی بخست
بر رخش ازان تیرها گشت سست	نبد باره و مرد جنگی درست
همی تاخت بر گردش اسفندیار	نیامد برو تیر رستم به کار
فرود آمد از رخش رستم چو باد	سر نامور سوی بالا نهاد
همان رخش رخشان سوی خانه شد	چنین با خداوند بیگانه شد
به بالا ز رستم همی رفت خون	بشد سست و لرزان که بیستون
بخندید چون دیدش اسفندیار	بدو گفت کای رستم نامدار
چرا گم شد آن نیروی پیل مست	ز پیکان چرا پیل جنگی بخست

۱۰۶۹

کجا رفت آن مردی و گرز تو / به رزم اندرون فره و برز تو
گریزان به بالا چرا برشدی / چو آواز شیر ژیان بشنودی
چرا پیل جنگی چو روباه گشت / ز رزمت چنین دست کوتاه گشت
تو آنی که دیو از تو گریان شدی / دد از تف تیغ تو بریان شدی
زواره پی رخش ناگه بدید / کزان رود با خستگی در کشید
سیه شد جهان پیش چشمش به رنگ / خروشان همی تاخت تا جای جنگ
تن مرد جنگی چنان خسته دید / همه خستگیهاش نابسته دید
بدو گفت خیز اسپ من برنشین / که پوشد ز بهر تو خفتان کین
بدو گفت رو پیش دستان بگوی / کزین دوده‌ی سام شد رنگ و بوی
نگه کن که تا چاره‌ی کار چیست / برین خستگیها بر آزار کیست
که گر من ز پیکان اسفندیار / شبی را سرآرم بدین روزگار
چنان دانم ای زال کامروز من / ز مادر بزادم بدین انجمن
چو رفتی همی چاره‌ی رخش ساز / من آیم کنون گر بمانم دراز
زواره ز پیش برادر برفت / دو دیده سوی رخش بنهاد تفت
به پستی همی بود اسفندیار / خروشید کای رستم نامدار
به بالا چنین چند باشی به پای / که خواهد بدن مر ترا رهنمای
کمان بفگن از دست و ببر بیان / برآهنج و بگشای تیغ از میان
پشیمان شو و دست را ده به بند / کزین پس تو از من نیابی گزند
بدین خستگی نزد شاهت برم / ز کردارها بی‌گناهت برم
وگر جنگ جویی تو اندرز کن / یکی را نگهبان این مرز کن
گناهی که کردی ز یزدان بخواه / سزد گر به پوزش ببخشد گناه
مگر دادگر باشدت رهنمای / چو بیرون شوی زین سپنجی سرای
چنین گفت رستم که بیگاه شد / ز رزم و ز بد دست کوتاه شد
شب تیره هرگز که جوید نبرد / تو اکنون بدین رامشی بازگرد
من اکنون چنین سوی ایوان شوم / بیاسایم و یک زمان بغنوم
ببندم همه خستگیهای خویش / بخوانم کسی را که دارم به پیش
زواره فرامرز و دستان سام / کسی را ز خویشان که دارند نام
بسازم کنون هرچ فرمان تست / همه راستی زیر پیمان تست
بدو گفت رویین تن اسفندیار / که ای برمنش پیر ناسازگار

تو مردی بزرگی و زور آزمای	بسی چاره دانی و نیرنگ و رای
بدیدم همه فر و زیب ترا	نخواهم که بینم نشیب ترا
به جان امشبی دادمت زینهار	به ایوان رسی کام کژی مخار
سخن هرچ پذرفتی آن را بکن	ازین پس مپیمای با من سخن
بدو گفت رستم که ایدون کنم	چو بر خستگیها بر افسون کنم
چو برگشت از رستم اسفندیار	نگه کرد تا چون رود نامدار
چو بگذشت مانند کشتی به رود	همی داد تن را ز یزدان درود
همی گفت کای داور داد و پاک	گر از خستگیها شوم من هلاک
که خواهد ز گردنکشان کین من	که گیرد دل و راه و آیین من
چو اسفندیار از پسش بنگرید	بران روی رودش به خشکی بدید
همی گفت کین را مخوانید مرد	یکی ژنده پیلست با دار و برد
گذر کرد پر خستگیها بر آب	ازان زخم پیکان شده پرشتاب
شگفتی بمانده بد اسفندیار	همی گفت کای داور کامگار
چنان آفریدی که خود خواستی	زمان و زمین را بیاراستی

زاری اسفندیار بر پسران و فرستادن تابوتشان نزد گرشاسپ

بدانگه که شد نامور باز جای	پشوتن بیامد ز پرده‌سرای
ز نوش‌آذر گرد وز مهر نوش	خروشیدنی بود با درد و جوش
سراپرده‌ی شاه پر خاک بود	همه جامه‌ی مهتران چاک بود
فرود آمد از باره اسفندیار	نهاد آن سر سرکشان برکنار
همی گفت زارا دو گرد جوان	که جانتان شد از کالبد با توان
چنین گفت پس با پشوتن که خیز	برین کشتگان آب چندین مریز
که سودی نبینم ز خون ریختن	نشاید به مرگ اندر آویختن
همه مرگ راییم برنا و پیر	به رفتن خرد بادمان دستگیر
به تابوت زرین و در مهد ساج	فرستادشان زی خداوند تاج
پیامی فرستاد نزد پدر	که آن شاخ رای تو آمد به بر

تو کشتی به آب اندر انداختی	ز رستم همی چاکری ساختی
چو تابوت نوش‌آذر و مهرنوش	ببینی تو در آز چندین مکوش
به چرم اندر است گاو اسفندیار	ندانم چه راند بدو روزگار
نشست از بر تخت با سوک و درد	سخنهای رستم همه یادکرد
چنین گفت پس با پشوتن که شیر	بپیچد ز چنگال مرد دلیر
به رستم نگه کردم امروز من	بران برز بالای آن پیلتن
ستایش گرفتم به یزدان پاک	کزویست امید و زو بیم و باک
که پروردگار آن چنان آفرید	بران آفرین کو جهان آفرید
چنین کارها رفت بر دست او	که دریای چین بود تا شست او
همی برکشیدی ز دریا نهنگ	به دم در کشیدی ز هامون پلنگ
بران سان بخستم تنش را به تیر	که از خون او خاک شد آبگیر
ز بالا پیاده به پیمان برفت	سوی رود با گبر و شمشیر تفت
برآمد چنان خسته زان آبگیر	سراسر تنش پر ز پیکان تیر
برآنم که چون او به ایوان رسد	روانش ز ایوان به کیوان رسد

رای زدن رستم با خویشان

وزان روی رستم به ایوان رسید	مر او را بران گونه دستان بدید
زواره فرامرز گریان شدند	ازان خستگیهاش بریان شدند
ز سربر همی کند رودابه موی	بر آواز ایشان همی خست روی
زواره به زودی گشادش میان	ازو برکشیدند ببر بیان
هرانکس که دانا بد از کشورش	نشستند یکسر همه بر درش
بفرمود تا رخش را پیش اوی	ببردند و هرکس که بد چاره‌جوی
گرانمایه دستان همی کند موی	بران خستگیها بمالید روی
همی گفت من زنده با پیر سر	بدیدم بدین سان گرامی پسر
بدو گفت رستم کزین غم چه سود	که این ز آسمان بودنی کار بود
به پیش است کاری که دشوارتر	وزو جان من پر ز تیمارتر

که هرچند من بیش پوزش کنم	که این شیردل را فروزش کنم
نجوید همی جز همه ناخوشی	به گفتار و کردار و گردنکشی
رسیدم ز هر سو به گرد جهان	خبر یافتم ز آشکار و نهان
گرفتم کمربند دیو سپید	زدم بر زمین همچو یک شاخ بید
نتابم همی سر ز اسفندیار	ازان زور و آن بخشش کارزار
خدنگم ز سندان گذر یافتی	زبون داشتی گر سپر یافتی
زدم چند بر گبر اسفندیار	گراینده دست مرا داشت خوار
همان تیغ من گر بدیدی پلنگ	نهان داشتی خویشتن زیر سنگ
نبرد همی جوشن اندر برش	نه آن پاره‌ی پرنیان بر سرش
سپاسم ز یزدان که شب تیره شد	دران تیرگی چشم او خیره شد
به رستم من از چنگ آن اژدها	ندانم کزین خسته آیم رها
چه اندیشم اکنون جزین نیست رای	که فردا بگردانم از رخش پای
به جایی شوم کو نیاید نشان	به زابلستان گر کند سرفشان
سرانجام ازان کار سیر آید او	اگرچه ز بد سیر دیر آید او
بدو گفت زال ای پسر گوش دار	سخن چون به یاد آوری هوش دار
همه کارهای جهان را در است	مگر مرگ کانرا دری دیگر است
یکی چاره دانم من این را گزین	که سیمرغ را یار خوانم برین
گر او باشدم زین سخن رهنمای	بماند به ما کشور و بوم و جای

چاره ساختن سیمرغ رستم را

ببودند هر دو بران رای مند	سپهبد برآمد به بالا بلند
از ایوان سه مجمر پر آتش ببرد	برفتند با او سه هشیار و گرد
فسونگر چو بر تیغ بالا رسید	ز دیبا یکی پر بیرون کشید
ز مجمر یکی آتشی برفروخت	به بالای آن پر لختی بسوخت
چو پاسی ازان تیره شب درگذشت	تو گفتی چو آهن سیاه ابر گشت
همانگه چو مرغ از هوا بنگرید	درخشیدن آتش تیز دید

نشسته برش زال با درد و غم
ز پرواز مرغ اندر آمد دژم

بشد پیش با عود زال از فراز
ستودش فراوان و بردش نماز

به پیشش سه مجمر پر از بوی کرد
ز خون جگر بر دو رخ جوی کرد

بدو گفت سیمرغ شاها چه بود
که آمد ازین سان نیازت به دود

چنین گفت کاین بد به دشمن رساد
که بر من رسید از بد بدنژاد

تن رستم شیردل خسته شد
ازان خستگی جان من بسته شد

کزان خستگی بیم جانست و بس
بران گونه خسته ندیدست کس

همان رخش گویی که بیجان شدست
ز پیکان تنش زار و بیجان شدست

بیامد برین کشور اسفندیار
نکوبد همی جز در کارزار

نجوید همی کشور و تاج و تخت
برو بار خواهد همی با درخت

بدو گفت سیمرغ کای پهلوان
مباش اندرین کار خسته‌روان

سزد گر نمایی به من رخش را
همان سرفراز جهان‌بخش را

کسی سوی رستم فرستاد زال
که لختی به چاره برافراز یال

بفرمای تا رخش را همچنان
بیارند پیش من اندر زمان

چو رستم بران تند بالا رسید
همان مرغ روشن‌دل او را بدید

بدو گفت کای ژنده پیل بلند
ز دست که گشتی بدین سان نژند

چرا رزم جستی ز اسفندیار
چرا آتش افگندی اندر کنار

بدو گفت زال ای خداوند مهر
چو اکنون نمودی بما پاک چهر

گر ایدونک رستم نگردد درست
کجا خواهم اندر جهان جای جست

همه سیستان پاک ویران کنند
به کام دلیران ایران کنند

شود کنده این تخمه‌ی ما ز بن
کنون بر چه رانیم یکسر سخن

نگه کرد مرغ اندران خستگی
بدید اندرو راه پیوستگی

ازو چار پیکان به بیرون کشید
به منقار از ان خستگی خون کشید

بران خستگیها بمالید پر
هم اندر زمان گشت با زیب و فر

بدو گفت کاین خستگیها ببند
همی باش یکچند دور از گزند

یکی پر من تر بگردان به شیر
بمال اندران خستگیهای تیر

بران همنشان رخش را پیش خواست
فرو کرد منقار بر دست راست

برون کرد پیکان شش از گردنش
نبد خسته گر بسته جایی تنش

همانگه خروشی برآورد رخش
بخندید شادان دل تاج‌بخش

بدو گفت مرغ ای گو پیلتن توی نامبردار هر انجمن
چرا رزم جستی ز اسفندیار که او هست رویین‌تن و نامدار
بدو گفت رستم گر او را ز بند نبودی دل من نگشتی نژند
مرا کشتن آسان‌تر آید ز ننگ وگر بازمانم به جایی ز جنگ
چنین داد پاسخ کز اسفندیار اگر سر بجا آوری نیست عار
که اندر زمانه چنویی نخاست بدو دارد ایران همی پشت راست
بپرهیزی از وی نباشد شگفت مرا از خود اندازه باید گرفت
که آن جفت من مرغ با دستگاه به دستان و شمشیر کردش تباه
اگر با من اکنون تو پیمان کنی سر از جنگ جستن پشمان کنی
نجویی فزونی به اسفندیار گه کوشش و جستن کارزار
ور ایدونک او را بیامد زمان نیندیشی از پوزش بی‌گمان
پس‌انگه یکی چاره سازم ترا به خورشید سر برفرازم ترا
چو بشنید رستم دلش شاد شد از اندیشه‌ی بستن آزاد شد
بدو گفت کز گفت تو نگذرم وگر تیغ بارد هوا بر سرم
چنین گفت سیمرغ کز راه مهر بگویم کنون باتو راز سپهر
که هرکس که او خون اسفندیار بریزد ورا بشکرد روزگار
همان نیز تا زنده باشد ز رنج رهایی نیابد نماندش گنج
بدین گیتیش شوربختی بود وگر بگذرد رنج و سختی بود
شگفتی نمایم هم امشب ترا ببندم ز گفتار بد لب ترا
برو رخش رخشنده را برنشین یکی خنجر آبگون برگزین
چو بشنید رستم میان را ببست وزان جایگه رخش را برنشست
به سیمرغ گفت ای گزین جهان چه خواهد برین مرگ ما ناگهان
جهان یادگارست و ما رفتنی به گیتی نماند بجز مردمی
به نام نکو گر بمیرم رواست مرا نام باید که تن مرگ راست
کجا شد فریدون و هوشنگ شاه که بودند با گنج و تخت و کلاه
برفتند و ما را سپردند جای جهان را چنین است آیین و رای
همی راند تا پیش دریا رسید ز سیمرغ روی هوا تیره دید
چو آمد به نزدیک دریا فراز فرود آمد آن مرغ گردنفراز
به رستم نمود آن زمان راه خشک همی آمد از باد او بوی مشک

بمالید بر ترکش پر خویش	بفرمود تا رستم آمدش پیش
گزی دید بر خاک سر بر هوا	نشست از برش مرغ فرمانروا
بدو گفت شاخی گزین راست‌تر	سرش برترین و تنش کاست‌تر
بدان گز بود هوش اسفندیار	تو این چوب را خوار مایه مدار
بر آتش مرین چوب را راست کن	نگه کن یکی نغز پیکان کهن
بنه پر و پیکان و برو بر نشان	نمودم ترا از گزندش نشان
چو ببرید رستم تن شاخ گز	بیامد ز دریا به ایوان و رز
بران کار سیمرغ بد رهنمای	همی بود بر تارک او به پای
بدو گفت اکنون چو اسفندیار	بیاید بجوید ز تو کارزار
تو خواهش کن و لابه و راستی	مکوب ایچ گونه در کاستی
مگر بازگردد به شیرین سخن	بیاد آیدش روزگار کهن
که تو چند گه بودی اندر جهان	به رنج و به سختی ز بهر مهان
چو پوزش کنی چند نپذیردت	همی از فرومایگان گیردت
به زه کن کمان را و این چوب گز	بدین گونه پرورده در آب رز
ابر چشم او راست کن هر دو دست	چنانچون بود مردم گزپرست
زمانه برد راست آن را به چشم	بدانگه که باشد دلت پر ز خشم
تن زال را مرغ پدرود کرد	ازو تار و ز خویشتن پود کرد
ازان جایگه نیک‌دل برپرید	چو اندر هوا رستم او را بدید
یکی آتش چوب پرتاب کرد	دلش را بران رزم شاداب کرد
یکی تیز پیکان بدو در نشاند	چپ و راست پرها بروبر نشاند

باز گشتن رستم به جنگ اسفندیار

سپیده همانگه ز که بر دمید	میان شب تیره اندر چمید
بپوشید رستم سلیح نبرد	همی از جهان آفرین یاد کرد
چو آمد بر لشکر نامدار	که کین جوید از رزم اسفندیار
بدو گفت برخیز ازین خواب خوش	برآویز با رستم کینه‌کش

چو بشنید آوازش اسفندیار	سلیح جهان پیش او گشت خوار
چنین گفت پس با پشوتن که شیر	بپیچد ز چنگال مرد دلیر
گمانی نبردم که رستم ز راه	به ایوان کشد ببر و گبر و کلاه
همان بارکش رخش زیراندرش	ز پیکان نبود ایچ پیدا برش
شنیدم که دستان جادوپرست	به هنگام یازد به خورشید دست
چو خشم آرد از جادوان بگذرد	برابر نکردم پس این با خرد
پشوتن بدو گفت پر آب چشم	که بر دشمنت باد تیمار و خشم
چه بودت که امروز پژمرده‌ای	همانا به شب خواب نشمرده‌ای
میان جهان این دو یل را چه بود	که چندین همی رنج باید فزود
بدانم که بخت تو شد کندرو	که کین آورد هر زمان نو به نو
بپوشید جوشن یل اسفندیار	بیامد بر رستم نامدار
خروشید چون روی رستم بدید	که نام تو باد از جهان ناپدید
فراموش کردی تو سگزی مگر	کمان و بر مرد پرخاشخر
ز نیرنگ زالی بدین سان درست	وگرنه که پایت همی گور جست
بکوبمت زین گونه امروز یال	کزین پس نبیند ترا زنده زال
چنین گفت رستم به اسفندیار	که ای سیر ناگشته از کارزار
بترس از جهاندار یزدان پاک	خرد را مکن با دل اندر مغاک
من امروز نز بهر جنگ آمدم	پی پوزش و نام و ننگ آمدم
تو با من به بیداد کوشی همی	دو چشم خرد را بپوشی همی
به خورشید و ماه و به استا و زند	که دل را نرانی به راه گزند
نگیری به یاد آن سخنها که رفت	وگر پوست بر تن کسی را بکفت
بیابی ببینی یکی خان من	روندست کام تو بر جان من
گشایم در گنج دیرینه باز	کجا گرد کردم به سال دراز
کنم بار بر بارگیهای خویش	به گنجور ده تا براند ز پیش
برابر همی با تو آیم به راه	کنم هرچ فرمان دهی پیش شاه
اگر کشتنیم او کشد شایدم	همان نیز اگر بند فرمایدم
همی چاره جویم که تا روزگار	ترا سیر گرداند از کارزار
نگه کن که دانای پیشی چه گفت	که هرگز مباد اختر شوم جفت
چنین داد پاسخ که مرد فریب	نیم روز پرخاش و روز نهیب

اگر زنده خواهی که ماند به جای	نخستین سخن بند بر نه به پای
از ایوان و خان چند گویی همی	رخ آشتی را بشویی همی
دگر باره رستم زبان برگشاد	مکن شهریارا ز بیداد یاد
مکن نام من در جهان زشت و خوار	که جز بد نیاید ازین کارزار
هزارانت گوهر دهم شاهوار	همان یاره‌ی زر با گوشوار
هزارانت بنده دهم نوش‌لب	پرستنده باشد ترا روز و شب
هزارت کنیزک دهم خلخی	که زیبای تاج‌اند با فرخی
دگر گنج سام نریمان و زال	گشایم به پیش تو ای بی‌همال
همه پاک پیش تو گرد آورم	ز زابلستان نیز مرد آورم
که تا مر ترا نیز فرمان کنند	روان را به فرمان گروگان کنند
ازان پس به پیشت پرستاررورا	دوان با تو آیم بر شهریار
ز دل دور کن شهریارا تو کین	مکن دیو را با خرد همنشین
جز از بند دیگر ترا دست هست	بمن بر که شاهی و یزدان پرست
که از بند تا جاودان نام بد	بماند به من وز تو انجام بد
به رستم چنین گفت اسفندیار	که تا چندگویی سخن نابکار
مرا گویی از راه یزدان بگرد	ز فرمان شاه جهانبان بگرد
که هرکو ز فرمان شاه جهان	بگردد سرآید بدو بر زمان
جز از بند گر کوشش (و) کارزار	به پیشم دگرگونه پاسخ میار

کشته شدن اسفندیار به دست رستم

به تندی به پاسخ گو نامدار	چنین گفت کای پرهنر شهریار
همی خوار داری تو گفتار من	به خیره بجویی تو آزار من
چنین داد پاسخ که چند از فریب	همانا به تنگ اندر آمد نشیب
بدانست رستم که لابه به کار	نیاید همی پیش اسفندیار
کمان را به زه کرد و آن تیر گز	که پیکانش را داده بد آب رز
همی راند تیر گز اندر کمان	سر خویش کرده سوی آسمان

Shahnameh

همی گفت کای پاک دادار هور	فزاینده‌ی دانش و فر و زور
همی بینی این پاک جان مرا	توان مرا هم روان مرا
که چندین بپیچم که اسفندیار	مگر سر بپیچاند از کارزار
تو دانی که بیداد کوشد همی	همی جنگ و مردی فروشد همی
به بادافره این گناهم مگیر	توی آفریننده‌ی ماه و تیر
چو خودکامه جنگی بدید آن درنگ	که رستم همی دیر شد سوی جنگ
بدو گفت کای سگزی بدگمان	نشد سیر جانت ز تیر و کمان
ببینی کنون تیر گشتاسپی	دل شیر و پیکان لهراسپی
یکی تیر بر ترگ رستم بزد	چنان کز کمان سواران سزد
تهمتن گز اندر کمان راند زود	بران سان که سیمرغ فرموده بود
بزد تیر بر چشم اسفندیار	سیه شد جهان پیش آن نامدار
خم آورد بالای سرو سهی	ازو دور شد دانش و فرهی
نگون شد سر شاه یزدان‌پرست	بیفتاد چاچی کمانش ز دست
گرفته بش و یال اسپ سیاه	ز خون لعل شد خاک آوردگاه
چنین گفت رستم به اسفندیار	که آوردی آن تخم زفتی به بار
تو آنی که گفتی که رویین تنم	بلند آسمان بر زمین بر زنم
من از شست تو هشت تیر خدنگ	بخوردم ننالیدم از نام و ننگ
به یک تیر برگشتی از کارزار	بخفتی بران باره‌ی نامدار
هم‌اکنون به خاک اندر آید سرت	بسوزد دل مهربان مادرت
همانگه سر نامبردار شاه	نگون اندر آمد ز پشت سپاه
زمانی همی بود تا یافت هوش	بر خاک بنشست و بگشاد گوش
سر تیر بگرفت و بیرون کشید	همی پر و پیکانش در خون کشید
همانگه به بهمن رسید آگهی	که تیره شد آن فر شاهنشهی
بیامد به پیش پشوتن بگفت	که پیکار ما گشت با درد جفت
تن ژنده پیل اندر آمد به خاک	دل ما ازین درد کردند چاک
برفتند هر دو پیاده دوان	ز پیش سپه تا بر پهلوان
بدیدند جنگی برش پر ز خون	یکی تیر پرخون به دست اندرون
پشوتن بر و جامه را کرد چاک	خروشان به سر بر همی کرد خاک
همی گشت بهمن به خاک اندرون	بمالید رخ را بدان گرم خون

پشوتن همی گفت راز جهان   که داند ز دین‌آوران و مهان
چو اسفندیاری که از بهر دین   به مردی برآهیخت شمشیر کین
جهان کرد پاک از بد بت‌پرست   به بد کار هرگز نیازید دست
به روز جوانی هلاک آمدش   سر تاجور سوی خاک آمدش
بدی را کزو هست گیتی به درد   پرآزار ازو جان آزاد مرد
فراوان برو بگذرد روزگار   که هرگز نبینند بد کارزار
جوانان گرفتندش اندر کنار   همی خون ستردند زان شهریار
پشوتن بروبر همی مویه کرد   رخی پر ز خون و دلی پر ز درد
همی گفت زار ای یل اسفندیار   جهانجوی و از تخمه‌ی شهریار
که کند این چنین کوه جنگی ز جای   که افگند شیر ژیان را ز پای
که کند این پسندیده دندان پیل   که آگند با موج دریای نیل
چه آمد برین تخمه از چشم بد   که بر بدکنش بی‌گمان بد رسد
کجا شد به رزم اندرون ساز تو   کجا شد به بزم آن خوش آواز تو
کجا شد دل و هوش و آیین تو   توانایی و اختر و دین تو
چو کردی جهان را ز بدخواه پاک   نیامدت از پیل وز شیر باک
کنون آمدت سودمندی به کار   که در خاک بیند ترا روزگار
که نفرین برین تاج و این تخت باد   بدین کوشش بیش و این بخت باد
که چو تو سواری دلیر و جوان   سرافراز و دانا و روشن‌روان
بدین سان شود کشته در کارزار   به زاری سرآید برو روزگار
که مه تاج بادا و مه تخت شاه   مه گشتاسپ و جاماسپ و آن بارگاه
چنین گفت پر دانش اسفندیار   که ای مرد دانای به روزگار
مکن خویشتن پیش من بر تباه   چنین بود بهر من از تاج و گاه
تن کشته را خاک باشد نهال   تو از کشتن من بدین سان منال
کجا شد فریدون و هوشنگ و جم   ز باد آمده باز گردد به دم
همان پاک‌زاده نیاکان ما   گزیده سرافراز و پاکان ما
برفتند و ما را سپردند جای   نماند کس اندر سپنجی سرای
فراوان بکوشیدم اندر جهان   چه در آشکار و چه اندر نهان
که تا رای یزدان به جای آورم   خرد را بدین رهنمای آورم
چو از من گرفت ای سخن روشنی   ز بد بسته شد راه آهرمنی

Shahnameh

زمانه بیازید چنگال تیز	نبد زو مرا روزگار گریز
امید من آنست کاندر بهشت	دل‌افروز من بدرود هرچ کشت
به مردی مرا پور دستان نکشت	نگه کن بدین گز که دارم به مشت
بدین چوب شد روزگارم به سر	ز سیمرغ وز رستم چاره‌گر
فسون‌ها و نیرنگ‌ها زال ساخت	که اروند و بند جهان او شناخت
چو اسفندیار این سخن یاد کرد	بپیچید و بگریست رستم به درد
چنین گفت کز دیو ناسازگار	ترا بهره رنج من آمد به کار
چنانست کو گفت یکسر سخن	ز مردی به کژی نیفگند بن
که تا من به گیتی کمر بسته‌ام	بسی رزم گردنکشان جسته‌ام
سواری ندیدم چو اسفندیار	زره‌دار با جوشن کارزار
چو بیچاره برگشتم از دست اوی	بدیدم کمان و بر و شست اوی
سوی چاره گشتم ز بیچارگی	بدادم بدو سر به یکبارگی
زمان ورا در کمان ساختم	چو روزش سرآمد بینداختم
گر او را همی روز باز آمدی	مرا کار گز کی فراز آمدی
ازین خاک تیره بباید شدن	به پرهیز یک دم نشاید زدن
همانست کز گز بهانه منم	وزین تیرگی در فسانه منم

اندرز کردن اسفندیار رستم را

چنین گفت با رستم اسفندیار	که اکنون سرآمد مرا روزگار
تو اکنون مپرهیز و خیز ایدر آی	که ما را دگرگونه‌تر گشت رای
مگر بشنوی پند و اندرز من	بدانی سر مایه و ارز من
بکوشی و آن را بجای آوری	بزرگی برین رهنمای آوری
تهمتن به گفتار او داد گوش	پیاده بیامد برش با خروش
همی ریخت از دیدگان آب گرم	همی مویه کردش به آوای نرم
چو دستان خبر یافت از رزمگاه	ز ایوان چو باد اندر آمد به راه
ز خانه بیامد به دشت نبرد	دو دیده پر از آب و دل پر ز درد

زواره فرامرز چو بیهشان	برفتند چندی ز گردنکشان
خروشی برآمد ز آوردگاه	که تاریک شد روی خورشید و ماه
به رستم چنین گفت زال ای پسر	ترا بیش گریم به درد جگر
که ایدون شنیدم ز دانای چین	ز اخترشناسان ایران زمین
که هرکس که او خون اسفندیار	بریزد سرآید برو روزگار
بدین گیتیش شوربختی بود	وگر بگذرد رنج و سختی بود
چنین گفت با رستم اسفندیار	که از تو ندیدم بد روزگار
زمانه چنین بود و بود آنچ بود	سخن هرچ گویم بباید شنود
بهانه تو بودی پدر بد زمان	نه رستم نه سیمرغ و تیر و کمان
مرا گفت رو سیستان را بسوز	نخواهم کزین پس بود نیمروز
بکوشید تا لشکر و تاج و گنج	بدو ماند و من بمانم به رنج
کنون بهمن این نامور پور من	خردمند و بیدار دستور من
بمیرم پدروارش اندر پذیر	همه هرچ گویم ترا یادگیر
به زابلستان در ورا شاد دار	سخنهای بدگوی را یاد دار
بیاموزش آرایش کارزار	نشستنگه بزم و دشت شکار
می و رامش و زخم چوگان و کار	بزرگی و برخوردن از روزگار
چنین گفت جاماسپ گم بوده نام	که هرگز به گیتی مبیناد کام
که بهمن ز من یادگاری بود	سرافرازتر شهریاری بود
تهمتن چو بشنید بر پای خاست	ببر زد به فرمان او دست راست
که تو بگذری زین سخن نگذرم	سخن هرچ گفتی به جای آورم
نشانمش بر نامور تخت عاج	نهم بر سرش بر دلارای تاج
ز رستم چو بشنید گویا سخن	بدو گفت نوگیر چون شد کهن
چنان دان که یزدان گوای منست	برین دین به رهنمای منست
کزین نیکویها که تو کردهای	ز شاهان پیشین که پروردهای
کنون نیک نامت به بد بازگشت	ز من روی گیتی پرآواز گشت
غم آمد روان ترا بهره زین	چنین بود رای جهانآفرین
چنین گفت پس با پشوتن که من	نجویم همی زین جهان جز کفن
چو من بگذرم زین سپنجی سرای	تو لشکر بیارای و شو باز جای
چو رفتی به ایران پدر را بگوی	که چون کام یابی بهانه مجوی

Shahnameh

زمانه سراسر به کام تو گشت	همه مرزها پر ز نام تو گشت
امیدم نه این بود نزدیک تو	سزا این بد از جان تاریک تو
جهان راست کردم به شمشیر داد	به بد کس نیارست کرد از تو یاد
به ایران چو دین بهی راست شد	بزرگی و شاهی مرا خواست شد
به پیش سران پندها دادیم	نهانی به کشتن فرستادیم
کنون زین سخن یافتی کام دل	بیارای و بنشین به آرام دل
چو ایمن شدی مرگ را دور کن	به ایوان شاهی یکی سور کن
ترا تخت سختی و کوشش مرا	ترا نام تابوت و پوشش مرا
چه گفت آن جهاندیده دهقان پیر	که نگریزد از مرگ پیکان تیر
مشو ایمن از گنج و تاج و سپاه	روانم ترا چشم دارد به راه
چو آیی بهم پیش داور شویم	بگوییم و گفتار او بشنویم
کزو بازگردی به مادر بگوی	که سیر آمد از رزم پرخاشجوی
که با تیر او گبر چون باد بود	گذر کرده بر کوه پولاد بود
پس من تو زود آیی ای مهربان	تو از من مرنج و مرنجان روان
برهنه مکن روی بر انجمن	مبین نیز چهر من اندر کفن
ز دیدار زاری بیفزایدت	کس از بخردان نیز نستایدت
همان خواهران را و جفت مرا	که جویا بدندی نهفت مرا
بگویی بدان پرهنر بخردان	که پدرود باشید تا جاودان
ز تاج پدر بر سرم بد رسید	در گنج را جان من شد کلید
فرستادم اینک به نزدیک او	که شرم آورد جان تاریک او
بگفت این و برزد یکی تیز دم	که بر من ز گشتاسپ آمد ستم
همانگه برفت از تنش جان پاک	تن خسته افگنده بر تیره خاک
تهمتن بنزد پشوتن رسید	همه جامه بر تن سراسر درید
بر و جامه رستم همی پاره کرد	سرش پر ز خاک و دلش پر ز درد
همی گفت زار ای نبرده سوار	نیا شاه جنگی پدر شهریار
به خوبی شده در جهان نام من	ز گشتاسپ بد شد سرانجام من
چو بسیار بگریست با کشته گفت	که ای در جهان شاه بی‌یار و جفت
روان تو بادا میان بهشت	بداندیش تو بدرود هرچ کشت
زواره بدو گفت کای نامدار	نبایست پذرفت زو زینهار

۱۰۸۳

ز دهقان تو نشنیدی آن داستان	که یاد آرد از گفته‌ی باستان
که گر پروری بچه‌ی نره‌شیر	شود تیزدندان و گردد دلیر
چو سر برکشد زود جوید شکار	نخست اندر آید به پروردگار
دو پهلو برآشفته از خشم بد	نخستین ازان بد به زابل رسد
چو شد کشته شاهی چو اسفندیار	ببینند ازین پس بد روزگار
ز بهمن رسد بد به زابلستان	بپیچند پیران کابلستان
نگه کن که چون او شود تاجدار	به پیش آورد کین اسفندیار
بدو گفت رستم که با آسمان	نتابد بداندیش و نیکی گمان
من آن برگزیدم که چشم خرد	بدو بنگرد نام یاد آورد
گر او بد کند پیچد از روزگار	تو چشم بلا را به تندی مخار

بردن پشوتن تابوت اسفندیار نزد گشتاسپ

یکی نغز تابوت کرد آهنین	بگسترد فرشی ز دیبای چین
بیندود یک روی آهن به قیر	پراگند بر قیر مشک و عبیر
ز دیبای زربفت کردش کفن	خروشان برو نامدار انجمن
ازان پس بپوشید روشن برش	ز پیروزه بر سر نهاد افسرش
سر تنگ تابوت کردند سخت	شد آن بارور خسروانی درخت
چل اشتر بیاورد رستم گزین	ز بالا فروهشته دیبای چین
دو اشتر بدی زیر تابوت شاه	چپ و راست پیش و پس‌اندر سپاه
همه خسته روی و همه کنده موی	زبان شاه گوی و روان شاه‌جوی
بریده بش و دم اسپ سیاه	پشوتن همی برد پیش سپاه
برو بر نهاده نگونسار زین	ز زین اندرآویخته گرز کین
همان نامور خود و خفتان اوی	همان جوله و مغفر جنگجوی
سپه رفت و بهمن به زابل بماند	به مژگان همی خون دل برفشاند
تهمتن ببردش به ایوان خویش	همی پرورانید چون جان خویش
به گشتاسپ آگاهی آمد ز راه	نگون شد سر نامبردار شاه

همی جامه را چاک زد بر برش
به خاک اندر آمد سر و افسرش

خروشی برآمد ز ایوان به زار
جهان شد پر از نام اسفندیار

به ایران ز هر سو که رفت آگهی
بینداخت هرکس کلاه مهی

همی گفت گشتاسپ کای پاک دین
که چون تو نبیند زمان و زمین

پس از روزگار منوچهر باز
نیامد چو تو نیز گردنفراز

بیالود تیغ و بپالود کیش
مهان را همی داشت بر جای خویش

بزرگان ایران گرفتند خشم
ز آزرم گشتاسپ شستند چشم

به آواز گفتند کای شوربخت
چو اسفندیاری تو از بهر تخت

به زابل فرستی به کشتن دهی
تو بر گاه تاج مهی برنهی

سرت را ز تاج کیان شرم باد
به رفتن پی اخترت نرم باد

برفتند یکسر ز ایوان او
پر از خاک شد کاخ و دیوان او

چو آگاه شد مادر و خواهران
ز ایوان برفتند با دختران

برهنه سر و پای پرگرد و خاک
به تن بر همه جامه کردند چاک

پشوتن همی رفت گریان به راه
پس پشت تابوت و اسپ سیاه

زنان از پشوتن درآویختند
همی خون ز مژگان فرو ریختند

که این بند تابوت را برگشای
تن خسته یک بار ما را نمای

پشوتن غمی شد میان زنان
خروشان و گوشت از دو بازو کنان

به آهنگران گفت سوهان تیز
بیارید کامد کنون رستخیز

سر تنگ تابوت را باز کرد
به نوی یکی مویه آغاز کرد

چو مادرش با خواهران روی شاه
پر از مشک دیدند ریش سیاه

برفتند یکسر ز بالین شاه
خروشان به نزدیک اسپ سیاه

بسودند پر مهر یال و برش
کتایون همی ریخت خاک از برش

کزو شاه را روز برگشته بود
به آورد بر پشت او کشته بود

کزین پس کرا برد خواهی به جنگ
کرا داد خواهی به چنگ نهنگ

به یالش همی اندرآویختند
همی خاک بر تارکش ریختند

به ابر اندر آمد خروش سپاه
پشوتن بیامد به ایوان شاه

خروشید و دیدش نبردش نماز
بیامد به نزدیک تختش فراز

به آواز گفت ای سر سرکشان
ز برگشتن بختت آمد نشان

ازین با تن خویش بد کرده‌ای
دم از شهر ایران برآورده‌ای

ز تو دور شد فره و بخردی / بیابی تو بادافره ایزدی
شکسته شد این نامور پشت تو / کزین پس بود باد در مشت تو
پسر را به خون دادی از بهر تخت / که مه تخت بیناد چشمت مه بخت
جهانی پر از دشمن و پر بدان / نماند بع تو تاج تا جاودان
بدین گیتیت در نکوهش بود / به روز شمارت پژوهش بود
بگفت این و رخ سوی جاماسپ کرد / که ای شوم بدکیش و بدزاد مرد
ز گیتی ندانی سخن جز دروغ / به کژی گرفتی ز هرکس فروغ
میان کیان دشمنی افگنی / همی این بدان آن بدین برزنی
ندانی همی جز بد آموختن / گسستن ز نیکی بدی توختن
یکی کشت کردی تو اندر جهان / که کس ندرود آشکار و نهان
بزرگی به گفتار تو کشته شد / که روز بزرگان همه گشته شد
تو آموختی شاه را راه کژ / ایا پیر بی‌راه و کوتاه و کژ
تو گفتی که هوش یل اسفندیار / بود بر کف رستم نامدار
بگفت این و گویا زبان برگشاد / همه پند و اندرز او کرد یاد
هم اندرز بهمن به رستم بگفت / برآورد رازی که بود از نهفت
چو بشنید اندرز او شهریار / پشیمان شد از کار اسفندیار
پشوتن بگفت آنچ بودش نهان / به آواز با شهریار جهان
چو پردخته گشت از بزرگان سرای / برفتند به آفرید و همای
به پیش پدر بر بخستند روی / ز درد برادر بکندند موی
به گشتاسپ گفتند کای نامدار / نیندیشی از کار اسفندیار
کجا شد نخستین به کین زریر / همی گور بستد ز چنگال شیر
ز ترکان همی کین او بازخواست / بدو شد همی پادشاهیت راست
به گفتار بدگوش کردی به بند / بغل گران و به گرز و کمند
چو او بسته آمد نیا کشته شد / سپه را همه روز برگشته شد
چو ارجاسپ آمد ز خلخ به بلخ / همه زندگانی شد از رنج تلخ
چو ما را که پوشیده داریم روی / برهنه بیاورد ز ایوان به کوی
چو نوش‌آذر زردهشتی بکشت / گرفت آن زمان پادشاهی به مشت
تو دانی که فرزند مردی چه کرد / برآورد ازیشان دم و دود و گرد
ز رویین دژ آورد ما را برت / نگهبان کشور بد و افسرت

از ایدر به زابل فرستادیش	بسی پند و اندرزها دادیش
که تا از پی تاج بیجان شود	جهانی برو زار و پیچان شود
نه سیمرغ کشتش نه رستم نه زال	تو کشتی مر او را چو کشتی منال
ترا شرم بادا ز ریش سپید	که فرزند کشتی ز بهر امید
جهاندار پیش از تو بسیار بود	که بر تخت شاهی سزاوار بود
به کشتن ندادند فرزند را	نه از دوده‌ی خویش و پیوند را
چنین گفت پس با پشوتن که خیز	برین آتش تیزبر آب ریز
بیامد پشوتن ز ایوان شاه	زنان را بیاورد زان جایگاه
پشوتن چنین گفت با مادرش	که چندین به تنگی چه کوبی درش
که او شاد خفتست و روشن‌روان	چو سیر آمد از مرز و از مرزبان
بپذرفت مادر ز دیندار پند	به داد خداوند کرد او پسند
ازان پس به سالی به هر برزنی	به ایران خروشی بد و شیونی
ز تیر گز و بند دستان زال	همی مویه کردند بسیار سال

باز فرستادن رستم بهمن را به ایران

همی بود بهمن به زابلستان	به نخچیر گر با می و گلستان
سواری و می خوردن و بارگاه	بیاموخت رستم بدان پور شاه
به هر چیز پیش از پسر داشتش	شب و روز خندان به بر داشتش
چو گفتار و کردار پیوسته شد	در کین به گشتاسپ بر بسته شد
یکی نامه بنوشت رستم به درد	همه کار فرزند او یاد کرد
سر نامه کرد آفرین از نخست	بدانکس که کینه نبودش نجست
دگر گفت یزدان گوای منست	پشوتن بدین رهنمای منست
که من چند گفتم به اسفندیار	مگر کم کند کینه و کارزار
سپردم بدو کشور و گنج خویش	گزیدم ز هرگونه‌یی رنج خویش
زمانش چنین بود نگشاد چهر	مرا دل پر از درد و سر پر ز مهر
بدین گونه بد گردش آسمان	بسنده نباشد کسی با زمان

کنون این جهانجوی نزد منست	که فرخ نژاد اورمزد منست
هنرهای شاهانش آموختم	از اندرز فام خرد توختم
چو پیمان کند شاه پوزش پذیر	کزین پس نیندیشد از کار تیر
نهان من و جان من پیش اوست	اگر گنج و تاجست و گر مغز و پوست
چو آن نامه شد نزد شاه جهان	پراگنده شد آن میان مهان
پشوتن بیامد گوایی بداد	سخنهای رستم همه کرد یاد
همان زاری و پند و اروند او	سخن گفتن از مرز و پیوند او
ازان نامور شاه خشنود گشت	گراینده را آمدن سود گشت
ز رستم دل نامور گشت خوش	نزد نیز بر دل ز تیمار تش
هماندر زمان نامه پاسخ نوشت	به باغ بزرگی درختی بکشت
چنین گفت کز جور چرخ بلند	چو خواهد رسیدن کسی را گزند
به پرهیز چون بازدارد کسی	وگر سوی دانش گراید بسی
پشوتن بگفت آنچ درخواستی	دل من به خوبی بیاراستی
ز گردون گردان که یارد گذشت	خردمند گرد گذشته نگشت
تو آنی که بودی وزان بهتری	به هند و به قنوج بر مهتری
ز بیشی هرآنچت بباید بخواه	ز تخت و ز مهر و ز تیغ و کلاه
فرستاده پاسخ بیاورد زود	بدان سان که رستمش فرموده بود
چنین تا برآمد برین گاه چند	ببد شاهزاده به بالا بلند
خردمند و بادانش و دستگاه	به شاهی برافراخت فرخ کلاه
بدانست جاماسپ آن نیک و بد	که آن پادشاهی به بهمن رسد
به گشتاسپ گفت ای پسندیده شاه	ترا کرد باید به بهمن نگاه
ز دانش پدر هرچ جست اندر اوی	به جای آمد و گشت با آبروی
به بیگانه شهری فراوان بماند	کسی نامه‌ی تو بروبر نخواند
به بهمن یکی نامه باید نوشت	بسان درختی به باغ بهشت
که داری به گیتی جز او یادگار	گسارنده‌ی درد اسفندیار
خوش آمد سخن شاه گشتاسپ را	بفرمود فرخنده جاماسپ را
که بنویس یک نامه نزدیک اوی	یکی سوی گردنکش کینه‌جوی
که یزدان سپاس ای جهان پهلوان	که ما از تو شادیم و روشن‌روان
نبیره که از جان گرامی‌تر است	به دانش ز جاماسپ نامی‌تر است

به بخت تو آموخت فرهنگ و رای / سزد گر فرستی کنون باز جای
یکی سوی بهمن که اندر زمان / چو نامه بخوانی به زابل ممان
که ما را به دیدارت آمد نیاز / برآرای کار و درنگی مساز
به رستم چو برخواند نامه دبیر / بدان شاد شد مرد دانش‌پذیر
ز چیزی که بودش به گنج اندرون / ز خفتان وز خنجر آبگون
ز برگستوان و ز تیر و کمان / ز گوپال و ز خنجر هندوان
ز کافور وز مشک وز عود تر / هم از عنبر و گوهر و سیم و زر
ز بالا و از جامه‌ی نابرید / پرستار وز کودکان نارسید
کمرهای زرین و زرین ستام / ز یاقوت با زنگ زرین دو جام
همه پاک رستم به بهمن سپرد / برنده به گنجور او بر شمرد
تهمتن بیامد دو منزل به راه / پس او را فرستاد نزدیک شاه
چو گشتاسپ روی نبیره بدید / شد از آب دیده رخش ناپدید
بدو گفت اسفندیاری تو بس / نمانی به گیتی جز او را به کس
ورا یافت روشن‌دل و یادگیر / ازان پس همی خواندش اردشیر
گوی بود با زور و گیرنده دست / خردمند و دانا و یزدان پرست
چو بر پای بودی سرانگشت اوی / ز زانو فزونتر بدی مشت اوی
همی آزمودش به یک چندگاه / به بزم و به رزم و به نخجیرگاه
به میدان چوگان و بزم و شکار / گوی بود مانند اسفندیار
ازو هیچ گشتاسپ نشکیفتی / به می خوردن اندرش بفریفتی
همی گفت کاینم جهاندار داد / غمی بودم از بهر تیمار داد
بماناد تا جاودان بهمنم / چو گم شد سرافراز رویین تنم
سرآمد همه کار اسفندیار / که جاوید بادا سر شهریار
همیشه دل از رنج پرداخته / زمانه به فرمان او ساخته
دلش باد شادان و تاجش بلند / به گردن بداندیش او را کمند

داستان رستم و شغاد

آغاز داستان

یکی پیر بد نامش آزاد سرو	که با احمد سهل بودی به مرو
دلی پر ز دانش سری پر سخن	زبان پر ز گفتارهای کهن
کجا نامه‌ی خسروان داشتی	تن و پیکر پهلوان داشتی
به سام نریمان کشیدی نژاد	بسی داشتی رزم رستم به یاد
بگویم کنون آنچ ازو یافتم	سخن را یک اندر دگر بافتم
اگر مانم اندر سپنجی سرای	روان و خرد باشدم رهنمای
سرآرم من این نامه‌ی باستان	به گیتی بمانم یکی داستان
به نام جهاندار محمود شاه	ابوالقاسم آن فر دیهیم و گاه
خداوند ایران و نیران و هند	ز فرش جهان شد چو رومی پرند
به بخشش همی گنج بپراگند	به دانایی از گنج نام آگند
بزرگست و چون سالیان بگذرد	ازو گوید آنکس که دارد خرد
ز رزم و ز بزم و ز بخش و شکار	ز دادش جهان شد چو خرم بهار
خنک آنک بیند کلاه ورا	همان بارگاه و سپاه ورا
دو گوش و دو پای من آهو گرفت	تهی دستی و سال نیرو گرفت
ببستم برین گونه بدخواه بخت	بنالم ز بخت بد و سال سخت
شب و روز خوانم همی آفرین	بران دادگر شهریار زمین
همه شهر با من بدین یاورند	جز آنکس که بددین و بدگوهرند
که تا او به تخت کیی برنشست	در کین و دست بدی را ببست
بپیچاند آن را که بیشی کند	وگر چند بیشی ز پیشی کند
ببخشاید آن را که دارد خرد	ز اندازه‌ی روز برنگذرد
ازو یادگاری کنم در جهان	که تا هست مردم نگردد نهان
بدین نامه‌ی شهریاران پیش	بزرگان و جنگی سواران پیش
همه رزم و بزمست و رای و سخن	گذشته بسی روزگار کهن
همان دانش و دین و پرهیز و رای	همان رهنمونی به دیگر سرای

ز چیزی کزیشان پسند آیدش / همین روز را سودمند آیدش
کزان برتران یادگارش بود / همان مونس روزگارش بود
همی چشم دارم بدین روزگار / که دینار یابم من از شهریار
دگر چشم دارم به دیگر سرای / که آمرزش آید مرا از خدای
که از من پس از مرگ ماند نشان / ز گنج شهنشاه گردنکشان
کنون بازگردم به گفتار سرو / فروزنده‌ی سهل ماهان به مرو

رفتن رستم بکابل از بهر برادرش شغاد

چنین گوید آن پیر دانش‌پژوه / هنرمند و گوینده و با شکوه
که در پرده بد زال را برده‌یی / نوازنده‌ی رود و گوینده‌یی
کنیزک پسر زاد روزی یکی / که ازماه پیدا نبود اندکی
به بالا و دیدار سام سوار / ازو شاد شد دوده‌ی نامدار
ستاره‌شناسان و کنداوران / ز کشمیر و کابل گزیده سران
ز آتش‌پرست و ز یزدان‌پرست / برفتند با زیج رومی به دست
گرفتند یکسر شمار سپهر / که دارد بران کودک خرد مهر
ستاره شمرکان شگفتی بدید / همی این بدان آن بدین بنگرید
بگفتند با زال سام سوار / که ای از بلند اختران یادگار
گرفتیم و جستیم راز سپهر / ندارد بدین کودک خرد مهر
چو این خوب چهره به مردی رسد / به گاه دلیری و گردی رسد
کند تخمه‌ی سام نیرم تباه / شکست اندرآرد بدین دستگاه
همه سیستان زو شود پرخروش / همه شهر ایران برآید به جوش
شود تلخ ازو روز بر هر کسی / ازان پس به گیتی نماند بسی
غمی گشت زان کار دستان سام / ز دادار گیتی همی برد نام
به یزدان چنین گفت کای رهنمای / تو داری سپهر روان را به پای
به هر کار پشت و پناهم توی / نماینده‌ی رای و راهم توی
سپهر آفریدی و اختر همان / همه نیکویی باد ما را گمان

بجز کام و آرام و خوبی مباد   ورا نام کرد آن سپهبد شغاد
همی داشت مادر چو شد سیر شیر   دلارام و گوینده و یادگیر
بران سال کودک برافراخت یال   بر شاه کابل فرستاد زال
جوان شد به بالای سرو بلند   سواری دلاور به گرز و کمند
سپهدار کابل بدو بنگرید   همی تاج و تخت کیان را سزید
به گیتی به دیدار او بود شاد   بدو داد دختر ز بهر نژاد
ز گنج بزرگ آنچ بد در خورش   فرستاد با نامور دخترش
همی داشتش چون یکی تازه سیب   کز اختر نبودی بروبر نهیب
بزرگان ایران و هندوستان   ز رستم زدندی همی داستان
چنان بد که هر سال یک چرم گاو   ز کابل همی خواستی باژ و ساو
در اندیشه‌ی مهتر کابلی   چنان بد کزو رستم زابلی
نگیرد ز کار درم نیز یاد   ازان پس که داماد او شد شغاد
چو هنگام باژ آمد آن بستدند   همه کابلستان بهم بر زدند
دژم شد ز کار برادر شغاد   نکرد آن سخن پیش کس نیز یاد
چنین گفت با شاه کابل نهان   که من سیر گشتم ز کار جهان
برادر که او را ز من شرم نیست   مرا سوی او راه و آزرم نیست
چه مهتر برادر چه بیگانه‌یی   چه فرزانه مردی چه دیوانه‌یی
بسازیم و او را به دام آوریم   به گیتی بدین کار نام آوریم
بگفتند و هر دو برابر شدند   به اندیشه از ماه برتر شدند
نگر تا چه گفتست مرد خرد   که هرکس که بد کرد کیفر برد
شبی تا برآمد ز کوه آفتاب   دو تن را سر اندر نیامد به خواب
که ما نام او از جهان کم کنیم   دل و دیده‌ی زال پر نم کنیم
چنین گفت با شاه کابل شغاد   که گر زین سخن داد خواهیم داد
یکی سور کن مهتران را بخوان   می و رود و رامشگران را بخوان
به می خوردن اندر مرا سرد گوی   میان کیان ناجوانمرد گوی
ز خواری شوم سوی زابلستان   بنالم ز سالار کابلستان
چه پیش برادر چه پیش پدر   ترا ناسزا خوانم و بدگهر
برآشوبد او را سر از بهر من   بیابد برین نامور شهر من
برآید چنین کار بر دست ما   به چرخ فلک بر بود شست ما

تو نخچیرگاهی نگه کن به راه
بکن چاه چندی به نخچیرگاه

براندازه‌ی رستم و رخش ساز
به بن در نشان تیغهای دراز

همان نیزه و حربه‌ی آبگون
سنان از بر و نیزه زیر اندرون

اگر صد کنی چاه بهتر ز پنج
چو خواهی که آسوده گردی ز رنج

بجای آر صد مرد نیرنگ ساز
بکن چاه و بر باد مگشای راز

سر چاه را سخت کن زان سپس
مگوی این سخن نیز با هیچ‌کس

بشد شاه و رای از منش دور کرد
به گفتار آن بی‌خرد سور کرد

مهان را سراسر ز کابل بخواند
بخوان پسندیده‌شان برنشاند

چو نان خورده شد مجلس آراستند
می و رود و رامشگران خواستند

چو سر پر شد از باده‌ی خسروی
شغاد اندر آشفت از بدخوی

چنین گفت با شاه کابل که من
همی سرفرازم به هر انجمن

برادر چو رستم چو دستان پدر
ازین نامورتر که دارد گهر

ازو شاه کابل برآشفت و گفت
که چندین چه داری سخن در نهفت

تو از تخمه‌ی سام نیرم نه‌ای
برادر نه‌ای خویش رستم نه‌ای

نکردست یاد از تو دستان سام
برادر ز تو کی برد نیز نام

تو از چاکران کمتری بر درش
برادر نخواند ترا مادرش

ز گفتار او تنگ‌دل شد شغاد
برآشفت و سر سوی زابل نهاد

همی رفت با کابلی چند مرد
دلی پر ز کین لب پر از باد سرد

بیامد به درگاه فرخ پدر
دلی پر ز چاره پر از کینه سر

هم‌انگه چو روی پسر دید زال
چنان برز و بالا و آن فر و یال

بپرسید بسیار و بنواختش
هم‌انگه بر پیلتن تاختش

ز دیدار او شاد شد پهلوان
چو دیدش خردمند و روشن‌روان

چنین گفت کز تخمه‌ی سام شیر
نزاید مگر زورمند و دلیر

چگونه است کار تو با کابلی
چه گویند از رستم زابلی

چنین داد پاسخ به رستم شغاد
که از شاه کابل مکن نیز یاد

ازو نیکویی بد مرا پیش ازین
چو دیدی مرا خواندی آفرین

کنون می خورد چنگ سازد همی
سر از هر کسی برفرازد همی

مرابر سر انجمن خوار کرد
همان گوهر بد پدیدار کرد

همی گفت تا کی ازین باژ و ساو	نه با سیستان ما نداریم تاو
ازین پس نگوییم کو رستمست	نه زو مردی و گوهر ما کمست
نه فرزند زالی مرا گفت نیز	وگر هستی او خود نیرزد به چیز
ازان مهتران شد دلم پر ز درد	ز کابل براندم دو رخساره زرد
چو بشنید رستم برآشفت و گفت	که هرگز نماند سخن در نهفت
ازو نیر مندیش وز لشکرش	که مه لشکرش باد و مه افسرش
من او را بدین گفته بیجان کنم	برو بر دل دوده پیچان کنم
ترا برنشانم بر تخت اوی	به خاک اندر آرم سر بخت اوی
همی داشتش روی چند ارجمند	سپرده بدو جایگاه بلند
ز لشکر گزین کرد شایسته مرد	کسی را که زیبا بود در نبرد
بفرمود تا ساز رفتن کنند	ز زابل به کابل نشستن کنند
چو شد کار لشکر همه ساخته	دل پهلوان گشت پرداخته
بیامد بر مرد جنگی شغاد	که با شاه کابل مکن رزم یاد
که گر نام تو برنویسم بر آب	به کابل نیابد کس آرام و خواب
که یارد که پیش تو آید به جنگ	وگر تو بجنبی که سازد درنگ
برآنم که او زین پشمان شدست	وزین رفتم سوی درمان شدست
بیارد کنون پیش خواهشگران	ز کابل گزیده فراوان سران
چنین گفت رستم که اینست راه	مرا خود به کابل نباید سپاه
زواره بس و نامور صد سوار	پیاده همان نیز صد نامدار
بداختر چو از شهر کابل برفت	بدان دشت نخچیر شد شاه تفت
ببرد از میان لشکری چاه‌کن	کجا نام بردند زان انجمن
سراسر همه دشت نخچیرگاه	همه چاه بد کنده در زیر راه
زده حربه‌ها را بن اندر زمین	همان نیز ژوپین و شمشیر کین
به خاشاک کرده سر چاه کور	که مردم ندیدی نه چشم ستور
چو رستم دمان سر برفتن نهاد	سواری برافگند پویان شغاد
که آمد گو پیلتن با سپاه	بیا پیش وزان کرده زنهار خواه
سپهدار کابل بیامد ز شهر	زبان پرسخن دل پر از کین و زهر
چو چشمش به روی تهمتن رسید	پیاده شد از باره کو را بدید
ز سرشاره‌ی هندوی برگرفت	برهنه شد و دست بر سر گرفت

همان موزه از پای بیرون کشید	به زاری ز مژگان همی خون کشید
دو رخ را به خاک سیه بر نهاد	همی کرد پوزش ز کار شغاد
که گر مست شد بنده از بیهشی	نمود اندران بیهشی سرکشی
سزد گر ببخشی گناه مرا	کنی تازه آیین و راه مرا
همی رفت پیشش برهنه دو پای	سری پر ز کینه دلی پر ز رای
ببخشید رستم گناه ورا	بیفزود زان پایگاه ورا
بفرمود تا سر بپوشید و پای	به زین بر نشست و بیامد ز جای
بر شهر کابل یکی جای بود	ز سبزی زمینش دلارای بود
بدو اندرون چشمه بود و درخت	به شادی نهادند هرجای تخت
بسی خوردنیها بیاورد شاه	بیاراست خرم یکی جشنگاه
می آورد و رامشگران را بخواند	مهان را به تخت مهی بر نشاند
ازان سپ به رستم چنین گفت شاه	که چون رایت آید به نخچیرگاه
یکی جای دارم برین دشت و کوه	به هر جای نخچیر گشته گروه
همه دشت غرمست و آهو و گور	کسی را که باشد تگاور ستور
به چنگ آیدش گور و آهو به دشت	ازان دشت خرم نشاید گذشت
ز گفتار او رستم آمد به شور	ازان دشت پرآب و نخچیرگور
به چیزی که آید کسی را زمان	بپیچد دلش کور گردد گمان
چنین است کار جهان جهان	نخواهد گشادن بمابر نهان
به دریا نهنگ و به هامون پلنگ	همان شیر جنگاور تیزچنگ
ابا پشه و مور در چنگ مرگ	یکی باشد ایدر بدن نیست برگ

کشته شدن رستم در چاه نخچیرگاه

بفرمود تا رخش را زین کنند	همه دشت پر باز و شاهین کنند
کمان کیانی به زه بر نهاد	همی راند بر دشت او با شغاد
زواره همی رفت با پیلتن	تنی چند ازان نامدار انجمن
به نخچیر لشکر پراگنده شد	اگر کنده گر سوی آگنده شد

زواره تهمتن بر آن راه بود • ز بهر زمان کاندران چاه بود
همی رخش زان خاک می‌یافت بوی • تن خویش را کرد چون گردگوی
همی جست و ترسان شد از بوی خاک • زمین را به نعلش همی کرد چاک
بزد گام رخش تگاور به راه • چنین تا بیامد میان دو چاه
دل رستم از رخش شد پر ز خشم • زمانش خرد را بپوشید چشم
یکی تازیانه برآورد نرم • بزد نیک دل رخش را کرد گرم
چو او تنگ شد در میان دو چاه • ز چنگ زمانه همی جست راه
دو پایش فروشد به یک چاهسار • نبد جای آویزش و کارزار
بن چاه پر حربه و تیغ تیز • نبد جای مردی و راه گریز
بدرید پهلوی رخش سترگ • بر و پای آن پهلوان بزرگ
به مردی تن خویش را برکشید • دلیر از بن چاه بر سر کشید
چو با خستگی چشمها برگشاد • بدید آن بداندیش روی شغاد
بدانست کان چاره و راه اوست • شغاد فریبنده بدخواه اوست
بدو گفت کای مرد بدبخت و شوم • ز کار تو ویران شد آباد بوم
پشیمانی آید ترا زین سخن • بپیچی ازین بد نگردی کهن
برو با فرامرز و یکتاه باش • به جان و دل او را نکوخواه باش
چنین پاسخ آورد ناکس شغاد • که گردون گردان ترا داد داد
تو چندین چه نازی به خون ریختن • به ایران به تاراج و آویختن
ز کابل نخواهی دگر بار سیم • نه شاهان شوند از تو زین پس به بیم
که آمد که بر تو سرآید زمان • شوی کشته در دام آهرمنان
همانگه سپهدار کابل ز راه • به دشت اندر آمد ز نخچیرگاه
گو پیلتن را چنان خسته دید • همان خستگیهاش نابسته دید
بدو گفت کای نامدار سپاه • چه بودت برین دشت نخچیرگاه
شوم زود چندی پزشک آورم • ز درد تو خونین سرشک آورم
مگر خستگیهات گردد درست • نباید مرا رخ به خوناب شست
تهمتن چنین داد پاسخ بدوی • که ای مرد بدگوهر چاره‌جوی
سر آمد مرا روزگار پزشک • تو بر من مپالای خونین سرشک
فراوان نمانی سرآید زمان • کسی زنده برنگذرد باسمان
نه من بیش دارم ز جمشید فر • که ببرید بیور میانش به ار

نه از آفریدون وز کیقباد	بزرگان و شاهان فرخ‌نژاد
گلوی سیاوش به خنجر برید	گروی زره چون زمانش رسید
همه شهریاران ایران بدند	به رزم اندرون نره شیران بدند
برفتند و ما دیرتر ماندیم	چو شیر ژیان برگذر ماندیم
فرامرز پور جهان‌بین من	بیاید بخواهد ز تو کین من
چنین گفت پس با شغاد پلید	که اکنون که بر من چنین بد رسید
ز ترکش برآور کمان مرا	به کار آور آن ترجمان مرا
به زه کن بنه پیش من با دو تیر	نباید که آن شیر نخچیرگیر
ز دشت اندر آید ز بهر شکار	من اینجا فتاده چنین نابکار
ببیند مرا زو گزند آیدم	کمانی بود سودمند آیدم
ندرد مگر ژنده شیری تنم	زمانی بود تن به خاک افگنم
شغاد آمد آن چرخ را برکشید	به زه کرد و یک بارش اندر کشید
بخندید و پیش تهمتن نهاد	به مرگ برادر همی بود شاد
تهمتن به سختی کمان برگرفت	بدان خستگی تیرش اندر گرفت
برادر ز تیرش بترسید سخت	بیامد سپر کرد تن را درخت
درختی بدید از برابر چنار	بروبر گذشته بسی روزگار
میانش تهی بار و برگش بجای	نهان شد پسش مرد ناپاک رای
چو رستم چنان دید بفراخت دست	چنان خسته از تیر بگشاد شست
درخت و برادر بهم بر بدوخت	به هنگام رفتن دلش برفروخت
شغاد از پس زخم او آه کرد	تهمتن برو درد کوتاه کرد
بدو گفت رستم ز یزدان سپاس	که بودم همه ساله یزدان‌شناس
ازان پس که جانم رسیده به لب	برین کین ما بر نبگذشت شب
مرا زور دادی که از مرگ پیش	ازین بی‌وفا خواستم کین خویش
بگفت این و جانش برآمد ز تن	برو زار و گریان شدند انجمن
زواره به چاهی دگر در بمرد	سواری نماند از بزرگان و خرد

آگاهی یافتن زال از کشته شدن رستم و آوردن فرامرز تابوت ایشان را

ازان نامداران سواری بجست / گهی شد پیاده گهی برنشست
چو آمد سوی زابلستان بگفت / که پیل ژیان گشت با خاک جفت
زواره همان و سپاهش همان / سواری نجست از بد بدگمان
خروشی برآمد ز زابلستان / ز بدخواه وز شاه کابلستان
همی ریخت زال از بر یال خاک / همی‌کرد روی و بر خویش چاک
همی‌گفت زار ای گو پیلتن / نخواهد که پوشد تنم جز کفن
گو سرفراز اژدهای دلیر / زواره که بد نامبردار شیر
شغاد آن به نفرین شوریده‌بخت / بکند از بن این خسروانی درخت
که داند که با پیل روباه شوم / همی کین سگالد بران مرز و بوم
که دارد به یاد این چنین روزگار / که داند شنیدن ز آموزگار
که چون رستمی پیش بینم به خاک / به گفتار روباه گردد هلاک
چرا پیش ایشان نمردم به زار / چرا ماندم اندر جهان یادگار
چرا بایدم زندگانی و گاه / چرا بایدم خواب و آرامگاه
پس‌انگه بسی مویه آغاز کرد / چو بر پور پهلو همی ساز کرد
گوا شیرگیرا یلا مهترا / دلاور جهاندیده کنداورا
کجات آن دلیری و مردانگی / کجات آن بزرگی و فرزانگی
کجات آن دل و رای و روشن‌روان / کجات آن بر و برز و یال گران
کجات آن بزرگ اژدهافش درفش / کجا تیر و گوپال و تیغ بنفش
نماندی به گیتی و رفتی به خاک / که بادا سر دشمنت در مغاک
پس انگه فرامرز را با سپاه / فرستاد تا رزم جوید ز شاه
تن کشته از چاه باز آورد / جهان را به زاری نیاز آورد
فرامرز چون پیش کابل رسید / به شهر اندرون نامداری ندید
گریزان همه شهر و گریان شده / ز سوک جهانگیر بریان شده
بیامد بران دشت نخچیرگاه / به جایی کجا کنده بودند چاه

چو روی پدر دید پور دلیر / خروشی برآورد بر سان شیر
بدان گونه بر خاک تن پر ز خون / به روی زمین بر فگنده نگون
همی گفت کای پهلوان بلند / به رویت که آورد زین سان گزند
که نفرین بران مرد بی‌باک باد / به جای کله بر سرش خاک باد
به یزدان و جان تو ای نامدار / به خاک نریمان و سام سوار
که هرگز نبیند تنم جز زره / بیوسنده و برفگنده گرد
بدان تا که کین گو پیلتن / بخواهم ازان بی‌وفا انجمن
هم‌انکس که با او بدین کین میان / ببستند و آمد به ما بر زبان
نمانم ز ایشان یکی را به جای / هم‌انکس که بود اندرین رهنمای
بفرمود تا تختهای گران / بیارند از هر سوی در گران
ببردند بسیار با هوی و تخت / نهادند بر تخت زیبا درخت
گشاد آن میان بستن پهلوی / برآهیخت زو جامه‌ی خسروی
نخستین بشستندش از خون گرم / بر و یال و ریش و تنش نرم‌نرم
همی عنبر و زعفران سوختند / همه خستگیهاش بردوختند
همی ریخت بر تارکش بر گلاب / بگسترد بر تنش کافور ناب
به دیبا تنش را بیاراستند / ازان پس گل و مشک و می خواستند
کفن‌دوز بر وی ببارید خون / به شانه زد آن ریش کافورگون
نبد جا تنش را همی بر دو تخت / تنی بود با سایه گستر درخت
یکی نغز تابوت کردند ساج / برو میخ زرین و پیکر ز عاج
همه درزهایش گرفته به قیر / برآلوده بر قیر مشک و عبیر
ز جاهی برادرش را برکشید / همی دوخت جایی کجا خسته دید
زبر مشک و کافور و زیرش گلاب / ازان سان همی ریخت بر جای خواب
ازان پس تن رخش را برکشید / بشست و برو جامه‌ها گسترید
بشستند و کردند دیبا کفن / بجستند جایی یکی نارون
برفتند بیداردل درگران / بریدند ازو تختهای گران
دو روز اندران کار شد روزگار / تن رخش بر پیل کردند بار
ز کابلستان تا به زابلستان / زمین شد به کردار غلغلستان
زن و مرد بد ایستاده به پای / تنی را نبد بر زمین نیز جای
دو تابوت بر دست بگذاشتند / ز انبوه چون باد پنداشتند

بده روز و ده شب به زابل رسید	کسش بر زمین بر نهاده ندید
زمانه شد از درد او با خروش	تو گفتی که هامون برآمد به جوش
کسی نیز نشنید آواز کس	همه بومها مویه کردند و بس
به باغ اندرون دخمه‌یی ساختند	سرش را به ابر اندر افراختند
برابر نهادند زرین دو تخت	بران خوابنیده گو نیکبخت
هرانکس که بود از پرستندگان	از آزاد وز پاکدل بندگان
همی مشک باگل برآمیختند	به پای گو پیلتن ریختند
همی هرکسی گفت کای نامدار	چرا خواستی مشک و عنبر نثار
نخواهی همی پادشاهی و بزم	نپوشی همی نیز خفتان رزم
نبخشی همی گنج و دینار نیز	همانا که شد پیش تو خوار چیز
کنون شاد باشی به خرم بهشت	که یزدانت از داد و مردی سرشت
در دخمه بستند و گشتند باز	شد آن نامور شیر گردن‌فراز
چه جویی همی زین سرای سپنج	کز آغاز رنجست و فرجام رنج
بریزی به خاک از همه ز آهنی	اگر دین‌پرستی ور آهرمنی
تو تا زنده‌ای سوی نیکی گرای	مگر کام یابی به دیگر سرای

لشکر کشیدن فرامرز بکین رستم و کشتن او شاه کابل را

فرامرز چون سوک رستم بداشت	سپه را همه سوی هامون گذاشت
در خانه‌ی پیلتن باز کرد	سپه را ز گنج پدر ساز کرد
سحرگه خروش آمد از کرنای	هم از کوس و روبین و هندی درای
سپاهی ز زابل به کابل کشید	که خورشید گشت از جهان ناپدید
چو آگاه شد شاه کابلستان	ازان نامداران زابلستان
سپاه پراگنده را گرد کرد	زمین آهنین شد هوا لاژورد
پذیره‌ی فرامرز شد با سپاه	بشد روشنایی ز خورشید و ماه
سپه را چو روی اندر آمد به روی	جهان شد پرآواز پرخاشجوی
ز انبوه پیلان و گرد سپاه	به بیشه درون شیر گم کرد راه

Shahnameh

برآمد یکی باد و گردی کبود	زمین ز آسمان هیچ پیدا نبود
بیامد فرامرز پیش سپاه	دو دیده نبرداشت از روی شاه
چو برخاست آواز کوس از دو روی	بی‌آرام شد مردم جنگجوی
فرامرز با خوارمایه سپاه	بزد خویشتن را بر آن قلبگاه
ز گرد سواران هوا تار شد	سپهدار کابل گرفتار شد
پراگنده شد آن سپاه بزرگ	دلیران زابل به کردار گرگ
ز هر سو بریشان کمین ساختند	پس لشکراندر همی تاختند
بکشتند چندان ز گردان هند	هم از بر منش نامداران سند
که گل شد همی خاک آوردگاه	پراگنده شد هند و سندی سپاه
دل از مرز و ز خانه برداشتند	زن و کودک خرد بگذاشتند
تن مهتر کابلی پر ز خون	فگنده به صندوق پیل اندرون
بیاورد لشکر به نخچیرگاه	به جایی کجا کنده بودند چاه
همی برد بدخواه را بسته دست	ز خویشان او نیز چل بت‌پرست
ز پشت سپهبد زهی برکشید	چنان کاستخوان و پی آمد پدید
ز چاه اندر آویختنش سرنگون	تنش پر ز خاک و دهن پر ز خون
چهل خویش او را بر آتش نهاد	ازان جایگه رفت سوی شغاد
به کردار کوه آتشی برفروخت	شغاد و چنار و زمین را بسوخت
چو لشکر سوی زابلستان کشید	همه خاک را سوی دستان کشید
چو روز جفاپیشه کوتاه کرد	به کابل یکی مهتری شاه کرد
ازان دودمان کس به کابل نماند	که منشور تیغ ورا برنخواند
ز کابل بیامد پر از داغ و دود	شده روز روشن بروبر کبود
خروشان همه زابلستان و بست	یکی را نبد جامه بر تن درست
به پیش فرامرز باز آمدند	دریده بر و با گداز آمدند
به یک سال در سیستان سوک بود	همه جامه‌هاشان سیاه و کبود
چنین گفت رودابه روزی به زال	که از زاغ و سوک تهمتن بنال
همانا که تا هست گیتی فروز	ازین تیره‌تر کس ندیدست روز
بدو گفت زال ای زن کم خرد	غم ناچریدن بدین بگذرد
برآشفت رودابه سوگند خورد	که هرگز نیابد تنم خواب و خورد
روانم روان گو پیلتن	مگر باز بیند بران انجمن

www.rumispath.com

ز خوردن یکی هفته تن باز داشت	که با جان رستم به دل راز داشت
ز ناخوردنش چشم تاریک شد	تن نازکش نیز باریک شد
ز هر سو که رفتی پرستنده چند	همی رفت با او ز بیم گزند
سر هفته را زو خرد دور شد	ز بیچارگی ماتمش سور شد
بیامد به بستان به هنگام خواب	یکی مرده ماری بدید اندر آب
بزد دست و بگرفت پیچان سرش	همی خواست کز مار سازد خورش
پرستنده از دست رودابه مار	ربود و گرفتندش اندر کنار
کشیدند از جای ناپاک دست	به ایوانش بردند و جای نشست
به جایی که بودیش بشناختند	ببردند خوان و خورش ساختند
همی خورد هرچیز تا گشت سیر	فگندند پس جامه‌ی نرم زیر
چو باز آمدش هوش با زال گفت	که گفتار تو با خرد بود جفت
هرانکس که او را خور و خواب نیست	غم مرگ با جشن و سورش یکیست
برفت او و ما از پس او رویم	به داد جهان‌آفرین بگرویم
به درویش داد آنچ بودش نهان	همی گفت با کردگار جهان
که ای برتر از نام وز جایگاه	روان تهمتن بشوی از گناه
بدان گیتیش جای ده در بهشت	برش ده ز تخمی که ایدر بکشت
چو شد روزگار تهمتن به سر	به پیش آورم داستانی دگر
چو گشتاسپ را تیره شد روی بخت	بیاورد جاماسپ را پیش تخت
بدو گفت کز کار اسفندیار	چنان داغ دل گشتم و سوکوار
که روزی نبد زندگانیم خوش	دژم بودم از اختر کینه‌کش
پس از من کنون شاه بهمن بود	همان رازدارش پشوتن بود
مپیچید سرها ز فرمان اوی	مگیرید دوری ز پیمان اوی
یکایک بویدش نماینده راه	که اویست زیبای تخت و کلاه
بدو داد پس گنجها را کلید	یکی باد سرد از جگر برکشید
بدو گفت کار من اندر گذشت	هم از تارکم آب برتر گذشت
نشستم به شاهی صد و بیست سال	ندیدم به گیتی کسی را همال
تو اکنون همی کوش و با داد باش	چو داد آوری از غم آزاد باش
خردمند را شاد و نزدیک دار	جهان بر بداندیش تاریک دار
همه راستی کن که از راستی	بپیچد سر از کژی و کاستی

Shahnameh

سپردم ترا تخت و دیهیم و گنج   ازان سپ که بردم بسی گرم و رنج
بفگت این و شد روزگارش به سر   زمان گذشته نیامد به بر
یکی دخمه کردندش از شیز و عاج   برآویختند از بر گاه تاج
همین بودش از رنج و ز گنج بهر   بدید از پس نوش و تریاک زهر
اگر بودن اینست شادی چراست   شد از مرگ درویش با شاه راست
بخور هرچ برزی و بد را مکوش   به مرد خردمند بسپار گوش
گذر کرد همراه و ما ماندیم   ز کار گذشته بسی خواندیم
به منزل رسید آنک پوینده بود   رهی یافت آن کس که جوینده بود
نگیرد ترا دست جز نیکوی   گر از پیر دانا سخن بشنوی
کنون رنج در کار بهمن بریم   خرد پیش دانا پشوتن بریم

پادشاهی بهمن اسفندیار

کین خواهی بهمن از بهر خون اسفندیار

چو بهمن به تخت نیا بر نشست	کمر با میان بست و بگشاد دست
سپه را درم داد و دینار داد	همان کشور و مرز بسیار داد
یکی انجمن ساخت از بخردان	بزرگان و کار آزموه ردان
چنین گفت کز کار اسفندیار	ز نیک و بد گردش روزگار
همه یاد دارید پیر و جوان	هرانکس که هستید روشن‌روان
که رستم گه زندگانی چه کرد	همان زال افسونگر آن پیرمرد
فرامرز جز کین ما در جهان	نجوید همی آشکار و نهان
سرم پر ز دردست و دل پر ز خون	جز از کین ندارم به مغز اندرون
دو جنگی چو نوش‌آذر و مهرنوش	که از درد ایشان برآمد خروش
چو اسفندیاری که اندر جهان	بدو تازه بد روزگار مهان
به زابلستان زان نشان کشته شد	ز دردش دد و دام سرگشته شد
همانا که بر خون اسفندیار	به زاری بگرید به ایوان نگار
هم از خون آن نامداران ما	جوانان و جنگی سواران ما
هر آنکس که او باشد از آب پاک	نیارد سر گوهر اندر مغاک
به کردار شاه آفریدون بود	چو خونین بباشد همایون بود
که ضحاک را از پی خون جم	ز نام‌آوران جهان کرد کم
منوچهر با سلم و تور سترگ	بیاورد ز آمل سپاهی بزرگ
به چین رفت و کین نیا بازخواست	مرا همچنان داستانست راست
چو کیخسرو آمد از افراسیاب	ز خون کرد گیتی چو دریای آب
پدرم آمد و کین لهراسپ خواست	ز کشته زمین کرد با کوه راست
فرامرز کز بهر خون پدر	به خورشید تابان برآورد سر
به کابل شد و کین رستم بخواست	همه بوم و بر کرد با خاک راست
زمین را ز خون بازنشناختند	همی باره بر کشتگان تاختند
به کینه سزاوارتر کس منم	که بر شیر درنده اسپ افگنم

اگر بشمری در جهان نامدار — سواری نبینی چو اسفندیار
چه بیند و این را چه پاسخ دهید — بکوشید تا رای فرخ نهید
چو بشنید گفتار بهمن سپاه — هرانکس که بد شاه را نیکخواه
به آواز گفتند ما بنده‌ایم — همه دل به مهر تو آگنده‌ایم
ز کار گذشته تو داناتری — ز مردان جنگی تواناتری
به گیتی همان کن که کام آیدت — وگر زان سخن فر و نام آیدت
نپیچد کسی سر ز فرمان تو — که یارد گذشتن ز پیمان تو
چو پاسخ چنین یافت از لشکرش — به کین اندرون تیزتر شد سرش
همه سیستان را بیاراستند — برین بر نهادند و برخاستند
به شبگیر برخاست آوای کوس — شد از گرد لشکر سپهر آبنوس
همی رفت زان لشکر نامدار — سواران شمشیرزن صد هزار

در بند انداختن بهمن زال را

چو آمد به نزدیکی هیرمند — فرستاده‌یی برگزید ارجمند
فرستاد نزدیک دستان سام — بدادش ز هر گونه چندی پیام
چنین گفت کز کین اسفندیار — مرا تلخ شد در جهان روزگار
هم از کین نوش‌آذر و مهر نوش — دو شاه گرامی دو فرخ سروش
ز دل کین دیرینه بیرون کنیم — همه بوم زابل پر از خون کنیم
فرستاده آمد به زابل بگفت — دل زال با درد و غم گشت جفت
چنین داد پاسخ که گر شهریار — براندیشد از کار اسفندیار
بداند که آن بودنی کار بود — مرا زان سخن دل پرآزار بود
تو بودی به نیک و بد اندر میان — ز من سود دیدی ندیدی زیان
نپیچید رستم ز فرمان اوی — دلش بسته بودی به پیمان اوی
پدرت آن گرانمایه شاه بزرگ — زمانش بیامد بدان شد سترگ
به بیشه درون شیر و نر اژدها — ز چنگ زمانه نیابد رها
همانا شنیدی که سام سوار — به مردی چه کرد اندران روزگار

چنین تا به هنگام رستم رسید   که شمشیر تیز از میان برکشید
به پیش نیاکان تو در چه کرد   به مردی به هنگام ننگ و نبرد
همان کهتر و دایگان تو بود   به لشکر ز پرمایگان تو بود
به زاری کنون رستم اندرگذشت   همه زابلستان پرآشوب گشت
شب و روز هستم ز درد پسر   پر از آب دیده پر از خاک سر
خروشان و جوشان و دل پر ز درد   دو رخ زرد و لبها شده لاژورد
که نفرین برو باد کو را ز پای   فگند و بر آنکس که بد رهنمای
گر ایدونک بینی تو پیکار ما   به خوبی براندیشی از کار ما
بیایی ز دل کینه بیرون کنی   به مهر اندرین کشور افسون کنی
همه گنج فرزند و دینار سام   کمرهای زرین و زرین ستام
چو آیی به پیش تو آرم همه   تو شاهی و گردنکشانت رمه
فرستاده را اسپ و دینار داد   ز هرگونه‌یی چیز بسیار داد
چو این مایه‌ور پیش بهمن رسید   ز دستان بگفت آنچ دید و شنید
چو بشنید ازو بهمن نیک‌بخت   نپذرفت پوزش برآشفت سخت
به شهر اندر آمد دلی پر ز درد   سری پر ز کین لب پر از باد سرد
پذیره شدش زال سام سوار   هم از سیستان آنک بد نامدار
چو آمد به نزدیک بهمن فراز   پیاده شد از باره بردش نماز
بدو گفت هنگام بخشایش است   ز دل درد و کین روز پالایش است
ازان نیکویها که ما کرده‌ایم   ترا در جوانی بپرورده‌ایم
ببخشای و کار گذشته مگوی   هنر جوی وز کشتگان کین مجوی
که پیش تو دستان سام سوار   بیامد چنین خوار و با دستوار
برآشفت بهمن ز گفتار اوی   چنان سست شد تیز بازار اوی
هم‌اندر زمان پای کردش به بند   ز دستور و گنجور نشنید پند
ز ایوان دستان سام سوار   شتر بارها برنهادند بار
ز دینار وز گوهر نابسود   ز تخت وز گستردنی هرچ بود
ز سیمینه و تاجهای به زر   ز زرینه و گوشوار و کمر
از اسپان تازی به زرین ستام   ز شمشیر هندی به زرین نیام
همان برده و بدره‌های درم   ز مشک و ز کافور وز بیش و کم
که رستم فراز آورید آن به رنج   ز شاهان و گردنکشان یافت گنج

همه زابلستان به تاراج داد		مهان را همه بدره و تاج داد

رزم فرامرز با بهمن و کشته شدن فرامرز

غمی شد فرامرز در مرز بست		ز در دنیا دست کین را بشست
همه نامداران روشن‌روان		برفتند یکسر بر پهلوان
بدان نامداران زبان برگشاد		ز گفت زواره بسی کرد یاد
که پیش پدرم آن جهاندیده مرد		همی گفت و لبها پر از بادسرد
که بهمن ز ما کین اسفندیار		بخواهد تو این را به بازی مدار
پدرم آن جهاندیده‌ی نامور		ز گفت زواره بپیچید سر
نپذرفت و نشنید اندرز او		ازو گشت ویران کنون مرز او
نیا چون گذشت او به شاهی رسید		سر تاج شاهی به ماهی رسید
کنون بهمن نامور شهریار		همی نو کند کین اسفندیار
هم از کین مهر آن سوار دلیر		ز نوش‌آذر آن گرد درنده شیر
کنون خواهد از ما همی کین‌شان		به جای آورد کین و آیین‌شان
ز ایران سپاهی چو ابر سیاه		بیاورد نزدیک ما کینه‌خواه
نیای من آن نامدار بلند		گرفت و به زنجیر کردش به بند
که بودی سپر پیش ایرانیان		به مردی بهر کینه بسته میان
چه آمد بدین نامور دودمان		که آید ز هر سو بمابر زیان
پدر کشته و بند سایه نیا		به مغز اندرون خون بود کیمیا
به تاراج داده همه مرز خویش		نبینم سر مایه‌ی ارز خویش
شما نیز یکسر چه گویید باز		هرانکس که هستید گردن‌فراز
بگفتند کای گرد روشن‌روان		پدر بر پدر بر توی پهلوان
همه یک به یک پیش تو بنده‌ایم		برای و به فرمان تو زنده‌ایم
چو بشنید پوشید خفتان جنگ		دلی پر ز کینه سری پر ز ننگ
سپه کرد و سر سوی بهمن نهاد		ز رزم تهمتن بسی کرد یاد
چو نزدیک بهمن رسید آگهی		برآشفت بر تخت شاهنشهی

بنه برنهاد و سپه برنشاند — به غور اندر آمد دو هفته بماند
فرامرز پیش آمدش با سپاه — جهان شد ز گرد سواران سپاه
وزان روی بهمن صفی برکشید — که خورشید تابان زمین را ندید
ز آواز شیپور و هندی درای — همی کوه را دل برآمد ز جای
بشست آسمان روی گیتی به قیر — ببارید چون ژاله از ابر تیر
ز چاک تبرزین و جر کمان — زمین گشت جنبان‌تر از آسمان
سه روز و سه شب هم برین رزمگاه — به رخشنده روز و به تابنده ماه
همی گرز بارید و پولاد تیغ — ز گرد سپاه آسمان گشت میغ
به روز چهارم یکی باد خاست — تو گفتی که با روز شب گشت راست
به سوی فرامرز برگشت باد — جهاندار گشت از دم باد شاد
همی شد پس گرد با تیغ تیز — برآورد زان انجمن رستخیز
ز بستی و از لشکر زابلی — ز گردان شمشیر زن کابلی
برآوردگه بر سواری نماند — وزان سرکشان نامداری نماند
همه سربسر پشت برگاشتند — فرامرز را خوار بگذاشتند
همه رزمگه کشته چون کوه کوه — به هم برفگنده ز هر دو گروه
فرامرز با اندکی رزمجوی — به مردی به روی اندر آورد روی
همه تنش پر زخم شمشیر بود — که فرزند شیران بد و شیر بود
سرانجام بر دست یاز اردشیر — گرفتار شد نامدار دلیر
بر بهمن آوردش از رزمگاه — بدو کرد کین‌دار چندی نگاه
چو دیدش ندادش به جان زینهار — بفرمود داری زدن شهریار
فرامرز را زنده بر دار کرد — تن پیلوارش نگونسار کرد
ازان پس بفرمود شاه اردشیر — که کشتند او را به باران تیر

رها کردن بهمن زال را و بازگشتن بایران

گامی پشوتن که دستور بود — ز کشتن دلش سخت رنجور بود
به پیش جهاندار بر پای خاست — چنین گفت کای خسرو داد و راست

اگر کینه بودت به دل خواستی	پدید آمد از کاستی راستی
کنون غارت و کشتن و جنگ و جوش	مفرمای و مپسند چندین خروش
ز یزدان بترس و ز ما شرمدار	نگه کن بدین گردش روزگار
یکی را برآرد به ابر بلند	یکی زو شود زار و خوار و نژند
پدرت آن جهانگیر لشکر فروز	نه تابوت را شد سوی نیمروز
نه رستم به کابل به نخچیرگاه	بدان شد که تا نیست گردد به چاه
تو تا باشی ای خسرو پاک و راد	مرنجان کسی را که دارد نژاد
چو فرزند سام نریمان ز بند	بنالد به پروردگار بلند
بپیچی ازان گرچه نیک‌اختری	چو با کردگار افگند داوری
چو رستم نگهدار تخت کیان	همی بر در رنج بستی میان
تو این تاج ازو یافتی یادگار	نه از راه گشتاسپ و اسفندیار
ز هنگامه‌ی کی قباد اندرآی	چنین تا به کیخسرو پاکرای
بزرگی به شمشیر او داشتند	مهان را همه زیر او داشتند
ازو بند بردار گر بخردی	دلت بازگردان ز راه بدی
چو بشنید شاه از پشوتن سخن	پشیمان شد از درد و کین کهن
خروشی برآمد ز پرده‌سرای	که ای پهلوانان با داد و رای
بسیچیدن بازگشتن کنید	مبادا که تاراج و کشتن کنید
بفرمود تا پای دستان ز بند	گشادند و دادند بسیار پند
تن کشته را دخمه کردند جای	به گفتار دستور پاکیزه‌رای
ز زندان به ایوان گذر کرد زال	برو زار بگریست فرخ همال
که زارا دلیرا گوا رستما	نبیره‌ی گو نامور نیرما
تو تا زنده‌بودی که آگاه بود	که گشتاسپ اندر جهان شاه بود
کنون گنج تاراج و دستان اسیر	پسر زار کشته به پیکان تیر
مبیناد چشم کس این روزگار	زمین باد بی‌تخم اسفندیار
ازان آگهی سوی بهمن رسید	به نزدیک فرخ پشوتن رسید
پشوتن ز رودابه پردرد شد	ازان شیون او رخش زرد شد
به بهمن چنین گفت کای شاه نو	چو بر نیمه‌ی آسمان ماه نو
به شبگیر ازین مرز لشکر بران	که این کار دشوار گشت و گران
ز تاج تو چشم بدان دور باد	همه روزگاران تو سور باد

بدین خانه‌ی زال سام دلیر	سزد گر نماند شهنشاه دیر
چو شد کوه بر گونه‌ی سندروس	ز درگاه برخاست آوای کوس
بفرمود پس بهمن کینه‌خواه	کزانجا برانند یکسر سپاه
همانگه برآمد ز پرده‌سرای	تبیره ابا بوق و هندی درای
از آنجا به ایران نهادند روی	به گفتار دستور آزاده‌خوی
سپه را ز زابل به ایران کشید	به نزدیک شهر دلیران کشید
برآسود و بر تخت بنشست شاد	جهان را همی داشت با رسم و داد
به درویش بخشید چندی درم	ازو چند شادان و چندی دژم
جهانا چه خواهی ز پروردگان	چه پروردگان داغ دل بردگان
پسر بد مر او را یکی همچو شیر	که ساسان همی خواندی اردشیر
دگر دختری داشت نامش همای	هنرمند و بادانش و نیک‌رای
همی خواندندی ورا چهرزاد	ز گیتی به دیدار او بود شاد
پدر درپذیرفتش از نیکوی	بران دین که خوانی همی پهلوی
همای دل‌افروز تابنده ماه	چنان بد که آبستن آمد ز شاه
چو شش ماه شد پر ز تیمار شد	چو بهمن چنان دید بیمار شد
چو از درد شاه اندرآمد ز پای	بفرمود تا پیش او شد همای
بزرگان و نیک‌اختران را بخواند	به تخت گرانمایگان بر نشاند
چنین گفت کاین پاک‌تن چهرزاد	به گیتی فراوان نبودست شاد
سپردم بدو تاج و تخت بلند	همان لشکر و گنج با ارجمند
ولی عهد من او بود در جهان	همانکس کزو زاید اندر نهان
اگر دختر آید برش گر پسر	ورا باشد این تاج و تخت پدر
چو ساسان شنید این سخن خیره شد	ز گفتار بهمن دلش تیره شد
بدو روز و دو شب بسان پلنگ	ز ایران به مرزی دگر شد ز ننگ
دمان سوی شهر نشاپور شد	پر آزار بد از پدر دور شد
زنی را ز تخم بزرگان بخواست	بپرورد و با جان و دل داشت راست
نژادش به گیتی کسی را نگفت	همی داشت آن راستی در نهفت
زن پاک‌تن خوب فرزند زاد	ز ساسان پرمایه بهمن نژاد
پدر نام ساسانش کرد آن زمان	مر او را به زودی سرآمد زمان
چو کودک ز خردی به مردی رسید	دران خانه جز بینوایی ندید

ز شاه نشاپور بستد گله　　　که بودی به کوه و به هامون یله
همی بود یکچند چوپان شاه　　　به کوه و بیابان و آرامگاه
کنون بازگردم به کار همای　　　پس از مرگ بهمن که بگرفت جای

پادشاهی همای چهر آزاد

گذاشتن همای پسر خود داراب را در صندوقی بدریای فرات

به بیماری اندر بمرد اردشیر	همی بود بی‌کار تاج و سریر
همای آمد و تاج بر سر نهاد	یکی راه و آیین دیگر نهاد
سپه را همه سربسر بار داد	در گنج بگشاد و دینار داد
به رای و به داد از پدر برگذشت	همی گیتی از دادش آباد گشت
نخستین که دیهیم بر سر نهاد	جهان را به داد و دهش مژده داد
که این تاج و این تخت فرخنده باد	دل بدسگالان ما کنده باد
همه نیکویی باد کردار ما	مبیناد کس رنج و تیمار ما
توانگر کنیم آنک درویش بود	نیازش به رنج تن خویش بود
مهان جهان را که دارند گنج	نداریم زان نیکویها به رنج
چو هنگام زادنش آمد فراز	ز شهر و ز لشکر همی داشت راز
همی تخت شاهی پسند آمدش	جهان داشتن سودمند آمدش
نهانی پسر زاد و با کس نگفت	همی داشت آن نیکویی در نهفت
بیاورد آزاده‌تن دایه را	یکی پاک پرشرم و بامایه را
نهانی بدو داد فرزند را	چنان شاه شاخ برومند را
کسی کو ز فرزند او نام برد	چنین گفت کان پاک‌زاده بمرد
همان تاج شاهی به سر بر نهاد	همی بود بر تخت پیروز و شاد
ز دشمن بهر سو که بد مهتری	فرستاد بر هر سوی لشکری
ز چیزی که رفتی به گرد جهان	نبودی بد و نیک ازو در نهان
به گیتی بجز داد و نیکی نخواست	جهان را سراسر همی داشت راست
جهانی شده ایمن از داد او	به کشور نبودی بجز یاد او
بدین سان همی بود تا هشت ماه	پسر گشت مانندهٔ رفته شاه
بفرمود تا درگری پاک‌مغز	یکی تخته جست از در کار نغز
یکی خرد صندوق از چوب خشک	بکردند و برزد برو قیر و مشک
درون نرم کرده به دیبای روم	براندوده بیرون او مشک و موم

به زیر اندرش بستر خواب کرد   میانش پر از در خوشاب کرد
بسی زر سرخ اندرو ریخته   عقیق و زبرجد برآمیخته
ببستند بس گوهر شاهوار   به بازوی آن کودک شیرخوار
بدانگه که شد کودک از خواب مست   خروشان بشد دایه‌ی چرب دست
نهادش به صندوق در نرم نرم   به چینی پرندش بپوشید گرم
سر تنگ تابوت کردند خشک   به دبق و به عنبر به قیر و به مشک
ببردند صندوق را نیم شب   یکی بر دگر نیز نگشاد لب
ز پیش همایش برون تاختند   به آب فرات اندر انداختند
پس‌اندر همی رفت پویان دو مرد   که تا آب با شیرخواره چه کرد
چو کشتی همی رفت چوب اندر آب   نگهبان آنرا گرفته شتاب

یافتن گازر صندوق و پروردنش داراب را

سپیده چو برزد سر از کوهسار   بگردید صندوق بر رودبار
به گازرگهی کاندرو بود سنگ   سر جوی را کارگه کرده تنگ
یکی گازر آن خرد صندوق دید   بپویید وز کارگه برکشید
چو بگشاد گسترده‌ها برگرفت   بماند اندران کار گازر شگفت
به جامه بپوشید و آمد دمان   پرامید و شادان و روشن‌روان
سبک دیده‌بان پیش مامش دوید   ز صندوق و گازر بگفت آنچ دید
جهاندار پیروز با دیده گفت   که چیزی که دیدی بباید نهفت
چو بیگاه گازر بیامد ز رود   بدو جفت او گفت هست این درود
که باز آمدی جامه‌ها نیم‌نم   بدین کارکرد از که یابی درم
دل گازر از درد پژمرده بود   یکی کودک زیرکش مرده بود
زن گازر از درد کودک نوان   خلیده رخان تیره گشته روان
بدو گفت گازر که بازآر هوش   ترا زشت باشد ازین پس خروش
کنون گر بماند سخن در نهفت   بگویم به پیش سزاوار جفت
به سنگی که من جامه را برزنم   چو پاکیزه گردد به آب افگنم

دران جوی صندوق دیدم یکی	نهفته بدو اندرون کودکی
چو من برگشادم در بسته باز	به دیدار آن خردم آمد نیاز
اگر بود ما را یکی پور خرد	نبودش بسی زندگانی بمرد
کنون یافتی پور با خواسته	به دینار و دیبا بیاراسته
چو آن جامه‌ها بر زمین بر نهاد	سر تنگ صندوق را برگشاد
زن گازر آن دید خیره بماند	بروبر جهان‌آفرین را بخواند
رخی دید تابان میان حریر	به دیدار مانندهٔ اردشیر
پر از در خوشاب بالین او	عقیق و زبرجد به پایین او
به دست چپش سرخ دینار بود	سوی راست یاقوت شهوار بود
بدو داد زن زود پستان شیر	ببد شاد زان کودک دلپذیر
ز خوبی آن کودک و خواسته	دل او ز غم گشت پیراسته
بدو گفت گازر که این را به جان	خریدار باشیم تا جاودان
که این کودک نامداری بود	گر او در جهان شهریاری بود
زن گازر او را چو پیوند خویش	بپرورد چونانک فرزند خویش
سیم روز داراب کردند نام	کز آب روان یافتندش کنام
چنان بد که روزی زن پاکرای	سخن گفت هرگونه با کدخدای
که این گوهران را چه سازی کنون	که باشد بدین دانشت رهنمون
به زن گفت گازر که این نیک جفت	چه خاک و چه گوهر مرا در نهفت
همان به کزین شهر بیرون شویم	ز تنگی و سختی به هامون شویم
به شهری که ما را ندانند کس	که خواریم و ناشادگر دست رس
به شبگیر گازر بنه برنهاد	برفت و نکرد از بر و بوم یاد
ببردند داراب را در کنار	نکردند جز گوهر و زر به بار
بپیمود زان مرز فرسنگ شست	به شهری دگر ساخت جای نشست
به بیگانه شهر اندرون ساخت جای	بران سان که پرمایه‌تر کدخدای
به شهری که بد نامور مهتری	فرستاد نزدیک او گوهری
ازو بستدی جامه و سیم و زر	چنین تا فراوان نماند از گهر
به خانه جز از سرخ گوگرد نیز	نماند از بد و نیک صندوق چیز
زن گازر از چیز شد رهنمای	چنین گفت یک روز با کدخدای
که ما بی‌نیازیم زین کارکرد	توانگر شدی گرد پیشه مگرد

چنین داد پاسخ بدو کدخدای	که این جفت پاکیزه و رهنمای
همی پیشه خوانی ز پیشه چه بیش	همیشه ز هر کار پیشه است پیش
تو داراب را پاک و نیکو بدار	بدان تا چه بار آورد روزگار
همی داشتندش چنان ارجمند	که از تند بادی ندیدی گزند
چو برگشت چرخ از برش چند سال	یکی کودکی گشت با فر و یال
به کشتی شدی با بزرگان به کوی	کسی را نبودی تن و زور اوی
همه کودکان همگروه آمدند	به یکبارگی زو ستوه آمدند
به فریاد شد گازر از کار او	همی تیره شد تیز بازار او
بدو گفت کاین جامه برزن به سنگ	که از پیشه جستن ترا نیست ننگ
چو داراب زان پیشه بگریختی	همی گازر از دیده خون ریختی
شدی روزگارش به جستن دو بهر	نشان خواستی زو به دشت و به شهر
به جاییش دیدی کمانی به دست	به آیین گشاده بر و بسته شست
کمان بستدی سرد گفتی بدوی	که ای پرزیان گرگ پرخاشجوی
چه گردی همی گرد تیر و کمان	به خردی چرا گشته‌ای بدگمان
به گازر چنین گفت کای باب من	چرا تیره گردانی این آب من
به فرهنگیان ده مرا از نخست	چو آموختم زند و استا درست
ازان پس مرا پیشه فرمان و جوی	کنون از من این کدخدایی مجوی
بدو مرد گازر بسی برشمرد	ازان پس به فرهنگیانش سپرد
بیاموخت فرهنگ و شد برمنش	برآمد ز پیغاره و سرزنش
بدان پروراننده گفت ای پدر	نیاید ز من گازری کارگر
ز من جای مهرت بی‌اندیشه کن	ز گیتی سواری مرا پیشه کن
نگه کرد گازر سواری تمام	عنان پیچ و اسپ افگن و نیکنام
سپردش بدو روزگاری دراز	بیاموخت هرچش بدان بد نیاز
عنان و سنان و سپر داشتن	به آوردگه باره برگاشتن
همان زخم چوگان و تیر و کمان	هنرجوی دور از بد بدگمان
بران گونه شد زین هنرها که چنگ	نسودی به آورد با او پلنگ

پرسیدن داراب نژاد خود از گازر و جنگ آوردن بارومیان

به گازر چنین گفت روزی که من	همی این نهان دارم از انجمن
نجنبد همی بر تو بر مهر من	نماند به چهر تو هم چهر من
شگفت آیدم چون پسر خوانیم	به دکان بر خویش بنشانیم
بدو گفت گازر که اینت سخن	دریغ آن شده رنجهای کهن
تراگر منش زان من برتر است	پدرجوی را راز با مادر است
چنان بد که یک روز گازر برفت	ز خانه سوی رود یازید تفت
در خانه را تنگ داراب بست	بیامد به شمشیر یازید دست
به زن گفت کژی و تاری مجوی	هرآنچت بپرسم سخن راست گوی
شما را که باشم به گوهر کیم	به نزدیک گازر ز بهر چیم
زن گازر از بیم زنهار خواست	خداوند داننده را یار خواست
بدو گفت خون سر من مجوی	بگویم ترا هرچ گفتی بگوی
سخنها یکایک بر و بر شمرد	بکوشید وز کار کژی نبرد
ز صندوق وز کودک شیرخوار	ز دینار وز گوهر شاهوار
بدو گفت ما دستکاران بدیم	نه از تخمه‌ی کامکاران بدیم
ازان تو داریم چیزی که هست	ز پوشیدنی جامه و برنشست
پرستنده ماییم و فرمان تراست	نگر تا چه باید تن و جان تراست
چو بشنید داراب خیره بماند	روان را به اندیشه اندر نشاند
بدو گفت زین خواسته هیچ ماند	وگر گازر آن را همه برفشاند
که باشد بهای یکی بارگی	بدین روز کندی و بیچارگی
چنین داد پاسخ که بیش است ازین	درخت برومند و باغ و زمین
بدو داد دینار چندانک بود	بماند آن گران گوهر نابسود
به دینار اسپی خرید او پسند	یکی کم‌بها زین و دیگر کمند
یکی مرزبان بود با سنگ و رای	بزرگ و پسندیده و رهنمای
خرامید داراب نزدیک اوی	پراندیشه بد جان تاریک اوی

همی داشتش مرزبان ارجمند — ز گیتی نیامد بروبر گزند
چنان بد که آمد سپاهی ز روم — به غارت بران مرز آباد بوم
به رزم اندرون مرزبان کشته شد — سر لشکرش زان سخن گشته شد
چو آگاهی آمد به نزد همای — که رومی نهاد اندرین مرز پای
یکی مرد بد نام او رشنواد — سپهبد بد او هم سپهبدنژاد
بفرمود تا برکشد سوی روم — به شمشیر ویران کند روی بوم
سپه گرد کرد آن زمان رشنواد — عرض‌گاه بنهاد و روزی بداد
چو بشنید داراب شد شادکام — به نزدیک او رفت و بنوشت نام
سپه چون فراوان شد از هر دری — همی آمد از هر سوی لشکری
بیامد ز کاخ همایون همای — خود و مرزبانان پاکیزه‌رای
بدان تا سپه پیش او بگذرند — تن و نام و دیوانها بشمرند
همی بود چندی بران پهن دشت — چو لشکر فراوان برو برگذشت
چو داراب را دید با فر و برز — به گردن برآورده پولاد گرز
تو گفتی همه دشت پهنای اوست — زمین زیر پوینده بالای اوست
چو دید آن بر و چهره‌ی دلپذیر — ز پستان مادر بپالود شیر
بپرسید و گفت این سوار از کجاست — بدین شاخ و این برز و بالای راست
نماید که این نامداری بود — خردمند و جنگی سواری بود
دلیر و سرافراز و کنداور است — ولیکن سلیحش نه اندرخور است
چو داراب را فرمند آمدش — سپه را سراسر پسند آمدش
ز اختر یکی روزگاری گزید — ز بهر سپهبد چنان چون سزید
چو جنگ‌آوران را یکی گشت رای — ببردند لشکر ز پیش همای
فرستاد بیدار کارآگهان — بدان تا نماند سخن در نهان
ز نیک و بد لشکر آگاه بود — ز بدها گمانیش کوتاه بود
همی رفت منزل به منزل سپاه — زمین پر سپاه آسمان پر ز ماه

داستان رشنواد و داراب و تاق شکسته

چنان بد که روزی یکی تندباد / برآمد غمی گشت زان رشنواد
یکی رعد و باران با برق و جوش / زمین پر ز آب آسمان پرخروش
به هر سو ز باران همی تاختند / به دشت اندرون خیمه‌ها ساختند
غمی بود زان کار داراب نیز / ز باران همی جست راه گریز
نگه کرد ویران یکی جای دید / میانش یکی طاق بر پای دید
بلند و کهن بود و آزرده بود / یکی خسروی جای پر پرده بود
نه خرگاه بودش نه پرده‌سرای / نه خیمه نه انباز و نه چارپای
بران طاق آزرده بایست خفت / چو تنها تنی بود بی‌یار و جفت
سپهبد همی گرد لشکر بگشت / بران طاق آزرده اندر گذشت
ز ویران خروشی به گوش آمدش / کزان سهم جای خروش آمدش
که ای طاق آزرده هشیار باش / برین شاه ایران نگهدار باش
نبودش یکی خیمه و یار و جفت / بیامد به زیر تو اندر بخفت
چنین گفت با خویشتن رشنواد / که این بانگ رعدست گر تندباد
دگر باره آمد ز ایوان خروش / که ای طاق چشم خرد را مپوش
که در تست فرزند شاه اردشیر / ز باران مترس این سخن یادگیر
سیم بار آوازش آمد به گوش / شگفتی دلش تنگ شد زان خروش
به فرزانه گفت این چه شاید بدن / یکی را سوی طاق باید شدن
ببینید تا اندرو خفته کیست / چنین بر تن خود برآشفته کیست
برفتند و دیدند مردی جوان / خردمند و با چهره‌ی پهلوان
همه جامه و باره و تر و تباه / ز خاک سیه ساخته جایگاه
به پیش سپهبد بگفت آنچ دید / دل پهلوان زان سخن بردمید
بفرمود کو را بخوانید زود / خروشی برین سان که یارد شنود
برفتند و گفتند کای خفته مرد / ازین خواب برخیز و بیدار گرد
چو دارا به اسپ اندر آورد پای / شکسته رواق اندر آمد ز جای

چو سالار شاه آن شگفتی بدید	سرو پای داراب را بنگرید
چنین گفت کاینت شگفتی شگفت	کزین برتر اندیشه نتوان گرفت
بشد تیز با او به پرده‌سرای	همی گفت کای دادگر یک خدای
کسی در جهان این شگفتی ندید	نه از کار دیده بزرگان شنید
بفرمود تا جامه‌ها خواستند	به خرگاه جایی بیاراستند
به کردار کوه آتشی برفروخت	بسی عود و با مشک و عنبر بسوخت
چو خورشید سر برزد از کوهسار	سپهبد برفتن بر آراست کار
بفرمود تا موبدی رهنمای	یکی دست جامه ز سر تا به پای
یکی اسپ با زین و زرین ستام	کمندی و تیغی به زرین نیام
به داراب دادند و پرسید زوی	که ای شیردل مهتر نامجوی
چو مردی تو و زادبومت کجاست	سزد گر بگویی همه راه راست
چو بشنید داراب یکسر بگفت	گذشته همی برگشاد از نهفت
بران سان که آن زن برو کرد یاد	سخنها همی گفت با رشنواد
ز صندوق و یاقوت و بازوی خویش	ز دینار و دیبا به پهلوی خویش
یکایک به سالار لشکر بگفت	ز خواب و ز آرام و خورد و نهفت
همانگه فرستاد کس رشنواد	فرستاده را گفت بر سان باد
زن گازر و گازر و مهره را	بیارید بهرام و هم زهره را

رزم داراب با لشکر روم و گریز رومیان

بگفت این و زان جایگه برگرفت	ازان مرز تا روم لشکر گرفت
سپهبد طلایه به داراب داد	طلایه سنان را به زهر آب داد
همانگه طلایه بیامد ز روم	وزین سو نگهدار این مرز و بوم
زناگه دو لشکر بهم بازخورد	برآمد هم‌آنگاه گرد نبرد
همه یک به دیگر برآمیختند	چو رود روان خون همی ریختند
چو داراب دید آن سپاه نبرد	به پیش اندر آمد به کردار گرد
ازان لشکر روم چندان بکشت	که گفتی فلک تیغ دارد به مشت
همی رفت زان گونه بر سان شیر	نهنگی به چنگ اژدهایی به زیر

چنین تا به لشکرگه رومیان	همی تاخت بر سان شیر ژیان
زمین شد ز رومی چو دریای خون	جهانجوی را تیغ شد رهنمون
به پیروزی از رومیان گشت باز	به نزدیک سالار گردنفراز
بسی آفرین یافت از رشنواد	که این لشکر شاه بی‌تو مباد
چو ما بازگردیم زین رزم روم	سپاه اندر آید به آباد بوم
تو چندان نوازش بیابی ز شاه	ز اسپ و ز مهر و ز تیغ و کلاه
همه شب همی لشکر آراستند	سلیح سواران بپیراستند
چو خورشید برزد سر از تیره راغ	زمین شد به کردار روشن چراغ
بهم بازخوردند هر دو سپاه	شد از گرد خورشید تابان سیاه
چو داراب پیش آمد و حمله برد	عنان را به اسپ تگاور سپرد
به پیش صف رومیان کس نماند	ز گردان شمشیرزن بس نماند
به قلب سپاه اندر آمد چو گرگ	پراگنده کرد آن سپاه بزرگ
وزان جایگه شد سوی میمنه	بیاورد چندی سلیح و بنه
همه لشکر روم برهم درید	کسی از یلان خویشتن را ندید
دلیران ایران به کردار شیر	همی تاختند از پس اندر دلیر
بکشتند چندان ز رومی سپاه	که گل شد ز خون خاک آوردگاه
چهل جاثلیق از دلیران بکشت	بیامد صلیبی گرفته به مشت
چو زو رشنواد آن شگفتی بدید	ز شادی دل پهلوان بردمید
برو آفرین کرد و چندی ستود	بران آفرین مهربانی فزود
شب آمد جهان قیرگون شد به رنگ	همی بازگشتند یکسر ز جنگ
سپهبد به لشکرگه رومیان	برآسود و بگشاد بند میان
ببخشید در شب بسی خواسته	شد از خواسته لشکر آراسته
فرستاد نزدیک داراب کس	که ای شیردل مرد فریادرس
نگه کن کنون تا پسند تو چیست	وزی خواسته سودمند تو چیست
نگه دار چیزی که رای آیدت	ببخش آنچ دل رهنمای آیدت
هرآنچ آن پسندت نیاید ببخش	تو نامی‌تری از خداوند رخش
چو آن دید داراب شد شادکام	یکی نیزه برداشت از بهر نام
فرستاد دیگر سوی رشنواد	بدو گفت پیروز بادی و شاد
چو از باختر تیره شد روی مهر	بپوشید دیبای مشکین سپهر

همان پاس از تیره شب درگذشت | طلایه پراگنده بر گرد دشت
غو پاسبان خاست چون زلزله | همی شد چو اواز شیر یله
چو زرین سپر برگرفت آفتاب | سر جنگجویان برآمد ز خواب
ببستند گردان ایران میان | همی تاختند از پس رومیان
به شمشیر تیز آتش افروختند | همه شهرها را همی سوختند
ز روم و ز رومی برانگیخت گرد | کس از بوم و بر یاد دیگر نکرد
خروشی به زاری برآمد ز روم | که بگذاشتند آن دلارام بوم
به قیصر بر از کین جهان تنگ شد | رخ نامدارانش بی‌رنگ شد
فرستاده آمد بر رشنواد | که گر دادگر سر نپیچد ز داد
شدند آنک جنگی بد از جنگ سیر | سر بخت روم اندرآمد به زیر
که گر باژ خواهید فرمان کنیم | بنوی یکی باز پیمان کنیم
فرستاد قیصر ز هر گونه چیز | ابا برده‌ها بدره بسیار نیز
سپهبد پذیرفت زو آنچ بود | ز دینار وز گوهر نابسود
وزان جایگه بازگشتند شاد | پسندیده داراب با رشنواد
به منزل بران طاق ویران رسید | که داراب را اندرو خفته دید

شناختن همای پسر را

زن گازر و شوی و گوهر بهم | شده هر دو از بیم خواری دژم
از آنکس کشان خواند از جای خویش | به یزدان پناهید و رفتند پیش
چو دید آن زن و شوی را رشنواد | ز هر گونه پرسید و کردند یاد
بگفتند با او سخن هرچ بود | ز صندوق وز گوهر نابسود
ز رنج و ز پروردن شیرخوار | ز تیمار وز گردش روزگار
چنین گفت با شوی و زن رشنواد | که پیروز باشید همواره شاد
که کس در جهان این شگفتی ندید | نه از موبد پیر هرگز شنید
هم‌اندر زمان مرد پاکیزه‌رای | یکی نامه بنوشت نزد همای
ز داراب وز خواب و آرامگاه | هم از جنگ او اندران رزمگاه

وزان کو به اسپ اندر آورد پای
هم‌انگاه طاق اندر آمد ز جای

از آواز که آمد مر او را به گوش
ز تنگی که شد رشنواد از خروش

ز گازر سخن هرچ بشنید نیز
ز صندوق وز کودک خرد و چیز

به نامه درون سربسر یاد کرد
برون کرد آنگه هیونی چو گرد

همان سرخ گوهر بدو داد و گفت
که با باد باید که گردی تو جفت

فرستاده تازان بیامد ز جای
بیاورد یاقوت نزد همای

به شاه جهاندار نامه بداد
شنیده بگفت از لب رشنواد

چو آن نامه برخواند و یاقوت دید
سرشکش ز مژگان به رخ بر چکید

بدانست کان روز کامد به دشت
بفرمود تا پیش لشکر گذشت

بدید آن جوانی که بد فرمند
به رخ چون بهار و به بالا بلند

نبودست جز پاک فرزند اوی
گرانمایه شاخ برومند اوی

فرستاده را گفت گریان همای
که آمد جهان را یکی کدخدای

نبود ایچ ز ا ندیشه مغزم تهی
پر از درد بودم ز شاهنشهی

ز دادار گیهان دلم پرهراس
کجا گشته بودم ازو ناسپاس

وزان نیز کان بیگنه را که یافت
کسی یافت گر سوی دریا شتافت

که یزدان پسر داد و نشناختم
به آب فرات اندر انداختم

به بازوش بر بستم این یک گهر
پسر خوار شد چون بمیرد پدر

کنون ایزد او را بمن بازداد
به پیروز نام و پی رشنواد

ز دینار گنجی فرو ریختند
می و مشک و گوهر برآمیختند

ببخشید بر هرک بودش نیاز
دگر هفته گنج درم کرد باز

به جایی که دانست کاتشکده‌ست
وگر زند و استا و جشن سده‌ست

ببخشید گنجی برین گونه نیز
به هر کشوری بر پراگنده چیز

به روز دهم بامداد پگاه
سپهبد بیامد به نزدیک شاه

بزرگان و داراب با او بهم
کسی را نگفتند از بیش و کم

ز درگاه پرده فروهشت شاه
به یک هفته کس را ندادند راه

جهاندار زرین یکی تخت کرد
دو کرسی ز پیروزه و لاژورد

یکی تاج پرگوهر شاهوار
دو یاره یکی طوق گوهرنگار

همه جامه‌ی خسروانی به زر
درو بافته چند گونه گهر

نشسته ستاره‌شمر پیش شاه
ز اختر همی کرد روزی نگاه

به شهریور بهمن از بامداد	جهاندار داراب را بار داد
یکی جام پر سرخ یاقوت کرد	یکی دیگری پر ز یاقوت زرد
چو آمد به نزدیک ایوان فراز	همای آمد از دور و بردش نماز
برافشاند آن گوهر شاهوار	فرو ریخت از دیده خون بر کنار
پسر را گرفت اندر آغوش تنگ	ببوسید و ببسود رویش به چنگ
بیاورد و بر تخت زرین نشاند	دو چشمش ز دیدار او خیره ماند
چو داراب بر تخت شاهی نشست	همای آمد و تاج شاهی به دست
بیاورد و بر تارک او نهاد	جهان را به دیهیم او مژده داد
چو از تاج دارا فروزش گرفت	هما اندران کار پوزش گرفت
به داراب گفت آنچ اندر گذشت	چنان دان که بر ما همه بادگشت
جوانی و گنج آمد و رای زن	پدر مرده و شاه بی‌رای‌زن
اگر بد کند زو مگیر آن به دست	که جز تخت هرگز مبادت نشست
چنین داد پاسخ به مادر جوان	که تو هستی از گوهر پهلوان
نباشد شگفت ار دل آید به جوش	به یک بد تو چندین چه داری خروش
جهان‌آفرین از تو خشنود باد	دل بدسگالانت پر دود باد
ز من یادگاری بود این سخن	که هرگز نگردد به دفتر کهن
برو آفرین کرد فرخ همای	که تا جای باشد تو بادی به جای
بفرمود تا موبد موبدان	بخواند ز هر کشوری بخردان
هم از لشکر آنکس که بد نامدار	سرافراز شیران خنجرگزار
بفرمود تا خواندند آفرین	به شاهی بران نامدار زمین
چو بر تاج شاه آفرین خواندند	بران تخت بر گوهر افشاندند
بگفت آنک اندر نهان کرده بود	ازان کرده بسیار غم خورده بود
بدانید کز بهمن شهریار	جزین نیست اندر جهان یادگار
به فرمان او رفت باید همه	که او چون شبانست و گردان رمه
بزرگی و شاهی و لشکر وراست	بدو کرد باید همی پشت راست
به شادی خروشی برآمد ز کاخ	که نورسته دیدند فرخنده شاخ
ببردند چندان ز هر سو نثار	که شد ناپدید اندران شهریار
جهان پر شد از شادمانی و داد	کی را نیامد ازان رنج یاد
همای آن زمان گفت با موبدان	که ای نامور باگهر بخردان

به سی و دو سال آنک کردم به رنج	سپردم بدو پادشاهی و گنج
شما شاد باشید و فرمان برید	ابی رای او یک نفس مشمرید
چو داراب از تخت کی گشت شاد	به آرام دیهیم بر سر نهاد
زن گازر و گازر آمد دوان	بگفتند کای شهریار جوان
نشست کیی بر تو فرخنده باد	سر بدسگالان تو کنده باد
بفرمود داراب ده بدره زر	بیارند پرمایه جامی گهر
ز هر جامه‌یی تخته فرمود پنج	بدادند آنرا که او دید رنج
بدو گفت کای گازر پیشه‌دار	همیشه روان را به اندیشه دار
مگر زاب صندوق یابی یکی	چو دارا بدو اندرون کودکی
برفتند یک لب پر از آفرین	ز دادار بر شهریار زمین
کنون اختر گازر اندرگذشت	به دکان شد و برد اشنان به دشت
کنون آفرین جهان‌آفرین	بخوانیم بر شهریار زمین

پادشاهی داراب

پادشاهی داراب

ابوالقاسم آن شاه خورشید چهر / بیاراست گیتی به داد و به مهر
نجوید جز از خوبی و راستی / نیارد بداد اندرون کاستی
جهان روشن از تاج محمود باد / همه روزگارانش مسعود باد
همیشه جوان تا جوانی بود / همان زنده تا زندگانی بود
چه گفت آن سراینده دهقان پیر / ز گشتاسپ وز نامدار اردشیر

ساختن داراب شهر داراب کرد را

وزان نامداران پاکیزه‌رای / ز داراب وز رسم و رای همای
چو دارا به تخت مهی برنشست / کمر بر میان بست و بگشاد دست
چنین گفت با موبدان و ردان / بزرگان و بیداردل بخردان
که گیتی نجستم به رنج و به داد / مرا تاج یزدان به سر بر نهاد
شگفتی‌تر از کار من در جهان / نبیند کسی آشکار و نهان
ندانیم جز داد پاداش این / که بر ما پس از ما کنند آفرین
نباید که پیچد کس از رنج ما / ز بیشی و آگندن گنج ما
زمانه ز داد من آباد باد / دل زیر دستان ما شاد باد
ازان پس ز هندوستان و ز روم / ز هر مرز باارز و آباد بوم
برفتند با هدیه و با نثار / بجستند خشنودی شهریار
چنان بد که روزی ز بهر گله / بیامد که اسپان ببیند یله
ز پستی برآمد به کوهی رسید / یکی بی‌کران ژرف دریا بدید
بفرمود کز روم وز هندوان / بیارند کارآزموده گوان
بجویند زان آب دریا دری / رسانند رودی به هر کشوری
چو بگشاد داننده از آب بند / یکی شهر فرمود بس سودمند

چو دیوار شهر اندرآورد گرد	ورا نام کردند داراب گرد
یکی آتش افروخت از تیغ کوه	پرستنده‌ی آذر آمد گروه
ز هر پیشه‌یی کارگر خواستند	همی شهر ایران بیاراستند
به هر سو فرستاد بی‌مر سپاه	ز دشمن همی داشت گیتی نگاه
جهان از بداندیش بی‌بیم کرد	دل بدسگالان بدو نیم کرد
چنان بد که از تازیان صدهزار	نبرده سواران نیزه گزار

رزم داراب با شعیب تازی

برفتند و سالار ایشان شعیب	یکی نامدار از نژاد قتیب
جهاندار ایران سپاهی ببرد	بگفتند کان را نشاید شمرد
فراز آمدند آن دو لشکر بهم	جهان شد ز پرخاشجویان دژم
زمین آن سپه را همی برنتافت	بران بوم کس جای رفتن نیافت
ز باران ژوپین و باران تیر	زمین شد ز خون چون یکی آبگیر
خروشی برآمد ز هر پهلوی	تلی کشته دیدند بر هر سوی
سه روز و سه شب زین نشان جنگ بود	تو گفتی بریشان جهان تنگ بود
چهارم عرب روی برگاشتند	به شب دشت پیکار بگذاشتند
شعیب اندران رزمگه کشته شد	عرب را همه روز برگشته شد
بسی اسپ تازی به زین خدنگ	هم از نیزه و تیغ و خفتان جنگ
ازان رفتگان ماند آنجا به جای	به نزد جهاندار پور همای
ببخشید چیزی که بد بر سپاه	ز اسپ و ز رمح و ز تیغ و کلاه
ز لشکر یکی مرزبان برگزید	که گفتار ایشان بداند شنید
فرستاد تا باژ خواهد ز دشت	ازان سال و آن سال کاندر گذشت
شد از جنگ نیزه‌وران تا به روم	همی جست رزم اندر آباد بوم

رزم داراب با فیلقوس و بزنی گرفتن دخترش

به روم اندرون شاه بد فیلقوس	کجا بود با رای او شاه سوس
نوشتند نامه که پور همای	سپاهی بیاورد بی‌مر ز جای
چو بشنید سالار روم این سخن	به یاد آمدش روزگار کهن
ز عموریه لشکری گرد کرد	همه نامداران روز نبرد
چو دارا بیامد بزرگان روم	بپرداختند آن همه مرز و بوم
ز عموریه فیلقوس و سران	برفتند گردان و جنگاوران
دو رزم گران کرده شد در سه روز	چهارم چو بفروخت گیتی فروز
گریزان بشد فیلقوس و سپاه	یکی را نبد ترگ و رومی کلاه
زن و کودکان نیز کردند اسیر	بکشتند چندی به شمشیر و تیر
چو از پیش دارا به شهر آمدند	ازان رفته لشکر دو بهر آمدند
دگر پیشتر کشته و خسته بود	پس پشتشان نیزه پیوسته بود
به عموریه در حصاری شدند	ازیشان بسی زینهاری شدند
فرستاده‌یی آمد از فیلقوس	خردمند و بیدار و با نعم و بوس
ابا برده و بدره و با نثار	دو صندوق پرگوهر شاهوار
چنین بود پیغام کز یک خدای	بخواهم که او باشدم رهنمای
که فرجام این رزم بزم آوریم	مبادا که دل سوی رزم آوریم
همه راستی باید و مردمی	ز کژی و آزار خیزد کمی
چو عموریه کان نشست منست	تو آیی و سازی که گیری بدست
دل من به جوش آید از نام و ننگ	به هنگام بزم اندر آیم به جنگ
تو آن کن که از شهریاران سزاست	پدر شاه بود و پسر پادشاست
چو بشنید آزادگانرا بخواند	همه داستان پیش ایشان براند
چه بینید گفت اندرین گفت و گوی	بجوید همی فیلقوس آب روی
همه مهتران خواندند آفرین	که ای شاه بینادل و پاک‌دین
شهنشاه بر مهتران مهتر است	ز کار آن گزیند کجا در خور است

یکی دختری دارد این نامدار	به بالای سرو و به رخ چون بهار
بت‌آرای چون او نبیند به چین	میان بتان چون درخشان نگین
اگر شاه بیند پسند آیدش	به پالیز سرو بلند آیدش
فرستاده‌ی روم را خواند شاه	بگفت آنچ بشنید از نیکخواه
بدو گفت رو پیش قیصر بگوی	اگر جست خواهی همی آب روی
پس پرده‌ی تو یکی دختر است	که بر تارک بانوان افسر است
نگاری که ناهید خوانی ورا	بر اورنگ زرین نشانی ورا
به من بخش و بفرست با باژ روم	چو خواهی که بی‌رنج ماندت بوم
فرستاده بشنید و آمد چو باد	به قیصر بر آن گفتها کرد یاد
بدان شاد شد فیلقوس و سپاه	که داماد باشد مر او را چو شاه
سخن گفت هرگونه از باژ و ساو	ز چیزی که دارد پی روم تاو
بران بر نهادند سالی که شاه	ستاند ز قیصر که دارد سپاه
ز زر خایه‌ی ریخته صدهزار	ابا هر یکی گوهر شاهوار
چهل کرده مثقال هر خایه‌یی	همان نیز گوهر گرانمایه‌یی
ببخشید بر مرزبانان روم	هرانکس که بودند ز آباد بوم
ازان پس همه فیلسوفان شهر	هرانکس که بودش ازان شهر بهر
بفرمود تا راه را ساختند	ز هر کار دل را بپرداختند
برفتند با دختر شهریار	گرانمایگان هریکی با نثار
یکی مهر زرین بیاراستند	پرستنده‌ی تاجور خواستند
ده استر همه بار دیبای روم	بسی پیکر از گوهر و زر بوم
شتروار سیصد ز گستردنی	ز چیزی که بد راه را بردنی
دلارای رومی به مهد اندرون	سکوبا و راهب ورا رهنمون
کنیزک پس پشت ناهید شست	ازان هریکی جامی از زر بدست
به جام اندرون گوهر شاهوار	بت‌آرای با افسر و گوشوار
سقف خوب رخ را به دارا سپرد	گهرها به گنجور او برشمرد
ازان پس بران رزمگه بس نماند	سپه را سوی شهر ایران براند
سوی پارس آمد دلارام و شاد	کلاه بزرگی بسر بر نهاد
شبی خفته بد ماه با شهریار	پر از گوهر و بوی و رنگ و نگار

باز فرستادن داراب دختر فیلقوس را و زادن اسکندر از او

همانا که برزد یکی تیز دم	شهنشاه زان تیز دم شد دژم
بپیچید در جامه و سر بتافت	که از نکهتش بوی ناخوش بیافت
ازان بوی شد شاه ایران دژم	پراندیشه جان ابروان پر ز خم
پزشکان داننده را خواندند	به نزدیک ناهید بنشاندند
یکی مرد بینادل و نیکرای	پژوهید تا دارو آمد به جای
گیاهی که سوزنده‌ی کام بود	به روم اندر اسکندرش نام بود
بمالید بر کام او بر پزشک	ببارید چندی ز مژگان سرشک
بشد ناخوشی بوی و کامش بسوخت	به کردار دیبا رخش برفروخت
اگر چند مشکین شد آن خوبچهر	دژم شد دلارای را جای مهر
دل پادشا سرد گشت از عروس	فرستاد بازش بر فیلقوس
غمی دختر و کودک اندر نهان	نگفت آن سخن با کسی در جهان
چو نه ماه بگذشت بر خوبچهر	یکی کودک آمد چو تابنده مهر
ز بالا و اروند و بویا برش	سکندر همی خواندی مادرش
بفرخ همی داشت آن نام را	کزو یافت از ناخوشی کام را
همی گفت قیصر به هر مهتری	که پیدا شد از تخم من قیصری
نیاورد کس نام دارا به بر	سکندر پسر بود و قیصر پدر
همی ننگش آمد که گفتی به کس	که دارا ز فرزند من کرد بس
بر آخر یکی مادیان بد بلند	که کارزاری و زیبا سمند
همان شب یکی کره‌یی زاد خنگ	برش چون بر شیر و کوتاه لنگ
ز زاینده قیصر برافراخت یال	که آن زادنش فرخ آمد به فال
به شبگیر فرزند را خواستی	همان مادیان را بیاراستی
بسودی همان کره را چشم و یال	که همتای اسکندر او بد به سال
سپهر اندرین نیز چندی بگشت	ز هرگونه‌یی سالیان برگذشت
سکندر دل خسروانی گرفت	سخن گفتن پهلوانی گرفت

فزون از پسر داشتی قیصرش	بیاراستی پهلوانی برش
خرد یافت لختی و شد کاردان	هشیوار و با سنگ و بسیاردان
ولی عهد گشت از پس فیلقوس	بدیدار او داشتی نعم و بوس
هنرها که باشد کیان را به کار	سکندر بیاموخت ز آموزگار
تو گفتی نشاید مگر داد را	وگر تخت شاهی و بنیاد را
وزان پس که ناهید نزد پدر	بیامد زنی خواست دارا دگر
یکی کودک آمدش با فر و یال	ز فرزند ناهید کهتر به سال
همان روز داراش کردند نام	که تا از پدر بیش باشد به کام
چو ده سال بگذشت زین با دو سال	شکست اندر آمد به سال و به مال
بپژمرد داراب پور همای	همی خواندندش به دیگر سرای
بزرگان و فرزانگان را بخواند	ز تخت بزرگی فراوان براند
بگفت این که دارای داراکنون	شما را به نیکی بود رهنمون
همه گوش دارید و فرمان کنید	ز فرمان او رامش جان کنید
که این تخت شاهی نماند دراز	به خوشی رود زود خوانند باز
بکوشید تا مهر و داد آورید	به شادی مرا نیز یاد آورید
بگفت این و باد از جگر برکشید	شد آن برگ گلنار چون شنبلید
چو دارا به دل سوک داراب داشت	به خورشید تاج مهی برفراشت

پادشاهی دارای داراب

پادشاهی دارا پسر داراب

یکی مرد بر تیز و برنا و تند
شده با زبان و دلش تیغ کند
چو بنشست برگاه گفت ای سران
سرافراز گردان و کنداوران
سری را نخواهم که افتد به چاه
نه از چاه خوانم سوی تخت و گاه
کسی کو ز فرمان من بگذرد
سرش را همی تن به سر نشمرد
وگر هیچ تاب اندر آرد به دل
به شمشیر باشم ورا دلگسل
جز از ما هرانکس که دارند گنج
نخواهم کس شاددل ما به رنج
نخواهم که باشد مرا رهنمای
منم رهنمای و منم دلگشای
ز گیتی خور و بخش و پیمان مراست
بزرگی و شاهی و فرمان مراست
دبیر خردمند را پیش خواند
ز هر در فراوان سخنها براند
یکی نامه بنوشت فرخ دبیر
ز دارای داراب بن اردشیر
بهر سو که بد شاه و خودکامه‌یی
بفرمود چون خنجری نامه‌یی
که هرکو ز رای و ز فرمان من
بپیچد ببیند سرافشان من
همه گوش یکسر به فرمان نهید
اگر جان ستانید اگر جان دهید
سر گنجهای پدر برگشاد
سپه را همه خواند و روزی بداد
ز چار اندرآمد درم تا بهشت
یکی را بجام و یکی را به تشت
درم داد و دینار و برگستوان
همان جوشن و تیغ و گرز گران
هرانکس که بد کار دیده سری
ببخشید بر هر سری کشوری
یکی را ز گردنکشان مرز داد
سپه را همه چیز باارز داد
فرستاده آمد ز هر کشوری
ز هر نامداری و هر مهتری
ز هند و ز خاقان و فغفور چین
ز روم و ز هر کشوری همچنین
همه پاک با هدیه و باژ و ساو
نه پی بود با او کسی را نه تاو
یکی شارستان کرد نوشاد نام
به اهواز گشتند زو شادکام
کسی را که درویش بد داد داد
به خواهندگان گنج و بنیاد داد
به مرد اندرون چند گه فیلقوس
به روم اندرون بود یک‌چند بوس

سکندر به تخت نیا برنشست	بهی جست و دست بدی را ببست
یکی نامداری بد آنگه به روم	کزو شاد بد آن همه مرز و بوم
حکیمی که بد ارسطالیس نام	خردمند و بیدار و گسترده کام
به پیش سکندر شد آن پاکرای	زبان کرد گویا و بگرفت جای
بدو گفت کای مهتر شادکام	همی گم کنی اندرین کار نام
که تخت کیان چون تو بسیار دید	نخواهد همی با کسی آرمید
هرآنگه که گویی رسیدم به جای	نباید به گیتی مرا رهنمای
چنان دان که نادان‌ترین کس توی	اگر پند دانندگان نشنوی
ز خاکیم و هم خاک را زاده‌ایم	به بیچارگی دل بدو داده‌ایم
اگر نیک باشی بماندت نام	به تخت کیی‌بر بوی شادکام
وگر بد کنی جز بدی ندروی	شبی در جهان شادمان نغنوی
به نیکی بود شاه را دسترس	به بد روز گیتی نجستست کس
سکندر شنید این پسند آمدش	سخن‌گوی را فرمند آمدش
به فرمان او کرد کاری که کرد	ز بزم و ز رزم و ز ننگ و نبرد
به نو هر زمانیش بنواختی	چو رفتی بر تخت بنشاختی
چنان بد که روزی فرستاده‌یی	سخن‌گو و روشن‌دل آزاده‌یی

یورش اسکندر به ایران

ز نزدیک دارا بیامد به روم	کجا باژ خواهد ز آباد بوم
به پیش سکندر بگفت آن سخن	غمی شد سکندر ز باژ کهن
بدو گفت رو پیش دارا بگوی	که از باژ ما شد کنون رنگ و بوی
که مرغی که زرین همی خایه کرد	به مرد و سر باژ بی‌مایه کرد
فرستاد پاسخ بدان سان شنید	بترسید وز روم شد ناپدید
سکندر سپه را سراسر بخواند	گذشته سخن پیش ایشان براند
چنین گفت کز گردش آسمان	نیابد گذر مرد نیکی‌گمان
مرا روی گیتی بباید سپرد	بد و نیک چندی بباید شمرد

شما را بباید کنون ساختن	دل از بوم و آرام پرداختن
سر گنجهای نیا باز کرد	بفرمود تا لشکرش ساز کرد
به شبگیر برخاست از روم غو	ز شهر و ز درگاه سالار نو
برون آمد آن نامور شهریار	برهبر چنان لشکر نامدار
درفشی پس پشت سالار روم	نوشته برو سرخ و پیروزه بوم
همای از برو خیزرانش قضیب	نوشته بر او بر محب صلیب
به مصر آمد از روم چندان سپاه	که بستند بر مور و بر پشه راه
دو لشکر به روی اندر آورده روی	ببودند یک هفته پرخاشجوی
به هشتم به مصر اندر آمد شکست	سکندر سر راه ایشان ببست
ز یک راه چندان گرفتار شد	که گیرنده را دست بیکار شد
ز گوپال و از اسپ و برگستوان	ز خفتان وز خنجر هندوان
کمرهای زرین و زرین ستام	همان تیغ هندی به زرین نیام
ز دیبا و دینار چندان بیافت	که از خواسته بارگی برنتافت
بسی زینهاری بیامد سوار	بزرگان جنگاور و نامدار
وزان جایگه ساز ایران گرفت	دل شیر و چنگ دلیران گرفت
چو بشنید دارا که لشکر ز روم	بجنبید و آمد برین مرز و بوم
برفتند ز اصطخر چندان سپاه	که از نیزه بر باد بستند راه
همی داشت از پارس آهنگ روم	کز ایران گذارد به آباد بوم
چو آورد لشکر به پیش فرات	سپه را عدد بود بیش از نبات
به گرد لب آب لشکر کشید	ز جوشن کسی آب دریا ندید
سکندر چو بشنید کامد سپاه	پذیره شدن را بپیمود راه
میان دو لشکر دو فرسنگ ماند	سکندر گرانمایگان را بخواند
چو سیر آمد از گفته‌ی رهنمای	چنین گفت کاکنون جزین نیست رای
که من چون فرستاده‌یی پیش اوی	شوم برگرایم کم و بیش اوی
کمر خواست پرگوهر شاهوار	یکی خسروی جامه‌ی زرنگار
ببردند بالای زرین ستام	به زین اندرون تیغ زرین نیام
سواری ده از رومیان برگزید	که دانند هرگونه گفت و شنید
ز لشکر بیامد سپیده دمان	خود و نامداران ابا ترجمان
چو آمد به نزدیک دارا فراز	پیاده شد و برد پیشش نماز

۱۱۴۲

جهاندار دارا مر او را بخواند	بپرسید و بر زیر گاهش نشاند
همه نامداران فروماندند	بروبر نهان آفرین خواندند
ز دیدار آن فر و فرهنگ او	ز بالا و از شاخ و آهنگ او
همانگه چو بنشست بر پای خاست	پیام سکندر بیاراست راست
نخست آفرین کرد بر شهریار	که جاوید بادا سر تاجدار
سکندر چنین گفت کای نیک‌نام	به گیتی بهرجای گسترده کام
مرا آرزو نیست با شاه جنگ	نه بر بوم ایران گرفتن درنگ
برآنم که گرد زمین اندکی	بگردم ببینم جهان را یکی
همه راستی خواهم و نیکویی	به ویژه که سالار ایران تویی
اگر خاک داری تو از من دریغ	نشاید سپردن هوا را چو میغ
چنین با سپاه آمدی پیش من	نه آگاهی از رای کم بیش من
چو رزم آوری باتو رزم آورم	ازین بوم بی‌رزم برنگذرم
گزین کن یکی روزگار نبرد	برین باش و زین آرزو برمگرد
که من سر نپیچم ز جنگ سران	وگر چند باشد سپاهی گران
چو دارا بدید آن دل و رای او	سخن گفتن و فر و بالای او
تو گفتی که داراست بر تخت عاج	ابا یاره و طوق و با فر و تاج
بدو گفت نام و نژاد تو چیست	که بر فر و شاخت نشان کییست
از اندازه‌ی کهتران برتری	من ایدون گمانم که اسکندری
بدین فر و بالا و گفتار و چهر	مگر تخت را پروریدت سپهر
چنین داد پاسخ که این کس نکرد	نه در آشتی و نه اندر نبرد
نه گویندگان بر درش کمترند	که بر تارک بخردان افسرند
کجا خود پیام آرد از خویشتن	چنان شهریاری سر انجمن
سکندر بدان مایه دارد خرد	که از رای پیشینگان بگذرد
پیامم سپهبد بدین گونه داد	بگفتم به شاه آنچ او کرد یاد
بیاراستندش یکی جایگاه	چنانچون بود درخور پایگاه
سپهدار ایران چو بنهاد خوان	به سالار فرمود کو را بخوان
چو نان خورده شد مجلس آراستند	می و رود و رامشگران خواستند
سکندر چو خوردی می خوشگوار	نهادی سبک جام را بر کنار
چنین تا می و جام چندی بگشت	نهادن ز اندازه اندر گذشت

دهنده بیامد به دارا بگفت / که رومی شد امروز با جام جفت
بفرمود تا زو بپرسند شاه / که جام نبید از چه داری نگاه
بدو گفت ساقی که ای شیر فش / چه داری همی جام زرین به کش
سکندر چنین داد پاسخ که جام / فرستاده را باشد ای نیک‌نام
گر آیین ایران جز اینست راه / ببر جام زرین سوی گنج شاه
بخندید از آیین او شهریار / یکی جام پرگوهر شاهوار
بفرمود تا بر کفش برنهند / یکی سرخ یاقوت بر سر نهند
همان‌در زمان باژ خواهان روم / کجا رفته بودند زان مرز و بوم
ز خانه بدان بزمگاه آمدند / خرامان به نزدیک شاه آمدند
فرستاده روی سکندر بدید / بر شاه رفت آفرین گسترید
بدو گفت کاین مهتر اسکندرست / که بر تخت با گرز و با افسرست
بدانگه که ما را بفرمود شاه / برفتیم نزدیک او باژخواه
برآشفت و ما را بدان خوار کرد / به گفتار با شاه پیکار کرد
چو از پادشاهیش بگریختم / شب تیره اسپان برانگیختم
ندیدیم مانندهٔ او به روم / دلیر آمدست اندرین مرز و بوم
همی برگراید سپاه ترا / همان گنج و تخت و کلاه ترا
چو گفت فرستاده بشنید شاه / فزون کرد سوی سکندر نگاه
سکندر بدانست کاندر نهان / چه گفتند با شهریار جهان
همی بود تا تیره‌تر گشت روز / سوی باختر گشت گیتی‌فروز
بیامد به دهلیز پرده‌سرای / دلاور به اسپ اندر آورد پای
چنین گفت پس با سواران خویش / بلنداختر و نامداران خویش
که ما را کنون جان به اسپ اندرست / چو سستی کند باد ماند به دست
همه بادپایان برانگیختند / ز پیش جهاندار بگریختند
چو دارا سر و افسر او ندید / به تاریکی از چشم شد ناپدید
نگهبان فرستاد هم در زمان / به نزدیکی خیمهٔ بدگمان
چو رفتند بیداردل رفته بود / نه بخت چنان پادشا خفته بود
پس او فرستاد دارا سوار / دلیران و پرخاشجویان هزار
چو باد از پس او همی تاختند / شب تیرهٔ بد راه نشناختند
طلایه بدیدند گشتند باز / نبد سود جز رنج و راه دراز

چو اسکندر آمد به پرده‌سرای	برفتند گردان رومی ز جای
بدیدند شب شاه را شادکام	به پیش اندرون پرگهر چار جام
به گردان چنین گفت کاباد بید	بدین فرخی فال ما شاد بید
که این جام پیروزی جان ماست	سر اختران زیر فرمان ماست
هم از لشکرش برگرفتم شمار	فراوان کم است از شنیده سوار
همه جنگ را تیغها برکشید	وزین دشت هامون سر اندرکشید
چو در جنگ تن را به رنج آورید	ازان رنج شاهی و گنج آورید
جهان آفریننده یار منست	سر اختر اندر کنار منست
بزرگان برو خواندند آفرین	که آباد بادا به قیصر زمین
فدای تو بادا تن و جان ما	برینست جاوید پیمان ما
ز شاهان که یارد بدن یار تو	به مردی و بالا و دیدار تو
چو خورشید برزد سر از کوه و راغ	زمین شد به کردار زرین چراغ

رزم نخست اسکندر با دارا

جهاندار دارا سپه برگرفت	جهان چادر قیر بر سرگرفت
بیاورد لشکر ز رود فرات	به هامون سپه بیش بود از نبات
سکندر چو بشنید کامد سپاه	بزد کوس و آورد لشکر به راه
دو لشکر که آن را کرانه نبود	چو اسکندر اندر زمانه نبود
ز ساز و ز گردان هر دو گروه	زمین همچو دریا بد و گرد کوه
ز خفتان وز خنجر هندوان	ز بالا و اسپ وز برگستوان
دو رویه سپه برکشیدند صف	ز خنجر همی یافت خورشید تف
به پیش سپاه آوریدند پیل	جهان شد به کردار دریای نیل
سواران جنگ از پس و پیل پیش	همه برگرفته دل از جان خویش
تو گفتی هوا خون خروشد همی	زمین از خروشش بجوشد همی
ز بس ناله‌ی بوق و هندی درای	همی کوه را دل برآمد ز جای
ز آواز اسپان و بانگ سران	چرنگیدن گرزهای گران

تو گفتی زمین کوه جنگی شدست	ز گرد آسمان روی زنگی شدست
به یک هفته گردان پرخاشجوی	به روی اندر آورده بودند روی
بهشتم برآمد یکی تیره گرد	بران سان که خورشید شد لاژورد
بپوشید دیدار ایران سپاه	گریزان برفتند از آن رزمگاه
سپاه سکندر پس اندر دمان	یکی پرغم و دیگری شادمان
سکندر بشد تا لب رودبار	بکشتند ز ایرانیان بی‌شمار
سپاه از لب رود برگاشتند	بفرمود تا رود بگذاشتند
به پیروزی آمد بران رزمگاه	کجا پیش بود آن گزیده سپاه
چو دارا ز پیش سکندر برفت	به هر سو سواران فرستاد تفت
از ایران سران و مهان را بخواند	درم داد و روزی دهان را بخواند

رزم دویم اسکندر با دارا

سر ماه را لشکر آباد کرد	سر نامداران پر از باد کرد
دگر باره از آب زان سو گذشت	بیاراست لشکر بران پهن دشت
سکندر چو بشنید لشکر براند	پذیره شد و سازش آنجا بماند
سپه را چو روی اندرآمد به روی	زمان و زمین گشت پرخاشجوی
سه روز اندران رزمشان شد درنگ	چنان گشت کز کشته شد جای تنگ
فراوان ز ایرانیان کشته شد	جهانگیر را روز برگشته شد
پر از درد برگشت ز آوردگاه	چو یاری ندادش خداوند ماه
سکندر بیامد پس او چو گرد	بسی از جهان‌آفرین یاد کرد
خروشی برآمد ز پیش سپاه	که ای زیردستان گم کرده راه
شما را ز من بیم و آزار نیست	سپاه مرا با شما کار نیست
بباشید ایمن به ایوان خویش	به یزدان سپرده تن و جان خویش
به جان و تن از رومیان رسته‌اید	اگر چه به خون دستها شسته‌اید
چو ایرانیان ایمنی یافتند	همه رخ سوی رومیان تافتند
سکندر بیامد به دشت نبرد	همه خواسته سربسر گرد کرد

Shahnameh

ببخشید بر لشکرش خواسته	به نیرو سپاهی شد آراسته
ببود اندران بوم و بر چار ماه	چو آسوده شد شهریار و سپاه
جهاندار دارا به جهرم رسید	که آنجا بدی گنجها را کلید
همه مهتران پیش باز آمدند	پر از درد و گرم و گداز آمدند
خروشان پسر چو پدر را ندید	پدر همچنین چون پسر را ندید
همه شهر ایران پر از ناله بود	به چشم اندرون آب چون ژاله بود
ز جهرم بیامد به شهر صطخر	که آزادگان را بران بود فخر
فرستاده‌یی رفت بر هر سوی	به هر نامداری و هر پهلوی
سپاه انجمن شد به ایوان شاه	نهادند زرین یکی زیرگاه
چو دارا بران کرسی زر نشست	برفتند گردان خسروپرست
به ایرانیان گفت کای مهتران	خردمند و شیران و جنگاوران
ببینید تا رای پیکار چیست	همی گفت با درد و چندی گریست
چنین گفت کامروز مردن به نام	به از زنده دشمن بدو شادکام
نیاکان و شاهان ما تا بدند	به هر سال باژی همی بستدند
به هر کار ما را زبون بود روم	کنون بخت آزادگان گشت شوم
همه پادشاهی سکندر گرفت	جهاندار شد تخت و افسر گرفت
چنین هم نماند بیاید کنون	همه پارس گردد چو دریای خون
زن و کودک و مرد گردند اسیر	نماند برین بوم برنا و پیر
مرا گر شوید اندرین یارمند	بگردانم این رنج و درد و گزند
شکار بزرگان بدند این گروه	همه گشته از شهر ایران ستوه
کنون ما شکاریم و ایشان پلنگ	به هر کارزاری گریزان ز جنگ
اگر پشت یکسر به پشت آورید	بر و بوم ایشان به مشت آورید
کسی کاندرین جنگ سستی کند	بکوشد که تا جان‌پرستی کند
مدارید ازین پس به گیتی امید	که شد روم ضحاک و ما جمشید
همی گفت گریان و دل پر ز درد	دو رخساره زرد و دو لب لاژورد
بزرگان داننده برخاستند	همه پاسخش را بیاراستند
خروشی برآمد ز ایران به زار	که گیتی نخواهیم بی‌شهریار
همه روی یکسر به جنگ آوریم	جهان بر براندیش تنگ آوریم
ببندیم دامن یک اندر دگر	اگر خاک یابیم اگر بوم و بر

سلیح و درم داد لشکرش را
همان نامداران کشورش را
سکندر چو از کارش آگاه شد
که دارا به تخت افسر ماه شد
سپه برگرفت از عراق و براند
به رومی همی نام یزدان بخواند

رزم سیوم اسکندر با دارا

سپه را میان و کرانه نبود
همان بخت دارا جوانه نبود
پذیره شدن را بیاراست شاه
بیاورد ز اصطخر چندان سپاه
که گفتی ستاره نتابد همی
فلک راه رفتن نیابد همی
سپاه دو کشور کشیدند صف
همه نیزه و گرز و خنجر به کف
برآمد چنان از دو لشکر خروش
که چرخ فلک را بدرید گوش
چو دریا شد از خون گردان زمین
تن بی‌سران بد همه دشت کین
پدر را نبد بر پسر جای مهر
بریشان نبخشید گردان سپهر
سیم ره به دارا درآمد شکست
سکندر میان تاختن را ببست
جهاندار لشکر به کرمان کشید
همی از بد دشمنان جان کشید
سکندر بیامد زی اصطخر پارس
که دیهیم شاهان بد و فخر پارس
خروشی بلند آمد از بارگاه
که ای مهتران نماینده راه
هرانکس که زنهار خواهد همی
ز کرده به یزدان پناهد همی
همه یکسره در پناه منید
بدانید اگر نیک‌خواه منید
همه خستگان را ببخشیم چیز
همان خون دشمن نریزیم نیز
ز چیز کسان دست کوته کنیم
خرد را سوی روشنی ره کنیم
که پیروزگر دادمان فرهی
بزرگی و دیهیم شاهنشهی
کسی کو ز فرمان ما بگذرد
همی گردن اژدها بشکرد
ز چیزی که دید اندران رزمگاه
ببخشید یکسر همه بر سپاه
چو دارا ز ایران به کرمان رسید
دو بهر از بزرگان لشکر ندید
خروشی بد اندر میان سپاه
یکی را ندیدند بر سر کلاه
بزرگان فرزانه را گرد کرد
کسی را که با او بد اندر نبرد
همه مهتران زار و گریان شدند
ز بخت بد خویش بریان شدند

چنین گفت دارا که هم بی‌گمان / ز ما بود بر ما بد آسمان
شکن زین نشان در جهان کس ندید / نه از کاردانان پیشین شنید
زن و کودک شهریاران اسیر / وگر کشته خسته به ژوپین و تیر
چه بینید و این را چه درمان کنید / که بدخواه را زین پشیمان کنید
نه کشور نه لشکر نه تخت و کلاه / نه شاهی نه فرزند و گنج و سپاه
ار ایدونک بخشایش کردگار / نباشد تبه شد به ما روزگار
کسی کز گرانمایگان زیستند / به پیش شهنشاه بگریستند
به آواز گفتند کای شهریار / همه خسته‌ایم از بد روزگار
سپه را ز کوشش سخن درگذشت / ز تارک دم آب برتر گذشت
پدر بی‌پسر شد پسر بی‌پدر / چنین آمد از چرخ گردان به سر
کرا مادر و خواهر و دختر است / همه پاک بر دست اسکندر است
همان پاک پوشیده‌رویان تو / که بودند لرزنده بر جان تو
چو گنج نیاکان برترمنش / که آمد به دست تو بی‌سرزنش
کنون مانده اندر کف رومیان / نژاد بزرگان و گنج کیان
ترا چاره با او مداراست بس / که تاج بزرگی نماند به کس
کسی گوید آتش زبانش نسوخت / به چاره بد از تن بباید سپوخت
تو او را به تن زیردستی نمای / یکی در سخن نیز چربی فزای
ببینیم فرجام تا چون بود / که گردش ز اندیشه بیرون بود
یکی نامه بنویس نزدیک او / پراندیشه کن جان تاریک او
هم این چرخ گردان برو بگذرد / چنین داند آنکس که دارد خرد
از ایشان چو بشنید فرمان گزید / چنان کز دل شهریاران سزید
دبیر جهاندیده را پیش خواند / بیاورد نزدیک گاهش نشاند

نامه دارا باسکندر به آشتی

یکی نامه بنوشت با داغ و درد / دو دیده پر از خون و رخ لاژورد
ز دارای داراب بن اردشیر / سوی قیصر اسکندر شهرگیر

نخست آفرین کرد بر کردگار	که زو دید نیک و بد روزگار
دگر گفت کز گردش آسمان	خردمند برنگذرد بی‌گمان
کزو شادمانیم و زو ناشکیب	گهی در فراز و گهی در نشیب
نه مردی بد این رزم ما با سپاه	مگر بخشش و گردش هور و ماه
کنون بودنی بود و ما دل به درد	چه داریم ازین گنبد لاژورد
کنون گر بسازی و پیمان کنی	دل از جنگ ایران پشیمان کنی
همه گنج گشتاسپ و اسفندیار	همان یاره و تاج گوهرنگار
فرستم به گنج تو از گنج خویش	همان نیز ورزیده‌ی رنج خویش
همان مر ترا یار باشم به جنگ	به روز و شبانت نسازم درنگ
کسی را که داری ز پیوند من	ز پوشیده‌رویان و فرزند من
بر من فرستی نباشد شگفت	جهانجوی را کین نباید گرفت
ز پوشیده‌رویان بجز سرزنش	نباشد ز شاهان برتر منش
چو نامه بخواند خداوند هوش	بیاراید این رای پاسخ‌نیوش
هیونی ز کرمان بیامد دوان	به نزدیک اسکندر بدگمان
سکندر چو آن نامه برخواند گفت	که با جان دارا خرد باد جفت
کسی کو گراید به پیوند اوی	به پوشیده‌رویان و فرزند اوی
نبیند مگر تخته گور تخت	گر آویخته سر ز شاخ درخت
همه به اصفهانند بی‌درد و رنج	ازیشان مبادا که خواهیم گنج
تو گر سوی ایران خرامی رواست	همه پادشاهی سراسر تراست
ز فرمان تو یک زمان نگذریم	نفس نیز بی‌راه تو نشمریم
بکردار کشتی بیامد هیون	دل و دیده‌ی تاجور پر ز خون
چو آن پاسخ نامه دارا بخواند	ز کار جهان در شگفتی بماند
سرانجام گفت این ز کشتن بتر	که من پیش رومی ببندم کمر
ستودان مرا بهتر آید ز ننگ	یکی داستان زد برین مرد سنگ
که گر آب دریا بخواهد رسید	درو قطره باران نیاید پدید
همی بودمی یار هرکس به جنگ	چو شد مر مرا زین نشان کار تنگ
نبینم همی در جهان یار کس	بجز ایزدم نیست فریادرس
چو یاور نبودش ز نزدیک و دور	یکی نامه بنوشت نزدیک فور
پر از لابه و زیردستی و درد	نخست آفرین بر جهاندار کرد

۱۱۵۰

دگر گفت کای مهتر هندوان
خردمند و دانا و روشن‌روان

همانا که نزد تو آمد خبر
که ما را چه آمد ز اختر به سر

سکندر بیاورد لشکر ز روم
نه برماند ما را نه آباد بوم

نه پیوند و فرزند و تخت و کلاه
نه دیهیم شاهی نه گنج و سپاه

ار ایدونک باشی مرا یارمند
که از خویشتن بازدارم گزند

فرستمت چندان گهرها ز گنج
کزان پس نبینی تو از گنج رنج

همان در جهان نیز نامی شوی
به نزد بزرگان گرامی شوی

هیونی برافگند بر سان باد
بیامد بر فور فوران نژاد

چو اسکندر آگاه شد زین سخن
که دارای دارا چه افگند بن

بفرمود تا برکشیدند نای
غو کوس برخاست و هندی درای

بیامد ز اصطخر چندان سپاه
که خورشید بر چرخ گم کرد راه

برآمد خروش سپاه از دو روی
بی‌آرام شد مردم جنگجوی

سکندر به آیین صفی برکشید
هوا نیلگون شد زمین ناپدید

چو دارا بیاورد لشکر به راه
سپاهی نه بر آرزو رزمخواه

شکسته دل و گشته از رزم سیر
سر بخت ایرانیان گشته زیر

نیاویختند ایچ با رومیان
چو روبه شد آن دشت شیر ژیان

گرانمایگان زینهاری شدند
ز اوج بزرگی به خواری شدند

چو دارا چنان دید برگاشت روی
گریزان همی رفت با های هوی

برفتند با شاه سیصد سوار
از ایران هرانکس که بد نامدار

دو دستور بودش گرامی دو مرد
که با او بدندی به دشت نبرد

یکی موبدی نام او ماهیار
دگر مرد را نام جانوشیار

چو دیدند کان کار بی‌سود گشت
بلند اختر و نام دارا گذشت

یکی با دگر گفت کین شوربخت
ازو دور شد افسر و تاج و تخت

بباید زدن دشنه‌یی بر برش
وگر تیغ هندی یکی بر سرش

سکندر سپارد به ما کشوری
بدین پادشاهی شویم افسری

همی رفت با او دو دستور اوی
که دستور بودند و گنجور اوی

مهین بر چپ و ماهیارش به راست
چو شب تیره شد از هوا باد خاست

یکی دشنه بگرفت جانوشیار
بزد بر بر و سینه‌ی شهریار

نگون شد سر نامبردار شاه
ازو بازگشتند یکسر سپاه

به نزدیک اسکندر آمد وزیر   که ای شاه پیروز و دانش‌پذیر

کشته شدن دارا و اندرز کردن او اسکندر را

بکشتیم دشمنت را ناگهان   سرآمد برو تاج و تخت مهان
چو بشنید گفتار جانوشیار   سکندر چنین گفت با ماهیار
که دشمن که افگندی اکنون کجاست   بباید نمودن به من راه راست
برفتند هر دو به پیش اندرون   دل و جان رومی پر از خشم و خون
چو نزدیک شد روی دارا بدید   پر از خون بر و روی چون شنبلید
بفرمود تا راه نگذاشتند   دو دستور او را نگه داشتند
سکندر ز باره درآمد چو باد   سر مرد خسته به ران بر نهاد
نگه کرد تا خسته گوینده هست   بمالید بر چهر او هر دو دست
ز سر برگرفت افسر خسرویش   گشاد آن بر و جوشن پهلویش
ز دیده ببارید چندی سرشک   تن خسته را دور دید از پزشک
بدو گفت کین بر تو آسان شود   دل بدسگالت هراسان شود
تو برخیز و بر مهد زرین نشین   وگر هست نیروت بر زین نشین
ز هند و ز رومت پزشک آورم   ز درد تو خونین سرشک آورم
سپارم ترا پادشاهی و تخت   چو بهتر شوی ما ببندیم رخت
جفا پیشگان ترا هم کنون   بیاویزم از دارشان سرنگون
چنانچون ز پیران شنیدیم دوش   دلم گشت پر خون و جان پر ز جوش
ز یک شاخ و یک بیخ و پیراهنیم   به بیشی چرا تخمه را برکنیم
چو بشنید دارا به آواز گفت   که همواره با تو خرد باد جفت
برآنم که از پاک دادار خویش   بیابی تو پاداش گفتار خویش
یکی آنک گفتی که ایران تراست   سر تاج و تخت دلیران تراست
به من مرگ نزدیک‌تر زانک تخت   به پردخت تخت و نگون گشت بخت
برین است فرجام چرخ بلند   خرامش سوی رنج و سودش گزند
به من در نگر تا نگویی که من   فزونم ازین نامدار انجمن

بد و نیک هر دو ز یزدان شناس — وزو دار تا زنده باشی سپاس
نمودار گفتار من من بسم — بدین در نکوهیده‌ی هرکسم
که چندان بزرگی و شاهی و گنج — نبد در زمانه کس از من به رنج
همان نیز چندان سلیح و سپاه — گرانمایه اسپان و تخت و کلاه
همان نیز فرزند و پیوستگان — چه پیوستگان داغ دل خستگان
زمان و زمین بنده بد پیش من — چنین بود تا بخت بد خویش من
ز نیکی جدا مانده‌ام زین نشان — گرفتار در دست مردم‌کشان
ز فرزند و خویشان شده ناامید — سیه شد جهان و دو دیده سپید
ز خویشان کسی نیست فریادرس — امیدم به پروردگارست و بس
برین گونه خسته به خاک اندرم — ز گیتی به دام هلاک اندرم
چنین است آیین چرخ روان — اگر شهریارم و گر پهلوان
بزرگی به فرجام هم بگذرد — شکارست مرگش همی بشکرد
سکندر ز دیده ببارید خون — بران شاه خسته به خاک اندرون
چو دارا بدید آن ز دل درد او — روان اشک خونین رخ زرد او
بدو گفت مگری کزین سود نیست — از آتش مرا بهره جز دود نیست
چنین بود بخشش ز بخشنده‌ام — هم از روزگار درخشنده‌ام
به اندرز من سر به سر گوش دار — پذیرنده باش و بدل هوش دار
سکندر بدو گفت فرمان تراست — بگو آنچ خواهی که پیمان تراست
زبان تیر دارا بدو برگشاد — همی کرد سرتاسر اندرز یاد
نخستین چنین گفت کای نامدار — بترس از جهان داور کردگار
که چرخ و زمین و زمان آفرید — توانایی و ناتوان آفرید
نگه کن به فرزند و پیوند من — به پوشیدگان خردمند من
ز من پاک‌دل دختر من بخواه — بدارش به آرام بر پیشگاه
کجا مادرش روشنک نام کرد — جهان را بدو شاد و پدرام کرد
نیاری به فرزند من سرزنش — نه پیغاره از مردم بدکنش
چو پرورده‌ی شهریاران بود — به بزم افسر نامداران بود
مگر زو ببینی یکی نامدار — کجا نو کند نام اسفندیار
بیاراید این آتش زردهشت — بگیرد همان زند و استا بمشت
نگه دارد این فال جشن سده — همان فر نوروز و آتشکده

همان اورمزد و مه و روز مهر — بشوید به آب خرد جان و چهر
کند تازه آیین لهراسپی — بماند کیی دین گشتاسپی
مهان را به مه دارد و که به که — بود دین فروزنده و روزبه
سکندر چنین داد پاسخ بدوی — که ای نیکدل خسرو راست‌گوی
پذیرفتم این پند و اندرز تو — فزون زین نباشم برین مرز تو
همه نیکویها به جای آورم — خرد را بدین رهنمای آورم
جهاندار دست سکندر گرفت — به زاری خروشیدن اندر گرفت
کف دست او بر دهان برنهاد — بدو گفت یزدان پناه تو باد
سپردم ترا جای و رفتم به خاک — سپردم روانرا به یزدان پاک
بگفت این و جانش برآمد ز تن — برو زار بگریستند انجمن
سکندر همه جامه‌ها کرد چاک — به تاج کیان بر پراگند خاک
یکی دخمه کردش بر آیین او — بدان سان که بد فره و دین او
بشستن ازان خون به روشن گلاب — چو آمدش هنگام جاوید خواب
بیاراستندش به دیبای روم — همه پیکرش گوهر و زر بوم
تنش زیر کافور شد ناپدید — ازان پس کسی روی دارا ندید
به دخمه درون تخت زرین نهاد — یکی بر سرش تاج مشکین نهاد
نهادش به تابوت زر اندرون — بروبر ز مژگان ببارید خون
چو تابوتش از جای برداشتند — همه دست بر دست بگذاشتند
سکندر پیاده به پیش اندرون — بزرگان همه دیدگان پر ز خون
چنین تا ستودان دارا برفت — همی پوست گفتی بروبر بکفت
چو بر تخت بنهاد تابوت شاه — بر آیین شاهان برآورد راه
چو پردخت از دخمه‌ی ارجمند — ز بیرون بزد دارهای بلند
یکی دار بر نام جانوشیار — دگر همچنان از در ماهیار
دو بدخواه را زنده بردار کرد — سر شاه‌کش مرد بیدار کرد
ز لشکر برفتند مردان جنگ — گرفته یکی سنگ هر یک به چنگ
بکردند بر دارشان سنگسار — مبادا کسی کو کشد شهریار
چو دیدند ایرانیان کو چه کرد — بزاری بران شاه آزادمرد
گرفتند یکسر برو آفرین — بدان سرور شهریار زمین
ز کرمان کس آمد سوی اصفهان — به جایی که بودند ز ایران مهان

نامه نوشتن اسکندر نزد بزرگان ایران

به نزدیک پوشیده‌رویان شاه	بیامد یکی مرد با دستگاه
بدیشان درود سکندر ببرد	همه کار دارا بر ایشان شمرد
چنین گفت کز مرگ شاهان داد	نباشد دل دشمن و دوست شاد
بدانید کامروز دارا منم	گر او شد نهان آشکارا منم
فزونست ازان نیکویها که بود	به تیمار رخ را نشاید شخود
همه مرگ راییم شاه و سپاه	اگر دیر مانیم اگر چند گاه
بنه سوی شهر صطخر آورید	بپویند ما نیز فخر آورید
همانست ایران که بود از نخست	بباشید شادان‌دل و تندرست
نوشتند نامه به هر کشوری	به هر نامداری و هر مهتری
ز اسکندر فیلقوس بزرگ	جهانگیر و با کینه‌جویان سترگ
بداد و دهش دل توانگر کنید	بر آزادگی بر سر افسر کنید
که فرجام هم روزمان بگذرد	زمانه پی ما همی بشمرد
وی موبدان نامه‌یی همچنین	پرافروزش و پوزش و آفرین
سر نامه از پادشاه کیان	سوی کاردانان ایرانیان
چو عنبر سر خامه‌ی چین بشست	سر نامه بود آفرین از نخست
بران دادگر کو جهان آفرید	پس از آشکارا نهان آفرید
دو گیتی پدید آمد از کاف و نون	چرانی به فرمان او در نه چون
سپهری برین سان که بینی روان	توانا و دانا جز او را مخوان
بباشد به فرمان او هرچ خواست	همه بندگانیم و او پادشاست
ازو باد بر نامداران درود	بر اندازه‌ی هر یکی بر فزود
جز از نیکنامی و فرهنگ و داد	ز کردار گیتی مگیرید یاد
به پیروزی اندر غم آمد مرا	به سور اندرون ماتم آمد مرا
بدارنده‌ی آفتاب بلند	که بر جان دارا نجستم گزند
مر آن شاه را دشمن از خانه بود	یکی بنده بودش نه بیگانه بود

کنون یافت بادافره ایزدی / چو بد ساخت آمد به رویش بدی
شما داد جویید و پیمان کنید / زبان را به پیمان گروگان کنید
چو خواهید کز چرخ یابید بخت / ز من بدره و برده و تاج و تخت
پر از درد داراست روشن دلم / بکوشم کز اندرز او نگسلم
هرانکس که آید بدین بارگاه / درم یابد و ارج و تخت و کلاه
چو خواهد که باشد به ایوان خویش / نگردد گریزان ز پیمان خویش
بیابند چیزی که خواهد ز گنج / ازان پس نبیند کسی درد و رنج
درم را به نام سکندر زنید / بکوشید و پیمان ما مشکنید
نشستنگه شهریاران خویش / بسازید زین پس به آیین پیش
مدارید بازار بی‌پاسبان / که راند همی نام من بر زبان
مدارید بی‌مرزبان مرز خویش / پدید آورید اندرین ارز خویش
بدان تا نباشد ز دزدان گزند / بمانید شادان‌دل و سودمند
ز هر شهر زیبا پرستنده‌یی / پر از شرم بیداردل بنده‌یی
که شاید به مشکوی زرین ما / بداند پرستیدن آیین ما
چنان کو برفتن نباشد دژم / نشاید که بر برده باشد ستم
فرستید سوی شبستان ما / به نزدیک خسروپرستان ما
غریبان که بر شهرها بگذرند / چمانند پای و لبان ناچرند
دل از عیب صافی و صوفی به نام / به دوریشی اندر دلی شادکام
ز خواهندگان نامشان سر کنید / شمار اندر آغاز دفتر کنید
هرآنکس که هست از شما مستمند / کجا یافت از کارداری گزند
دل و پشت بیدادگر بشکنید / همه بیخ و شاخش ز بن برکنید
نهادن بد و کار کردن بدوی / بیابم همان چون کنم جست و جوی
کنم زنده بر دار بدنام را / که گم کرد ز آغاز فرجام را
کسی کو ز فرمان ما بگذرد / به فرجام زان کار کیفر برد
چو نامه فرستاده شد برگرفت / جهانی به آرام در بر گرفت
ز کرمان بیامد به شهر صطخر / به سر بر نهاد آن کیی تاج فخر
تو راز جهان تا توانی مجوی / که او زود پیچد ز جوینده روی

پادشاهی اسکندر

پادشاهی اسکندر

سکندر چو بر تخت بنشست گفت — که با جان شاهان خرد باد جفت
که پیروزگر در جهان ایزدست — جهاندار کز وی نترسد بدست
بد و نیک هم بگذرد بی‌گمان — رهایی نباشد ز چنگ زمان
هرانکس که آید بدین بارگاه — که باشد ز ما سوی ما دادخواه
اگر گاه بار آید ار نیم‌شب — به پاسخ رسد چون گشاید دو لب
چو پیروزگر فرهی دادمان — در بخت پیروز بگشادمان
همه زیردستان بیابند بهر — به کوه و بیابان و دریا و شهر
نخواهیم باژ از جهان پنج سال — جز آنکس که گوید که هستم همال
به دوریش بخشیم بسیار چیز — ز دارنده چیزی نخواهیم نیز
چو اسکندر این نیکویها بگفت — دل پادشا گشت با داد جفت
ز ایوان برآمد یکی آفرین — بران دادگر شهریار زمین
ازان پس پراگنده شد انجمن — جهاندار بنشست با رای‌زن
بفرمود تا پیش او شد دبیر — قلم خواست چینی و رومی حریر
نویسنده از کلک چون خامه کرد — سوی مادر روشنک نامه کرد

نامه نبشتن اسکندر بزن و دختر دارا

که یزدان ترا مزد نیکان دهاد — بداندیش را درد پیکان دهاد
نوشتم یکی نامه‌یی پیش ازین — نوشته درو دردها بیش ازین
چو جفت ترا روز برگشته شد — به دست یکی بنده‌بر کشته شد
بر آیین شاهان کفن ساختم — ورا زین جهان تیز پرداختم
بسی آشتی خواستم پیش جنگ — نکرد آشتی چون نبودش درنگ
ز خونش بپیچید هم دشمنش — به مینو رساناد یزدان تنش

نیابد کسی چاره از چنگ مرگ / چو باد خزانست و ما همچو برگ

جهان یکسر اکنون به پیش شماست / بر اندرز دارا فراوان گواست

که او روشنک را به من داد و گفت / که چون او بباید ترا در نهفت

کنون با پرستنده و دایگان / از ایران بزرگان پرمایگان

فرستید زودش به نزدیک من / زداید مگر جان تاریک من

بدارید چون پیش بود اصفهان / ز هر سو پراگنده کارآگهان

همه کارداران با شرم و داد / که دارای دارابشان کار داد

وز آنجا نخواهید فرمان رواست / همه شهر ایران پیش شماست

دل خویش را پر مدارا کنید / مرا در جهان نام دارا کنید

سوی روشنک همچنین نامه‌یی / ز شاه جهاندار خودکامه‌یی

نخست آفرین کرد بر کردگار / جهاندار و دانا و پروردگار

دگر گفت کز گوهر پادشا / نزاید مگر مردم پارسا

دلارای با نام و با رای و شرم / سخن گفتن خوب و آوای نرم

پدر مر ترا پیش ما را سپرد / وزان پس شد و نام نیکی ببرد

چو آیی شبستان و مشکوی من / ببینی تو باشی جهانجوی من

سر بانوانی و زیبای تاج / فروزنده‌ی یاره و تخت عاج

نوشتیم نامه بر مادرت / که ایدر فرستد ترا در خورت

به آیین فرزند شاهنشهان / به پیش اندرون موبد اصفهان

پرستنده و تاج شاهان و مهد / هم آن را که خوردی ازو شیر و شهد

به مشکوی ما باش روشن‌روان / توی در شبستان سر بانوان

همیشه دل شرم جفت تو باد / شبستان شاهان نهفت تو باد

بیامد یکی فیلسوفی چو گرد / سخنهای شاه جهان یاد کرد

دلارای چون آن سخنها شنید / یکی باد سرد از جگر برکشید

ز دارا ز دیده ببارید خون / که بد ریخته زیر خاک اندرون

پاسخ نامه اسکندر از مادر روشنک

نویسنده‌ی نامه را پیش خواند	همه خون ز مژگان به رخ برفشاند
مر آن نامه را خوب پاسخ نوشت	سخنهای با مغز و فرخ نوشت
نخست آفرین کرد بر کردگار	جهاندار دادار پروردگار
دگر گفت کز کار گردان سپهر	کزویست پرخاش و آرام و مهر
همی فر دارا همی خواستیم	زبان را به نام وی آراستیم
کنون چون زمان وی اندر گذشت	سر گاه او چوب تابوت گشت
ترا خواهم اندر جهان نیکوی	بزرگی و پیروزی و خسروی
به کام تو خواهم که باشد جهان	برین آشکارا ندارم نهان
شنیدم همه هرچ گفتی ز مهر	که از جان تو شاد بادا سپهر
ازان دخمه و دار وز ماهیار	مکافات بدخواه جانوشیار
چو خون خداوند ریزد کسی	به گیتی درنگش نباشد بسی
دگر آنک جستی همی آشتی	بسی روز با پند بگذاشتی
نیاید ز شاهان پرستندگی	نجوید کس از تاجور بندگی
به جای شهنشاه ما را توی	چو خورشید شد ماه ما را توی
مبادا به گیتی به جز کام تو	همیشه بر ایوانها نام تو
دگر آنک از روشنک یاد کرد	دل ما بدان آرزو شاد کرد
پرستنده‌ی تست ما بنده‌ایم	به فرمان و رایت سرافگنده‌ایم
درودت فرستاد و پاسخ نوشت	یکی خوب پاسخ بسان بهشت
چو شاه زمانه ترا برگزید	سر از رای او کس نیارد کشید
نوشتیم نامه سوی مهتران	به پهلو نژادان جنگاوران
که فرمان داراست فرمان تو	نپیچد کسی سر ز پیمان تو
فرستاده را جامه و بدره داد	ز گنجش ز هرگونه‌یی بهره داد
چو رومی به نزد سکندر رسید	همه یاد کرد آنچ دید و شنید
وزان تخت و آیین و آن بارگاه	تو گفتی که زنده‌ست بر گاه شاه

Shahnameh

سکندر ز گفتار او گشت شاد	به آرام تاج کیی بر نهاد
ز عموریه مادرش را بخواند	چو آمد سخنهای دارا براند
بدو گفت نزد دلارای شو	به خوبی به پیوند گفتار نو
به پرده درون روشنک را ببین	چو دیدی ز ما کن برو آفرین
ببر طوق با یاره و گوشوار	یکی تاج پر گوهر شاهوار
صد اشتر ز گستردنیها ببر	صد اشتر ز هر گونه دیبا به زر
هم از گنج دینار چو سی هزار	به بدره درون کن ز بهر نثار
ز رومی کنیزک چو سیصد ببر	دگر هرچ باید همه سر به سر
یکی جام زر هر یکی را به دست	بر آیین خوبان خسروپرست
ابا خویشتن خادمان بر براه	ز راه و ز آیین شاهان مکاه
بشد مادر شاه با ترجمان	ده از فیلسوفان شیرین‌زبان
چو آمد به نزدیکی اصفهان	پذیره شدندش فراوان مهان
بیامد ز ایوان دلارای پیش	خود و نامداران به آیین خویش
به دهلیز کردند چندان نثار	که بر چشم گنج درم گشت خوار
به ایوان نشستند با رای‌زن	همه نامداران شدند انجمن
دلارای برداشت چندان جهیز	که شد در جهان روی بازار تیز
شتر در شتر رفت فرسنگها	ز زرین و سیمین وز رنگها
ز پوشیدنی و ز گستردنی	ز افگندنی و پراگندنی
ز اسپان تازی به زرین ستام	ز شمشیر هندی به زرین نیام
ز خفتان و از خود و برگستوان	ز گوپال و ز خنجر هندوان
چه مایه بریده چه از نابرید	کسی در جهان بیشتر زان ندید
ز ایوان پرستندگان خواستند	چهل مهد زرین بیاراستند
یکی مهد با چتر و با خادمان	نشست اندرو روشنک شادمان
ز کاخ دلارای تا نیم راه	درم بود و دینار و اسپ و سپاه
ببستند آذین به شهر اندرون	پر از خنده لبها و دل پر ز خون
بران چتر دیبا درم ریختند	ز بر مشک سارا همی بیختند
چو ماه اندر آمد به مشکوی شاه	سکندر بدو کرد چندی نگاه
بران برز و بالا و آن خوب چهر	تو گفتی خرد پروریدش به مهر
چو مادرش بر تخت زرین نشاند	سکندر بروبر همی جان فشاند

نشستند یک هفته با او به هم / همی رای زد شاه بر بیش و کم
نبد جز بزرگی و آهستگی / خردمندی و شرم و شایستگی
ببردند ز ایران فراوان نثار / ز دینار وز گوهر شاهوار
همه شهر ایران و توران و چین / به شاهی برو خواندند آفرین
همه روی گیتی پر از داد شد / به هر جای ویرانی آباد شد
چنین گفت گوینده‌ی پهلوی / شگفت آیدت کاین سخن بشنوی
یکی شاه بد هند را نام کید / نکردی جز از دانش و رای صید
دل بخردان داشت و مغز ردان / نشست کیان افسر موبدان
دمادم به ده شب پس یکدگر / همی خواب دید این شگفتی نگر
به هندوستان هرک دانا بدند / به گفتار و دانش توانا بدند
بفرمود تا ساختند انجمن / هرانکس که دانا بد و رای‌زن
همه خوابها پیش ایشان بگفت / نهفته پدید آورید از نهفت
کس آن را گزارش ندانست کرد / پراندیشه شدشان دل و روی زرد
یکی گفت با کید کای شهریار / خردمند وز مهتران یادگار
یکی نامدارست مهران به نام / ز گیتی به دانش رسیده به کام
به شهر اندرش خواب و آرام نیست / نشستش به جز با دد و دام نیست
ز تخم گیاهای کوهی خورد / چو ما را به مردم همی نشمرد
نشستنش با غرم و آهو بود / ز آزار مردم به یکسو بود
ز چیزی به گیتی نیابد گزند / پرستنده مردی و بختی بلند
مرین خوابها را به جز پیش اوی / مگو و ز نادان گزارش مجوی
چنین گفت با دانشی کید شاه / کزین پرهنر بگذری نیست راه
همانگه باسپ اندر آورد پای / به آواز مهران بیامد ز جای
حکیمان برفتند با او به هم / بدان تا سپهبد نباشد دژم
جهاندار چون نزد مهران رسید / بپرسید داننده را چون سزید
بدو گفت کای مرد یزدان‌پرست / که در کوه با غرم داری نشست
به ژرفی بدین خواب من گوش دار / گزارش کن و یک به یک هوش دار
چنان دان که یک شب خردمند و پاک / بخفتم برام بی‌ترس و باک
یکی خانه دیدم چو کاخی بزرگ / بدو اندرون ژنده پیلی سترگ
در خانه پیداتر از کاخ بود / به پیش اندرون تنگ سوراخ بود

گذشتی ز سوراخ پیل ژیان	تنش را ز تنگی نکردی زیان
ز روزن گذشتی تن و بوم اوی	بماندی بدان خانه خرطوم اوی
دگر شب بدان گونه دیدم که تخت	تهی ماندی از من ای نیک‌بخت
کیی برنشستی بران تخت عاج	به سر بر نهادی دل‌افروز تاج
سه دیگر شب از خوابم آمد شتاب	یکی نغز کرپاس دیدم به خواب
بدو اندر آویخته چار مرد	رخان از کشیدن شده لاژورد
نه کرپاس جایی درید آن گروه	نه مردم شدی از کشیدن ستوه
چهارم چنان دیدم ای نامدار	که مردی شدی تشنه بر جویبار
همی آب ماهی برو ریختی	سر تشنه از آب بگریختی
جهان مرد و آب از پس او دوان	چه گوید بدین خواب نیکی گمان
به پنجم چنان دید جانم به خواب	که شهری بدی هم به نزدیک آب
همه مردمش کور بودی به چشم	یکی را ز کوری ندیدم به خشم
ز داد و دهش وز خرید و فروخت	تو گفتی همی شارستان برفروخت
ششم دیدم ای مهتر ارجمند	که شهری بدندی همه دردمند
شدندی بپرسیدن تن درست	همی دردمند آب ایشان بجست
همی گفت چونی به درد اندرون	تنی دردمند و دلی پر ز خون
رسیده به لب جان ناتن‌درست	همه چاره‌ی تن‌درستان بجست
چو نیمی ز هفتم شب اندر گذشت	جهنده یکی باره دیدم به دشت
دو پا و دو دست و دو سر داشتی	به دندان گیا نیز بگذاشتی
چران داشتی از دو رویه دهن	نبد بر تنش جای بیرون شدن
بهشتم سه خم دیدم ای پاکدین	برابر نهاده بروی زمین
دو پرآب و خمی تهی در میان	گذشته به خشکی برو سالیان
ز دو خم پر آب دو نیک مرد	همی ریختند اندرو آب سرد
نه از ریختن زین کران کم شدی	نه آن خشک را دل پر از نم شدی
نهم شب یکی گاو دیدم به خواب	بر آب و گیا خفته بر آفتاب
یکی خوب گوساله در پیش اوی	تنش لاغر و خشک و بی‌آب روی
همی شیر خوردی ازو ماده گاو	کلان گاو گوساله بی زور و تاو
اگر گوش داری به خواب دهم	نرنجی همی تا بدین سر دهم
یکی چشمه دیدم به دشتی فراخ	وزو بر زبر برده ایوان و کاخ

همه دشت یکسر پر از آب و نم ز خشکی لب چشمه گشت دژم
سزد گر تو پاسخ بگویی نهان کزین پس چه خواهد بدن در جهان
چو بشنید مهران ز کید این سخن بدو گفت ازین خواب دل بد مکن
نه کمتر شود بر تو نام بلند نه آید بدین پادشاهی گزند
سکندر بیارد سپاهی گران ز روم و ز ایران گزیده سران
چو خواهی که باشد ترا آب‌روی خرد یار کن رزم او را مجوی
ترا چار چیزست کاندر جهان کسی آن ندید از کهان و مهان
یکی چون بهشت برین دخترت کزو تابد اندر زمین افسرت
دگر فیلسوفی که داری نهان بگوید همه با تو راز جهان
سه دیگر پزشکی که هست ارجمند به دانندگی نام کرده بلند
چهارم قدح کاندرو ریزی آب نه ز آتش شود کم نه از آفتاب
ز خوردن نگیرد کمی آب اوی بدین چیزها راست کن آب روی
چو آید بدین باش و مسگال جنگ چو خواهی که ایدر نسازد درنگ
بسنده نباشی تو با لشکرش نه با چاره و گنج و با افسرش
چو بر کار تو رای فرخ کنیم همان خواب را نیز پاسخ کنیم
یکی خانه دیدی و سوراخ تنگ کزو پیل بیرون شدی بی‌درنگ
تو آن خانه را همچو گیتی شناس همان پیل شاهی بود ناسپاس
که بیدادگر باشد و کژ گوی جز از نام شاهی نباشد بدوی
ازین پس بیاید یکی پادشا چنان سست و بی‌سود و ناپارسا
به دل سفله باشد به تن ناتوان به آز اندرون نیز تیره‌روان
کجا زیردستانش باشند شاد پر از غم دل شاه و لب پر ز باد
دگر آنک دیدی ز کرپاس نغز گرفته ورا چار پاکیزه مغز
نه کرپاس نغز از کشیدن درید نه آمد ستوه آنک او را کشید
ازین پس بیاید یکی نامدار ز دشت سواران نیزه گزار
یکی مرد پاکیزه و نیکخوی بدو دین یزدان شود چارسوی
یکی پیر دهقان آتش‌پرست که بر واژ برسم بگیرد بدست
دگر دین موسی که خوانی جهود که گوید جز آن را نشاید ستود
دگر دین یونانی آن پارسا که داد آورد در دل پادشا
چهارم بیاید همین پاک‌رای سر هوشمندان برآرد ز جای

چنان چارسو از پی پاس را	کشیدند زانگونه کرپاس را
تو کرپاس را دین یزدان شناس	کشنده چهار آمد از بهر پاس
همی درکشد این ازان آن ازین	شوند آن زمان دشمن از بهر دین
دگر تشنه‌یی کو شد از آب خوش	گریزان و ماهی ورا آبکش
زمانی بیاید که پاکیزه مرد	شود خوار چون آب دانش بخورد
به کردار ماهی به دریا شود	گر از بدکنش بر ثریا شود
همی تشنگان را بخواند برآب	کس او را ز دانش نسازد جواب
گریزند زان مرد دانش‌پژوه	گشایند لبها به بد هم‌گروه
به پنجم که دیدی یکی شارستان	بدو اندرون ساخته کارستان
پر از خورد و داد و خرید و فروخت	تو گفتی زمان چشم ایشان بدوخت
ز کوری یکی دیگری را ندید	همی این بدان آن بدین ننگرید
زمانی بیاید کزان سان شود	که دانا پرستار نادان شود
بدیشان بود دانشومند خوار	درخت خردشان نیاید به بار
ستاینده‌ی مرد نادان شوند	نیایش کنان پیش یزدان شوند
همی داند آنکس که گوید دروغ	همی زان پرستش نگیرد فروغ
ششم آنک دیدی بر اسپی دو سر	خورش را نبودی بروبر گذر
زمانی بیاید که مردم به چیز	شود شاد و سیری نیابند نیز
نه درویش یابد ازو بهره‌یی	نه دانش پژوهی و نه شهره‌یی
جز از خویشتن را نخواهند بس	کسی را نباشند فریادرس
به هفتم که پرآب دیدی سه خم	یکی زو تهی مانده بد تا بدم
دو از آب دایم سراسر بدی	میانه یکی خشک و بی‌بر بدی
ازین پس بیاید یکی روزگار	که درویش گردد چنان سست و خوار
که گر ابر گردد بهاران پرآب	ز درویش پنهان کند آفتاب
نبارد بدو نیز باران خویش	دل مرد درویش زو گشته ریش
توانگر ببخشد همی این بران	یکی با دگر چرب و شیرین‌زبان
شود مرد درویش را خشک لب	همی روز را بگذراند به شب
دگر آنک گاوی چنان تن درست	ز گوساله‌ی لاغر او شیر جست
چو کیوان به برج ترازو شود	جهان زیر نیروی بازو شود
شود کار بیمار و درویش سست	وزو چیز خواهد همی تن‌درست

نه هرگز گشاید سر گنج خویش	نه زو باز دارد به تن رنج خویش
دگر چشمه‌یی دیدی از آب خشک	به گرد اندرش آبهای چو مشک
نه زو بردمیدی یکی روشن آب	نه آن آبها را گرفتی شتاب
ازین پس یکی روزگاری وبد	که اندر جهان شهریاری بود
که دانش نباشد به نزدیک اوی	پر از غم بود جان تاریک اوی
همی هر زمان نو کند لشکری	که سازند زو نامدار افسری
سرانجام لشکر نماند نه شاه	بیاید نو آیین یکی پیش‌گاه
کنون این زمان روز اسکندرست	که بر تارک مهتران افسرست
چو آید بدو ده تو این چار چیز	برآنم که چیزی نخواهد به نیز
چو خشنود داری ورا بگذرد	که دانش پژوهست و دارد خرد
ز مهران چو بشنید کید این سخن	برو تازه شد روزگار کهن
بیامد سر و چشم او بوس داد	دلارام و پیروز برگشت شاد
ز نزدیک دانا چو برگشت شاه	حکیمان برفتند با او براه

لشکر کشیدن اسکندر سوی کید و نامه نوشتن بدو

سکندر چو کرد اندر ایران نگاه	بدانست کو را شد آن تاج و گاه
همی راه و بی‌راه لشکر کشید	سوی کید هندی سپه برکشید
به جایی که آمد سکندر فراز	در شارستانها گشادند باز
ازان مرز کس را به مردم نداشت	ز ناهید مغفر همی برگذاشت
چو آمد بران شارستان بزرگ	که میلاد خواندیش کید سترگ
بران مرز لشکر فرود آورید	همه بوم ایشان سپه گسترید
نویسنده‌ی نامه را خواندند	به پیش سکندرش بنشاندند
یکی نامه بنوشت نزدیک کید	چو شیری که ارغنده گردد به صید
ز اسکندر راد پیروزگر	خداوند شمشیر و تاج و کمر
سر نامه بود آفرین از نخست	بدانکس که دل را به دانش بشست
ز کار آن گزیند که بی‌رنج‌تر	چو خواهد که بردارد از گنج بر

Shahnameh

گراینده باشد به یزدان پاک / بدو دارد امید و زو ترس و باک
بداند که ما تخت را مایه‌ایم / جهاندار پیروز را سایه‌ایم
نوشتم یکی نامه نزدیک تو / که روشن کند جان تاریک تو
هم‌آنگه که بر تو بخواند دبیر / منه پیش و این را سگالش مگیر
اگر شب رسد روشنی را مپای / هم‌اندر زمان سوی فرمان گرای
وگر بگذری زین سخن نگذرم / سر و تاج و تختت به پی بسپرم
چو نامه بر کید هندی رسید / فرستاده‌ی پادشا را بدید
فراوانش بستود و بنواختش / به نیکی بر خویش بنشاختش
بدو گفت شادم ز فرمان اوی / زمانی نگردم ز پیمان اوی
ولیکن برین گونه ناساخته / بیایم دمان گردن افراخته
نباشد پسند جهان‌آفرین / نه نزدیک آن پادشاه زمین
هم‌انگه بفرمود تا شد دبیر / قلم خواست هندی و چینی حریر
مران نامه را زود پاسخ نوشت / بیاراست بر سان باغ بهشت
نخست آفرین کرد بر کردگار / خداوند پیروز و به روزگار
خداوند بخشنده و دادگر / خداوند مردی و هوش و هنر
دگر گفت کز نامور پادشا / نپیچد سر مردم پارسا
نشاید که داریم چیزی دریغ / ز دارنده‌ی لشکر و تاج و تیغ
مرا چار چیزست کاندر جهان / کسی را نبود آشکار و نهان
نباشد کسی را پس از من به نیز / بدین گونه اندر جهان چار چیز
فرستم چو فرمان دهد پیش اوی / ازان تازه گردد دل و کیش اوی
ازان پس چو فرمایدم شهریار / بیایم پرستش کنم بنده‌وار
فرستاده آمد به کردار باد / بگفت آنچ بشنید و نامه بداد
سکندر فرستاده از گفت رو / به نزدیک آن نامور بازشو
بگویش که آن چیست کاندر جهان / کسی را نبود آشکار و نهان
بدیدند خود بودنی هرچ بود / سپهر آفرینش نخواهد فزود
بیامد فرستاده را نزد شاه / به کردار آتش بپیمود راه
چنین گفت با کید کاین چار چیز / که کس را به گیتی نبودست نیز
همی شاه خواهد که داند که چیست / که نادیدنی پاک نابود نیست
چو بشنید کید آن ز بیگانه جای / بپردخت و بنشست با رهنمای

فرستاده را پیش بنشاختند	ز هر در فراوانش بنواختند
ازان پس فرستاده را شاه گفت	که من دختری دارم اندر نهفت
که گر بیندش آفتاب بلند	شود تیره از روی آن ارجمند
کمندست گیسوش همرنگ قیر	همی آید از دو لبش بوی شیر
خم آرد ز بالای او سرو بن	گلفشان شود چو سراید سخن
ز دیدار و چهرش سخن بگذرد	همی داستان را خرد پرورد
چو خامش بود جان شرمست و بس	چنو در زمانه ندیدست کس
سپهبد نژادست و یزدان‌پرست	دل شرم و پرهیز دارد به دست
دگر جام دارم که پر می‌کنی	وگر آب سر اندرو افگنی
به ده سال اگر با ندیمان به هم	نشیند نگردد می از جام کم
همت می دهد جام هم آب سرد	شگفت آنک کمی نگیرد ز خورد
سوم آنک دارم یکی نو پزشک	که علت بگوید چو بیند سرشک
اگر باشد او سالیان پیش گاه	ز دردی نپیچد جهاندار شاه
چهارم نهان دارم از انجمن	یکی فیلسوفست نزدیک من
همه بودنیها بگوید به شاه	ز گردنده خورشید و رخشنده ماه
فرستاده‌ی نامور بازگشت	پی باره با باد انباز گشت
بیامد چو پیش سکندر بگفت	دل شاه گیتی چو گل بر شگفت
بدو گفت اگر باشد این گفته راست	بدین چار چیز او جهان را بهاست
چو اینها فرستد به نزدیک من	درخشان شود جان تاریک من
بر و بوم او را نکوبم به پای	برین نیکویی باز گردم به جای
گزین کرد زان رومیان مرد چند	خردمند و بادانش و بی‌گزند
یکی نامه بنوشت پس شهریار	پر از پوزش و رنگ و بوی و نگار
که نه نامور ز استواران خویش	ازین پرهنر نامداران خویش
خردمند و بادانش و شرم و رای	جهانجوی و پردانش و رهنمای
فرستادم اینک به نزدیک تو	نه پیچند با رای باریک تو
تو این چیزها را بدیشان نمای	همانا بباشد همانجا به جای
چو من نامه یابم ز پیران خویش	جهاندیده و رازداران خویش
که بگذشت بر چشم ما چار چیز	که کس را به گیتی نبودست نیز
نویسم یکی نامه‌ی دلپسند	که کیدست تا باشد او شاه هند

خردمند نه مرد رومی برفت	ز پیش سکندر سوی کید تفت
چو سالار هند آن سران را بدید	فراوان بپرسید و پاسخ شنید
چنانچون ببایست بنواختشان	یکی جای شایسته بنشاختشان
دگر روز چون آسمان گشت زرد	برآهیخت خورشید تیغ نبرد
بیاراست آن دختر شاه را	نباید خود آراستن ماه را
به خانه درون تخت زرین نهاد	به گرد اندر آرایش چین نهاد
نشست از بر تخت خورشید چهر	ز ناهید تابنده‌تر بر سپهر
برفتند بیدار نه مرد پیر	زبان چرب و گوینده و یادگیر
فرستادشان شاه سوی عروس	بر آواز اسکندر فیلقوس
بدیدند پیران رخ دخت شاه	درفشان ازو یاره و تخت و گاه
فرو ماندند اندرو خیره خیر	ز دیدار او سست شد پای پیر
خردمند نه پیر مانده به جای	زبانها پر از آفرین خدای
نه جای گذر دید ازیشان یکی	نه زو چشم برداشتند اندکی
چو فرزانگان دیرتر ماندند	کس آمد بر شاهشان خواندند
چنین گفت با رومیان شهریار	که چندین چرا بودتان روزگار
همو آدمی بودکان چهره داشت	به خوبی ز هر اختری بهره داشت
بدو گفت رومی که ای شهریار	در ایوان چنو کس نبیند نگار
کنون هر یکی از یک اندام ماه	فرستیم یک نامه نزدیک شاه
نشستند پس فیلسوفان بهم	گرفتند قرطاس و قیر و قلم
نوشتند هر موبدی ز آنک دید	که قرطاس ز انقاس شد ناپدید
ز نزدیک ایشان سواری برفت	به نزد سکندر به میلاد تفت
چو شاه جهان نامه‌هاشان بخواند	ز گفتارشان در شگفتی بماند
به نامه هر اندام را زو یکی	صفت کرده بودند لیک اندکی
بدیشان جهاندار پاسخ نوشت	که بخبخ که دیدم خرم بهشت
کنون بازگردید با چار چیز	برین بر فزونی مجویید نیز
چو منشور و عهد من او را دهید	شما با فغستان بنه برنهید
نیازارد او را کسی زین سپس	ازو در جهان یافتم داد و بس
فرستاده برگشت زان مرز و بوم	بیامد به نزدیک پیران روم
چو آن موبدان پاسخ شهریار	بدیدند با رنج دیده سوار

از ایوان به نزدیک شاه آمدند	بران نامور بارگاه آمدند
سپهدار هندوستان شاد شد	که از رنج اسکندر آزاد شد
بروبر بخواندند پس نامه را	چو پیغام آن شاه خودکامه را
گزین کرد پیران صد از هندوان	خردمند و گویا و روشن‌روان
در گنج بی‌رنج بگشاد شاه	گزین کرد ازان یاره و تاج و گاه
همان گوهر و جامه‌ی نابرید	ز چیزی که شایسته‌تر برگزید
ببردند سیصد شتروار بار	همان جامه و گوهر شاهوار
صد اشتر همه بار دینار بود	صد اشتر ز گنج درم بار بود
یکی مهد پرمایه از عود تر	برو بافته زر و چندی گهر
به ده پیل بر تخت زرین نهاد	به پیلی گران‌مایه‌تر زین نهاد
فغستان ببارید خونین سرشک	همی رفت با فیلسوف و پزشک
قدح هم چنان نامداری به دست	همه سرکشان از می جام مست
فغستان چو آمد به مشکوی شاه	یکی تاج بر سر ز مشک سیاه
بسان گل زرد بر ارغوان	ز دیدار او شاد شد ناتوان
چو سرو سهی بر سرش گرد ماه	نشایست کردن به مه بر نگاه
دو ابرو کمان و دو نرگس دژم	سر زلف را تاب داده به خم
دو چشمش چو دو نرگس اندر بهشت	تو گفتی که از ناز دارد سرشت
سکندر نگه کرد بالای اوی	همان موی و روی و سر و پای اوی
همی گفت کاینت چراغ جهان	همی آفرین خواند اندر نهان
بدان دادگر کو سپهر آفرید	بران گونه بالا و چهر آفرید
بفرمود تا هرک بخرد بدند	بران لشکر روم موبد بدند
نشستند و او را به آیین بخواست	به رسم مسیحا و پیوند راست
برو ریخت دینار چندان ز گنج	که شد ماه را راه رفتن به رنج
چو شد کار آن سرو بن ساخته	به آیین او جای پرداخته
بپردخت ازان پس به داننده مرد	که چون خیزد از دانش اندر نبرد
پر از روغن گاو جامی بزرگ	فرستاد زی فیلسوف سترگ
که این را به اندامها در بمال	سرون و میان و بر و پشت و یال
بیاسای تا ماندگی بفگنی	به دانش مرا جان و مغز آگنی
چو دانا به روغن نگه کرد گفت	که این بند بر من نشاید نهفت

Shahnameh

بجان اندر افگند سوزن هزار / فرستاد بازش سوی شهریار
به سوزن نگه کرد شاه جهان / بیاورد آهنگران را نهان
بفرمود تا گرد بگداختند / از آهن یکی مهره‌یی ساختند
سوی مرد دانا فرستاد زود / چو دانا نگه کرد و آهن بسود
به ساعت ازان آهن تیره‌رنگ / یکی آینه ساخت روشن چو زنگ
ببردند نزد سکندر به شب / وزان راز نگشاد بر باد لب
سکندر نهاد آینه زیر نم / همی داشت تا شد سیاه و دژم
بر فیلسوفش فرستاد باز / بران کار شد رمز آهن دراز
خردمند بزدود آهن چو آب / فرستاد بازش هم اندر شتاب
ز دودش ز دارو کزان پس ز نم / نگردد به زودی سیاه و دژم
سکندر نگه کرد و او را بخواند / بپرسید و بر زیرگاهش نشاند
سخن گفتش از جام روغن نخست / همی دانش نامور بازجست
چنین گفت با شاه مرد خرد / که روغن بر اندامها بگذرد
تو گفتی که از فیلسوفان شهر / ز دانش مرا خود فزونست بهر
به پاسخ چنین گفتم ای پادشا / که دانا دل مردم پارسا
چو سوزن پی و استخوان بشمرد / اگر سنگ پیش آیدش بشکرد
به پاسخ به دانا چنین گفت شاه / که هر دل که آن گشته باشد سپاه
به بزم و به رزم و به خون ریختن / به هر جای با دشمن آویختن
سخنهای باریک مرد خرد / چو دل تیره باشد کجا بگذرد
ترا گفتم این خوب گفتار خویش / روان و دل و رای هشیار خویش
سخن داند از موی باریکتر / ترا دل ز آهن نه تاریکتر
تو گفتی برین سالیان برگذشت / ز خونها دلم پر ز زنگار گشت
چگونه به راه آید این تیرگی / چه پیچم سخن را بدین خیرگی
ترا گفتم از دانش آسمان / زدایم دلت تا شوی بی‌گمان
ازان پس که چون آب گردد به رنگ / کجا کرد باید بدو کار تنگ
پسند آمدش تازه گفتار اوی / دلش تیزتر گشت بر کار اوی
بفرمود تا جامه و سیم و زر / بیاورد گنجور جامی گهر
به دانا سپردند و داننده گفت / که من گوهری دارم اندر نهفت
که یابم بدو چیز و بی دشمنست / نه چون خواسته جفت آهرمنست

به شب پاسبانان نخواهند مزد　　به راهی که باشم نترسم ز دزد

خرد باید و دانش و راستی　　که کژی بکوبد در کاستی

مرا خورد و پوشیدنی زین جهان　　بس از شهریار آشکار ونهان

که دانش به شب پاسبان منست　　خرد تاج بیدار جان منست

به بیشی چرا شادمانی کنم　　برین خواسته پاسبانی کنم

بفرمای تا این برد باز جای　　خرد باد جان مرا رهنمای

سکندر بدو ماند اندر شگفت　　ز هر گونه اندیشه‌ها برگرفت

بدو گفت زین پس مرا بر گناه　　نگیرد خداوند خورشید و ماه

خریدارم این رای و پند ترا　　سخن گفتن سودمند ترا

بفرمود تا رفت پیشش پزشک　　که علت بگفتی چو دیدی سرشک

سر دردمندی بدو گفت چیست　　که بر درد زان پس بباید گریست

بدو گفت هر کس که افزون خورد　　چو بر خوان نشیند خورش ننگرد

نباشد فراوان خورش تن درست　　بزرگ آنک او تن درستی بجست

بیامیزم اکنون ترا دارویی　　گیاها فراز آرم از هر سویی

که همواره باشی تو زان تن درست　　نباید به دارو ترا دست شست

همان آرزوها بیفزایدت　　چو افزون خوری چیز نگزایدت

همان یاد داری سخنهای نغز　　بیفزاید اندر تنت خون و مغز

شوی بر تن خویشتن کامگار　　دلت شاد گردد چو خرم بهار

همان رنگ چهرت به جای آورد　　به هر کار پاکیزه رای آورد

نگردد پراگنده مویت سپید　　ز گیتی سپیدی کند ناامید

سکندر بدو گفت نشنیده‌ام　　نه کس را ز شاهان چنین دیده‌ام

گر آری تو این نغز دارو به جای　　تو باشی به گیتی مرا رهنمای

خریدار گردم ترا من به جان　　شوی بی‌گزند از بد بدگمان

ورا خلعت و نیکویها بساخت　　ز دانا پزشکان سرش برفراخت

پزشک سراینده آمد به کوه　　بیاورد با خویشتن زان گروه

ز دانایی او را فزون بود بهر　　همی زهر بشناخت از پای زهر

گیاهان کوهی فراوان درود　　بیفگند زو هرچ بیکار بود

ازو پاک تریاکها برگزید　　بیامیخت دارو چنانچون سزید

تنش را به داروی کوهی بشست　　همی داشتش سالیان تن درست

چنان شد که او شب نخفتی بسی / بیامیختی شاد با هر کسی
به کار زنان تیز بودی سرش / همی نرم جایی بجستی برش
ازان سوی کاهش گرایید شاه / نکرد اندر آن هیچ تن را نگاه
چنان بد که روزی بیامد پزشک / ز کاهش نشان یافت اندر سرشک
بدو گفت کز خفت و خیز زنان / جوان پیر گردد به تن بی‌گمان
برآنم که بی‌خواب بودی سه شب / به من بازگوی این و بگشای لب
سکندر بدو گفت من روشنم / از آزار سستی ندارد تنم
پسندیده دانای هندوستان / نبود اندر آن کار همداستان
چو شب تیره شد آن نبشته بجست / بیاورد داروی کاهش درست
همان نیز تنها سکندر بخفت / نیامیخت با ماه دیدار جفت
به شبگیر هور اندر آمد پزشک / نگه کرد و بی‌بار دیدش سرشک
بینداخت دارو به رامش نشست / یکی جام بگرفت شادان به دست
بفرمود تا خوان بیاراستند / نوازنده‌ی رود و می‌خواستند
بدو گفت شاه آن چرا ریختی / چو با رنج دارو برآمیختی
ورا گفت شاه جهان دوش جفت / نجست و شب تیره تنها بخفت
چو تنها بخسپی تو ای شهریار / نیاید ترا هیچ دارو به کار
سکندر بخندید و زو شاد شد / ز تیمسار وز درد آزاد شد
وزان پس ز داننده دل کرد شاد / ورا گفت بی‌هند گیتی مباد
بزرگان و اخترشناسان همه / تو گویی به هندوستان شد رمه
وزانجا بیامد سوی خان خویش / همه شب همی ساخت درمان خویش
چو برزد سر از کوه روشن چراغ / چو دریا فروزنده شد دشت و راغ
سکندر بیامد بران بارگاه / دو لب پر ز خنده دل از غم تباه
فرستاده را دید سالار بار / بپرسید و بردش بر شهریار
یکی بدره دینار و اسپی سیاه / به رای زرین بفرمود شاه
پزشک خردمند را داد و گفت / که با پاک رایت خرد باد جفت
ازان پس بفرمود کان جام زرد / بیارند پر کرده از آب سرد
همی خورد زان جام زر هرکس آب / ز شبگیر تا بود هنگام خواب
بخوردند آب از پی خرمی / ز خوردن نیامد بدو در کمی
بدان فیلسوف آن زمان شاه گفت / که این دانش از من نباید نهفت

که افزایش آب این جام چیست / نجومیست گر آلت هندویست
چنین داد پاسخ که ای شهریار / تو این جام را خوارمایه مدار
که این در بسی سالیان کرده‌اند / بدین در بسی رنجها برده‌اند
ز اختر شناسان هر کشوری / به جایی که بد نامور مهتری
بر کید بودند کین جام کرد / به روز سپید و شب لاژورد
همی طبع اختر نگه داشتند / فراوان درین روز بگذاشتند
تو از مغنیاطیس گیر این نشان / که او را کسی کرد ز آهن‌کشان
به طبع این چنین هم شدست آب‌کش / ز گردون پذیره همی آب خوش
همی آب یابد چو گیرد کمی / نبیند به روشن دو چشم آدمی
چو گفتار دانا پسند آمدش / سخنهای او سودمند آمدش
چنین گفت پیران میلاد را / که من عهد کید از پی داد را
همی نشکنم تا بماند به جای / همی پیش او بود باید به پای
که من یافتم زو چنین چار چیز / بروبر فزونی نجوییم نیز
دو صد بارکش خواسته بر نهاد / صد افسر ز گوهر بران سر نهاد
به کوه اندر آگند چیزی که بود / ز دینار وز گوهر نابسود
چو در کوه شد گنجها ناپدید / کسی چهره‌ی آگننده ندید
همه گنج با آنک کردش نهان / ندیدند زان پس کس اندر جهان
ز گنج نهان کرده بر کوهسار / بیاورد با خویشتن یادگار
ز میلاد چون باد لشکر براند / به قنوج شد گنجش آنجا بماند
چو آورد لشکر به نزدیک فور / یکی نامه فرمود پر جنگ و شور
ز شاهنشه اسکندر فیلقوس / فروزنده‌ی آتش و نعم و بوس
سوی فور هندی سپهدار هند / بلند اختر و لشکر آرای سند
سر نامه کرد آفرین خدای / کجا بود و باشد همیشه به جای
کسی را که او کرد پیروزبخت / بماند بدو کشور و تاج و تخت
گرش خوار گیرد بماند نژد / نتابد برو آفتاب بلند
شنیدی همانا که یزدان پاک / چه دادست ما را بدین تیره خاک
ز پیروزی و بخت وز فرهی / ز دیهیم وز تخت شاهنشهی
نماند همی روز ما بگذرد / کسی دیگر آید کزو بر خورد
همی نام کوشم که ماند نه ننگ / بدین مرکز ماه و پرگار تنگ

چو این نامه آرند نزدیک تو / بی‌آزار کن رای تاریک تو
ز تخت بلندی به اسپ اندر آی / مزن رای با موبد و رهنمای
ز ما ایمنی خواه و چاره مساز / که بر چاره‌گر کار گردد دراز
ز فرمان اگر یک زمان بگذری / بلندی گزینی و کنداوری
بیارم چو آتش سپاهی گران / گزیده دلیران کنداوران
چو من باسواران بیایم به جنگ / پشیمانی آید ترا زین درنگ
چو زین باره گفتارها سخته شد / نویسنده از نامه پردخته شد
نهادند مهر سکندر به روی / بجستند پیدا یکی نامجوی
فرستاده شاهش به نزدیک فور / گهی رزم گفتی گهی بزم و سور
فرستاده آمد به درگه فراز / بگفتند با فور گردن فراز
جهاندیده را پیش او خواندند / بر تخت نزدیک بنشاندند
چو آن نامه برخواند فور سترگ / برآشفت زان نامدار بزرگ
هم‌انگه یکی تند پاسخ نوشت / به پالیز کینه درختی بکشت
سر نامه گفت از خداوندپاک / بباید که باشیم با ترس و باک
نگوییم چندین سخن بر گزاف / که بیچاره باشد خداوند لاف
مرا پیش خوانی ترا شرم نیست / خرد را بر مغزت آزرم نیست
اگر فیلقوس این نوشتی به فور / تو نیز آن هم آغاز و بردار شور
ز دارا بدین سان شدستی دلیر / کزو گشته بد چرخ گردنده سیر
چو بر تخمه‌یی بگذرد روزگار / نسازند با پند آموزگار
همان نیز بزم آمدت رزم کید / بر آنی که شاهانت گشتند صید
برین گونه عنوان برین سان سخن / نیامد بما زان کیان کهن
منم فور وز فور دارم نژاد / که از قیصران کس نکردیم یاد
بدانگه که دار مرا یار خواست / دل و بخت با او ندیدیم راست
همی ژنده پیلان فرستادمش / همیدون به بازی زمان دادمش
که بر دست آن بنده‌بر کشته شد / سر بخت ایرانیان گشته شد
گر او را ز دستور بد بد رسید / چرا شد خرد در سرت ناپدید
تو در جنگ چندین دلیری مکن / که با مات کوتاه باشد سخن
ببینی کنون ژنده پیل و سپاه / که پیشت ببندند بر باد راه
همی رای تو برترین گشتن است / نهان تو چون رنگ آهرمنست

به گیتی همه تخم زفتی مکار   بترس از گزند و بد روزگار
بدین نامه ما نیکویی خواستیم   منقش دلت را بیاراستیم
چو پاسخ به نزد سکندر رسید   هم‌انگه ز لشکر سران برگزید
که باشند شایسته و پیش‌رو   به دانش کهن گشته و سال نو
سوی فور هندی سپاهی براند   که روی زمین جز به دریا نماند
به هر سو همی رفت زان‌سان سپاه   تو گفتی جز آن بر زمین نیست راه
همه کوه و دریا و راه درشت   به دل آتش جنگ‌جویان بکشت
ز رفتن سپه سربسر گشت کند   ازان راه دشوار و پیکار تند
هم‌انگه چو آمد به منزل سپاه   گروهی برفتند نزدیک شاه
که ای قیصر روم و سالار چین   سپاه ترا برنتابد زمین
نجوید همی جنگ تو فور هند   نه فغفور چینی نه سالار سند
سپه را چرا کرد باید تباه   بدین مرز بی‌ارز و زین‌گونه راه
ز لشکر نبینیم اسپی درست   که شاید به تندی برو رزم جست
ازین جنگ گر بازگردد سپاه   سوار و پیاده نیابند راه
چو پیروز بودیم تا این زمان   به هرجای بر لشگر بدگمان
کنون سربه‌سر کوه و دریا به پیش   به سیری نیامد کس از جان خویش
مگردان همه نام ما را به ننگ   نکردست کس جنگ با آب و سنگ
غمی شد سکندر ز گفتارشان   برآشفت و بشکست بازارشان
چنین گفت کز جنگ ایرانیان   ز رومی کسی را نیامد زیان
به دارا بر از بندگان بد رسید   کسی از شما باد جسته ندید
برین راه من بی‌شما بگذرم   دل اژدها را به پی بسپرم
ببینید ازان پس که رنجور فور   نپردازد از بن به رزم و به سور
مرایار یزدان و ایران سپاه   نخواهم که رومی بود نیک‌خواه
چو آشفته شد شاه زان گفت و گوی   سپه سوی پوزش نهادند روی
که ما سربسر بنده‌ی قیصریم   زمین جز به فرمان او نسپریم
بکوشیم و چون اسپ گردد تباه   پیاده به جنگ اندر آید سپاه
گر از خون ما خاک دریا کنند   نشیبی ز افگنده بالا کنند
نبیند کسی پشت ما روز جنگ   اگر چرخ بار آورد کوه سنگ
همه بندگانیم و فرمان تراست   چو آزار گیری ز ما جان تراست

چو بشنید زیشان سکندر سخن یکی رزم را دیگر افگند بن
گزین کرد ز ایرانیان سی هزار که بودند با آلت کارزار
برفتند کارآزموده سران زره‌دار مردان جنگاوران
پس پشت ایشان ز رومی سوار یکی قلب دیگر همان چل هزار
پس پشت ایشان سواران مصر دلیران و خنجرگزاران مصر
برفتند شمشیرزن چل هزار هرانکس که بود از در کارزار
ز خویشان دارا و ایرانیان هرانکس که بود از نژاد کیان
ز رومی و از مصری و بربری سواران شایسته و لشکری
گزین کرد قیصر ده و دو هزار همه رزمجوی و همه نامدار
بدان تا پس پشت او زین گروه در و دشت گردد به کردار کوه
از اخترشناسان و از موبدان جهاندیده و نامور بخردان
همی برد با خویشتن شست مرد پژوهنده‌ی روزگار نبرد
چو آگاه شد فور کامد سپاه گزین کرد جای از در رزمگاه
به دشت اندرون لشکر انبوه گشت زمین از پی پیل چون کوه گشت
سپاهی کشیدند بر چار میل پس پشت گردان و در پیش پیل
ز هندوستان نیز کارآگاهان برفتند نزدیک شاه جهان
بگفتند با او بسی رزم پیل که او اسپ را بفگند از دو میل
سواری نیارد بر او شدن نه چون شد بود راه بازآمدن
که خرطوم او از هوا برترست ز گردون مر او را زحل یاورست
به قرطاوس بر پیل بنگاشتند به چشم جهانجوی بگذاشتند
بفرمود تا فیلسوفان روم یکی پیل کردند پیشش ز موم
چنین گفت کاکنون به پاکیزه رای که آرد یکی چاره‌ی این به جای
نشستند دانش پژوهان بهم یکی چاره جستند بر بیش و کم
یکی انجمن کرد ز آهنگران هرانکس که استاد بود اندران
ز رومی و از مصری و پارسی فزون بود مرد از چهل بار سی
یکی بارگی ساختند آهنین سوارش ز آهن ز آهنش زین
به میخ و به مس درزها دوختند سوار و تن باره بفروختند
به گردون براندند بر پیش شاه درونش پر از نفط کرده سیاه
سکندر بدید آن پسند آمدش خردمند را سودمند آمدش

بفرمود تا زان فزون از هزار	ز آهن بکردند اسپ و سوار
ازان ابرش و خنگ و بور و سیاه	که دیدست شاهی ز آهن سپاه
از آهن سپاهی به گردون براند	که جز با سواران جنگی نماند

کشته شدن فور بدست اسکندر و نشانیدن اسکندر سورگ را بتخت او

چو اسکندر آمد به نزدیک فور	بدید آن سپه این سپه را ز دور
خروش آمد و گرد رزم او دو روی	برفتند گردان پرخاشجوی
به اسپ و به نفط آتش اندر زدند	همه لشکر فور برهم زدند
از آتش برافروخت نفط سیاه	بجنبید ازان کاهنین بد سپاه
چو پیلان بدیدند ز آتش گریز	برفتند با لشکر از جای تیز
ز لشکر برآمد سراسر خروش	به زخم آوریدند پیلان به جوش
چو خرطومهاشان بر آتش گرفت	بماندند زان پیلبانان شگفت
همه لشکر هند گشتند باز	همان ژنده پیلان گردن فراز
سکندر پس لشکر بدگمان	همی تاخت بر سان باددمان
چنین تا هوا نیلگون شد به رنگ	سپه را نماند آن زمان جای جنگ
جهانجوی با رومیان همگروه	فرود آمد اندر میان دو کوه
طلایه فرستاد هر سو به راه	همی داشت لشکر ز دشمن نگاه
چو پیدا شد آن شوشه‌ی تاج شید	جهان شد بسان بلور سپید
برآمد خروش از بر گاودم	دم نای سرغین و رویینه خم
سپه با سپه جنگ برساختند	سنانها به ابر اندر افراختند
سکندر بیامد میان دو صف	یکی تیغ رومی گرفته به کف
سواری فرستاد نزدیک فور	که او را بخواند بگوید ز دور
که آمد سکندر به پیش سپاه	به دیدار جوید همی با تو راه
سخن گوید و گفت تو بشنود	اگر دادگویی بدان بگرود
چو بشنید زو فور هندی برفت	به پیش سپاه آمد از قلب تفت
سکندر بدو گفت کای نامدار	دو لشکر شکسته شد از کارزار
همی دام و دد مغز مردم خورد	همی نعل اسپ استخوان بسپرد

دو مردیم هر دو دلیر و جوان / سخن گوی و با مغز دو پهلوان
دلیران لشکر همه کشته‌اند / وگر زنده از رزم برگشته‌اند
چرا بهر لشکر همه کشتن است / وگر زنده از رزم برگشتن است
میان را ببندیم و جنگ آوریم / چو باید که کشور به چنگ آوریم
ز ما هرک او گشت پیروز بخت / بدو ماند این لشکر و تاج و تخت
ز رومی سخنها چو بشنید فور / خریدار شد رزم او را به سور
تن خویش را دید با زور شیر / یکی باره چون اژدهای دلیر
سکندر سواری بسان قلم / سلیحی سبک بادپایی دژم
بدوگفت کاینست آیین و راه / بگردیم یک با دگر بی‌سپاه
دو خنجر گرفتند هر دو به کف / بگشتند چندان میان دو صف
سکندر چو دید آن تن پیل مست / یکی کوه زیر اژدهایی به دست
به آورد ازو ماند اندر شگفت / غمی شد دل از جان خود برگرفت
همی گشت با او به آوردگاه / خروشی برآمد ز پشت سپاه
دل فور پر درد شد زان خروش / بران سو کشیدش دل و چشم و گوش
سکندر چو باد اندر آمد ز گرد / بزد تیغ تیزی بران شیر مرد
ببرید پی بر بر و گردنش / ز بالا به خاک اندر آمد تنش
سر لشکر روم شد به آسمان / برفتند گردان لشکر دمان
یکی کوس بودش ز چرم هژبر / که آواز او برگذشتی ز ابر
برآمد دم بوق و آواس کوس / زمین آهنین شد هوا آبنوس
بران هم نشان هندوان رزمجوی / به تنگی به روی اندر آورده روی
خروش آمد از روم کای دوستان / سر مایه‌ی مرز هندوستان
سر فور هندی به خاک اندرست / تن پیلوارش به چاک اندرست
شما را کنون از پی کیست جنگ / چنین زخم شمشیر و چندین درنگ
سکندر شما را چنان شد که فور / ازو جست باید همی رزم و سور
برفتند گردان هندوستان / به آواز گشتند همداستان
تن فور دیدند پر خون و خاک / بر و تنش کرده به شمشیر چاک
خروشی برآمد ز لشکر به زار / فرو ریختند آلت کارزار
پر از درد نزدیک قیصر شدند / پر از ناله و خاک بر سر شدند
سکندر سلیح گوان بازداد / به خوبی ز هرگونه آواز داد

چنین گفت کز هند مردی به مرد / شما را به غم دل نباید سپرد
نوازش کنون من به افزون کنم / بکوشم که غم نیز بیرون کنم
ببخشم شما را همه گنج اوی / حرامست بر لشکرم رنج اوی
همه هندوان را توانگر کنم / بکوشم که با تخت و افسر کنم
وزان جایگه شد بر تخت فور / بران جشن ماتم برین جشن سور
چنین است رسم سرای سپنج / بخواهد که مانی بدو در به رنج
بخور هرچ داری منه بازپس / تو رنجی چرا ماند باید به کس
همی بود بر تخت قیصر دو ماه / ببخشید گنجش همه بر سپاه
یکی با گهر بود نامش سورگ / ز هندوستان پهلوانی سترگ
سر تخت شاهی بدو داد و گفت / که دینار هرگز مکن در نهفت
ببخش و بخور هرچ آید فراز / بدین تاج و تخت سپنجی مناز
که گاهی سکندر بود گاه فور / گهی درد و خشمست و گه کام و سور
درم داد و دینار لشکرش را / بیاراست گردان کشورش را
چو لشکر شد از خواسته بی‌نیاز / برو ناگذشته زمانی دراز
به شبگیر برخاست آوای کوس / هوا شد به کردار چشم خروس
ز بس نیزه و پرنیانی درفش / ستاره شده سرخ و زرد و بنفش
سکندر بیامد به سوی حرم / گروهی ازو شاد و بهری دژم
ابا ناله‌ی بوق و با کوس تفت / به خان براهیم آزر برفت
که خان حرم را برآورده بود / بدو اندرون رنجها برده بود
خداوند خواندش بیت‌الحرام / بدو شد همه راه یزدان تمام
ز پاکی ورا خانه‌ی خویش خواند / نیایش بران کو ترا پیش خواند
خدای جهان را نباشد نیاز / نه جای خور و کام و آرام و ناز
پرستشگهی بود تا بود جای / بدو اندرون یاد کرد خدای
پس آمد سکندر سوی قادسی / جهانگیر تا جهرم پارسی
چو آگاهی آمد به نصر قتیب / کزو بود مر مکه را فر و زیب
پذیره شدش با نبرده سران / دلاور سواران نیزه‌وران
سواری بیامد هم اندر زمان / ز مکه به نزد سکندر دمان
که این نامداری که آمد ز راه / نجوید همی تاج و گنج و سپاه
نبیره‌ی سماعیل نیک اخترست / که پور براهیم پیغمبرست

چو پیش آمدش نصر بنواختش　　یکی مایه‌ور جایگه ساختش
بدو شاد شد نصر و گوهر بگفت　　همه رازها برگشاد از نهفت
سکندر چنین داد پاسخ بدوی　　که ای پاک‌دل مهتر راست‌گوی
بدین دوده اکنون کدامست مه　　جز از تو پسندیده و روزبه
بدو گفت نصر ای جهاندار شاه　　خزاعست مهتر بدین جایگاه
سماعیل چون زین جهان درگذشت　　جهانگیر قحطان بیامد ز دشت
ابا لشکر گشن شمشیرزن　　به بیداد بگرفت شهر یمن
بسی مردم بیگنه کشته شد　　بدین دودمان روز برگشته شد
نیامد جهان‌آفرین را پسند　　برو تیره شد رای چرخ بلند
خزاعه بیامد چو او گشت خاک　　بر رنج و بیداد بدرود پاک
حرم تا یمن پاک بر دست اوست　　به دریای مصر اندرون شست اوست
سر از راه پیچیده و داد نه　　ز یزدان یکی را به دل یاد نه
جهانی گرفته به مشت اندرون　　نژاد سماعیل ازو پر ز خون
سکندر ز نصر این سخنها شنید　　ز تخم خزاعه هرانکس که دید
به تن کودکان را نماندش روان　　نماندند زان تخمه کس در جهان
ز بیداد بستد حجاز و یمن　　به رای و به مردان شمشیرزن
نژاد سماعیل را برکشید　　هرانکس که او مهتری را سزید
پیاده درآمد به بیت‌الحرام　　سماعیلیان زو شده شادکام
بهر پی که برداشت قیصر ز راه　　همی ریخت دینار گنجور شاه
چو برگشت و آمد به درگاه قصر　　ببخشید دینار چندی به نصر
توانگر شد آنکس که درویش بود　　وگر خوردش از کوشش خویش بود
وزان جایگه شاد لشکر براند　　به جده درآمد فراوان نماند
سپه را بفرمود تا هرکسی　　بسازند کشتی و زورق بسی

لشکر کشیدن اسکندر از جده بسوی مصر

جهانگیر با لشکری راه‌جوی　　ز جده سوی مصر بنهاد روی

ملک بود قیطون به مصر اندرون	سپاهش ز راه گمانی فزون
چو بشنید کامد ز راه حرم	جهانگیر پیروز با باد و دم
پذیره شدش با فراوان سپاه	ابا بدره و برده و تاج و گاه
سکندر به دیدار او گشت شاد	همان گفت بدخواه او گشت باد
به مصر اندرون بود یک سال شاه	بدان تا برآسود شاه و سپاه
زنی بود در اندلس شهریار	خردمند و با لشکری بی‌شمار
جهانجوی بخشنده قیدافه بود	ز روی بهی یافته کام و سود
ز لشکر سواری مصور بجست	که مانند صورت نگارد درست
بدو گفت سوی سکندر خرام	وزین مرز و از ما مبر هیچ نام
به ژرفی نگه کن چنان چون که هست	به کردار تا چون برآیدت دست
ز رنگ و ز چهر و ز بالای اوی	یکی صورت آر از سر پای اوی
نگارنده بشنید و زو بر نشست	به فرمان مهتر میان را ببست
به مصر آمد از اندلس چون نوند	بر قیصر اسکندر ارجمند
چه برگاه دیدش چه بر پشت زین	بیاورد قرطاس و دیبای چین
نگار سکندر چنان هم که بود	نگارید و ز جای برگشت زود
چو قیدافه چهر سکندر بدید	غمی گشت و بنهفت و دم در کشید
سکندر ز قیطون بپرسید و گفت	که قیدافه را بر زمین کیست جفت
بدو گفت قیطون که ای شهریار	چنو نیست اندر جهان کامگار
شمار سپاهش نداند کسی	مگر باز جوید ز دفتر بسی
ز گنج و بزرگی و شایستگی	ز آهستگی هم ز بایستگی
به رای و به گفتار نیکی گمان	نبینی به مانند او در جهان
یکی شارستان کرده دارد ز سنگ	که نبساید آن هم ز چنگ پلنگ
زمین چار فرسنگ بالای اوی	برین هم نشانست پهنای اوی
گر از گنج پرسی خود اندازه نیست	سخنهای او در جهان تازه نیست
سکندر چو بشنید از یادگیر	بفرمود تا پیش او شد دبیر
نوشتند پس نامه‌یی بر حریر	ز شیراوژن اسکندر شهرگیر
به نزدیک قیدافه‌ی هوشمند	شده نام او در بزرگی بلند
نخست آفرین خداوند مهر	فروزنده‌ی ماه و گردان سپهر
خداوند بخشنده داد و راست	فزونی کسی را دهد کش سزاست

۱۱۸۲

به تندی نجستیم رزم ترا / گراینده گشتیم بزم ترا
چو این نامه آرند نزدیک تو / درخشان شود رای تاریک تو
فرستی به فرمان ما باژ و ساو / بدانی که با ما ترا نیست تاو
خردمندی و پیش‌بینی کنی / توانایی و پاک دینی کنی
وگر هیچ تاب اندر آری به کار / نبینی جز از گردش روزگار
چو اندازه گیری ز دارا و فور / خود آموزگارت نباید ز دور
چو از باد عنوان او گشت خشک / نهادند مهری بروبر ز مشک
بیامد هیون تگاور به راه / به فرمان آن نامبردار شاه
چو قیدافه آن نامه‌ی او بخواند / ز گفتار او در شگفتی بماند
به پاسخ نخست آفرین گسترید / بدان دادگر کو زمین گسترید
ترا کرد پیروز بر فور هند / به دارا و بر نامداران سند
مرا با چو ایشان برابر نهی / به سر بر ز پیروزه افسر نهی
مرا زان فزونست فر و مهی / همان لشکر و گنج شاهنشهی
که من قیصران را به فرمان شوم / بترسم ز تهدید و پیچان شوم
هزاران هزارم فزون لشکرست / که بر هر سری شهریاری سرست
وگر خوانم از هر سوی زیردست / نماند برین بوم جای نشست
یکی گنج در پیش هر مهتری / چو آید ازین مرز با لشکری
تو چندین چه رانی زبان بر گزاف / ز دارا شدستی خداوند لاف
بران نامه بر مهر زرین نهاد / هیونی برافگند بر سان باد
چو اسکندر آن نامه‌ی او بخواند / بزد نای رویین و لشکر براند
همی رفت یک ماه پویان به راه / چو آمد سوی مرز او با سپاه
یکی پادشا بود فریان به نام / ابا لشکر و گنج و گسترده کام
یکی شارستان داشت با ساز جنگ / سراپرده‌ی او ندیدی پلنگ
بیاورد لشکر گرفت آن حصار / بران باره‌ی دژ گذشتی سوار
سکندر بفرمود تا جاثلیق / بیاورد عراده و منجنیق
به یک هفته بستد حصار بلند / به شهر اندر آمد سپاه ارجمند
سکندر چو آمد به شهر اندرون / بفرمود کز کس نریزند خون
یکی پور قیدافه داماد بود / بدین شهر فریان بدو شاد بود
بدو داده بد دختر ارجمند / کلاهش به قیدافه گشته بلند

که داماد را نام بد قیدروش	بدو داده فریان دل و چشم و گوش
یکی مرد بد نام او شهرگیر	به دستش زن و شوی گشته اسیر
سکندر بدانست کان مرد کیست	بجستش که درمان آن کار چیست
بفرمود تا پیش او شد وزیر	بدو داد فرمان و تاج و سریر
خردمند را بیطقون بود نام	یکی رای زن مرد گسترده کام
بدو گفت کاید به پیشت عروس	ترا خوانم اسکندر فیلقوس
تو بنشین به آیین و رسم کیان	چو من پیشت آیم کمر بر میان
بفرمای تا گردن قیدروش	ببرد دژآگاه جنگی ز دوش
من آیم به پیشت به خواهشگری	نمایم فراوان ترا کهتری
نشستنگهی ساز بی‌انجمن	چو خواهش فزایم ببخشی بمن
شد آن مرد دستور با درد جفت	ندانست کان را چه باشد نهفت
ازان پس بدو گفت شاه جهان	که این کار باید که ماند نهان
مرا چون فرستادگان پیش خوان	سخنهای قیدافه چندی بران
مرا شاد بفرست با ده سوار	که رو نامه بر زود و پاسخ بیار
بدو بیطقون گفت کایدون کنم	به فرمان برین چاره افسون کنم
به شبگیر خورشید خنجر کشید	شب تیره از بیم شد ناپدید
نشست از بر تخت بر بیطقون	پر از شرم رخ دل پر از آب خون
سکندر به پیش اندرون با کمر	گشاده درچاره و بسته در
چون آن پور قیدافه را شهرگیر	بیاورد گریان گرفته اسیر
زنش هم چنان نیز با بوی و رنگ	گرفته جوان چنگ او را به چنگ
سبک بیطقون گفت کین مرد کیست	کش از درد چندین بباید گریست
چنین داد پاسخ که بازآر هوش	که من پور قیدافه‌ام قیدروش
جزین دخت فریان مرا نیست جفت	که دارد پس پرده‌ی من نهفت
برآنم که او را سوی خان خویش	برم تا بدارمش چون جان خویش
اسیرم کنون در کف شهرگیر	روان خسته از اختر و تن به تیر
چو بشنید زو این سخن بیطقون	سرش گشت پر درد و دل پر ز خون
برآشفت ازان پس به دژخیم گفت	که این هر دو را خاک باید نهفت
چنین هم به بند اندرون با زنش	به شمشیر هندی بزن گردنش
سکندر بیامد زمین بوس داد	بدو گفت کای شاه قیصر نژاد

اگر خون ایشان ببخشی به من	سرافراز گردم به هر انجمن
سر بیگناهان چه بری به کین	که نپسندد از ما جهان‌آفرین
بدو گفت بیداردل بیطقون	که آزاد کردی دو تن را ز خون
سبک بیطقون گفت با قیدروش	که بردی سر دور مانده ز دوش
فرستم کنون با تو او را بهم	بخواند به مادرت بر بیش و کم
اگر ساو و باژم فرستد نکوست	کسی را ندرد بدین جنگ پوست
نگه کن بدین پاک دستور من	که گوید بدو رزم گر سور من
تو آن کن ز خوبی که او با تو کرد	به پاداش پیچد دل رادمرد
چو این پاسخ نامه یابی ز شاه	به خوبی ورا بازگردان ز راه
چنین گفت با بیقطون قیدروش	که زو بر ندارم دل و چشم و گوش
چگونه مر او را ندارم چو جان	کزو یافتم جفت و شیرین‌روان
جهانجوی ده نامور برگزید	ز مردان رومی چنانچون سزید
که بودند یکسر هم‌آواز اوی	نگه داشتندی همه راز اوی
چنین گفت کاکنون به راه اندرون	مخوانید ما را جز از بیقطون
همی رفت پیش اندرون قیدروش	سکندر سپرده بدو چشم و گوش
چو آتش همی راند مهتر ستور	به کوهی رسیدند سنگش بلور
بدودر ز هرگونه‌یی میوه‌دار	فراوان گیا بود بر کوهسار
برفتند زانگونه پویان به راه	بر آن بوم و بر کاندرو بود شاه
چو قیدافه آگه شد از قیدروش	ز بهر پسر پهن بگشاد گوش
پذیره شدش با سپاهی گران	همه نامداران و نیک اختران
پسر نیز چون مادرش را بدید	پیاده شد و آفرین گسترید
بفرمود قیدافه تا برنشست	همی راند و دستش گرفته به دست
بدو قیدروش آنچ دید و شنید	همی گفت و رنگ رخش ناپدید
که بر شهر فریان چه آمد ز رنج	نماند افسر و تخت و لشکر نه گنج
مرا این که آمد همی با عروس	رها کرد ز اسکندر فیلقوس
وگرنه بفرمود تا گردنم	زنند و به آتش بسوزد تنم
کنون هرچ باید به خوبی بکن	برو هیچ مشکن بخواهش سخن
چو بشنید قیدافه این از پسر	دلش گشت زان درد زیر و زبر
از ایوان فرستاده را پیش خواند	به تخت گران‌مایگان برنشاند

فراوان بپرسید و بنواختش / یکی مایه‌ور جایگه ساختش
فرستاد هرگونه‌یی خوردنی / ز پوشیدنی هم ز گستردنی
بشد آن شب و بامداد پگاه / به پرسش بیامد به درگاه شاه
پرستندگان پرده برداشتند / بر اسپش ز درگاه بگذاشتند
چو قیدافه را دید بر تخت عاج / ز یاقوت و پیروزه بر سرش تاج
ز زربفت پوشیده چینی قبای / فراوان پرستنده گردش به پای
رخ شاه تابان به کردار هور / نشستن گهش را ستونها بلور
زبر پوششی جزع بسته به زر / برو بافته دانه‌های گهر
پرستنده با طوق و با گوشوار / به پای اندر آن گلشن زرنگار
سکندر بدان درشگفتی بماند / فراوان نهان نام یزدان بخواند
نشستن گهی دید مهتر که نیز / نیامد ورا روم و ایران به چیز
بر مهتر آمد زمین داد بوس / چنانچون بود مردم چاپلوس
ورا دید قیدافه بنواختش / بپرسید بسیار و بنشاختش
چو خورشید تابان ز گنبد بگشت / گه بار بیگانه اندر گذشت
بفرمود تا خوان بیاراستند / پرستنده‌ی رود و می خواستند
نهادند یک خانه خوانهای ساج / همه پیکرش زر و کوکبش عاج
خورشهای بسیار آورده شد / می آورد و چون خوردنی خورده شد
طبقهای زرین و سیمین نهاد / نخستین ز قیدافه کردند یاد
به می خوردن اندر گرانمایه شاه / فزون کرد سوی سکندر نگاه
به گنجور گفت آن درخشان حریر / نوشته برو صورت دلپذیر
به پیش من آور چنان هم که هست / به تندی برو هیچ مبسای دست
بیاورد گنجور و بنهاد پیش / چو دیدش نگه کرد ز اندازه بیش
بدانست قیدافه کو قیصرست / بران لشکر نامور مهترست
فرستاده‌یی کرده از خویشتن / دلیر آمدست اندرین انجمن
بدو گفت کای مرد گسترده کام / بگو تا سکندر چه دادت پیام
چنین داد پاسخ که شاه جهان / سخن گفت با من میان مهان
که قیدافه‌ی پاکدل را بگوی / که جز راستی در زمانه مجوی
نگر سر نپیچی ز فرمان من / نگه دار بیدار پیمان من
وگر هیچ تاب اندر آری به دل / بیارم یکی لشکری دل گسل

نشان هنرهای تو یافتم	به جنگ آمدن تیز نشتافتم
خردمندی و شرم نزدیک تست	جهان ایمن از رای باریک تست
کنون گر نتابی سر از باژ و ساو	بدانی که با ما نداری تو تاو
نبینی بجز خوبی و راستی	چو پیچی سر از کژی و کاستی
برآشفت قیدافه چون این شنید	بجز خامشی چاره‌ی آن ندید
بدو گفت کاکنون ره خانه گیر	بیاسای با مردم دلپذیر
چو فردا بیایی تو پاسخ دهم	به بر گشتنت رای فرخ نهم
سکندر بیامد سوی خان خویش	همه شب همی ساخت درمان خویش
چو بر زد سر از کوه روشن چراغ	چو دیبا فروزنده شد دشت و راغ
سکندر بیامد بران بارگاه	دو لب پر ز خنده دل از غم تباه
فرستاده را دید سالار بار	بپرسید و بردش بر شهریار
همه کاخ او پر ز بیگانه بود	نشستن بلورین یکی خانه بود
عقیق و زبرجد بروبر نگار	میان اندرون گوهر شاهوار
زمینش همه صندل و چوب عود	ز جزع و ز پیروزه او را عمود
سکندر فروماند زان جایگاه	ازان فر و اورنگ و آن دستگاه
همی گفت کاینت سرای نشست	نبیند چنین جای یزدان پرست
خرامان بیامد به نزدیک شاه	نهادند زرین یکی زیرگاه
بدو گفت قیدافه ای بیطقون	چرا خیره ماندی به جزع اندرون
همانا که چونین نباشد به روم	که آسیمه گشتی بدین مایه بوم
سکندر بدو گفت کای شهریار	تو این خانه را خوارمایه مدار
ز ایوان شاهان سرش برترست	که ایوان تو معدن گوهرست
بخندید قیدافه از کار اوی	دلش گشت خرم به بازار اوی

پند دادن قیدافه اسکندر را

ازان پس بدر کرد کسهای خویش	فرستاده را تنگ بنشاند پیش
بدو گفت کای زاده‌ی فیلقوس	همت بزم و رزمست و هم نعم و بوس
سکندر ز گفتار او گشت زرد	روان پر ز درد و رخان لاژورد

بدو گفت کای مهتر پرخرد / چنین گفتن از تو نه اندر خورد
منم بیطقون کدخدای جهان / چنین تخمه‌ی فیلقوسم مخوان
سپاسم ز یزدان پروردگار / که با من نبد مهتری نامدار
که بردی به شاه جهان آگهی / تنم را ز جان زود کردی تهی
بدو گفت قیدافه کز داوری / لبت را بپرداز کاسکندری
اگر چهره‌ی خویش بینی به چشم / ز چاره بیاسای و منمای خشم
بیاورد و بنهاد پیشش حریر / نوشته برو صورت دلپذیر
که گر هیچ جنبش بدی در نگار / نبودی جز اسکندر شهریار
سکندر چو دید آن بخایید لب / برو تیره شد روز چون تیره شب
چنین گفت بی‌خنجری در نهان / مبادا که باشد کس اندر جهان
بدو گفت قیدافه گر خنجرت / حمایل بدی پیش من بر برت
نه نیروت بودی نه شمشیر تیز / نه جای نبرد و نه راه گریز
سکندر بدو گفت هر کز مهان / به مردی بود خواستار جهان
نباید که پیچد ز راه گزند / که بد دل به گیتی نگردد بلند
اگر با منستی سلیحم کنون / همه خانه گشتی چو دریای خون
ترا کشتمی گر جگرگاه خویش / بدریدمی پیش بدخواه خویش
بخندید قیدافه از کار اوی / ازان مردی و تند گفتار اوی
بدو گفت کای خسرو شیرفش / به مردی مگردان سر خویش کش
نه از فر تو کشته شد فور هند / نه دارای داراب و گردان سند
که برگشت روز بزرگان دهر / ز اختر ترا بیشتر بود بهر
به مردی تو گستاخ گشتی چنین / که مهتر شدی بر زمان و زمین
همه نیکویها ز یزدان شناس / و زو دار تا زنده باشی سپاس
تو گویی به دانش که گیتی مراست / نبینم همی گفت و گوی تو راست
کجا آورد دانش تو بها / چو آیی چنین در دم اژدها
بدوزی به روز جوانی کفن / فرستاده‌یی سازی از خویشتن
مرا نیست آیین خون ریختن / نه بر خیره با مهتر آویختن
چو شاهی به کاری توانا بود / ببخشاید از داد و دانا بود
چنان دان که ریزنده‌ی خون شاه / جز آتش نبیند به فرجام گاه
تو ایمن بباش و به شادی برو / چو رفتی یکی کار برساز نو

کزین پس نیابی به پیغمبری — ترا خاک داند که اسکندری
ندانم کسی را ز گردنکشان — که از چهر او من ندارم نشان
نگاریده هم زین نشان بر حریر — نهاده به نزد یکی یادگیر
برو راند هم حکم اخترشناس — کزو ایمنی باشد اندر هراس
چو بخشنده شد خسرو رای‌زن — زمانه بگوید به مرد و به زن
تو تا ایدری بیطقون خوانمت — برین هم نشان دور بنشانمت
بدان تا نداند کسی راز تو — همان نشنود نام و آواز تو
فرستمت بر نیکوی باز جای — تو باید که باشی خداوند رای
به پیمان که هرگز به فرزند من — به شهر من و خویش و پیوند من
نباشی بداندایش گر بدسگال — به کشور نخوانی مرا جز همال
سکندر شنید این سخن شاد شد — ز تیمار وز کشتن آزاد شد
به دادار دارنده سوگند خورد — بدین مسیحا و گرد نبرد
که با بوم و بارست و فرزند تو — بزرگان که باشند پیوند تو
نسازم جز از خوبی و راستی — نه اندیشم از کژی و کاستی
چو سوگند شد خورده قیدافه گفت — که این پند بر تو نشاید نهفت
چنان دان که طینوش فرزند من — کم اندیشد از دانش و پند من
یکی بادسارست داماد فور — نباید که داند ز نزدیک و دور
که تو با سکندر ز یک پوستی — گر ایدونک با او به دل دوستی
که او از پی فور کین آورد — به جنگ آسمان بر زمین آورد
کنون شاد و ایمن به ایوان خرام — ز تیمار گیتی مبر هیچ نام
سکندر بیامد دلی همچو کوه — رها گشته از شاه دانش پژوه
نبودش ز قیدافه چین در به روی — نبرداشت هرگز دل از آرزوی
ببود آن شب و بامداد پگاه — ز ایوان بیامد به نزدیک شاه
سپهدار در خان پیل‌استه بود — همه گرد بر گرد او رسته بود
سر خانه را پیکر از جزع و زر — به زر اندرون چند گونه گهر
به پیش اندرون دسته‌ی مشک بوی — دو فرزند بایسته در پیش اوی
چو طینوش اسپافگن و قیدروش — نهاده به گفتار قیدافه گوش
به مادر چنین گفت کهتر پسر — که ای شاه نیک اختر و دادگر
چنان کن که از پیش تو بیطقون — شود شاد و خشنود با رهنمون

بره بر کسی تا نیازاردش ... ور از دشمنان نیز نشماردش
که زنده کن پاک جان من اوست ... برآنم که روشن روان من اوست
بدو گفت مادر که ایدون کنم ... که او را بزرگی بر افزون کنم
به اسکندر نامور شاه گفت ... که پیدا کن اکنون نهان از نهفت
چه خواهی و رای سکندر به چیست ... چه رانی تو از شاه و دستور کیست
سکندر بدو گفت کای سرفراز ... به نزد تو شد بودن من دراز
مرا گفت رو باژ مرزش بخواه ... وگر دیر مانی بیارم سپاه
نمانم بدو کشور و تاج و تخت ... نه زور و نه شاهی نه گنج و نه بخت
چو طینوش گفت سکندر شنید ... به کردار باد دمان بردمید
بدو گفت کای ناکس بی‌خرد ... ترا مردم از مردمان نشمرد
ندانی که پیش که داری نشست ... بر شاه منشین و منمای دست
سرت پر ز تیزی و کنداوریست ... نگویی مرا خود که شاه تو کیست
اگر نیستی فر این نامدار ... سرت کندمی چون ترنجی ز بار
هم‌اکنون سرت را من از درد فور ... به لشکر نمایم ز تن کرده دور
یکی بانگ برزد برو مادرش ... که آسیمه برگشت جنگی سرش
به طینوش گفت این نه گفتار اوست ... بران درگه او را فرستاد دوست
بفرمود کو را به بیرون برند ... ز پیش نشستش به هامون برند
چنین گفت پس با سکندر به راز ... که طینوش بی‌دانش دیوساز
نباید که اندر نهان چاره‌یی ... بسازد گزندی و پتیاره‌یی
تو دانش پژوهی و داری خرد ... نگه کن بدین تا چه اندر خورد
سکندر بدو گفت کین نیست راست ... چو طینوش را بازخوانی رواست
جهاندار فرزند را بازخواند ... بران نامور زیرگاهش نشاند
سکندر بدو گفت کای کامگار ... اگر کام دل خواهی آرام دار
من از تو بدین کین نگیرم همی ... سخن هرچ گویی پذیرم همی
مرا این نژندی ز اسکندرست ... کجا شاد با تاج و با افسرست
بدین سان فرستد مرا نزد شاه ... که از نامور مهتری باژ خواه
بدان تا هران بد که خواهد رسید ... برو بر من آید ز دشمن پدید
ورا من بدین زود پاسخ دهم ... یکی شاه را رای فرخ نهم
اگر دست او من بگیرم به دست ... به نزد تو آرم به جای نشست

بدان سان که با او نبینی سپاه	نه شمشیر بینی نه تخت و کلاه
چه بخشی تو زین پادشاهی مرا	چو بپسندی این نیک‌خواهی مرا
چو بشنید طینوش گفت این سخن	شنیدم نباید که گردد کهن
گرین را که گفتی به جای آوری	بکوشی و پاکیزه رای آوری
من از گنج وز بدره و هرچ هست	ز اسپان و مردان خسرو پرست
ترا بخشم و نیز دارم سپاس	تو باشی جهانگیر و نیکی‌شناس
یکی پاک دستور باشی مرا	بدین مرز گنجور باشی مرا
سکندر بیامد ز جای نشست	برین عهد بگرفت دستش به دست
بپرسید طینوش کاین چون کنی	بدین جادوی بر چه افسون کنی
بدو گفت چون بازگردم ز شاه	تو باید که با من بیایی به راه
ز لشکر بیاری سواری هزار	همه نامدار از در کارزار
به جایی یکی بیشه دیدم به راه	نشانم ترا در کمین با سپاه
شوم من ز پیش تو در پیش اوی	ببینم روان بداندیش اوی
بگویم که چندین فرستاد چیز	کزان پس نیندیشی از چیز نیز
فرستاده گوید که من نزد شاه	نیارم شدن در میان سپاه
اگر شاه بیند که با موبدان	شود نزد طینوش با بخردان
چو بیندش بپذیرد این خواسته	ز هرگونه‌یی گنج آراسته
بیاید چو بیند ترا بی‌سپاه	اگر بازگردد گشادست راه
چو او بشنود خوب گفتار من	نه اندیشد از رنگ و بازار من
بیاید بر آن سایه زیر درخت	ز گنجور می خواهد و تاج و تخت
تو جنگی سپاهی به گردش درآر	برآساید از گردش روزگار
مکافات من باشد و کام تو	نجوید ازان پس کس آرام تو
که آید به دستت بسی خواسته	پرستنده و اسپ آراسته
چو طینوش بشنید زان شاد شد	بسان یکی سرو آزاد شد
چنین داد پاسخ که دارم امید	که گردد بدو تیره روزم سپید
به دام من آویزد او ناگهان	به خونی که او ریخت اندر جهان
چو دارای دارا و گردان سند	چو فور دلیر آن سرافراز هند
چو قیدافه گفت سکندر شنید	به چشم و دلش چاره‌ی او بدید
بخندید زان چاره در زیر لب	دو بسد نهان کرد زیر قصب

سکندر بیامد ز نزدیک اوی	پراندیشه بد جان تاریک اوی
همی چاره جست آن شب دیریاز	چو خورشید بنمود چینی طراز
برافراخت از کوه زرین درفش	نگونسار شد پرنیانی بنفش
سکندر بیامد به نزدیک شاه	پرستنده برخاست از بارگاه
به رسمی که بودش فرود آورید	جهانجوی پیش سپهبد چمید
ز بیگانه ایوان بپرداختند	فرستاده را پیش او تاختند
چو قیدافه را دید بر تخت گفت	که با رای تو مشتری باد جفت
بدین مسیحا به فرمان راست	بد ارنده کو بر زبانم گواست
با برای و دین و صلیب بزرگ	به جان و سر شهریار سترگ
به زنار و شماس و روح‌القدس	کزین پس مرا خاک در اندلس
نبیند نه لشکر فرستم به جنگ	نیامیزم از هر دری نیز رنگ
نه با پاک فرزند تو بد کنم	نه فرمان دهم نیز و نه خود کنم
به جان یاد دارم وفای ترا	نجویم به چیزی جفای ترا
برادر بود نیک‌خواهت مرا	به جای صلیب است گاهت مرا
نگه کرد قیدافه سوگند اوی	یگانه دل و راست پیوند اوی
همه کاخ کرسی زرین نهاد	به پیش اندر آرایش چین نهاد
بزرگان و نیک‌اختران را بخواند	یکایک بر آن کرسی زر نشاند
ازان پس گرامی دو فرزند را	بیاورد خویشان و پیوند را
چنین گفت کاندر سرای سپنج	سزد گر نباشیم چندین به رنج
نباید کزین گردش روزگار	مرا بهره کین آید و کارزار
سکندر نخواهد شد از گنج سیر	وگر آسمان اندر آرد به زیر
همی رنج ما جوید از بهر گنج	همه گنج گیتی نیرزد به رنج
برآنم که با اونسازیم جنگ	نه بر پادشاهی کنم کار تنگ
یکی پاسخ پندمندش دهیم	سرش برفرازیم و پندش دهیم
اگر جنگ جوید پس از پند من	به بیند پس از پند من بند من
ازان سان شوم پیش او با سپاه	که بخشایش آرد برو چرخ و ماه
ازین آزمایش ندارد زیان	بماند مگر دوستی در میان
چه گویید و این را چه پاسخ دهید	مرا اندرین رای فرخ نهید
همه مهتران سر برافراختند	همی پاسخ پادشا ساختند

۱۱۹۲

بگفتند کای سرور داد و راد ... ندارد کسی چون تو مهتر به یاد
نگویی مگر آنک بهتر بود ... خنک شهرکش چون تو مهتر بود
اگر دوست گردد ترا پادشا ... چه خواهد جزین مردم پارسا
نه آسیب آید بدین گنج تو ... نیرزد همه گنجها رنج تو
چو اسکندری کو بیاید ز روم ... به شمشیر دریا کند روی بوم
همی از درت بازگردد به چیز ... همه چیز دنیی نیرزد پشیز
جز از آشتی ما نبینیم روی ... نه والا بود مردم کینه‌جوی
چو بشنید گفتار آن بخردان ... پسندیده و پاک‌دل موبدان
در گنج بگشاد و تاج پدر ... بیاورد با یاره و طوق زر
یکی تاج بد کاندران شهر و مرز ... کسی گوهرش را ندانست ارز
فرستاده را گفت کین بی‌بهاست ... هرانکس که دارد جزو نارواست
به تاج مهان چون سزا دیدمش ... ز فرزند پرمایه بگزیدمش
یکی تخت بودش به هفتاد لخت ... ببستی گشاینده‌ی نیک‌بخت
به پیکر یک اندر دگر بافته ... به چاره سر شوشها تافته
سر پایها چون سر اژدها ... ندانست کس گوهرش را بها
ازو چارصد گوهر شاهوار ... همان سرخ یاقوت بد زین شمار
دو بودی به مثقال هر یک به سنگ ... چو یک دانه‌ی نار بودی به رنگ
زمرد برو چار صد پاره بود ... به سبزی چو قوس قزح نابسود
گشاده شتر بار بودی چهل ... زنی بود چون موج دریا به دل
دگر چار صد تای دندان پیل ... چه دندان درازیش بد میل میل
پلنگی که خوانی همی بربری ... ازان چار صد پوست بد بر سری
ز چرم گوزن ملمع هزار ... همه رنگ و بیرنگ او پر نگار
دگر صد سگ و یوز نخچیر گیر ... که آهو ورا پیش دیدی ز تیر
بیاورد زان پس دوصد گاومیش ... پرستنده‌ی او همی راند پیش
ز دیبای خز چارصد تخته نیز ... همان تختها کرده از چوب شیز
دگر چار صد تخته از عود تر ... که مهر اندرو گیرد و رنگ زر
صد اسپ گرانمایه آراسته ... ز میدان ببردند با خواسته
همان تیغ هندی و رومی هزار ... بفرمود با جوشن کارزار
همان خود و مغفر هزار و دویست ... به گنجور فرمود کاکنون مه‌ایست

همه پاک بر بیطقون برشمار	بگویش که شبگیر برساز کار
سپیده چو برزد ز بالا درفش	چو کافور شد روی چرخ بنفش
زمین تازه شد کوه چون سندروس	ز درگاه برخاست آوای کوس
سکندر به اسپ اندر آورد پای	به دستوری بازگشتن به جای
چو طینوش جنگی سپه برنشاند	از ایوان به درگاه قیدافه راند
به قیدافه گفتند پدرود باش	به جان تازه‌ی چرخ را پود باش
برین گونه منزل به منزل سپاه	همی راند تا پیش آن رزمگاه
که لشکرگه نامور شاه بود	سکندر که با بخت همراه بود
سکندر بران بیشه بنهاد رخت	که آب روان بود و جای درخت
به طینوش گفت ایدر آرام گیر	چو آسوده گردی می و جام گیر
شوم هرچ گفتم به جای آورم	ز هر گونه پاکیزه رای آورم
سکندر بیامد به پرده سرای	سپاهش برفتند یک سر ز جای
ز شادی خروشیدن آراستند	کلاه کیانی بپیراستند
که نومید بد لشکر نامجوی	که دانست کش باز بینند روی
سپه با زبانها پر از آفرین	یکایک نهادند سر بر زمین
ز لشکر گزین کرد پس شهریار	ازان نامداران رومی هزار
زره‌دار با گرزه‌ی گاوروی	برفتند گردان پرخاشجوی
همه گرد بر گرد آن بیشه مرد	کشیدند صف با سلیح نبرد
سکندر خروشید کای مرد تیز	همی جنگ رای آیدت گر گریز
بلرزید طینوش بر جای خویش	پشیمان شد از دانش و رای خویش
بدو گفت کای شاه برترمنش	ستایش گزینی به از سرزنش
چنان هم که با خویش من قیدروش	بزرگی کن و راستی را بکوش
نه این بود پیمانت با مادرم	نگفتی که از راستی نگذرم؟
سکندر بدو گفت کای شهریار	چرا سست گشتی بدین مایه کار
ز من ایمنی بیم در دل مدار	نیازارد از من کسی زان تبار
نگردم ز پیمان قیدافه من	نه نیکو بود شاه پیمان‌شکن
پیاده شد از باره طینوش زود	زمین را ببوسید و زرای نمود
جهاندار بگرفت دستش به دست	بدان گونه کو گفت پیمان ببست
بدو گفت مندیش و رامش گزین	من از تو ندارم به دل هیچ کین

Shahnameh

چو مادرت بر تخت زرین نشست	من اندر نهادم به دست تو دست
بگفتم که من دست شاه زمین	به دست تو اندر نهم همچنین
همان روز پیمان من شد تمام	نه خوب آید از شاه گفتار خام
سکندر منم وان زمان من بدم	به خوبی بسی داستانها زدم
همان روز قیدافه آگاه بود	که اندر کفت پنجه‌ی شاه بود
پرستنده را گفت قیصر که تخت	بیارای زیر گلفشان درخت
بفرمود تا خوان بیاراستند	نوازنده‌ی رود و می خواستند
بفرمود تا خلعت خسروی	ز رومی و چینی و از پهلوی
ببخشید یارانش را سیم و زر	کرا در خور آمد کلاه و کمر
به طیوش فرمود کایدر مه‌ایست	که این بیشه دورست راه تو نیست
به قیدافه گوی ای هشیوار زن	جهاندار و بینادل و رای‌زن
بدارم وفای تو تا زنده‌ام	روان را به مهر تو آگنده‌ام
وزان جایگه لشکر اندر کشید	دمان تا به شهر برهمن رسید
بدان تا ز کردارهای کهن	بپرسد ز پرهیزگاران سخن
برهمن چو آگه شد از کار شاه	که آورد زان روی لشگر به راه
پرستنده مرد اندر آمد ز کوه	شدند اندران آگهی همگروه
نوشتند پس نامه‌یی بخردان	به نزد سکندر سر موبدان
سر نامه بود آفرین نهان	ز داننده بر شهریار جهان
که پیروزگر باد همواره شاه	به افزایش و دانش و دستگاه
دگر گفت کای شهریار سترگ	ترا داد یزدان جهان بزرگ
چه داری بدین مرز بی‌ارز رای	نشست پرستندگان خدای
گرین آمدنت از پی خواسته‌ست	خرد بی‌گمان نزد تو کاسته‌ست
بر ما شکیبایی و دانش است	ز دانش روانها پر از رامش است
شکیبایی از ما نشاید ستد	نه کس را ز دانش رسد نیز بد
نبینی جز از برهنه یک رمه	پراگنده از روزگار دمه
اگر بودن ایدر دراز آیدت	به تخم گیاها نیاز آیدت
فرستاده آمد بر شهریار	ز بیخ گیا بر میانش ازار
سکندر فرستاده و نامه دید	بی‌آزاری و رامشی برگزید
سپه را سراسر هم آنجا بماند	خود و فیلسوفان رومی براند

پرستنده آگه شد از کار شاه   پذیره شدندش یکایک به راه
ببردند بی‌مایه چیزی که بود   که نه گنج بدشان نه کشت و درود
یکایک برو خواندند آفرین   بران برمنش شهریار زمین
سکندر چو روی برهمن بدید   بران گونه آواز ایشان شنید
دوان و برهنه تن و پای و سر   تنان بی‌بر و جان ز دانش به بر
ز برگ گیا پوشش از تخم خورد   برآسوده از رزم و روز نبرد
خور و خواب و آرام بر دشت و کوه   برهنه به هر جای گشته گروه
همه خوردنیشان بر میوه‌دار   ز تخم گیا رسته بر کوهسار
ازار یکی چرم نخچیر بود   گیا پوشش و خوردن آژیر بود
سکندر بپرسیدش از خواب و خورد   از آسایش روز ننگ و نبرد
ز پوشیدنی و ز گستردنی   همه بی‌نیازیم از خوردنی
برهنه چو زاید ز مادر کسی   نباید که نازد بپوششی بسی
وز ایدر برهنه شود باز خاک   همه جای ترس است و تیمار و باک
زمین بستر و پوشش از آسمان   به ره دیده‌بان تا کی آید زمان
جهانجوی چندین بکوشد به چیز   که آن چیز کوشش نیرزد به نیز
چنو بگذرد زین سرای سپنج   ازو بازماند زر و تاج و گنج
چنان دان که نیکیست همراه اوی   به خاک اندر آید سر و گاه اوی
سکندر بپرسید که کاندر جهان   فزون آشکارا بود گر نهان
همان زنده بیش است گر مرده نیز   کزان پس نیازش نیاید به چیز
چنین داد پاسخ که ای شهریار   تو گر مرده را بشمری صدهزار
ازان صد هزاران یکی زنده نیست   خنک آنک در دوزخ افگنده نیست
بباید همین زنده را نیز مرد   یکی رفت و نوبت به دیگر سپرد
بپرسید خشکی فزون‌تر گر آب   بتابد بروبر همی آفتاب
برهمن چنین داد پاسخ به شاه   که هم آب را خاک دارد نگاه
بپرسید کز خواب بیدار کیست   به روی زمین بر گنهکار کیست
که جنبندگانند و چندی زیند   ندانند کاندر جهان برچیند
برهمن چنین داد پاسخ بدوی   که ای پاکدل مهتر راست گوی
گنهکارتر چیز مردم بود   که از کین و آزش خرد گم بود
چو خواهی که این را بدانی درست   تن خویشتن را نگه کن نخست

که روی زمین سربسر پیش تست	تو گویی سپهر روان خویش تست
همی رای داری که افزون کنی	ز خاک سیه مغز بیرون کنی
روان ترا دوزخ است آرزوی	مگر زین سخن بازگردی به خوی
دگر گفت بر جان ما شاه کیست	به کژی بهر جای همراه کیست
چنین داد پاسخ که آز است شاه	سر مایه‌ی کین و جای گناه
بپرسید خود گوهر از بهر چیست	کش از بهر بیشی بباید گریست
چنین داد پاسخ که آز و نیاز	دو دیوند بیچاره و دیوساز
یکی را ز کمی شده خشک لب	یکی از فزونیست بی‌خواب شب
همان هر دو را روز می بشکرد	خنک آنک جانش پذیرد خرد
سکندر چو گفتار ایشان شنید	به رخساره شد چون گل شنبلید
دو رخ زرد و دیده پر از آب کرد	همان چهر خندان پر از تاب کرد
بپرسید پس شاه فرمانروا	که حاجت چه باشد شما را به ما
ندارم دریغ از شما گنج خویش	نه هرگز براندیشم از رنج خویش
بگفتند کای شهریار بلند	در مرگ و پیری تو بر ما ببند
چنین داد پاسخ ورا شهریار	که بامرگ خواهش نیاید به کار
چه پرهیزی از تیز چنگ اژدها	که گرزآهنی زو نیابی رها
جوانی که آید بمابر دراز	هم از روز پیری نیابد جواز
برهمن بدو گفت کای پادشا	جهاندار و دانا و فرمانروا
چو دانی که از مرگ خود چاره نیست	ز پیری بتر نیز پتیاره نیست
جهان را به کوشش چه جویی همی	گل زهر خیره چه بویی همی
ز تو بازماند همین رنج تو	به دشمن رسد کوشش و گنج تو
ز بهر کسان رنج بر تن نهی	ز کم دانشی باشد و ابلهی
پیامست از مرگ موی سپید	به بودن چه داری تو چندین امید
چنین گفت بیداردل شهریار	که گر بنده از بخشش کردگار
گذر یافتی بودمی من همان	به تدبیر بر گشتن آسمان
که فرزانه و مرد پرخاشخر	ز بخشش به کوشش نیابد گذر
دگر هرک در جنگ من کشته شد	کرا ز اخترش روز برگشته شد
به درد و به خون ریختن بد سزا	که بیدادگر کس نیابد رها
بدیدند بادافره ایزدی	چو گشتند باز از ره بخردی

کس از خواست یزدان کرانه نیافت	ز کار زمانه بهانه نیافت
بسی چیز بخشید و نستد کسی	نبد آز نزدیک ایشان بسی

رسیدن اسکندر بدریای خاور

بی‌آزار ازان جایگه برگرفت	بران هم نشان راه خاور گرفت
همی رفت منزل به منزل به راه	ز ره رنجه و مانده یکسر سپاه
ز شهر برهمن به جایی رسید	یکی بیکران ژرف دریا بدید
بسان زنان مرد پوشیده روی	همی رفت با جامه و رنگ و بوی
زبانها نه تازی و نه خسروی	نه ترکی نه چینی و نه پهلوی
ز ماهی بدیشان همی خوردنی	به جایی نبد راه آوردنی
شگفت اندر ایشان سکندر بماند	ز دریا همی نام یزدان بخواند
همانگاه کوهی برآمد ز آب	بدو پاره شد زرد چون آفتاب
سکندر یکی تیز کشتی بجست	که آن را ببیند به دیده درست
یکی گفت زان فیلسوفان به شاه	که بر ژرف دریا ترا نیست راه
بمان تا ببیند مر او را کسی	که بهره ندارد ز دانش بسی
ز رومی و از مردم پارسی	بدان کشتی اندر نشستند سی
یکی زرد ماهی بد آن لخت کوه	همانگه چو تنگ اندر آمد گروه
فروبرد کشتی هم اندر شتاب	هم آن کوه شد ناپدید اندر آب
سپاه سکندر همی خیره ماند	همی هرکسی نام یزدان بخواند
بدو گفت رومی که دانش بهست	که داننده بر هر کسی بر مهست
اگر شاه رفتی و گشتی تباه	پر از خون شدی جان چندین سپاه
وزان جایگه لشکر اندر کشید	یکی آبگیری نو آمد پدید
به گرد اندرش نی بسان درخت	تو گفتی که چوب چنارست سخت
ز پنجه فزون بود بالای اوی	چهل رش بپیمود پهنای اوی
همه خانه‌ها کرده از چوب و نی	زمینش هم از نی فروبرده پی
نشایست بد در نیستان بسی	ز شوری نخورد آب او هرکسی

Shahnameh

چو بگذشت زان آب جایی رسید   که آمد یکی ژرف دریا پدید
جهان خرم و آب چون انگبین   همی مشک بویید روی زمین
بخوردند و کردند آهنگ خواب   بسی مار پیچان برآمد ز آب
وزان بیشه کژدم چو آتش به رنگ   جهان شد بران خفتگان تار و تنگ
به هر گوشه‌یی در فراوان بمرد   بزرگان دانا و مردان گرد
ز یک سو فراوان بیامد گراز   چو الماس دندانهای دراز
ز دست دگر شیر مهتر ز گاو   که با جنگ ایشان نبد زور و تاو
سپاهش ز دریا بیکسو شدند   بران نیستان آتش اندر زدند
بکشتند چندان ز شیران که راه   به یکبارگی تنگ شد بر سپاه
وزان جایگه رفت خورشیدفش   بیامد دمان تا زمین حبش
ز مردم زمین بود چون پر زاغ   سیه گشته و چشمها چون چراغ
تناور یکی لشکری زورمند   برهنه تن و پوست و بالابلند
چو از دور دیدند گرد سپاه   خروشی برآمد ز ابر سیاه
سپاه انجمن شد هزاران هزار   وران تیره شد دیده‌ی شهریار
به سوی سکندر نهادند سر   بکشتند بسیار پرخاشخر
به جای سنان استخوان داشتند   همی بر تن مرد بگذاشتند
به لشکر بفرمود پس شهریار   که برداشتند آلت کارزار
برهنه به جنگ اندر آمد حبش   غمی گشت زان لشکر شیرفش
بکشتند زیشان فزون از شمار   بپیچید دیگر سر از کارزار
ز خون ریختن گشت روی زمین   سراسر به کردار دریای چین
چو از خون در و دشت آلوده شد   ز کشته به هر جای بر توده شد
چو بر توده خاشاکها برزدند   بفرمود تا آتش اندر زدند
چو شب گشت بشنید آواز گرگ   سکندر بپوشید خفتان و ترگ
یکی پیش رو بود مهتر ز پیل   به سر بر سرو داشت همرنگ نیل
ازین نامداران فراوان بکشت   بسی حمله بردند و ننمود پشت
بکشتند فرجام کارش به تیر   یکی آهنین کوه بد پیل گیر
وزان جایگه تیز لشکر براند   بسی نام دادار گیهان بخواند
چو نزدیکی نرم‌پایان رسید   نگه کرد و مردم بی‌اندازه دید
نه اسپ و نه جوشن نه تیغ و نه گرز ازان هر یکی چون یکی سرو برز

چو رعد خروشان برآمد غریو / برهنه سپاهی به کردار دیو
یکی سنگ‌باران بکردند سخت / چو باد خزان برزند بر درخت
به تیر و به تیغ اندر آمد سپاه / تو گفتی که شد روز روشن سیاه
چو از نرم‌پایان فراوان بماند / سکندر برآسود و لشکر براند
بشد تازیان تا به شهری رسید / که آن را کران و میانه ندید
به آیین همه پیش باز آمدند / گشاده‌دل و بی‌نیاز آمدند
ببردند هرگونه گستردنی / ز پوشیدنیها و از خوردنی
سکندر بپرسید و بنواختشان / براندازه بر پایگه ساختشان
کشیدند بر دشت پرده‌سرای / سپاهش نجست اندر آن شهر جای
سر اندر ستاره یکی کوه دید / تو گفتی که گردون بخواهد کشید
بران کوه مردم بدی اندکی / شب تیره زیشان نماندی یکی
بپرسید ازیشان سکندر که راه / کدامست و چون راند باید سپاه
همه یکسره خواندند آفرین / که ای نامور شهریار زمین
به رفتن برین کوه بودی گذر / اگر برگذشتی برو راه‌بر
یکی اژدهایست زان روی کوه / که مرغ آید از رنج زهرش ستوه
نیارد گذشتن بروبر سپاه / همی دود زهرش برآید به ماه
همی آتش افروزد از کام اوی / دو گیسو بود پیل را دام اوی
همه شهر با او نداریم تاو / خورش بایدش هر شبی پنج گاو
بجوییم و بر کوه خارا بریم / پر اندیشه و پر مدارا بریم
بدان تا نیاید بدین روی کوه / نینجامید از ما گروها گروه
بفرمود سالار دیهیم جوی / که آن روز ندهند چیز بدوی
چو گاه خورش درگذشت اژدها / بیامد چو آتش بران تند جا
سکندر بفرمود تا لشکرش / یکی تیرباران کنند ازبرش
بزد یک دم آن اژدهای پلید / تنی چند ازیشان به دم درکشید
بفرمود اسکندر فیلقوس / تبیره به زخم آوریدند و کوس
همان بی‌کران آتش افروختند / به هرجای مشعل همی سوختند
چو کوه از تبیره پرآواز گشت / بترسید ازان اژدها بازگشت
چو خورشید برزد سر از برج گاو / ز گلزاربرخاست بانگ چکاو
چو آن اژدها را خورش بود گاه / ز مردان لشکر گزین کرد شاه

درم داد سالار چندی ز گنج	بیاورد با خویشتن گاو پنج
بکشت و ز سرشان برآهخت پوست	بدان جادوی داده دل مرد دوست
بیاگند چرمش به زهر و به نفت	سوی اژدها روی بنهاد تفت
مران چرمها را پر از باد کرد	ز دادار نیکی دهش یاد کرد
بفرمود تا پوست برداشتند	همی دست بر دست بگذاشتند
چو نزدیکی اژدها رفت شاه	بسان یکی ابر دیدش سپاه
زبانش کبود و دو چشمش چو خون	همی آتش آمد ز کامش برون
چو گاو از سر کوه بنداختند	بران اژدها دل بپرداختند
فرو برد چون باد گاو اژدها	چو آمد ز چنگ دلیران رها
چو از گاو پیوندش آگنده شد	بر اندام زهرش پراگنده شد
همه رودگانیش سوراخ کرد	به مغز و به پی راه گستاخ کرد
همی زد سرش را بران کوه سنگ	چنین تا برآمد زمانی درنگ
سپاهی بروبر بباريد تیر	به پای آمد آن کوه نخچیرگیر
وزان جایگه تیز لشکر براند	تن اژدها را همانجا بماند
بیاورد لشکر به کوهی دگر	کزان خیره شد مرد پرخاشخر
بلندیش بینا همی دیر دید	سر کوه چون تیغ و شمشیر دید
یکی تخت زرین بران تیغ کوه	ز انبوه یکسو و دور از گروه
یکی مرده مرد اندران تخت بر	همانا که بودش پس از مرگ فر
ز دیبا کشیده برو چادری	ز هر گوهری بر سرش افسری
همه گرد بر گرد او سیم و زر	کسی را نبودی بروبر گذر
هرآنکس که رفتی بران کوهسار	که از مرده چیزی کند خواستار
بران کوه از بیم لرزان شدی	به مردی و بر جای ریزان شدی
سکندر برآمد بران کوهسر	نظاره بران مرد با سیم و زر
یکی بانگ بشنید کای شهریار	بسی بردی اندر جهان روزگار
بسی تخت شاهان بپرداختی	سرت را به گردون برافراختی
بسی دشمن و دوست کردی تباه	ز گیتی کنون بازگشتست گاه
رخ شاه ز آواز شد چون چراغ	ازان کوه برگشت دل پر ز داغ
همی رفت با نامداران روم	بدان شارستان شد که خوانی هروم
که آن شهر یکسر زنان داشتند	کسی را در آن شهر نگذاشتند

سوی راست پستان چو آن زنان	بسان یکی نار بر پرنیان
سوی چپ به کردار جوینده مرد	که جوشن بپوشد به روز نبرد
چو آمد به نزدیک شهر هروم	سرافراز با نامداران روم
یکی نامه بنوشت با رسم و داد	چنانچون بود مرد فرخ‌نژاد
به عنوان بر از شاه ایران و روم	سوی آنک دارند مرز هروم
سر نامه از کردگار سپهر	کزویست بخشایش و داد و مهر
هرانکس که دارد روانش خرد	جهان را به عمری همی بسپرد
شنید آنک ما در جهان کرده‌ایم	سر مهتری بر کجا برده‌ایم
کسی کو ز فرمان ما سر بتافت	نهالی بجز خاک تیره نیافت
نخواهم که جایی بود در جهان	که دیدار آن باشد از من نهان
گر آیم مرا با شما نیست رزم	به دل آشتی دارم و رای بزم
اگر هیچ دارید داننده‌یی	خردمند و بیدار خواننده‌یی
چو برخواند این نامه‌ی پندمند	برآنکس که هست از شما ارجمند
ببندید پیش آمدن را میان	کزین آمدن کس ندارد زیان
بفرمود تا فیلسوفی ز روم	برد نامه نزدیک شهر هروم
بسی نیز شیرین سخنها بگفت	فرستاده خود با خرد بود جفت
چو دانا به نزدیک ایشان رسید	همه شهر زن دید و مردی ندید
همه لشکر از شهر بیرون شدند	به دیدار رومی به هامون شدند
بران نامه‌بر شد جهان انجمن	ازیشان هرانکس که بد رای زن
چو این نامه برخواند دانای شهر	ز رای دل شاه برداشت بهر
نشستند و پاسخ نوشتند باز	که دایم بزی شاه گردن فراز
فرستاده را پیش بنشاندیم	یکایک همه نامه برخواندیم
نخستین که گفتی ز شاهان سخن	ز پیروزی و رزمهای کهن
اگر لشکر آری به شهر هروم	نبینی ز نعل و پی اسپ بوم
بی‌اندازه در شهر ما برزنست	بهر برزنی بر هزاران زنست
همه شب به خفتان جنگ اندریم	ز بهر فزونی به تنگ اندریم
ز چندین یکی را نبودست شوی	که دوشیزگانیم و پوشیده‌روی
ز هر سو که آیی برین بوم و بر	بجز ژرف دریا نبینی گذر
ز ما هر زنی کو گراید بشوی	ازان پس کس او را نه‌بینیم روی

بباید گذشتن به دریای ژرف   اگر خوش و گر نیز باریده برف
اگر دختر آیدش چون کردشوی   زن‌آسا و جوینده‌ی رنگ و بوی
هم آن خانه جاوید جای وی است   بلند آسمانش هوای وی است
وگر مردوش باشد و سرفراز   بسوی هرومش فرستند باز
وگر زو پسر زاید آنجا که هست   بباشد نباشد بر ماش دست
ز ما هرک او روزگار نبرد   از اسپ اندر آرد یکی شیرمرد
یکی تاج زرینش بر سر نهیم   همان تخت او بر دو پیکر نهیم
همانا ز ما زن بود سی‌هزار   که با تاج زرند و با گوشوار
که مردی ز گردنکشان روز جنگ   به چنگال او خاک شد بی‌درنگ
تو مردی بزرگی و نامت بلند   در نام بر خویشتن در مبند
که گویند با زن برآویختنی   ز آویختن نیز بگریختی
یکی ننگ باشد ترا زین سخن   که تا هست گیتی نگردد کهن
چه خواهی که با نامداران روم   بیایی بگردی به مرز هروم
چو با راستی باشی و مردمی   نبینی جز از خوبی و خرمی
به پیش تو آریم چندان سپاه   که تیره شود بر تو خورشید و ماه
چو آن پاسخ نامه شد اسپری   زنی بود گویا به پیغمبری
ابا تاج و با جامه‌ی شاهوار   همی رفت با خوب‌رخ ده سوار
چو آمد خرامان به نزدیک شاه   پذیره فرستاد چندی به راه
زن نامبردار نامه بداد   پیام دلیران همه کرد یاد
سکندر چو آن پاسخ نامه دید   خردمند و بینادلی برگزید
بدیشان پیامی فرستاد و گفت   که با مغز مردم خرد باد جفت
به گرد جهان شهریاری نماند   همان بر زمین نامداری نماند
که نه سربسر پیش من کهترند   وگرچه بلندند و نیک‌اخترند
مرا گرد کافور و خاک سیاه   همانست و هم بزم و هم رزمگاه
نه من جنگ را آمدم تازیان   به پیلان و کوس و تبیره زنان
سپاهی برین سان که هامون و کوه   همی گردد از سم اسپان ستوه
مرا رای دیدار شهر شماست   گر آیید نزدیک ما هم رواست
چو دیدار باشد برانم سپاه   نباشم فراوان بدین جایگاه
ببینیم تا چیستتان رای و فر   سواری و زیبایی و پای و پر

ز کار زهشتان بپرسم نهان	که بی‌مرد زن چون بود در جهان
اگر مرگ باشد فزونی ز کیست	به بینم که فرجام این کار چیست
فرستاده آمد سخنها بگفت	همه راز بیرون کشید از نهفت
بزرگان یکی انجمن ساختند	ز گفتار دل را بپرداختند
که ما برگزیدیم زن دو هزار	سخنگوی و داننده و هوشیار
ابا هر صدی بسته ده تاج زر	بدو در نشانده فراوان گهر
چو گرد آید آن تاج باشد دویست	که هر یک جز اندر خور شاه نیست
یکایک بسختیم و کردیم تل	اباگوهران هر یکی سی رطل
چو دانیم کامد به نزدیک شاه	یکایک پذیره شویمش به راه
چو آمد به نزدیک ما آگهی	ز دانایی شاه وز فرهی
فرستاده برگشت و پاسخ بگفت	سخنها همه با خرد بود جفت
سکندر ز منزل سپه برگرفت	ز کار زنان مانده اندر شگفت
دو منزل بیامد یکی باد خاست	وزو برف با کوه و درگشت راست
تبه شد بسی مردم پایکار	ز سرما و برف اندر آن روزگار
برآمد یکی ابر و دودی سیاه	بر آتش همی رفت گفتی سپاه
زره کتف آزادگان را بسوخت	ز نعل سواران زمین برفروخت
بدین هم نشان تا به شهری رسید	که مردم بسان شب تیره دید
فروهشته لفچ و برآورده کفچ	به کردار قیر و شبه کفچ و لفچ
همه دیده‌هاشان به کردار خون	همی از دهان آتش آمد برون
بسی پیل بردند پیشش به راه	همان هدیه مردمان سیاه
بگفتند کین برف و باد دمان	ز ما بود کامد شما را زیان
که هرگز بدین شهر نگذشت کس	ترا و سپاه تو دیدیم و بس
ببود اندر آن شهر یک ماه شاه	چو آسوده گشتند شاه و سپاه
ازنجا بیامد دمان و دنان	دل‌آراسته سوی شهر زنان
ز دریا گذر کرد زن دو هزار	همه پاک با افسر و گوشوار
یکی بیشه بد پر ز آب و درخت	همه جای روشن‌دل و نیکبخت
خورش گرد کردند بر مرغزار	ز گستردنیها به رنگ و نگار
چو آمد سکندر به شهر هروم	زنان پیش رفتند ز آباد بوم
ببردند پس تاجها پیش اوی	همان جامه و گوهر و رنگ و بوی

سکندر بپذرفت و بنواختشان | بران خرمی جایگه ساختشان
چو شب روز شد اندرآمد به شهر | به دیدار برداشت زان شهر بهر
کم و بیش ایشان همی بازجست | همی بود تا رازها شد درست
بپرسید هرچیز و دریا بدید | وزان روی لشکر به مغرب کشید
یکی شارستان پیشش آمد بزرگ | بدو اندرون مردمانی سترگ
همه روی سرخ و همه موی زرد | همه در خور جنگ روز نبرد
به فرمان به پیش سکندر شدند | دو تا گشته و دست بر سر شدند
سکندر بپرسید از سرکشان | که ایدر چه دارد شگفتی نشان
چنین گفت با او یکی مرد پیر | که ای شاه نیک‌اختر و شهرگیر
یکی آبگیرست زان روی شهر | کزان آب کس را ندیدیم بهر
چو خورشید تابان بدانجا رسید | بران ژرف دریا شود ناپدید
پس چشمه‌در تیره گردد جهان | شود آشکارای گیتی نهان
وزان جای تاریک چندان سخن | شنیدم که هرگز نیاید به بن
خرد یافته مرد یزدان‌پرست | بدو در یکی چشمه گوید که هست
گشاده سخن مرد با رای و کام | همی آب حیوانش خواند به نام
چنین گفت روشن‌دل پر خرد | که هرک آب حیوان خورد کی مرد
ز فردوس دارد بران چشمه راه | بشوید برآن تن بریزد گناه
بپرسید پس شه که تاریک جای | بدو اندرون چون رود چارپای
چنین پاسخ آورد یزدان‌پرست | کزان راه بر کره باید نشست
به چوپان بفرمود کاسپ یله | سراسر به لشکرگه آرد گله
گزین کرد زو بارگی ده هزار | همه چار سال از در کارزار
وزان جایگه شاد لشکر براند | بزرگان بیدار دل را بخواند
همی رفت تا سوی شهری رسید | که آن را میان و کرانه ندید
همه هرچ باید بدو در فراخ | پر از باغ و میدان و ایوان و کاخ
فرود آمد و بامداد پگاه | به نزدیک آن چشمه شد بی‌سپاه
که دهقان ورا نام حیوان نهاد | چو از بخشش پهلوان کرد یاد
همی بود تا گشت خورشید زرد | فرو شد بران چشمه‌ی لاژورد
ز یزدان پاک آن شگفتی بدید | که خورشید گشت از جهان ناپدید
بیامد به لشکرگه خویش باز | دلی پر ز اندیشه‌های دراز

شب تیره کرد از جهاندار یاد   پس اندیشه بر آب حیوان نهاد
شکیبا ز لشگر هرانکس که دید   نخست از میان سپه برگزید
چهل روزه افزون خورش برگرفت   بیامد دمان تا چه بیند شگفت
سپه را بران شارستان جای کرد   یکی پیش رو چست بر پای کرد
ورا اندر آن خضر بد رای زن   سر نامداران آن انجمن
سکندر بیامد به فرمان اوی   دل و جان سپرده به پیمان اوی
بدو گفت کای مرد بیداردل   یکی تیز گردان بدین کار دل
اگر آب حیوان به چنگ آوریم   بسی بر پرستش درنگ آوریم
نمیرد کسی کو روان پرورد   به یزدان پناهد ز راه خرد
دو مهرست با من که چون آفتاب   بتابد شب تیره چون بیند آب
یکی زان تو برگیر و در پیش باش   نگهبان جان و تن خویش باش
دگر مهره باشد مرا شمع راه   به تاریک اندر شوم با سپاه
ببینیم تا کردگار جهان   بدین آشکارا چه دارد نهان
توی پیش رو گر پناه من اوست   نماینده‌ی رای و راه من اوست
چو لشگر سوی آب حیوان گذشت   خروش آمد الله اکبر ز دشت
چو از منزلی خضر برداشتی   خورشها ز هرگونه بگذاشتی
همی رفت ازین سان دو روز و دو شب   کسی را به خوردن نجنبید لب
سه دیگر به تاریکی اندر دو راه   پدید آمد و گم شد از خضر شاه
پیمبر سوی آب حیوان کشید   سر زندگانی به کیوان کشید
بران آب روشن سر و تن بشست   نگهدار جز پاک یزدان نجست
بخورد و برآسود و برگشت زود   ستایش همی بافرین بر فزود
سکندر سوی روشنایی رسید   یکی بر شد کوه رخشنده دید
زده بر سر کوه خارا عمود   سرش تا به ابر اندر از چوب عود
بر هر عمودی کنامی بزرگ   نشسته برو سبز مرغی سترگ
به آواز رومی سخن راندند   جهاندار پیروز را خواندند
چو آواز بشنید قیصر برفت   به نزدیک مرغان خرامید تفت
بدو مرغ گفت ای دلارای رنج   چه جویی همی زین سرای سپنج
اگر سر برآری به چرخ بلند   همان بازگردی ازو مستمند
کنون کامدی هیچ دیدی زنا   وگر کرده از خشت پخته بنا

چنین داد پاسخ کزین هر دو هست　　زنا و برین گونه جای نشست
چو بشنید پاسخ فروتر نشست　　درو خیره شد مرد یزدان‌پرست
بپرسید کاندر جهان بانگ رود　　شنیدی و آوای مست و سرود
چنین داد پاسخ که هر کو ز دهر　　ز شادی همی برنگیرند بهر
ورا شاد مردم نخواند همی　　وگر جان و دل برفشاند همی
به خاک آمد از بر شده چوب عمود　　تهی ماند زان مرغ رنگین عمود
بپرسید دانایی و راستی　　فزونست اگر کمی و کاستی
چنین داد پاسخ که دانش پژوه　　همی سرفرازد ز هر دو گروه
به سوی عمود آمد از تیره خاک　　به منقار چنگالها کرد پاک
ز قیصر بپرسید یزدان‌پرست　　به شهر تو بر کوه دارد نشست
بدو گفت چون مرد شد پاک‌رای　　بیابد پرستنده بر کوه جای
ازان چوب جوینده شد بر کنام　　جهانجوی روشن‌دل و شادکام
به چنگال می‌کرد منقار تیز　　چو ایمن شد از گردش رستخیز
به قیصر بفرمود تا بی‌گروه　　پیاده شود بر سر تیغ کوه
ببیند که تا بر سر کوه چیست　　کزو شادمان را بباید گریست
سکندر چو بشنید شد سوی کوه　　به دیدار بر تیغ شد بی‌گروه
سرافیل را دید صوری به دست　　برافراخته سر ز جای نشست
پر از باد لب دیدگان پرزنم　　که فرمان یزدان کی آید که دم
چو بر کوه روی سکندر بدید　　چو رعد خروشان فغان برکشید
که ای بنده‌ی آز چندین مکوش　　که روزی به گوش آیدت یک خروش
که چندین مرنج از پی تاج و تخت　　به رفتن بیارای و بربند رخت
چنین داد پاسخ بدو شهریار　　که بهر من این آمد از روزگار
که جز جنبش و گردش اندر جهان　　نبینم همی آشکار و نهان
ازان کوه با ناله آمد فرود　　همی داد نیکی دهش را درود
بران راه تاریک بنهاد روی　　به پیش اندرون مردم راه‌جوی
چو آمد به تاریکی اندر سپاه　　خروشی برآمد ز کوه سیاه
که هرکس که بردارد از کوه سنگ　　پشیمان شود ز آنک دارد به چنگ
وگر برندارد پشیمان شود　　به هر درد دل سوی درمان شود
سپه سوی آواز بنهاد گوش　　پراندیشه شد هرکسی زان خروش

که بردارد آن سنگ اگر بگذرد | پی رنج ناآمده نشمرد
یکی گفت کین رنج هست از گناه | پشیمانی و سنگ بردن به راه
دگر گفت لختی بباید کشید | مگر درد و رنجش نباید چشید
یکی برد زان سنگ و دیگر نبرد | یکی دیگر از کاهلی داشت خرد
چو از آب حیوان به هامون شدند | ز تاریکی راه بیرون شدند
بجستند هرکس بر و آستی | پدیدار شد کژی و کاستی
کنار یکی پر ز یاقوت بود | یکی را پر از گوهر نابسود
پشیمان شد آنکس که کم داشت اوی | زبرجد چنان خار بگذاشت اوی
پشیمان‌تر آنکس که خود برنداشت | ازان گوهر پربها سر بگاشت
دو هفته بر آن جایگه بر بماند | چو آسوده‌تر گشت لشکر براند
سوی باختر شد چو خاور بدید | ز گیتی همی رای رفتن گزید
بره‌بر یکی شارستان دید پاک | که نگذشت گویی برو باد و خاک
چو آواز کوس آمد از پشت پیل | پذیره شدندش بزرگان دو میل
جهانجوی چون دید بنواختشان | به خورشید گردن برافراختشان
بپرسید کایدر چه باشد شگفت | کزان برتر اندازه نتوان گرفت
زبان برگشادند بر شهریار | به نالیدن از گردش روزگار
که ما را یکی کار پیش است سخت | بگوییم با شاه پیروزبخت
بدین کوه سر تا به ابر اندرون | دل ما پر از رنج و دردست و خون
ز چیز که ما را بدو تاب نیست | ز یاجوج و ماجوج مان خواب نیست
چو آیند بهری سوی شهر ما | غم و رنج باشد همه بهر ما
همه رویهاشان چو روی هیون | زبانها سیه دیده‌ها پر ز خون
سیه روی و دندانها چون گراز | که یارد شدن نزد ایشان فراز
همه تن پر از موی و موی همچو نیل | بر و سینه و گوشهاشان چو پیل
بخسپند یکی گوش بستر کنند | دگر بر تن خویش چادر کنند
ز هر ماده‌یی بچه زاید هزار | کم و بیش ایشان که داند شمار
به گرد آمدن چون ستوران شوند | تگ آرند و بر سان گوران شوند
بهاران کز ابر ا ندرآید خروش | همان سبز دریا برآید به جوش
چو تنین ازان موج بردارد ابر | هوا برخروشد بسان هژبر
فرود افگند ابر تنین چو کوه | بیایند زیشان گروها گروه

Shahnameh

خورش آن بود سال تا سالشان	که آگنده گردد بر و یالشان
گیاشان بود زان سپس خوردنی	بیارند هر سو ز آوردنی
چو سرما بود سخت لاغر شوند	به آواز بر سان کفتر شوند
بهاران ببینی به کردار گرگ	بغرند بر سان پیل سترگ
اگر پادشا چاره‌یی سازدی	کزین غم دل ما بپردازدی
بسی آفرین یابد از هرکسی	ازان پس به گیتی بماند بسی
بزرگی کن و رنج ما را بساز	هم از پاک یزدان نه‌ای بی‌نیاز
سکندر بماند اندر ایشان شگفت	غمی گشت و اندیشه‌ها برگرفت
چنین داد پاسخ که از ماست گنج	ز شهر شما یارمندی و رنج
برآرم من این راه ایشان به رای	نبیروی نیکی دهش یک خدای
یکایک بگفتند کای شهریار	ز تو دور بادا بد روزگار
ز ما هرچ باید همه بنده‌ایم	پرستنده باشیم تا زنده‌ایم
بیاریم چندانک خواهی تو چیز	کزین بیش کاری نداریم نیز
سکندر بیامد نگه کرد کوه	بیاورد زان فیلسوفان گروه
بفرمود کاهنگران آورید	مس و روی و پتک گران آورید
کج و سنگ و هیزم فزون از شمار	بیارید چندانک آید به کار
بی‌اندازه بردند چیزی که خواست	چو شد ساخته کار و اندیشه راست
ز دیوارگر هم ز آهنگران	هرانکس که استاد بود اندران
ز گیتی به پیش سکندر شدند	بدان کار بایسته یاور شدند
ز هر کشوری دانشی شد گروه	دو دیوار کرد از دو پهلوی کوه
ز بن تا سر تیغ بالای اوی	چو صد شاهرش کرده پهنای اوی
ازو یک رش انگشت و آهن یکی	پراگنده مس در میان اندکی
همی ریخت گوگردش اندر میان	چنین باشد افسون دانا کیان
همی ریخت هر گوهری یک رده	چو از خاک تا تیغ شد آژده
بسی نفت و روغن برآمیختند	همی بر سر گوهران ریختند
به خروار انگشت بر سر زدند	بفرمود تا آتش اندر زدند
دم آورد و آهنگران صدهزار	به فرمان پیروزگر شهریار
خروش دمنده برآمد ز کوه	ستاره شد از تف آتش ستوه
چنین روزگاری برآمد بران	دم آتش و رنج آهنگران

گهرها یک اندر دگر ساختند	وزان آتش تیز بگداختند
ز یاجوج و ماجوج گیتی برست	زمین گشت جای خرام و نشست
برش پانصد بود بالای اوی	چو سیصد بدی نیز پهنای اوی
ازان نامور سد اسکندری	جهانی برست از بد داوری
برو مهتران خواندند آفرین	که بی‌تو مبادا زمان و زمین
ز چیزی که بود اندران جایگاه	فراوان ببردند نزدیک شاه
نپذرفت ازیشان و خود برگرفت	جهان مانده زان کار اندر شگفت
همی رفت یک ماه پویان به راه	به رنج اندر از راه شاه و سپاه
چنین تا به نزدیک کوهی رسید	که جایی دد و دام و ماهی ندید

رسیدن اسکندر به کوهی و آگاهی یافتن از مرگ خود

یکی کوه دید از برش لاژورد	یکی خانه بر سر ز یاقوت زرد
همه خانه قندیلهای بلور	میان اندرون چشمه‌ی آب شور
نهاده بر چشمه زرین دو تخت	برو خوابنیده یکی شوربخت
به تن مردم و سر چو آن گراز	به بیچارگی مرده بر تخت ناز
ز کافور زیراندرش بستری	کشیده ز دیبا برو چادری
یکی سرخ گوهر به جای چراغ	فروزان شده زو همه بوم و راغ
فتاده فروغ ستاره در آب	ز گوهر همه خانه چون آفتاب
هرانکس که رفتی که چیزی برد	وگر خاک آن خانه را بسپرد
همه تنش بر جای لرزان شدی	وزان لرزه آن زنده ریزان شدی
خروش آمد از چشمه‌ی آب شور	که ای آرزومند چندین مشور
بسی چیز دیدی که آن کس ندید	عنان را کنون باز باید کشید
کنون زندگانیت کوتاه گشت	سر تخت شاهیت بی‌شاه گشت
سکندر بترسید و برگشت زود	به لشکرگه آمد به کردار دود
وزان جایگه تیز لشکر براند	خروشان بسی نام یزدان بخواند
ازان کوه راه بیابان گرفت	غمی گشت و اندیشه‌ی جان گرفت

همی راند پر درد و گریان ز جای / سپاه از پس و پیش او رهنمای
ز راه بیابان به شهری رسید / ببد شاد کواز مردم شنید
همه بوم و بر باغ آباد بود / در مردم از خرمی شاد بود
پذیره شدندش بزرگان شهر / کسی را که از مردمی بود بهر
برو همگنان آفرین خواندند / همه زر و گوهر برافشاندند
همی گفت هرکس که ای شهریار / انوشه که کردی بمابر گذار
بدین شهر هرگز نیامد سپاه / نه هرگز شنیدست کس نام شاه
کنون کامدی جان ما پیش تست / که روشن‌روان بادی و تن درست
سکندر دل از مردمان شاد کرد / ز راه بیابان تن آزاد کرد
بپرسید ازیشان که ایدر شگفت / چه چیزست کاندازه باید گرفت
چنین داد پاسخ بدو رهنمای / که ای شاه پیروز پاکیزه‌رای
شگفتیست ایدر که اندر جهان / کسی آن ندید آشکار و نهان
درختیست ایدر دو بن گشته جفت / که چونان شگفتی نشاید نهفت
یکی ماده و دیگری نر اوی / سخن‌گو بود شاخ با رنگ و بوی
به شب ماده گویا و بویا شود / چو روشن شود نر گویا شود
سکندر بشد با سواران روم / همان نامداران آن مرز و بوم
بپرسید زیشان که اکنون درخت / سخن کی سراید به آواز سخت
چنین داد پاسخ بدو ترجمان / که از روز چون بگذرد نه زمان
سخن‌گوی گردد یکی زین درخت / که آواز او بشنود نیک‌بخت
شب تیره‌گون ماده گویا شود / بر و برگ چون مشک بویا شود
بپرسید چون بگذریم از درخت / شگفتی چه پیش آید ای نیک‌بخت
چنین داد پاسخ کزو بگذری / ز رفتنت کوته شود داوری
چو زو برگذشتی نماندت جای / کران جهان خواندش رهنمای
بیابان و تاریکی آید به پیش / به سیری نیامد کس از جان خویش
نه کس دید از ما نه هرگز شنید / که دام و دد و مرغ بر ره پرید
همی راند با رومیان نیک‌بخت / چو آمد به نزدیک گویا درخت
زمینش ز گرمی همی بردمید / ز پوست ددان خاک پیدا ندید
ز گوینده پرسید کین پوست چیست / ددان را برین گونه درنده کیست
چنین داد پاسخ بدو نیک‌بخت / که چندین پرستنده دارد درخت

چو باید پرستندگان را خورش	ز گوشت ددان باشدش پرورش
چو خورشید بر تیغ گنبد رسید	سکندر ز بالا خروشی شنید
که آمد ز برگ درخت بلند	خروشی پر از سهم و ناسودمند
بترسید و پرسید زان ترجمان	که ای مرد بیدار نیکی‌گمان
چنین برگ گویا چه گوید همی	که دل را به خوناب شوید همی
چنین داد پاسخ که ای نیک‌بخت	همی گوید این برگ شاخ درخت
که چندین سکندر چه پوید به دهر	که برداشت از نیکویی‌هایش بهر
ز شاهیش چون سال شد بر دو هفت	ز تخت بزرگی ببایدش رفت
سکندر ز دیده ببارید خون	دلش گشت پر درد از رهنمون
ازان پس به کس نیز نگشاد لب	پر از غم همی بود تا نیم‌شب
سخن‌گوی شد برگ دیگر درخت	دگر باره پرسید زان نیک‌بخت
چه گوید همی این دگر شاخ گفت	سخن‌گوی بگشاد راز از نهفت
چنین داد پاسخ که این ماده شاخ	همی گوید اندر جهان فراخ
از آز فراوان نگنجی همی	روان را چرا بر شکنجی همی
ترا آز گرد جهان گشتن است	کس آزردن و پادشا کشتن است
نماندت ایدر فراوان درنگ	مکن روز بر خویشتن تار و تنگ
بپرسید از ترجمان پادشا	که ای مرد روشن‌دل و پارسا
یکی بازپرسش که باشم به روم	چو پیش آید آن گردش روز شوم
مگر زنده بیند مرا مادرم	یکی تا به رخ برکشد چادرم
چنین گفت با شاه گویا درخت	که کوتاه کن روز و بربند رخت
نه مادرت بیند نه خویشان به روم	نه پوشیده رویان آن مرز و بوم
به شهر کسان مرگت آید نه دیر	شود اختر و تاج و تخت از تو سیر
چو بشنید برگشت زان دو درخت	دلش خسته گشته به شمشیر سخت
چو آمد به لشکرگه خویش باز	برفتند گردان گردن‌فراز
به شهر اندرون هدیه‌ها ساختند	بزرگان بر پادشا تاختند
یکی جوشنی بود تابان چو نیل	به بالای و پهنای یک چرم پیل
دو دندان پیل و برش پنج بود	که آن را به برداشتن رنج بود
زره بود و دیبای پرمایه بود	ز زر کرده آگنده صد خایه بود
به سنگ درم هر یکی شست من	ز زر و ز گوهر یکی کرگدن

بپذرفت زان شهر و لشکر براند	ز دیده همی خون دل برفشاند
وزان روی لشکر سوی چین کشید	سر نامداران به بیرون کشید
همی راند منزل به منزل به دشت	چهل روز تا پیش دریا گذشت
ز دیبا سراپرده‌یی برکشید	سپه را به منزل فرود آورید
یکی نامه فرمود پس تا دبیر	نویسد ز اسکندر شهرگیر
نوشتند هرگونه‌یی خوب و زشت	نویسنده چون نامه اندر نوشت
سکندر بشد چون فرستاده‌یی	گزین کرد بینادل آزاده‌یی
که با او بدی یکدل و یکسخن	بگوید به مهتر که کن یا مکن
سپه را به سالار لشکر سپرد	وزان رومیان پنج دانا ببرد
چو آگاهی آمد به فغفور ازین	که آمد فرستاده‌یی سوی چین
پذیره فرستاد چندی سپاه	سکندر گرازان بیامد به راه
چو آمد بران بارگاه بزرگ	بدید آن گزیده سپاه بزرگ
بیامد ز دهلیز تا پیش اوی	پراندیشه جان بداندیش اوی
دوان پیش او رفت و بردش نماز	نشست اندر ایوان زمانی دراز
بپرسید فغفور و بنواختش	یکی نامور جایگه ساختش
چو برزد سر از کوه روشن چراغ	ببردند بالای زرین جناغ
فرستاده‌ی شاه را پیش خواند	سکندر فراوان سخنها براند
بگفت آنچ بایست و نامه بداد	سخنهای قیصر همه کرد یاد
بران نامه عنوان بد از شاه روم	جهاندار و سالار هر مرز و بوم
که خوانند شاهان برو آفرین	زما بندگان جهان آفرین
جهاندار و داننده و رهنمای	خداوند پاکی و نیکی فزای
دگر گفت فرمان ما سوی چین	چنانست که آباد ماند زمین
نباید بسیچید ما را به جنگ	که از جنگ شد روز بر فور تنگ
چو دارا که بد شهریار جهان	چو فریان تازی و دیگر مهان
ز خاور برو تا در باختر	ز فرمان ما کس نجوید گذر
شمار سپاهم نداند سپهر	وگر بشمرد نیز ناهید و مهر
اگر هیچ فرمان ما بشکنی	تن و بوم و کشور به رنج افگنی
چو نامه بخوانی بیارای ساو	مرنجان تن خویش و با بد مکاو
گر آیی بینی مرا با سپاه	ببینم ترا یکدل و نیک خواه

بداریم بر تو همین تاج و تخت	به چیزی گزندت نیاید ز بخت
وگر کند باشی به پیش آمدن	ز کشور سوی شاه خویش آمدن
ز چیزی که باشد طرایف به چین	ز زرینه و اسپ و تیغ و نگین
هم از جامه و پرده و تخت عاج	ز دیبای پرمایه و طوق و تاج
ز چیزی که یابی فرستی به گنج	چو خواهی که از ما نیایدت رنج
سپاه مرا بازگردان ز راه	بباش ایمن از گنج و تخت و کلاه
چو سالار چین زان نشان نامه دید	برآشفت و پس خامشی برگزید
بخندید و پس با فرستاده گفت	که شاه ترا آسمان باد جفت
بگوی آنچ دانی ز گفتار اوی	ز بالا و مردی و دیدار اوی
فرستاده گفت ای سپهدار چین	کسی چون سکندر مدان بر زمین
به مردی و رادی و بخش و خرد	ز اندیشه‌ی هر کسی بگذرد
به بالای سروست و با زور پیل	به بخشش به کردار دریای نیل
زبانش به کردار برنده تیغ	به چربی عقاب اندر آرد ز میغ
چو بشنید فغفور چین این سخن	یکی دیگر اندیشه افگند بن
بفرمود تا خوان و می خواستند	به باغ اندر ایوان بیاراستند
همی خورد می تا جهان تیره شد	سر میگساران ز می خیره شد
سپهدار چین با فرستاده گفت	که با شاه تو مشتری باد جفت
چو روشن شود نامه پاسخ کنیم	به دیدار تو روز فرخ کنیم
سکندر بیامد ترنجی به دست	ز ایوان سالار چین نیم‌مست
چو خورشید برزد سر از برج شیر	سپهر اندر آورد شب را به زیر
سکندر به نزدیک فغفور شد	از اندیشه‌ی بد دلش دور شد
بپرسید زو گفت شب چون بدی	که بیرون شدی دوش میگون بدی
ازان پس بفرمود تا شد دبیر	بیاورد قرطاس و مشک و عبیر
مران نامه را زود پاسخ نوشت	بیاراست قرطاس را چون بهشت
نخست آفرین کرد بر دادگر	خداوند مردی و داد و هنر
خداوند فرهنگ و پرهیز و دین	ازو باد بر شاد روم آفرین
رسید این فرستاده‌ی چرب‌گوی	هم آن نامه‌ی شاه فرهنگ جوی
سخنهای شاهان همه خواندم	وزان با بزرگان سخن راندم
ز دارای داراب و فریان و فور	سخن هرچ پیدا بد از رزم و سور

که پیروز گشتی بریشان همه   شبان بودی و شهریاران رمه
تو داد خداوند خورشید و ماه   به مردی مدان و فزون سپاه
چو بر مهتری بگذرد روزگار   چه در سور میرد چه در کارزار
چو فرجامشان روز رزم تو بود   زمانه نه کاهد نخواهد فزود
تو زیشان مکن کشی و برتری   که گر ز آهنی بی‌گمان بگذری
کجا شد فریدون و ضحاک و جم   فراز آمد از باد و شد سوی دم
من از تو نترسم نه جنگ آورم   نه بر سان تو باد گیرد سرم
که خون ریختن نیست آیین ما   نه بد کردن اندرخور دین ما
بخوانی مرا بر تو باشد شکست   که یزدان‌پرستم نه خسروپرست
فزون زان فرستم که دارای منش   ز بخشش نباشد مرا سرزنش
سکندر به رخ رنگ تشویر خورد   ز گفتار او بر جگر تیر خورد
به دل گفت ازین پس کس اندر جهان   نبیند مرا رفته جایی نهان
ز ایوان بیامد به جای نشست   میان از پی بازگشتن ببست
سرافراز فغفور بگشاد گنج   ز بخشش نیامد به دلش ایچ رنج
نخستین بفرمود پنجاه تاج   به گوهر بیاگنده ده تخت عاج
ز سیمین و زرینه اشتر هزار   بفرمود تا برنهادند بار
ز دیبای چینی و خز و حریر   ز کافور وز مشک و بوی و عبیر
هزار اشتر بارکش بار کرد   تن‌آسان شد آنکو درم خوار کرد
ز سنجاب و قاقم ز موی سمور   ز گستردنیها و جام بلور
بیاورد زین هر یکی ده هزار   خردمند گنجور بربست بار
گرانمایه صد زین به سیمین ستام   ز زرینه پنجاه بردند نام
ببردند سیصد شتر سرخ‌موی   طرایف بدو دار چینی بدوی
یکی مرد با سنگ و شیرین سخن   گزین کرد زان چینیان کهن
بفرمود تا با درود و خرام   بیاید بر شاه و آرد پیام
که یک چند باشد به نزدیک چین   برو نامداران کنند آفرین
فرستاده شد با سکندر به راه   گمانی که بردی که اویست شاه
چو ملاح روی سکندر بدید   سبک زورقی بادبان برکشید
چو دستور با لشکر آمدش پیش   بگفت آنچ آمد ز بازار خویش
سپاهش برو خواندند آفرین   همه برنهادند سر بر زمین

بدانست چینی که او هست شاه   پیاده بیامد غریوان به راه
سکندر بدو گفت پوزش مکن   مران پیش فغفور زین در سخن
ببود آن شب و بامداد پگاه   به آرام بنشست بر تخت شاه
فرستاده را چیز بخشید و گفت   که با تو روان مسیحست جفت
برو پیش فغفور چینی بگوی   که نزدیک ما یافتی آب‌روی
گر ایدر بباشی همی چین تراست   وگر جای دیگر خرامی رواست
بیاسایم ایدر که چندین سپاه   به تندی نشاید کشیدن به راه
فرستاده برگشت و آمد چو باد   به فغفور پیغام قیصر بداد
بدان جایگه شاه ماهی بماند   پس‌انگه بجنبید و لشکر براند
ازان سبز دریا چو گشتند باز   بیابان گرفتند و راه دراز
چو منزل به منزل به حلوان رسید   یکی مایه‌ور باره و شهر دید
به پیش آمدندش بزرگان شهر   کسی کش ز نام و خرد بود بهر
برفتند با هدیه و با نثار   ز حلوان سران تا در شهریار
سکندر سبک پرسش اندر گرفت   که ایدر چه بینید چیزی شگفت
بدو گفت گوینده کای شهریار   ندانیم چیزی که آید به کار
برین مرز درویشی و رنج هست   کزین بگذری باد ماند به دست
چو گفتار گوینده بشنید شاه   ز حلوان سوی سند شد با سپاه
پذیره شدندش سواران سند   همان جنگ را یاور آمد ز هند
هرانکس که از فور دل خسته بود   به خون ریختن دستها شسته بود
ببردند پیلان و هندی درای   خروش آمد و ناله‌ی کرنای
سر سندیان بود بنداه نام   سواری سرافراز با رای و کام
یکی رزمشان کرده شد همگروه   زمین شد ز افگنده بر سان کوه
شب آمد بران دشت سندی نماند   سکندر سپاه از پس‌اندر براند
به دست آمدش پیل هشتاد و پنج   همان تاج زرین و شمشیر و گنج
زن و کودک و پیر مردان به راه   برفتند گریان به نزدیک شاه
که ای شاه بیدار با رای و هوش   مشور این بر و بوم و بر بد مکوش
که فرجام هم روز تو بگذرد   خنک آنک گیتی به بد نسپرد
سکندر بریشان نیاورد مهر   بران خستگان هیچ ننمود چهر
گرفتند زیشان فراوان اسیر   زن و کودک خرد و برنا و پیر

سوی نیمروز آمد از راه بست   همه روی گیتی ز دشمن بشست
وزان جایگه شد به سوی یمن   جهاندار و با نامدار انجمن
چو بشنید شاه یمن با مهان   بیامد بر شهریار جهان
بسی هدیه‌ها کز یمن برگزید   بهاگیر و زیبا چنانچون سزید
ده اشتر ز برد یمن بار کرد   دگر پنج را بار دینار کرد
دگر ده شتر بار کرد از درم   چو باشد درم دل نباشد به غم
دگر سله‌ی زعفران بد هزار   ز دیبا و هرجامه‌ی بی‌شمار
زبرجد یکی جام بودش به گنج   همان در ناسفته هفتاد و پنج
یکی جام دیگر بدش لاژورد   نهاد اندرو شست یاقوت زرد
ز یاقوت سرخ از برش ده نگین   به فرمانبران داد و کرد آفرین
به پیش سراپرده‌ی شهریار   رسیدند با هدیه و با نثار
سکندر بپرسید و بنواختشان   بر تخت نزدیک بنشاختشان
برو آفرین کرد شاه یمن   که پیروزگر باش بر انجمن
به تو شادم ار باشی ایدر دو ماه   برآساید از راه شاه و سپاه
سکندر برو آفرین کرد و گفت   که با تو همیشه خرد باد جفت
به شبگیر شاه یمن بازگشت   ز لشکر جهانی پر آواز گشت
سکندر سپه را به بابل کشید   ز گرد سپه شد هوا ناپدید
همی راند یک ماه خود با سپاه   ندیدند زیشان کس آرامگاه
بدین‌گونه تا سوی کوهی رسید   ز دیدار دیده سرش ناپدید
به سر بر یکی ابر تاریک بود   به کیوان تو گفتی که نزدیک بود
به جایی بروبر ندیدند راه   فروماند از راه شاه و سپاه
گذشتند بر کوه خارا به رنج   وزو خیره شد مرد باریک سنج
ز رفتن چو گشتند یکسر ستوه   یکی ژرف دریا بد آن روی کوه
پدید آمد و شاد شد زان سپاه   که دریا و هامون بدیدند راه
سوی ژرف دریا همی راندند   جهان‌آفرین را همی خواندند
دد و دام بد هر سوی بی‌شمار   سپه را نبد خوردنی جز شکار
پدید آمد از دور مردی سترگ   پر از موی با گوش‌های بزرگ
تنش زیر موی اندرون همچو نیل   دو گوشش به کردار دو گوش پیل
چو دیدند گردنکشان زان نشان   ببردند پیش سکندر کشان

سکندر نگه کرد زو خیره ماند	بروبر همی نام یزدان بخواند
چه مردی بدو گفت نام تو چیست	ز دریا چه یابی و کام تو چیست
بدو گفت شاها مرا باب و مام	همان گوش بستر نهادند نام
بپرسید کان چیست به میان آب	کزان سوی می برزند آفتاب
ازان پس چنین گفت کای شهریار	همیشه بدی در جهان نامدار
یکی شارستانست این چون بهشت	که گویی نه از خاک دارد سرشت
نبینی بدواندر ایوان و خان	مگر پوشش از ماهی و استخوان
بر ایوانها چهر افراسیاب	نگاریده روشن‌تر از آفتاب
همان چهر کیخسرو جنگ‌جوی	بزرگی و مردی و فرهنگ اوی
بران استخوان بر نگاریده پاک	نبینی به شهر اندرون گرد و خاک
ز ماهی بود مردمان را خورش	ندارند چیزی جزین پرورش
چو فرمان دهد نامبردار شاه	روم من بران شارستان بی‌سپاه
سکندر بدان گوش ور گفت رو	بیاور کسی تا چه بینیم نو
بشد گوش بستر هم اندر زمان	ازان شارستان برد مردم دمان
گذشتند بر آب هفتاد مرد	خرد یافته مردم سالخورد
همه جامه‌هاشان ز خز و حریر	ازو چند برنا بد و چند پیر
ازو هرک پیری بد و نام داشت	پر از در زرین یکی جام داشت
کسی کو جوان بود تاجی به دست	بر قیصر آمد سرافگنده پست
برفتند و بردند پیشش نماز	بگفتند با او زمانی دراز
ببود آن شب و گاه بانگ خروس	ز درگاه برخاست آوای کوس
وزان جایگه سوی بابل کشید	زمین گشت از لشکرش ناپدید
بدانست کش مرگ نزدیک شد	بروبر همی روز تاریک شد
بران بودش اندیشه کاندر جهان	نماند کسی از نژاد مهان
که لشکر کشد جنگ را سوی روم	نهد پی بران خاک آباد بوم
چو مغز اندرین کار خودکامه کرد	همانگه سطالیس را نامه کرد
هرانکس کجا بد ز تخم کیان	بفرمودشان تا ببندند میان
همه روی را سوی درگه کنند	ز بدها گمانیش کوته کنند
چو این نامه بردند نزد حکیم	دل ارسطالیس شد به دو نیم
هم‌اندر زمان پاسخ نامه کرد	ز مژگان تو گفتی سر خامه کرد

Shahnameh

که آن نامه‌ی شاه گیهان رسید	ز بدکام دستش بباید کشید
ازان بد که کردی میندیش نیز	از اندیشه درویش را بخش چیز
بپرهیز و جان را به یزدان سپار	به گیتی جز از تخم نیکی مکار
همه مرگ راییم تا زنده‌ایم	به بیچارگی در سرافگنده‌ایم
نه هرکس که شد پادشاهی ببرد	برفت و بزرگی کسی را سپرد
بپرهیز و خون بزرگان مریز	که نفرین بود بر تو تا رستخیز
و دیگر که چون اندر ایران سپاه	نباشد همان شاه در پیش‌گاه
ز ترک و ز هند و ز سقلاب و چین	سپاه آید از هر سوی هم‌چنین
به روم آید آنکس که ایران گرفت	اگر کین بسیچد نباشد شگفت
هرآنکس که هست از نژاد کیان	نباید که از باد یابد زیان
بزرگان و آزادگان را بخوان	به بخش و به سور و به رای و به خوان
سزاوار هر مهتری کشوری	بیارای و آغاز کن دفتری
به نام بزرگان و آزادگان	کزیشان جهان یافتی رایگان
یکی را مده بر دگر دستگاه	کسی را مخوان بر جهان نیز شاه
سپر کن کیان را همه پیش بوم	چو خواهی که لشکر نیاید به روم
سکندر چو پاسخ بران گونه یافت	به اندیشه و رای دیگر شتافت
بزرگان و آزادگان را ز دهر	کسی را کش از مردمی بود بهر
بفرمود تا پیش او خواندند	به جای سزاوار بنشاندند
یکی عهد بنوشت تا هر یکی	فزونی نجوید ز دهر اندکی
بران نامداران جوینده کام	ملوک طوایف نهادند نام
همان شب سکندر به بابل رسید	مهان را به دیدار خود شاد دید
یکی کودک آمد زنی را به شب	بدو ماند هرکس که دیدش عجب
سرش چون سر شیر و بر پای سم	چو مردم بر و کتف و چون گاو دم
بمرد از شگفتی هم‌آنگه که زاد	سزد گر نباشد ازان زن نژاد
ببردند هم در زمان نزد شاه	بدو کرد شاه از شگفتی نگاه
به فالش بد آمد همانگاه گفت	که این بچه در خاک باید نهفت
ز اخترشناسان بسی پیش خواند	وزان کودک مرده چندی براند
ستاره‌شمر زان غمی گشت سخت	بپوشید بر خسرو نیک‌بخت
ز اخترشناسان بپرسید و گفت	که گر هیچ ماند سخن در نهفت

هم‌اکنون ببرم سرانتان ز تن نیابید جز کام شیران کفن
ستاره‌شمر چون برآشفت شاه بدو گفت کای نامور پیشگاه
تو بر اختر شیر زادی نخست بر موبدان و ردان شد درست
سر کودک مرده بینی چو شیر بگردد سر پادشاهیت زیر
پرآشوب گردد زمین چندگاه چنین تا نشیند یکی پیشگاه
ستاره‌شمر بیش ازین هرک بود همی گفت و آن را نشانه نمود
سکندر چو بشنید زان شد غمی به رای و به مغزش درآمد کمی
چنین گفت کز مرگ خود چاره نیست مرا دل پر اندیشه زین باره نیست
مرا بیش ازین زندگانی نبود زمانه نکاهد نخواهد فزود
به بابل همان روز شد دردمند بدانست کامد به تنگی گزند
دبیر جهاندیده را پیش خواند هرانچش به دل بود با او براند
به مادر یکی نامه فرمود و گفت که آگاهی مرگ نتوان نهفت
ز گیتی مرا بهره این بد که بود زمان چون نکاهد نشاید فزود
تو از مرگ من هیچ غمگین مشو که اندر جهان این سخن نیست نو
هرانکس که زاید ببایدش مرد اگر شهریارست گر مرد خرد
بگویم کنون با بزرگان روم که چون بازگردند زین مرز و بوم
نجویند جز رای و فرمان تو کسی برنگردد ز پیمان تو
هرانکس که بودند ز ایرانیان کزیشان بدی رومیان را زیان
سپردم به هر مهتری کشوری که گردد بر آن پادشاهی سری
همانا نیازش نیاید به روم برآساید آن کشور و مرز و بوم
مرا مرده در خاک مصر آگنید ز گفتار من هیچ مپراگنید
به سالی ز دینار من صدهزار ببخشید بر مردم خیش‌کار
گر آید یکی روشنک را پسر بود بی‌گمان زنده نام پدر
نباید که باشد جزو شاه روم که او تازه گرداند آن مرز و بوم
وگر دختر آید به هنگام بوس به پیوند با تخمه‌ی فیلقوس
تو فرزند خوانش نه داماد من بدو تازه کن در جهان یاد من
دگر دختر کید را بی‌گزند فرستید نزد پدر ارجمند
ابا یاره و برده و نیک‌خواه عمار بسیچید بااو به راه
همان افسر و گوهر و سیم و زر که آورده بود او ز پیش پدر

به رفتن چنو گشت همداستان	فرستید با او به هندوستان
من ایدر همه کار کردم به برگ	به بیچارگی دل نهادم به مرگ
نخست آنک تابوت زرین کنند	کفن بر تنم عنبر آگین کنند
ز زربفت چینی سزاوار من	کسی کو بپیچد ز تیمار من
در و بند تابوت ما را به قیر	بگیرند و کافور و مشک و عبیر
نخست آگنند اندرو انگبین	زبر انگبین زیر دیبای چین
ازان پس تن من نهند اندران	سرآمد سخن چون برآمد روان
تو پند من ای مادر پرخرد	نگه‌دار تا روز من بگذرد
ز چیزی که آوردم از هند و چین	ز توران و ایران و مکران زمین
بدار و ببخش آنچ افزون بود	وز اندازه‌ی خویش بیرون بود
به تو حاجت آنستم ای مهربان	که بیدار باشی و روشن‌روان
نداری تن خویش را رنجه بس	که اندر جهان نیست جاوید کس
روانم روان ترا بی‌گمان	ببیند چو تنگ اندر آید زمان
شکیبایی از مهر نامی‌تر است	سبکسر بود هرک او کهتر است
ترا مهر بد بر تنم سال و ماه	کنون جان پاکم ز یزدان بخواه
بدین خواستن باش فریادرس	که فریادرس باشدم دسترس
نگر تا که بینی به گرد جهان	که او نیست از مرگ خسته‌روان
چو نامه به مهر اندر آورد و بند	بفرمود تا بر ستور نوند
ز بابل به روم آورند آگهی	که تیره شد آن فر شاهنشهی
چو آگاه شد لشکر از درد شاه	جهان گشت بر نامداران سپاه
به تخت بزرگی نهادند روی	جهان شد سراسر پر از گفت‌وگوی
سکندر چو از لشکر آگاه شد	بدانست کش روز کوتاه شد
بفرمود تا تخت بیرون برند	از ایوان شاهی به هامون برند

سپری شدن روزگار سکندر و بردن تابوتش باسکندریه

ز بیماری او غمی شد سپاه	که بی‌رنگ دیدند رخسار شاه

همه دشت یکسر خروشان شدند	چو بر آتش تیز جوشان شدند
همی گفت هرکس که بد روزگار	که از رومیان کم شود شهریار
فرازآمد آن گردش بخت شوم	که ویران شود زین سپس مرز روم
همه دشمنان کام دل یافتند	رسیدند جایی که بشتافتند
بمابر کنون تلخ گردد جهان	خروشان شویم آشکار و نهان
چنین گفت قیصر به آوای نرم	که ترسنده باشید با رای و شرم
ز اندرز من سربسر مگذرید	چو خواهید کز جان و تن برخورید
پس از من شما را همینست کار	نه با من همی بد کند روزگار
بگفت این و جانش برآمد ز تن	شد آن نامور شاه لشکرشکن
ز لشکر سراسر برآمد خروش	ز فریاد لشکر بدرید گوش
همه خاک بر سر همی بیختند	ز مژگان همی خون دل ریختند
زدند آتش اندر سرای نشست	هزار اسپ را دم بریدند پست
نهاده بر اسپان نگونسار زین	تو گفتی همی برخروشد زمین
ببردند صندوق زرین به دشت	همی ناله از آسمان برگذشت
سکوبا بشستش به روشن گلاب	پراگند بر تنش کافور ناب
ز دیبای زربفت کردش کفن	خروشان بران شهریار انجمن
تن نامور زیر دیبای چین	نهادند تا پای در انگبین
سر تنگ تابوت کردند سخت	شد آن سایه گستر دلاور درخت
نمانی همی در سرای سپنج	چه یازی به تخت و چه نازی به گنج
چو تابوت زان دشت برداشتند	همه دست بر دست بگذاشتند
دو آواز شد رومی و پارسی	سخنشان ز تابوت بد یک بسی
هرانکس که او پارسی بود گفت	که او را جز ایدر نباید نهفت
چو ایدر بود خاک شاهنشهان	چه تازند تابوت گرد جهان
چنین گفت رومی یکی رهنمای	که ایدر نهفتن ورا نیست رای
اگر بشنوید آنچ گویم درست	سکندر در آن خاک ریزد که رست
یکی پارسی نیز گفت این سخن	که گر چندگویی نیاید به بن
نمایم شما را یکی مرغزار	ز شاهان و پیشینگان یادگار
ورا جرم خواند جهاندیده پیر	بدو اندرون بیشه و آبگیر
چو پرسی ترا پاسخ آید ز کوه	که آواز او بشنود هر گروه

بیارید مر پیر فرتوت را
هم ایدر بدارید تابوت را

بپرسید اگر کوه پاسخ دهد
شما را بدین رای فرخ نهد

برفتند پویان به کردار غرم
بدان بیشه کش باز خوانند جرم

بگفتند پاسخ چنین داد باز
که تابوت شاهان چه دارید راز

که خاک سکندر به اسکندریست
کجا کرده بد روزگاری که زیست

چو آواز بشنید لشکر برفت
ببردند زان بیشه صندوق تفت

چو آمد سکندر به اسکندری
جهان را دگرگونه شد داوری

به هامون نهادند صندوق اوی
زمین شد سراسر پر از گفت‌وگوی

به اسکندری کودک و مرد و زن
به تابوت او بر شدند انجمن

اگر برگرفتی ز مردم شمار
مهندس فزون آمدی صد هزار

حکیم ارسطالیس پیش اندرون
جهانی برو دیدگان پر ز خون

برآن تنگ صندوق بنهاد دست
چنین گفت کای شاه یزدان پرست

کجا آن هش و دانش و رای تو
که این تنگ تابوت شد جای تو

به روز جوانی برین مایه سال
چرا خاک را برگزیدی نهال

حکیمان رومی شدند انجمن
یکی گفت کای پیل رویینه تن

ز پایت که افگند و جانت که خست
کجا آن همه حزم و رای و نشست

دگر گفت چندین نهفتی تو زر
کنون زر دارد تنت را به بر

دگر گفت کز دست تو کس نرست
چرا سودی ای شاه با مرگ دست

دگر گفت کسودی از درد و رنج
هم از جستن پادشاهی و گنج

دگر گفت چون پیش داور شوی
همان بر که کشتی همان بدروی

دگر گفت بی‌دستگاه آن بود
که ریزنده‌ی خون شاهان بود

دگر گفت ما چون تو باشیم زود
که بودی تو چون گوهر نابسود

دگر گفت چون بیندت اوستاد
بیاموزد آن چیز کت نیست یاد

دگر گفت کز مرگ چون تو نرست
به بیشی سزد گر نیازیم دست

دگر گفت کای برتر از ماه و مهر
چه پوشی همی ز انجمن خوب چهر

دگر گفت مرد فراوان هنر
بکوشد که چهره بپوشد به زر

کنون ای هنرمند مرد دلیر
ترا زر زرد آوریدست زیر

دگرگفت دیبا بپوشیده‌ای
نپوشیده را نیز رخ دیده‌ای

کنون سر ز دیبا برآور که تاج
همی جویدت یاره و تخت عاج

دگر گفت کز ماه‌رخ بندگان ... ز چینی و رومی پرستندگان
بریدی و زر داری اندر کنار ... به رسم کیان زر و دیبا مدار
دگر گفت پرسنده پرسد کنون ... چه یاد آیدت پاسخ رهنمون
که خون بزرگان چرا ریختی ... به سختی به گنج اندر آویختی
خنک آنکسی کز بزرگان بمرد ... ز گیتی جز از نیک‌نامی نبرد
دگر گفت روز تو اندرگذشت ... زبانت ز گفتار بیکار گشت
هرانکس که او تاج و تخت تو دید ... عنان از بزرگی بباید کشید
که بر کس نماند چو بر تو نماند ... درخت بزرگی چه باید نشاید
دگر گفت کردار تو بادگشت ... سر سرکشان از تو آزاد گشت
ببینی کنون بارگاه بزرگ ... جهانی جدا کرده از میش گرگ
دگر گفت کاندر سرای سپنج ... چرا داشتی خویشتن را به رنج
که بهر تو این آمد از رنج تو ... یکی تنگ تابوت شد گنج تو
نجویی همی ناله‌ی بوق را ... به سند آمدت بند صندوق را
دگر گفت چون لشکرت بازگشت ... تو تنها نمانی برین پهن دشت
همانا پس هرکسی بنگری ... فراوان غم زندگانی خوری
ازان پس بیامد دوان مادرش ... فراوان بمالید رخ بر برش
همی گفت کای نامور پادشا ... جهاندار و نیک‌اختر و پارسا
به نزدیکی اندر تو دوری ز من ... هم از دوده و لشکر و انجمن
روانم روان ترا بنده باد ... دل هرک زین شاد شد کنده باد
ازان پس بشد روشنک پر ز درد ... چنین گفت کای شاه آزادمرد
جهاندار دارای دارا کجاست ... کزو داشت گیتی همی پشت راست
همان خسرو و اشک و فریان و فور ... همان نامور خسرو شهرزور
دگر شهریاران که روز نبرد ... سرانشان ز باد اندر آمد به گرد
چو ابری بدی تند و بارش تگرگ ... ترا گفتم ایمن شدستی ز مرگ
ز بس رزم و پیکار و خون ریختن ... چه تنها چه با لشکر آویختن
زمانه ترا داد گفتم جواز ... همی داری از مردم خویش راز
چو کردی جهان از بزرگان تهی ... بینداختی تاج شاهنشهی
درختی که کشتی چو آمد به بار ... دل خاک بینم ترا غمگسار
چو تاج سپهر اندر آمد به زیر ... بزرگان ز گفتار گشتند سیر

نهفتند صندوق او را به خاک / ندارد جهان از چنین ترس و باک
ز باد اندر آرد برد سوی دم / نه دادست پیدا نه پیدا ستم
نیابی به چون و چرا نیز راه / نه کهتر برین دست یابد نه شاه
همه نیکوی باید و مردمی / جوانمردی و خوردن و خرمی
جز اینت نبینم همی بهره‌یی / اگر کهتر آیی وگر شهره‌یی
اگر ماند ایدر ز تو نام زشت / بدانجا نیابی تو خرم بهشت
چنین است رسم سرای کهن / سکندر شد و ماند ایدر سخن
چو او سی و شش پادشا را بکشت / نگر تا چه دارد ز گیتی به مشت
برآورد پرمایه ده شارستان / شد آن شارستانها کنون خارستان
بجست آنچ هرگز نجستست کس / سخن ماند ازو اندر آفاق و بس
سخن به که ویران نگردد سخن / چو از برف و باران سرای کهن
گذشتم ازین سد اسکندری / همه بهتری باد و نیک‌اختری
اگر چند هم بگذرد روزگار / نوشته بماند ز ما یادگار
اگر صد بمانی و گر صدهزار / به خاک اندر آید سرانجام کار
دل شهریار جهان شاد باد / ز هر بد تن پاکش آزاد باد
الا ای برآورده چرخ بلند / چه داریی به پیری مرا مستمند
چو بودم جوان در برم داشتی / به پیری چرا خوار بگذاشتی
همی زرد گردد گل کامگار / همی پرنیان گردد از رنج خار
دو تا گشت آن سرو نازان به باغ / همان تیره گشت آن گرامی چراغ
پر از برف شد کوهسار سیاه / همی لشکر از شاه بیند گناه
به کردار مادر بدی تاکنون / همی ریخت باید ز رنج تو خون
وفا و خرد نیست نزدیک تو / پر از رنجم از رای تاریک تو
مرا کاج هرگز نپروردییی / چو پرورده بودی نیازردییی
هرانگه که زین تیرگی بگذرم / بگویم جفای تو با داورم
بنالم ز تو پیش یزدان پاک / خروشان به سربر پراگنده خاک
چنین داد پاسخ سپهر بلند / که ای مرد گوینده‌ی بی‌گزند
چرا بینی از من همی نیک و بد / چنین ناله از دانشی کی سزد
تو از من به هر باره‌یی برتری / روان را به دانش همی پروری
بدین هرچ گفتی مرا راه نیست / خور و ماه زین دانش آگاه نیست

خور و خواب و رای و نشست ترا	به نیک و به بد راه و دست ترا
ازان خواه راهت که راه آفرید	شب و روز و خورشید و ماه آفرید
یکی آنک هستیش را راز نیست	به کاریش فرجام و آغاز نیست
چو گوید بباش آنچ خواهد به دست	کسی کو جزین داند آن بیهده‌ست
من از داد چون تو یکی بنده‌ام	پرستنده‌ی آفریننده‌ام
نگردم همی جز به فرمان اوی	نیارم گذشتن ز پیمان اوی
به یزدان گرای و به یزدان پناه	براندازه زو هرچ باید بخواه
جز او را مخوان گردگار سپهر	فروزنده‌ی ماه و ناهید و مهر
وزو بر روان محمد درود	بیارانش بر هر یکی برفزود
کنون پادشاه جهان را ستای	به رزم و به بزم و به دانش گرای

Copyright © 2025 by Rumi's Path Institute.

All rights reserved. No part of this publication may be reproduced, distributed or transmitted in any form or by any means, including photocopying, recording, or other electronic or mechanical methods, without the prior written permission of the publisher, except in the case of brief quotations embodied in critical reviews and certain other noncommercial uses permitted by copyright law. For permission requests, write to the publisher, addressed "Attention: Permissions Coordinator," at the address below.

Published by: Rumi's Path Institute
Vancouver, BC CANADA
Email: Info@rumispath.com
www.rumispath.com

Ordering Information:

Quantity sales. Special discounts are available on quantity purchases by universities, schools, corporations, associations, and others. For details, contact the "Sales Department" at the above mentioned email address.

Shahnameh by Ferdowsi, New Style edition;
Vol.1 of 3: ISBN 978-1-77899-045-8   Paperback
Vol.2 of 3: ISBN 978-1-77899-046-5   Paperback
Vol.3 of 3: ISBN 978-1-77899-047-2   Paperback

Shahnameh

by Ferdowsi

Vol.2 of 3

Rumi

Rumi's Path Institute

Vancouver, BC CANADA

www.rumispath.com info@rumispath.com

Educational Code: RPI-OT-002